Small-Town America

Robert
Wuthnow

Finding Communities,
Shaping the future

小镇 美国

现代生活的另一种启示

[美]
罗伯特·伍斯诺
著
邵庆华
译

文匯出版社

新经典文化股份有限公司
www.readinglife.com
出 品

目 录

前言

我生活在一座小镇上。我所在的社区居民有大约 4200 人，比 25 年前稍有增加。主街（Main Street）周围的 3 个街区分别坐落着邮局、百吉饼店、比萨店、宠物美容院，还有几处重要的建筑。这些建筑物整齐地排列着，在它们两边则分别有一个银行分理处。建筑的对面是年代久远的长老会和一所私立学校，学校的另一边是自己的高尔夫球场。就在我所住的街区的尽头，是一片 5 英亩的农田，年复一年地进行着一年两作的耕种，与此同时，土地却日渐贫瘠，等待着有一天被开发建楼。马路对面有一个古老的农庄，100 多年以来它就这样静静地存在。如今，硕大的机棚和 3 个闪闪发亮的谷仓就矗立在旁边。转角处是一片农场，农场主一家来自波兰。农场里有一个巨大的绿色牲口棚，3 代农场主都曾在这里养牛、喂鸡。一个凄风冷雨的日子，我站在深及脚踝的泥水里，看着拍卖师卖完了所有的机器。如今，农场已变成了高端有机食品公司。

虽然生活在此的大多数人都会把我们这里称为小镇，但是事实并非如此。不论从哪个方向看，这里都不知不觉地和周边较大的城市融合在一起。有 35000 多人生活在镇上，有近 37 万人生活在县里，在过去的一个世纪里，这个数字每 10 年递增 10%。在方圆 20 英里的范围内住着 100 多万人，方圆 50 英里的范围内住着近 1000 万人。选举日这天，在消防局门口排队的时候，我常常会遇到一两个邻居，但是除此之外，很少能见到熟悉的面孔。尽管人们确实尽了力，试图保住一片特殊场合可以使用的农田，或是留住一片空地建造公园，然而，目之所及的地方最后都被用来开发建造了房屋和公路。每天早晚时分总有那么两个小时，路上挤满了车。

我所在的社区与这本书里所讨论的小镇不同。许多人和我一样，把自己生活的社区看作小镇。事实上，这些地区只是大都市的一部分。它们与小镇不一样，小镇保有自治权和独特的身份认同。我从小生活的小镇就是个最好的例子，那里的社区现在生活着 3500 人，与 20 世纪 50 年代我长大时相比少了近千人。作为一个县的政府所在地，这里是整个县最大的镇子，有 10000 多居民，最近的城市离这里有 65 英里远。几乎所有的人都在本地工作，或者在小镇广场周围分布的 40 多家小店经商，或者在镇上 2 家规模颇小的制造企业中任职，又或者在镇子周围的空地上务农。一个半世纪以来，这里仍然是美国的农村，运转得很好。但也有了新的变化，大型的综合性高中就建在镇子的边上，几个街区之外，最近也建起了新的医院，几英里外，一边是新酿酒厂拔地而起，另一边是大型风电厂开始运作。

如今，我生活在大都市里，但是我发现无论是平日里交谈的邻居，还是家里订的报纸，对于小镇居民的生活方式和态度都有失偏颇。他们的看法基本上可以分成两类。第一类看法是，“啊，这难道不好吗？”例如，清晨起床，慵懒地坐在门廊里，听着鸟鸣虫叫，闲庭信步几个街区到邮局，一路上还可以和邻居欢快畅聊，这难道不好吗？又或者，像过去的人们那样，根本不用锁门，空气清新，民风淳朴，生活简单，这难道不好吗？在办公室忙碌了一天，经历了上下班高峰的拥挤之后，人们自然而然会产生这样的想法。他们无限遐想着周末乡村的郊游，思考着有没有可能永远地摆脱目前的状态逃离到那里去。第二类想法则截然相反。在他们看来，小镇是美国的耻辱，代表着落后：城市必然向前，小镇则被落在了后面。具有创新精神的人们都生活在城市或是郊区，小镇成了那些不幸的、没怎么接受过教育之人的避难所，他们没什么可做的，只好看看草长莺飞。

描述小镇很难避免落入乡愁或鄙夷的俗套。博学之人造访小镇，寻求的就是那份朴素的智慧和老派的观念。在他们看来，在这里会遇到各种各样的老人，他们会一边吃着玉米，一边讲述着过去美好时光的故事。而在另一种人的想象中，这里无聊至极，没有娱乐活动、没有文化内涵。当然，在这里无知懵懂和固有成见并存而立。

最近，另外一种对小镇的看法似乎日益普遍。简单说来，这种观点认为，小镇的资讯主要是为生活在城市和近郊的人们放松身心取悦之用。从这个观点看，一本小镇回忆录应该充满了风趣的轶事，一名读者理应期待着读到发生在遥远的某处当地人的故事时会忍不住咯咯地笑出声来，一部以小镇为背景的小说里总得有这么一两桩谋杀案、婚外情、秘闻和对伪善的揭露以吸引读者的阅读兴趣。在21世纪，精神上逃离到小镇就好比以前生活在城市的中产阶级去参加游吟诗人会或是为了找乐子而时不时造访贫民窟。得知生活在小镇上的人们和生活在其他地方的美国人一样，复杂而有思想，他们也在思考生活的意义，以复杂的方式与社区相联结，人们将会非常吃惊。

这本书描述了美国小镇居民探寻社区（community）之路，社区对他们意味着什么，为什么又如此重要。对全美国几十个小镇的居民进行的深入定性访谈会给出答案：巴德·詹森生活的小镇地处高原地带，他终日忙忙碌碌地在15平方英里肥沃的农田里辛勤耕作；拉里·耶格尔是一家小型制造厂的主管，和许许多多小镇居民一样，他与家人生活安逸；多萝西·马丁生活在有900多人的河边小镇上，她失去了丈夫，每个月有社会保障金，开着一家杂货铺以补贴生活；玛丽亚·桑切斯是移民到美国的农夫的女儿，目前在给新来的移民孩子上课。这本书聚焦于表现美国小镇特点的多样性，尤其当马托·坦卡谈及他的民族——拉科塔族（Lakota）* 所遗留下来的文化，玛丽·雷默特说起她所在的社区煤矿关闭后所带来的影响，以及克拉伦斯·布朗回忆起他们镇上为反对种族歧视而做的抗争时，这种多样性更是可见一斑。

美国人口普查局会不定期地追踪了解美国小镇人口的变化，但是统计官员很少确定相关的统计对象应该是农场人口、农村人口、郊县人口，还是建制居民点的人口，或是生活在大都市之外的居民。人口普查的数据统计越来越细致，但只是用最为粗略的笔触勾画出了美国小镇的大致状况。少数调查也问过相关的问题，希望了解美国人是否认为他们生活在小镇上，或者他们是否喜欢居住在小镇上。我采用了这些数据，但尽量审慎地使用，并将其作为定性信息的背景材料。

在这本书中，我最想弄清楚的是，生活在美国小镇对于那里的居民来说意味着什么。他们如何看待社区？究竟是什么特质让小镇看上去像个社区？生活在小镇上的人们对于他们选择居住在这里的决定又会做何解释呢？在他们的生活中，邻居、朋友和社区组织又起着怎样的作用？什么样的道德问题和政治问题是他们所关心的？这些问题又为什么尤其让人困扰呢？

要解决这些问题，就要去和生活在小镇上的人进行交谈，倾听他们对自己的生活和社区的看法。在几位研究助手的协助之下，5 年来我一直在进行采访。我们总共采访了 700 多名小镇居民，让他们

* 拉科塔是美国西部一个美洲土著民族，属于印第安人中的苏族，主要聚居在美国南达科他州香农县的松树岭居留地。为了寻求独立，拉科塔人与美国政府军历史上多次爆发冲突，直到今日这种抗争依然以其他方式存在。

用自己的话语来描述小镇生活的体会。我们对采访有个总体的规划，采访对象来自各个地区，男女老少、种族民族的比例也相当，他们来自各行各业，教育水平也有高有低，有的是社区领导，有的则是普通百姓。

我接受的是社会学的专业训练，这门学科蕴含着丰富的方法论，有助于进行扎实的定性研究和定量研究，社会学也包含着各种各样的概念，这些概念针对社会现象提出了许多饶有趣味的问题。但这门学科同时也蕴含着挖掘科学规律的自豪。几十年前，对于社会学来说，最引以为傲的事就是告诉社会学的研究对象，他们不如社会学家那么了解自己。那是因为人们认知有误或者无法看明白只有知识渊博的社会学家才能看得懂的社会结构。例如，学生上医学院似乎是为了当医生，然而真相是，他们去医学院读书是为了社会地位，或者，倘若有些人看上去生活在社会关系脆弱的贫穷社区里，事实上他们生活得很不错，因为他们彼此之间存在着看不见但却牢固的社会纽带。在我看来，这样的自豪比过去少了很多是件好事。在探究小镇人民生活的过程中，我并不认为我已经发现了他们自己都没有意识到的深层次观点。我只是想试着发掘生活在遥远僻静的小镇上的人们自己所认识和体会到的社区最根本的意义所在。

我认为，生活在小镇上的人们不仅在这里找到了社区——我们认为他们已经找到了——而且，他们的方式是微妙的、多样的，受到日常社交规模的深刻影响。大多数美国人已经不再生活于小镇这一事实影响了那些仍然生活在小镇的人们的观念，当被问及选择定居在小镇的理由，他们解释了这里如何实现了自己的夙愿，以及为什么自己十分满意这样的决定。因此，小镇生活的意义就如同一场含蓄的对话，浮现于一个更宽泛的认知层面上的美国与世界的对话中。

要想了解小镇居民找寻社区的方式，就必须要仔细聆听他们描述日常生活时所使用的语言。语言的情况总是如此，小镇居民使用的都是熟悉的话语，来自某种意义上的“语库”。这些话语之所以让人感到熟悉，恰恰因为被频繁使用。例如，居民们通常会把小镇描述成每个人彼此都认识，或是生活节奏很慢的地方。但是，这些词汇在不同的交流语境中，意义又会有所不同。这并不是因为每个人真的都彼此认识，而是因为小镇居民在长期而充分的交流互动中，彼此熟悉，又常常在社区中照面，相互交流背景信息——对特定场所产生的友爱和忠诚之感就在这点点滴滴的交往之中逐渐培养起来，例如，路边驻足交流、邻里相亲和睦、小镇各种节日、返乡庆祝活动和体育竞技活动。除此之外，小镇上的居民也会彼此分享对领导者的期望，就一些重要的话题例如邻里和睦、个人责任、宗教信仰、道德问题以及政治局势等进行沟通，话语体系即从此中浮现。这并不是说在城市和郊区没有强烈的社区意识。但在小镇里会有所不同。如何找寻到这样的社区意识、这样的社区意识又意味着什么，是我最感兴趣的问题。

我期望读者能够理解以下几点。第一，美国的小镇与美国的城市和郊区并没有太大的不同。小镇居民生活忙碌、充实，他们要照顾家庭，要用错综复杂、各不相同的方式处理棘手的社会问题和道德问题。这并不是因为整个美国本质上是一种小镇文化，如观察家们过去所宣称的，而是因为不论生活在哪里，我们都生活在同一个社会中，遵守同样的法律法规，秉承着同样的媒体主导的文化。其次，这些社区中社会关系的规模有着极其重要的意义。对于空间和时间的理解、象征社区身份的活动、日常交往的原则、理解社会问题的角度，都会因为生活在人口较少的社区和意识到自己生活在这样的社区里而发生改变。

这些观点可以进一步弱化一些地方的人们所固有的印象，这些人认为美国需要通过重建小镇价值观和生活方式来摆脱即将到来的危机。这种观念在有关 19 世纪现代主义和现代性的大讨论中都有所体现。同时，这种观点也警示人们工业化和城市化所带来的种种问题。不同版本的社会评论中也不乏此种观点——斥责大型机构的不断扩张，号召大家回归到更可能存在于小镇的邻里和睦和公民责任的价值观上。这种观点的问题在于，小镇独特的社会关系和社区意义是被其“小型”规模所塑造的。若想要在更大的地区强化公民价值观必须采取不同的方法，必须要考虑到更大的社会交往范围、更多样性的需求和兴趣以及社区的开放性意义。认识到小镇生活本来的样子，包括其吸引人之处及其自身的局限性，但是不能就此认为可以用小镇的模式来解决一个更大规模社会的问题——这样才是有意义的。

这样的观点可能会让读者失望，他们希望通过对小镇的解读从而获得不同以往的有关现代社会困境的有用观点。这种希望就是我之前提到的倾向于寻求普遍规律的一种症候。这是个行色匆匆的时代，我们祈望从书本中快速寻得答案，并把它变成金句名言。聆听过成百上千个小镇居民对自身生活的看法，从中所获得的信息则是完全不同的。我们听到的是为什么小镇居民邻里关系如此和谐，思考的是如果学校关闭了或者举家搬迁了，又意味着什么，了解到的是每年节日到来之时，人们的聚散分离。然后，总结适用于其他情况的经验教训。

想告诉我的社会学家同行们的同样是，必须超越对“放之四海而皆准”的追求。社会学家们研究社区所用的一整套理论工具是十分有用的——有关群体规模（group size）的概念、封闭网络（closed networks）、区别和联结不同社会阶层的象征性界限（symbolic boundaries）、集体表征（collective representations）、尊重与风度（deference and demeanor）、责任规范（norms of responsibility）、对时间和地点的叙述（narrative）。但是，在不同的地方，这些因素综合起来发挥作用的方式则明显不同。正是本地文化的构建形成并维持着小镇居民的社区意识。我们调查研究了小镇居民对小镇不同的理解方式，发现有些问题和话题是反复出现的，但是这并不意味着小镇是完全一样的或是和大城市有着很明显的区别。生活在美国小镇的人与生活在美国大都市的人有着许多相同的习惯和价值观，而在小镇上生活也是小镇居民对生活理解的一部分。关于小镇生活的优劣、小镇生活怎样塑造他们的职业和价值观念，以及小镇生活对信仰、道德的理解和政治又意味着什么，他们形成了自己的描述语言。

衷心感谢成百上千的小镇居民，愿意花上一两个小时来讲述他们的生活和所在的社区，帮助他们几乎不认识的研究者写书，而这本书里可能根本不会提到他们的名字。这些就是社会研究的奇特之处，管理委员会决定什么可以和不可以被提及，为了从居民那里获得有关社区优缺点的坦率而诚实的评估，必须遵守某些要求。感谢 Aislinn Addington，Sarah Brayne，Bruce Carruthers，Phillip Connor，Janice Derstine，Emily Dumler，Justin Farrell，Julia Gelatt，Brittany Hanstad，Sylvia Kundrats，Carol Ann MacGregor，Christi Martone，Karen Myers，Steve Myers，Cynthia Reynolds，Charles Varner，Erik Vickstrom，Melissa Virts 和 Lori Wiebold-Lippisch 的大力协助，也感谢研究生研讨班上的同学耐心地和我一起探讨实质性的方法论问题。普林斯顿大学的多家机构为此次项目提供了资金来源，包括大学人类价值中心、威尔逊公共和国际关系学院、院长和教务长办公室。引导我进行此项研究的问题很大程度上源于我在小镇上长大的经历，也许直到现在我还是经常将我生活的都市想象成小镇。

第1章　导论

想象一下，你生活的地方没有火车，没有轻轨，没有公共汽车，事实上那里没有任何一种公共交通工具，连一辆出租车也难觅踪影。最近的飞机场在200英里以外。想象一下，你生活的小镇只有一家很小的杂货店，商品价格高，本该新鲜的农产品其实不怎么新鲜，选择的余地也很小。如果家里不做饭，最好的选择就是去快餐店饱食一顿高热量的餐食。要想找一家优雅的餐厅，或者去沃尔玛超市和商场，就得跑上40英里。如果你正好是一位受过高等教育的女性，那么对你而言，最好的工作莫过于去公立学校、银行、政府部门或是养老院。不论男性还是女性，收入都会比生活在城市里的同行低30%～40%。你的孩子可能在高中学业出众，擅长体育，也许毕业的时候还是个优等生，进入了大学，但是他们并没有上过大学先修课程*，大型州立大学带给他们的不只是兴奋，还有很多困惑。他们不太可能再回到小镇定居。你渐渐老了，孩子一年只会回来一两

* 大学先修课程，Advanced Placement（AP），始于1955年，由美国大学理事会主办，是在高中阶段开设的具有大学水平的课程，可以为高中生减免大学学分、降低大学教育成本、缩短大学教育时间。

次。身边有医生和养老院，你会感到很欣慰。医生是全科医生，最近的专科医生离你有一个小时的车程。如果你不巧犯了心脏病，拨打 911，调度员会电话通知志愿者开车把你送到停有急救车辆的消防站。如果你还活着，直升机会飞过来，把你送到 100 英里外的医院。

如果就是这样，很难想象为什么会有人想要在小镇生活。然而，还是有至少 3000 万美国人依然居住在偏僻的小镇上。他们中许多人本来可以选择去其他地方生活，或者和绝大多数美国人一样生活在城市或郊区，这样的话，他们原本可能有更高收入的工作、更加便捷的购物、更多的受教育机会和专业医疗设施，不论有钱没钱，商场、餐馆和医院都近在咫尺。他们原本可以像自己所希望的那样默默无闻地生活，在大量不同的人当中挑选朋友，享受与不同背景的人交往，也很可能去体验不同的工作、娱乐和休闲活动。但是他们还是选择了另外一种生活方式。

为什么？仅仅因为他们曾在这里长大成人吗？还是因为他们出生在小地方，别人都向前迈进，而自己被落下了？因为家庭状况限制了他们的选择，还是工作限制了他们的选择？或者是因为他们没有受过什么教育，只能待在农村？抑或是曾经慎重考虑过，最终还是决定放弃在他们看来乏味的城市和郊区生活？镇上的各类设施与服务足以弥补好工作的缺失和商品与服务的匮乏吗？

这些问题的标准答案是：他们重视社区，珍视社区所给予的支持，所以他们愿意在小镇上生活。他们本可以选择在其他地方生活——事实上，有许多人的确曾经在其他地方生活过——但是，社区让他们有一种归属感，所以他们更喜欢生活在小镇上。他们彼此认识，在后院的烧烤活动、学校的活动或者教会里，都会和邻居们见面。社区有一种亲切感，他们了解社区，珍视如家。社区里的居民有着相似的价值观和生活方式，相比今日，那是一种更为传统的价值观和生活方式。[1]

但是这些很容易做出的关于社区的断言必须经过仔细的考量。大多数人对于小镇社区的了解都来源于新闻报道，例如煤矿事故、枪击事件或者作为竞选的背景报道提供的来自内陆地区的引述，又或者这些观点是从民意测验中得来的，那些民意测验总是以概括的方式提出问题，只能让人们对美国人民如何看待自己的居住地有一个总的认知。[2] 几乎没有任何一个人想去弄清楚到底小镇居民是如何看待和谈论社区的。

近一个世纪以前，社会学家保罗·道格拉斯（Paul Douglass）曾经写道，小镇——美国各地大约有 12000 个小镇——普遍被认为是"失去性别特征的生命体"，这里既没有乡村的浪漫，也没有城市的魅力。这种观点在谚语中也随处可见，上帝创造了乡村，人类创造了城市，但是魔鬼创造了小镇。道格拉斯认为，这种观点是错误的。在他看来，美国的希望就蕴含在小镇里。[3]

引发道格拉斯对小镇产生兴趣的问题与现在我感兴趣的地方完全不同。他主要的研究兴趣在于小镇居民与农民之间的紧张关系以及他们之间的不同点。但是，他也发现了这些小镇各自永久性的差异。重要的是这些小镇是一体的，人们既在这里工作，也在这里生活，只是规模较小，不像在乡村那样，工作地点和生活区是分开的。融为一体才是最重要的。"每个小镇中都还有一个小镇。"他写道，想要找出小镇中的小镇是非常困难的事情。[4]

新近的文献显示，社会科学研究的很大一部分兴趣主要集中于社会资本（social capital）在社区中的作用。毫无疑问，社会资本是非常重要的。研究表明，相互联系的人们更倾向于从事社区项目，在社区做志愿者、投票选举、关注政治问题，因为这样他们感觉更好。随着电子邮件与在线社交网站日渐流行，有关交友模式与团体会员身份的调查数据显示，人们对网络的兴趣日渐浓厚。但是，要了解社区，社会资本和社交网络绝不是最重要的。[5]

要了解小镇，就必须关注赋予小镇意义的文化建构。文化建构是各种想法或概念，赋予了小镇居民一种身份认同，让他们知道如何自我定义。我们只有对社区的文化有了认识，才能明晰社区文化在小镇居民生活中所产生的深远影响。社会交往加强了小镇居民的社区意识，但是他们对社交网络的依赖比我们想象的低很多。社区通过像小镇节日这样的象征和仪式来保持身份认同，这样的活动并不需要占用居民很多时间。社交网络的研究表明，社区之所以重要是因为人们会花费很多的时间认识新朋友、拜访老朋友。但是社会网络理论并没有解释，为什么即使人们彼此并不认识也能表现得好像他们之间非常熟稔，也没有说明为什么哪怕是邮局相遇时，简短地交换对社区话题的看法也胜过其他场合下的冗长交谈。

可以肯定的是，对于小镇居民来说，朋友和邻居是至关重要的。生活在社区之中对于他们来说也同样重要。小镇的身份就如同一个社区，它的意义深藏在小镇上一些特殊场所和这些场所某些具象、可见的方面——公园、学校建筑、主街上的商店。节日、球赛、小小的善举、灾后重建以及与此相关的故事都进一步强化了小镇的身份认同。这些故事经由小镇上的文化领袖反复传诵,才得以保留下来。此外，小镇还可以通过它们“不是”什么来定义——不是城市，不是陌生的地方，不是大政府。正是这些故事，正是这些不同的象征性标志，把一个地方定义成了社区。

小镇的衰落是真实存在的现象还是人们的臆想？要解决这个问题，同样也要考察社区文化建构的方式。通常情况下，人们在研究社区衰败的问题时总会紧盯着调查问卷中的某些问题，因为这些数据是可以拿到的，例如，志愿机构的成员数量、投票的人数、与邻里相处了多少个晚上等等。有趣的是，在和成百上千个小镇居民交谈的过程中，我们发现许多人确实认为他们所处的社区在逐渐衰落，或者许多和他们一样的社区都在逐渐消失。但是没有一个人提到上述那些标准的数据指标。真正重要的是社区公共符号的变化。小镇在衰落，主街上的五金店如今已经人去楼空，原来药店的所在地也空空一片，学校关门了，或者即使开着，也是由几个指定地区合并成的学区，学生中包括了其他地方来的孩子们。提到社交活动，那绝对不是指缺少志愿组织和晚宴聚会，而是说每个星期六的晚上再也看不到街上聚集的人群。

小镇居民描述他们的社区时，你会听到小镇对每个人的意义所在、丰富的故事、家族历史，还有个人经历。人们会向你讲述，没有了城市的纷扰，移居小镇、抚养孩子长大是种怎样的体验。他们承认，在大城市失去了工作，躲到房价便宜的地方来。对于有些人来说，他们希望在父亲或是叔叔们退休之后接管家族的农场，于是就这样来到了这里。对于有些人来说，他们决定要结婚了——也许内心还在挣扎是否应该放弃远大的前程——或者他们决定要住得离生病的亲人近一点。

深入观察可以发现，社区不再是一个空洞抽象的概念。小镇上的人总是会说，他们认识镇上的每一个人，但是，我们明白这是什么意思——有谁已经被排除了，这一点在路边聊天的细节以及对参与社区活动的期待中表现得更加明显。尽管不论小镇还是其他的大地方，不平等都真实存在，人们还是会说小镇上的每个人都是一样的，对何以如此我们获得了某种理解。同时我们也看到，小镇人民在生活方式、职业生涯、家庭结构、兴趣爱好和个人经历等方面表现出了巨大的多样性。

小镇居民是社区的近距离观察者。在外来人的印象中，小镇的生活节奏要比城市慢许多，但是倾听了人们的心声之后，我们才真正明白慢节奏生活的意义所在，了解慢节奏生活被珍视的原因。一项民意调查显示，许多美国人认为小镇是抚养儿女长大的好地方，但是对于生活在小镇上的人们来说，到底是否如此，还是要听听父母这一辈的亲身经历。[6]

如何找寻到小镇上的社区，这就需要关注它到底缺失了什么。当小镇居民描述自己的社区时，那些从未在小镇生活过的美国人心目中的美好场景变得更加微妙。小镇居民充分认识到了他们所面临的问题：镇上的一家店关门了，主街上留出的空缺就像人们心理上的伤疤，狂风暴雨、洪水泛滥之后的满目疮痍需要很长的时间修复，初来乍到之人觉得融入小镇的群体难之又难——这更多是因为他们只是认识这里的居民或者交了一些朋友，却还没有学会如何把握对社区生活的微妙期许。

人们希望，有朝一日要是美国能够复苏小镇价值观，重新唤起更为强烈的社区意识，那该有多好，可是，当小镇居民分享彼此的见解之后，这种希望也就渐渐破灭了。他们第一个认识到，小镇种种境况的产生主要是因为其规模。由于小镇人口的规模，人们只认识自己的邻居,也只被社区里的其他成员所认识。还有一点也很重要，小镇居民就在镇上工作，有着相似的职业和背景，尤其是，他们在这里住了很长时间。这些特质正是城市和郊区生活无法复制的。

小镇本身也发生了变化。许多小镇的人口在慢慢减少，有些小镇渐渐地被蔓延的都市所吞噬，有些小镇有了更多的新移民，各个种族之间的关系也在发生变化。道路设施的升级、更加便利的交通让许多小镇变成了“卧室社区”。互联网、农业的转移正在重新打造小镇的经济基础。在某些偏僻的地方，人们正在利用可持续能源和新技术进行全新的试验。小镇有着异常强大的适应能力，留住历史的同时，也在拥抱未来。许多在小镇长大的人还是会选择留在小镇，还有一些人则选择从城市或郊区移居至此，希望能够寻找到那些地方所缺失的部分。[7]

询问小镇人民为什么要生活在小镇上——生活在小镇的意义何

在——就好像问人们为什么要成为基要主义*清教徒或者加入犹太教正统派一样。这是大多数美国人，尤其是从世俗的标准来看，那些积极进取、有见识、事业成功的人士都不会选择的道路。美国有成百上千万的人选择保守的宗教信仰，这个事实让人们看到了许多关于美国社会的有趣问题。[8]是否美国文化的某些方面并没有得到真正的认同，或者是被一个颇具规模的少数群体所摒弃？又或者保守的宗教仅仅是几乎人人都认同的价值观下的另外一种生活方式？不过，人们选择何种宗教重要吗？他们接受教育、富有成效地工作、养家糊口的机会会减少吗？他们是否持有不同的政治见解？他们的投票也会影响国家的政策吗？

在小镇生活的决定激发起我们在理解美国社会时一些同样的疑问。生活在小镇上的人不可能没有注意到一个事实，那就是，大多数美国人生活在城市和市郊，像他们这样生活在小镇上的人只是少数，了解了这一点对他们的人生观会有怎样的影响呢？他们是否感觉到困扰、被遗忘或者被忽视呢？他们是否乐意成为这样的少数派？如果他们乐意如此，做出这样的选择价值又何在？这是否会对他们的政治立场、宗教信仰或者成为一个优秀美国人的认知产生影响？

有充分的理由可以说明居住地是与每个人的态度和信仰联系在一起的。竞选候选人表示他们代表的就是美国小镇特定的价值观。有的专家则认为小镇社区捍卫了那些朴素的美德。美国大选时，地图上代表投票结果的红色和蓝色**表明了以小镇为主的各州和以大城市为主的各州在投票选择上有很大的差别。传统上来说，小镇在思

---

* 基要主义是基督教内带有原教旨主义倾向的一个运动，源自美国的基督新教，并无统一组织，其基本主张是强调恪守基督教基本信仰，反对现代主义尤其是圣经评断学，主张以字面意义理解《圣经》。一般称持上述主张者为基要派。

** 从 2000 年开始至今，红色代表共和党，蓝色代表民主党。后文中提到的“红色州”即指支持共和党的州。

想上和政治上的观点都相对保守。在诸如种族和民族多样性等促进观点和信仰形成的因素上，小镇与城市有着很大的差异。[9]

社会学家对于小镇与大都市地区之间的历史差别有着浓厚的兴趣。马克斯·韦伯（Max Weber）、埃米尔·涂尔干（Emile Durkheim）、卡尔·马克思（Karl Marx）、阿列克西·托克维尔（Alexis Tocqueville）以及斐迪南·滕尼斯（Ferdinand Tonnies）等19世纪有影响力的社会学家都对此进行了深入的探究。在这些研究中，小镇既是传统家庭价值观和强烈的社会凝聚力的体现，也是现代历史车轮滚滚向前时被遗忘的角落，而与此同时，工业的进步和人口的增长促进了城市和郊区的巨大发展。[10] 20世纪的美国学者对小镇的衰落以及与此同时发生的城市工业、商业、族群聚集、贫民窟、中产阶级、科学以及教育的发展进行了研究。到了20世纪50年代的时候，社会学者的注意力转向对郊区民众社区生活的关注并呈增长态势。[11]

然而，自从20世纪50年代以来，鲜有学者对小镇进行过任何研究。其中一个原因是，城市和郊区持续发展壮大，容纳了绝大部分由于自然增长和移民而增加的人口。有关贫困、社会福利、种族歧视、拥挤不堪、城市规划、房屋更新、交通问题的研究把目光转向了城市。曾经被认为是小镇美德的特质，比如温暖的邻里关系，也在郊区日渐显现，而这同样也是保守主义的政治和宗教价值观，因此，政治分析人士逐渐把目光转向了这些地方。从某种程度上来说，郊区属于美国乡村地区，小镇则被视作人口日渐稀少的衰落地区，人们更多地把小镇看作食品生产基地和旅游目的地，而不是居住地。因此，尽管从人口普查报告中可以获取关于小镇人数、规模、人口构成和经济特点的数据，但却没有人研究过小镇居民的所思所想。[12]

对小镇的研究不多并不代表人们对小镇失去了兴趣。小说、电影、电视节目依然用故事描述着小镇的生活。记者走访小镇，希望搜寻到美国历史的点点滴滴。作家遵从传统，走进小镇，与智者交谈，试图发现淳朴的乡村智慧，将生活在偏远社区人们的深刻见解诉之于书面。越来越多的博客也成为真实描述小镇生活令人自豪和有所缺失的地方。

通过这样的解读，两种截然不同的小镇形象呼之欲出。一种是思乡怀旧、田园牧歌的景象，邻里关系温馨融洽。初来小镇的人一开始会认为小镇居民有些保守狭隘，但是随后会渐渐发现他们其实心地善良。另一种形象则是，小镇是人们避之不及的地方。居住在小镇上的人总是郁郁寡欢，非常排外，舍不得放手让知道自己必将远走他乡的女主角离开，陌生人来到这里感受到的是无法遁逃的欺骗与危险。不论是哪一种形象，小镇总是一个适宜讲述戏剧性事件和阴谋故事的地方，但是，住在小镇上的人究竟是什么样的却鲜为人知。[13]

我的这项研究主要采取对小镇的现有居民进行半结构化定性深度访谈的方式来完成。来自 43 个州、300 座小镇的 700 多位居民接受了访谈，包括社区领袖，例如市长、镇上的行政管理人员、教育局长、企业主和牧师等。他们对于社区存在的问题、发展趋势、面临的挑战等非常清楚，在讲解个人体会的同时，能够让我们对于小镇各类事件有个总体的认识。我们也采访了许多普通的小镇居民——农民、工人、教师、经理、家庭主妇、退休人士等等——他们中有的人一生都生活在小镇上，有的人则刚刚搬到小镇或者搬到小镇来有一段时间了。他们提供了丰富的视角，让我们深切理解了小镇居民的生活状态，知晓他们融入小镇社区的各种方式。出于数据对比的目的，我们也选择了一些居住在特定城市和郊区的人们进行访谈。此外，还有一些数据来自全国范围内的调查，评估了人们对社会、道德、宗教和政治问题的态度。从统计的数字上可以看出小镇数量、人口变化、职业种类、收入情况、教育水平、种族结构和年龄情况。[14]

据美国人口普查局预计，全美国大约有 19000 个建制居民点——这一数字在过去的 50 年里有所上升。其中，有 18000 多个建制居民点——占总建制居民点的 93%——的人口不足 25000 人。按这个标准测算，大约有 5300 万美国人生活在小镇上。但是，其中大约 20% 的建制居民点处在“城市边缘”，按照美国人口普查局的定义，这是一个连续的紧密相连的地区，总人口一般超过 50000 人。排除了这些地方，就剩下 14000 多座人口不足 25000 人、也算不上市区的小镇，就是这些地方居住着大约 3000 万美国人。[15]

除了被政府正式认定为建制居民点的小镇之外，作为“次级行政区”的新英格兰地区和纽约州的小镇就相当于当地的市政自治体，通常会有建制名称、市镇厅、管理委员会和商业区，让镇上的居民清晰地感受到社区的存在。例如，康涅狄格州的迦南，位于哈特佛德西北 40 英里处，镇上大约有 1200 多人；纽约的威尔斯伯勒，位于普拉茨堡以南 30 英里处，镇上大约有 2000 人；马萨诸塞州的梅里马克，靠近新罕布什尔州，在波士顿的上方，镇上有 6300 人；缅因州的利奇菲尔德，位于波特兰市以北 50 英里处，有 3600 人。[16] 2010 年，非城市地区有 1723 个人口不足 25000 人的小镇，约有 450 万人生活在这样的社区。如果这些小镇也算进去的话，整个美国人口不足 25000 人且不处于城市边缘地带的小镇总数增加到 16307 个，生活在这些地区的人口总数则达到 3370 万。[17]

在许多被定义为小镇的非城市地区和次级行政区的小镇中，绝大部分规模都非常小。9000 多个小镇或者 56% 的地区的人口都不会超过 1000 人（见图 1.1）。另外 16% 的地区人口在 1000 ～ 2000 人之间，还有 16% 的地区人口则在 2000 ～ 5000 人之间。仅有 7% 的地区人口达到了 5000 ～ 10000 人，只有 4% 的地区人口在 10000 ～ 25000 人之间。[18]

然而，大多数小镇居民都住在人口较多的地区。29% 的小

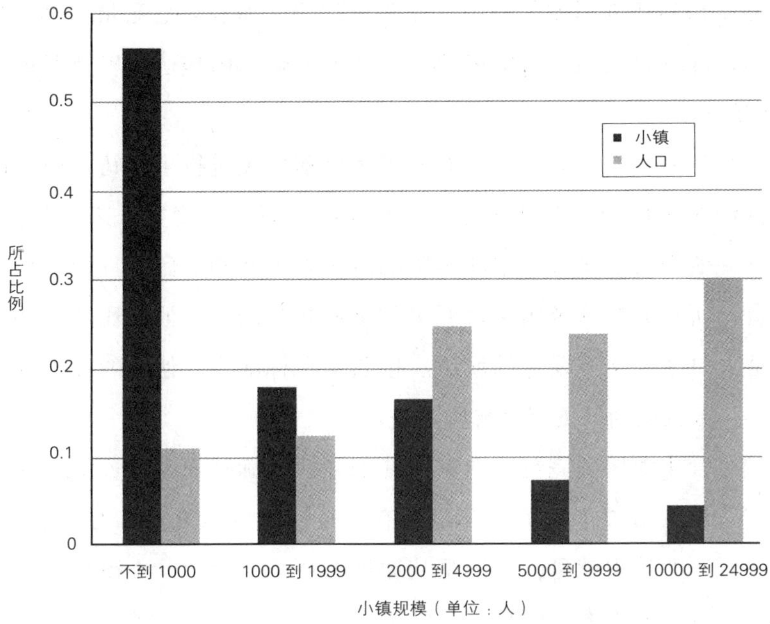

图 1.1 非城市小镇按人口的分布

镇居民生活在人口 10000 ～ 25000 人的小镇上，23% 生活在人口 5000 ～ 10000 人的小镇上，还有 24% 生活在人口仅为 2000 ～ 5000 人的小镇上，只有 11% 的人生活在人口不足 1000 人的小镇上。[19]

单从数字上来看，人口不超过 25000 的非市区小城镇占全国市镇总数的 75%。这一比例在阿拉斯加州、阿肯色州、艾奥瓦州、堪萨斯州、缅因州、密西西比州、蒙大拿州、内布拉斯加州、北达科他州、南达科他州、俄克拉何马州、佛蒙特州以及怀俄明州等地最高（超过了 90%），而在加利福尼亚州、康涅狄格州、马萨诸塞州和罗得岛最低。生活在非市区小城镇（在居住于任一小镇或城市的所有人中）的人口比例则是亚拉巴马州、阿肯色州、艾奥瓦州、堪萨斯州、肯塔基州、路易斯安那州、缅因州、密西西比州、内布拉斯加州、新罕布什尔州、北达科他州、南达科他州、佛蒙特州、西弗吉尼亚州和怀俄明州等最高，亚利桑那州、加利福尼亚州、康涅狄格州、佛罗里达州、马萨诸塞州、新泽西州、内华达州以及罗得岛等州最低。

我们对人口达到25000的非市区城镇居民进行了采访，当被问及他们是否认为所在社区是一个小镇的时候，大多数人表示同意。当然，他们对于接近上限和下限的城镇做了明确的区分。但是他们把自己所在的社区视为小镇所用的参照物是城市，他们比照的城市都是人口在几十万以上的城市。按照这个标准看，他们的社区麻雀虽小，五脏俱全，更容易被认为是一个独立的地区。[20]

尽管小镇居民完全明白其所在的社区的确规模很小，但生活在城市里的人对“小镇美国”是否有一个明晰的认知，却并不明显。人们普遍的认识就是，不论是从地理上还是文化上，小镇与中心大都市都有着相当大的距离。小镇可能偏居大草原的一隅，或者位于山区某个偏僻的角落。的确，生活在城市的人很可能要走很长的路才能远离城市，但是一旦走出了城市，人们会清楚地发现小镇依然是美国国土的重要特征。通常就全国范围而言，每隔12英里，就有一个人口不到25000人的小镇，比如，佛罗里达州、密西西比州、得克萨斯州和弗吉尼亚州处于这个平均水平。而在其他的州，包括伊利诺伊州、印第安纳州、艾奥瓦州、俄亥俄州以及宾夕法尼亚州等，平均每隔七八英里就有一个小镇。只有在人烟稀少的西部各州，例如蒙大拿州、内华达州、新墨西哥州和怀俄明州等，小镇之间平均相隔30多英里。[21]

参与此次研究的采访对象从来自各种人口基数的小镇中选出。其中有接近1/3的采访对象居住在人口不足1000人的小镇，另有1/3生活的小镇人口超过了1000，但是不到10000人。大约10%的采访对象居住在人口在10000～25000人的小镇上，作为对比，约1/5的采访对象来自25000～50000人的社区，而其余的受访者生活在人口更多的地方。生活在人口不足 25000 人小镇的采访对象，是从位于非都市地区的小镇中进一步挑选出来的。人口超过 50000 人的市区到这些小镇的平均距离为 67 英里，中位*距离为 54 英里。

采访中，我们邀请小镇居民用他们自己的语言畅谈他们为何又是如何来到目前的居住地，他们的日常生活如何，以何种职业谋生，有着什么样的希望与祈盼，以及如何评价自己的生活。居民们描述了所生活的社区、当地的氛围，讲述了他们对小镇的爱与不爱，也谈到了他们与邻居们如何经营生计。他们还谈论了当地的政治问题、社区所面临的挑战和创新以及社会道德等问题。小镇领导、牧师、志愿组织领导者以及当地官员在采访中就信仰、价值观和生活在小镇的意义等都补充了自己的看法。[22]

下一章描绘了一幅小镇居民的原始图景，重点考察构建小型社区的社会阶层的多样性。处在最上端的是一小群绅士名流，在大多数小镇上，这些人通常都是富有的地主、成功的企业主、一些高端专业人士，例如医生、律师等。其次是庞大的服务阶层，他们通常接受过大学教育。这个阶层规模在不断扩大，原因有二，一是大多数城镇里的人们有对学校教育的持续需求，二是越来越多对医疗、商业以及政府各部门所提供的服务的需求。还有一个庞大的阶层由劳动者组成，他们通常没有接受过大学教育，从事制造业或建筑业，或者做办公室助理和农业劳动者。小镇上还有一大群退休或处于半退休状态的养老金申领者，他们通过社会保障、退休计划和兼职来获得生活保障。小镇上社会阶层之间的差异之大几乎可与城市中的社会阶层差异比肩，可是，为什么小镇居民依然坚定地认为小镇上每个人都一样？第 2 章探究了小镇居民所描述的不同社会阶层的特

* 中位数（Median），又称中值，统计学中的专有名词，代表一个样本、种群或概率分布中的一个数值，其可将数值集合划分为相等的上下两部分。

征，讨论了小镇居民想要模糊这些差异的期望。

接下来两个章节讨论的中心问题是：小镇居民是以何种方式建构小镇的意义，并通过这种方式加强自身对小镇以及对彼此的忠诚度。人们通常认为，吸引着小镇居民的是邻里之间彼此相识和熟悉的生活环境，来自他们自身的一些证据表明，需要更多地关注这些吸引力背后真正的意义何在。第 3 章探究的是，当小镇居民表示小镇给了他们慢节奏的生活，或是更具真实性的抚养孩子的空间，他们意欲何指。从这一章里，可以看出小镇居民完全明白生活在小镇的劣势，并采取了多种补偿措施，例如组织文化活动、经常去城市里走一走等等。在这章的末尾，小镇居民谈到了小镇的变化所带来的种种挑战。对于许多人来说，最大的变化就是新移民的到来以及新的种族多样性。而在有些小镇，人口流失、公共服务减少、生活水平降低则是最主要的问题。要想理解为什么小镇居民会认为他们的小镇正在消亡或是大不如前，或者要想明白为什么小镇居民会否认小镇的变化，仅仅依靠人口统计数字是不够的。这一章还展示了一些特别的事件，被居民们与小镇的衰落联系在一起，以及他们如何看待人们的逃离和小镇的损失。

第 4 章进一步细致地探讨了小镇居民心中社区精神最重要的来源。虽然人们普遍认为小镇积极鼓励群体参与，然而，却很少有人对小镇各类活动如返乡周末、体育比赛、社区节日所体现的社区精神的含义或来源做过研究。这一章还会讨论小镇居民是如何讲述社区的善举与礼仪，如何反思那些共同战胜个人或集体悲剧的特殊场合。社区精神的关键在于一种认知——镇上相熟之人皆为友善之邻。这种友善是如何通过一声问候或是街边驻足小谈而体现的，依然是需要探寻的问题。但是，邻里友好已经习惯成自然到何种程度，对于初到小镇生活的人来说仍然很难把握。因此，在适应当地生活方面，他们最具发言权。[23] 这一章结尾处，讨论了小镇居民讲的许多关于小镇生活相对自由、开放、亲近自然的故事，以此来对抗城市人对他们固有的负面印象。

第 5 章把视角从小镇居民对社区的看法转移到他们如何看待自身生活上面。在这一章里，人们可以看到小镇构建了一种“青蛙池塘”的身份认同，小镇居民据此找到了其选择小镇生活的理由——生活在小镇的决定是限制了职业的发展，还是扩大了就业的机会？是感到后悔，还是依然满足于自己的决定？居民们的确描述了小镇上的多种成长方式，或者选择生活在一个这样的小镇究竟如何限制了他们获取更好的工作机会和更高的报酬。同样重要的是，小镇居民对这些限制如何加以解释。提到最多的是个人的交际网络、家庭的忠诚度以及缺乏进入高等学府学习的适当指导。除此之外，他们还重点谈到希望能够平衡与家人相处和与朋友相聚的时间，或是能够在小镇寻找到真正属于自己和孩子的生活。尽管小镇居民普遍都谈到了生活之地的选择问题，但是相当多的人承认由于无法预见且难以控制的环境和事件，他们只能随遇而安。通常，女性和男性对这些选择和环境的描述是完全不同的，在女性看来，既然机遇已逝，最重要的就是要扮演好妻子和母亲的角色，作为替代而得到满足。耕种的传统也对小镇居民的生活产生了很大的影响。尽管在过去的两代人中，从事农业生产的人数大幅下降，但是从小在农场里长大或是期盼有一天从父母或祖父母手里接管农场的影响依然如故。

接下来两章会把重点转向小镇领导者和各类组织，他们在帮助小镇适应不断变化的社会和经济环境中起到了关键作用。第 6 章讨论的是一些正式和非正式的领导者，包括本地公共官员和志愿组织的领导者。你可以看出小镇居民对于领导者的尊重，领导者又是如何利用这份尊重来履行他们的职责。领导者谈到了他们为什么要承担这份公民责任，个中的艰辛和满足，他们还谈到了这些活动如何帮助自己赢得大地方的公职。有时候，人们会觉得小镇没什么有趣的文化设施，但是文化领袖依然很重要，对于居民理解小镇历史和身份地位方面的作用尤其明显。小镇真切地期望能够吸引更多人口和工作机会，留住当地的学校和商业。有此经验的小镇领导者则拒绝改变，认为更小规模、更实际的项目才更适合小镇。然而，从小镇领导者对于新技术、电子通讯、可持续能源项目的描述，以及灾后重建的行动来看，小镇是社会创新的实验室。

第 7 章主要探讨宗教团体在小镇发挥的作用。小镇居民对宗教活动的参与度在某种程度上比人口更多的地区高，但是基本上没有太大的差异。在小镇居民的意识中，宗教有着非常重要的地位。这种认识更多是源于宗教建筑的存在以及宗教团体组织了许多公众可以参与的活动，而与信仰和实践的统计标准并无太大的关系。宗教团体在社区关爱行动的集体行为上发挥着重要的作用，它们通过宣教之旅、人道主义救援等一系列方式将小镇与外面的世界日益联系起来。在人口不断减少的小镇，宗教团体也在不断地尝试新的方法以满足信徒的需求和利益，这包括聚集会众、共享牧师、教堂合并或者关闭等等。

接下来的两章将重点探讨小镇的社会问题和政治问题。第 8 章讲述的是道德的衰败与人口数量的降低和工作机会的减少如何相互作用。小镇居民提到最多的道德问题就是堕胎、同性恋和学校教育，例如，一方面学校在教授人类进化论，一方面又在讲述《摩西十诫》和圣经创世故事。尽管小镇居民对于这些存在的问题看法不一，但在公众话语中保守一方的观点更为普遍，体现出来的措辞风格更容易让人感受到这是多数人的观点，而非个人意见。

第 9 章阐述了小镇居民对大政府的各种不满，例如，担心官僚体制的庞大规模、担心政府无法适应人人相熟的小镇特殊规定和习惯、担心政府对小镇居民的需求无动于衷却对城市的各种问题倍加关心。在社会福利方面对小镇人民的偏见更加剧了人们对政府的不满情绪。相对于小镇居民对州政府和联邦政府的认知，对当地政府的态度要更加宽厚，但冲突总是不可避免的。平均来说，较之民主党的候选人，小镇居民只是稍稍地倾向于共和党的候选人，但是在许多小镇共和党居于主流。本章讨论了共和党受欢迎的原因，并在这一章的结尾处探讨了小镇目前存在草根民粹主义运动的可能性。

第 10 章深入剖析了小镇生活的另一方面，它带给人们的焦虑远远胜过采访中所谈到的其他问题：对下一代而言，小镇可能——或者没有可能——给予的未来。正如小镇居民所见，在小镇上长大的年轻人都应当进入大学，以应对不可预知的未来。但是，各种原因以及这些原因背后人们的种种担忧远比宽泛的调查和人口普查数据结果复杂得多。尽管在小镇居民——比如父母和教育工作者——看来，高等教育非常重要，但是他们也承认小镇文化的某些方面阻碍了年轻人为接受大学教育做出合理规划，例如，早婚会给年轻人带来压力，缺乏自信也是致命的硬伤。小镇居民在给年轻人的未来提出建议时很看重目标，多样化的选择也体现在其中。采访中很有趣的一点是，他们都会强调，不论生活在何处，都要将小镇的价值观发扬光大——对于那些依旧生活在小镇上的人来说，也需要给自己留有选择的余地。

在最后一章里，我把观察到的构成小镇居民社群意识的各种因素进行了总结性的思考。我利用了苏珊·凯勒（Suzanne Keller）对社区生活的人种志研究成果，她认为社区由 10 个关键部分组成，包括社会资本专业的学生感兴趣的社会关系的有形部分，尤其是社会网络、分享与合作，同时也强调地域、管理方式、领导力、习俗、信仰、价值观和行为指导准则。

贯穿所有这些主题的是一个总体的观点，对此我会反复谈到。小镇社区的意义似乎已经变成一种常识，用克利福德·格尔茨（Clifford Geertz）的话说就是，小镇的意义“就这么直白地显现在我们眼前，不需要看也能够明白”。[24] 做研究的时候，我不止一次有这种体会，尤其是专门研究社区的学者问我为什么要研究小镇的社区意义时，也提醒了我这一点。“每个人都知道小镇上有社区。”他说。没错，但这不是更凸显了探寻社区意义的重要性吗？[25]

这个问题的答案并不是把其意义分解成几个容易理解的部分，也不是创建各种类型来给复杂的小镇文化分类，而是要分析“生活在小镇上”这种反射性自我意识如何体现在小镇居民对他们生活特点的描述中。从这个角度看，社区不仅仅是居住之所，或是社交网络，更是世界观的构成部分。作为社区的一部分——生活在小镇上——意味着社区就像种族、性别、职业、国籍或居民身份一样都是自我认同的组成部分。

在研究小镇居民习以为常的自我认知时，我们发现这种认知塑造了他们对于定义和区分社会阶层的差异性的理解。作为社群的一员，他们得以看到不同社会阶层之间的关系，并消除这种差异。社群意识进一步改变了不同生活体验和价值观的意义，诸如生活的节奏、距离、娱乐活动、真实性、孩子、邻里关系等等都可以通过生活在小地方这样的镜头得到感知。同样，这也影响着处于“青蛙池塘”的人们如何解读职业选择和金钱的意义，人们的道德情操、宗教情感和政治情绪都被灌注了特殊的心理效价。

本书的观点无意指出小镇居民的人生观与城市和市郊的居民有着根本的不同。正如许多学者所说，我们有理由相信，电视、广告、放松身心的旅行与交流、地理上的流动性甚至标准化的食品加工——麦当劳化（McDonadization）——都推动建立了一个包括城市、郊区、小镇以及乡村在内的共通文化。[26] 关键之处在于，不同的社区具有特定的含义，造成这种特殊性的因素不仅包括社区的规模，也包括人们所生活的地点。要想了解社区就必须了解它对生活于此的人们的意义何在，就好比你需要理解母亲的意义。也许社区是普遍存在的，但是社区的意义却因人而异，也正是因为这样的差异性才产生了价值。在现实生活中，人们总是通过描述日常的生活经验来定义自己。对于大多数小镇居民来说，社区显著地、深刻地被编构于他们的描述中。[27] 在小型社区里，直觉与情感、个人故事与小镇传说、日常街边闲谈和年度节庆与小镇居民的家族历史、邻里关系相互交织，汇聚、融合而成一股难以名状的强大的联结纽带。

第 2 章　你必须和每个人打交道：小镇居民

布赖恩 · 帕克住的地方，是一幢 20 世纪 20 年代建造的二层小楼，房子又大又宽敞。房子后面是久经风雨的车库，面积有两个储藏室那么大，南面则有一个大花园，花园里长着一排排早已熟透了的西红柿和西葫芦。帕克先生在离小镇几英里的地方租了几英亩土地来耕种，与此同时，他和妻子拉维恩还在镇上开了一家规模不大的五金店，为当地的 400 多人提供服务。如果有人愿意听，这对快人快语的夫妇会滔滔不绝地讲述小镇的生活。

25 年前，帕克夫妇搬到这里来的时候，整个社区要比现在大一半。如今，农场的面积在不断增加，但是数量却在不断减少。年轻人都已经搬走了，除了这家五金店。如今，主街上还有 1 家销售拖拉机和化肥的农资商店、邮局、老年人中心、州银行分部、咖啡店和 5 幢空置的建筑。如若要看医生或者购买食品（除了少数必需品），帕克夫妇都要驾车去 15 英里以外、拥有 5500 人的县城。自从 20 世纪 70 年代以来，县城里的人口也减少了近 50%。

和周围大多数的邻居不同，帕克夫妇并不是在小镇上长大的。他们在 200 英里以外的另一个大城市郊区长大。高中毕业以后，帕克夫妇都升入大学，大学毕业后，在另外一个州找到了工作。但是，帕克太太的祖父母都生活在小镇上，小的时候，她就特别喜欢来拜访他们，尤其喜欢呼吸这里的新鲜空气，瞧瞧附近的农场。于是，帕克夫妇的第一个孩子出生之后，他们就决定要把家安在小镇上。他们大胆地辞去了城里的工作，尽可能地节衣缩食，终于让一切按部就班，走上正轨。由于曾经在城市里生活过，因此，帕克夫妇深知小镇是怎样地不同。“我们思考了很多关于城市生活和乡村生活之间的差异，”帕克先生说，“在城市里生活，你会倾向于和你处在同一社会经济阶层的人一起出门消遣。正如人们常说的那样，物以类聚，人以群分。但在乡村，你不可能是那样。你必须和每个人打交道，富有的、贫穷的，农民、兽医、会计等等。你不可能躲在自己的世界里。”

我们要想了解小镇居民如何看待他们的社区、而社区又如何形成他们的行为和想法，就必须从研究这些居民开始——包括像帕克夫妇这样离开城市迁移到小镇上的居民以及世世代代都生活在小镇上的居民。这样，我们发现了一个有趣的、具有反讽意味的现象。在美国，生活在小镇上的人成百上千万，各有不同，民族背景、种族、年龄、家庭类型、性别取向、教育水平、职业和收入多少都不一样。与此同时，小镇居民却认为他们彼此其实没有什么不同，在他们眼里，其他小镇居民都和自己一样：崇尚民主、邻里友好、基本平等。

融为一体

事实上，正如美国其他的地方一样，小镇生活也是划分等级层次的。20 世纪 70 年代的时候，人口学家格伦 · 格奎特（Glenn Guguitt）、大卫 · 布朗（David Brown）和凯文 · 比尔（Calvin Beale）对美国乡村和小镇做了研究，发现在这些地方每个人的收入都有着很大的差异，例如，在有些小镇上，2/3 白人男性的生活水准高于国家

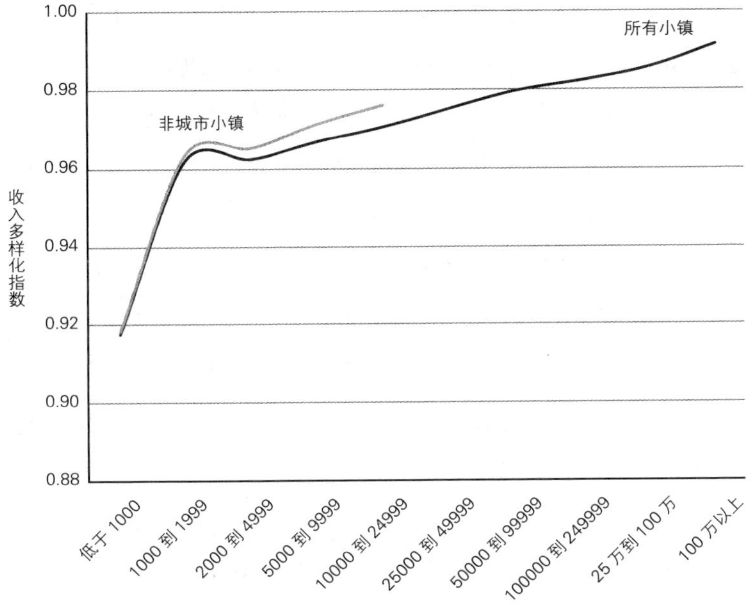

图 2.1 根据地方规模不同而产生的收入多样性

的平均水平，而 12%～16%非市区小镇的居民则生活贫困。[1] 更多最新的数据表明，人口不足 25000 人的非市区小镇中有 1.1% 的家庭收入至少是平均收入水平的 5 倍，而另一方面，这些小镇上有 25% 的家庭收入还不到平均收入的一半。[2]

然而，实际情况是，小镇的经济多样性还是略低于较大的地方。多样性指数的值越大，意味着两个家庭属于相同收入区间的可能性越小。如图 2.1 所示，小镇越大，多样性指数越高。在最小的城镇里，收入多样性尤其低，就所有小镇或仅仅是非都市地区小镇而言，多样性水平近乎相同。但是，在那些最小的城镇中，收入多样性变化也相当大。例如，收入多样性最低的是得克萨斯州的科瑞尔、爱达荷州的哈莫、北达科他州的基夫以及堪萨斯州的米尔德里德（都是人口低于 100 人的小镇）。相比之下，一些人口较多的小镇——如肯塔基州的库塔瓦、弗吉尼亚州的米德尔堡和马里兰州的牛津（人口都超过了 600 人）——其收入多样性与许多小城市旗鼓相当。[3]

20 世纪 20 到 60 年代在小镇进行的人种志研究几乎都会提及贫富之间、有权之人与无权之辈之间的地位差异。但是，当这些学者听到他们采访的小镇居民异口同声地表示，小镇上每个人都一样时，他们感到很诧异。例如，笔名为詹姆斯 · 韦斯特（James West）的人类学家卡尔 · 威瑟斯（Carl Withers）在 20 世纪 40 年代早期发现，在密苏里州西南部有一个只有 275 人的小镇普莱恩维尔，小镇上的居民"完全否认在他们的社区里会有阶层之分"。他们开诚布公地谈论在其他地方见证的贫富差异，但是骄傲地宣称，"这是一个人人平等的地方"。社会学家亚瑟 · 维迪奇（Arthur Vidich）和约瑟夫 · 本斯曼（Joseph Bensman）也遇到过同样的事。20 世纪 50 年代，在对一个人口为 1000 人的新英格兰小镇进行研究之时，他们的结论是，认为"我们都是一样的"是小镇居民最重要的特征之一。[4]

当时那个年代对社区研究的一个共同点就是，把小镇居民对其基本平等的认知当作是一种错误意识。研究者认为，正如普莱恩维尔小镇研究所显示的结果，小镇居民对社区的这种理解是因为他们单纯地不愿意承认小镇里有社会阶层的差别。又或者像维迪奇和本斯曼所认为的那样，小镇居民对于社区的理解被极具意义但流于表面的地方礼仪规范所掩盖，例如和路人打招呼。那几十年里，社会学家认为，社会学的任务就是要让那些被小镇居民忽视或不愿意承认的有关社会分层的冷酷事实大白于天下。[5]

但是，另外一种完全不同的观点对于理解当代小镇居民的地位差异和自我认知有着更大的作用。这种观点强调，地位差异确实存在，也为小镇居民所知晓，但也同样存在一种与这些地位差异联系在一起的小镇居民的期望。正是这些期望促进了社区的幸福生活，并因此强化了社区成员之间融为一体的感觉。换句话说，尽管小镇居民在收入水平和职业声望上有明显的差别，但是小镇上却存在着增进团结之情的社会准则。如果不近距离地了解导致这些身份区隔形成的原因，就无法理解这种准则究竟是如何运转的。与城市或郊区一样，身份区隔根植于收入水平、教育程度、职业和生活方式上的差异，同时也反映了人们在社区中所扮演的具备不同功能的角色——如医生、教师、银行职员、家庭妇女、劳动者或者退休人士。劳动分工由此应运而生，告诉我们小型社区如何维持运转以及为什么小镇居民会认为小镇魅力无穷。至少这些身份区隔中有一部分进一步反映出早期人种志研究以来几十年间小镇所发生的变化。

小镇现存的劳动分工模式同样也出现在诸如电影小说这样的虚构的故事里。这些故事对小镇的描述进一步突显了身份区隔。故事的主要人物包括对社区其他人颐指气使的小镇元老、处于正确或错误一方的家庭，以及被小镇居民视为外来者或流浪汉的人。为了更好地讲述故事，许多人物的对比被夸大了，不能准确地描述小镇的身份区隔。但是，这些作品却抓住了小镇生活一个重要的方面：在现实生活中，小镇居民会彼此比较，将邻居依据不同的身份进行分类。

在《区分：判断力的社会批判》一书中，作者皮埃尔·布迪厄（Pierre Bourdieu）提到，不能仅仅简单地从财富或者权力的角度来衡量社会地位，而是应该从某一地方的文化动态来理解。这些文化动态涉及象征性边界的生成。象征性边界通过自我认知以及被其他社会集团认知的方式来对社会集团加以区分。这样的区隔变成了习惯的一部分——理所当然的生活习惯——形成了个人的行为和社会关系。人们在完成日常生活的各项事务时，增强了这些区隔。一些界限，如种族隔离制度下的种族差异，是通过强制和社会习俗不断渗透形成的硬性区别，而另一些界限则不是硬性的，容易被模糊和跨越。在布迪厄看来，地位标识不仅仅将不同的人进行了区分，而且还揭示了构成社会秩序和社群团结基础的潜在社会关系。[6]

21 世纪小镇区隔的标识反映出人们所熟悉的等级阶梯，包含着收入水平、受教育程度和职业上的差异。除此之外，区隔的主要类型揭示了对于所期望的社区与个人和家庭之间关系的重要理解。处于顶层的上流人士不论是在正式还是非正式权力结构中都占据一席之地，并在小型社区的经济和日常生活中发挥重要作用。紧随其后的是另外两类人，小镇上的绝大多数居民都属于这两个社会集群：服务阶层和工薪阶层。处于退休或半退休状态，可以领取养老金的人则构成了小镇的第四类人，另外总还有一些人无法归为以上任何一类。

上流人士所占的小镇人口比例不超过 2% ～ 5%，也就是说，在规模最小的镇上，这类人屈指可数，而在人口较多的镇上，数量就可高达几百了。这些人资藉豪富，享负盛名，他们有的是卓越的地产持有者，有的是家族产业的继承者，有的则是具有影响力的人物。[7] 在这类人之下是服务阶层，他们的财富与影响力无法与第一阶层的小镇居民相比，但是，现如今，大多数小镇中这一阶层的居民都上过大学，从事白领的工作或者其他中产阶级的行业。他们所做的工作普遍被认为是对社区和居民有价值的服务，例如教书、医疗保健、政府服务或是经营零售商店和农场。服务阶层的小镇居民是领薪资的或是以营业收入和投资赢利为主要经济来源，而工薪阶层主要从事按时计薪的工作，他们通常只有高中毕业或者在高中毕业之后接受过职业技术培训。他们经常在小型制造厂和建筑工地工作，或者担任办公室文员、教师助理和护士，也有的会去农场工作。领取养老金的这部分居民，有的已退休，有的处于半退休的状态，他们依靠养老金、个人存款和社会保障维持生活。通过对各个阶层小镇居民的采访，我们不仅了解是什么将他们区分开来，而且还揭示了将他们联系在一起的纽带。

上流阶层

农场主巴德 · 詹森就是小镇上拥有土地的上流阶层的典型代表。他所在的小镇大约有 4500 人，主要是农场主、农场工人、建筑工人，还有大批的政府官员、教师、商店营业员和退休人士。一排雪松和落叶松将詹森夫妇宽敞的农场风格的房屋与小镇边界的道路分隔开来。路的另一边是成片的黄豆和玉米地，绵延几英里。1980 年，小镇的面积要比现在大 20%，由于这一带农场区域扩大，人口逐渐减少。但是，附近有一条州际公路，这座小镇又是县城首府，拥有一所职业技术学校、一个电台、一家医院——所有这些使这座小镇成了重要的地区枢纽，意味着这个社区没有消亡的危险。

今天，詹森先生刚刚将几年前买的土地上废弃的农庄清理完毕归来。他用的是自己的推土机，在离小镇 15 英里的农场里，他还有一个拖拉机车队、收割机和中耕机 *。在回家的路上，他还绕道去了另外一片田地，那里他准备秋天种些小米。“我得去看看杂草的状况，看什么时候喷药比较合适。”他说。如果今天晚上不下雨，他打算明天去 25 英里以外的田里耕作。

詹森先生是第 3 代农场主，与许多从 19 世纪开始祖辈就买地建农场的邻居不同，詹森先生从 20 世纪 60 年代才开始拥有自己的土地。他生长在州内另一个地方的小农场，从小就帮助父亲养牛，期待高中毕业以后子承父业。那个时候经济紧张，但是牛肉市场却很稳定，靠着打零工，詹森先生赚得了第一桶金，买下了他自己的第一片田地。几十年来，他和妻子节衣缩食、勤奋工作，渐渐地积累起了自己的财富。

目前，他经营着 9000 多英亩的农场，面积相当于小镇上普通农

---

*　农作物生长过程中用来进行松土、除草、培土等作业的土壤耕作机械。

场主农场面积的 6 倍，这其中既有他自己的土地，也有租来的土地，横跨两个县，直径 8 英里。他手中最大的田地有 2 平方英里，面积超过 1200 英亩。詹森先生今年 70 岁，如今和儿子一起经营农场，但是开拖拉机的工作大部分都由他来完成。他开着一台价值 15 万美元的 550 马力的拖拉机，拉着一台 60 英尺的中耕机，天气好的时候可以每小时耕种 40 英亩土地。“按照年纪，我可以退休了，”他表示，“但是我的字典里从来就没有‘退休’这两个字。老当益壮，我会继续工作。”

詹森夫妇绝不是小镇上最富有的家庭。镇上其他几位农场主手里拥有的土地比他们更多。可是，很明显，大农场主都是本地精英。詹森夫妇住在小镇边上一块新的地方，房子的价值是普通人家房子的 2 倍，他们的年收入让他们跻身小镇最富有的 1% ～ 1.5% 的家庭。由于每年降雨量和粮食价格都有所不同，他们的现金流也随之不断发生变化。但是，农作物保险和政府补贴抵销了价格波动带来的影响。此外，几十年来，土地价值一直在稳步上涨。

詹森夫妇的生活方式显示了他们在小镇的上层地位。他们是镇上最高级别的教会——长老会的正式会员，他们有足够的钱出门旅行。和镇上其他的精英人士一样，詹森夫妇被寄予厚望可以承担社区的一些领导职务，而且，他们也确实通过志愿者活动在很大程度上发挥了领导的作用。多年来，詹森先生一直是教会董事会的成员，也是麋鹿俱乐部的一员，一直到几年以前，这家俱乐部一直经营着镇上最高档的餐馆。詹森夫人则在医院里担任志愿者，詹森先生还是狮子会社区委员会的主席。

通常，拥有土地的上流人士经济实力雄厚，在其他州有度假屋或是拥有私人飞机。他们在小镇想不引人注目也不是一件容易的事。他们居住的房屋通常比一般人的房屋更大更新，雇得起用人，利用周末去看球赛或者逛街购物。他们获得财富的方式，以及他们为照料土地所做的一切决定了社区内其他人对他们的看法。“噢，没错，那些人简直就是农场主之神、牧场主之神。”一位被大大小小农场和牧场包围着的小镇店主说道，流露出低收入人群对于富有阶层常有的一种复杂情绪。

就詹森先生自身而言，与祖祖辈辈都生活在这里的邻居们相比，有时候他觉得自己像个外来者，但是，刚来的时候他身无分文，通过辛苦劳作才积累了现在的财富，这赢得了小镇其他居民的敬重。那些通过在大萧条时期挤占穷人土地，或者因为在其土地上发现了石油或是天然气而发财致富并购买土地的上流人士，是不会得到小镇居民的尊敬的。通常像詹森先生这样，亲自下地劳作，同时还为社区的公民董事会服务的人，才会受到尊重。

尽管拥有土地总是与体力劳动相伴相随，但是这些上流人士的日常生活通常还是会被办公室工作和管理事务所占据。“我要花很多时间坐在电脑前。”一位农场主如是说。他在另一个高原小镇上拥有一大片水浇地，每天第一件事就是查看海外金融市场，决定是否要出售部分粮食。手上握有 4 万到 5 万蒲式耳 * 的粮食库存，10 到 20 美分之间的价格波动会产生显著的差异。其他的时候，他会在网上研究农作物报告，了解最新的转基因品种，决定是否要贷款以及购买新的设备。比如，他最近一直在计算购买新的灌溉井发动机以利用替代燃料的相关费用。播种季和丰收季来临的时候，他还是会成天待在地里干活，但是，他说越来越多的工作是在室内完成的。

对于那些除了在报纸上读到的之外对农业一无所知的城里人来说，有一点很重要，许多生活在小镇农场里或附近的人并不是真的属于拥有土地的上流阶层。这是因为他们所耕种的土地其实属于其

* 蒲式耳，bushel，计量单位，用于固体物质尤其是农产品的体积测量，但蒲式耳与其他计量单位在不同国家的实际换算中有差别，例如，1 蒲式耳在英国相当于 36.268 升（公制），在美国则相当于 35.238 升（公制）。

他人，他们所使用的机器也是向银行贷款买的。例如，我们在一个大约 13000 人的小镇上遇到一对 40 岁出头的夫妻。他们耕种的土地有 1500 英亩，远远超出了他们所在县的平均水平。但是，他们自己的土地只有 80 英亩，其余的土地归妻子的母亲以及几个叔伯阿姨所有。他们有的已经退休，有的从父辈那里继承了土地，因为这是家族的土地所以保留了下来。这对夫妻如果经营得不错，继承了现在承租的土地的话，可能最后也会成为拥有土地的上流人士。但是，就目前来说，不得不买的设备已经让他们负债累累，预计这种情况还会持续下去。有朝一日，贷款还清了，设备也老旧过时了，需要购买更贵的更新换代。现在他们觉得自己更像工薪阶层而不是上流人士。收成欠佳的那几年，妻子通过在学校教书、在保险公司工作以补贴家用。

如今，大多数小镇上，参与农业生产的精英人士越来越少，更多的精英人士会通过其他方式获得在小镇中的地位。几十年来，除了从事种植业和畜牧业以外，最可能获得精英人士地位的职业就是社区的医生和律师。人们普遍对乡村医生或律师的印象就是受过良好的教育，很可能在其他地方长大，上医学院或者法学院的时候在城市里生活过，有良好的艺术品位和文学修养，由于小镇简单的生活氛围和成为社区领导者的机会而移居小镇。[8] 近几十年以来，一些人口不断下降的小型社区一直在努力吸引并留住医生（律师还没有那么匮乏），这些医生可能会选择去城市或郊区工作，那里医院更先进，成为专科医生的机会也会更大。但是，人口在 5000 ～ 25000 之间的小镇确保可以从政府项目以及病人的医疗保险计划中获得足够的资金，维持像样的诊所和规模较小的医院。对于那些在小镇诊所和医院工作的医生来说，加入小镇精英队伍的机会依然存在。仅仅是拥有上佳的专业背景这一条就足以保证他们进入社区上层。[9]

理查德·施内尔医生住的是一幢宽敞明亮的砖房，位于拥有

12000 名居民的阳光地带（Sunbelt）小镇中心 3 英里以外一个转角处。周围的住宅区是镇上相对较新也最贵的地段。如果房屋出售的话，市价可高达小镇房屋中间价格的 4 倍，就价值而言，属于最贵的 50 幢房屋之一。去年，理查德 · 施内尔医生退休了，他的收入属于小镇排名前 1.5% 的家庭，他卖掉诊所又挣了一大笔钱，仅靠这些投资的利息，医生夫妇就可以衣食无忧了。

现在的生活对于施内尔医生来说已经很完美了。小的时候，他生活贫困，常常要帮助父亲——一个煤矿工人——拉着一群骡子耕种家里那几英亩棉花地和花生地。他回忆说，那个时候他的高中同学大都跟着父辈进了煤矿工作，但是，他很早就下定决心，只要有可能就一定要改变生活现状。随后，他参了军，在军队里一待就是 4 年，攒够了钱就去上了大专，找了一份教师的工作，结婚生子，在妻子的支持下又一路完成了大学和医学院的学习。他决定定居在小镇是因为当时正好有一个空缺的职位。几十年以来，小镇的人口增加了 1/3，他的诊所也扩展了不少。

施内尔医生本来只要在工作的时候给病人看病，其余的时间可以打打高尔夫、度度假，但是，生活在小镇上就意味着必须要参与到整个社区事务中去。他记得 20 多年前的一个晚上，一些朋友邀请他们夫妇前往家中参加圣诞聚会。这些都是同住一个社区、在教会和公民俱乐部认识的朋友，其中一个是银行家，另外一个投资了石油和天然气。谈论的话题转向了政治。“我们当时正在寻找竞选市政府委员会的人选，”他说，“我们想让乔治去参选。”乔治去参加了竞选并获得了胜利。

按理说，故事到这里该结束了。但是，施内尔医生的妻子伊丽莎白又把话接了过去，把故事讲完。她解释说，因为他们的朋友乔治，她的丈夫也加入了社区服务中。施内尔医生很谦虚地没有提到自己，事实上，他在市政府委员会里工作了 22 年，担任过一届市长职务，接受过年度荣誉市民的褒奖。

除了作为医生本身的机遇以外，医疗保健和相关社会服务业在美国许多小镇也是名声在外，为那些拥有或管理诊所、医院、康复中心和协助生活计划的高层管理人员提供高薪的职位。即便在人口不足10000的小镇上，有时候，与健康相关的企业也拥有上百名员工，在更大一些的小镇，员工的数量经常会更多。其他小镇居民很容易就把这些在当地有声望的大企业的高层管理人员看作上流阶层中的一员。

约瑟夫·格里姆肖就是一个典型例子。因为管理一家与健康相关的企业获得了成功，他成功地跻身于小镇的上流阶层。格里姆肖先生所在的小镇人口不到20000，近几年来，逐渐发展成为天然气生产、货车运输、农业综合企业的地区中心。他从小就在这里长大，父亲是一名汽车销售商，能维持体面的生活，但是绝对算不上富有。高中毕业以后，他加入了军队，找到了自己曾经认为缺乏的成熟和前进方向，结了婚，又回到了家乡上大学，主修商业。他曾计划搬到大城市，据说那里工作机会很多，但是家族的一位朋友让他去申请本地医院的管理职务。他去了，短短几年之后，他成了一家地区性医疗机构的CEO，拥有300多名员工，发展迅速。

凭借着技术和一些运气，格里姆肖先生在50岁生日之前将投资变成一个相当大的投资组合，辞去了CEO的职位。如今，他快60岁了，白天管理一家私人投资银行，下午查看他名下的几千英亩农田，打打高尔夫，做些志愿者工作。他一直是同济会的主席、商会的积极分子。现在他把自己的时间分成了几块，参加小镇的历史协会，参与天主教会的活动，担任州健康委员会委任成员。他表示他最大的愿望就是可以“彻底地经济独立”。像詹森先生和施内尔医生一样，他勤奋工作，白手起家，组织领导志愿服务活动，赢得了小镇居民的敬重，成为小镇上流阶层的一员。

另外一个成功的例子完美地诠释了在传统的乡村小镇，小镇上流人士的变化。雷蒙德 · 布赖尔是一名商品经纪人，和妻子住在拥有超过 20000 人的乡村小镇。由于轻工业的发展和新兴的替代能源设施的开发，这几年小镇的规模有所扩大。在这之前，任何人都不知道，即使生活在小镇上做个商品经纪人也能过上体面的生活，但是，互联网、银行管理制度的变化、小镇居民间的商品交易以及衍生品市场所带来的更为巨大的利润都让这个职业成为可能。布赖尔先生的幸福生活源于两件事。第一，他继承了相当多的财富；第二，他建立的关系网远远超出了小镇范围，这样，他即使不离开这里，依然可以赚取大笔的财富。在十几岁时他就开始为家族企业工作，大学毕业之后，他曾认真考虑过读法学院，但是他一直很清楚他想要留在家乡，于是最终决定回来开创事业。

40 岁的时候，布赖尔先生为县里的大部分地区提供燃料和成品油，由于当时县里的人口不断增长，燃料价格一直处在高位，因此，他的生意做得风生水起，也让他与当地和其他地区的许多人建立了联系。“走出去，与尽可能多的人打交道”是他的座右铭。有一次，他遇到一个人，告诉他有一个特许经营权可以使他成为商品经纪人，有了电子通讯和卫星连线，即使身处小镇，商业人士依然可以买卖对冲基金，进行商品期货交易。于是，他又多了一项技能，很快，为了自己和家人，他在这一行做得顺风顺水。

布赖尔一家居住在新的高尔夫球场社区，房子的车库可以同时停放 3 辆汽车，当然价格也要比周边房屋的平均价格高出 3 倍。“这才是生活的地方。”他说着，指着窗外高尔夫球场周围成荫的绿草和大树。布赖尔一家尤其不喜欢这里严酷的天气，他们总是到处旅行，经常出国，夏天他们会去天气凉爽的避暑胜地，冬天则会选择阳光温暖的地方。虽然他们把根扎在这里，但也会经常离开这里。

当然，人们并不总是把上流人士称作上流人士。小镇居民也会称他们是有钱的农场主、大地主、精英人士、有钱人，有时候也会轻蔑地称他们为自大狂，但通常都会称他们是乡村俱乐部会员。20世纪初期，乡村俱乐部就已经在较大的社区广泛流行开来，20世纪50年代期间，规模较小的城镇也开始盛行，很快就成了小型社区最明显的身份印记。[10]通常高尔夫球场旁边会有一个专供俱乐部会员享用的餐馆，有时候还会有个网球场。会员费和年费都很高，只有少数有钱人才付得起。在种族混居的社区里，会员身份只对占人口比例较高的白人开放。与镇上其他的餐馆相比，专属餐馆所提供的食物更精致、环境更雅致。这里也会有饮料供应，作为一家私人俱乐部，这里通常是镇上唯一一家可以不受公共场所禁酒令限制的地方。知道如何打高尔夫是高雅的一种体现，这也是一种炫耀性消费，意味着你要有充足的时间学习打高尔夫，足够的资金支付课程的费用、购买球具。“哦，吸引我们来这里的，”一座1300人小镇上的一位医生夫人表示，“是高尔夫球场。我们住在九号岭后面，那里是真正的理想家园。”

对于许多采访对象而言，作为乡村俱乐部的成员打高尔夫或者住在拥有私人高尔夫球场的街区是身份地位的象征，这被认作天经地义的事。然而，当一个小镇决定为了超过其他的小镇，要将九洞高尔夫球场扩大到十八洞时，这种地位的象征就变得更加明显。乡村俱乐部的会员费本来已经很高，会员们无法再承担扩建的费用。市政委员会和商会就介入此事，建议费用由它们承担，但是高尔夫球场要向公众开放,并重新命名。一旦名称从“乡村俱乐部”变成“山湖”，营业额就翻了一番。但是，这也是有好有坏。费用降低了，周末排队等候的时间也加长了。人们注意到客户群也发生了变化。这里不再只是富人们和他们的朋友相聚的地方，更多不同的人出现在这里。上流人士怀念过去这里只属于他们的时光，怀念过去不需要等待就可以打球的日子。从这样的争议中可以看出，乡村俱乐部在区分上流人士和小镇其他社会阶层中是多么重要。

服务阶层

排在上流阶层后面的就是服务阶层。这一阶层主要是至少接受过大学教育的工薪阶层，外加企业主和农场经营者，他们不领薪资，但是他们的教育程度和收入能够保证他们在住房、假期、休闲时光以及对下一代教育的期望上与工薪阶层保持相似的水平。属于这一类的职业大致包括会计、银行经理、教师、注册护士、政府官员。人数最多的是教师、学校的行政人员以及各种医疗工作者，他们大约占非市区小镇劳动力的 20%。另外有 15% 主要就职于公共行政部门、金融行政部门、保险业以及其他的服务行业。[11] 上流人士手里往往拥有大片土地或其他投资，这固化了他们与某个特定地区的联系。和他们不同的是，服务阶层的人以前可能，并且也许确实在其他地方生活，后来才选择来到现在居住的小镇。因为这是他们的选择，所以十分珍视可能将他们与小镇联系在一起的家庭出身，珍视对整个地区的亲近感，珍视那里的工作机会和氛围。虽然他们不如上流阶层富裕，但同样受到社区居民的尊重，参与社区的公民事务和社会生活，觉得自己为社区服务做出了宝贵的贡献。为社区服务对他们来说尤其重要，一方面他们感受到了自身的价值，另一方面这决定了小镇其他居民对他们的看法。

格雷格 · 帕森斯就是一个很好的例子。他为人和善，在玉米之乡的小农场里长大，奶牛和猪是农民的主要牲畜。20 世纪 70 年代，他和社区的一位农村女孩结了婚，开始从她父亲那里租一些土地。帕森斯夫妇用借来的钱，买了很多猪，过上了幸福的生活，直到有一年，一场瘟疫让他们失去大多数牲口。帕森斯夫妇举步维艰。“我们坐了下来，”他回忆道，“决定是否要将手头的资产卖掉，换成现金，以偿还债务。”计划成功了，在家人和妻子的帮助下，帕森斯先生在当地社区大学里得到了足够的学分，获得了会计的大专文凭。就在他临近毕业的时候，学校老师听说在离这里1个小时车程的小镇上有家银行正在招聘工作人员。帕森斯先生就去应聘了，并且成功获得了这个职位。小镇只有半平方英里大，人口不到700人，但是对于帕森斯夫妇来说，这不是问题。这个小镇和他们童年长大的农业小镇没有什么太大的区别，离他们的父母、兄弟姐妹也只有2个小时的车程。在处理银行的农业贷款时，帕森斯先生之前的农业背景发挥了很大的作用。最后，他成了这家银行的副总裁，帕森斯夫人则在附近的社区小学当了老师。他们感到非常自豪，他们的工作不仅为社区做出了贡献，而且可以让他们充分了解街坊邻里。帕森斯夫妇觉得在这里抚养孩子很幸福，有一个孩子现在住的地方离他们仅1个小时的车程。在小镇以外的地方，他和他的父亲还有几英亩地。帕森斯先生把这称为“兴趣农业”。他把一台类似他父亲几十年前用过的老旧拖拉机修好了，这也将他与自己的根紧紧联系在一起。

除了学校和银行，小镇最常见的都是与健康医疗相关的机构。这些机构没有格里姆肖先生担任CEO的地区医疗系统那么大的规模，通常只是为更小范围的地区提供服务，员工往往不会超过5到10名。这些机构包括医生办公室、非危重症护理医院、养老院、康复中心、协助生活机构以及诊疗所。诸如注册护士、办公室经理等医务人员是小镇服务阶层的重要组成部分。

现年40多岁的亚历克斯·凯勒就是一个典型的例子。还在上大学3年级的时候，他就意识到不久以后他就需要想办法自己挣钱糊口了。在那以前，他一直很满足于自己的生活状态，夏天打打零工，上该上的课，有空学习学习，分数过得去就可以，平时和朋友喝酒聊天，周末的时候打打高尔夫或者垒球。他觉得回到只有1200人的遥远的故乡是不可能的事情。他宁愿留在这个5000人口的小镇，这里也是他读大学的地方。事实上，他更喜欢去附近的大城市，满心期待将来毕业以后能够在那里生活。但是，他也不排斥去人人都互相认识的小镇生活。不知名的郊区是不在他考虑范围内的。他考虑去医疗卫生行政部门工作，这类部门在城市和小镇都会有职位空缺，因此他报名学了公共卫生政策的课程。

20 年后拥有两个硕士学位的凯勒先生在县城里有了一家小型家庭医科诊所。这个县城里有 5000 居民，人口相对稳定，新建了一个市级游泳池。凯勒夫妇及他们的女儿住在小镇较新的区域中一所舒适的大房子里。凯勒先生的工作比较具有挑战性。大多数日子里，总有一些危机需要他处理。和其他州一样，他所在州的医疗卫生行业由州委员会根据法律规定进行管理，规定涉及从安全准则到付费等所有情况。他说，保险公司也一直不断有问题产生，他们从病人那里收取法律允许范围内的巨额保费，却总是想方设法少付一点是一点，晚付一天是一天。他必须要让医生和护士工作起来心情愉快；当有人离职的时候，他要负责招聘新员工；他是诊所与社区之间的主要联系人，这意味着他要了解社区的主要动向，组织公共卫生展览，协调与当地报纸媒体的公共关系，应对满腹牢骚的病人。

对于凯勒先生这种职位的人来说，小镇有时候就像是佩顿镇*。镇子里有各种不可告人的龌龊事情和其他的争端，例如，某个医生因为被投诉性骚扰而被暂时吊销了行医执照；某位女性在被认定证据不实之后，撤销了性骚扰的投诉；某位报纸编辑与医生在匿名嗜酒者会议上交谈甚欢，从而知道了一些本不该被泄露的秘密；一些消息本该公开但却没有公开以及医生之间、诊所之间不为人知的恶性竞争。对于凯勒先生来说，他一天的工作就是要处理这些问题。事

* 出自格雷斯·麦泰莉（Grace Metalious）1956 年发表的畅销小说《佩顿镇》（*Peyton Place*），该书讲述了佩顿镇上三个女性的人生起伏，这个新英格兰小镇弥漫着贫富差距、种族歧视、爱的得与失、背叛和遗憾的气息，此后成了小镇的代名词。

实上，他觉得对社区所做的贡献，不仅仅只是做好自己在诊所的工作，而且还要平息镇上的各种冲突。

尽管存在着种种不尽如人意的地方，小镇生活对于像凯勒先生这样的管理层人员来说，还是相当惬意的。如果出现什么丑闻，他就可能会失去这份工作。但是，他一直与人为善，尽心为小镇付出，也有所收获，知道如何在关键的时候避免引起任何麻烦。他表示有朝一日会考虑竞选参加县委员会，因为县委员会很少会涉及类似这样的争议。他不会竞选参加校董事会，因为校董事会也常常要处理很多争端。他明白自己的自由观点有可能会引起与保守人士的冲突。如果他想让自己放松，品尝美味的牛排，比平时多喝几杯啤酒，他可以去其他小镇。与此同时，他认为每天花 9 到 10 个小时在诊所上班也是一个不错的工作。小镇房价便宜，上班路上只要花 5 分钟的时间，还有很多时间打高尔夫和玩垒球。

通过政府项目、补贴和转移支付 * 开支，小镇的服务阶层获得了越来越多的支持。尤其是对医疗工作者，他们的收入主要依靠拿政府补贴退休金和福利津贴的病人。转移支付开支主要用于小镇居民的生活，涉及方方面面，包括农业补贴、社会保障和医疗保险、公园服务以及污染治理等。县城所在的镇是最主要的受益者。县办事处的工作人员主要是契据登记员、县书记员，通常还有一个县政府委员或县管理人员以及一个民选的县议会。许多县还有一个经济发展专员，多数县里还有教育局长。农业区的各县还有县推广专员，负责与农民合作土地保护项目，监督联邦农业补贴款的使用情况。[12]这些都是服务阶层的重要组成部分。

梅甘 · 克拉克是一个 8000 人县的推广专员，县上的牛和猪也有

* 转移支付是指政府或企业无偿地支付给个人或下级政府，以增加其收入和购买力的费用。它是一种收入再分配的形式，包括养老金、失业救济金、退伍军人补助金、农产品价格补贴、公债利息等。

8000 头左右。农业一直以来都是该县的支柱，但是，现如今推广专员的工作却包罗万象，涉及为非农业居民提供有关草坪、花园、野生或自家花园里的灌木、盆栽植物的建议，同时还要就营养、有机食品、污染和杀虫剂等提供信息。克拉克女士生活在人口仅为 3500 人的县城里。她获得了州农业大学的本科学位，主修农业教育，还获得了农业经济学的硕士学位。她曾经在高中教了 2 年化学和科学，如今，30 岁的她做推广专员已经有 5 年了。她是小镇居民传播、了解最新农业科学进展的主要渠道。她要回答各种各样的问题，从租赁协议等金融问题，到播种日期、杀虫剂、化肥、种子品种和预期收成等技术问题。

克拉克女士表示，她的一天始于打开邮箱，查收电子邮件，阅读纸质报纸或网络新闻来快速了解小镇的实时动态，例如，天气预报、风暴灾害、农场出售的通告或者是其他重要的事情。然后，她会用大量的时间来回答现场或打电话咨询的问题，去农场实地探访 2 到 3 次，就杂草防除、土壤侵蚀、农作物或者牲畜等提供咨询服务。除此之外，克拉克女士通常会在下午晚些时候做些自己的研究。最近，她一直在对 3 块试验田里的种植结果进行比较，研究免耕大豆的缺钾问题。由于各种各样的科学问题层出不穷，她经常会通过邮件或者亲自去找农业大学以及州内各检测站的专家咨询请教。

克拉克女士除了提供技术指导之外，还在小镇的公共事务中发挥着关键的作用。一年一度县博览会的大部分规划工作都落在了她的肩上。每周都有一两个晚上要开会，包括在四健会*的活动上发表讲话、出席县议员听证会、主持自产食品演示会等等。尽管她主要

* 四健会（4-H Club）是美国农业部的农业合作推广体系所管理的一个非营利性青年组织，创立于 1902 年。它的使命是“让年轻人在青春时期尽可能地发展其潜力”。四健会在美国有约 90000 个俱乐部，虽然历史上的四健会均以农业的学习为主，但它也鼓励会员学习一些其他的内容，如领导能力、协作能力、地理信息系统及公开演讲。

的服务对象是农民，但是她与小镇上许多居民建立了密切的关系。许多居民家里有花园，希望能够听听克拉克女士关于草坪和灌木的建议，有些居民的孩子在四健会，并且所有人——她希望——都对健康食品感兴趣。

“与自有房屋的居民、农民一起工作真的给了我很大的推动力，”她表示，“我喜欢能够在他们绞尽脑汁、不知道该如何是好的时候出手相助，利用研究信息帮助他们解决问题。”她表示很多时候没有轻而易举的解决方法。但是，通常讨论分析之后总会想出一些可以后续执行的方法。“如果我所提供的信息是他们之前没有想到且愿意尝试的，即便通常在一开始的时候未必起效，我还是会觉得我在社区获得了成功。”

服务阶层对于目前居住地的自由选择程度各不相同。一方面，有些小镇居民像帕森斯先生一样，在农业事业上没有取得成功，最后定居小镇，部分是因为他们喜欢这样规模的地方，更主要的原因是这里有工作，而且这里的房价在他们的承受范围之内。相比较而言，克拉克女士本来可以在大学里主修任何专业，可能会在城市里找寻自己的事业。但是，她没有这样，她对土地的那份热爱让她选择了一份涉及农业却又不会真正务农的职业。她在养牛场长大，离最近的小镇有 20 英里的距离。她喜欢生活在乡村，喜欢在父亲照看牲畜的时候围在父亲身边。她的父母都接受过大学教育，她也期望去大学读书。可是，高中的时候，她计划上完大学以后去当教师。她梦想着将来与农场主结婚，生活在农场里。她心里清楚她没有资金自己经营一家农场，于是，与农场主结婚、接受任何乡村地区都能用到的教师培训就成了她的目标。她甚至和高中的一位老师打赌，她几年后会生活在农场里。长大以后，想法慢慢成熟了，她意识到自己可以把对教书和农业的兴趣结合起来，更好地掌控自己的命运，而不是一定要找个理想丈夫结婚。最后，她的另一半既非农场主也没有任何农业背景，但她的事业却与农业分不开了。“结果，事情和我所期望的没什么不同。”她解释道。

既有企业主也属于服务阶层，他们的店在主街上通常已经开了很多年。但是，与银行工作人员有所不同，近几十年来，许多较小城镇的零售商的社会地位出现了严重的下滑。食品、衣服、家具、家用电器以及耐用消费品之类的商品，小镇居民更乐意驱车 30 到 50 英里去商品更丰富、价格更优惠的大地方购买。而能在主街上继续维持经营的商家主要是靠消费者的忠诚度以及作为本地商家的便捷性来吸引顾客。对于高端消费，只有少数保险代理人、房产经纪人、会计师、评估师、药剂师和律师能够在小镇上觅得客户。对于低端消费，主街上最多的商家一般都是理发店、咖啡店、酒吧，镇郊还有一些快餐连锁店、比萨店、加油站和汽车修理店。

我们访问的一些农场主也可以被归为服务阶层，尤其是那些拥有农业、农业经济、社会科学、经济学或商业学学位的年轻农场主。他们有的租赁了大量的土地，从银行贷款买了先进的设备，有的则经营牲畜饲养场或是家禽饲养场。这些为数不多的拥有农场背景的年轻人，他们的父亲或是叔叔以前经营得非常出色，随后把农场交到了下一代的手里。虽然这些年轻农场主的收入主要依靠农作物和家畜而不是固定工资，但是他们也被看作服务业专业人士，负责照料土地、饲养家畜、生产食物。和服务阶层的其他成员一样，政府各项计划，诸如政府补贴的农作物保险、政府规定的土地保护和食品安全标准给农场主的工作带来了很大的影响。年轻的农场主通过商品期货交易来规避粮食和牲畜市场价格波动的风险，安排商品出售的时间以获得固定的利润。他们每天的工作包括监控精心调配的饲料，检查是否有生病的牛或猪，检查土壤标本确定化肥和杀虫剂的量，阅读最新的科学报告和商业预测，对主要从事体力劳动的非熟练技工进行监督。我们采访的一位农场主有一个全球定位系统，可以指引拖拉机在田里穿行，自动调节耕作深度，而他可以只坐在装有空调的驾驶室里打打业务电话，用手提电脑操作一下即可。

工薪阶层

小镇上很少会有像大多数城市里那样的大型制造厂，但是多数小镇也还是有收入较低或是收入中等的领时薪的工人。除了规模特别小的城镇之外，小镇上总会有一些小的公司，生产托盘、拖把、扫帚、电脑配线、飞机导航组件或者露营车之类的东西。在我们所研究的小镇中，还包括了印刷支票的银行用品公司、电话推销公司、保险—理赔—处理公司、生物柴油厂以及生产钢铝屋顶的金属加工厂。在拥有1500到3000人的小镇上，这类工厂通常会雇佣25到100个工人。除此之外，在肉类加工厂、炼油厂、矿场、输油（气）站、饲养场、卡车农场工作的工人以及建筑工人、女服务员、厨师、校车司机和保洁员等都属于工薪阶层。一般来说，一个拥有25000人的非市区小镇中15%的劳动力在制造业企业工作，8%在建筑企业工作，6%则受雇于卡车运输、送货服务之类的运输行业。许多在零售商店和行政部门工作的职员、办公室助手也属于小镇的工薪阶层。[13]

耶格尔先生和夫人布兰达有3个孩子，一家人生活在人口约12000人的小镇上。20世纪30年代，这里建起了一家小型炼油厂，如今由于劳动力价格低廉且靠近州际公路，这里又多了几家制造企业。耶格尔夫妇的家位于小镇一个安静的区域，房子舒适宜居，有3间卧室，一个可以同时停2辆车的车库。这个房子是20世纪70年代搭建的，贷了很多的款，但是如果要出售的话，价格应该会比这个地区的中间房价高一点。耶格尔先生是一家生产机器照明设备工厂的工长，耶格尔夫人则一直是一位牙医助理。高中毕业以后，耶格尔先生在一家技校上学，学习汽车碰撞修复。他做了8年的汽车车身修理和喷漆，然后转到现在的工作，这份工作他已做了 9 年，每天上下班单程 25 英里，而耶格尔夫人每天上下班单程 30 英里。但是，最近由于汽油费、汽车保养和儿童保育所花的费用超出她的薪水，所以耶格尔夫人已经辞职在家。

从某些方面来说，耶格尔夫妇是典型的小镇工薪阶层，而在另一些方面，却不是。耶格尔先生工作的工厂在这片地区已为数不多，几年前被芬兰的一家公司收购（这家公司在巴西也有分厂），没有工会，工资也很低，但是这几年新加了几条生产线，所以工作稳定。耶格尔先生每天早上 3 点 30 或者 4 点起床，5 点开始上班，一直工作到下午 3 点。这样的时间安排对耶格尔先生很合适，下午晚些时候和晚上，他和孩子们可以同时在家。制造业的工作机会在这片地区并不多，他觉得自己还是很幸运的。最近又有一家工厂关闭了。他说，如果他白班夜班轮流做的话，钱可以多挣些，但是在他看来，和家人在一起才更重要。

耶格尔夫妇的通勤情况在小镇的工薪阶层中日渐典型。他们生活在某个小镇因为喜欢那里的学校，或是因为这里距离他们夫妻双方上班的地方都差不多，但是他们又没有完全融入社区。就耶格尔夫妇而言，很感激孩子们可以去不错的天主教学校上学，但是他们上班太忙了，没时间与左邻右舍交流，参与社区组织。他们最爱的就是小镇的宁静，最不喜欢的就是这里的房价要比周边规模更小的小镇高出 50%。从这些方面来看，耶格尔夫妇与其他的小镇居民有着很大的不同。其他居民生活在这里是因为有亲近的朋友，也很好地融入了社区。而耶格尔夫妇相对收入较高，工作较好。耶格尔先生表示他一直希望能有机会去上大学，但是他无力支付学费，而且就算上了大学也不会改善经济状况。

再往下一级就是小镇中等收入的工薪阶层。盖尔·桑德斯就是一个典型的例子。她今年 30 岁，有两个孩子，她的丈夫唐在建筑工地工作。他们生活的小镇有 1500 人，1980 年以来，人口已经减少了 1/3。她大专上了一年就结婚了。唐高中毕业之后就开始全职工作。他们在另外一个州生活了几年，唐在石油钻井公司找到一份油井工人的工作，而她则有什么工作就做什么工作，在赌场、酒店、餐馆都工作过，还当过电话销售。

有一段时间，桑德斯夫妇生活在一座邻近城市并拥有 50000 人的小镇上。那个时候，建筑业蓬勃兴起，但是房价居高不下。随着经济的衰退，他们发现自己拖欠了很多账单，于是，他们决定回到桑德斯太太长大的小镇，她的父母在小镇附近有一个农场。桑德斯先生每次开车 30 ～ 40 英里往返于工作地点和家之间，而桑德斯太太做了一段时间的女服务员之后，就去县办公室里当了一名职员，最近又换了工作，在一所学校里给老师当助手。

桑德斯太太说，以前没长大时，她一直梦想着将来去城市生活，从来没有想到过有朝一日她还会回到家乡，但是回到父母身边感觉还是很好。她的母亲帮她照看孩子。经济上有些紧张，有许多账单要支付，而桑德斯先生的收入每周每月都不同。他们最大笔的支出就是桑德斯先生日常出行所使用的的卡车以及其油费和保养费用。这里房价便宜，生活简单，和学校里的孩子们在一起她很满足，而且还有时间帮忙筹备四健会。

还有一些工薪阶层尽管可能可以去大点的地方，收入更高，但由于各种各样的原因而选择留在了自己的家乡。与桑德斯夫妇不同的是，他们并没有尝试去城市里生活，也没有因为失业或经济困难才不得不回到小镇生活。他们可能只是不太确定生活的目标，没有什么远大的志向，或是想要帮帮父母。

我们在一个拥有 3000 人的小镇上遇见了萨姆 · 弗格森，当时他还只有 27 岁。镇子的主街上，有一家古董店、一家比萨店、一家邮局和几家其他的商店。在镇子的另一边，新开了一家加油站、一个便利店、一家维修店，还有弗格森先生工作的货运公司。弗格森先生开着 18 个轮子的卡车在 30 个不同的州之间穿行，接货送货。

他之所以生活在这里是因为他在这里长大。他的父亲在这里种了一些地，弗格森先生不开车的时候就帮父亲干活。小的时候，他想象着将来长大了要当一名战斗机飞行员，但是长大成人以后，他更喜欢耕作而不是开卡车，理由是他更喜欢自己当老板——这也是大部分时间他喜欢在路上跑的原因吧。也许有一天，他父亲退休了，他就会有机会来自己经营农场。与此同时，他虽然住在小镇上，但是除了从小一直就去的教堂之外，他没有参加镇上的任何组织，由于长年在外，对于小镇的各种活动已经没有什么感觉了。问他最喜欢小镇什么地方，他回答说，“这只是我的家”。

尽管小镇的制造业也不如过去那样常见，然而即便是不足 2000 人的小镇上也通常会有 100 个制造业工作岗位，人口更稠密的小镇上则更多。[14] 正因如此，小镇居民就会自然而然地认为，小镇要有未来，就要吸引某种新的制造业工厂进驻，但是这个可能性并不太大。即使真有工厂进驻，结果也未必很好。很可能，工厂没有工会，仅仅雇佣少数员工。例如，在我们所研究的一个小镇上，曾经有一家香烟打火机厂。当时发给工人的薪水是每小时 6.5 美金，而当时建筑工人的工资是这个的 2 倍。“你觉得我们能和中国竞争吗？”社区发展专员问道，“制造业上我们不是中国的对手。不会再有我们祖辈所知道的有工会的制造企业那样的工作机会了。”但当被问及什么能够替代制造业的就业岗位时，他也没有找出答案。也许小镇能够吸引一些收入较低的退休人员，或是重振奶制品业。但是，这些也只能提供几个低薪的工作岗位。

在其他的一些小镇，小镇领导把另外一个阶层的人称为“穷忙族”。不是所有的穷忙族都是工薪阶层，有些是收入一直处于低位的小型农场主和企业主，有的由于庄稼歉收，牲畜市场不景气，失去了矿场和制造业的工作而情绪低落，导致人口流失。“穷忙族”有男性，也有女性，他们时薪很低，大多在一些快餐店工作，或是在农场和建筑工地做体力活，或者在办公室当助手。很多时候，他们并没有医疗保险或退休计划，有人的房屋年久失修，有的已经被认定是危房，还有人就生活在老旧的移动房屋或洪水区。[15]

退休金领取者

退休金领取者是小镇中的另一类人群，通常上了年纪，退休了或者处于半退休的状态，因此，他们的生活方式和需求与上班族有着许多不同之处。许多小镇老年人的人口比例要比城市和郊区高（如图 2.2 所示）。[16] 当然也有例外。事实上，在 3000 多个非市区小镇上，65 岁及以上的老年人——大约占这类小镇总人口的 20%——所占的比例与大城市持平或略低于大城市。除此之外，通常来说，老年人是小镇独具特色且重要的一类人群。他们可能已经在小镇上生活了一辈子，对小镇感情深厚，在这里生儿育女，也希望在这里度过晚年。相对缓慢的生活节奏、低廉的房屋价格对于他们来说非常合适。而另外一些人可能在城市或者郊区生活过一段时间之后才搬到小镇，希望享受到小镇的益处。他们的生活水平各不相同，有的人有退休储蓄和投资收益，生活富足，有的只得依靠社会保障勉强度日。

乔治·安斯利和他的太太玛丽生活的小镇有 6500 位居民，小镇的大部分收入都来自农业和石油工业。与 20 世纪 70 年代相比，人口已经减少了 10%，但与 20 世纪 40 年代持平。现年 75 岁的安斯利先生已经退休，患有帕金森病。到他为止，他们家在小镇已经生活了 4 代。他的一个叔叔至今仍然在经营着农场。

安斯利先生少年时期一直在叔叔的农场上干活、打篮球，梦想着有朝一日可以成为篮球教练。高中毕业以后，他在当地的大专院

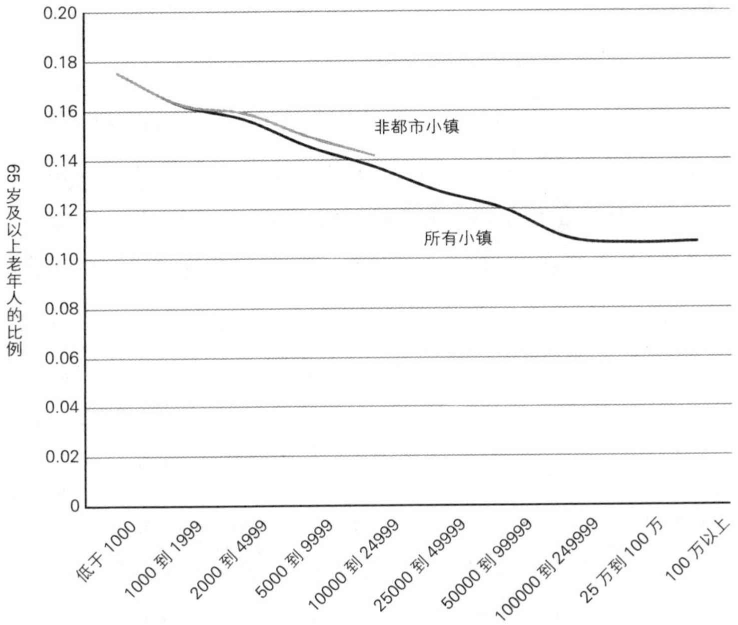

图 2.2　不同规模小镇 65 岁及以上老年人人口

校上了一些簿记课程，觉得自己对这方面比较擅长，考虑把会计作为职业。于是，他去了 80 英里以外的一个城市上大学，主修会计。高中时期农场的经历帮助他在政府农业信贷办事处的财务部找到了一份工作。但是安斯利先生的梦想是去更小的城镇生活。他考了一张注册会计师的资格证后回到自己的家乡。然而结果是，这份工作要求太多，使他完全没有自己的个人生活，于是，他毅然放弃，转去大学里工作了一段时间，随后又在政府部门谋得了一个行政职位，这个部门在他的小镇上就有一个办事处。

依靠社会保障和工作时积攒下来的积蓄，安斯利夫妇生活无忧，而且安斯利太太自己还有一块地。他们住在离镇中心一英里的地方，旁边就是高尔夫球场。安斯利先生喜欢去麦当劳吃早餐，然后去镇中心办些琐事，天气好的话，下午还会去打打高尔夫球。因为做过会计，他其余的时间都很忙。他为小镇的一个志愿组织记账，也在教会里担任会计。

“我们的小镇独具特色，”安斯利先生表示，“这里是铁路的分界点，这里有一所大专院校、一家很棒的医院和出色的医生。小镇的中心区很漂亮，走过去很方便，大多数的人都互相认识，犯罪率低、交通顺畅。”对于安斯利夫妇来说，小镇的大小正合适。他们所需要的服务小镇都有，包括每个星期都从市里过来出诊的医生。安斯利先生喜欢热闹，而小镇上的人也不是太多。“在城市里，”他说，“你得想方设法才能在高尔夫球场里觅得打球时间，也许是凌晨 4 点。在这里，你随时可以去球场，打了 9 个洞，很可能一个人也看不到。”

像安斯利夫妇这样上了年纪的夫妻在小镇定居，是因为他们认识这里的人，不介意去麦当劳吃饭，能够享受到与城市和郊区同样的设施，但是在小镇上却更便宜、更方便。另一些领退休金的老人虽然住在小镇上或者小镇附近，但是他们更加热爱土地。他们喜欢有朋友和家人在身边，但是也希望有机会培养兴趣爱好，种点东西，有个赏心悦目的花园或是后院作坊，例如约翰·布拉德福德和凯瑟琳·布拉德福德夫妇。他们今年快 70 岁了，住在一个拥有 600 多人的小镇外，这个小镇上主要都是退休的老人。这里是布拉德福德太太的家乡。她说她的家族 7 代人都生活在这里，而布拉德福德先生则是从其他地方来到这里的，不过，他在这里仅仅生活了 40 多年，他的家乡比这里大，离这里有 125 英里，来这里是为了当高中老师。

布拉德福德夫妇并不富有，但是生活惬意。夏天没课的时候，布拉德福德先生自己建造房屋，攒下了足够的钱买下他们现在赖以生活的小农场。他从小在农场长大，分分秒秒都憎恨农场。父亲用的那台老式拖拉机从来就没有正常运转过，每天上学前和晚上，父母总是安排他干各种活。他特别羡慕那些生活在小镇上的同学，但是上了大学，当了几年老师之后，他又开始怀念农场的生活。他宁愿把所有的时间都花在农场上，也不想去教书，但是他无力负担土地和所需设备的费用。于是，他买了几英亩土地，建了个牲口棚，养了几头牛，还有一个花园。布拉德福德太太在小镇上有一家小店。她的父亲曾是一名牛仔，因此，父亲去世之后，她继承了一些土地。他们的一个儿子就专门耕耘这片土地。布拉德福德当老师有退休金，布拉德福德太太继承的土地也会有些收入，因此，除去各类账单的费用，布拉德福德夫妇还有足够的钱追求个人的爱好。

像布拉德福德夫妇这样的小镇居民永远不会离开他们称之为家的小镇。布拉德福德先生在镇上当老师,因此他认识这里的每一个人。他也担任县委员会委员近 10 年的时间。布拉德福德太太也认识镇上的每一个人。他们最高兴的就是能有一个牲口棚，养了几头牛和许多只猫。布拉德福德先生的一条腿几乎不能动，四处走动有些困难，开车也不方便，所以他不喜欢旅行，但是布拉德福德太太喜欢。她开车几百英里去看望儿女和孙子孙女们。她最喜欢园艺和在瓷器上作画，全国各大城市要是举办手绘瓷器的展览或是授课，她都会到场。小镇虽小，但是布拉德福德夫妇还是觉得他们和世界紧密相连，而且这种感觉变得越来越强烈。每天晚上他们都会收发邮件，朋友遍布世界各地。

尽管安斯利夫妇和布拉德福德夫妇退休之前就一直生活在小镇上，但是他们和那些原本生活在城市和郊区，因为房价便宜、生活简单而搬迁到较小的乡镇来颐养天年的人们很相似。这部分人数量虽然少，但是现在也在不断地上升。我们采访了一个小镇的领导人，他所在的小镇离大都市车程为两个小时，但人口仅有 1000。他表示，他所在的小镇情况的确如此。“我们镇上有很多退休的老人，他们从更大的地方来，经济十分宽裕，或者至少不需要为钱发愁，”他说，“在我们镇上，买一幢有待修缮的房子不到 2 万美金，好一点的房子需要 5 万美金，相当出众的房子则不到 10 万美金。”有些人把城里的房子卖了大约30万美金，剩余的钱用来投资。但是，小镇里还有一些退休老人的生活很艰难。对于他们来说，生活在小镇上使他们能够承受生活消费。

特德·达莱克夫妇就是这类人群的典型，他们依靠仅够生存的收入勉强度日。他们居住的非建制小镇仅有一条柏油公路、一个铁路道口、几幢老旧的建筑，曾经的商店很久以前就被改成了车库和储藏室供留在那里的少数几个居民使用。火车很久没有经过这里了，铁路的枕木之间杂草丛生，一间仓库后面的草丛里散落着几件锈迹斑斑的农用工具。

半个多世纪以来，达莱克夫妇一直生活在另外一个州。达莱克先生高中一毕业就参加了朝鲜战争，又当了几年的农业工人，随后，他购买了一家小型的五金用品商店，结婚生子，抚养两个孩子长大成人。达莱克太太会在五金店帮忙，养育孩子，最后在养老院找到一份看护老人的兼职。20世纪70年代初期，连锁折扣店的竞争异常激烈，达莱克夫妇对五金店的投资蒙受了很大的损失。

达莱克夫妇的女儿就住在他们现在住的地方附近，于是他们决定搬到离她更近的地方。达莱克先生在11英里以外的一家小型金属片制造厂找到一份小时工的工作。他们在这个非建制镇上买下了一幢房子，付了首付，他们只能买得起这样的房子，而且还带一个宽敞的后院。有了达莱克先生的这份收入，再加上达莱克太太在老年公寓的收入，按揭贷款基本没有问题。达莱克先生有一个木工车间，他们夫妇还会在后院种种苹果和梨。他们支出不多，从不旅行，家里摆放的还是几十年前买的黑白电视机。6英里以外17000人的小镇上有他们所需的一切医疗服务和商店，需要帮助时，女儿会照顾他们的生活。87岁的达莱克先生表示过去的10年是他一生中最幸福的日子，在他们夫妇中任何一个人住进养老院之前，生活都还可以。但是一旦到了那时，他们就会一无所有。

像达莱克夫妇一样，小镇上许多上了年纪的老人的收入并不仅仅只是社会保障金或者是以前工作的退休金，孩子也会寄钱给他们，或者在小事上处处给他们提供方便，例如交通、房屋修理。有时候，即使已经过了正常的退休年龄，他们还会继续做份兼职工作，或者开办小型企业。他们只要身体允许，就会继续工作，以补贴收入，也可以给自己找点事情做。

多萝西 · 马丁今年 70 岁，住在一个 900 人的河边小镇，丈夫 8 年前去世了，随后她一直作为遗孀领取社会保障金，现在她也年满 70，可以领取自己的社会保障金了。她从小就生活在这里，祖父母把她养大，他们在这里有一个农场。高中毕业以后，她上了一个短期的商务课程，就搬到大城市，在保险公司找了一份工作。她就是在那里遇见了她的丈夫，当时他从事零售行业。

马丁夫妇刚刚 40 多岁的时候决定过一种生活成本较低的慢节奏生活。他们尝试着开了 1 年的灯具店，当时经济上困难重重，但是他们都很喜欢拥有一份属于自己的事业。马丁夫人之前从来没有想到过要回到家乡，但是她有一个兄弟一直生活在老家，经常会把家乡的情况告知给她。她得知镇上的杂货铺店最近关门了，镇上的人们希望有人可以回来重新开店。于是，马丁夫妇决定回来尝试一下。镇上的人口不断减少，其他的商店都关门歇业了，但是他们的店还在勉强维持。马丁太太现在 70 岁了，店还在，她一直想卖掉，无奈没有人接手。有了这家店，她总算有些事情可以做，还可以补贴账单。她觉得只要她身体还可以，就会把店一直开下去。

领退休金的老年人中还有一类老人几近赤贫，比如那些从来没有足够的土地实现收支平衡、也没有挣够养老钱的鳏夫、寡妇或是夫妻。他们一辈子都靠领时薪的工作谋生，现在不得不面对各种医疗账单。如果是一对夫妻，较为年轻的一方或是身体较为硬朗的一方会继续打零工，做兼职。他们没有能力搬到其他地方，因为即便他们有房子，也几乎一文不值，又或者他们无力承担大地方的辅助生活机构的费用。他们依靠社会保障和医疗辅助计划以及邻居的帮助生活。幸运的话，家里的其他一些成员也住在这个地区，可以在交通和房屋修缮上给他们提供一些帮助。另一些老人就没有那么幸运了，因为经济下行，他们的积蓄大幅减少。他们本来期望能够多工作一些时间，却在临近退休的时候失去了工作，或是失去了退休金和医疗保障。如果他们活得很长的话，积蓄可能被全部用完。

安斯利先生说他所在的小镇上有很多这样的老人。这个小镇有6500人，很少有高薪的工作。小镇居民的时薪很低，通常生活得很拮据。他还提到在麦当劳吃早饭的时候经常会看到的那对老夫妻。“老先生90多岁了，老太太也快90岁了。我知道他们生活不易。他们开着一辆破破烂烂的老爷车，一辈子都租房子住，一直没有太多的积蓄。据说孩子们每个月都会给他们寄些钱，他们可以出去吃饭。”

我们对另一对夫妇进行了访谈——迈伦·赫普沃思和弗里达·赫普沃思。他们生活在一个有900人的小镇。赫普沃思先生今年69岁，赫普沃思太太65岁，住在小镇边上的一座农舍里，大儿子夫妻就住在马路对面。赫普沃思先生17岁的时候，父亲去世了，于是他就退学了。他有个叔叔就住在附近，在叔叔的帮助下，他开始接管农场，在那个时候，这对他来说是最好的选择。他手里只有50英亩的土地可以用来种植庄稼，因此，农场收入主要还是猪和牛。这还是不足以偿付贷款，因此，赫普沃思先生还会做些小时工，有什么就做什么。他在有升降机的谷仓里做过日工，在采石厂开过卡车，还在当地的一家养老院里做过很多年看门人。赫普沃思太太也只读到高中就没有再上学，她曾经做过助理护士，也做过几年地方服务主管，由于缺乏培训，她没有办法继续做下去。她还做过几份不同的办公室兼职工作，也做过私人护士助手，过去10年她一直在警长办公室担任调度员。

无论参照任何标准，赫普沃思夫妇都只能算是低收入的老年人。赫普沃思先生每月可以领取 700 美元社会保障金。现在他不能再做看门人了，经常在院子里打发时光，基本上是退休了。赫普沃思夫人工作 1 小时可以挣 8 美元，12 小时轮一次班。她喜欢工作，只是到了她这个年纪工作变得越来越艰难，因为需要钱才一直干着这份工作。她开的车是他们 15 年前花 200 美元买的，而赫普沃思先生开的皮卡至今也有 35 年的时间了。“如果你坐在乘客那一边的话，”她说，“你要非常小心你放脚的地方，很可能你的脚会被当作刹车。”

分界线

在下一章我们会看到，许多人一谈起小镇就会认为这里人与人和谐相处。从很多方面来看，小镇生活的很多方面确实有益于强化社群，因为邻里和睦、社区服务在小镇生活中是非常重要的元素，在此我们有必要解释一下，社会身份区隔不仅存在，而且是某种担忧的源头。这从中产阶级和工薪阶层对于富人和穷人的态度上就可见一斑。例如，在一个家庭收入中位数仅为 15000 美元的约 3600 人的山区小镇上，一位在银行工作的小镇常住居民告诉我们，当地有 2 户家庭似乎掌握了该地区绝大部分的出租物业，有钱人在任何想度假的时候出门度假。她说，当地的居民都指责他们，“他们的钱都是从父母那里来的”，“他们认为自己是个大人物”。一位西海岸乡村小镇的县政委员表示，她所在的小镇上针对那些富裕家庭也有着类似的负面情绪，人们把这些富人称为有“玩具”的人——“很棒的玩具，飞机、游船、跑车、避暑度假屋”。在人口日渐减少的小镇，我们也听到许多抱怨，认为小镇的衰退都是拥有土地的上流人士的错。“我们这里剩下的都是有钱人。”一位先生抱怨的就是那些所谓的“大地主”。他所在的小镇只有 100 多人。他说“他们不会告诉你他们很富有”，但是他们真的很富有。在另外一个小镇上，一位常住居民则表示“不论好坏，有钱人几乎想干啥就干啥”。

不出意外，小镇的上流人士对这样的批评很敏感，有时候他们用尽量低调的生活或者至少避免张扬的炫耀性消费来掩盖自己的财富。例如，詹森先生就依然开着那辆饱经沧桑的皮卡。詹森夫妇本可以轻而易举地买到更为豪华的房屋。另一个小镇的大地主表示，“一辆宝马在这里特别扎眼。如果有人开一辆卡迪拉克，天啊，他们的鼻子都要翘到天上去了！我就开一辆雪佛兰。”之前提到的那位住在高尔夫球场九号岭附近的医生太太说，他们就从来没有买过一艘船或者价格昂贵的物品，但是对于小镇上的各种声音她还是心知肚明的。“倘若我们有了什么新玩意，很可能是因为‘我先生’接收了新病人，有了新的入账。这是我们的主要收入来源，但是他从来不会虚开高价，那些传言都不是真的。”

不同年代的人对彼此的不满也很明显。通常来说，老人应该得到尊敬，正如人们所说，这些老人是如何自力更生，如何作为早期移居者的后代度过了艰苦的时光。但是，也不乏一些负面情绪，正如一位 30 岁的青年表示：“我们镇上 70% 的人口都是老年人。他们喜欢待在这里。他们可能已经 80 岁了，眼睛看不清楚，但他们仍然还在开车，我们不得不避开他们才行。”同样，老年人对年轻人也颇有微词。他们认为年轻人没有礼貌、太过繁忙也太过实际，不愿意为社区的项目出力。有时候，老年人会说，社区之所以逐渐衰落，就是因为这些年轻人不再愿意努力工作。“他们只希望不费吹灰之力就拥有一切。”

服务阶层和工薪阶层之间的差别主要是有没有上过大学。小镇的常住居民认为这种差别越来越明显。“我的许多朋友高中毕业以后就没有继续上大学，”一位 60 多岁的老先生说，“他们去了类似制造厂的地方工作，生活一直都还可以。”他又解释道，可是现在情况已

韦尔斯维尔镇，纽约州（Wellsville，New York）

纽约的韦尔斯维尔镇坐落在水牛城东南部85公里以外吉尼斯河旁的山谷里，共有4600人。游客来到这里，会仔细观察镇中心附近年代久远的店面，其中有一部分现在已经人去楼空，游客还会漫步在绿树成荫的静谧街道上，秋天的时候这里色彩斑斓。仔细观察的人还会发现类似这样的小镇上不可避免地存在着多样性，差异最大的是布罗德街上价值不到5万美元、简朴的框架结构房屋与小镇北边以及河对岸以南价值15万美元、较新的砖瓦房。

这里的家庭收入多样性指数与同一规模城镇的全国平均水平完全相同。任何2个家庭落入不同收入类别的概率为96.5%。就底层而言，小镇2280户家庭中的868户每年不足2万美元，就上层而言，192户家庭的收入超过10万美元。韦尔斯维尔镇在就业上也相当多样化。小镇人口的1/4已经退休，几乎有1/10的人失业。在那些有工作的人中，1/3的人从事专业技术或管理工作，1/3的人从事服务业，还有1/3的人在建筑业或制造业以及类似的按时计酬的行业里工作。

那么，是什么让韦尔斯维尔镇的居民觉得他们都是一样的呢，或者至少觉得他们很相似，感觉自己是社区的一部分呢？一个简单的原因是“地方”：一个物理位置，空间紧凑，远离农场，群山围绕。不论富有还是贫穷，韦尔斯维尔镇的居民都共有这个地方，走在同样的人行道上、在同一家店里购物。

多年来，这里也成立了各种组织，推动了社区交流。最早出现的是各个教会，天主教会、卫理公会以及还有自从19世纪中期小镇建立以来就一直存在的另外几家教会。后来又出现了美国退伍军人协会、扶轮社、海外作战退伍军人协会。最近，小镇居民组织了为贫困家庭提供食物的韦尔斯维尔镇社区厨房、韦尔斯维尔镇志愿救援队、医院辅助会、农村健康网络、反酗酒委员会和棒球联盟。自从1993年以来，每个夏天这里都会举办大型韦尔斯维尔镇热气球大展，吸引当地居民和游客前来，享受欢乐和欢庆的一天。

经完全不同了，“他要是能找到1小时9美元或10美元的工作，就很幸运了。10年以后，他也就是1小时12美元或13美元，没有什么盼头。”相比之下，接受过大学教育的人前景会更加灿烂。“这其中有很大的差距，”他说，“如果你有大学学历，至少能够让人们眼前一亮。”总之，从目前的收入上来看已经感受到差别了，未来差别会更大。展望未来，服务阶层有晋升和加薪的机会，可以送孩子上大学，必要的时候还可以搬到别的地方，还会有一个不错的退休金计划。工薪阶层也许短期看来还可以，但是发展受到限制，不仅未来收入提高的空间有限，而且必须腾出更多的精力应对当前的问题。正如一位小镇居民所说，“生活很艰难。”

“炫耀性消费”这个词是一个世纪以前索尔斯坦·凡勃伦（Thorstein Veblen）提出来的，他认为财富的炫耀性展示——甚至包括中产阶级相对于工人阶层的展示——在城市可能比在乡村和小村庄里更为明显。在他看来，这是因为小地方“每个人的事情，尤其是每个人的经济状况是人尽皆知的”。相比之下，城市居民总是与不相识的人交往，于是，他们就会通过所购买的物品、所参加的休闲活动来展示自身的经济地位。[17]

凡勃伦的观点很容易被误解。他认为城市人和农村人之间的确存在不同。他指出，城市人会花费更多的金钱购买并非必需的消费品和服务，而农村人则会把更多的金钱用于家庭必需品和储蓄。但是，凡勃伦并没有说小镇上就没有地位的差别，或者地位差别不重要。他认为，炫耀性消费没有那么重要是因为村子里的人对彼此都很了解，谁有钱、谁没钱都很清楚。

最近，政治社会学家安妮·诺顿（Anne Norton）对凡勃伦的观点进行了延伸，她指出在凡勃伦之后的一个世纪里，消费已经成为比生产更重要的社会等级决定性因素。她认为极少数的美国人拥有极具价值的固定资产。几乎所有的人，不论男女都受雇于某个雇主。

收入的差别主要体现在人们购买什么商品。性别和种族在决定是否应该购买商品上起到了关键的作用。在固有的传统观念上，女性被视为——以及被批评为——购物者。少数民族和种族以及穷人经常受到指责，认为他们把钱花得不合理，品位也很差。[18]

社会学家卡丽 · 约丹尼斯（Carrie Yodanis）对小镇地位差别进行了不多见的人种志研究，特别关注了东海岸一个小镇上女性展示地位的方式。约丹尼斯发现，社会地位既体现在凡勃伦和诺顿所强调的消费方式里，也微妙地存在于布迪厄所特别提到的人的品位和价值观中，更高的地位主要通过参加志愿者活动来体现，例如参加图书馆或历史社会委员会，在女子俱乐部任职，以及为工艺品展览和烘焙义卖贡献时间和金钱。这些活动表明，参与的女性有自由的时间，日程安排灵活，有组织领导会议所必需的社会技能。中产阶级女性也会做些志愿者工作，但是更经常地还是扮演母亲或是关爱者的角色，例如探访病人，她们在社区中被人熟知的职业是老师、护士和商店店主。工人阶层的女性很少有时间参与志愿者活动，也不会注重装扮，总是开着老旧的车子到处跑。[19]

类似的区分标志在我们的采访中显而易见。尽管上流人士可能想尽量隐藏财富，但是他们住的房屋本身就更加豪华、开的车子更加昂贵，还可以时不时地出去购物、度假旅行。如果有本地报纸的话，他们的休闲活动和领袖行为会经常上报纸。邻居们也很清楚谁属于服务阶层，因为这些服务阶层的人要么是老师，要么是农业推广代理人、注册护士、银行职员或是商店经理。采访中，他们常常会提到，邻里之间会谈到大学时期的逸闻趣事，大学里他们感兴趣的体育活动，上大学的孩子们所做的事情。这种对话，以及他们所做的工作和志愿者服务把他们划分到了服务阶层。工薪阶层之间更多讨论的是专业技术方面的事，例如，建在后院的棚屋，正在修理的老爷车，院子里种的花花草草或是自己下厨做的饭菜。他们忙于这些事情，便无暇再参与志愿者服务。

有些更有趣的研究让小镇的身份区隔更加明晰。在一项全国范围的调查中，被采访对象是在家里接受采访的。这项调查要求采访者把每个被采访对象的房屋与该地区其他的房屋进行比较，对房屋质量进行排名。受访者可以自由地表达自己的意见，他们可以说几乎所有的房屋都是一样的，也可以评定某些房屋的质量高于平均水平，某些房屋的质量低于平均水平。结果相当有趣，因为小镇居民表示他们通常对于其他人的收入或是家庭财政状况一无所知，但是对于房屋的差别却很清楚。在现代分区法*颁布之前就建立的社区内，同一街区上既有保存完好的宏伟的维多利亚式建筑，也有破败不堪的平房。在另一些社区，居民谈起“待错了轨道一边”的房屋——一位先生戏谑道，“如果我们有条铁轨的话。”——或者有些居民会用“麦克米兰圈”“乡村俱乐部”或者是“新伦敦西区”这样的称谓将较为贫困地段中的房屋进行区分。**调查显示，小镇中2%的房屋被采访者评定为“远远超出平均水平”，20%的房屋被评定为“平均水平之上”，57%的房屋被评定为“平均水平”，18%的房屋被评定为“平均水平以下”，而3%的房屋被评定为“远远低于平均水平”。城市和郊区的房屋优劣分布的情况与小镇差不多（如图2.3所示）。换句话说，研究结果证实房屋质量的不同突显了身份差别。

然而，这项研究也说明了小镇居民彼此感觉亲切的原因，有时他们甚至认为每个人几乎都是一样的。教育水平是小镇居民彼此差异的重要标志之一，因为职业、生活方式和兴趣爱好都会因此而不同。在大都市里，与居住房屋质量较低的人相比，居住房屋质量较

---

*　美国的现代分区法（zoning law）始于1916年，目的是防止大体积的高层建筑遮挡周围阳光。

**　麦克米兰圈、乡村俱乐部不动产区、伦敦西区都是比较著名的高端社区，喻指该区域的住宅较为高大或是造价昂贵。

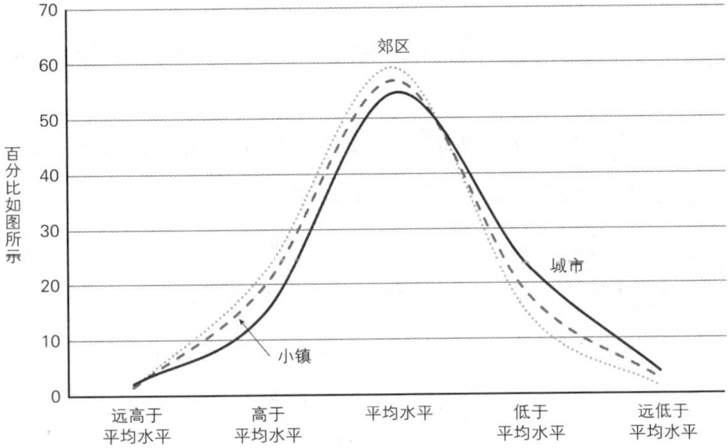

图 2.3 受访者对住宅的评级

好的人群中拥有大学学历的现象更为普遍：在居住房屋质量“远远高于平均水平”的城市居民中，48% 的人拥有大学学历，而在居住房屋质量“远远低于平均水平”的城市居民中，只有 4% 的人拥有大学学历——相差了 44 个百分点。相比之下，小镇上的差距就没有那么大。在居住房屋质量“远远高于平均水平”的小镇居民中，30% 的人拥有大学学历，而在居住房屋质量“远远低于平均水平”的小镇居民中，有 6% 的人拥有大学学历——相差 24 个百分点。总的说来，小镇居民所知晓的由房屋质量所导致的身份区隔与城市里并不相同，这也反映出不同的教育水平导致的生活方式和兴趣爱好上的差异。[20]

此项调查还从志愿团体会员身份的问题中得到了一个非常有趣的结果。志愿团体包括家长教师协会、服务俱乐部、农场组织、兄弟协会、老兵团体和教会等等。不论社区大小，其居住的房屋质量高于平均水平的人群比低于平均水平的人群更有可能加入这些组织。但是，居住房屋质量高于平均水平的小镇居民同比更大一些社区的居民，更有可能成为多数社区组织的成员——比如詹森、施内尔以及格里姆肖都通过社区组织积极为他们所在的小镇出力。[21]换句话说，小镇中具有较高社会地位的人更期望通过志愿者工作为社区贡献一份力量。

与小镇居民的谈话让我们更多地了解到身份区隔是真实存在的，而且根植于人们的一些观念，反映出对不同阶层为社区服务的期望。上流人士要担任教会委员会的主席、担任图书馆理事会理事、经常参与同济会和狮子会的活动，可能还会去参加镇或县议会委员的竞选。服务阶层并不只有经理和商人，还包括许多为小镇做出贡献的职业：教师、医务工作者、会计、银行职员、零售店店主等等。服务阶层的成员对于社区的意义由于工作的原因会为其他居民所熟知，而工薪阶层却没有那么显眼，但是只要他们拥有稳定的工作、照顾子女、家有房产、友善为邻，就被认为是好市民。退休人员有闲暇、有精力，根据健康状况决定如何为社区组织服务，帮助身边的邻居。不论这些期望是否都能实现，至少期望一直在。

听到菲利克斯·埃尔德对6000人海港小镇的描述之后，我对这些期望在日常生活中体现的程度感到十分惊讶。最初，小镇居民主要是造船工人，后来小镇变成了渔村和海军兵营，现在这里主要依赖季节性的旅游收入。尽管发生了这些变化，但是在埃尔德先生看来，这里是独一无二的，因为人们吃苦耐劳，全心全意帮助他人。我认为他说的话要打折扣——他是小镇的管理人员，他的描述太过美好，显得不那么真实。但是，他所说的小镇居民的行为方式还是可信的。“你走进镇上的咖啡店，买杯咖啡，很可能你一边坐着的是镇上最富有的人，而另一边坐着的是镇上最贫穷的人。这并非意味着你在周六的晚上去他们家共进晚餐，但是你认识镇上的每一个人。”他认为，有了这种意识，小镇居民的需求才更有可能被知晓，例如，“你知道是否有人需要加油。”[22]

埃尔德先生的话我想了很久，有些话让我觉得很困扰。如果你去当地的咖啡馆喝咖啡，镇上最富有的人就坐在那里，难道你没有更加意识到社会差异吗？难道你的这种经历不正像谚语故事中所说的，富有的地主在隔壁盖起大宅子之前，农民一家快快乐乐地住在自己的小屋里吗？我想，埃尔德先生想要表达的是这种在餐馆的相遇是非常重要的。相遇在咖啡馆里，互报一下姓名，冷漠和粗鲁便不存在——也许不会不存在，但至少没有那么尴尬。谈话、问好，找到一些共同话题作为聊天的内容，例如天气、足球比赛，或者附近有一家人的母亲去世了。

除了通过这些方式影响个人行为的准则之外，有些社会机制也会有助于推进集体幸福感。例如，在我们研究的一个社区里，制造厂最近搬到了另外一个乡镇，学校关门了，低收入家庭遭受了失业的打击，工人工资很低，无力承担不断上涨的医疗保险费用和交通费用。但是，存在一种机制可以取代选举和任命的官员：在教会志愿者的协助下，另外一家公司接管了这家被废弃的工厂，创造了新的就业机会；镇上一家有钱人买下了关闭的学校，计划将它变成一个学习中心重新开放；联合劝募协会和当地的教会增加了发放食物的计划。没什么能够真正解决小镇所面临的困难，但是大家都尽力提供了帮助。当有职位空缺出现，申请者会根据需要和技能被筛选。小镇很小（大约有 4500 人），人们知道谁在出力，谁需要帮助。

隐形的规范以及暗含小镇身份区隔的社交网络顺利地让小镇居民接受了一个观点——每个人都应该为小镇做些贡献。正如之前的研究表明，几乎没有人会真正说每个人都是完全一样的或者所有人都是平等的。按照帕克先生的话说，你得跟每个人打交道。就他而言，这是完全正确的，因为他和妻子开了一家五金店。对于大多数小镇居民来说，这只是一种比喻。正如一位社区领袖所说，因为“我们是相互依赖的”，你必须要和每一个人打交道。小镇居民履行自己各自的职责，为集体的幸福贡献力量。这就是社区的意义之一。

第 3 章　故土难离：小镇居民看小镇

"哦，我们讨论过要搬迁到某个更加温暖、更大的地方。但是，我们一直在否决这个提议。我们出生在这里，连我们的孩子都留在了这里，将来我们就要葬在这里的墓地，这样才安心。"可以这样认为，对于这位先生来说，中西部这个人口为 1500 人的小镇就是他的栖身之所——从现在到永远都是。他和妻子是家族中生活在这里的第 6 代人。

但是，这样的例子很典型吗？其实，在如今的美国，一家人整整 6 代都住在同一小镇上并不常见。即使在小镇上，平均的居住年限也仅为 19 年，每 5 个小镇居民中就有一个在小镇上的居住年限少于 5 年。[1] 那么仅在小镇上生活了 1 代或 2 代的典型居民又怎么样，还有那些新搬来的居民，以及曾在别处居住、最后还是搬回来的小镇居民呢？他们又是怎么看待自己的选择？他们选择居住在这里的原因又是什么？就社区变化的意义而言，他们的观点告诉了我们什么？

听了小镇居民对小镇的看法之后，我意识到很多来自电视、电影和书本的观点都需要更仔细地审视。有些对小镇固有的看法与小镇居民对小镇的看法一致，例如，他们可能也感受到了小镇较慢的生活节奏，因为小镇让他们想起了儿时的那份温暖和安全感，因而特别珍视。然而，如果不是近距离地聆听小镇居民的描述，就无法理解小镇的特殊魅力——还有缺陷。

从小镇居民的描述中，我们更真切地了解到什么是小镇居民口中所说的慢节奏的生活，更清楚地懂得邻里和睦的重要性，以及为什么邻里和睦既是小镇一道亮丽的风景也是一处硬伤。那些希望逝去之后依然可以埋葬在小镇墓区里的人所表达的情感远远不是对这种选择无奈的接受。定居小镇的人对于他们的选择自然能说出一大堆优点，这一点也不令人感到吃惊。但是，令人惊讶的是，他们竟然如此坦诚地描述了小镇不尽如人意的地方。

社会学家也许是担心公民的忠诚度在不断下降，所以更多地把兴趣放在了更好地理解社区如何发挥其功能上。小镇居民对于小镇有着敏锐的观察，对小镇的社会关系提供了深刻的见解，这些社会关系增强了——有时候也会削弱——他们与邻里和其他居民之间的关系。我们知道在这种关系里什么可以说，什么不可以说，为什么新搬来小镇的人会感到不适应，以及是什么让居民感受到了社区精神。对于外部的旁观者来说，小镇似乎是静止的，但是近距离地仔细思考之后，就会发现小镇发生着怎样的变化，为什么有的变化可以接受，有的却无法接受。

小镇居民一直在拿小镇和大地方作比较，这些比较充满了与价值观有关的信息。美国人认为与大城市相比，价值观在小镇上得到了更好地体现，随着越来越多的人生活在城市，曾经的价值观也正在慢慢消失。城市居民成了最具深刻意义的比照。农村与城市由来已久的差别依然存在，但是这些差别也在随着现实的变化而变化。小镇居民担心长久以来的价值观正在远离他们的社区，而城市和郊区的居民则希望能够拥有小镇那些令人向往的价值观。

一个多世纪以前，德国学者斐迪南·滕尼斯对术语 gemeinschaft

（共同体）和 gesellschaft（社会）之间区别的讨论引发了社会学家之间持续的共鸣。他认为，超越亲属关系（具有血缘关系的联结）的社区应该是空间与精神有意义的结合。邻里、村落、小镇通常都包含了这两个方面。空间暗含着接近的意味，因此，同住一个空间的居民相互熟悉，他们和自然环境以及建筑环境之间的关系推动了共同利益。滕尼斯写道，“房间、地下室和家具”“建筑群”以及“建筑之间的道路和街道”给了居民一个“共同居住”之地。精神存在于人们的共同记忆和相互理解中，存在于默契的共识中，也存在于共同价值观里。有时候，共同的价值观也包含某种对全体成员组成的集体类似崇拜或神圣感之类的情感。[2]

滕尼斯的观点依然是我们理解美国小镇社区现代意义非常有用的起点：空间与精神有着内在的联系。小镇大都不过方圆几英里，居民们不仅比邻而居，而且窗外的风景也几近相同，能看到同样的景色、同样的建筑、同样的街道、同样的田野。邻里相近对时间和空间都有影响，距离缩短了，时间关系减少了。人们与邻里相互走动，照看彼此的孩子，确保他们的安全，在同样的商店购物以及参加社区的各种活动中建立起了精神联系，并且这种联系的意义印刻在共同相处的环境里。小镇空间有限，每个人都有名有姓、有确定的身份。想要“埋葬在这里”基本上体现了空间与精神之间的深刻联系。

但是，即使是在规模最小的镇上，社区也无法完全实现自给自足，与世隔绝。小镇上的居民还是要参与到外部世界中，上班下班、拜访朋友、出门度假。人们对小镇生活的认知总是包含着两个部分：目前在小镇上生活的感知以及对小镇以外的其他地方生活的感知。至少对于当代的小镇居民来说，社区的意义体现在居民对选择的表述上。从小镇居民的偏好可以看出他们是怎样看待社区的，从而表达出人们对社区的珍视程度。

依然如故，安其所习

安·戈蒂埃生活的小镇上有400人，镇上有一家美容院、一家小酒吧、一个美国退伍军人协会点，再无别处。最近的城市，不论大小，都至少要两个小时的车程。戈蒂埃女士经营着一家农场用品商店，冬天的时候，她还会去另外一个小镇上的学校兼职教书，这几乎占用了她一年中的大部分时间。她的丈夫几年前去世了，孩子都不在身边，母亲最近也去世了，她非常思念母亲，是母亲鼓励她在小镇定居的。母亲总是说，在这里生活会更加健康，这里空气清新，还可以从当地的农场买肉和蔬菜。

但是，戈蒂埃夫人的母亲也坚信，人要出去看看世界。父亲和母亲结伴走过许多地方，有一次，他们在国外住了一年。高中毕业的那年夏天，戈蒂埃夫人就去了墨西哥，紧接着就离开了家乡去几百英里以外的城市上大学。她在一座大城市的市郊当实习老师，然后到各地去申请教师的职位。正巧，当时她现在所住的小镇有职位空缺，她很高兴，这里是乡村，她可以像她母亲所说的那样，买到天然食材，但是，她也担心作为一个初来乍到小镇的居民会不被周围人所接受。如果不是遇到了她的丈夫，她很可能还会去其他地方。

和戈蒂埃夫人一样，我们所采访的对象中，几乎没有人表示他们没有其他的地方可选，或者他们从来没有考虑过要到其他的地方居住。他们明白之所以做出这样的选择完全是根据情况决定。他们表示选择生活在小镇有许多原因——喜欢童年时期生活在小镇的那段时光，感觉和住在小镇的父母很近，成年之后的某段时间在经济上依然需要父母的帮助，在城市的生活失败、失意，或是与来自小镇的某个人结了婚。那些年轻时候就离开小镇的人说，他们之前一直期望去城市生活，喜欢到处旅行、看看外面的世界，所从事的事业要求他们生活在大地方，或者是厌倦了成长的过程，不喜欢学校

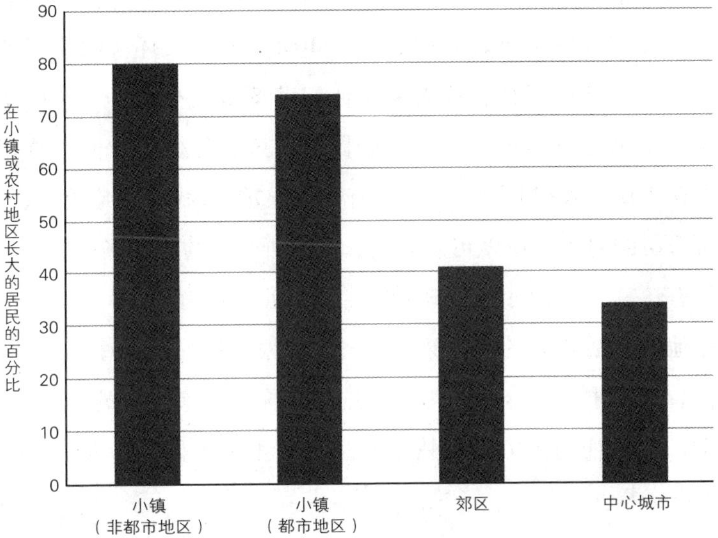

图 3.1　在小镇或农村地区长大的居民

的同学，遇到了从其他地方来的某个人并与其相恋相守。

生长在小镇、最后离开的人们常常会说，“说实话，我大学毕业就回来了，已经厌倦了。”“我从来没有和高中同学有过联系。”“我一直希望去城市生活。”“我男朋友在这里感到不幸福。”例如，有位从小镇搬离的女士就坦言了她对小镇的感受，“从幼儿园到高中毕业，我的同学就只有那么 20 个人。回望过去，我觉得即使是在孩提时期，我和他们都没有什么共同点。”

儿时的经历、家庭的危机、婚姻和工作等生活经历都会对人们居住地偏好的形成产生影响，这一点也不让人感到惊奇。全国性的数据显示决定定居何处最重要的因素之一就是一个人的成长地。例如，一项调查中，现居非都市小镇的受访者中有 4/5 的人从小是在小镇或农村长大，相对照，现居城市或郊区的受访者只有 2/5 从小在小镇或农村长大（见图 3.1）。[3] 虽然受访者成长的城镇可能与他们现在所居住的城镇有所不同，但是，这些数据显示大部分小镇居民依然生活在现在的地方，是因为青少年时期的生长环境限制了他们去其他地方生活的机遇，或者激励他们继续留在小镇（让人印象深刻的是，生活在城市或是郊区的居民中，虽然是少数，但也有相当多的人在小镇和农村长大）。但是,有一点很重要,我们清楚地认识到,我们所采访的对象之所以可以对成长背景所带来的影响畅所欲言，是因为只有这样，他们才能正确看待他们对小镇的好恶。[4] 小镇的魅力并不是他们生活在此的主要原因。居民们根据情况选择在小镇生活，在他们看来，小镇的这些魅力只是这一选择所带来的益处的一部分。事实上，人在任何地方都能快乐地生活。正因为如此，人们在小镇生活得很幸福。[5]

通常，在当地人看来，小地方十年如一日，没有什么变化。小镇的人口或增加，或减少，但是，通常变化得很缓慢。例如，1980 年，大部分人口少于 25000 人的非都市小镇与 30 年前相比规模缩小了许多，但是，在接下来的 25 年里，只有 18% 的小镇人口平均每年人口流失的速度大于 1%，与此同时，只有 20% 的小镇人口平均每年增长的速度大于 1%。[6] 除非小镇正巧位于一座快速发展的城市附近，或是在通往新机场或新高速公路的路上，否则居民的生活方式不太会有剧烈的变化。对于快节奏生活的城市居民以及总是到处搬迁的人来说，变化就是生活的调味剂。对于小镇居民来说不变才是社区最具吸引力的地方。他们喜欢一切保持原样。正如我们采访的一位小镇领导半开玩笑地指出那样："市政厅的墙上有一幅 1900 年的壁画。有时候，我看着壁画在想，小镇上有多少人就希望小镇像那幅壁画一样，依然如故。"

例如，我们在上一章提到的帕森斯先生就希望生活不要有任何的变化。他在一个 600 人小镇的银行工作，业余喜欢种种庄稼、养养牲畜。他直言讨厌任何变化。如果当年他不是被迫从事了另外一行，很可能现在还在岳父的农场里养猪，正因如此，他喜欢住在与儿时家附近的小镇相类似的小镇上，喜欢修修补补他那台老式的拖拉机，也喜欢时不时地去观看一场少年棒球联赛，而不愿意去某个新的地方旅行。小镇周边绿树成荫，在帕森斯先生看来，小镇生活最美妙的一点就是可以找到农业社区那熟悉的味道。“割干草时，那味道感觉不太真实，”他说，“会让人一阵颤抖。”他迷恋牛棚、稻草、新刷的油漆，甚至灭蝇剂和肥料的味道。

这个例子比较极端，但是，许多小镇居民就是这么描述的。他们喜欢居住地那些熟悉的风景、声音和味道。“每年都是同样的对话，同样的活动，同样的节日。”一位 30 多岁的女士解释说。她就住在南部一座 3000 人的小镇上，“所有的一切都是相同的。”这正是她喜爱小镇的原因。似乎最合适她的生活就是做个“按习惯行事的人”，“对未知有可预见性”以及想要知道未来的走向。

“哦，我真的很怀念那一张张熟悉的面孔。”一位女士来自一个拥有 1600 人的小镇，她被问及是否考虑过移居到其他地方时，发出了这样的感慨。“熟悉的面孔”这个词对于她来说有着特殊的意义，其代表的含义远远超出朋友或是邻居这样平淡的表达。“我喜欢这里泥土的芬芳。”来自另外一个小镇的男士如是说。农场和田地让他有一种安全感。随时可以听见人们说“这里非常的稳定”，“我们一直没有太大的变化”。小镇居民享受这年复一年、日复一日、一如既往的状态——遇见相同的邻居，住在孩提时代起就一直居住的房子，欣赏不变的风景。“面朝着一大片绿色草地，牛儿在山坡吃草，”一位住在 200 人小镇的女士，描述了从自家前窗看到的风景，“我唯一听见的声音就是空调运转的声音。”除此之外，一切都和以往两代人所经历的并无差别。

当然，认为小镇几乎没有变化的看法与小镇确实发生变化的事实是相矛盾的。小镇的人口有增有减，有人离乡背井，有人初来乍到，老店关闭了，新店又开张了。然而，甚至那些意识到小镇变化的居民——有时候欢迎这些变化，但更经常的是埋怨这些变化——依然坚持认为他们喜欢这样一成不变的情况。他们的意思是小镇生活可以——事实上，对他们来说一直——很稳定，至少不像他们想象中的城市生活那样不安定。例如，有位老人在小镇上住了一辈子，他解释说他的兄弟搬到了城市里，也挣了不少钱，但是，他“跑遍了整个美国”,也在许多不同的地方之间搬来搬去,陷入了“激烈的竞争”中。他还补充说,他兄弟的孩子们生活“非常不安定”,他们都是所谓的“钥匙儿童”。在这位老人看来，不仅城市比小镇变化更大，而且为了顺应城市的生活，人们也必须到处搬迁，不断改变生活，因此生活很不稳定——这对家庭生活伤害极大。

在对一位大学教授进行采访时，他也特别强调了稳定的重要性。这位教授在美国中西部一座大城市郊区的社区大学教书，那里发展非常迅速，但他本人是在一个小镇上长大的。在他看来，他与很多邻居不同的是，他一直过着稳定的家庭生活，30 年的婚姻就是一个极好的证明。他说，他有几个最亲密的朋友也和他一样享受着稳定的生活，估计这种生活方式在大都市并不多见。他认为之所以他们生活稳定，主要是因为“他们的背景与我相似，并不是真正意义上的城市居民，他们中大多数来自农场或小镇，更加脚踏实地”。

从表面上看，小镇居民用来描述小镇一切照旧的状态所使用的语言显示了一种根的意识。“脚踏实地”意味着心很安定，“没有到处旅游”意味着一直待在一个地方，“感觉安定”与到处漂泊正好相反。这些比喻表达了人们对某一个地方的喜爱之情，语言也强调了熟悉一个地方所带来的益处。生活在小镇的人明白这一点，知道要做什么以及如何与他们交往。这些认识是个人安全感的基础，个人的安全感依赖于变化的缺乏，但是，矛盾的是，个人的安全感又能够在某种程度上适应变化。一个人也许从来没有机会去小镇的另一边拜访某位居民或者和当地律师打交道，但是，他知道怎么去那里，很可能他认识某个曾经去过那里的人。

心理学家瓦尔特 · 佩林（Walter Perring）和瓦尔特 · 金茨（Walter Kintsch）曾经做过一项有趣的研究，调查这种熟悉感是如何发挥作用的。研究对象听到了有关假想的中西部小镇鲍德温的两种不同描述。心理学家把第一种描述称为地形版，描述小镇就像它在地图上一样——例如，“主街的南端有一家杂货店”和“主街以北几个街区东面有个路德会”。第二种描述则被称为路线版，描述的内容如“从主街向左走过几个街区，你会看到路德会就在你的右边”，“回到主街的另一端，你就能找到杂货店了”。他们运用了各种结构性和开放性的手段测试了试验对象对小镇的印象，结果显示路线版要比地形版的效果更好。[7]

为什么会是这样？一个原因可以是路线版使用了更多的人称代词，比起地形版能更有效地让试验对象身临其境。这些词引导他们对描述中提到的地方感同身受（“你看”“你来到”或者“在你右边”），描述要做什么（“向东驾车”“穿过河”或者“来到了杂货店”）。尽管研究对象从来没有到过那里，这个小镇也根本不存在，但是他们想象自己就在其中。

在现实生活中，小镇的人们也是这样的，他们对小镇的描述暗示了他们对社区的喜爱。他们不仅知道路德会在哪里——他们经常走路或开车经过那里，也进去过，或者和某个在里面参加活动的人交谈过，知道如何找到那里。说起镇子南边的草场或原来街角的五金店，他们就能仿佛身临其境，即使相隔多年那家五金店早已经不在那儿了，或他们已经不在那里居住了，他们依然可以很轻松地回忆起那家店。这就是熟悉的意义所在。在社区感觉如同在家中，首先这意味着积极参与到任何关于社区的描述中，其次意味着对社区非常熟悉。

慢节奏生活

有种看法认为小镇没有变化、稳定安逸，与此密切相关的另一种看法是，与其他地方相比，小镇的生活节奏更加缓慢，因此生活更加放松。[8]“缓慢的生活节奏实在是小镇的一大优势，”一位先生表示，他生活的小镇有300人，“这里安宁恬静，少了许多纷纷扰扰。”“对于人们来说，这是一种轻松的生活方式。”说这话的人是一家小店的店主，他就住在一个2000人的小镇上，家距离小店只有两个街区远。另外一位先生说，大多数早上，他都会步行去离家只有两个街区的邮局，一路上和邻居们闲聊几句，同时暗自思忖，“这里确实是宜居的地方。”然而，另外一位生活在6000人的小镇上的先生，最近去过洛杉矶后，回来之后陷入了思考，“我只是不喜欢那里的生活节奏，镇上的生活更加闲散舒适，节奏也慢很多，你可以在这里放松一下。在大城市，你似乎很难喘口气。”[9]一位来自规模更小的城镇居民同样表达了几乎同样的本能反应。小镇几乎没有什么树木，居住的地方地势平坦，让她觉得她终于能够“看见”了。她喜欢这样的感觉，她感到对于世界，对于自己都有一种内心的平静。她说，她在城市里生活了几年，似乎患了幽闭恐惧症，“我感觉什么都看不到，不知道发生了什么。”对于她来说，时间和空间都紧紧地联系在一起。城市拥挤不堪、喧嚣混乱，而在小一点的地方，她就不会这么焦虑。被人们与小镇相联系的气味也很明显是有生理基础的。也就是说，某个来自工业小镇的人闻到了空气里硫酸的味道，就会想起故乡，像帕森斯夫妇这样的人闻到了牛棚和草田的味道就感觉好像回到了家一样。另一位来自农场小镇的先生表示他最喜欢的事就是驾车经过刚刚耙犁过的田地。那是“泥土的芬芳”，他说，这味道在他的心里久久挥散不去。[10]

强调慢节奏的生活方式很容易让人联想起那些游手好闲、思维迟钝的人。他们很晚起床，早上和朋友喝喝咖啡、喝喝茶，下午又舒舒服服地睡午觉。例如，在一个较大的社区，我们遇到了一位女士，她在评论她的婆婆时表达了这种看法。她所生活的小镇上，人们每天早上 9 点会聚集在咖啡馆里，随便闲聊，11 点午餐时间继续边吃边聊，下午 3 点回来继续闲聊。有时候，调查的结果更加深了人们对小镇这样的印象。例如，一项调查显示，95% 的非都市小镇居民认为社区“很舒适”，92% 的人表示社区“很安静”，仅有 18% 的人认为社区“令人兴奋”，还有 38% 的人承认小镇“无聊枯燥”“单调乏味”。[11]

研究人员注意到人们常常会把小镇和农村地区与慢节奏的生活联系在一起，他们尝试着确认这些地方的生活节奏是否真的很缓慢。心理学家马克 · 博恩施泰因（Marc Bornstein）和海伦 · 博恩施泰因（Helen Bornstein）进行了一项经典的心理学研究，发现有迹象表明，生活在大城市里的人走路要比生活在小镇上的人速度快。他们认为，这种现象的原因是，在较大的地方人群拥挤，感觉个人的行动和时间利用上受到了限制，以及不断增强的社会刺激所带来的超负荷感，让人们不得不加快步伐以适应这样的生活。[12]

在后续的几项研究中，心理学家罗伯特 · 莱维内（Robert Levine）和阿兰 · 洛伦萨杨（Ara Norenzayan）在 31 个国家里进行了一项雄心勃勃的研究。他们对行人的走路速度、邮局工作人员完成一个标准的邮票定购流程所需要的时间进行了观察。这项研究只在大城市进行，并没有对人口数量多少所带来的影响进行充分测试，而是指出个人主义——通过对当地文化的主观评价标准来衡量——在较大的地方更为普遍，似乎也和快节奏的生活有着千丝万缕的联系。[13]

几年前，一项关于小镇和城市的步行速度及其测量方法的最广泛的研究公布了结果。这项研究对 6 个东海岸城市的 200 位居民，以及艾奥瓦州埃姆斯附近小镇上的 50 位居民进行了相对宽松的观察。研究表明，一般来说，小镇居民走路的速度要比城市居民慢，就邮局和加油站的交易而言，在小镇上花费的时间要比在城市里更长。[14] 虽然这些研究结果可以说明一些问题，但是，没有最新的对更多小镇居民和城市居民进行比较的研究，很难得出具有广泛概括性的结论。[15]

这项研究还有一些明显的缺陷：研究对象没有被问及是否意识到走路速度或者业务交易办理的速度比其他地方慢，走路和业务办理速度的快慢是否对他们来说很重要。这些研究也没有指明，速度的测量结果是否与其他的变量有关，例如研究对象的年龄、职业、或涉及其他时间的使用，比如花在交通上的或者是喝杯咖啡放松身心的。而且，这些研究也没有提出证据，表明那些更喜欢放慢节奏生活的人认为社区里人们的走路速度是快还是慢。

因此，重要的是，要思考人们在谈及喜欢小镇相对安逸的生活节奏时，他们真正的意思是什么。在交谈的过程中，有一个话题反复出现，那就是，撇开人口众多所带来的各种复杂问题，生活在社区的便利性如何。正如一位先生所解释的，“我们没有生活在城市的负担。”或是正如那位认为慢节奏的生活“少了许多纷纷扰扰”的先生所说，“在这里没有救护车和其他紧急车辆经过。”“没有那么多交通堵塞，”他的一位邻居补充道，“城市里有的问题，这里不会有。”小镇上的居民尤其开心的是整个县没有一个交通信号灯。另外一位女士也表达了类似的看法。她生活的城镇有 20000 人，而且人口一直在增加，交通信号灯随处可见。她之前生活在城市，目前在镇上担任管理工作，压力非常大，所以认为慢节奏的生活是她所在小镇的最大魅力，她很快又补充道，对于快节奏的生活她也能得心应手。让她很满意的是，她就住在单位附近，周围有商店和其他的服务设施，每天早晚不用在拥挤的交通中穿行，可以有更多的时间放松身心。缓慢的生活节奏让她有机会能够停下来在街边与某个人聊聊天，从车里向邻居挥挥手，而如果在城市里她就要忙着应对大排长龙的交通。

最重要的是，小镇交通设施的缺乏也是慢节奏生活的另一种体现。“哦，今天太紧张了，”一位居住在 6000 人小镇上的老先生，常常喜欢对城市来的游客这样说，“我必须要等一辆车过了之后，才能从车位上开出来！”说到走路，不是指人们走得快或走得慢，而是指人们可以走路，而不选择开车。他们开车的里程远大于城市里生活的人，尤其是那些要从小镇开车去城市里上班或开店的人。但是能够在街边漫步也是无忧无虑生活的一个标志，正如一位女士所说，这意味着需要做的决定少了，对科技的依赖减少了——就像“拔了插头”。一个项目可以延续更长的时间，你也可以慢慢地做好一件事。

小镇居民通常会把慢节奏的生活和简单朴实联系在一起。在他们看来，小镇能满足基本需求，又少了些大都市的喧嚣。去趟邮局，不必开车半个小时，穿梭在拥挤的街头，也不必排队等上 25 分钟。这个例子是听一位长期住在 10000 人小镇上的居民说的。“小镇的便利把我们宠坏了，”他说，“我们可以把车直接开到前门，走进去，立刻就有服务生过来点餐。”其他人则表示，他们能够步行几分钟就到达上班的地点，住得离孩子的学校不远。还有些人提到了安全，指的不是低犯罪率，而是在交通要道上出现交通事故死亡的风险比较小。

在谈论到小镇慢节奏的生活、依然如故的氛围所带来的熟悉感，以及不用排队等候的便利时，有一个共同之处就是井然有序。不同于一切都高度复杂的大型社会空间，社区意味着一种社会性的协调安排，帮助人们顺利处理日常事务，这和家的作用很相似。相对来说，小镇的规模让它免去了许多困扰，让生活其中的居民感到惬意舒适。从这方面来看，小镇就像一个大家庭，照顾着所有的孩子。米尔德丽德 · 弗格森，50 多岁的家庭妇女，在不同的国家、不同的城市、不同的小镇都生活过。当被问及对于现在生活的 600 人小镇，她喜欢它哪一点时，她总结得很好。“哦，不知道该如何解释，”她回答说，

“但是你可以走在街道上，不用担心什么事情会发生。”莎伦·桑德勒经常外出旅游，现在生活在一个 7000 人的煤矿小镇。正如她描述对城市生活的厌恶时所说，“我感觉就像小鱼在巨大的池子里游啊游，转着圈地游，我不知道我在做什么，我在哪里，该怎么办。”

回忆过去

对那些从小不是在小镇上长大，但最终选择定居小镇的人来说，吸引他们来到这里的是小镇会让他们想起童年某些快乐的时光。他们认为，关于简单生活的美好回忆在大多数地方已经一去不复返了，但是，在一些较小的社区却依然存在。“这有点像 50 年代我小时候的街区，”一位女士解释说。她在大城市郊区的中产阶级家庭中长大，现如今生活在小镇上。她回忆说，街坊邻居都“相互信任”“彼此和谐”，就像一个“大家庭”。孩提时期，早上骑着车离开家，和朋友玩一整天，在附近的街区漫游。现在她居住的 1000 人小镇就和那时很像。“世界太混乱，”她说，小镇是她“在这个混乱世界中一处宁静的港湾”。

其他小镇居民对于小镇也有着类似的看法。一位先生 40 多岁的时候才来到这个 2000 人的小镇，他说这里让他想起了 30 年前小时候的家园，那时他所在的小镇也是差不多这么大。“有一天我走进了街角一家家庭电影院，多么古老啊，自从长大以后，我再没有见过这些东西，这让我想起了我的少年时光，当时所有的一切小镇上都有，人们友好善良。”[16]

世代居住的小镇除了会让人想起孩提时期，也会通过上几代家庭成员的存在，用一条有形的链条把人们与过去联系在一起。社会学家米歇尔·梅尔费尔德·拜尔（Michael Mayerfeld Bell）打趣地称他们为“地方鬼”。他们的墓地离小镇很近，对他们的回忆是与他们曾经耕种过的田地、买过东西的商店实实在在地联系在一起的，在阵亡将士纪念日和葬礼上会感受到他们的存在——这个时候全家人都会聚集在父母、祖父母和曾祖父母安葬的墓地。[17]

活着的人之间存在着更多的代际融合问题。“我们这儿非常重视家庭，”一位 20 多岁的年轻女孩谈到她所在的社区时这样说，“这里随处可见三代同堂。人们尽量多花些时间与祖父母、孙子孙女和父母待在一起。”她说这对于她来说很重要，因为这里和她一样的同龄人并不多。她特别喜欢和老人们坐在一起，聆听他们的故事。一位 50 多岁的老先生，家里几代同堂，他对这个女孩的感受也很有共鸣。100 多年前，他的祖父来到这个小镇，如今他的父亲依然生活在这里，他的女儿女婿也生活在这里。这里有着“我所有的生活回忆”，他说。

接下来还有一个例子。

“他只是看着我，戴着旧牛仔帽，穿着旧牛仔裤。我去街上养老院里看望祖母的时候注意到了这位老人，感觉他很熟悉。每次去我都会看着他，他只是看着窗外，凝视着夕阳。一天，我问，‘请问你是叫唐 · 佩德罗 · 米拉格罗吗？’”

拉蒙 · 塞贡多解释了他再也不去其他任何地方生活的原因。这个 5000 人的小镇离墨西哥边境不远，十分干旱，几乎没有足够的水分能满足沿河生长的牧豆树生存的需求。有几个农场主灌溉了几亩地，种了些饲草给牲畜当饲料。塞贡多先生今年 60 多岁，在县警局工作，他一辈子都住在这里。

“‘请问你是叫唐 · 佩德罗 · 米拉格罗吗？’我又问了他一次，想着有可能他听力有问题。

“‘谁想知道？’他回答道。当然，我们是用西班牙语聊天的。

“‘我的名字叫拉蒙 · 塞贡多，我想我认识你。你看上去像唐 · 佩德罗 · 米拉格罗，我一直都记得他。你过去生活在核桃街。我曾经在那边干过活。’

“狩猎季到来的时候，唐·佩德罗就是牛仔，但是农业季节到来的时候，他就去田里干活。因为年长，他还有一项光荣的任务，就是打磨工具。每个小时他可能比其他人多挣10美分。

“‘你就是他，对吗？’我说。

“‘是的，但是你怎么知道的？’

“是那顶帽子。你一定知道这里的牛仔，帽子就像他们的指纹一样，他们戴牛仔帽的方式、戴头巾的方式。就是那种又老又旧的牛仔帽，明白吗？

“我告诉他我的祖母就住在核桃街上。我过去看她的时候，看见他就在街的对面。

“‘你以前就坐在家门口的台阶上，把马毛编进钥匙链里。你戴帽子的方式和现在一模一样。你会把帽子向后推，然后用一只手卷根香烟。’

“不管怎样，每次去看祖母的时候，我都会去看看他，聊聊天，推着他沿着街区散散步，有时候，我会偷偷地塞给他一支香烟。一天，他谈起了他的母亲，我能看出他很激动，仿佛真的看到了她。

“‘你是不是看见你母亲和我们在一起啊？’我问道。

“‘是的。’

“他开始发出咔达咔达的声音。我说，‘那是什么？那是什么声音？’

“他说，‘这是我母亲。’

“‘她在做什么？’

“‘她在做玉米烙饼。’

“‘那是什么声音？’

“‘那是她的戒指碰到擀面杖发出的声音。’

“于是，我想起小的时候和我祖母在一起时，也听到过这样的声音。我已经全忘了。

“然后我问了他一个问题。‘你的母亲是不是很漂亮？’

“他叫我离得近一些，用帽子打了我一下。‘这是什么意思？’

“‘没关系，再靠近点。’

“‘不，你会打我的。’

“‘我不会打你的。’他大笑道。他的眼睛在闪烁，‘你为什么会问这么愚蠢的问题？’

“‘这个问题哪里愚蠢了？’

“‘哎呀，你什么时候见过丑陋的母亲了？’”

这样的故事可能到处都能听到：在城市的某个理发店里，在飞机上，或是民间传说中。但是在小镇，它代表着特殊的意义，阐述的是只有长期生活在这里才能了解的情况，包括知道如同指纹一样老旧的牛仔帽。这突显了时间缓慢的流逝和生活的传承。

这个故事也指明了小镇的另外一个特点。记忆研究表明记忆会打包，在适当的刺激下会被激发成为人的自觉意识。最有效的刺激是感官上的：气息、味道、触碰的印象、画面、声音。这就是侦探总会把证人带回犯罪现场的原因，希望被淡忘的记忆会重新浮现。这也是为什么抽象概念总是比那些充满声音和味觉的体验更难记住。[18]

塞贡多先生讲这个故事想要告诉大家为什么许多地方都具有特殊的含义。他沿着祖母曾经住过的核桃街散步，会听到祖母的戒指碰击擀面杖发出的咔达、咔达、咔达的声音；看见街对面的唐 · 佩德罗把帽子推到后面，卷起一卷香烟；想象唐 · 佩德罗的样子，又使他想起幼年在田里干活时炎热的天气和新割的干草的味道。“我走过一片空地，那不是一般的空地，我曾经在那里玩耍过。”

倘若我们要理解社区的意义，我们就必须在精神上把曾经的经历和去过的地方联系起来。正因如此，我们会用各种照片和具有纪念意义的物品来装饰家，否则，我们的生活就只是被批量生产的产品所围绕，它们代表的是消费的意义。社区扩展了家的根本含义，涵盖了更广泛的环境。以前的学校、公园具有很重要的意义，因为他们曾经在那里度过了许多时光，因为一个人的经历与学校和公园所体现的意义交织在了一起。

熟悉的地方带来的回忆并不都是美好的。塞贡多先生现在可以去的那个公园一度仅限住在小镇另一边的白人进入。穿过这个公园唤醒了他对过去的记忆，也更增强了他对变化必将到来的信心。

回忆是小镇生活的重要部分。讲述过去的故事即可以让过去变得鲜活。靠近有故事的场所可以把故事与社区联系起来。一座小镇就像一个社区，正是因为这里汇聚了许多场所、回忆以及分享回忆的人。

真正地长大

除了代际融合和回忆之外，小镇居民也常常认为，小镇是养育孩子的理想之地——这就与社区必须有合适的规模以养儿育女的想法进一步联系了起来。很明显，抚养孩子对于小镇上许多有孩子的家庭来说具有重要的现实意义，同时其更重要的象征意义也显而易见，尤其是那些不再是父母——也许从来就没有做过父母——的小镇居民常常会提到这一点。童年意味着天真无邪、易受伤害，一个适于抚养孩子的地方必须能让孩子的天真无邪有展现的机会，并能够保护孩子不受到危险伤害。

乍一看，对抚养孩子的重视通常意味着小镇是安全的。在没有监督的情况下，孩子们可以在院子里随意玩耍，也可以溜达到朋友的家里，父母不会担心。[19] 小镇居民说，这里犯罪率低，车辆稀少，学校近在咫尺，走路就能到。他们的观点也得到了有力的支持，从统一犯罪统计数据来看，小镇的犯罪率低于大城市，而非市区小镇的更低（见图 3.2）。[20] 小镇的孩子和城市以及郊区的孩子同样很容易

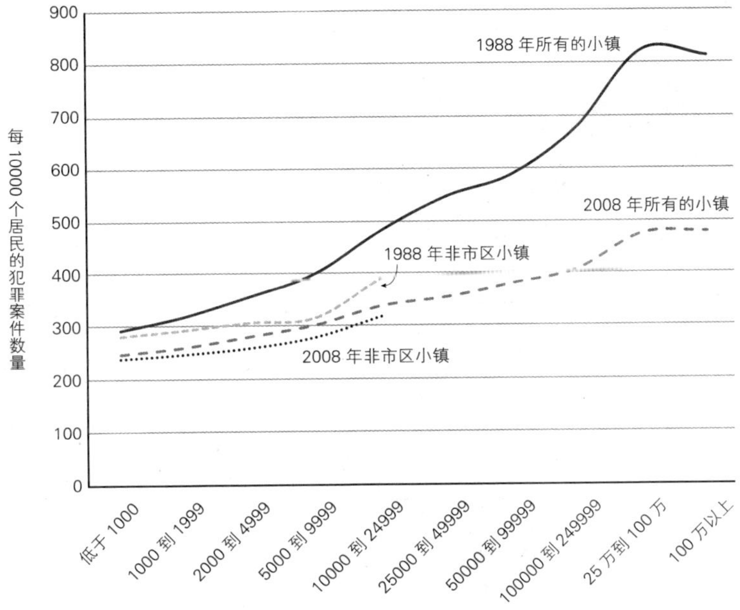

图 3.2　不同规模小镇的犯罪率

陷入麻烦，这个事实会让人们对小镇安全状况的印象打折扣。事实上，城市里的家长会认为，大的地方会有更好的机会接受文化的熏陶，比如芭蕾、艺术课程、溜冰、长曲棍球联赛、体操等等。

但是，小镇上的父母经常看到小地方更深层次的含义。这就是，他们认为孩子们在成长发展过程中应当去探寻自由：走出家门，穿过后院，越过藩篱，抓青蛙，享受一种类似汤姆 · 索亚和哈克 · 芬的生活，而不是按部就班地参加各种活动，时间安排得满满当当，在大人的监督下行事。这些都是理想的状态。总的来说，这些构成了一种真实性。小镇居民认为，实现真实自我的孩子们，可以自由地玩耍，接近大自然，做他们自己，在没有监督的情况下学会认识自我。[21]

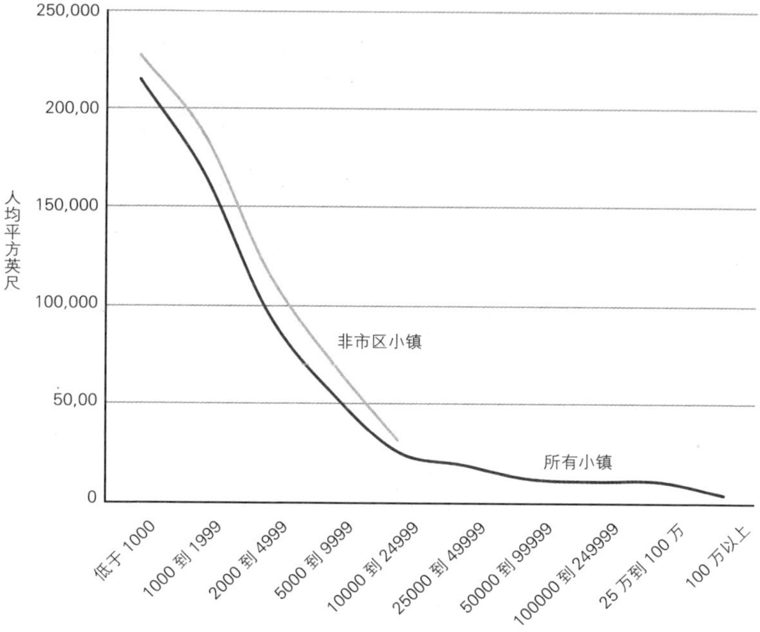

图 3.3 不同规模小镇的居住环境

一位家长引用了一句俗语，“孩子的任务就是玩”，并且强调玩“必须是没有成人在场地玩”。这位家长觉得，这种情况在郊区是可能实现的，这句俗语很可能描述的是一两代人之前的城市生活。而小镇看似缺乏有组织的活动似乎也成了一大优势，为玩耍提供了空间——字面而言，事实上，普通小镇居民与大社区的居民相比拥有更大的建筑面积（见图 3.3）。[22] 小镇居民认为，在成长的过程中有玩耍的自由和漫步的空间是小镇的一大好处，还有一大好处就是孩子们长大后更能全面发展，更加真诚。他们会更加对生活负责，更好地做出决定，更加自立，外部环境必然给个人带来的沉重压力对他们的影响也更小。

当然，有趣的是，小镇居民和研究小镇的研究人员在小镇如何——以及是否能够——提升孩子的真实性的问题上有着各种各样，甚至针锋相对的意见。19 世纪大部分时期，人们通常认为，清新的空气、劳作、漫步的空间造就了更加健康的孩子，他们在农场和小镇上长大，而不是在城市污浊的环境下长大。但是，到了 20 世纪初，这种观念发生了改变。人们认为，城市吸引了最优秀、最聪明的人才，没有接受过教育、没有上进心以及不是那么聪明的孩子就留在了较小的地方。1915 年，著名的社会学家爱德华 · 罗斯（Edward Ross）宣称，美国所有农村地区都有“一些社区让人们联想到无鱼之池，住在这里的人主要是顽固不化之人或者愚昧蠢钝之人”。[23] 一些观察到小镇良性发展的研究者自然不会接受此番言论。“生活在美国中西部农村地区的那些顽固不化、愚昧蠢钝之人培养了一代又一代聪明能干的年轻人。”农村社会学家索尼娅 · 萨拉蒙（Sonya Salamon）总结道。[24] 问题是，为什么？

一方面，在没有大人监督的情况，自由地探寻和玩耍变成了现实。例如，一些研究表明“休息时间”对于儿童的发展是非常必要的，成人后可以实现更有效地学习，而太过仔细的规划和时间安排对于创造性思维是有害的。[25] 下意识的自我反思也许可以培养出真实性。另一方面，萨拉蒙等研究人员认为小镇上非正式的监督更为重要。就小镇居民自己观察到的情况而言，孩子不仅受到自己父母的指导，那些关注他们的邻居、住在街坊邻里的老师，以及和大人一起参与诸如社区改善项目等各项活动的机会，都能让孩子们受益匪浅，与多个行为榜样交流互动可能有助于形成更全面的人格。

如果小镇上长大的孩子们更加真实可靠，那么成年人会坚持认为，他们与其他成人之间的关系也会更加诚恳。他们会说，重要的是小镇的规模。“哦，小镇要足够小，能让你很好地了解生活在那里的人们，”一位住在 2000 人小镇上的居民表示，“邻里非常友好。”投资银行家格里姆肖先生认为，生活在小地方的优势就是每个人的活动圈子很可能相互重叠。“如果你在城市里工作，”他解释说，“你出去工作，然后再回到住的地方，因此你生活在两个世界里，在这里就不一样了，你同时生活在这两个世界中。工作上的交往、社会关系的交往和你的邻居都是同样的人。”他认为这让所有的关系更加美好，更有意义。同样，一位生活在 1000 人小镇上的女士，她工作的一部分内容就是去其他小镇拜访各种各样的人。她表示，“他们似乎更加真诚、更加愿意帮助别人，关爱别人。我是说整个社区都充满了关爱。我去了 6 个县，我看到它们共同的特质。善良的人们，充满爱心，基本上很容易相处。到了城市里，感受就大相径庭。我不知道为什么会这样，但是小镇上的人和城市里的人有所不同。”

在这些小镇居民的眼里面，真实可靠的一部分意思是充分地全面发展，照顾好自己。当然，这样的定义有些武断。真实可靠的意思也可以是一个人知道什么时候可以依靠他人。但是，小镇居民感觉，过去的人们更加真实可靠，那时人们就住在田边，自己的食物自己种，自己做饭，对市场的依赖性较少。一位妇女给出了这样的描述，她所在的小镇没有一家像样的杂货店，但是依然很好，因为大多数小镇居民自己种食物。她有个花园，在后院养了几只鸡。大多数邻居都自己砍柴火，家里都有烧柴的壁炉。如果发生什么事情，比如停电了，人们总可以正常生活下去，这样让她感到很放心。

与城市居民对其生活的地方所做的评价相比，小镇人民对小镇的喜爱之情更加溢于言表。想想看一个一辈子都生活在 200 万人口的大城市里的居民会怎样描述自己生活的地方。她所生活的郊区人口仅为 22000 人，但是她认为，她所生活的地方属于更大的都市区。在她看来，这里“友好、开放”，“便利的设施”让她愿意更长久地居住在这里，例如出色的运动队、高水平的艺术和音乐。她解释说，这里是个生活的好地方，因为这里“易进易出”，“这里的许多人都到处旅行”。这里交通不算太糟糕，但是她也承认这里车很多，郊区蔓延的问题很严重。当她被问及她所指的友好是什么意思，她说是指“对家庭友好”。对她而言，这意味着“有许多适宜家庭的活动和选择”。

再看看一个 45 岁的银行职员又是怎么说的。他生活在 50 万人口的大都市，离他出生的 2000 人口小镇有 3 个小时的车程。由于他曾经生活在小镇，因此可以对两种生活做出比较，甚至还发现了一些相似点。他承认，有时候他希望自己仍然生活在小镇上，但是除了城市以外，他不可能再去其他地方生活了。他事业成功，家庭幸福，喜欢他所在的城市。只是，他与城市的关系并不是深层次的情感性依附，只是效用性依附。他解释说，之所以一直生活在城市里，主要是因为大学毕业后找工作，碰巧在这里找到了。这个地方一直在发展，这是他最喜欢这里的一点，他也为此感到自豪。即便他不喜欢城市里的交通堵塞和噪音，但是知道还有人要来他们的城市，他还是觉得值了。他并没有想太远，相反，他迅速想到了生活在一个不断扩展的城市里的效用性利益，人口的增长对于税基是有好处的。“有很多事情发生，也会有更多的购物消费。”

关于什么是真实可靠、什么不是真实可靠的讨论充满了讽刺的意味，特别的是，他们把对小镇最常见的成见加在了小镇头上。从这点看，要实现真实的自我——也就是说找到“真正的你”——在小镇是不可能的，因为这里强制要求一致性。然而，小镇居民认为，小镇是个充满自由的地方。或者更确切地说，小镇是个安全的地方，在体贴关爱的成年人（父母和邻居）的守护下，孩子们可以自由地探索、玩耍、接近自然，从中发现真正的自己。相比之下，城市抑制了人们对真实自我的探索。在那里，一个人在各种广告、各种互相竞争的喧嚣声音的冲击下，更容易屈服于自我欺骗。[26]

适合家庭的地方

小镇居民认为小镇对于家庭来说是个适宜生活的地方，他们通常想到的都是抚养孩子，但是，与父母的关系和对父母的责任也是非常重要的。正是因为有这些关系，人们才会依然留在小镇，或者回到小镇生活——可能是因为农场或家族事业太长久了而不舍得放弃，抑或是父母中有一个人去世或是生病，才下了决心，也可能是成年子女放弃在其他地方的生活计划，回来照顾父亲或母亲。

一般来说，生活在小镇上的父母为孩子或他们的父母所做出的牺牲并不比生活在城市和郊区的父母大。但是，社区仍然认同这些牺牲的意义。家庭义务成为人们选择在小镇生活的一部分原因，这也加强了小镇与家庭之间的联系，使家庭的重要性更加凸显，有时候它会激励人们按照突显那种价值的方式行事。于是，家庭关系变得很重要，它不仅仅是一种信仰，更是需要传承的有意义的事。

考虑任何有关家庭与社区的决定总是很复杂的一件事。想要好好梳理这种复杂性，不妨听听阿兰·哈丁的故事。阿兰·哈丁，邮政工人，50岁出头，他生活的小镇人口不足400人，离最近的城市有100英里的距离。小镇居民的平均年龄比州内其他地方居民的平均年龄要大很多，过去的10年里，这里没有建造过一所新的房屋。哈丁先生是小镇为数不多的大学生之一。事实上，他上过5年大学，主修法学预备课程，希望以后能进法学院。但是，他刚毕业，父亲就查出了癌症。哈丁先生搁置了他的计划，回到家陪伴父亲，帮助母亲打理父母每周都会出版的小报。2年以后，他的父亲去世了，哈丁先生就一直待在这里，继续帮助他的母亲。他的母亲比父亲多活了将近20多年。他没有再追寻过成为律师以及生活在城市的梦想。

哈丁先生的故事可以从几个角度进行解读。作为家里唯一的孩子，他觉得自己肩负着特殊的责任，要陪伴父亲，帮助母亲，他是他们唯一的依靠。无法确定他的父亲还能活多久，他的母亲身体硬朗，但是丈夫去世之后，无处可去。而且，哈丁先生回忆时说，留下来完全都是他自己的决定。“我从没有感受到沉重的压力或是束缚。”他说。他本可以把报纸卖了，劝说母亲搬到其他地方或者做些其他事情，“我觉得我随时都可以离开这里，卖掉报纸，去做其他的事情。”相反，他就此安定了下来，结婚生子，把报纸继续办了下去，报纸很难维持收支平衡，因此他一直在邮局工作。“你感到很舒服，”他补充道，“你会很满足，你在这里待的时间越长，一切就变得越容易。”

不论人们后来怎么想，但是，当初没走的那条路一直在人们的想象中。“刚开始，我有点反感回到这里，”哈丁先生承认，“当时想的就是要离开。你去上大学，不会再回到只有 350 人的小镇，学历在这里用处不大。”但是随着时间的流逝，他意识到他在大学所接受的训练一直在发挥作用，尤其是当他为报纸做编辑、给孩子提供未来发展的建议时，他在大学所学的东西有了用武之地。

如果说小镇并不是当初之所愿，至少小镇有自身的优势。尽管哈丁夫妇收入微薄，他们还是买了一幢他们钟爱的老房子，花费了许多时间和精力修缮。工作日工作的时间总是很长，每天早上 6 点开始处理报纸的工作，一周 6 天每天上午 8 点到下午 4 点，要对信件进行分类、投递，晚上 10 点或 11 点又要做与报纸相关的工作。“我并不想让自己听上去像盖瑞森 · 凯勒（Garrison Keillor）*，”他说，“如果可以的话，我宁愿生活在一个大约 10000 人的小镇上，而不是这里。但是，这样的生活很舒适。你认识周围的人，生活节奏缓慢，几乎已经到了可以打盹睡觉的地步。”

也许可以打个盹，虽然这对于哈丁先生来说有点难。哈丁夫妇几乎没有什么时间睡一小会儿，原因是大多数时候他们都要工作很长的

---

*　盖瑞森 · 凯勒，美国作家及广播节目主持人，同时也是一名幽默作家及剧作家。

时间。但是，他们并没有觉得工作压力过大，与他们的感觉相比，他们的日程安排很难看出缓慢的生活节奏。“正在送信”也许是对大城市邮递员最适当的描述，但是不适合小镇上的邮递员。哈丁先生认为他现在的生活让他有时间也有空间去尽父亲和儿子的责任。

对于哈丁先生来说，小镇是抚养孩子的好地方——这种说法过于老套。“我们不是《老爸英明》*，也不是诺曼·罗克韦尔（Norman Rockwell）**的一幅画。”他说。这里的“我们”指的是成百个生活在这个小镇的家庭。在他看来，在这个小镇里，把一块冰冻的比萨扔进微波炉里当作晚餐实在是再平常不过的事情了。尽管和家人一起共进晚餐会花费更长的时间，但是他和太太都认为多花些时间是值当的。“我想我们已经过时了。不管你信不信，我们就是坐下来一起吃晚餐，肉啊，蔬菜啊，我们有个花园，孩子们知道什么是蔬菜。”

毫无疑问，哈丁先生的邻居每个人都有自己不同的故事。他并不认为自己的故事有什么特别，很可能这个故事确实没什么特别。他的故事所描述的只是众多将家庭责任与小镇生活的想法联系在一起的方式之一。即使牺牲了律师这样更有声望的职业，回到小镇送信、办报纸，他依然强烈感觉到帮助母亲是件正确的事情。这也进一步让他觉得和孩子们坐下来一起吃饭是非常有意义的事情。他担心的是，越来越多的孩子不了解蔬菜，担忧许多家庭“几乎要土崩瓦解”。

---

* 《老爸英明》（*Father Knows Best*），20 世纪五六十年代风靡美国的电视情景喜剧，讲述了生活在小镇上的中产阶级安德森一家的生活，因其表现了 50 年代田园牧歌般的家庭生活而在美国流行文化史上留下了深刻的印迹。

** 诺曼·罗克韦尔（1894—1978），美国 20 世纪早期的重要画家及插画家，创作主题丰富，其本人最钟爱的主题是儿童。诺曼大部分的画作都有点过于甜美、乐观，易于给人一种“理想美国世界”的印象。

小镇生活的弊端

通常情况下，小镇居民会说他们喜欢在现在的地方生活，可是，他们也不会盲目乐观地表示这里的一切都如他们所愿。他们的抱怨多数与小镇的规模无关。例如，生活在中西部小镇的人们会谈到那里严酷的冬天，生活在南部和西南部的人们说他们讨厌炎热的夏天。他们的抱怨本身很少会具体到某个小镇，通常反映的是许多小镇的共同问题。虽然小镇居民都会谈到他们喜欢开阔的空间、喜欢靠近农场，但是事实上，大多数小镇当初选择地点的时候，并不会考虑是不是景色优美、感觉安逸。

几年以前，美国农业部经济研究服务部制定了自然宜居评估标准，对人们认为的宜人的环境质量进行评分，例如暖和的冬天、冬天的阳光、温和的夏日、湿度低的夏季、多变的地形以及水域面积。多数非市区小镇——大多数人口都居住在非市区小镇——的地点都低于平均分（见图 3.4）。非市区小镇的分数和大城市的分数形成了鲜明的对比。例如，只有 8% 的非市区小镇的得分高于“1”，而 42% 人口达到 5 万的城市得分超过“1”。[27]

除了天气恶劣、缺乏天然设施之外，小镇生活的另外一个弊端就是文化活动的匮乏。一位小镇领导开玩笑说，“如果你喜欢高中运动项目，这里绝对是个好地方，但是说到音乐会、艺术家、系列演讲，这里什么都没有。”起初，我对此感到很惊讶。我一直认为——回想起来有点天真——小镇居民可能并不关心这样的高雅活动，比如交响音乐会、歌剧、博物馆艺术欣赏，如果他们想要这样的文化活动，他们就会住到其他的地方去。但是，我发现小镇居民经常会去城里的音乐厅和美术馆，他们可能有亲戚住在附近，至少他们会在电视节目或学校表演中接受艺术的熏陶。如果是这样，那么他们的确会忽略小镇没有文化活动这个事实。

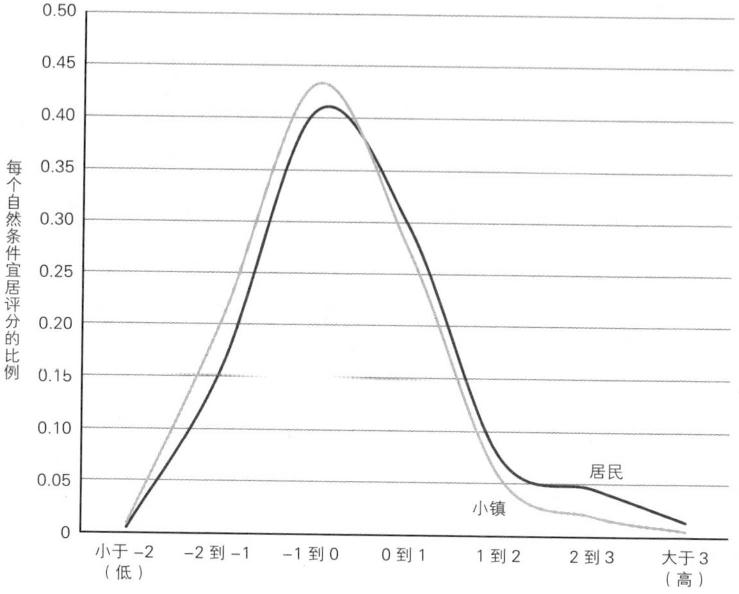

图 3.4 非市区小镇自然条件宜居评分

除了城市和郊区的人能常常参加的文化活动之外，小镇的文化氛围也让许多居民感到很失望。他们渴望重拾在大学里曾经经历过的或者想象中在其他地方存在的那种交流。“我们都受过大学教育，”一位生活在 500 人小镇上的 60 多岁的商人介绍了他和妻子的背景，“我们非常渴望与其他受过大学教育的人士和专业人员之间互动交流，我们这里很少有这样的人。”他表示互联网和电子邮件让人们可以与高学历人士建立联系，但是，不能面对面地进行交流，让他觉得有点遗憾。

文化活动的匮乏是小镇的一大弊端，但是许多小镇居民还是会想方设法克服这一困难。中产阶级会利用度假或去城里拜访亲友的机会，参与一些文化活动。有些人则会开车一到两个小时去听音乐会或者去博物馆参观展览。他们认为，从小镇出发去参加文化艺术活动，并不比住在市郊的人更难——那里的居民也要开车或乘坐公共交通才能到达市中心。

我们还遇见了一群在自己居住的小镇上参与文化活动的人。这些人居住的小镇通常至少有 3000 ～ 5000 人，更多的则来自人口 10000 ～ 20000 人的小镇。例如，一座人口总数为 3000 人的大学城里有一家艺术馆，一年一度的音乐盛会吸引了这个地区的观众，这里也是一位全国闻名的摄影师的家乡，这位摄影师在主街上开了一家美术馆。另外一座小镇上约有 13000 人，拥有自己的交响乐团。还有一个小镇，人口不到 2000，在这里诞生了百老汇许多著名的音乐剧，例如《俄克拉何马》以及《窈窕淑女》。

文化活动实在匮乏的小镇居民有一套自我精神调节的方法，关注小镇生活中简单的快乐，例如努力工作的快乐、做些对社区有用的事情。对于这些小镇居民来说，高雅艺术只是偶然为之，不是生活必需。"如果你是需要娱乐的人，"一位生活在 2000 人小镇的居民解释道，"这里真没有太多的消遣。对大多数居民来说，我们知道该如何自娱自乐。"因此，如果特别被问及小镇缺失什么，他们觉得最缺的是博物馆或音乐厅，但是随着时间的流逝，人们对这些已经不那么在意了。事实上，调查结果显示，一般来说，小镇居民对于小镇文化活动的满意程度与城市和郊区居民对其所在社区的文化活动满意程度相当。[28]

但是，有些缺点不那么容易补偿，如果孩子生活的地方比较大，那么学校规模相对较大，就会有更多的教育机会，包括交响乐、戏剧制作、舞蹈团、参观博物馆等等。尽管学区的合并使许多小镇孩子有了更多的机会，但是，小镇居民仍然指出了很多问题。有时候，规模较小的农村学区有了财产税的支持，教学质量相对较好，但是，所教授的科学课程的门类有限，音乐和艺术课也相对较少。在我们采访的父母中，有些把孩子送到较大的城镇，安排他们在那里的高中上大学先修课程，有些对小镇的高中很失望，这里的中学太注重体育，不太重视学业成绩。

自然地，我们采访的许多小镇居民都认识到，失业、低收入、工作机会匮乏、社会服务不足是小镇的严重问题。虽然他们对这些问题的担忧程度各不相同，而且这些问题也因为较低的房价和政府的转移支付而有所减轻，但是，我们看到有很多小镇居民受到当地经济状况的困扰。尤其当镇上唯一的制造厂或是煤矿倒闭，小镇居民更加忧虑，但是让他们忧虑的情况还不止于此。我们采访过一个小镇，居民可以在 30 英里外的汽车装配厂找到一份稳定的工作，但是不断飙升的油价以及日间看护机构的缺乏使得居民很难出门工作。而在另外一个小镇，社区领导一直关注于修剪主街人行道上夹缝里的草，却没钱建造一家社区急需的水处理厂。另一个小镇上，失业率很低，家庭平均收入也接近州平均水平，但是小镇地处偏远，人们很难买到新鲜的农产品。事实上，某个对此种情况进行监测的委员会发现，即使是镇上杂货店的罐头食品，有时都超过保质期 1 年或 2 年。

小镇居民屡次提到的另一个弊端是小镇上总会流传各种各样的闲话。“我把这称为小镇之疾，”一位来自 1600 人小镇的居民如是说。他说他所在的小镇上的农民时刻关注着其他人的生活。例如，他正在考虑买一块地，从以往的经验来看，在交易结束之前咖啡店里的人们会一直谈论此事。所以，他让一个朋友去咖啡店打探消息，向他汇报。“太多人关注你所做的事情了。”他叹了一口气。这就是人们相互了解、相互关心所带来的负面影响。“有一天，我去了镇上的餐馆，”一位女士回忆说，“我听见旁边一个位置上的客人正在谈论一个丑闻，竟然就是我父母离婚的事情。”另一位来自 800 人小镇的先生也描述了类似的事情。他很少在镇上剪头发，有一次他去了镇上的理发店，几个小时内，他从两个邻居那里听到了他对理发师说的话。

闲话是一种值得人们警惕的小镇之疾。每当有进步的新事物在城市里出现的时候就会撰文立著的早期社会学家，有时会把小镇闲话看作一场瘟疫而非一种简单的疾病。例如，在 1932 年发表的对科罗拉多州小镇的研究中，受训于芝加哥的社会学家艾伯特 · 布吕芒塔尔认为，闲话在社区生活中非常普遍——闲话的内容琐事颇多、误解歪曲、丑闻遍布，也影响了公众舆论，常常会严重侵犯个人隐私。另外一位社会学家在布吕芒塔尔的研究基础上加以总结，小镇闲话“让每个人的舌头都变成了皮鞭，约束着邻居的行为，与此同时，又使周围的每个邻居都居于其掌握之下”。但是，正是小镇居民自己告诉布吕芒塔尔，闲话琐碎繁杂，误解歪曲，还经常拿这些闲话来嘲讽一番。这种现象在我们的采访中也很常见。[29]

小镇居民意识到了这个问题，找到了应对闲话的方法。一个方法是，对生意交易和其他的个人事务保持缄默，例如挣多少钱、玉米收成是否达预期水平——因为商业行为和信息技术都发生了很大的变化，所以现在要做到这一点比布吕芒塔尔的那个时代要容易多了。另一个方法很简单，在小镇以外进行交易。小镇居民也会批评某个人太爱说闲话了。就像一位女士所解释的那样，自称知道别人事情的人就是“一个讨厌鬼”，很快就不会有朋友了。同样，大家都心知肚明什么可以闲聊，什么不可以。例如，你可以在聊天的时候提到某个人进医院了，但不是能说透过邻居家的窗户看到了什么不正当的事情。尽管闲聊会有这样那样的问题，但是闲聊有其重要的一面，能传播有用的信息，维系社会关系。例如，我们采访的对象也提到，谁家需要帮忙大家很快都知道了，初来乍到的人也会知道哪里可以购物，找谁维修住宅。[30]

人们可能会看到城市居民所见的弊端与小镇居民所描述的弊端正好完全相反，从某种程度上来说，的确如此。城市居民抱怨城市里交通堵塞、噪音肆虐，认为人口增长过快、交际圈过小是生活在城市的主要弊端。但是，值得注意的是，城市居民的比较标准通常不是小城镇，而是其他城市。事实上，城市居民对于拿自己的社区与更大更出众的社区相比较，经常会有抵触。他们常常会说，“当然，这里不是纽约，也不是洛杉矶，但是，我们比人们想的更加见多识广。”或者，他们会说，“人们来到这里之后，感觉比预想的好。我们并非褊狭守旧，相反，我们了解世界。”抑或是，“这里的人更加诚实可靠，不像城市里的那些伪世界主义的人。”除非他们住在小镇上，否则他们比较的对象通常是其他城市，而且有的放矢，因为他们的朋友、同事，甚至他们自己曾经在其他的城市中生活过。他们会把城市的规模、天气、工作机会、运动队和机场等通通比较一番。

居住在郊区的居民的看法与小镇居民的有着更为微妙的区别。他们发现在许多方面与小镇居民有相同点。看上去，郊区居民似乎在范围更大、更都市化的社区里复制了小镇生活方式。例如，他们坚持认为他们所在的社区很安全，邻里友好，适合孩子成长。说到安全性，他们并不是说郊区比小镇安全，只是和犯罪率较高的内城区相比，郊区相对安全一些。说到邻里友好，和小镇居民的想法不一样的是，他们并不认为他们认识周围的每个人，但是，可以找到几个志趣相投的朋友。如果他们有孩子，郊区居民很少会谈到孩子可以随意地在街区游荡，他们谈得更多的是名校、质量不错的课后辅导班、数量充裕的公园和娱乐设施以及其他年轻的家庭。

更让人觉得有些惊讶的是，我们采访的大多数郊区居民认为他们所在的社区自给自足。在他们看来，一个人需要的几乎任何东西都可以在这里找到，没有必要到社区以外的地方去。例如，一位40多岁的女士曾经在不同城市生活过，现在和丈夫生活在郊区，她的邻居们最经常说的是，“这里有他们所需要的一切，没必要再去其他地方了。”这和小镇居民说的很像。可是人们也承认，不论是在郊区还是在小镇，这都是不可能的。他们还是去驾车去机场，去远一点的地方购物，乘飞机去拜访喜爱的朋友。可是，让他们很欣慰的是，他们所在的社区就近满足了基本的生活需求。

郊区居民和小镇居民最明显的差别就是他们对所在社区的真实性有着不同的看法。小镇居民坚持认为，他们的社区就是真实性的完美体现，而郊区居民则不这么认为。"事实并不是这样，"一位居住在郊区的居民表示，"这和事实一点也不相符。"另一位居住在郊区的居民表示赞同，"待在这里时间长了，你会发现一切都是虚伪的，甚至建筑也并不是表面上看上去的那样。"他们这样的看法基于几个理由。第一，郊区居民似乎都是同一个民族或种族的。"这里的居民都一样，他们喜欢这种同一性。"一位居民表示。生活在小镇上的居民也都是一样的，并且意识到了这样的同一性。但是，郊区居民住在内城区甚至其他郊区的附近，这使他们意识到更大的多样性，因此，他们会认为，所谓的同一性并不是真实的情况。第二，郊区的生活被认为是不真实的，因为郊区往往都比小镇新，而且变化也更加迅速。人们指着新近建造的商场、新开发的房屋，与城市里的老城区或是农场小镇进行对比。在对不同地区居民的评论中这种对比也可以见到。小镇居民总会很自然地把彼此看作一生的朋友，而在郊区，朋友是经过挑选的，这样的选择被认为有些随意。

还有一个认为郊区生活不真实的原因是，郊区的居民时刻关注着住豪宅、开豪车的邻居，揣度他们的身家。曾听见人们说"我看见有人开着 8 万美元的 SUV"，"我去了某个人的家里，他们家有 22 个酒吧高脚凳"，抑或是"那家人家里有个家庭影院。你知道这要多少钱吗？天哪！"相比之下，小镇居民通常彼此了解，知晓彼此的资产，相互关心，从而保证了社区的健康发展。他们也表示，邻居们大都不会奢侈消费。从这个角度看，小镇生活似乎更加真实，而郊区生活则似乎显得不那么自然。

在对小镇和郊区进行比较的过程中，有一点值得注意，真实的小镇生活有时候比郊区的生活，甚至城市的生活更加多样化，尤其是在人口5000～10000人的小镇上。如果人们说小镇是多样化的，意思是他们和不同于自己的人进行交往和交流。“与大城市相比，在这里你很可能认识更多的人，并与之成为朋友，”一位来自人口约为10000人的小镇居民总结道，“因为你会在商店、银行、教堂里遇到这些人，并逐步了解他们。你会与他们有更多的接触，更好地与之建立联系。”这是否是真的，很难说，但这是有道理的。像这位先生所在的小镇可能不是少数，区划法也就是近几年才制定的。在此前很长一段时间，很可能豪宅与棚屋并肩矗立——事实上，富人与穷人比邻而居，这并不意味着他们很多时间会待在一起，但是他们确实知道彼此，会在杂货店叫着对方的名字互相问候。人们会说，友谊这事儿可能没有太多的选择，因为住在同一个小小的社区里，你们就成了朋友，而在郊区或是城市里，人们可能会根据相同的兴趣爱好和生活方式来交友，而其他出现在银行或是杂货店的人就只能是路人了。

小镇的变化

我前面提到过，关于小镇变化的问题很容易被误读。部分是因为与小镇居民的交谈以及外人的评论，给人的感觉是小镇从未有过任何变化，还有部分原因是电影、小说中普遍存在的一种认知，认为小镇是属于过去的，必然会逐渐衰败。这种观点正好对应了人们内心一种挥之不去的担忧——这种担忧似乎从未消散过——小镇正处在崩溃的边缘。[31]

事实上，美国许多最小的城镇人口一直在流失——至少有一点流失。此外，许多城镇受到了经济形势的影响，工作机会减少，人口也随之减少，尤其是那些经济上严重依赖农业和矿业的小镇。[32] 感觉与现实并不总是完全相符，但是两者都很重要。忽略小镇居民的感知，认为那是一种错误的意识，这样做没有任何意义。我的兴趣点只有一部分在人口的增长或减少上，我更感兴趣的是小镇居民自身是怎样感受小镇的变化的。

人口小于 2000 人的小镇居民常常会提到，25 年前，甚至 30 年前曾经住在这里的人们回到这里之后，发现的第一件事就是小镇的人口比以前少了，主街比以前安静了，商业活动也没以前那么多了。“他们会注意到，没有以前那么多人了。”一位住在 900 人小镇上的先生表示。他是对的。1980 年，他所在的小镇人口达到了 1400——比现在的人口多一半。“他们会注意到现在的商店也没以前多，”他补充道，“30 年前的周六晚上，你沿着主街驾车行驶，可以看见许多汽车。如今，你什么车也看不到。”同样，另外一位长期居住在小镇的居民表示，甚至当大多数人都住在农场时，人们彼此还是相当熟悉，因为星期六是盛大的购物日。她还记得，他们一家去购物，经常待到晚上，就只是和不同的人聊天。如今，物是人非，风光不再。

就全国范围而言，1980 年人口不足 1000 人的非都市小镇中有 62% 在随后的 30 年中规模缩小，甚至在 1980 年人口为 5000 ～ 10000 人的非都市小镇中，有 42% 在同一时期人口也出现了下降（见图 3.5）。[33] 许多小镇的人口长期以来持续减少——有些小镇在 20 世纪的大部分时期，人口数量一直在下滑。这些小镇都是马车队建立起来的，在那个时候的农夫们看来，驱车三五英里去杂货店和木材场是一次大的远行。许多小镇都建在了铁路边上，那个时候的列车每行驶 7 到 10 英里就要停下来，补给煤和水，给蒸汽机车提供动力。随着农场规模的不断扩大，越来越少的农民会住在这些小镇附近了。车辆性能越来越好，道路交通有所改善，人们可以驱车 10 至 12 英里去更大的城镇，所以人们不会再驱车 5 英里去最小的村庄。20 世纪 40 到 50 年代，被边缘化的农民转而去其他行业寻找工作，农村地区人口

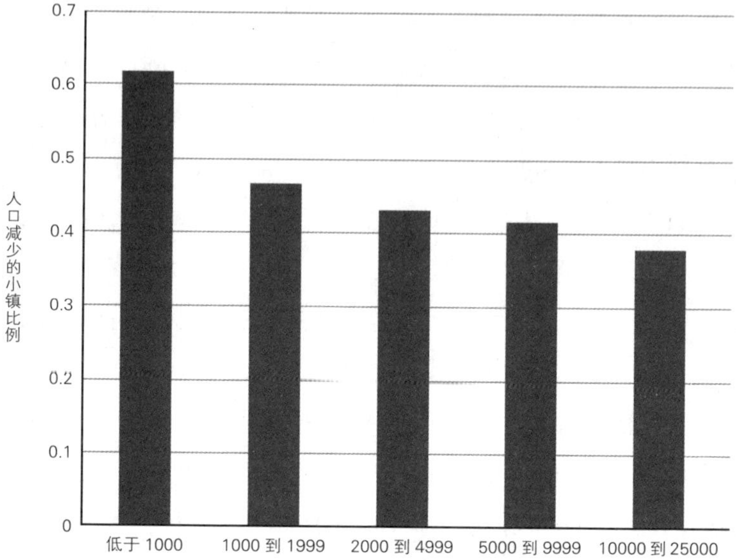

图 3.5 人口减少的小镇

数量下滑。20 世纪 70 年代末到 80 年代，人口数量下滑进一步加剧，当时政府制定政策限制粮食出口，粮食和牲畜出售价格过低，农民人数再次减少。[34]

在过去 25 年里，农业的进一步发展促使农村小镇人口减少。随着农业专业化程度的提高，自给自足的多样化家庭农场逐渐退出了舞台，取而代之的是包括大型饲养场、货运公司、肉品加工厂在内的合约式农业。我们采访的一位农民是这样描述这些变化的："20 年前如果你驾车慢慢悠悠地经过一个农庄，你可以看到成群的猪、牛、羊和鸡，还有可能看到荷兰猪、狗和猫。现在你看不到这些了，你能看到的只是一个个棚屋和现代化的设备。农业多样化已不复存在。农民也许还会对养牛有点兴趣，会养些牛之类的，但是牛会养在州内其他地方的饲养场，不在这里。他买下他从未亲眼见过的牛，然

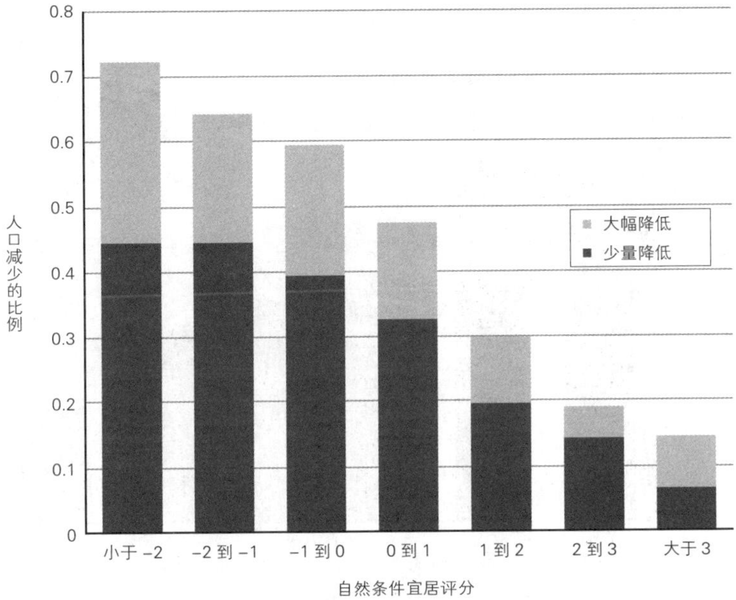

图 3.6　根据自然条件宜居排名的人口减少情况

后让人把它们送到饲养场。”这位先生表示，他就是这种情况。在 200 英里以外的饲养场里，他养了 300 头从未见过的牛。这些牛接受科学喂养，可以获得每日所需的热量，保持电解质的平衡。因此，有饲养场的小镇由于对低收入工人的需求不断增加，人口也不断增长，但是，牧场主所在小镇的人口却因此下降。

很有可能出现人口下降现象的小镇不仅规模小，而且所在地的自然条件不佳（见图 3.6）。美国农业部自然条件宜居评估分数最低的小镇中，有 70% 以上的小镇人口出现了下降的趋势，而分数最高的小镇中只有 20% 人口有所减少。这一差别反映出的现实是，后者能够吸引游客和退休人员，而前者不能。绝大多数小镇自然条件宜居评估的分数并不高，因此，不难看出为什么这么多的小镇人口在减少。[35]

人口趋势描述了小镇另一个突出的变化。传统上来说，小镇的

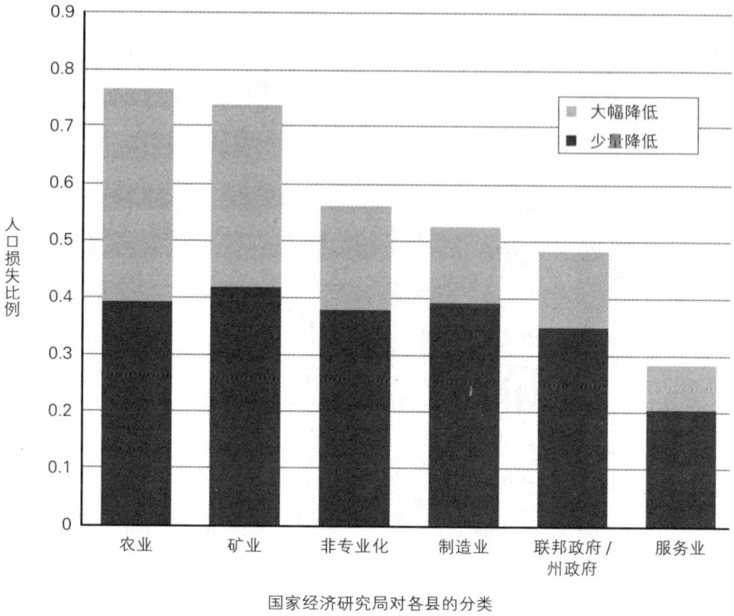

图 3.7 不同经济类型下人口减少情况

存在主要是为了支持农业社区。随后，19 世纪后半期，矿业和制造业工人在城市工业化的过程中发挥了重要的推动力作用，小镇为这些工人提供越来越多的支持。但是，近几十年来，农业机械化、煤矿关闭、制造业基地搬迁至其他国家等现象的出现都意味着非都市小镇不再主要受到这些经济行业的支撑。人口流失最严重的非都市小镇所在的地方大多以农业、矿业、制造业为主要经济支柱，或没有专门的经济支柱，而那些居民主要是在联邦或州政府或服务业工作的小镇，人口流失的现象就没有那么严重（见图 3.7）。[36]

受影响最大的州包括北达科他州，该州 1980 年人口不到 25000 人的非都市小镇中的 90% 在 2010 年的人口比 30 年前有所减少；同样，西弗吉尼亚州的 84%、内布拉斯加州的 79%、堪萨斯州的 75%、宾夕法尼亚州的 75% 以及伊利诺伊州、艾奥瓦州、蒙大拿州 74%

的非都市小镇在 2010 年人口数量都比 30 年前有所减少。总的说来，在 24 个州大多数小镇的人口数量在这 30 年期间都出现了不同程度的下降。

农村地区的小镇居民在描述所发生的变化时，流露出来的失落感有时候很强烈。例如，我们采访的一个对象所在的小镇规模与 50 年前他小的时候相比缩小了 2/3。他表示，他从来没有想过去其他地方生活，即使他想去，很可能也承担不起，他和妻子在这里有属于他们自己的家，有朋友，有家人，他们很幸福。但是，他也提到他真的很怀念小镇过去的样子。二三十年前，如果你驾车沿小镇周边行驶，你会看到欣欣向荣的农场，农场主举家居住在农场，绳子上挂着要晾干的衣服，孩子们在尽情地玩耍，农场里到处是猪和鸡。现在，多数农庄都已随风而去。他甜蜜地回忆起儿时的学校，如今，也已不复存在了。小镇上的孩子都乘车去另一个小镇上学。有几个教会由于得不到足够信徒的支持，也已停止活动。“这里以前有两家杂货店，”他回忆说，“曾经是繁忙的小镇。”一到周六，人们就会聚集在一起，要想在主街上找个停车位都不容易。“如今这里只有一家邮局了，仅此而已，没有任何商店。”[37]

老年人尤其怀念那已消逝的过去。“小的时候，”莱卡斯 · 汤普森说，“到处都是农场，每隔三四英里就有乡村小学。现在一家也没有了，所有的学校都合并了，农庄也不见了。很多时候，连一棵树都没有了，也没有任何迹象表明那里曾经有一个农庄，这让人觉得很伤感。”汤普森先生今年 70 多岁了，他和太太住在主街上一幢有着 100 多年历史的老房子里，离县法院和医院都很近。他还记得，以前主街上有 7 家杂货店，镇上还有很多农具店。现在只有 1 家杂货店，再也没有农具店了。总的来说，他对于他所生活小镇的衰落还是能够坦然接受。“这是个不断变化的世界，”他说，“你必须调整自己，学会随机应变。”然而，小镇的变化还是让他觉得有些遗憾。

损失带来的愤怒

对于那些人口数量下降的小镇居民来说，一方面是无尽的渴望，一方面是心中蕴藏的愤怒。他们认为那些大型公司企业摧毁了小镇的活力，例如，沃尔玛以及那些将小农场主挤出市场、导致当地人口减少的公司农场都是罪魁祸首，尤其是那些连锁企业致使那些曾经的夫妻店不得不关门歇业，然后它们又搬到更大的地方。"我父亲和叔叔原本在这里有一家五金店。"一位老先生解释说。后来，约翰迪尔*来了，他们不得不放弃了这家店。"那时人们对约翰迪尔充满了怨恨。"老先生回忆道。"我不喜欢经济体系运转的方式，逼得你必须不断地扩大规模，"他补充道，"地方传统企业正在消失殆尽，正在被大的公司收购。这正是我不能忍受的事情。"

当远在他处的某个会议室或是立法会所做出的决定对整个社区产生了负面影响时，人们的愤怒愈加显现。[38] 就在我们调查的一个矿业小镇上，该地区最大的矿厂几年前停产了。1400 名工人之前拥有有工会的工作，平均年收入 60000 美元，突然都失业了，这对于拥有 1700 人的小镇以及周边社区的经济来说是个巨大的打击。一些矿工远走他乡，另外一些留了下来，因为他们听说为了寻找新的稀有金属，矿厂还会重开，设备也会更新。矿工的妻子们都出去找工作，或者尝试做些小生意。路德会的牧师记得他们曾经为当地部分高中生筹办过一个项目，在 7 个参与的学生中，有 3 个学生父亲失去了工作，第 4 个学生"没有父亲，长期生活贫困"，第 5 个学生的父亲快要失业了，第 6 个学生家庭"经济状况不稳定"，第 7 个学生是由叔祖父、叔祖母抚养长大的。牧师说这样的贫困和失业程度在小镇随处可见。[39]

---

* 约翰迪尔（John Deere），全球著名的农机巨头，主营农业设备，是大型的跨国集团公司。

小镇概况

米伦镇，佐治亚州（Millen, Georgia）

和大城市一样，小镇也常常会受到制造业工作机会减少的影响。2001 年，平均每个拥有 1 个或 1 个以上非市区小镇的县都有 4731 位居民在制造业工作。到了 2009 年，这一数字则下降到 3590 人。

拥有 3100 人的米伦镇所在的佐治亚州詹金斯县的情况则更为糟糕。2001 年，詹金斯县有 1189 人在制造业工作，占非农业就业的 1/3。到了 2006 年，仍然有 1166 人在制造业工作。但是，3 年以后，这一数字陡降到 121 人。

当时，政策制定者忧心忡忡，害怕整个国家的经济可能会因为华尔街的次贷危机、汽车工业的裁员问题以及大批的房贷违约而出现自由落体式的下滑。作为一个农村小镇——离萨凡纳有 80 英里——米伦镇本来可以完全不受这些问题的影响，随着房地产市场的膨胀，这些问题大多数情况下都会出现在房地产市场膨胀的“铁锈地带”的大城市和阳光地带郊区。可是，米伦镇却首当其冲遭受到了更大规模的经济危机的影响。

2006 年 7 月下旬，居可衣（Jockey）内衣公司宣布詹金斯县分厂的裁员计划，该分公司自从 20 世纪 50 年代开始运营，从 20 年代 80 年代至今雇佣了 600 名员工。与此同时，其旗下的另外两家工厂也进行了裁员。1 年以后，一家生产预制房屋组件的公司，骑士之家（Cavalier Homes）也宣布了关闭其在米伦镇分厂的计划，这是和亿万富翁沃伦 · 巴菲特所有的一家名为南方能源（Southern Energy）的公司进行合并的一部分。

佐治亚州的劳动法规定，公司无须就裁员问题提前通知员工，这就意味着只要工厂倒闭的决定一经宣布，就会生效。但是，州劳工标准执法处处长主动帮助下岗工人进行再培训，寻找其他的工作，这是因为公司没有责任去做这些事。

10 年后，米伦镇的人口仅减少了 10%，而詹金斯县的失业率为 21.5%。然而，佐治亚州正在该地区建立一座新的监狱，因此，未来前景一片光明。当地居民说，事情似乎兜了个圈又回到了原地。内战期间，米伦镇就是臭名昭著的联邦监狱所在地。

玛丽·雷默特以前是开发廊的，15 岁的时候，继父觉得女儿读书没有用，在他的坚持下，玛丽·雷默特从高中退学，学起了发型设计。她每天早上去发廊上班，下午去兼职做护士助理，长大一些后，周末就去参加国民警卫队，后来她又加入了军队，只是后来在一次事故中受了伤，军队生涯就此结束。后来她结了婚，就在她提出离婚后不久，发现自己怀孕了。她下定决心自力更生，就回到了母亲居住的矿业小镇。她母亲和她一样，也离婚了。她们一起经营一家理发店，做些兼职，把雷默特太太的女儿抚养长大。一切都顺风顺水，就这样过了好几年，雷默特太太以较低的价格买了一幢商用建筑，开了一家寄售商店和宠物美容沙龙。

后来，矿厂关闭了，当地经济触底。几乎与此同时，雷默特太太的女儿被诊断出潜在的严重疾病，需要定期治疗。雷默特太太是一位个体经营业主，只能勉强度日，没有雇主为她购买医疗保险，自己的收入也无力支付保险的费用，她只能再去兼职做铁路维护主管。但是，我们在采访她的时候，她已经失业了——矿厂关闭了，新建的乙醇生产厂又不景气，铁路没有业务可做。[40]

由美国几大银行倒闭、汽车工业几近崩溃所引发的经济大衰退给许多小镇带来了沉重的打击。我们发现类似雷默特太太这样的故事在这些小镇里比比皆是。尽管许多农村地区的居民表示，他们本来就过得不好，所以现在的状况也没有那么糟糕，但是，镇上唯一的制造厂或矿厂关闭给他们的生活带了许多严重的影响。州议会缩减政府计划，还有些人面临失业，例如教师和执法机关的工作人员。还有一些人依靠养老金生活，但是养老金价值也大幅度缩水。说起那种失落感，他们说那不仅仅是对有如神话般过去岁月的一种强烈渴望。他们正在经历的是经济和人口的双重下滑。

随变而安

在人口至少 5000 人的大镇上，不像小镇那样会经常听到人口数量下降、经济不景气的情况。理由一是，这些城镇几乎没有真正出现过人口流失。[41] 另一个理由则是，我们发现，附近更小的小镇规模的缩减对于这些相对较大的镇来说是有帮助的。只有 500 居民的小镇杂货店倒闭了，小镇上的人就要驱车 10 英里去较大的城镇采购日用品。退休的人会迁移到较大的城镇以便离医生或医院更近一些。农民们生活在较大的城镇，开车去农场工作，这样他们就可以在更多的地方拥有更多的土地，腾出更多的时间处理业务。学校的合并也是一个重要的因素。农村的学校和小镇的学校都集中合并到较大的地区，其他的学校都在较大的城镇，所以更多的父母主要都待在较大的城镇。我们也遇到了几个搬到较大城镇的家庭，孩子可以不用乘车长途跋涉，也能够参与更多的课后活动、晚间活动。

但是，3000 ～ 5000 人的城镇正面临着来自较大的地区中心越来越大的竞争。人们每天来回三四十英里去 40000 ～ 50000 人的城镇上班，经常会下班后在那里购物。“我记得以前去那里是一件大事。”一位先生说。他生活在 2000 人的小镇上，谈到 20 英里以外的 40000 人的小镇。“现在变了，”他补充道，他所在小镇上有更多的人在那里工作，“小镇不像从前那样可以自给自足，商品的种类也比以前少了许多。”他说，镇上的许多商店都关门歇业，有的商店周六下午也会关门，因为没人在镇上。另外一个小镇上的居民表示在较大的城镇购物是种完全不同的体验。她解释说，种类更加丰富，但你也要习惯在购物的时候不和任何人说话。独自逛街购物一天享受惬意快乐。她认为在人与人的交流方式上也有了一些微妙的变化。“我认为沃尔玛有部分责任。”她表示。

沃尔玛让小镇居民又爱又恨。一方面，小镇居民无比遗憾地表

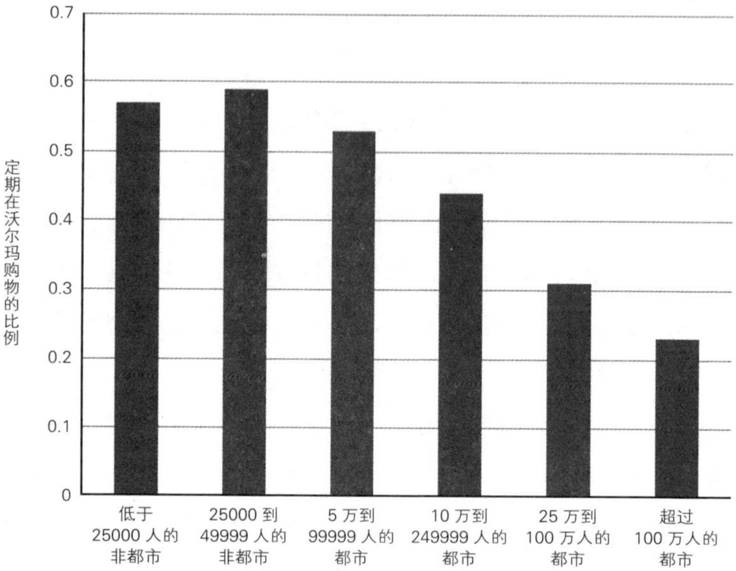

图 3.8 不同规模县的沃尔玛消费者情况

示沃尔玛让主街上的商店遭受了严重的打击。例如，据一位生活在 1600 人小镇的前杂货店主估计，沃尔玛在 15 英里以外开张的时候，他店里的营业额下降了 14%。另外一个小镇上的五金店主描述的细节更为惨痛，沃尔玛用广告中的低价吸引顾客，实际上有些商品的价格却是他卖的价格的两倍。沃尔玛“对主街产生了巨大的影响”，他说，“这种影响是负面的。”小城镇的居民表示尽管小镇上老店里的东西价格偏高，选择偏少，但是他们还是尽量在那里买东西，以帮助店主维持生计。另一方面，小镇居民表示周围没有什么太多选择的时候，他们很高兴能有沃尔玛，开车就可以到——图 3.8 显示出经常在沃尔玛购物的美国人的比例，人口较少的非都市县要比人口庞大的都市县高。[42]

有沃尔玛的城镇经常会出现支持者和反对者之间的大讨论。例如，在我们研究的一个城镇中，尽管本地杂货店的顾客确认沃尔玛没有食物的存货，但是好几家苗圃因为沃尔玛的园艺商店而停业了。“真不敢相信有多少人在沃尔玛购物，”当地的一位店主抱怨道，“他们都去了那该死的地方。”他表示他一开始反对沃尔玛，但是最近他改变了自己的看法。沃尔玛带来了周边规模较小城镇的人流，从而推动了该地区的经济增长。[43]

克拉伦斯·布朗今年快 70 岁了，是一名律师。他说，10 英里外的沃尔玛购物广场是对他所在的 6000 人的南方腹地城镇造成影响的一个主要变化。他表示，商店这么近，非常方便，但是小镇居民几乎都不在镇上买东西了，镇上好几家本地的商店都倒闭了，营业税也因此减少。但是，这些都不是布朗先生最担心的问题，他对小镇的历史了如指掌，以前也见过各种变化，相信小镇能够经受住沃尔玛的影响。内战以前，奴隶在附近的棉花种植园里劳作，这里曾经是南部最大的纺织厂所在地。19 世纪末，棉花很大程度上被蔬菜农场种植的蔬菜取代，这些蔬菜会通过铁路运送到南部城市。到了 20 世纪 60 年代，大多数蔬菜种植农场都倒闭了，无法和墨西哥、得克萨斯南部地区以及加利福尼亚的农民竞争，那里种植季节更长、劳动力更便宜。现在，小镇居民主要在木材公司和禽类加工厂从事一些收入不高的工作。

但是，和我们在南部采访的多数人一样，对于布朗先生来说最重要的不是经济的潮起潮落，而是他所在的小镇所经历的种族关系的变化。20 世纪 50 年代，非洲裔美国人布朗先生在南部的一个小镇上长大，他亲身经历了隔离制学校，也受到了种种歧视。1954 年，在“布朗诉托皮卡教育局”* 一案中，最高法院做出了具有里程碑意义的裁决，此后，布朗先生所在社区以白人为主导的政治体系千方百计保留原有的种族隔离状态，阻止黑人参加投票。“无数的法庭争斗和各种各样恐怖事件的发生都与三K党和其他试图用暴力维持种族隔离的组织有关，”布朗先生回忆道，“孩提时期的我目睹了这一切。”1965年的选举权法案尽管并不完备，但却是一个重要的转折点。非洲裔美国人赢得了选举的权利，但是当地的官员依旧万般阻挠，不给他们这份权利。“我们那里有个年老的巡回法庭书记官，他在选民登记处工作。”布朗先生回忆道。他“早上6点30分会到法院大楼”（根据特殊预约）为一名白人选民登记，但是其他的时间“就会待在家里假装生病”。过了好多年，情况才有所好转。现在，布朗先生所在社区的5个老人中就有3位是非洲裔美国人，另外2个是白人。这还有很长的路要走。

布朗先生总结说，“最重要但是却不易察觉出来的因素”，仍然是种族。自从1980年里根革命以来，布朗先生所在州选出来的官员几乎都是共和党人。尽管公众投票表决要对州旗进行改革，但是州旗依然包括了邦联战旗的星和条。布朗先生所在社区的学校在20世纪60年代起就开始的白人迁移的现象，现在依然在继续。尽管小镇人口中黑人所占的比例只比白人高出一点，但是公立学校中黑人学生的比例高达90%。几乎所有的白人学生都进了私立学校。布朗先生说，如果他能够改变社区里的一件事的话，他最想做的就是消除种族之间的仇恨——“这里残存着种族主义。”

尽管布朗先生所在的小镇经历了白人的迁出和经济的不稳定，

* 布朗诉托皮卡教育局案，是美国史上一件非常具有指标意义的诉讼案。从南北战争结束至布朗诉托皮卡教育局案判决之前的约90年间，美国（尤其是南方）一直严守种族隔离政策。1954年本案达成判决，终止了美国社会中存在已久的白人和黑人必须分别就读于不同公立学校的种族隔离现象，接下来数年中美国开始废止一切有关种族隔离的措施。

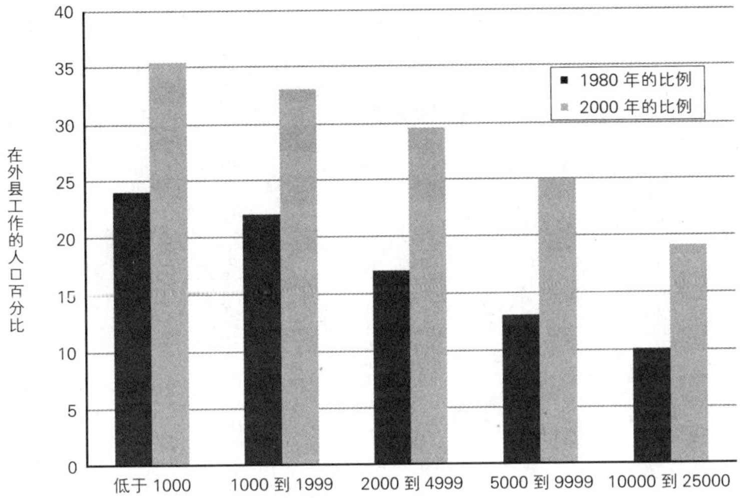

图 3.9　不同规模小镇在外县工作的人口百分比

但是，小镇居民的数量和 40 年前相比没有太大的差别。这与许多小镇正在经历的变化有关。无论这些小镇的人口是有所下降、保持不变，还是有所增长，它们都面临的一个问题就是留在小镇上工作的居民越来越少。布朗先生每天早上和晚上都要驱车三四十分钟往返于小镇和另一个小城市之间上下班。小镇上越来越多的人和他过着同样的生活。

在其他小镇，工作机会有限，许多居民不得不去其他地方工作，有的小镇有优质的四车道公路，让这样的长途跋涉变得轻松许多。尤其是在那些规模最小的城镇里，居民通勤更是家常便饭，在本县以外工作的小镇居民比例从 1980 年的 24% 上升到 2000 年的 35%，大一点的城镇也是如此，比例从 1980 年的 10% 上升到了 2000 年的 19%（见图 3.9）。

例如，克拉克先生大学毕业，专业训练水平远远高于小镇上的雇主需求，而克拉克太太必须要住在她所工作的社区，那里的房价也比城市便宜，所以，克拉克先生每天单程驱车 75 英里去大城市上班。工作日的白天，像他这样的小镇居民几乎看不到，他们最主要的人际关系是同事，而不是周围的邻居。这样的关系的优点是使小镇与外界的关系更加密切，缺点是小镇居民彼此不认识，参加社区活动的居民也越来越少。[44]

雅各布·施托伊本今年刚刚 60 岁，他展现了与小镇种种短暂的联系，这种联系几十年来曾经只是某些小镇居民的特征，但在最近这些年变得越来越普遍。他的祖父曾拥有一个小农场，现在依然由家族管理，但是当经济大萧条时，施托伊本先生的父亲不得不离开农场外出找工作，以补贴家用。施托伊本的父亲和叔叔在丰收季节来临的时候还会去帮助其他的农民劳作以赚些外快。1936 年，他们兄弟俩建立了一个打谷队，专门从一个田头到另一个田头为那些负担不起打谷机的农民提供服务。第二次世界大战以后，兄弟俩购买了一台自走式联合收割机。每年 5 月，他们就会把这台机器装在卡车上，承接收割业务，从得克萨斯州开始，一路向北，随着收获季，行驶 1200 英里一直到马尼托巴*，直到秋天才回来。施托伊本先生说，他第一次跟着车队出行的时候只有 6 个月大。实际上，他就是在装满麦子的卡车或是带有麦壳的收割机上长大的，他的脖子后面总会带着麦壳。车队睡在粮仓或草棚里，用手洗衣服，在路边吃饭。

年少时期，施托伊本先生就认为长大了他会当一名教师，充分发挥他的运动天赋成为一名教练。他上了大学，获得了教育学位，但是承接收割业务赚的钱远比当教师的多，所以他借钱买了一台联合收割机，和父亲、叔叔和兄弟一起为家族事业打拼。他们住在小镇上，这里冬天维修机器很方便，但是他们一年中有 6 个月是在外面。施托伊本先生的太太和他母亲不一样，他母亲会跟着车队到处

* 马尼托巴（Manitoba）是加拿大草原省份中最东部的一个，与美国接壤。

跑，但是他太太几年以后就一直待在家里。她是社工，负责 5 个县的老年人工作。施托伊本先生在外面奔波了近 20 年之后，就把一部分收割业务卖给了他的兄弟，希望能够就此安顿下来。他喜欢小镇，这里是家，他想要更多地融入社区之中。但是，他习惯了旅行生活，喜欢与人打交道，从得克萨斯州到加拿大的人他都了解。他知道如何拍卖房产。他依然会到处旅行，一年组织 70 ～ 80 场的拍卖会，拍卖的物品琳琅满目，从农用设备到珍稀古董，一应俱全。他生活的小镇就是他的根基，尽管他每次都只在那里待上一天或两天，但他还是喜欢与小镇融为一体。

施托伊本夫妇的生活方式不同寻常，可是，把家安在小镇上的长途货车司机、铁路工人、飞行员、空中乘务员、建筑工人以及生活在小镇但到处奔波的销售人员的生活方式也与此大抵相同。对于他们来说，出门在外和待在家里都是日常生活。施托伊本夫妇突显了小镇与外部世界的另一种联系，他们的 3 个孩子都住在其他州，一个和施托伊本太太一样也是社工，一个在常春藤联盟大学的法学院，大部分时间都在非洲从事人道主义发展工作，另外一个也是在常春藤联盟大学的医学院。施托伊本夫妇常常去看孩子，他们为社区做出了很多贡献，但是他们还是喜欢外面的世界。

正如这个例子所展示的那样，小镇居民通过他们的家人和朋友与外部社会建立了更广泛的联系。我们采访的小镇居民中，几乎所有人都有孩子或兄弟姐妹、至亲好友生活在城市里。当然，这种现象并非现在才有。随着农业人口的减少、城市的扩张，在小镇长大的人都拥入城市去找寻工作。只是，现在有所不同的是许多小镇与较大的城市郊区近在咫尺，交通很方便，电子通讯更迅捷、更便宜。这些都对小镇居民如何看待自身和外部世界产生了很大的影响。对有些人来说，这些联系让他们形成了一种多元化的观念，包括受居住在城市里的朋友和亲戚的影响所形成的信仰和价值观；对有些人来说，与居住在大城市的人们之间的联系进一步让他们坚信小镇的与众不同。

即使有了这些外部的联系，即使小镇的许多居民要到其他小镇上班，但是，必须要记住，小镇居民最珍视的一个特点是，小镇满足了他们大部分的日常所需。人们获得的工作机会越来越多地都在小镇之外，但是与大城市里的居民相比，上下班还是更为容易。有些小镇不那么小，附近就有工作机会，对于生活在这样的小镇居民来说，情况尤其如此。例如，每天单程通勤时间少于 20 分钟的上班族所占的比例从最小的非都市城镇的 47% 上升到人口为 10000 ～ 25000 人的非都市小镇的 66%，但是，在 100 万以上人口的城市居民的比例却下降到 29%。[45]

种族和民族的多样性

小镇的另一个变化就是种族和民族多样性日益丰富。与城市相比，南部地区以外的小镇种族和民族多样性长期以来相对稳定，但是，随着移民的迁入以及企业因为劳动力便宜而大量拥入小镇，这一特征也在发生变化。例如，施托伊本先生所在的小镇有 12% 的居民是西班牙裔，5% 的居民是亚裔，2% 的居民是非洲裔。西班牙裔居民在这里有 100 年了，大多在铁路上工作，但是最近几年，和亚裔一样，他们的人口也在不断地增长。尽管与小镇上的盎格鲁人（Anglo）有着巨大的文化差异，这两个群体在经济上依然很成功。西班牙裔与墨西哥和中美洲也保持着紧密的联系。即使在布朗先生所在的非洲裔美国人与白人相分离的社区中，也会有西班牙裔和越南裔的家庭，他们都在该地区的锯木厂和禽类加工厂工作。

和全国范围相比，小镇相对一致，盎格鲁白人平均人数从 1980 年的 91.3% 下降到 2010 年的 86.5%，而黑人人数依旧保持在 6% 的

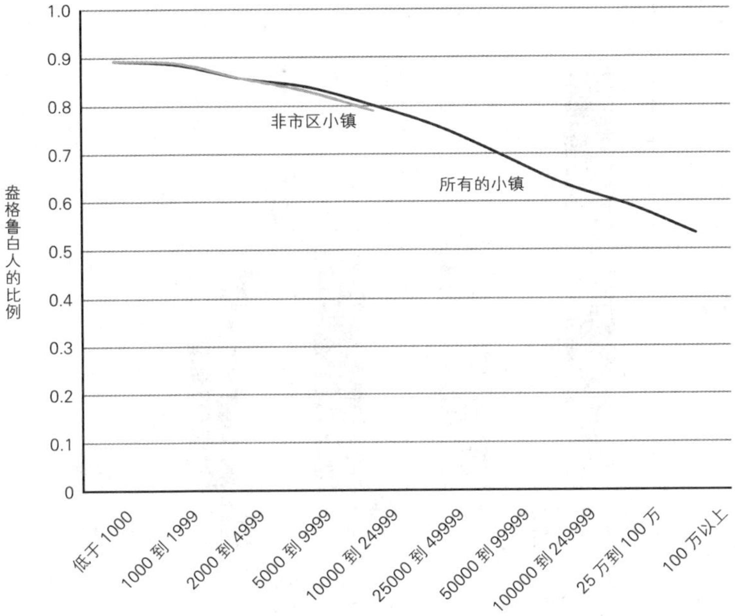

图 3.10　不同规模小镇盎格鲁白人数量

样子。但是，西班牙裔美国人的人数在这期间翻了一番，从原来的 2.5% 增加到 6.1%。西班牙裔美国人人口比例最大的州是亚利桑那州、加利福尼亚州、新墨西哥州和得克萨斯州，可是，比例变化最大的是在明尼苏达州和北卡罗来纳州，西班牙裔人数增加了 5 倍。1980 年，全国仅有 454 座非都市小镇的西班牙裔居民占其总人口的至少 20%，而到了 2010 年，全国有 1102 座非都市小镇出现了这种情况。总的说来，小镇人口的民族和种族分布不像城市那么有多样性，在城市里，非白人人口的平均比例接近 50%。但是，非都市小镇中非白人人口比例可从最小的城镇的 10% 左右到 10000 ～ 25000 人小镇的 20% 有余（见图 3.10）。[46]

图 3.11 显示了移民对于小镇的影响。目前，接近 70% 的人口不到 25000 的非都市小镇都有一些在其他国家出生的居民。有 43% 的

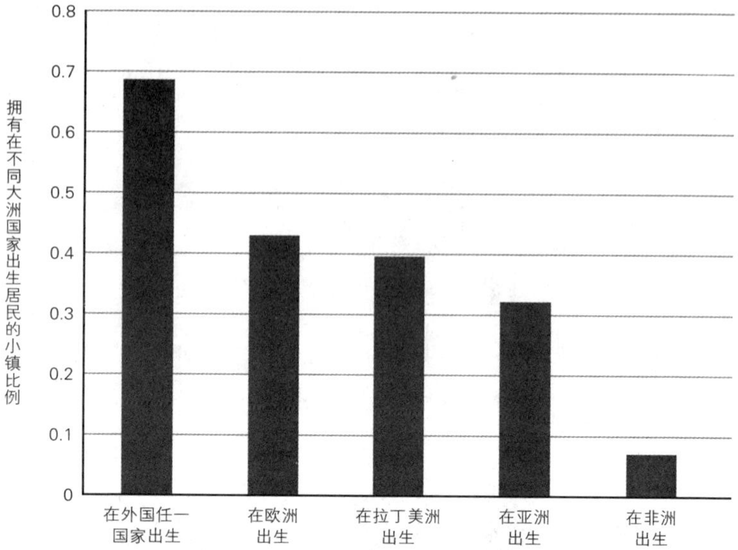

图 3.11 拥有在国外出生居民的小镇

小镇拥有在欧洲出生的居民，其中最多的是来自英格兰、法国、德国、意大利和俄罗斯，因此，不太可能是新移民。但是，有 40% 的小镇有来自拉丁美洲的移民，32% 的小镇有来自亚洲的移民，还有 7% 的小镇有来自非洲的移民。到目前为止，最大的移民输出国是墨西哥，美国非都市小镇中有 800000 的移民来自这个国家，其他的地方移民会少一些，有 40000 人来自菲律宾、34000 人来自印度、32000 人来自危地马拉、27000 人来自中国、26000 人来自萨尔瓦多，还有 25000 人来自韩国。此外，非都市小镇中的移民总数超过 10000 的国家还包括哥伦比亚、古巴、洪都拉斯、牙买加、日本和越南。美国平均每个非都市小镇的墨西哥人接近 175 人。除此之外，在移民居住的小镇上，人数最多的一国移民数量平均为 15 到 20 人。在这些小镇中，仅有 20% 的小镇中来自同一国家的移民不足 5 人。那意味着这些移民有机会找到有相同精神的群体，然而，除了在较大的城镇，要想在城市里找到墨西哥移民以外的更大规模的少数族裔组织的可能性很小。[47]

有一座 10000 人左右的小镇自从 1960 年以来人口翻了一番。这个小镇是移民和越来越多样化的民族分布的一个显著例子。21 世纪初，盎格鲁白人不到小镇人口的一半。小镇上除了大批来自墨西哥和中美洲说西班牙语的人群之外，还吸引了来自东南亚和几个非洲国家的移民。大多数新搬来的小镇居民在肉类加工厂找到了工作。许多盎格鲁白人离开了这里，那些留下来的人形容小镇社区像是一个迷你联合国。有些人觉得很遗憾，小时候那种单一民族的小镇已经一去不复返了，其他人不无自豪地表示，小镇新建了图书馆、学校的设施更加完善，沃尔玛陪伴着小镇成长。

有些西班牙裔居民已经有好几代人都生活在这个社区。他们也描述了新移民到来之后种族关系以及观念上所发生的变化。以种族融合为特征的早期同化模式现在正在被更广泛认可的种族差异所取代，社会学家认为其中一个变化就是从直线融合转变为分段融合——也就是说，占人口更大比例的新移民或是移民的子女要想在社会经济的阶梯中向上移动，获得收入更丰厚、地位更高的中产阶级地位变得越来越难。[48]

然而，变化也体现在文化上。早期少数族裔融入盎格鲁文化中是为了避免受到歧视。正如曼努埃尔 · 奥尔特加所解释的那样，"我很遗憾没有学习西班牙语，但是，我们不想学习，因为那个时候我们只能坐在电影院的楼厅里，而且不被允许进入游泳池。"曼努埃尔·奥尔特加是第 3 代墨西哥裔移民，因为在铁路上工作，他的祖父就定居在一座小镇。随着新近移民的数量越来越多，小镇上的居民觉得有必要开设一些西班牙语的课程，提供双语教学，以加强民族认同感。[49]

移民从事的工作多是收入低、没有技术含量的工作，于是，小镇上的常住居民对他们抱有一种怀疑的态度。"你一定看见了，"一位男士说道，“种族歧视。他们就觉得西班牙人不属于这里，觉得西班牙人抢了他们的工作。”在近 1/4 人口为西班牙裔的小镇上，这种情绪尤为明显：当地的一家制造厂决定搬到墨西哥了，人们因此要失业了，所以盎格鲁人感到非常愤怒。而另外一个小镇上，社区领导人举行了一场会议，讨论如何把移民赶出去。他们决定停止筹建为任何低收入人群所建造的房屋，希望他们买不起房，能够知难而退。[50]

西班牙裔、非洲裔和亚裔移民在其他的城镇则更受欢迎，唯一的原因就是他们愿意做别人不愿意做的工作，比如在肉类加工厂的屠宰场工作或在蔬菜种植农场弯着腰劳动。但是，凡事总有例外。在我们采访的一个农业小镇里，我们发现墨西哥移民大都在 20 世纪 80 年代来到美国，然后买房，让孩子接受教育，逐步进入中产阶级。来自加拿大的德国门诺派教徒作为新兴移民只能做些技术含量比较低的农业劳动。这些保守的门诺派教徒都有大家庭，并不重视正式的教育。因此，男孩子 15 岁就开始在农场干活赚钱，但是他们始终处在社会的最底层。小镇的常住居民指责他们不去上学，也不融入社区生活。据说，他们只和自己的堂或表兄弟姐妹结婚，生出的孩子有可能会出现智力缺陷，甚至其他的门诺派教徒也对他们提出了批评。

全国范围的数据突显了小镇居民所讲述到的一些问题。非都市小镇西班牙裔移民的贫困率要比白人的贫困率高出 60% ～ 90%，而城市里，他们之间贫困率的差别则更大，高达 100% ～ 180%。还有一点很重要，小镇西班牙裔居民的家庭平均收入与盎格鲁白人的家庭平均收入几乎一样，而在城市里西班牙裔居民的家庭平均收入要比盎格鲁白人的家庭平均收入低 25% ～ 45%（见图 3.12）。[51]

移民不仅改变了小镇的民族构成，而且也是原住居民与外部世界建立更广泛联系的重要途径。有一位先生在仅有几百人的小镇上经营蔬菜种植农场，还开了一家商店。他就是个典型的例子。他记得农场雇佣过几个墨西哥人，不仅他们的工作令人印象深刻，而且

小镇概况

莱克星顿镇，内布拉斯加州（Lexington, Nebraska）

大约21世纪初，许多小镇都见证了种族构成上的巨大变化，内布拉斯加州中南部地区的莱克星顿镇就是其中之一，人口约10000人。莱克星顿镇位于联合太平洋铁路主干线上，后来又位于80号州际公路的沿线上，因此，该镇的人口稳步增长，从1890年的1392人增加到1980年的7040人，但是，到1990年又下降到6601人。主要原因是一家生产农用机械的工厂倒闭了。

这家闲置的工厂被爱荷华牛肉加工厂收购，后又出售给美国最大的肉类加工公司泰森食品公司。该公司的业务延伸到直销给超市以及像麦当劳和汉堡王等快餐连锁店的冷冻包装的肉类和家禽，于是，这家公司搬迁到了新的地点。这些工厂的员工主要都是从墨西哥以及中美洲其他地方来的移民。

从1990年到2000年，莱克星顿镇西班牙裔美国人的数量从329人上升到5130人，占总人口的比例从4%增加到51%。到了2010年，这一比例上升到60%。

有些小镇经历了更长时期的种族和民族多样化，因此能够更好地适应，而莱克星顿镇几乎是在一夜之间受到了这种冲击。一位曾在2000年来过莱克星顿镇的记者看到了人们对于过分拥挤、吸毒和犯罪的忧虑。他写道，没有留下来应对这些变化，“莱克星顿镇的大多数白人居民都搬到其他地方去了。”

这种说法并不完全正确。从1990年到2000年，盎格鲁白人的数量仅仅下降了26%，部分原因是死亡人数超过了出生人数。但是，在接下来的10年间，盎格鲁白人的数量继续下降，从2000年的4626人下降到2010年的仅仅3174人。人们普遍讨论的一个话题是，面对种族的日益多样化，小镇的常住居民有可能会逃离这里。

另一个普遍讨论的问题是小镇的种族隔离。在莱克星顿镇，盎格鲁白人空置的房子被新来的西班牙裔移民购得——这意味着盎格鲁白人和西班牙裔美国人应该有更多的机会成为邻居，但实际并非如此。

但是，和其他小镇一样，还是存在很多种族隔离情况。距离肉类加工厂最近的两个街区中，有50%的居民是西班牙裔美国人，相比较，只有32%的居民是盎格鲁白人。

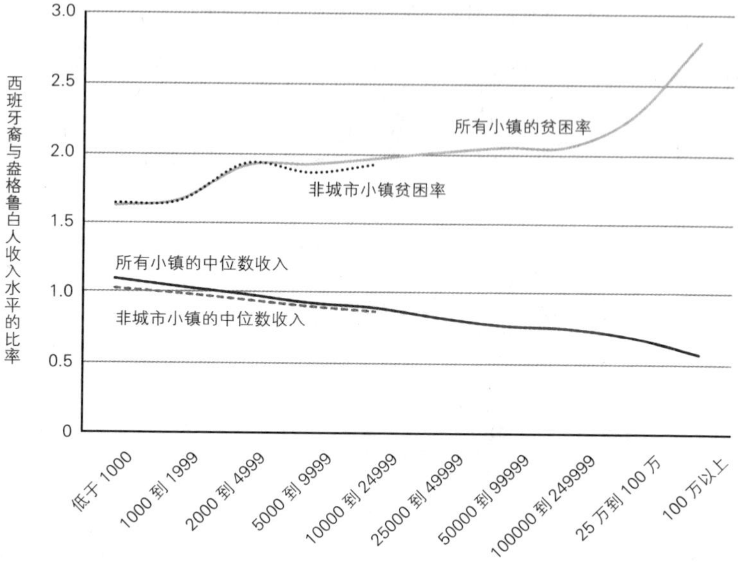

图 3.12 西班牙裔与盎格鲁裔美国人的收入与贫困状况对比

他们的到来为他的家庭和社区都带来了许多益处。接下来的 10 多年里，他雇佣过来自危地马拉、萨摩亚和南非的人，他家还招待过波兰来的交换生。他觉得这些人对于他的家人和邻居了解相对闭塞的小镇之外的世界起到了非常重要的作用。

对于移民家庭来说，定居于小镇喜忧参半。一方面，小镇的房价低廉，可以在肉类加工业、建筑业、农业等行业找到非工会工作。尽管工资低，但是工作稳定，他们可以汇钱给家里依然在贫困中挣扎的亲人。另一方面，肉类和家禽加工是危险的工作，可能受季节波动的影响，有可能在他们工作的地方会被侵犯人权，或是被移民官突袭。季节性的工作，再加上英语语言能力差，他们很难融入社区。再者，同一性甚至让来自欧洲的白人移民也感到局促不安，更不用说其他各种族的移民了。例如，在达莱克先生工作的钣金厂，20 世纪 70 年代公司特别雇用了一批越南难民，但是最后只有一个家庭留了下来，他们是天主教徒，附近的教区对他们提供了帮助，让他们慢慢融入了小镇的生活。其他的家庭都是佛教教徒，在厂里工作了几年，掌握了一定的技能之后，就搬到另外一座有佛教寺庙的城市里去了。[52]

小镇生活对于许多美国人来说依然魅力不减，他们在小镇或是农场长大，听了生活在小镇的父母或是祖父母讲了许多关于小镇的故事，珍视一如既往的小镇所带来的熟悉的味道。小镇规模不大，日常生活节奏较为缓慢，在小镇居民看来，这意味着便利、能够躲开复杂的交通状况和大型机构的纷扰。生活节奏缓慢，就可以有时间睡个午觉，可以在某个夜晚，在前门门廊处与邻居轻松闲聊、回忆过去的美好时光，然而，缓慢的生活常常与时间无关，而是说生活得更简单，对生活更有掌控。尽管身处小镇有入乡随俗的压力，但是，缓慢的生活也代表一种感觉，人们可以更加真实、更加随性自由地培养个人的兴趣。第 9 章我们还会提到，个人自主和个人控制的愿望与政府机构规定的、但小镇居民认为没有必要的规定和限制是相冲突的。

通常说起小镇，人们就会觉得那里的生活如同田园牧歌，实际上，小镇生活也有许多弊端。货品琳琅满目的超市也许要开车 1 个小时才能到，当地的医疗卫生条件也许非常差，工作机会相当少，不断上升的油价让上下班越来越不轻松，同其他地方一样，恶劣的天气也会给人们带来极大的恐慌——甚至更大，如果小镇的经济主要依靠庄稼的收成。糟糕的环境让社区的聚会也变得越来越少，尤其是更多的小镇居民在小镇以外的地方工作和购物，这样的机会就更少了。但是，小镇的这些缺憾反而让居民找到其他聚集的方式，他们没有太多其他的选择，所以他们更经常聚集在镇上的咖啡馆里，把高中戏剧演出看作一年最重要的文化盛典。

因为小镇的这些变化，人们在思考经常讨论的美国社会社区衰落的问题时，小镇就成了有趣的话题。许多小镇人口在不断减少，这进一步证实了社区确实在衰退——至少如果假定小镇居民确实非常重视参与社区活动的话，那么这一点是成立的。那些曾经在小镇上长大、如今生活在城市和郊区的人们尤其感受到社区早已不是原来的样子。然而，在和小镇居民的交谈中，我们也看到他们对于小镇衰落有着十分复杂的情绪，不能简单地从人口减少的角度去理解，也不能将之看作参与社区活动减少的结果。

毕竟，感觉社区已经往日不再，是对各种发生的事件的一种理解，表明有些事情会比另外一些事情更加重要。小镇上被高度关注的公共事件成为故事的素材，这些故事被反复讲述，反映了小镇居民是怎么看待衰退的。由于当地报纸时常会对人口普查结果和预估进行报道，因此人口减少的话题依然为人们所关注。但是，有一点值得注意的是，在过去 25 年里人口减少了 1/4 的小镇里，居民并没有觉得小镇有什么变化。部分原因是小镇人口之前就一直在不断减少，到现在大家已经习以为常了，从这点上看，每年人口仅减少 1% 可能并不会引起关注，其他方面的发展情况更加明显。

小镇居民很容易就会把某些事情和小镇的衰落联系到一起，这些事情往往都是一目了然、经常挂在嘴边的——例如，经营了 75 年的家庭药房倒闭了，主街上原本是五金店的所在地现在空空荡荡的，由于教育资源整合孩子们都去另外一个城镇上学，留下了空荡荡的教学楼。这些地方所带有的象征意义远远超出了它在经济上的重要性。小镇居民在谈起已经去世或搬到他乡的邻居，以及曾经每个星期六晚上都会聚集在小镇的人群时，总会唏嘘不已。当小镇居民注意到新的发展，例如崭新的消防站，甚至是警察局门口的新花坛时，那种情绪也很快就消解了。

小镇居民怎么看待小镇的衰落很大程度上取决于他们是否觉得自己对于小镇的发展依然有掌控的权力。大公司关闭了矿厂，许多人就此无端失业，这种愤怒很难淡去。强行推行合并的学校官员们、看上去更加倾向于城市和市郊而非小镇的华盛顿特区或是州首府的政治家们，都让小镇居民无比愤怒。如果小镇的衰落仅仅意味着更简单的生活、更安静的街道，那么人们会更容易接受。

局外人普遍推测，种族和民族关系的变化可能是小镇所经历的最艰难的事。这是因为种族和民族偏见很难克服，事实上确实发生了一些诸如袭击非法移民之类受到广泛宣传的事件，但是小镇居民对于种族和民族关系的看法与想象的有着微妙的差异。一些老派人士对新移民带有很明显的鄙视，但是乐观主义依然很普遍。尽管适应小镇的生活需要辛苦地调整，但是移民越来越成为许多小镇的中流砥柱。

第 4 章　社区精神：小镇身份的约束

小镇居民喜欢慢节奏的生活，也喜欢自己所在城镇的小规模，但是他们还是常常会说，生活在小镇最美好的其实就是这里的人。大家彼此相熟，都是好邻居。他们喜欢看到熟悉的面容，在街上朝着认识的人挥挥手。正如人们所说，这就如同故事书里的生活——像是 20 世纪 50 年代电视节目里的一幕。但是半小时家庭录像节目中所展示的民间风俗多半不是事实。我们必须要把镜头拉近点，以便进一步观察。

米尔娜·兹洛特尼科夫生活在一个拥有 6000 人的海滨小镇，这里离最近的城市，不论大小，都有 75 英里的路程，离最近的大城市要开车 7 个小时。她和丈夫住在一座小木屋一样的房子里，取暖就靠那台老式的柴炉。漫长的冬日，他们一直不停地忙着运柴禾。她喜欢生长在太平洋海岸边的花旗松的味道。想到未来，她坚定地认为她不会再去其他地方生活，如果她现在还待在她长大的那个城市里的话，她一定已经离开人世了。这里慢节奏的生活——“没有什么特别紧急的事要从这里赶到那里”——让人始终处于低水平的压力下。她解释说，如果镇子太大，人们就会风风火火的，嗯，你就会“开始急急忙忙的”。她特别喜欢小镇上那种友好的氛围。

事实证明，小镇的氛围很友好，邻居之间彼此相熟，和谐相处。例如在一份全国性的调查研究中，44%生活在非都市小镇的受访者表示他们认识几乎所有的邻居，而这一比例在大都市却只有14%。[1]但是，社区精神指的不仅仅是认识邻居——尤其是当一个人的邻居，即使是在规模最小的城镇里也只占小镇的一小部分的时候。

兹洛特尼科夫太太认为，那种每个人全都认识的老生常谈就是对她所在社区真实的描述。她自己就爱社交，很容易就和朋友、邻居打成一片。但是，当要求确认时，她表示可能6000人的小镇中只有1/10的人她可以叫出名字。她大概有30多位关系非常亲密的朋友，他们有共同的爱好，时常会举办晚宴聚会，或者只是去咖啡馆聚一聚，一边吃着意大利面一边讲着趣事，轻松聊天。

从这方面看，她的社交圈就是一个亲密团体，如果她住在城市里的话，她的社交圈也大抵如此。但是，小镇生活的两个重要方面让她的社交圈变得与众不同。第一，每一个人——不论富有，还是贫穷（像她一样），或者居于其中——都会在同一家咖啡馆里吃饭，在同一家加油站加油。她在咖啡厅和加油站看到的一张张面孔都非常熟悉，即使有些人她有可能根本不知道名字，但她依然觉得这些人就是她的邻居。同样，在她看来，生活在同一个地方，经常遇见彼此是一种平等的体验，她的邻居和她的地位是平等的。他们也会谈到帮邻居照顾孩子，互相关照，并参与社区的项目。

这个例子说明，社区是小镇居民通过不同的谈论方式建构并维护的一个概念。社区的存在有一部分原因是人们会在晚宴上聚会，其实，社区的概念并不要求每个人都彼此“认识”，而是通过人们聚集的地方以及在这些地方的谈话得以强化。没有一个人会认识镇上的每一个人，但是由于他们会谈到认识的人，强调他们认为重要的睦邻关系的共性和规范，所以好像他们真的全都认识一样。[2]

社区精神存在于各种各样的活动和组织中，以及由此产生的各种感知和叙述中。活动的开展和继续、组织的建立和维持需要花费很多的精力。社区精神的产生不仅仅是因为人们居住在偏远的小地方，关系紧密、人口稀少，它更依赖于居民们一起工作、分享共同的兴趣爱好、庆祝他们共同的想法。正如一位具有社区意识的小镇居民所说，“这是一种行动，也是一种感觉。每次为社区贡献力量的时候，我都会感受到社区精神。”社区精神也体现在无须言明的支配社会关系的行为准则上。因此，初来乍到的人经常会觉得要适应小镇的生活很难，但是，从中也看到了小镇友情的本质。

小镇居民常常会热衷于讨论实现社区团结的社会关系。许多人表示他们之所以会住在小镇上或移居到小镇上，就是因为他们一直在寻找亲密的邻里关系——并且很高兴找到了这样的社会关系。对于随时代变化可能出现的社区人口的减少，他们很担心；对于可能摧毁社区精神基本来源的决定，他们很愤懑；与此同时，也有惊喜。对于很多小镇居民来说，并非是友情让他们对社区如此忠诚，而是他们对小镇的依恋，对熟悉氛围的热爱（有可能没有那么强烈），以及接近自然环境带给他们的舒适感。对于另外一些来说，小镇让人喜欢，是因为这里没有了社会的束缚，有的只是自由、个性，甚至隐姓埋名。

“精神（spirit）”这个词常常和社区联系在一起。精神意味着文化——通过各种符号来表达和强化的情感依恋。小镇的名称、地点、学校、学校的吉祥物、社区的历史和纪念性节日、日常人行道上相遇时遵循的不成文规定、区分新移民和常住居民以及小镇居民和城市居民的象征性界限等等都属于社区精神。稍作修改，人类学家本尼迪克特 · 安德森（Benedict Anderson）关于民族的著名观点可以同样适用于小镇。社区是人们想象出来的，“因为即使是在规模最小的社区里，其成员也不可能认识其他（所有的）成员、遇见他们，甚至听说他们，但是他们的脑海里都留有彼此交流融合的意象。”[3]

认为社区是想象出来的，并不是说社区真的只是一个精神上的臆想。小镇真实地存在着，就在地图上的某个地方，有自己的名称，有自己的历史，从地理上很容易就能辨识出来，这一点很重要。在一项全国范围的调查中，当受访者被问及听到“社区”这个词脑海中想到的是什么，郊区和城市的居民的第一选择是“邻里街坊”，而小镇居民的第一选择则是“小镇”。[4]这一点很关键，因为社会范畴的概念化并不会自然而然地产生。在一项关于社区服务组织的有趣研究中，社会学家保罗·利希特曼（Paul Lichterman）发现，即使是最具奉献精神的志愿者通常也会把服务对象看作个人，只有通过努力，他们才会把自己和服务对象概念化为更大社会范畴的代表。[5]对于小镇居民来说，“小镇”这个社会范畴很容易就会在脑海浮现，但是，它需要通过一系列的事件和公共话语来强化。

近些年来大部分社会科学文献都一直在强调社会资本。社会资本是与特定的个体所形成的关系网，这些人或者与之相似因而建立密切的关系，或与之完全不同因而建立搭建关系的桥梁。有许多例子可以证明这一观点。如果人们经常拜访邻居、与他们共进晚餐、在俱乐部的聚会或保龄球馆经常见面，那么，社区就发展得好。如果那些社会关系薄弱，社区发展也不好。正如我之前所说，参与这些活动在小镇是非常重要的，但是这还不足以将小镇称为社区。重要的是，小镇居民自己能够从概念上认为他们的小镇就是社区，而不是简单地拜访亲密的朋友或写邮件给他们。通过各种代表小镇的符号以及围绕这些符号衍生出来的各种描述，小镇作为一种社会认同得以留存并实现。[6]

学校——社区精神的源泉

除了规模最小的城镇以外，最能有效地激发社区自豪感的就是当地的学校。“我们的学校是一切事务的中心。”一位居民表示。他所在的小镇人口仅为 1000 人，主街上几乎没有什么商店了。“我们有一所 K-12* 学校。老式的学校，非常非常棒，我们为它而自豪。”其实，这位先生和学校没有直接的关联，他的孩子都已长大成人，他也退休了，可是和小镇的许多居民一样，他认为学校就是社区的中心。人们聚集在学校里观看比赛和表演，参加小镇会议和节日活动。“这个学校并不完美，”他承认，“但这是一所非常好的学校，它是我们社区的中心。任何人要计划任何活动都要先确认一下学校的日程安排。每个人都有学校的日历，那就好像是整个社区的日历。一切都围绕着学校进行。”[7]

如果学校因为人口减少或合并而关闭，那对于整个社区的打击远非只是眼睁睁看着剩下的孩子乘车去另外一个小镇上学那么简单。“你把学校从小镇上剥离出去，”施托伊本先生说，“你就割断了小镇的喉咙。”他依然记得他在承接收割业务时去过的蒙大拿州、俄克拉何马州、得克萨斯州和怀俄明州的那些小镇。那些小镇会有几家杂货商店，一家五金商店、电话局和一所学校。但是他说，其中 2/3 的小镇的学校都没有了。他一直支持良好的教育，很高兴能够住在较大的城镇，有不错的学校。但是对于那些没有了学校的小镇来说，他觉得就像患上了癌症一样。

1987 年和 1999 年的国家教育统计中心的统计数据真实地反映了小镇居民对于学校关闭的担忧背后的事实。虽然学校合并已经进行了

* K-12 教育是美国基础教育的统称。“K”代表幼儿园，“12”代表 12 年级，相当于我国的高三。“K-12”是指从幼儿园到 12 年级的一贯制教育。

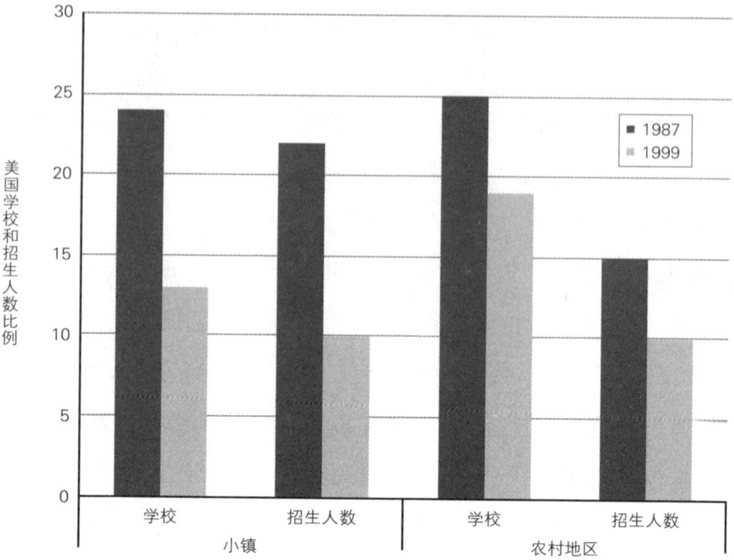

图 4.1 学校和招生人数的减少

50 多年，可是，就在这过去 12 年间，小镇学校的数量从 18000 多所下降到 11000 多所，农村地区学校的数量从 19000 所下降到 16000 多所。同一时期小镇的入学人数也从 950 万人下降到 480 万人，农村地区的入学人数则从 670 万人下降到 470 万人。[8]

与此同时，城市和郊区的学龄人口比小镇和农村地区增长得快，这意味着这些较小的社区所拥有的学校在整个国家所占的份额日益下降。如图 4.1 所示，美国小镇学校的比例从 1987 年的 22% 下降到了 1999 年的 10%，同一时期，农村地区学校的比例从 15% 下降到 10%。小镇学校招收新生比例从 1987 年的 24% 下降到 1999 年的 13%，同一时期，农村地区学校招收新生的比例则从 25% 下降到 19%。

如果以学龄人口作为指标，那么很可能小镇会失去一所学校，或者已经关闭了一所。1980 年在所有人口低于 25000 的非都市小镇中，81% 的小镇学龄儿童数量不到 500 人，70% 的小镇学龄儿童数量不到 300 人，37% 的小镇学龄儿童数量不到 100 人。那些拥有少量学龄儿童的大多数小镇总人口也不超过 2000 人，但是总人口在 2000 ～ 2500 人的小镇里，27% 的小镇学龄儿童的数量少于 500 人，在接下来的 20 年里，这一比例会升至 34%。[9]

对于一个外人来说，很难真正理解拥有一所学校对于小镇究竟意味着什么——又或是失去一所学校会带来怎样的影响。在我们研究的一座矿业小镇上，有两所教学楼现在闲置在那里，因为孩子们都乘车去 10 英里以外的小镇上学了。教学楼墙体斑驳，没有重新再开的希望，但是，据一位居民解释说，它们会一直提醒人们过去的那些美好岁月。这里现在悄无声息，也让人不由得怀念过去的日子。居民不会忘记操场上孩子们的笑声响彻小镇，不会忘记孩子们骑车或走路去学校的样子。现在整个小镇都寂静无声。[10]

我们和另外一座小镇的人们进行了交谈，因为合并，他们的学校最近刚刚关闭。“这真是非常愚蠢的事情，非常愚蠢，”谈到合并的过程，一位小镇居民这样告诉我们，“学校没有了，小镇也失去了生机。”另外一座小镇的学校 10 年前就关闭了，镇上的一位先生告诉我们说，“他们关闭学校的时候，感觉我们的心也被掏空了。人们没有一个固定的地方可以去了。”他依然认为学校校长没有尽力争取把学校保留下来。“那完全就是浪费，”一位接受采访的小镇居民不满地表示，“他们用在关闭学校所花的钱比保留一所学校所花的钱要多得多。就是从这时起小镇开始走下坡路了。”

老师和家长自豪地谈论着小镇的学校有多么优秀，通常都会赞扬学校的升学率以及学生的标准化考试成绩。可是，社区里谈论最多的是学校的体育活动。如果小镇有自己的报纸的话，至少有 1/4 的版面会用来报道每周的体育活动。学习成绩好的学生可以一年有一次机会上报纸，但是，学校里的体育明星则会经常上报纸。如果主队有一个成功的赛季，整个社区都会倾巢出动观看比赛。特别是农村地区的小镇，会在公路边上竖个牌子，写着最近一年获得州冠军的时间。“这些年来，我一直认为小镇唯一的身份就体现在孩子身上。”一位老人在提到足球和篮球锦标赛的重要性时这么说。说这话的老人所在的小镇也只有7500人。他表示，学校关了，社区的身份也就没了。另外一位居民告诉我们，“在我们赢得篮球冠军时，迸发出一种强烈的自豪感，把社区团结了起来。”但是，他表示，小镇的足球队是这个地区最糟糕的，15年来都是如此。“足球季的时候整个社区都为此很不高兴。”他抱怨道。[11]

因为学校对于社区具有象征性的重要意义，教练和老师就具有特殊的地位，这种地位可以为他们赢得朋友和尊重，但有时关注太多了，也会让他们觉得很不舒服。带领球队取得胜利的教练很可能成为全镇的宠儿。例如，在我们研究的一个社区里，有位教练因为带队赢了几次州冠军，尤其受到小镇人民的爱戴，甚至有一条街就是以他的名字命名的。我们所采访的老师和校长都会说，他们认识镇上的许多人，很喜欢住在友善的社区里。但是，比起新来小镇的教师，那些长期居住在社区的教师又有不同的感觉。老一辈的教师通常都是女性，她们在这里长大或者与本地男子结婚，不论在家庭还是事业上都和小镇有着千丝万缕的联系。新移民觉得自己很难融入小镇生活。他们在其他地方长大，在较大的社区上了大学，因为工作而来到了这里。有些人有意远离小镇生活，因为他们在其他地方有家庭和朋友，期望几年以后会搬离这里。“如果在这里没有家人的话，他们会觉得失落，”一位家长在谈到社区的教师时说道，“他们只是完成本职工作，在幕后默默无闻。”即使有些人曾经想试着融入小镇生活，也承认要被接受太难了。他们知道社区精神是围绕着学校来体现的，但是，社区精神并不包括他们个人。

有些小镇有着旗帜鲜明、历史悠久的学校传统，但是在另一些小镇，我们知道他们正在努力开发出新的活动，小镇居民期待这些活动可以最终成为传统，例如秋季的返校节活动。通常返校节活动的那个周末，高中会举办传统的返校节足球比赛，但是现在扩大了庆祝的范围，延续了整个周末，被定为小镇的返乡节。如果小镇还有自己的报纸的话，许许多多以前住在这里的居民都会订阅，所以，能够以这种形式传播小镇返乡节的通告。网站、邮件列表、电子邮件也可以用来散发消息。返乡节活动包括路边集市、社区野餐会、游行、古董珍品展、班级聚会和家庭聚会。“人们从全国各地回来。”一位居民说。“返乡节是小镇的一件大事。”另外一位如是说。

小镇节日

小镇最受欢迎的活动之一就是一年一度的节日，通常和返乡节周末同时举行，或是另外选择一个时间，小镇居民和以前居住在这里的人们聚集在一起共同推进社区精神，同时回顾社区的传统。在总人口不到1000人的小镇上很少会举行这些活动，在我们研究的2000人以上的小镇里这些活动则非常普遍。秋季丰收节、县里的节日、牛仔竞技表演等都很常见。大多数情况下，节日都主要庆祝社区的某些独特之处，纪念小镇的创立，或是利用民族的传统而吸引整个地区的游客。10月啤酒节就是个典型的例子，它在一个四周环绕着牧场和大豆田的2300人的草原小镇举办。时间正好与返校节的足球比赛重合，为期3天，涉及节日盛装和各种奖品，还包括一个舞会，不断提醒着每个人社区的传统。另一个小镇的节日叫“老家周”。还有一个小镇每年都举办“蓝莓节”，另外一个小镇举办的“鲑鱼节”则是附近参与度最高的活动。还有一些并不是很典型的活动，如有个小镇用节日游行来庆祝其宗教文化遗产，市民打扮成《圣经》里的人物参加游行。我们采访的一个小镇称自己是该州的德国首都，另外一座小镇则称自己是小瑞典，还有一座小镇被认为是世界的尼龙之都，另外一座小镇则自称是奇泽姆小道（Chisholm Trail）*的起点。每个小镇都会有各种各样的节日来纪念其文化遗产。某个小镇一年一度带有特殊表演的晚餐剧场吸引了不少人的目光，另外一座小镇则举办了一年一度的户外音乐会，还有一座小镇则举办了拖拉机拉力赛。其他的节日还有丹尼尔·布恩日、热狗节、青蛙腿日、番茄日、胡萝卜日、奶牛黛西日。[12]

说到这些活动时，居民们的脸上充满了喜悦。在一座小镇上，我们采访的人都说他们有比所有地方都棒的"忏悔星期二"——所有的地方都会在秋天庆祝忏悔星期二。另一座小镇的领袖人物表示，他所在的小镇是名画《美国哥特》的灵感来源。事实上，几乎我们所采访过的每个小镇都认为他们在某个方面与众不同。一座小镇认为自己是摇滚乐的发源地。而另外的小镇——实际上，是两座——认为它们是布鲁斯音乐的发源地。还有一座小镇宣称他们是第一次牛仔竞技赛"真正"的诞生地（与其他不实的竞争者相比），另外一座小镇则称"红十字会"从他们那里起步。

在其他一些小镇，居民自豪地表示，他们社区生产的喷灌机要比其他任何地方都多，或是他们的社区在第二次世界大战期间运送的军火最多，又或是许多年前，警察就是在他们社区看到了UFO。小镇居民就是在这些年度节日里听说了小镇这些与众不同之处。有的社区依傍着一条蜿蜒流淌的小河，称这里是附近一带的徒步圣地，一个临湖的社区宣称这里是最好的观鸟地，另外一个社区称它们附近有风景最美的廊桥。这些不同之处还可能只是这个小镇有着有史以来最古老的万圣节游行、最大的线球、最多彩的陶瓷大野兔、最

---

* 奇泽姆小道是从美国得克萨斯州圣安东尼奥至堪萨斯州阿比林的运牛道，从1867年第一次使用奇泽姆牛车道开始，一直持续到1885年，累计迁徙了500多万头牛和100万匹野马，其中也凝聚着无数美国牛仔的故事。

小镇概况

谢泼兹敦镇，西弗吉尼亚州（Shepherdstown，West Virginia）

西弗吉尼亚州的谢泼兹敦镇位于离美国首都上游75英里的波托马克河旁，如果不包括谢泼德（Shepherd）大学的400名学生的话，这个小镇人口为800人。由于地理位置以及这所大学，小镇成了钟情于艺术、音乐和历史的游客周末休闲放松之地。小镇以南12英里是哈珀斯渡口，以东3英里的河对岸是安蒂塔姆国家战场纪念地，因此，这个小镇不费吹灰之力就吸引了许多游客到此一游，但是，小镇还是觉得有必要举办一些特殊的活动来增添特殊的吸引力。

和许多全年只有1次节日活动的小镇不同，谢泼兹敦镇全年有5次节日活动。每年7月，这里会举办当代美国戏剧节，每年10月，这里又会举办Sotto Voce诗歌节，每年11月，美国环保电影节也会在这里举办。戏剧节就在大学和街道上进行，电影节则在大学和歌剧院举办。除此之外，每年6月和9月都会举办森林遗产艺术手工艺节。每个活动都会吸引成百上千的游客来到小镇逗留一个下午、一个晚上甚至更长的时间。

小镇还有一些小型的活动，例如每年5月的后巷花园参观及下午茶，通常在4月下旬还会有谢南多亚－波托马克房屋花园游。

这些似乎还不够，节日的时候，小镇还会在社区范围内举办庆祝活动。11月下旬和12月到来的时候，圣诞老人会到来，小镇还会举办圣诞树点灯仪式。每年春天还有复活节找彩蛋活动，每年5月1日，人们会游行，绕着五朔节花柱跳起传统的舞蹈，每年7月4日的活动包括一次游行和社区野餐。

这些活动举办得非常顺利，给小镇带来了许多的收入，但是，小镇的居民担心，小镇可能对旅游业的依赖性过强。目前，大部分常规的零售业都位于马丁斯堡和黑格斯敦。去华盛顿特区上班的人数量虽然不多，但却在增加，除了周末之外他们很少会待在谢泼兹敦。因此，房价上涨了。一些居民抱怨说，社区里"雅皮文化"越来越浓厚。还有些居民很喜欢这些节日，小镇上熙熙攘攘，每周街道上都会挤得水泄不通，但是，他们也表示，人们之间要相互熟识变得越来越困难，也更难感受到人们是否真正关心社区。

大的番茄、超级巨大的油罐、参与度最高的枪展，但是，小镇居民都知道而且特别强调这些，一半是开玩笑的，一半是认真的。

只要能够把小镇独特的历史身份融入任何某种年度的庆祝活动中，小镇居民就一定会乐此不疲地去做。有几座小镇每年都会重演“美国革命”或是“美国内战”的战斗场景，有的则会纪念当地曾经发生过的与罪犯和叛徒之间的冲突。有个小镇自豪地称，它是这个地区的“印第安人”或是“美国原住民”之都。的确，白人定居此地之前，印第安人就在这里扎根了。但这是一个世纪以前的事情。最近几十年，印第安人已经不多见了。但是小镇一直被命名为“印第安酋长”，多年以来，小镇上所有的街道都是按照印第安人的名字命名的。每年5月的一个星期六，小镇都会举办广为人知的印第安节日。一位高中男生被选为首领，一位高中女生被选为公主。两个人都要穿着印第安人的服装主持活动。一切都进行得轻松愉快，小镇居民表示，这给了小镇一种身份。

另外一座小镇的领导也认为，类似这样的活动是非常重要的，它可以拯救一座垂死的小镇。“唯一的生存之道就是让小镇变得独一无二、与众不同，甚至怪诞不经，”他说，“把小镇变成古代的都城，修复古老的剧院，供应最好的炸鸡，举办10月啤酒节。”这个观点得到了普遍的认可，但是偶尔我们也听到了一些不同的意见。尤其是小镇的领导人，他们担心过于关注节日，人们会忽略对小镇未来的思考。他们表示，庆祝节日是有好处的，节日的筹办可以把大家团结起来，讨论小镇的历史。可是，更加困难的是，要制订一个全面的未来发展计划，包括历史保护以及申请款项或是在当地筹集资金。正如一位小镇管理人员所述，“那些都是很好的讨论内容，每个人都同意做，但是真正落实下去很难。”

小镇节日大部分都由志愿者组织并操办，也就是说，一年中规划的这些聚会成了人们讨论其他社区发展状况、邻里之间交流闲谈的场所。和小镇生活的其他方面一样，由于人口结构和交流方式的变化，节日活动也在发生变化。在我们研究的人口数量下滑的小镇中，组织节日活动变得越来越困难，而另外一些小镇则通过在互联网和州旅游杂志上发布广告来吸引游客，除了展示本地的传统特色之外，还加入了古董车展览、拖拉机拉力赛、工艺品集市等等。小镇参加的地区性的庆祝活动，也为它们带来了许多益处，这些活动包括河流上下游沿岸的庆祝活动，纪念早期远征、重走开拓者之路的活动。[13]

在志愿者的努力下，节日里人们的感受与平日有所不同，人们聚集在一起，参加共同的活动，社区精神由此激发。轻松愉快的氛围非常重要，男人们戴上礼帽，精心打理胡子，女人们穿上草原装或戴上维多利亚时期的珠宝首饰，孩子们穿上各种各样的节日服装，就像万圣节时候那样。唯一不同的是，小镇才是活动的关注点，欢乐的背后是人们认真严肃的纪念。这些人中有的是战争英雄，有的是第一批定居于此的开拓者，有的是志愿者消防队，也有教师或年轻人。[14]

就像国家法定假期一样，小镇的节日也让人们有机会定义和重新定义社区。世世代代都居住在小镇的人们特别提到了最早在这里定居下来的拓荒者和早期的居民，他们认为社区尤其应当珍视常住居民——他们也许觉得小镇应当投入更多的精力保留住小镇的历史。节日也是新移民融入社区的机会。我们的研究发现，这一点在新移民数量较多的小镇体现得尤为明显。一方面，早期定居者的野餐会和开拓者日让人们记住了社区的定义。另一方面，五月五日节[*]的庆典、墨西哥独立日庆祝活动、墨西哥裔美国舞者和危地马拉马林巴乐团会的表演、摆满了东欧和南亚食物的桌子，无不暗示着社区意

*　五月五日节是墨西哥传统的爱国主义节日，为庆祝墨西哥军队击败法国殖民军而设立。

义的不断变化。[15]

不论如何，社区的节日会有选择性地强调现实的某些方面，而忽略另一些方面。就像家里举办婚礼或葬礼一样，总是想展示社区最好的方面。争执暂时搁置一边，节日里不会去考虑小镇人口减少的问题，也不会去想经济发展很大程度上改变了民族构成的问题。社区的各个组成部分——不论是少数族裔还是穷人或新移民——可能全部被忽略了。庆祝活动之所以能达到这样的效果，是因为庆祝活动与日常生活泾渭分明。有了庆祝活动，时间变得轻快，人们的精神得以振奋，摆脱了平日里的单调无聊，生活有了色彩，人们聚到了一块儿，也许最重要的是，人们有了谈资。因此，节日活动经常会纪念小镇的历史。在大家共同的记忆中，节日就是重新讲述小镇历史，其本身也成了历史的一部分。

在与小镇居民交谈的过程中，他们提到了一点警示，社区节日活动有时候太受欢迎，小镇都快招架不住了——事实上，它呈现的小镇不是原来小镇居民所期望的。最明显的一个例子是几年以前，一个 2000 人的小镇决定举办一年一度的摩托车节。消息一传出，有近 20000 名摩托车手、车模和观众聚集在小镇上。小镇居民说，那次活动受益最大的是当地的酒类供应商。可以说，那次活动让小镇远近闻名，但并不是以小镇居民所期望的方式。

悲剧与关怀

关爱行为和节日活动一样——如果进行得顺利的话——也能成为社区精神的象征。小镇居民觉得万一悲剧发生了，或者是其他不幸的事情发生，他们总能有人可以依靠，获得帮助。在我的公民介入调查中，将近 2/3 的非都市小镇受访者表示，如果他们的直系亲属中有人得了很严重的疾病，他们会寄希望于邻居的帮忙。这一比

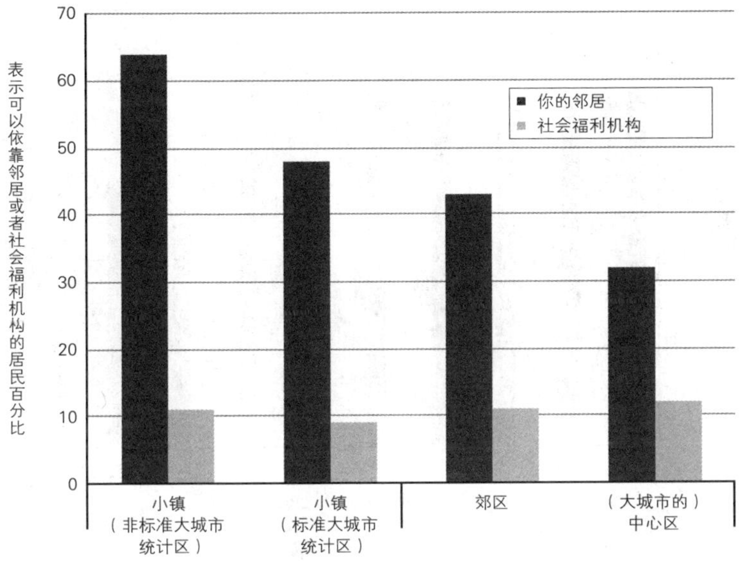

图 4.2　可以依靠的对象

例是有同样想法的城市居民的 2 倍，远远高于城市郊区和都市小镇的居民。这一比例也是任何社区中指望从社会福利机构那里获得帮助的居民数量的 5 倍（见图 4.2）。

这种对邻居的依赖感被社会学家罗伯特 · 桑普森（Robert Sampson）称为社区“集体效能”（collective efficiency）的来源。桑普森认为，当邻居彼此信任，小镇居民又能感受到一种凝聚力、彼此团结、享有共同的价值观时，他们也会觉得自己能够更加勇敢地面对生活的挑战，掌握生活。桑普森在对芝加哥内城区进行研究时发现，集体效能与较低的犯罪率和对暴力较少的恐惧有着密切的关系。[16]

集体效能的关键意义在于能够依赖非正式的关系网，而不是依赖没有人情味的官僚机构。但是，不止于此，集体效能的意义还在于人们能够对社会交流的重要部分——商业交易更加充满信心。图 4.3 显示了许多这方面有趣的证明，总结了政治学家罗伯特 · 帕特

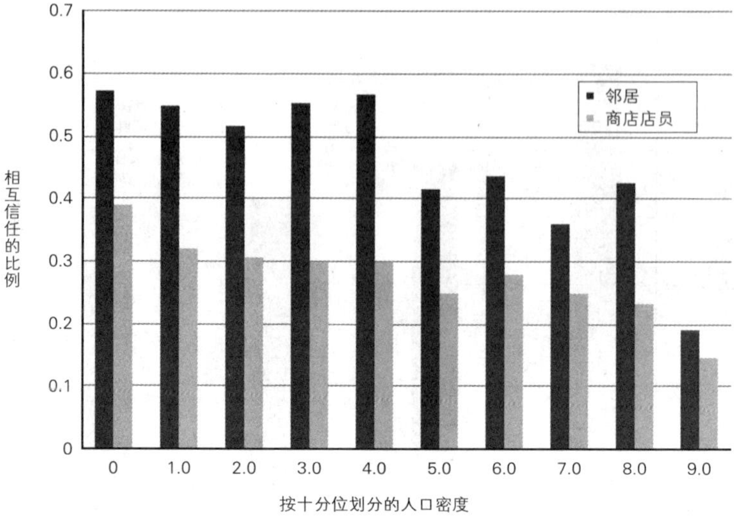

图 4.3 对邻居和商店店员的信任

南（Robert Putnam）所进行的全国性调查结果。虽然公布的数据并不能支撑对小镇和较大城镇的居民进行准确的比较，但是，图中显示了受访者居住的社区人口密度的变化。在最后一章中，我们发现，小镇的人口密度大大低于较大社区的人口密度。随着人口密度的上升，“非常”信任邻居的居民比例却在不断下降——从人口密度最低地区的 60% 下降到人口密度最高地区的不到 20%。在所有比较的项目中，信任商店店员的居民比例最低，而且下降幅度很大，从几近 40% 下降到 15% 左右。[17]

我们采访发现，小镇居民都认识商店店员和当地的商家，所以很信任他们。小镇居民知道他们的名字，在其他的场合，诸如学校大型活动、教会或是民间节日等都会遇见他们。因此，当小镇的一家店关门的时候，居民都会很难过，而且以后他们就得开车到另外一个镇上购物，实在很不方便。小镇居民在与他们所信任的本地人做生意时，效能感会更强。

为了进一步强调集体效能的重要性，一项纵向研究在艾奥瓦的100 多个小镇的居民中展开，旨在了解诸如自然灾害、失去一位重要雇主等事件对社区生活的影响程度。与一些社会学文献研究中的预期相反，此项研究表明，类似这样的打击与居民感受到的生活质量的下降并没有联系。这很可能是因为小镇居民得到邻居的关怀而产生的集体效能。这项研究并没有调查对小镇不幸事件——不论大小——的关爱行为多大程度上影响着小镇居民对社区的理解。[18] 也许这类故事——居民们讲述如何互相帮助、克服困难——会在诸如破坏性的飓风或者洪水等悲剧事件发生后，持续几天或几个星期，极大地影响着小镇居民的感受，让他们觉得小镇还是适宜居住的地方。

当被问及小镇好在哪里，小镇居民们讲述了各种各样的故事，描述他们如何一起努力——经常是用适度但有意义的方式——互相帮助，推动小镇向好的方向发展，尤其是在某个人的艰难时刻。例如，一位来自仅 200 人的小镇的女士回忆说，“我家后院的木篱笆破烂不堪，小镇上的男人们来帮我把原来的拔掉，重新装上了新的篱笆，免费劳动。他们不图什么。”这位女士的邻居插话说，“我认识一对年轻的夫妇，就要有孩子了，他们想对房子进行改造，变回原来的样子。一些男人来这里，帮他们完成了，就相当于慈善捐助，也是分文未取。”他们的一个朋友也不甘示弱。“有一天，我的车起动不了了，”她说，“我就打电话给路边的邻居，说，‘你能过来帮我拉一下车吗？这样我们就能把车从街上移开？’‘当然，我马上就过来。’”

帕森斯先生和太太也给我们讲了一个故事。在我们采访他们之前几周，他们去观看了一场联赛。那天晚上，飓风袭击了离小镇不远的一个农场。第二天，他们打电话给农场被毁的女士，提出给她带点食物。女士说，小镇居民已经给她拿来了很多食物，她一个月也吃不完。“这就是这些小镇的故事，”他说，“每个人都会尽全力帮助他人。这就是我们做事的方式，也是我们生活的方式。”

另外一位先生告诉我们，他的儿子十七八岁的时候被诊断患有淋巴瘤，“小镇居民为我们做的事情到今天都难以让人置信。我想说，他们在社区里为我们集资筹款，帮助我们解决医疗费，还为我们建立了特殊基金，竭尽全力帮助我们。我走进镇中心的理发店说‘我想剪个头发’，发型师看看我说，‘我一直想为你做些事情帮助你渡过这个难关，这次我请了。’这种事情太常见了。”

一座拥有600位居民的制造业小镇就坐落在一条主河道旁边。当被问及小镇有什么特点时，小镇居民所能想到的最多的就是洪水。“作为一个沿河而居的小镇，我们有的就是洪水。”一位居民解释说。他回忆了他高中时期的一场洪水。每个人都全力以赴帮忙把沙袋堆在发电厂。“当时成百成百的人帮助填沙袋。你抬头看，会看到有人在送冷水，有人带来了三明治、薯片或是曲奇饼干。那持续了好几天。是邻居在相互帮助。”像那样的洪水差不多10年才出现一次，但对于这位先生来说，紧急关头，整个社区齐心协力证明了小镇的基本美德。“这就是‘黄金法则’。它是小镇运作的方式。他们立刻就会来帮助你。”

还有好多类似的故事。例如，一位小镇居民经营一座温室大棚，种些花和蔬菜。他遭遇了车祸，进了医院，足球队的人过来帮他种植番茄，教会的姐妹帮他种花。又比如，另外一座小镇的女士说，她和她的先生在几英里以外的牧场上养了几头牛。几乎每次，邻居都会打电话来说，“你的牛跑出来了。我想让它们回去，但好像不成功。我们只抓住了几头。”她非常感谢邻居的帮忙。

类似这样的故事在公共话语中就像是某种保证——人们脑海中有力的证据，证明小镇居民善良，关爱他人，证明小镇鼓励这样的行为。这样的故事并没有从数据上证实，小镇会比更大的社区更加充满关爱，以及有关爱行为的小镇居民对小镇的感觉必然会更好。最好的理解就是将其视为小镇传统。小镇居民谈起小镇的时候，都

小镇概况

皮彻镇，俄克拉何马州（Picher, Oklahoma）

为什么小镇会消亡？2010年，52%人口不足25000人的非都市小镇的居民人数都比2000年有所下降。但是，这种下降很少是剧烈或毁灭性的。只有1/5这样的小镇居民人数下降的幅度超过了10%，16000多个小镇中，只有57个小镇居民人数减少的比例超过了50%。

有时候，工厂的关闭或是农业收成的减少会加速小镇的消亡。南达科他州的莉莉镇就是这样的情况。1898年铁路建成后，小镇由此而建，1979年铁路停止运营，该镇的人口从1980年的37人减少到2010年的4人。

自然灾害也会令小镇消亡。因为雨季延绵不断，附近魔鬼湖的面积不断扩大，北达科他州的彻奇斯费里镇的居民人数从1980年的138人减少到2010的仅仅12人。麦克马伦镇位于亚拉巴马州，有66名黑人，经历了2005年卡特里那飓风之后，只有10个人回到了这里。

俄克拉何马州皮彻镇的故事则截然不同。皮彻镇位于该州东北角的一个偏远之处，1913年这个地区发现了铅和锌，小镇由此建立。随着采矿业的繁荣，小镇的人口数量在1926年一度增长到14252人。随着采矿业的逐渐衰退，小镇的人口数量也在一步步下降，从1930年的7773人下降到1980年的2180人，到2007年，预计小镇还有大约1600人。然而，3年以后，这一数字就下降到仅仅20人。采矿业带走了原本雇员的工作和矿业老板的利润。1967年，大部分矿业生产停止之后，仍然留在皮彻镇的居民面对的是14000座被弃的矿井、7000万吨的尾矿渣以及3600万吨的污染污泥。2006年，政府最终制订了计划，要将镇上的人全部疏散，可是，就在这些计划实施之前，2008年，一场龙卷风龙袭击了该地区，造成了巨大的损失。2009年，学校关门，邮局歇业，在联邦政府的帮助下，剩下的居民都搬走了。

虽然皮彻镇的例子很极端，但这不是唯一一个。因为依赖单一产业来创造就业，政治影响力弱，许多小镇在经受自然灾害、化学品泄漏和类似导致皮彻镇灭亡的有毒废物的污染之后，便消失了。

会把这些和社区的意义联系起来。[19]

为了让对比更加鲜明，小镇居民也会讲述一些都市生活故事来说明都市里缺乏关爱精神。例如，上面讲述有关牛的故事的女士说，她的女儿生活在华盛顿特区，在那里“和你住同一幢楼的人是谁，你都很难知道”。县推广员克拉克夫人说，几年前她骑着自行车在城里走，摔了一跤。“我头朝地、脚朝天摔了个大马趴，唯一过来看我的就是和我一起骑车的人，当时我看着4个人从我的身边经过。要是在这里，如果我骑车摔了，有4个人在现场，我真的认为他们会第一时间来帮我。人们就是对这样的事情很热心。”

事实上，有时候，大都市的居民们并不确定友善的行为是否就是都市的特点。一位城市救世军的志愿者的话揭示了这一切。他说，在这个社区里“我们也想互相帮助”，但是他不确定这是否是现实状况。“从理想的角度来说，我会说是的，但事实上呢，有谁知道？”事实上不是说社区不存在关爱之情，而是人们都默默无闻地生活着。没有人知道人们是否正在互相帮助。

关于小镇的关爱精神，我们听一位小镇居民讲过一个最奇怪的故事。他住在小镇的边上，靠近一片林地。一天，他和邻居正在地上挖洞，想建一排篱笆。一只大野兔跑过来，坐在离两人几英尺的地方。他们看看野兔，野兔就往回跑几英尺，然后再回来。那位小镇居民以为野兔不舒服或是患了狂犬病。但是，这种奇怪的行为一直在持续，于是他们就跟着野兔走到了树丛中，走了大概几百码的距离，来到了野兔的窝。原来一条蛇正在那里，威胁着野兔的宝宝。那位小镇居民总结说，很明显，野兔是来寻求帮助的。他回家把这个故事告诉了他的妻子——这个故事他很可能已经讲过许多遍了。这个故事之所以不同寻常，是因为面对外界对小镇的指责时，他总会主动地说起这个故事。他说，有个新来小镇的居民觉得小镇什么都不好，但是几个月以后她就觉得这里好了，因为这里每个人都充满了关爱之心。他觉得野兔的故事显示了社区是多么温暖，连动物都知道这一点。

不过，如果这些虚构的故事中最有意义的部分是关爱行为的话，那么这就实实在在地加强了社区精神。小镇居民齐心协力解决问题所带来的益处是十分明显的，除此之外，慈善活动推动人们共同遵守社区行为准则。社会学家珍妮弗·舍尔曼（Jennifer Sherman）对加利福尼亚州北部一个偏远的小镇进行了一项有趣的研究后发现，在经济上没什么发展机会的低收入者会广泛参与一些非正式的关爱行动，例如照顾别人的孩子、帮助邻居修房子。这些活动是对诸如打猎、钓鱼、申领食物券以及少数情况下兜售毒品等其他生存策略的补充。但是，舍尔曼认为，这些也是一种道德资本（moral capital）。贫穷的小镇居民通过慈善行为显示了他们是负责任的社区成员。[20]

在我的采访中，对道德资本的认知也很明显。低收入的小镇居民会讲述他们为邻居做的好事，也会提到他们所敬重的邻居们曾经做过的好事，由此把自己和那些社会的渣滓以及骗取福利的人区别开来。他们生活节俭，努力积蓄财产，除此之外，他们关注上了年纪的邻居，为丧失亲人的家庭带去果冻沙拉或是杂烩菜，抑或是帮助一位寡妇修复破旧的百叶窗。周围的邻居每每提起这些事，就会说，小镇居民具有社区意识。

不仅仅低收入的小镇居民通过这些方式获得了道德资本。中产阶级小镇居民也常常出现在人们描述的关爱邻里的故事中。有时候，有些事情小到让人觉得琐碎。例如，塞贡多先生回忆和唐·佩德罗在养老院的对话时，讲述了有一次他的邻居约翰尼帮他砍树，还有一次，小镇五金店店主半夜里跑过来帮他把新的热水器安装好。塞贡多先生对于这些邻里友善的行为本可以简单付钱就好——而且他也的确主动提出过付钱。如果他住在大城市里，就很可能雇人来做这个工作。但是，在小镇，即使最近的麦当劳也在 50 英里以外的地方，邻居都是相互依靠，这样，他们才能够在没有公共交通的情况下依然可以去看医生，才能够在杂货店缺货的情况下买到汉堡面包。

不成文的好邻居准则

帮助上了年纪的邻居或是与洪水奋战保卫小镇等慈善行为是社区精神的象征，是小镇传统的传承。这些故事一遍又一遍地在咖啡馆里讲述、或是反复地被描述给陌生人听，让他们了解小镇是宜居之地。小镇的社区精神还常以更为微妙的方式，通过日常行为来维系，这些行为如此普通，只有当某个人没有遵循这种行为方式或是有社会学家问到这样的社会方式时，人们才会注意到。这些邻里友好的小举动暗含的信息是，小镇是友善之地。

好邻居最重要的一条就是要遵守礼仪，礼仪会通过象征性的方式向人们展示小镇充满关爱。其中一个关键的部分就是日常人行道行为规则。在人行道上相遇是认识他人的好机会，所以要认可他们的存在，可以简单地与他们进行眼神交流，但更常见的是用手势或者口头打个招呼，还可以简单地聊一会儿天——就像有一位先生特别提到，有一次在去邮局的路上，他至少和 5 个人聊了天。如果不能做到这些基本的礼仪，就会显得很没有礼貌。不说话或是目光看向其他地方的，说明这是个陌生人，而且很可能不太可靠。“我几乎怀疑是不是这些人的手有问题，”一位新来的移民开玩笑地说道，“因为每次我在街上遇到一个人，他们的手好像都会自动朝你挥起来。”[21]

小镇居民不仅一定要挥手，而且还有责任根据一天不同的时间，以一种合适的方式展示双方是多么熟悉，他们是否有血缘关系。如果人们是在开车的时候遇见的，无论人们是在镇上还是在乡村相遇，道路是平坦还是崎岖，最合适的挥手方式还取决于他们的车速。例如，在高速行驶时，打招呼只需要翘起一到两个手指，手掌其他部分握紧方向盘，而车速非常慢的时候可以伸出一只胳膊到窗外打招呼，这时候甚至可能会完全停下来聊一会儿天。[22]

在人行道和其他公共场所遇见，也是人们闲聊、交换消息的时候，显示彼此之间潜在的某种联系。“你不只会说‘你好吗？’”一位在小镇上住了一辈子的居民解释道，“你会说，对了，听说你女儿的腿骨折了。我们可以为你做些什么呢？”这样的话表明人们一直在谈论这些事。事实上，这表明即使在健康信息被当作个人隐私的时代里，你的朋友也会知晓你家庭的情况。因为我的朋友认识你的朋友，我也就知道了。[23]

也许小镇居民在大街上认识某个人的几率很高，所以他们也会对陌生人微笑、挥手。例如，塞贡多先生说，他的女婿从另外一个州来看望他们，曾不止一次地表示，“人们对我挥手，但我其实根本不认识他们。”塞贡多先生大笑，“没错，就是这样。”并不是小镇居民分辨不出他们认识谁或者不认识谁，而是因为社区感让他们觉得必须向每一个人挥手致意。

另外一个规则就是要在生日、纪念日和节日的时候送上各种问候卡。要是有邻居生病了要送上卡片，希望他早日康复，要是有哪个家庭失去了亲人，要送上卡片表达慰问，甚至在小镇居民平常互相拜访的时候也要送上卡片。一位老人不无自豪地表示，他的妻子“非常擅于向不同的人送卡片”，甚至那些住在社区但并不认识他们的人，他的妻子也会送去卡片。一位老妇人说，她手边总是有一大堆可用于各种情况的卡片，以防有事情发生的时候，她来不及去商店买。年轻人表示送问候卡在年轻人中并不像老年人那么普遍。但是，一位年轻女子表示，她的妈妈总是提醒她，不要忘记送贺卡。她妈妈对她解释说，“这是因为当你年龄越来越大的时候，你准备送出去的卡片会比你收到的还多。”在这个例子中，尽管年轻女子表示小镇的风俗在发生变化，但是老一辈人对小辈的压力还是让一些古老的生活方式留存了下来。

除了相互问候和寄送贺卡等简单的礼节之外，好邻居最重要的原则就是不能成为社区的负担。首先，这意味着独立和自给自足。事实上，这里面存在着某种矛盾。好邻居意味着不到身处绝境就不可以过于依靠你的邻居。我们召集过许多家庭聚会，其中有一次，我们要求人们说出小镇生活中最与众不同的地方。“对社会渣滓少点容忍。”组里的一位成员主动说。她解释道，“住在小镇的都非常独立。他们不会容忍有那种无所事事、整天期望别人来照顾自己的人。”她所说的是社区生活的关键原则。如果一座小镇会为满足自己所需的关爱而自豪的话，那说明所需要的关爱照顾是有限的，而限制这些需求的方法就是每个人尽力自给自足。[24]

社会学家认为这种对自给自足的重视是解决索取但不归还的搭便车问题的一种方式。各种规定被用来减少搭便车现象的发生。正规组织不会给任何非组织成员提供便利。在殖民时期的美国，小镇会驱逐那些不是小镇正式居民的穷人，现在这样的做法不像之前那么正式了。人们不鼓励搭便车的行为，把这种懒惰的人称为佷慵堕懒的废人。“我们都不喜欢那些自己不管自己，只期望嗟来之食的废人。”这位女士说。[25]

朱迪·匡特是位只有高中学历的单亲妈妈，还有 3 个孩子，她搬到现在这个 5000 人的小镇上时，该地区唯一的制造业厂关门歇业，镇上的失业率居高不下。她并不能算是什么佷慵堕懒的废人，但也体会到了当小镇居民害怕有些人想利用社区的慷慨获取好处时，潜在的规则是如何发挥作用的。她获得了一套廉租房，得到了护士助理的工作，但是不久就听到传言说自己并不是社区想要的那种居民。那是 5 年前的事了。现在她结婚了，找到了一份更好的工作。她喜欢生活在这里，这里房租便宜，可以走路上班，对于她的孩子来说，这是个安全的社区。但是，大多数时候，她仍是自顾自，还是很难避免那种被排斥的感觉。

好邻居的重要准则就是自给自足，因此，我们所采访的许多人都表示，有时候即使他们可以得到帮助，他们也不会去要求。或者他们讲述了一些邻居拒绝接受帮助的故事，这些极端的例子显示人们尽可能地做到自力更生。例如，社区家喻户晓的老查克，一位退休的鳏夫，在该地区发生的一场森林大火中失去了房子和一切。讲这个故事的人隶属于一个公民团体，该团体筹集了 500 美元以帮助老查克。“我们把钱拿给他。他转个身，又还给了我们，说，‘我这一生中，从来没有从任何人手里拿过任何东西，现在也不会。把这些钱给真正需要的人吧。’”

受访者认为好邻居还有一点就是不愿意接受慈善捐赠。为了避免接受慈善捐赠可能带来的尴尬状况，相对应的规则就是在任何可能的情况下匿名捐赠。一位女士所生活的小镇上有 1000 人，她回忆道，她的丈夫曾经从屋顶上摔了下来，膝盖也摔碎了，医生给他做了置换手术，他好几个月没有工作。“我收到装着钱的信封，没有留下名字，”她说，“人们只是把现金放入信封，寄给了我。”她也谈到了另外一种情况，有些捐赠并不是匿名的，这让她感觉很不舒服。她的一个女儿最近刚结婚，在教堂里举办婚礼，邀请了 400 名宾客。她在教会的一位朋友住着大豪宅，丈夫是一位银行家，不仅为新娘举办了一场华丽的婚前派对，而且装饰了婚礼现场。那位女士说，这是小镇相互关爱极好的证明，但是只要一说到这件事，她的声音就低下去了，她觉得自己经济实力不够强。“你不想让自己感觉像是在被救济。”她说。

这位女士的故事和另外一个小镇的一位女士所描述的故事类似。“那时候，孩子们都还很小。”她回忆道。她和丈夫都在外工作，但是家里的日子依然过得紧巴巴的，没有多余的钱给孩子们买圣诞礼物。他们不让孩子和别人说这件事，但是，消息还是传到了学校。

圣诞节前夜，他们都去学校参加圣诞节庆祝活动。回家的时候，他们发现厨房的台子上有一个盒子，里面装着给家里每个人的礼物和一个装了 80 美元的信封。“我们一直不知道是谁拿来的。”那位女士说。她也承认接受这样的慈善伤害了她的自尊心。好在那是匿名的。

但是，如果慈善必须是匿名的，当邻居无法隐藏他们的需要时，它又怎样对邻里之间的关系产生影响呢？一种可能性是时间的贡献与金钱的援助一样都需要谨慎处理，但是方式不同。研究金钱意义的社会学家认为金钱交易所涉及的特殊规则通常并不适用于其他的人际关系中。[26] 捐钱必须匿名，不然，这就等于告诉了被捐赠者有人知晓了他们的财政状况。通常情况下，讨论别人的财政状况是禁忌，尤其是在小镇。[27] 贡献时间则不同。虽然和律师打过交道的人都知道，几小时、几分钟都可以换算成多少美元、多少美分，但是为了慈善的目的而贡献时间通常不会这么计算。原因是，为了慈善的目的而贡献的时间被认为是自愿的行为，通常都是人们的休闲时间，我们把这种时间称为自由时间。这就是说，人们自愿为公民组织或为帮助有困难的邻居而奉献时间，比捐钱更公开一些。

小镇里的关爱行为一大特点就是，邻里之间彼此认识，几乎不可能不出手相助，要是他们之间没有那么熟稔，也许不帮助其他人还有些可能。住在郊区的人们基本上不和其他人打交道，需要帮助的邻居就算住在隔壁，也不会得到任何的帮助，但是，这种事情要是发生在小镇就会显得更为尴尬。有些女性并不外出做全职工作，因此她们有许多自由时间可以随意支配，这些人更有可能被请求做志愿者。采访中许多女性都提到了这一点。她们觉得有责任去帮助他人，从参加学校委员会到帮助病人和老人。她们喜欢这种有用的感觉，但是有时候，她们希望能少叫她们几次。

我们采访了琳达·麦肯齐。她是一位全职妈妈，有 4 个 5 到 15 岁的孩子，她就是不停地忙着一个又一个任务。他们一家住在一座

3300 人的镇上的全新砖瓦房里，房子就坐落在小镇边上最好的街区之一。她和丈夫都有大学学历。她的丈夫在 15 英里以外更大的城镇上做大宗商品交易商。每天早上，她 5 点起床，让孩子穿衣、吃饭、8 点出发去学校。她也会把邻居的孩子接过来照顾，因为孩子的妈妈得了乳腺癌，要去医院做化疗；把最小的孩子从幼儿园里接回来，同时给社区里生病的朋友送去鲜花；下午，她要开车把她自己的孩子和其他几个孩子从学校里接回来，举办课后四健会聚会；接着她要做晚饭，晚上要带大儿子去练习网球，走路陪女儿去拜访朋友。当被问及她最喜欢小镇的哪一点时，她并没有提到慢节奏的生活，而是每天围绕着邻居和朋友的关爱。

但是，她也承认做个好邻居很难。她说，这里可以用到 80/20 原则：20% 的人完成了 80% 的志愿工作。她帮助罹患癌症的邻居照顾她的儿子，经常开车送她去医院，已经持续了 4 年。另外一位邻居和她一起轮流送这位癌症妈妈去医院，还有一位邻居会帮她打扫房子。“现在，”麦肯齐太太说，“我有一位朋友得了癌症，一个朋友的小儿子溺水身亡了，还有几位邻居失业了，经济上很困难。”有时候，她也会想她到底还会遇上其他什么事情。但是人们不断给予和获得的“无尽的支持”让她赞叹。

也许当一个好邻居最微妙的方面就是无论发生冲突还是发怒，只要表现得有礼貌有教养即可。并不是我们采访的所有对象都同意这一点的。有些人认为，他们小镇里就有人太喜欢表达不同的意见或者对某件事情耿耿于怀。然而，大部分人认为友好相处、求同存异对于社区来说很重要。一位身处 900 人小镇的居民谈到了镇上的一位废品收购商，这位先生经常喂养流浪猫，惹恼了周边的邻居。最后，一位邻居说服市议会通过了一项反对喂养流浪猫的法规。对于讲这个故事的小镇居民来说，这是个例外，但也证明了这个规则。他解释说，小镇里的大多数居民都努力和睦相处。“这些人都是你的邻居，和你一起工作，和你一起去杂货店买东西，你参加体育运动时发现你的孩子和他们的孩子在球场上是最好的朋友。可能你们彼此意见不合，但是多数情况下你们可以和谐共处。大家都做到了。”

“我们只是不想彼此对抗，”另一位居民总结道，“年轻的时候我们就知道不要没事找事。除非被触碰了底线，否则决不会制造冲突。大多数事情真的没那么重要。为什么要大惊小怪呢？”“没错，”另外一位居民笑着说，“我们都比较克制。我们只是在想，忍一忍就过去了。”一位小镇报纸编辑却有不同的看法。他在工作中不可避免地会遇到冲突。读者会因为一个故事而生气地来找他。他们认为他带有偏见，或者对某个人的报道太多，而对其他人的报道太少。他半开玩笑半认真地表示，有时候很担心家人的安全。冲突已经严重到了那样的程度。“然后你会发现那天晚上的慈善晚宴上，你就坐在那个人旁边，”他说，“你必须要把所有的不快放在一边。你必须擅长交际，否则你就会很惨。”

在小镇生活，普遍都会有礼貌、有教养，这是因为如果有人对你以礼相待，你多半也会投桃报李。但是，其实不止于此。小镇的人际关系网的结构也是关键。我们请采访对象告诉我们，在小镇上他们有多少关系亲密的朋友，并说明他们是怎么认识的。多数人会说小镇上大概有 20 至 30 个人和他们是真正亲密的朋友。他们认识这些朋友的途径各不相同——有的就住在隔壁，有的是去同一个教会时认识的，有的是参加俱乐部活动认识的，有的是在委员会任职认识的，有的是通过做生意认识的，还有的彼此之间是亲戚关系。尽管认识的地点各自不同，但是大多数人表示他们的朋友也都彼此认识。他们置身于重合的人际关系网，参加各种各样的聚会，例如社区野餐、小镇会议等，而不仅仅出现在有限的场合里。社区生活的这个方面在小镇居民眼里是非常重要的。你的朋友不仅仅认识你，还彼此认识，这意味着他们更有可能在背后议论你。如果你对一个朋友不礼貌，很可能其他朋友都会知道这件事。你很可能让不止一个朋友远离你。有人是这样解释的，“你总是和某个人联系在一起的。他总会是某个人的亲戚。”[28]

不论人们是否会在背后谈论你，小镇的生活范围都需要你至少在公共关系中保持一种有礼貌有教养的样子，人们明白，明天、后天他们还是会继续打交道。社会关系的这个方面能够通过一个商人所讲述的故事说得更清楚。这个商人住在一座 1200 人的小镇上，开了一家蔬菜种植农场，冬天的时候除了他自己以外还有 2 个全职员工和他一起经营，然而，到了夏天他会从墨西哥雇佣 2 到 4 名临时工，他们是通过政府批准的短期签证来到美国的。小镇的一名商店经理因为这些墨西哥人不会说英语而拒绝提供服务。经理向这位商人抱怨说他就不应该雇佣这些墨西哥人。商人说这件事让他觉得很生气，他想指责这位经理，他明显对于墨西哥工人雇佣项目一无所知。但是，他控制住了自己。“这个社区很小。”商人解释道。他每天都会看到那位店长。“我还必须要和他说话。所以，你就只能让这件事就这样过去。除非事情真的非常重要，不然，你就不要再纠结。”

小镇生活中对礼貌教养产生影响的另一个方面就是人前人后的行为与在城市和郊区有所不同。在较大的环境中，生活的许多方面能够不为人所知，发生在家里的是“台后”行为，甚至车里的空间也属于“台后”。人们在车上放着震耳欲聋的音乐，随着乐曲哼起歌，涂口红，对其他司机大吼大叫，满口脏话。但在小镇，所有这些行为很可能会被看作“台前”的行为，因而，小镇居民会有更强的责任感。

然而，归根结底，如果不是因为人行道确实存在或为人们所用，否则小镇上那些指导人行道行为的文明礼貌准则也就不重要了。当小镇居民表示他们可以从家走路去上班或走路去邮局的时候，千万不要忽视一个事实，他们是“走”去的。在城市或者郊区，人们可能会走着遛狗，但是很少有人会考虑靠脚走到商店或是走着去上班。说来说去，还是小镇的规模很重要。

再进一步说，人行道并不是邻里友好行为唯一可能出现的地方。社会学家雷·奥尔登堡（Ray Oldenburg）曾经创造了一个词："绝好的地方"（great good places），他认为咖啡馆、咖啡店、社区中心、美容院、药店、商店、酒吧，可以闲逛的某个地方都是社区生活中必不可少的部分。奥尔登堡认为，在这些公共场所，人们可以和受人尊敬的同辈分享快乐，互相鼓舞。他说，不论人们生活和聚集在什么地方，高级社区的鸡尾酒会、内城区的桌球房、日托所或者是健身俱乐部都会逐渐产生，社会交往的需求催生了这些场所。[29]

可能小镇人均所拥有的公共空间不及城市多，但是，令人惊奇的是，几乎所有的小镇，即使再小，至少都有一个公共空间，有的还有 6 个以上的公共空间。在我们研究的几乎每一个社区里，美国海外退伍军人协会、美国退伍军人协会或者社区大楼都会为小型的社区聚会提供室内场所。大型活动都会在学校的体育馆和礼堂、露天集市以及教堂里举行。对于有些社区来说，修建一个溜冰场或游泳池，亦或是拥有一幢农业大楼或野餐场地，让大人孩子能够齐聚一堂，绝对是一件引以为傲的事。由于人们彼此之间互相认识或是期望表现出这样的状态，所以，邮局、咖啡馆、便利店也就成了公共空间。

小镇有些特殊的地方是专门用来解决小镇的纷争，例如，校董事会听证会、镇议会会议。但是，这里常常出现的冲突或是家里在亲戚之间以及律师事务所里常出现的争吵却很少在其他的公共场所出现。这些公共场所都是"绝好的地方"，人们之间的对话遵循了共同认可的和睦融洽的原则，因而保持了小镇欢乐祥和的精神。在这样的场合下，来一场激烈的政治辩论实在有煞风景，说一些下流的脏话也不合时宜。

初来乍到者之不易

几乎所有的被采访者都表示初来小镇的人很难在这里过得舒心畅快。即便常住居民通常都会欢迎新来的小镇居民，许多小镇也会有计划吸引人才，但是，融入这些社区却并非易事。有位女士 4 年前搬到了一座拥有 2500 人的小镇。她的观点具有普遍性："这有点像是在搞小集团。如果你不是在这里出生长大的，即使你在这里生活了 35 年，你还是一个外来者。这一点在小的社区表现得尤为明显。"作为农业推广员的克拉克夫人表示，在她成长的小镇上的确存在着这种现象。"如果你不是在小镇上长大的，你很难真正融入其中，成为小镇的一员，"她说，"在这里你作为一个新人存在的时间要比在大地方长许多。"5 年来，她一直积极参与现在生活的社区活动中，但她依然觉得自己还是新来的。常住居民认为，他们对新来的小镇居民没有表现出应有的热情。"离开舒适区，去向别人介绍你自己是需要勇气的。"一位小镇居民解释道。

尤其是，当有些小镇上主要只有一个种族或民族背景的人居住，这些小镇的居民表示，新来的居民是很难融入其中的。语言不是障碍，但是，许多年来以其他方式保留下来的民族特性却是很大的障碍。人们去同一个教会，只和自己民族的人结婚。那些很荣幸能长期在社区活动中经商或者在市政厅举办大型家庭聚会的老一辈人都是来自小镇上占主导地位的民族。其他民族的外来者从一些细微处会发现饮食、价值观、行为举止习惯都有种陌生的感觉。"这是一个非常封闭的社区。"一位居民表示。20 多年前，这位居民搬到了一座拥有 2000 人的小镇上，镇上的人大部分都是德国后裔。"这些人的家庭关系紧密，他们主要在这个圈子里交际。要想真正了解这里的人是非常困难的。这绝对是德国人的社区，德国人的生活方式和我的成长方式完全不同。"

推动外来者融入小镇的因素与推动外来者融入城市和郊区的因素是一样的：孩子。正如那位在几个小镇都生活过的先生所说，“孩子最有用。如果你有孩子，就会有很多孩子的活动和家庭活动可以参加。这让你的融入过程变得相对容易些。”有时候，即使那些没有孩子的人也会发现，诸如足球比赛、童子军等儿童的活动就是社区生活的中心，是与邻居见面、交朋友的最好方式。“你去观看足球比赛，和某个人一起坐在板凳上，”一位来自 2000 人小镇的女士说，“也许比赛结束后，你们就成了朋友。”

市民俱乐部也能帮助外来者融入当地生活。“如果你真的想要尽快融入，”一位男士建议，“那就加入扶轮社、同济会、狮子会。”但这种方式通常对于已婚男士比较有效。单身男女们表示，他们觉得融入小镇生活很困难。小镇的酒吧并不是大多数人想去闲逛的地方。没有孩子或是伴侣，他们感到很孤独。通过一个熟人我认识了亚历山大，并对他有所了解，那天他把这个问题分析很透彻。他告诉我，他非常喜欢生活在 200 万人的大城市。“那真是个好地方啊，”他说，“有许多酒吧和脱衣舞俱乐部。每个周末我都和不同的女孩约会。”接着他就告诉我，他有一个表兄弟住在小镇上，过得很不开心。他的表兄弟正好就住在我研究的其中一个小镇上。“他应该搬来城里住，”亚历山大说，“你只需要开心就好。酒吧和脱衣舞俱乐部就能让我高兴。”

我们遇到的许多小镇居民都很清楚适应小镇生活对于新来小镇的人该有多难，因此，他们都会自愿为可能搬到小镇来的人出谋划策。有人建议说，找个借口去隔壁借块黄油或借杯糖，认识一下邻居。她说，在小镇上，这就是邻居常做的事情。另外有人建议，在邻居外出的时候浇草坪或修剪花园，如果有其他人出现的话，想方设法上去攀谈一会儿。他们表示，新来小镇的居民最起码要尽 90% 的努力去遇见其他人。此外，自愿参加委员会的工作也是经常会被提到的方法，但是新来小镇的居民则表示对这个策略有些疑虑。他们说，委员会的工作通常都是有一定传统的，通常都是老一辈的人在做，新来的志愿者会被认为急功近利。

小镇居民认为，城市里来的人最难适应小镇生活，难处在于无法辨别和理解小镇行为中一些微妙的信号。“如果他们来自小镇，他们会懂得小镇的生活，”社区欢迎委员会会长表示，“大多数情况下，他们都会适应得非常好。”他说，相比之下，城里来的人似乎总带着一种“态度”。他们不知道什么时候、该怎样表现邻里友好，这在小镇人看来就是不可一世，就是傲慢自大。

这位先生表示，欢迎委员会的成员也有一个故事。“一个人搬到了小镇，他停车在加油站问，‘这是个友好的小镇吗？’于是，加油站的工作人员说，‘哦，那你来自哪种小镇呢？’‘噢，那个地方真可悲，人们一点都不友好、不幸福，他们对你也不好。那是个糟糕的地方。’于是，加油站的工作人员说，‘对不起，这里就是这样的小镇。’另外一个人走过来说，‘这是什么样的小镇？’‘你来自哪种小镇呢？’‘噢，我的那个小镇太棒了，那里有世界上最友善的人们，在那里生活、养育孩子真是太好了，没有更多的渴求了。’他说，‘你知道吗？你又找到了那样的小镇。这里棒极了。’”

对于欢迎委员会来说，这个故事很具有安慰性。这个故事传达的信息是，无论新来小镇的人要适应什么样的困难，这就是他们自己的问题。他们不仅要了解好邻居的潜在规则，还必须付出努力。他们必须向其他居民显示，他们愿意参与到市民活动中去。“如果你愿意参与，”讲这个故事的先生解释说，“那么这里就是生活的好地方。”

但是，如果认为新来小镇的人所受到的阻碍主要来自原有居民对待他们的方式，那就错了。小镇也会吸引那些来了之后有机会就会立刻离开的人。我们发现，这一点在受过大学教育的专业人员身上体现得尤为明显。对于刚刚大学毕业的教师和医疗工作者来说，规模最小的小镇非常合适。没有任何教学经验，新进教师有时候不能在较大的教育体系中获得职位，而小镇却急需这样的人才。课堂可能很小，也没那么令人生畏。老师在这里工作了一两年之后再转到其他地方去。对于医务工作者来说，情况也是如此，他们中有一部分人来小镇是因为贷款免除计划要求他们必须在农村地区待上几年。

就新人适应性问题而言，小镇和城市最明显的区别就是，在城市里选择更为重要。小镇居民经常重复的话题是，新来小镇的人有一个选择：要不要成为社区的一部分，而在城市和郊区，重点是你可以在许多种可能性中做出选择。有一位女士的儿媳妇刚刚搬到了大城市里，她做了很好的描述。“她找到了其他的年轻妈妈，”女士说，“她找到了与她观念相同的人，遇到了和她有同样育儿思想的人。”由此推断，这位女士表示必要的适应行为就是“找到你所喜欢的某种活动，找到你喜欢的那类朋友，专注于此”。这样的选择在她儿媳妇所居住的城市里远比小镇上多得多。

应对嘲讽

如今，大部分美国人都生活在城市，而且是好几代人都一直生活在城市，因此，对于小镇居民来说，他们会感觉被忽视了，甚至沦为二等公民，就好像他们错过一趟列车，就这样永远被落在了后面。如果他们觉得自己从属于社区，也会很容易把自己看作二等地方的居民。当人们偶然谈到城市生活的优越性，而小镇居民捍卫生活在小镇的决定时，这种感觉尤为明显。虽然被城里人看不起的感觉从心理学上是可以理解的，但这种感觉更主要的是一种象征性的区别，并由此定义了社区。小镇居民和城市居民可能看的是同一个电视节目，吃的是同样的谷物早餐，在同一家品牌的连锁店购物，但是对于城乡差别的老旧观念依然留存——小镇就是农村傻子住的地方，是乡巴佬聚集的地方，是开着偏执玩笑的乡下人聚集的地方。小镇居民认为城市居民对他们一直抱有如此负面的看法，为了反驳这种观点，他们宣称他们关于社区的信仰是有价值、有意义的。[30]

小镇与城市的区别体现在小镇居民所讲的故事中，这些故事讲述了城市居民是如何鄙视他们，不了解他们以及他们自己又是如何反驳这些无知的负面观念。例如，有一位女士生活在小镇，没受过什么教育，她表示，她一直被认为是乡巴佬，她的儿子都上了大学，但是在学校里还是会被那些城里学生瞧不起。生活在矿业小镇的一位女士也赞同这个观点，说小镇的访客瞧不起我们，觉得我们没文化，没钱。她听到那些人说小镇居民穿着寒酸，举止粗鲁，打起嗝来震天响。还有一位受过良好的教育、在农村小镇上长大的女士表示，她现在的城里朋友还会问她，她的家乡是否有电，认为每个生活在小镇上的人都是种族主义者或者右翼狂热分子。有位商人生活在一座拥有 1000 人的小镇上，经常和城市里的顾客和供应商打交道，他注意到这些城里人的共同反应似乎是，“我遇到一个草原上来的家伙，是个乡巴佬，”有机会就被他们占便宜。“哎，他们从没意识到我们这里是有电话的。”一座靠近国家公园、吸引了许多城市游客的小镇上的一位居民表示，她已经习惯了城里人的冷嘲热讽，“我和他们打招呼，他们会放慢说话的速度，提高声音问‘你们这里有卫生间吗？’”有时候，城里人会问她，有文化的人怎么会住在像她所在的这种小镇上。

然而，城里人对小镇居民的这种言论更经常被小镇人认为只是反映出了城里人的无知，而不是嘲讽。城里人可能从来没有听说过他们的小镇，有时候甚至不知道他们的州位于什么地方，把他们州和其他州搞混了，问他们小镇是否和电影里看到的一样。有位小镇居民回忆道，有人曾经问她，小镇上是否有互联网。她觉得城里人会认为她所在的不到 1000 人小镇上没有互联网的想法很可笑。

对于城里人无知和贬低的言辞，小镇居民的反应通常都是一笑置之，告诉他们，小镇的确有电话、有线电视、互联网、室内厕所，还有友好的邻居、不错的咖啡馆、较低的犯罪率等等。但是，小镇居民对城市居民的评价也十分尖刻。小镇居民并不是真的不喜欢城里人，但是也忍不住提出批评。如果小镇居民把小镇看作稳定和脚踏实地、自给自足的城堡，那么城市在他们眼中就是狂乱之地，是满身铜臭、见识浅薄的守财奴们生活的地方。城里人说话速度快、态度粗暴、说话带口音，无法融入他们造访的地方。“我猜想即使城市再糟糕也是有好人的。”一位小镇居民表示。他所在的小镇上有1600人。“每天早上他们要乘2个小时糟透了的火车，每天晚上又要乘2个小时。这根本就不是生活！”许多小镇居民像这位男士一样对城市居民感到忧心忡忡，因为城市居民的决定对小镇产生了很大的影响。他们担心环境政策、农业计划、学校整合计划以及税法等等大多都是由那些对小镇生活一无所知的城里人制定的。

乡村小镇的居民对于常识性的知识技能引以为豪——他们把这个称为“马的智慧”——并且认为这是城里人所缺乏的东西。小镇居民说，马很聪明，不会迎着风雪呆站在暴风雪中。城里人可能没有那么聪明。“我的那群朋友会嘲笑东海岸地区或者西海岸地区的人，”中西部小镇的一位居民解释说，“我们觉得即使这些人的生活需要依赖汽化器，他们也不会修理这玩意儿。我们就是玩这个长大的。我们说，‘嘿，这些人根本就不知道他们在做什么。’”

正如这个例子所示，被瞧不起，被嘲笑的感觉通常与地区和社区的规模紧密联系在一起。农村小镇的居民曾提到他们被称为土包子、乡巴佬，但是生活在城市里的人有时候也会被称作乡巴佬，这是媒体对他们生活地区的陈腐观念的评论。中西部和南部地区的居民最有可能认为他们地区就是被这样看待的。可能他们并没有真正地被称为乡巴佬，但是他们担心沿海城市的人们就是这样看待他们的。他们试图反驳这样的形象，声称许多受过良好教育的人士搬到他们的城市并且定居下来。很显然，这些负面的自我认知也反映出媒体对州内政治和地区政治的描述。例如，红色州的人们就会立即表示，他们的州并不像外界人们所想象的那么保守、偏执、有很强的种族主义倾向。

农村地区的居民告诉我们，还有一种新的嘲讽，这种嘲讽与乡巴佬、土包子这种传统的形象不同。人们认为农民与农业社区的人们和那些依靠政府纳税收入过活、骗取福利的人一样都是富有而懒惰的阴谋家，而且更坏，他们生产不健康的食品导致公众肥胖，引发健康问题，污染了环境，并以此获取了巨大的利益。农村地区的居民对这样的形象非常气愤。他们可以对"小镇人都是乡巴佬或文盲"的看法一笑了之，这种看法已经不会经常在公开场合里听到了。但是他们会常常在报纸和电视上看到或听到人们说农民对美国不利。"农场生活相当辛苦，"一位农民表示，"现在你必须要非常聪明才能做好这一行。这是一项巨大的投资。他们用来收割谷物的联合收割机价值 25 万美金。这和一个家一样贵。一台不错的二手拖拉机价值 6 万美金。如果你的农作物遭受冰雹袭击或虫害，就无法偿付货款。于是，他们把机器带走了。"她对于那些城市里的人认为政府给予了农民不公正的帮助的看法感到很生气。"有时候城市里的人根本不知道牛奶是从哪里来的。除非你经历过'农场生活'，除非你在这里干过活，否则你不会理解。"

这位女士真的认为城市里的人不知道牛奶是哪里来的吗？还是说类似这样的说法更应该被看作是一种幻想，传递出的是一种对现实情况的感受？这也是现实版生活故事同样遇到的问题。例如，在普利策获奖小说家安妮·普鲁（Annie Proulx）的畅销小说《老谋深算》中，作者描述了得克萨斯州和俄克拉何马州狭长地区的小镇生活。写这本书的时候，普鲁沿着东海岸一路行游。评论家高度赞扬了这本书，说这本书准确地——甚至带着同情的心情——描述了这个地方，同时他们还认为，这本书成功地表现出当地居民暴躁轻信的性格、奇怪的当地语言以及不同寻常的特点。作者总结道，当地居民面对的是严酷的生态环境、干旱的土地、臭气熏天的养猪场，传统的生活方式几近消失。几年以后，美国国家图书奖获得者蒂莫西·伊根（Timothy Egan）拜访了这个地区，也得出了同样的看法。小镇正在慢慢消亡。旁观者也许敬佩小镇居民的勇气，但也怀疑他们的选择是否明智。[31]

我们对普鲁书中的小镇居民以及邻近乡镇的农民和居民进行了采访，却发现完全不同的情况。的确，他们的语言和缅因州或纽约州比起来，听上去不太一样，但是他们最大的特点就是你会在他们的语言中听到很多西班牙语或是英语和西班牙语的混合。尽管规模最小的城镇变得更小了，但是这些小镇还不至于消亡，大一些的城镇也正在不断地发展。一些常住居民非常怀念过去的时光，但是更经常地会听到其他有关猪肉加工厂和移民的意见。小镇居民坚持认为他们有理由怀疑带着新花样来到小镇的外来者，但是对于新的生物燃料设备、远程中枢灌溉系统以及先进的免耕农业方式感到自豪。一位小镇居民讲述了最近他和纽约市的一位女士之间关于他订阅卫星广播节目的对话。她“竟然不知道自己的食物是从哪里来的”，他说。[32]

小镇居民受到了城里人的批评和误解，但是，他们坚持认为小镇不仅很特别，而且他们自己也与众不同。事实上，那些现实和假想的交流中所表现出的不同的价值观说明，在诸如素养、互联网等各个方面小镇与城市之间没有根本的不同。然而，还是有人会认为小镇居民比城里人更加友善，更加吃苦耐劳，更加邻里友好。重要的是，以前那些对小镇和农村生活的既定印象，例如农村人都是贫穷之人，说话不清楚，已经很少被提到了或是可以一笑了之。土包子，庄稼汉、乡巴佬、乡下人这样的词语也基本上不出现了。被提及的正面的价值观也正在发生变化。虽然邻里和睦依然是其中之一，但是，与外界的社会联系看来也成了小镇生活的重要部分。与城里人打交道的故事的潜台词是，讲这些故事的人经常会去城市，他在那里有朋友、亲戚、商业伙伴。关于互联网、卫星广播、大宗商品市场、全球定位系统导航的拖拉机的故事也进一步突出了这些广泛的联系。

逃离建筑环境

有句老话说，如果开车经过小镇，千万不要眨眼，否则就什么也看不到了。其实，对于大多数小镇来说，这句话说得并不对，比起过去来说，现在更加不是这样了。原因很简单，旅游者根本没机会眨眼错过小镇，因为绕行公路和州际公路压根就不从小镇旁边经过。然而，这句俗语所暗含的意义依然存在。小镇是真的小，小到让来这里的城里人觉得这里很空旷。看着空空如也的周边环境，那几幢建筑显得如此之小，一种悲伤之感包围着他们。

对于许多小镇居民来说，正是因为没有那些密密麻麻的建筑，他们才喜欢这里。他们喜欢靠近空旷的土地，在他们看来，这也是社区的一部分。不必驾车穿过杂乱无序的郊区和拥挤的高速公路来到乡村。这里只要几分钟，也许几秒钟就可以到。周围的土地是社区环境中一个特殊的部分。小镇居民可以在这里谈天说地、欣赏风景、消磨时间。[33]

“我只要钻进我的旧皮卡，开出不到一个街区，就到乡村了，”一位一辈子都住在小镇上的先生表示，“人们要从城市里开车过来看鹿，我在这里天天都能看到麋鹿、野鸡、鹌鹑和火鸡。”一位女士出生在农场，从小长在农场，现在生活在一座 2000 人的小镇上。她说，她就是喜欢生活在小镇上，“但是，5 分钟你就可以走到乡村。”她的一位邻居紧接着又详细讲述了这个观点，“你一定听过这样的说法，你可以把农场的孩子带出乡村，但是你不可以把乡村从他们心中抹去。”他曾经也在农场里长大，后来，他搬到城里住了10多年，但是，他还是回到了小镇来养育自己的孩子。他喜欢驾车去乡村，看见农场就让他想到过去的岁月。对有些人来说，住在乡村并没有什么童年的回忆，但是，那是一种美的享受，那里有起伏的小山、茂密的林地、路边的沟渠里还开着野花。有些小镇居民表示小镇生活让他们更加敬重土地，这里不仅仅是原生态的自然环境或嬉戏之地，还是人们辛勤耕耘、维持生计、耕种粮食的地方。

小镇生活之美是值得人们深思的，因为对于我们采访的许多人来说这太重要了。必须要承认的是，许多小镇并没有太多可看的地方，房子又小又旧，主街上的建筑许多都空置在那儿。外表丑陋的汽车修理店、便利店、加油站经常是最明显的生活标志。很少看到社区里会有古雅的花坛、精致的商店，也没有建筑奇迹或是优雅美丽的花园。然而，这就是小镇居民经常谈到的小镇魅力，他们认为这是小镇最令人神往的方面。

“我从北面出了州际公路，沿着山谷一直往下开，‘天哪，这真是太美了。’”这位先生在一个2000人的社区里已经生活了10年。他所在的小镇并不是度假胜地，也没有吸引游客的自然风景。但是，他表示，“我就是喜欢开着车到处跑，探索悬崖峭壁、深沟险渠，踏上我从未踏上的路，领略绝美的风景。我是如此热爱这里的土地，我不种地，就是驾车穿越这里，这里是如此之美。”

在另一个在外人看来贫瘠乏味的小镇上，一位居民也表达了类似的看法。“也许我的成长过程很简单，”他带着歉意表示，“我不知道这是什么感觉，但是你知道，游荡在山间的感觉，真的令人心旷神怡。差不多6月份的时候，我外出散步，看到了各种各样的花花草草，鸟儿就坐在树枝上。外出打猎时，我用弓箭打到许多鹿。到了秋天，我不会去观鹿或射杀任何动物，只是坐在那里。我喜欢看着雀鸟在树上跳上跳下，喜欢看着松鼠在树与树之间穿梭。我还看到两只小松鼠从树上掉了下来。你能想象松鼠会从树上掉下来吗？”

当然，正是人类与土地之间的联系才让土地有了特殊的意义，就像那些对摩天大楼或是城市公寓有着特殊感情的人们一样。对许多小镇居民来说，土地之所以特殊，是因为他们的父辈祖辈都曾在这里生活过，耕耘过。住在附近农场的人能指出他们曾经被卡在泥泞里不能动弹的低地，或是草原牧场上的一条羊肠小道，他们常常沿着这条道去河边钓鱼。

在一个地方待久了，这个地方就积攒了许多回忆。“看见山谷里的那座小山了吧。”一位先生说，他看上去不到 30 岁，就是在这个小镇上长大的。“我就是在那里向我的太太求婚的。”一位 60 多岁的女士表示，社区旁边的土地之所以具有特殊的意义，是因为她的爷爷奶奶、外公外婆都曾为了在那里生存下来，“洒下了汗水和鲜血”。一位 80 多岁的老先生简明扼要地表示，“我大多数的朋友都沉睡在那边的墓地里了。”

尽管这种情况不多见，但是有许多从来没有在小镇生活过或是耕作过的人也搬到了小镇，只是希望能够与土地有亲密的接触。20 世纪 60 年代的返土归田运动出现在美国黑人民权运动之后，也是针对越南战争而出现的反主流文化的一部分。这场运动充斥着对人生基本意义和目标的质询，鼓动人们去寻找不一样的职业和生活方式。于是，有的人转向了公社式生活方式和宗教运动，有的人则转向了政治激进主义或是毒品。媒体和学者对于这样的选择都进行了细致缜密的研究和调查。较少为人所知的是，许多个人和夫妇放弃了原来的生活方式而选择了小镇和农业社区生活。通常他们没有什么钱，也没有指望赚到什么钱，他们就是耕作，追寻艺术爱好，通过打些零工来实现收支平衡。[34]

大卫·克兰菲尔德的故事向我们展示了人们怀抱着亲近自然的

需求来到小镇的探寻之路。他在大城市长大，从来没有想过会住在其他地方。上了大学之后，他原本期望毕业以后和他父亲一样做生意。但在大学里，他参加了阅读名著的活动，接触到希腊和罗马文学，例如，维吉尔（Virgil）、约翰·弥尔顿（John Milton）、圣奥古斯丁（Saint Augustine）、圣弗朗西斯（Saint Francis）及其他一些作家的作品。他清楚地记着威廉·华兹华斯（William Wordsworth）的诗句：

> 我们太沉湎于俗世；延迟和即刻的
> 获取与消费，正扼杀我们的天性；
> 眼中的大自然很少属于我们；
> 对俗世我们已尽心，一个可耻的恩赐！[35]

他说，这首诗和其他的人文科学作品“激发了我内心的热情，想去做些实实在在有价值的事情，激起了我接近大自然的渴望”。第二年，他就转学去了一所有农学院的大学，在那里他获得了农业和农作物保护的学位。大学毕业以后，他搬去了一座小镇，租下了朋友告诉他的一处无人看管的苹果园。一开始，他和他的太太只能勉强维持生计，后来他们努力工作养家，把苹果园变成了苹果种植企业，最后还买下了这块地。

20 多年以后，克兰菲尔德先生的公司不断扩大，生活也过得有滋有味。他说，由于天气和价格因素的影响，业务总会有起有落，但是，他还算做得不错，孩子们也都上了大学。除此之外，他说他并不在乎钱，只希望有时间能够和家人在一起，做一些自己喜爱的事情。他来到这里，与自然亲密接触，慢慢地爱上了这个小镇。和许多人一样，他也讲述了一个如何融入社区，找寻到自己最爱的生活的故事。几年前，邻近小镇狂风暴风肆虐。他立即驾车去那里看看是否能为他们提供帮助。当他到那里的时候，他所在镇上几乎所有的人都来了。“你都找不到一个可以停车的地方，”他回忆说。“每个人的手里都拿着链锯，一片繁忙的景象。”他表示，证人保护计划*中的证人是不可能生活在他们小镇的，“每个人都想知道你究竟是谁。”

选择生活在小镇，朋友却在城市，这样的生活方式让克兰菲尔德先生仔细思考了小镇与城市之间的相同点和不同点。他意识到城市能够提供许多机遇，但是小镇的生活更加健康。他说，在城市里，你可以“躲开人群”。他的意思是，如果你和某个人之间出现了纷争，很简单，你可以不再和他打交道，但是，在小镇“你不可能有这份奢侈的待遇”。在他看来，社会关系也少了一些选择性。他指出生活在更小的地方会“更加健康”，“这里就像一个大家庭。”

他觉得平衡的社会关系和接近自然的生活是并行的。他说，能够只和同类人交往，而对意见不合的人敬而远之是感觉自己能够掌控生活的一种方式，但是，在他看来，这种方式并非自然，也不是事情本来的样子。同样，被人工建造的环境所包围也让他觉得受到了人为的控制。他说，在小镇，你身处自然的环境，镇上的每个人都很明白这一点。“你能感觉到天气，我们会谈论天气。你好像与自然翩翩起舞。”“腐殖土”（humus）和“谦卑”（humility）这两个词之间的关系一直让他很感兴趣。他说，与腐殖土打交道，与泥土打交道，“感觉就像你把自己置于生活的现实中”。

克兰菲尔德先生还特别强调一点，他与土地之间的关系所带来的奇迹感。“我们会看到令人啧啧称奇的日落，也会欣赏到令人惊叹的日出。电闪雷鸣，如同空中交响乐，令人难以置信。先是打击乐器奏响，接着远处传来鼓声阵阵。你听到远处隐隐雷声响起。云层

* 证人保护计划，witness-protection program，又称为“蒸发密令”，是美国联邦政府制定的一项旨在保护证人出庭作证后不受到人身伤害（由作证引起）的措施，主要方法是为证人设计一个匿名的身份，帮助其在一个不会被认出的新地方生活。

开始聚集，交响乐继续演奏，一阵接着一阵。”

成为文化的社区精神

从以上这些不同的角度可以看出，小镇的社区精神与那些普通的观察者所想象的不太一样。的确，小镇的社区精神包括要去了解那些比邻而居并被称为朋友和邻居的人们。但是，许多促进社区精神的活动都具有象征意义，包括学校、学校的吉祥物、主场球队——学校是社区身份的体现。学校的学习成绩、体育成绩、学校的外观以及小镇居民作为纳税人为学校做的贡献，都是小镇居民引以为豪的事。看到学校不断衰败、看到因为学校合并孩子们不得不去其他小镇上学，他们感到非常痛惜。不过，学校的活动并不需要绝大多数成年人经常性地广泛参与，社区的节日也是如此。这些活动一年只举办一两次，不需要日复一日的参与，就可以让小镇的身份得以体现。对地方性灾难和家庭危机的反应机制与此类似，一旦发生，社区必须立即凝聚在一起，并且作为社区团结的回忆被长期保存和讲述。

人行道行为阐明了社区中一个稍有不同、但又相关的方面。因为家庭和工作关系而相互了解的人们可能会站在人行道上长时间地聊天。但是更有趣的是，在人行道上聊天的人们即使在不认识的情况下也会表现得他们“好像”很熟稔。这种假装的行为进一步突显了一种文化预设——没错，我们都是这个紧密相连的社区的一分子，但又不需要花大量的时间参与他人的事务。[36]

初来小镇的人会觉得很难迅速适应小镇的生活，其实这和他们实际参与社区活动的频率没有太大的关系。他们可以偶尔出席校董会会议，邀请邻居来家里做客吃饭——然而他们依然觉得自己并不完全属于这个地方。与社区的距离感更多反映出的是小镇的文化。人行道行为准则对于他们来说是全新的规则，他们对小镇历史中一些不成文的习俗还不是很了解，因此觉得很不自在。

被城里来的人看不起反而进一步强化了小镇的文化特性，这并不是因为小镇生活和城市生活有什么太大的不同，也不是因为城市里的人确实嘲笑了小镇居民。这种嘲讽更多的时候是想象出来的，而并非现实中真实的存在。一方面，小镇居民在精神上反驳这种被认为直接针对他们的负面的固有观念，同时他们也对这种将自己与社区联结在一起的价值观予以肯定。这里再次援引安德森的话，正是从这些区分标准中可以看出社区是想象的。

社区精神来自于象征性的活动，这并不削减它的真实性。小镇居民知道那些他们也许并不熟悉的人就是他们的邻居，听到了一些关于小镇居民齐心协力的故事，见面打招呼，挥挥手说声“你好”，还是会让他们对社区保持着良好的感觉。但是，事实上，团结一致只是想象，这个事实减少了居民之间的互动，而这恰恰是维持强烈社区意识的重要一环。忙碌的社区居民有时候会抱怨，他们不得不停下来和喋喋不休的邻居进行长时间的对话，大部分时间，他们和其他地方的人一样，无论是工作还是生活都相当紧张和忙碌，不过，他们还是坚称他们过的是一种慢节奏的生活。正如一位一辈子都居住在小镇的居民表示，“不再是你们想象的那样会经常聊天或是跑到邻居家里去借一杯糖的时代了，不再是了。可是，如果真的有事情发生，你需要帮助的时候，你的邻居都会出现。”

正是社区这种特殊的象征意义让人们产生了矛盾的自给自足的意识，这种意识也已经深深植入小镇的文化之中。如果仅仅把“小”理解和看作是交往的熟人比较少，因而彼此之间关系相对较为亲密，那就大错特错了。“小”并不意味着小地方就是亲密社会关系的深层支撑体系。“小”很重要，因为一个人在那样的环境下要比在一个较大的环境中更容易实现自我满足。正因如此，小镇居民才会喜欢逃离人工建成的环境。格局松散的社区意味着很难见到什么人。宽大的后院、主街上开阔的空间、周围的田地让小镇居民体会到一种自由的感觉，他们可以与自己独处，做自己的事情。

更极端的是，规模小而自给自足还使有些人特意选择到小镇生活，开家小店，或是经营一家小农场，躲开大型组织纷繁错杂的关系。一位居住在1200人小镇上的打印店店主解释道，她和丈夫“从来没有雇用过任何一个人，这就是我们想要的方式”。她说，在小型社区里，人们学会了如何自己完成所有的事情，你要会刷房子，给草坪除草，照顾好自己。或是如另外一个邻居总结道，“修好东西，凑合着用。”

“小”并不意味着完全的个人独立。“小”多数情况下意味着，小镇生活返璞归真，很多问题在当地就可以解决。很多时候，兢兢业业地工作、正确理解个人的责任能过得很好。邻居需要帮助，就应该帮忙，但是不能有损个人的尊严。这一切都运转顺利，生活在小镇不会让你压抑，只会让你觉得和精神契合、志趣相投的人在一起有一种安全感。

第5章　青蛙池塘：理解工作与金钱的意义

美国梦的标准解释就是要取得成功。通往成功的方式有很多，例如努力读书，找一个高回报的职业，随着技能越来越精湛、人越来越成熟，不断地向上攀升。成功人士总是不断地从一个地方跳到另外一个地方，以期寻找事业发展的机会，而非过于依恋社区。他们努力工作，获得了在竞争激烈的市场上回报丰厚的专业知识。成功并不一定都是日进斗金，处尊居显，而通常是与他们的父母相比，不论身处何处，都可以利用手中的机会获得成功。当被问及成功的原因是什么，人们通常会讲出许多故事，这些故事的主人公或是因为努力不懈，或是因为结识了对的人，或是因为敢于冒险。除了偶尔出现的战斗英雄或是探险者之外，追寻美国梦的人们都会去城市追逐他们的梦想，那里有最专业的机构、最大的市场以及最好的工作机会。[1]

小镇上演的是完全不同的故事。小镇居民清楚地知道，生活在小镇，他们不太可能大富大贵。工作机会有限[2]，许多有趣的行业这里都没有，尤其对于那些想在专业性领域或管理岗位找工作的人来说，机会尤其缺乏。在小镇上，要想找到这些行业的工作可能性要

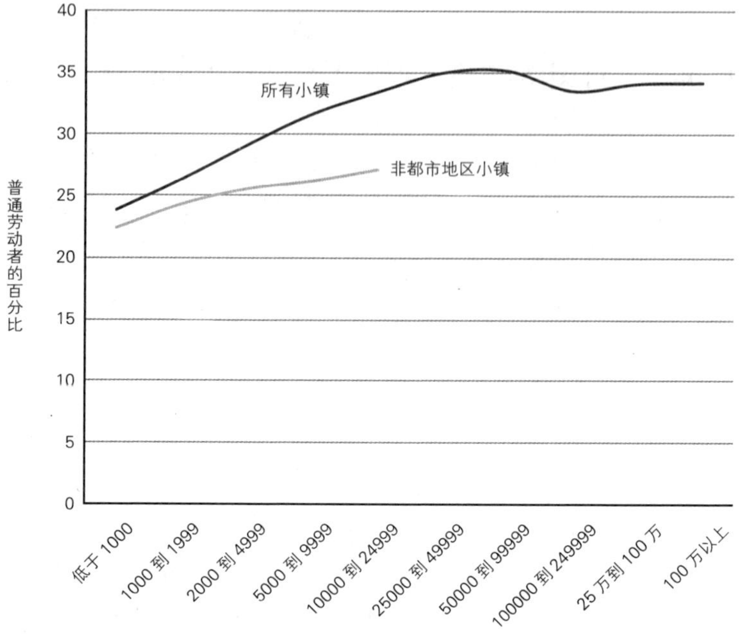

图 5.1　专业人员和管理人员的雇佣情况

比在较大的社区低很多（农村小镇的可能性更低，见图 5.1）。[3] 选择留在小镇或是决定搬到小镇上就等于认定人生中其他的生活目标比获得成功更为重要。有的人放弃了力争上游的各种机会，做出了其他的选择，也许是有意安于更为简单的生活。从这个方面来说，这些留在小镇的人并不是偏离了幸福与金钱的正道，单纯地只是想反潮流而行之，不想住在城市和郊区。

小镇居民的兄弟姐妹、孩子、儿时的伙伴中很可能有人已经搬到城市或郊区了。[4] 因此，一个有趣的问题是，这些人并没有按照他们的亲戚、朋友以及其他许多人的方式去追寻美国梦，他们对这样的选择如何解释？对于生活在一个机会比大型社区少很多的地方，他们会怎么说？他们是否感到在人生的路上错失良机？他们是否做出了错误的选择？他们是否太过自负了？是否其他的价值观——也许是渴望一个更加亲密的社区——更加重要？

当我在思考小镇居民的工作和生活时，第一个想到的就是，他们的期望通常并不高。我以前一直在教常春藤联盟大学的学生，他们什么都想要。许多人从幼儿园开始，事事都要做到最好，一直非常地努力：拼读、数学、足球、小提琴。他们的人生规划就是要成功。在他们的意识里，他们毕业之后无论做什么，都会继续成为成功的典范。他们会从事某一专业，进入最好的研究生专业或法律事务所，到任何地方都会有最好的工作机会。这和小镇居民所讲的生活方式完全背道而驰。他们并没有拼命想成为国家最出色的化学家，也不想成为高盛集团最成功的交易员。他们的故事完全不同，他们对家庭与社区的关注和对竞争与成功的关注一样多。

事实上，很少有美国人能够真正地实现鲤鱼跃龙门的梦想。99%的美国人，不论身处何地，城市还是小镇，都非常清楚他们永远不可能成为富翁。成功来自点点滴滴，衡量标准也不尽相同，包括能够应对生活中意想不到的情况，应对个人不可控制的状况，并学会在这样的状况下找到生活的幸福。就这方面而言，小镇居民讲述的关于小镇生活的故事可能比我们所认为的富豪名流等成功典范的故事更能展现美国的文化。

仔细想一想，认为小镇居民和其他地方的居民在事业的决策上有着根本区别的想法很可能是不对的。然而，事实上，社区的规模对于人的抱负是有决定性影响的。这种影响被称为“青蛙池塘”效应。对有些人来说，一个小的青蛙池塘对他们来说是有利的。他们可能是班里最好的学生，也可能是小镇最出色的足球运动员。在小镇，这种成就感带给他们极大的自信，若是在大地方，就不太可能这么自信了。许多例子表明，小镇居民坚持认为他们选择了现在的行业，是因为这一行确确实实满足了他们的期望，发挥了他们的才能。但是，有些例子表明，身处小镇抑制了这样的追求。人们会说他们没有好的榜样可以效仿，或者只能想到少数几种可选的职业，因为这些是小镇上为数不多能见到的职业种类。

事实上，“青蛙池塘”限制了他们的眼界。他们从事某种行业，与其说是这一行业让他们认识到了自己的才能，不如说这似乎是他们唯一能做的事。“我曾想当一名老师。”一位60多岁的老先生回忆道，但是在大学里，他努力向他的同学解释微积分之后，感到十分气馁。他感到自责、自我怀疑，认为这些都和他从小生活在小镇是有联系的，他说，“有一天，我突然想明白了，意识到我根本不能向任何人解释任何东西。我怎么能成为一名老师呢？”从那一刻开始，他就转变了观念，想要回到小镇，做些其他的事。他喜欢小镇的生活，他也明白，因为他不会教书，这就成了留给他的一个默认选项。小镇长大的背景从不同层面解释了他自我怀疑的原因和职业选择的理由。

这个例子说明，要想弄明白，生活在小镇与小镇居民对工作和金钱的态度之间的关系，这种想法也必须考虑进去。这不仅仅是因为小镇居民的平均收入比他们在城里可能获得的收入低，也不是因为他们进入农业或小企业的可能性会比进入大公司高，而是因为社区是他们生活中重要的一部分。

“在讲述对我们有意义的人生故事时，我们总是有许多选择，”哲学家塞拉·本哈比（Seyla Benhabib）写道，可是，这些选择“会被每个个体所被抛入的家庭结构和性别角色的主导叙事所改变”。[5]我可能还要补充一点，这些选择还会受到每个人居住地点的影响，尤其当居住地是这样的一些社区——不论是在大街小巷，还是下雨天谷仓里的聚会，人们都会谈起选择居住在那里的原因。

小镇居民不会仅仅考虑工作和金钱，而会综合考虑职业兴趣、工作保障或提升的机遇。选择在哪里生活是他们讲述的故事中一个重要部分。正如一些美国文化的观察者在其他情况下屡屡强调的那样，能够自由选择、独立追寻幸福的个人主义在这里体现得淋漓尽致。但是，成为社区的一部分对于这些居民来说也是非常重要的。他们如何形成这一想法是我思考的问题。例如，他们是否视委身于某个特定社区为一种重大的牺牲？他们是否找到调和个人兴趣与小镇生活的方法？对于妇女、生活被严重打乱的人以及农民的子孙后代又会产生什么特殊的问题呢？[6]

选择范围受到限制

青蛙池塘是人们选择受限的关键因素。有许多可以选择的机会可能让人无比向往，但是，太多的选择可能又会让人无所适从。认同了某一个青蛙池塘就缩小了选择的范围。决定大学的专业是如此，选择跟随父母的脚步是如此，在小镇生活也是如此。例如，有个 22 岁的小伙子生活在 1000 人左右的小镇上。小镇周末最令人振奋的事就是去裁缝店和钓鱼。高中的时候，他想着要去读大学，学习纺织管理，去城里的时尚产业找寻自己的事业。但是，上大学后他突然发现自己的视野扩大了，可能性让人眼花缭乱。他各科成绩都非常出色，知道自己会有许多职业选择。他这一生打算做什么成了个非常严重的问题，他开始产生巨大的恐惧，决定还是回家一个学期把事情理清楚。他母亲在镇上的一些朋友当时正在对一幢老房子进行翻新，计划把它改造成一家古董店。没有多想，他就开始帮助他们并从中发现了乐趣。现在，2 年过去了，他决定要留在家乡的杂货店上班，并看看是否能够开始一项非营利事业。他反复地提到，在他的家乡，“许多人”似乎都有和他一样的价值观。对他来说，他宁愿定居在一个他喜欢的地方也要比不得不考虑这么多不同的可能性好。“每隔一段时间，你就会想，‘哦，假如，’”他说，“可是，你不可能所有的生活都是‘假如’。你必须要向前进。”至少在他一生中的某个时刻，由于他的家乡限制了他的选择范围，他得以能够继续向前。

与这个年轻人相比，其他人决定回到小镇则另有原因。对于他们来说，与其说熟悉的青蛙池塘限制了他们在更广阔的世界里令人困扰的选择，还不如说，当其他的选择都行不通的时候，青蛙池塘给了他们一张安全网。一位40多岁的先生回忆了大学毕业1年后他决定回到出生的小镇的原因。如今，他依然住在这座拥有20000人的小镇上。小镇上主要是盎格鲁人，自然会对西班牙裔美国人产生歧视，在学校的时候，他一直很艰难。但是，他的父母明白，好的教育就是美好生活的敲门砖，坚持让他去读大学。可是，他连及格都很困难，唯一的选择就是回家。连续换了几份低收入的工作之后，他试着去上大专，可是又没有考及格。他回到了家乡，在一家电子产品和家用电器商店找了一份工作。店主主动为他提供学费，让他去附近的一家职业技术学校学习修理电子产品，条件是他答应在这里干满7年。7年一晃就过去了，他在这里已经做了15年，以前的安全网现在已经成了他的全部生活。他结了婚，有了孩子，又转到了一家更大的商店工作。业余时间，他做志愿者，帮助改善盎格鲁人和西班牙裔美国人之间的关系。

我们采访的许多小镇居民之所以职业选择的范围有限，是因为他们从小在农场里长大或者出生在一个工薪家庭里，父母没有能力把他们送去读大学或者是帮助他们开创新事业。在许多农村地区，工作的转变通常是先从事边缘农业，然后转到兼职的非农业岗位，接着作为不熟练或半熟练员工转到全职的岗位。我们在第2章中谈到过的耶格尔先生就是这样一个例子。他和妻子以及3个孩子住在13000人的小镇。他的父亲在农场长大，全职在一家电话线制造厂工作，利用周末和晚上照看农作物和家畜来维持家庭农场。从某种意义上说，耶格尔先生继承了父亲的衣钵，全职在一家制造厂工作。

不同的是，耶格尔先生与农业一点也不沾边。和父辈们很相似，他的妻子和他的母亲一样也需要外出工作。

随着小镇上包括耶格尔先生所在的制造厂的消亡，边缘化农民和工薪阶层家庭的子女都转向了服务行业。幸运的话，他们可以和像教师或会计这样的专业人士结婚。例如，德洛雷斯·巴恩斯从小生活在一个 2000 人的小镇上。她的家里有 4 个孩子，大部分时间都是母亲在抚养她。母亲是当地医院的助理，父亲以前是石油工人，终日酗酒，在她上初中的时候，抛弃了家庭。母亲拼命工作勉强维持生计，但从来不要任何人的帮助。德洛雷斯高中毕业以后，上了秘书课程，又完成了 1 年的大学学业，随后退学结婚了。她的丈夫是一名教师，公公婆婆也没有上过大学，但是经济条件比她们家好些。那时候，公公在公用事业公司上班，婆婆是一名护士。德洛雷斯的丈夫大学毕业以后，就当了老师和教练。在接下来的 12 年里，他们生了 3 个孩子，搬了好几次家，最后在这里安顿下来。现在他们生活的小镇有 1700 人。

巴恩斯太太在银行工作，平时还会卖些保险。起初，她有 2 个选择，发型师或是秘书。发型师可以展现她的艺术天分，但是她选择了薪水较高的秘书工作。3 个孩子小的时候，她兼职做秘书，后来最小的孩子上学了，她就开始去银行工作。这是一份非常好的工作。她工作到下午 3 点 30 分，正好孩子们从学校放学回家。银行和家只隔了一个街区，提供健康保险，如果哪个孩子生病了，她还可以请假。

巴恩斯太太在小镇这个青蛙池塘里的生活有滋有味。她说，如果他们生活在城市里的话，生活会完全不同。事实上，巴恩斯先生回学校进修的时候，他们确实在城市里生活了 1 年，但他们更喜欢小点的地方。他们喜欢“慢节奏的生活”，学校也很好。巴恩斯太太的父母收入微薄，她认为即使她上完大学搬到城市居住，最终很可能也就是从事一份和现在类似的文职工作。她有一个自己知道永远不可能实现的梦想，就是拥有一份自己的事业。而她最自豪的梦想就是养大了 3 个孩子，现在他们也都过着幸福的婚姻生活。

巴恩斯太太觉得，尽管他们生活在城市里可能会赚更多的钱，可是，丈夫当老师，她在银行工作，他们的生活已经很舒适了。小镇房价便宜，不需要花太多钱，她有更多的时间，可以在这里追求自己的兴趣爱好。她在银行工作，又是教师的妻子，这意味着她有很多机会结识新朋友。她在几个社区委员会服务，还积极参加教会活动。她还在小镇上为女性举办了珠宝晚会，一展她在艺术上的兴趣。她开始学习桥牌，这对她来说是一个挑战，因为小镇上的桥牌手都技艺非凡，但她找到了一个办法：在网上与其他的初学者一起玩桥牌。

在第 2 章我们提到的医疗诊所主任凯勒先生给我们讲述了一个相似的故事。他的家乡小镇有 1200 人，几乎没有人上过大学，当然他们家也没人上过大学。他的父亲在州公路局养路队工作，日常工作时间很长。他说，他母亲的家人“像吉卜赛人一样”到处游荡，找到什么工作就做什么工作。和高中同学相比，他能去上大学实在太幸运了。虽然家境贫寒，但这并没有阻碍他的发展，只是加大了他在专业选择或者事业抉择上的难度。他的大学同学的亲戚或是家族朋友中，有的在科学和工程领域工作，有的在大公司供职，和他们不一样，他根本没有考虑过这些。他能考虑的范围就是小镇。他能想到的就是回小镇的诊所工作。

讽刺的是，小镇上这些年轻人的父母大都非常希望孩子们能够去上大学——而他们为了这些机会确实也做出了很大的牺牲——这些年轻人有时候还会遇到意想不到的限制。这些年轻人的父母只是简单地想要孩子可以接受大学教育，很自然这些孩子应该学实用的专业。但是，这些年轻人的父母可能自己没有上过大学，认为大学是通往美好生活的路径，却不知道如何具体考虑选择大学和专业。一位女士解释说，她的父母“觉得接受了大学教育就可以离开小镇了，要求我们所有人都要上大学”，但是，她又补充道，“选择什么样的大学、什么样的专业完全由我们自己来做主。”那个时候，似乎是一种彻底的解放。现在回想起来，这并不是好事。有些年轻人的父母在专业领域工作，知道不同大学专业的区别，生活的社区里有规模更大的高中、更出色的职业顾问——与他们不同，小镇上的年轻人几乎没有得到过具体的指导。

有时候，家乡小镇是心理港湾。虽然小镇居民很少会直接表示，其实他们害怕到其他地方生活，可是，有时候，他们也会承认，从情感上说，留下比离开更容易。保罗·吉尼斯就是个典型的例子，他今年 40 多岁，只上到 12 年级就不上学了，单身，生活在一座 1200 人的小镇，开车 20 公里就可以到达一座较大的城镇，那里有一家打印店，他在店里做排字员。他说，他原来计划要去上大学的，但是在最后一刻退缩了。“我有点害怕离开这里，害怕离家太远，所以我就开始工作了。”他回忆道。以前，他希望自己能够走出这个州，去上大学。他说，“看看外面的世界是什么样的，再高高兴兴地回来”，可能要比“真希望我那个时候能够出去闯一闯”好得多。但是，他又觉得，18 岁的时候好像很难适应其他的地方。他觉得自己不是一个爱和人打交道的人，他的母亲也常常要求他待在家里。他最喜欢家乡的地方是这里让他感到平和、宁静和安全。

正如吉尼斯先生所说，现在生活在小镇上的人，如果曾经尝试过在别处居住，会更幸福一些。这种感觉反映出美国人在远离父母、独立生活、外出看世界这些事情上的普遍观念。对于像吉尼斯先生这样留在小镇的人来说，这种感觉更加强烈，因为他们感觉自己并没有像“应该的”那样有能力。如果他生活在其他地方，可能会说服自己，返回家乡的决定是出于勇气而非软弱。

另外一位女士的描述则与此有着鲜明的对比。希拉·威尔克斯，40 多岁，住在拥有 6000 人左右的家乡。年少的时候，她想嫁给家乡的某个小伙子，共度人生。她尤其认同她母亲的生活。母亲的祖辈们是小镇最早的定居者，和阿姨、叔叔、兄弟姐妹们待在一起，她感觉特别温暖舒心。上了2年大学以后，她就回到了家乡，在当地的电台工作。然而，几年以后，她又搬到了另外一个州的城市里，在那里遇见了她的丈夫。现在，她回到了家乡，并不觉得是自己没有用才回来的。“这就是我成长的方式，”她说，“这些都是和我有关系的人。”

对于威尔克斯太太这样的小镇居民来说，有一点很重要，他们曾经尝试过去其他地方生活，是他们自己选择回来的。做出这样的选择也可以让他们比较一下城市生活和小镇生活。青蛙池塘也体现在这种思维中。生活在小镇的人可能会觉得他们所做的并不重要——至少和那些在大城市里呼风唤雨的人物相比。可是，青蛙池塘的参考点是小镇，其结果是对个人效力的感知。“你参与到事情中，感觉自己发挥了作用，”一位女士解释说，“在小镇，你要看最后的成果。”成果可能是帮忙照看邻居的孩子，并在很多年后出席他的高中毕业典礼，帮忙在图书馆里种点花，开个小商店，或是在法院工作。工作生活都在小镇，人生的大部分时间也都在这里度过，强化了人们的信念，即一个人所做的事情是有意义的。参与到社区中意味着你的故事会与邻居口中关于谁做了什么的故事交织在一起。人们可能不会像俗话说的那样“自吹自擂”，可是，人们知道，自己做了什么大家都会知道。

虽然几乎没有人说，如果从头再来，他们会选择不同的生活，可是，我们采访的许多老人回想年轻时做的决定时还是心生遗憾。他们觉得那时可能太谨慎了，害怕风险而错过了机会。其实，当时也没有什么机会，他们已经做了最好的选择，只是依旧会责备自己思想过于局限。

在本书的第2章里，我提到了布拉德福德夫妇。在小镇上，他们依靠教师退休金和出租农场的租金，生活舒适。布拉德福德先生说，大萧条时期，他的父母辛辛苦苦维持生计，在他成长的过程中把那种不安全感传递给了他。布拉德福德太太的父亲是一位牛仔，经济状况会更加好些，但是，他也一直担心会失去所拥有的一切。令布拉德福德先生和太太非常自豪的是，他们一直努力工作生活，从不奢侈浪费。和许多收入中等的人一样，他们说没有发财更好，因为有钱的人并没有比他们更幸福。事实上，他们指出，镇上一户富豪家庭的孩子从小被宠坏了，长大后又非常懒惰。尽管布拉德福德夫妇对生活很满意，但是他们也不知道是否因为视野的狭隘而过度限制了自身的发展。“我就是实实在在地生活，没有真正去梦想过什么。”布拉德福德太太说。布拉德福德先生则说，“我害怕尝试，许多机会就这样从我的指尖悄然流逝。我害怕失败。”“我们俩都很后悔，以前有点墨守成规，”布拉德福德太太补充道，“没有更大地扩展我们的生活。”

我们采访过一位律师，他所在的小镇有 25000 人。尽管他的收入比布拉德福德夫妇要高很多，他也说出了和布拉德福德夫妇一样矛盾的心情。他是社区里最出名的市民之一，有过事业的辉煌，但是，他认为他的想象力因为生长在小镇而被限制住了。他小的时候，父母确实在其他一些州生活过，也在大城市里待了几年。回首往事，他依然还记得城里那些哪里都没去过的邻居。可是，他觉得，如果他能有更多的时间待在城市里的话，他可能就会去探索更多的机会。“我不是乡巴佬，”他表示，“我不想把自己归为这一类。但是我又有点担心，我没有扩展到我能够或者应该能够扩展到的程度。”

这些故事的共同点是青蛙池塘决定了人们职业选择的范围。这种影响不仅仅是心理上的，而且还根植于社交网络。旨在探讨人们如何找工作的研究表明，社交网络有着关键性的影响。弱连接（weak ties），例如朋友的朋友、远房亲戚，尤为重要。[7] 我们采访的小镇居民之所以留在那里就是因为他们的社交网络。有些时候，这些网络基于弱连接，例如从一个远房亲戚那里听说有个农场要出售了，或是通过高中时朋友的父母在当地的一家企业找到工作。更多的时候，是基于强连接（strong ties），例如从父亲手里接管农场，或是父亲去世后想要住得离母亲近一些。即使人们搬家了，社交网络也会发挥重要的作用。比如，一位医生从小在镇子上长大，他说，上医学院的第 1 年，他就免费住在父亲大学时的朋友家。还有人说，他们拜访城里的亲戚以了解是否有工作机会，怀孕或是孩子很小的时候得到了邻居的帮助，或者跟随哥哥姐姐的脚步也上了大学。事实上，社交网络是由社区形成的，不仅反映了小镇居民的愿望，也为他们提供了机遇。

追求平衡的生活

在社会学的术语中，美国梦是个认知框架或范式，把点点滴滴的经验都放入可理解的模型，就像可以让我们识别人脸的简单的无意识模式。区别在于人脸识别模式是天生的，基于简单的感知，可以在早期生活中习得，而美国梦需要通过文化的浸润，例如听取父母、老师、咨询顾问谈论成功的意义，经过更长的时期才能够产生。[8] 构成美国梦的大部分意象都是由垂直隐喻组成，例如公司的升迁、一年比一年高的收入、超出其他人预期的成功。失败则与之相反。没有成功就相当于是低于预期、收入有所减少，最糟糕的就是沦为底层。讨论成功的话题几乎绕不开这些隐喻。一个纵向的刻度就这样随时可以把我们和其他人进行比较，把现在与过去进行比较。[9]

但是，我们思考和讨论平衡问题也采用了垂直的隐喻。在美国许多法院都会看到朱斯提提亚（Justitia）——古罗马代表公平正义的女神——双眼被蒙住，手持天平秤，衡量着对立价值观的相对优势。

两边秤盘的高度表明秤是否平衡，如果一边高于另一边，就说明另一边等值的牺牲。为了达到平衡就必须要放弃秤高的一部分，让低的那一边抬起来。同样，美国梦意味着生活的某一个方面有所得，那么另一个方面就会有所失。收入高意味着要努力工作，花费更多的精力，还要牺牲闲暇时光。工作晋升可能意味着不能住得离父母亲很近，没有时间过个长长的假期。用来解释金钱和工作的故事中可以看到这样的取舍和平衡。[10]

青蛙池塘是横向的隐喻，是扁平的，更多地由长度和宽度决定，而不是高度。要理解平衡就必须要同时注意纵向刻度和横向维度。有志拿下奥林匹克金牌的运动员就要在全球的青蛙池塘里竞争。对于奥林匹克选手来说，生活中的天平总是倾向于练习、力量、适当的训练和健康的饮食；高等教育院校像规模宏大的青蛙池塘那样运作，既追求卓越，又要保持多样化，在国际和全国范围内招募教师、招收学生；小镇也是一个已经被限定的青蛙池塘，职业选择的范围必然有限，却留出了足够的空间让人更加清楚地考虑其他选择的价值。

追求平衡，是理解小镇居民看待社区与工作、金钱关系的关键。例如，我们在第 2 章谈到的信贷员帕森斯先生谈起他的选择。“我可以和你们说，当初我有很多机会，可以在更大社区的银行赚很多钱，我都拒绝了。我和太太结婚后就决定不要住太大的社区里。”他所描述的这种利弊权衡是非常直接的。他和太太很在意居住的地方，这样他们必然要牺牲高收入。接下来他所说的更清楚地说明了为什么这样的权衡是有道理的，“我们想要在小镇上把孩子抚养长大。”这并不是说明小镇本身对于帕森斯夫妇很重要，而是他们觉得在这样的环境下成长，孩子能够更安全、更幸福、更加全面发展。

如果正是对平衡生活的追求促使人们为了小镇而放弃某些东西的话，那么有必要仔细斟酌，到底是什么让这样的交换如此有魅力。有研究表明，美国人关于工作和金钱的普遍看法是要做一个有责任心的顶梁柱，而不是追求获得人生成功的美国梦，帕森斯先生对家庭的重视很好地证明了这一点。[11]家里的顶梁柱出去工作是为养家糊口，而不是为了追求成功。养家糊口就意味着要专注赚钱，有了钱才能保证家人生活舒适，接受良好的教育。从广义的角度上来说，养家糊口还必然包括了“落脚点”。例如，为了住在一个好学区，养家糊口的人会选择一个收入高，但却会让身心备受煎熬的工作。帕森斯先生的情况就是为了在小镇将孩子抚养长大而放弃了薪酬较高的工作。

有时候，在社会学家的眼里，养家糊口的人是指那些为了家人牺牲自己志向的人。他们勉强放弃了本可以实现自我价值或获得高薪职业的机会，有时候甚至放弃了业余爱好，只是为了支撑家庭生活。[12]从心理学上来说，这没什么好多说的。然而，想一想帕森斯先生所讲的故事，为什么他的生活如此充实。“我雇用了我的朋友，他是一位承包商。”他开始讲述他的车库是怎么建起来的，“他是位农民，可是他又有学位，我觉得他可以成为一位手工课老师什么的，他做了很多建筑工程，这一点我很喜欢。我没有简单地说，‘给我建个车库。’而是参与了规划、购买建材等事情，这就是我想要的做事方式。我们花了很长的时间才把车库建成，但是我们真的很享受所拥有的一切。”他把这种感受和家人的满意度与生活在小镇联系起来。拥有平衡的生活不仅仅要为家人牺牲有趣的职业生涯，而且还要降低专业化和效率，这包括发展多项技能、和家人邻居共同合作、缓慢有序地完成任务。

上一章里我们提到的克兰菲尔德先生就非常重视小镇社会关系的平衡，他也讲述了类似的逻辑。就他而言，生活清贫、种种苹果、过一种更简单的生活是他们经过深思熟虑之后做出的决定。那是他评估后做出的取舍，但是他也觉得小镇生活对于他实现平衡状态是有帮助的。因为他所在的小镇就没有有钱人，事实上，许多人都是穷人，于是，他发现对于他所拥有的一切变得更容易满足。这里的炫耀性消费要比城市少，如果有人炫富，小镇居民会对这个人产生质疑。他认为，消费品不好买也是有好处的。“你买不到这些东西。”他说，你必须要开车 50 到 100 英里去购买那些在城市或郊区可能很容易买到的东西。

小镇的规模为一个人的理想抱负树起了一道象征性的界限。也就是说，从现实的角度上来看，这就是我认为我能够做到的。在这个范围内，不论什么样的成就我都感到非常满足，因为还有很多其他的事情也能给我带来满足感。我喜欢我的家人和邻居，能够学到新的知识，避免过分的专业化，可以摆脱出人头地的压力：这就是美国梦在普通百姓层面的感悟——至少我们采访的许多小镇居民是这样认为的。认为任何人都可以成为统治阶层的一员，这种想法可能很好，但是事实上，我们都知道时间、健康、价值观、经济约束、出身都是成功的参数。这并不是要人们放低眼界，只是让人们认清现实。

县推广员克拉克女士就非常清楚地说明了什么叫认清现实。“我天生就是个现实主义者，”她说，“所以有些事情我虽然很喜欢，但是我知道我不可能做成。我热爱声乐。如果我能在这个广阔的世界里有所作为的话，我想成为一名乡村音乐明星。我觉得我没那种身体条件，也没有那种声音，甚至是那种动力，不可能坚持那么久，也许永远不会成功。”高中的时候，她就喜欢声乐。州内的竞赛就像一个青蛙池塘一样，她可以参与其中，但是，这也告诉她，在更大的范围内，她在音乐上的发展并不会太好。现在，她在教会的唱诗班里唱歌，她感到很满足。她对钱的看法与她对音乐的看法一致。作为高中毕业时致辞的学生代表，她本可以选择一份比现在收入更高的职业。“如果钱很重要的话，”她大笑道，“我就不会待在这里只当一个县推广员了。”但是，社区让她的生活实现了平衡。她喜欢和农业打交道，喜欢住得离父母兄弟姐妹都很近，开车只需一两个小时，喜欢在小镇上担任重要的角色。

被打断的生活

如果为了追求平衡的生活而留在小镇或搬家到小镇的是一类，那么还有一类人，他们因为一些意想不到的境况而最终选择到小镇生活。意料之外的怀孕、离婚、生病、失业、没钱完成大学学业、父母中有一方亡故，或者只是不清楚生活的方向等等，在这些完全意想不到的情况下，人们会对自己的居住地点和生活方式重新选择。生活在城市的人们经历了出乎意料的打击而贫困潦倒，这样的故事我们听得太多了。通常，母亲和孩子靠社会福利或是最低工资生活，有些家庭住在条件很差的内城区。[13]但是，还有一类人常常会被人们忽视。要是生活中没有出现那些意想不到的事情，他们应该住在郊区的房子里，从事普通中产阶级的工作。大学里他们计划学习的专业被证明不是兴趣所在，他们曾许下诺言的婚姻最后分崩离析，丧偶的父母需要他们的帮助——他们没有让自己最终陷入失业或是依靠社会福利生活，而是选择去小镇生活。那里房价便宜，也能找到工作。也许他们回到了自己的家乡，可以倚靠父母和兄弟姐妹的帮助，也许他们依然与城市保持联系，去那里上班。从客观的角度上来说，这些人没能实现当初的梦想。生活在小镇只是替代选择，然而，经过一系列的调整，他们把小镇当成了家。

美国人口普查数据不会告诉你那些意想不到的事件究竟是如何改变人们的心意，让他们从事自己从未想过的工作、住在自己从未想过的地方。在我们的采访中，有很多诸如悲剧的发生、企业的倒闭、孩子的夭折等这类偶然事件起到了重要作用的例子。人们别无选择，只能改变人生轨迹，或者他们选择搬家，逃离痛苦的回忆。这并不是说，与城市相比，生活被打断的居民更喜欢居住在小镇，而是小镇上有很多居民本来更喜欢生活在其他地方，他们从来没有想到过会在小镇生活。对于他们来说，适应常常很艰难。小镇之所以有吸引力是因为有了家人的陪伴或是可以逃离城市更为艰难的境况，可是，小镇弊端也显而易见，那些本来有可能发生却最终并未实现的事拉扯着人们的心。

艾利森 · 威拉德的故事在我们所采访的小镇居民中属于很典型的那一类，兜兜转转最后他们还是在小镇定居了。威拉德生活的社区有 1000 多人，离她成长并期望一生相守的城市有 1000 英里。少年时期，她计划高中毕业以后做妈妈，同时做份秘书或是护士这样传统的女性工作。“可是，突然一切都变了，”她回忆道，“我真的一下子不知道我会成为什么样的人。”她退了学，找了份工作，结了婚。27 岁的时候，她离婚了，成了一名单亲妈妈，没有大学学历，在办公室做着一份低薪的工作，艰难地维持生计，还要照看襁褓中的婴儿。一天晚上，一位女士在威拉德夫人住的连栋房屋的停车场上被绑架了。“那就是最后一根稻草。”她回忆道。她的父母和姐姐已经搬到她现在所居住的州的某座城市。她决定是时候和他们在一起了。她到了那座城市之后，十分讨厌那里。“我觉得我到了地狱，”她说，“太可怕了。”然而，一天晚上，她在一次为离婚者举办的聚会上认识了一位男士，并与之坠入爱河，共同步入婚姻殿堂。于是，在接下来的快 20 年里他们一直都住在这个城市。在快 50 岁的时候，她修完了大学课程，在一家报社做记者。但是，生活依旧充满各种问题。她的父亲多次进出医院，最后因为癌症而去世。十几岁的儿子吸毒成瘾被送进康复中心。2 个年长的亲戚生病需要人照顾。2001 年 9 月 11 日又发生了恐怖袭击事件。她和丈夫经常商量要搬到小镇去。正是这次袭击事件促使他们采取了行动，他们花了 4 年的时间完成搬迁，在这期间，他们还是要上下班，几次变动了工作。[14]

威拉德夫人说，她所在的小镇就像一个“令人糟心的大家庭”。她喜欢小镇生活的简单。“就像回到了小时候。”她说。当孩子们长大离开，父母都去世时，她发现自己“真的很想念家”。小镇给了她一个家。人们彼此相互认识、相互关照。他们都了解彼此的情况，正是这样才让小镇变得让人糟心。“每天都要弄清楚每个人都说了些什么，就像一出大戏。”她解释说，“如果有人流鼻血了，你都会知道。”这些还都不算事儿，还有很多是邻居之间的小争端，比如谁家的狗追了谁家的猫。她还表示她的财政状况很糟糕，她付出同样的努力工作，可是，现在赚的钱只是她在城里工作的一半，她的丈夫开了一家小礼品店，也仅能勉强度日。她必须要开车到 15 英里以外才能买到新鲜的水果和蔬菜。有时她怀疑自己会离开这座小镇，她不确定是否真的会这样做，然而，她也确实有些遗憾。她幻想着去旅行，在其他的地方生活。“噢，天哪，”她说，“难道我们不是都想重新来过吗？那一定太棒了！”

60 多岁的马克 · 英格拉姆也是因为意想不到的原因而定居小镇。他和妻子目前住在一座 6000 人的小镇里，靠社会保险金生活，他还在当地的一家会计公司任兼职，几乎把所有的业余时间都贡献给了慈善活动，例如为那些父亲被关押在邻近小镇的中度设防监狱的孩子收集玩具。读大学的时候，英格拉姆先生希望能够成为一名飞行员，但是，毕业的时候他被征兵入伍，在越南服了兵役。后来，去了另外一个州，在一家区域性连锁公司经营的零售店里找到了工作。公司把他从一个州派往另一个州，几年以后，他在地区总部所在的大城市工作，对 150 个店 30 万客户的信用与收款进行监管。后来，公司倒闭了，他也就失业了。

英格拉姆先生在一家大型软件公司的财务部找到了职位，又在几个不同州的城市里居住过，公司撤掉了财务部之后，他又一次失业了。随后，他又在另一家地区零售连锁店找到了工作，被派往一个小社区，也就是他和妻子现在居住的地方。这家公司遇到了供货困难，于是他决定辞职。那个时候，他 50 多岁了，找到工作的机会少了，也不那么愿意再搬来搬去了。他就接受了一份卖车的工作，同时又很高兴找到这份在会计公司填写税务报告的工作。

尽管英格拉姆先生一生中经历了各种挫折，如今他已经可以豁达地面对这一切。他说，在他的成长过程中，他的父亲总是给他泼冷水，说他这辈子将一事无成。他感觉他已经获得了很多成就。虽然事业跌宕起伏，但是，很久以前他就认为，钱不是一切，把 3 个可爱的孩子抚养成人，他很幸福。对于小镇，他的感情很复杂。他说，认识镇上的每个人，不用高峰时期拥挤出行，这很好，可是，他提到政府官员们思想都很狭隘，也不喜欢毫无秘密可言的生活环境。

正如这个故事所描述的那样，有那么一刻，人们可能会选择留在小镇而不是去其他地方寻找更好的机遇。英格拉姆先生在 50 多岁的时候意识到，要在另外一个小镇找到更好工作的机会是很渺茫的。小镇上也有一些居民较早地决定留在小镇，并不是因为他们是打算回家乡或是没有能力在其他地方找到工作，而是因为他们逐渐认识到社区是他们幸福的关键。

皮特·莱瑟姆是一位汽车销售，刚刚 40 岁，住在一座 10000 人的小镇上。他就是个有趣的例子。到莱瑟姆先生上大学的时候，他的父母已经在几个不同州的 8 个不同的小镇生活过了。在成长的过程中，他觉得自己没有朋友，住在哪里都不能适应。他说，上大学就像去糖果店。他希望有朝一日能够成为像电视上看到的那些律师，但是，酗酒、吸毒、和新交的朋友出去玩对他更有吸引力。“我真的疯了，”他说，“我就是那种去酒吧挑事打架只是为了看看我是否是能打的人。”他曾怀疑他能否活过 30 岁。

大学毕业后，英格拉姆先生在海军服役 4 年，后又去做电脑销售，在工作的过程中认识了一位女性，结了婚并有了儿子。不久以后，他们因为一项劳动争议而辞去了工作，搬到了另外一个州，开始经营一家仓库租赁公司。其间，他的婚姻关系急剧恶化。和妻子分开以后，他和儿子搬到了现在住的这个小镇。他之前一直在肉类加工厂杀猪宰牛，直到后来他认为这份工作把他变成了一个更加可恶的人，从那时起，他开始卖车了。他没有再离开这里的原因，用他自己的话来说就是“碰壁了”。他以前一直觉得自己“不会为任何事情停在原地”。一些朋友说服他安定下来。他对儿子有监护权，所以他开始恢复与日渐疏离的妻子的关系。在朋友和当地教会的帮助下，他挽回了婚姻。有生以来，他第一次感到脚踏实地——很大程度上是因为他的社区。

在衡量小镇上生活被打断过的居民时，我们当然不能假定所有的人都经历过生活走下坡路或生活一定不幸福的状况。虽然生活并不像许多小镇居民预期的那样，但是他们住在现在的地方还是很高兴。尤其当他们如果是在收入较低的家庭里长大，目睹父母努力地维持生计，自身也没有什么机会，那么他们遇到的艰难困苦对于他们来说实在是太熟悉了。虽然他们可能梦想拥有更为美好的生活，但是他们知道事情也有可能会变得更糟。和父母相比，他们的生活可能已经很舒适了。两个简单的例子说明了这一切。

特尔玛·汤普森今年快 70 岁了，非洲裔美国人，离了婚，一辈子都住在多种族混居的 5000 人的社区里。她的 12 个兄弟姐妹都搬走了，大部分住在城市里。她结婚早，把时间都贡献给了孩子，后来她又做了很多年厨师。几年前，她几次生病住院之后，工作就变得越来越耗心费神。现在，她在学区兼职做助理，帮助身体有残疾的孩子上下校车。社区的平均收入要比州平均工资低 1/4，而她的收入还不到州平均工资的 1/3。“我能应付，”她说，“一切尽在掌握中。我已经学会如何做预算。”她那幢拥有 3 个房间、前面门廊下沉的小房子需要修缮，大部分的工作是由她的儿子完成的。她的收入足以支付房屋贷款。她的一个邻居帮她除草，她则在路边种了一些花和番茄。“我喜欢出去待在院子里。”她说。这样慢节奏的生活很适合她。她想起了小的时候，给老式的取暖炉子里添柴火，摘棉花，沿着炽热的、尘土飞扬的道路走到田间，被要求坐在公共汽车的后排座位。如今一切变了太多，这让她感到惊叹。

还有一位主人公叫多丽丝·邦廷，她生活在按种族划分的南方小镇，但是，她是白人。社区曾经有 1300 位居民，在过去的 50 年里，人口减少了一半。几年前学校关门了，药店和杂货店也歇业了，离他们最近的医生在 25 英里以外的地方，4 万美金就能买一幢不错的房子，不到州平均水平的一半。虽然邦廷夫人没什么可能去上大学，但是，高中一毕业就结婚了，还是有违她父母的意愿。她父亲在当地的一家锯木厂工作，收入微薄，季节性地去建筑工地上干活。如今，邦廷太太也 50 多岁了，离了婚。刚结婚那会儿，因为丈夫在建筑工地工作的需要，她总是搬来搬去，在 5 个不同的州都短暂生活过。她曾经开过几年的礼品店，但是生意失败了。她现在在社区图书馆里做兼职。她说女性几乎找不到工作。锯木厂的工作对于女性来说太辛苦了，而且，厂里已经减少到 1 个班。过去，许多女性都会开车 30 英里去禽肉加工厂工作，几年前这家厂也倒闭了。邦廷太太感觉很幸运，与她父母相比，她的生活还是比较轻松的。至少，她有稳定的室内工作，不用风吹日晒，她有一幢“付完款”的房子和 2 辆车，她的女儿就住在附近。

这两个故事再现了小镇低收入人群真实的生活状况。这两位女性都离婚了，依靠兼职的微薄收入生活，她们没有能力住在城里价格高昂的大房子里。到了她们这个年纪，已经没有什么机会可以改善生活质量了。例如，邦廷太太说，她曾经当过店主，知道如何与人打交道，她应该能够找到待遇更好的工作，但是她必须要搬家，她认为她这个年纪再找工作很难了。这两位女性收入并不高，但是，与她们的父母相比，她们的人生已经向上攀升了。房价便宜，邻里互相关心，小镇生活是个不错的选择。

在我们所采访的这些人中，像汤普森、邦廷、莱瑟姆和英格拉姆这些人的故事非常典型，小镇成了他们的避风港。这里是安稳的港湾，在外面经历了风风雨雨的人可以回到这里。从这个方面来说，小镇亘古不变的生活是关键的因素，青蛙池塘本身就是不变恒量。

但是，也有些有趣的例外，从中可以看出青蛙池塘也是有所变化的，有时候会变得更糟。约兰达·琼斯的故事就是如此。约兰达·琼斯生活在一个 9000 人的工业小镇上，离最近的城市有 70 英里的距离。她的家乡小镇有人口 10000 人，离这里有 20 英里。高中毕业以后，她就去了一所规模较大的州立大学学习，主修商务，并且遇到了后来的丈夫。他们结婚后，搬到了一座有 200 万人口的城市，在那里找到了工作。然而，他们都不喜欢自己的工作。她的丈夫就是在他们现在居住的小镇上长大的，当时非常想家，于是，他们决定辞职，回到这里。

在当时来说，那是个明智之举。后来，小镇成了一家大型制造公司的地区总部。那时候，该公司雇佣了许多经理，因此小镇中产阶级的人数相当庞大，再加上小镇经济实力很强，能够支持好学校、几家诊所和一家医院。社区里的工薪阶层大多数都在生产工业汽车部件和飞机部件的小厂里工作，待遇优厚，拥有工会。琼斯夫妇找到了白领的工作，认为这个社区是养育孩子的理想之地。与该地区其他规模较小的城镇相比，这个社区很大，经济发展强劲，能够支持极具吸引力的文化氛围，包括学校、图书馆、保护历史文化的市民组织、小型美术馆，偶尔还会有音乐会和表演。小镇甚至还成为了一个旅游景点。

琼斯夫妇和 2 个孩子就这样顺畅地过了 10 年。后来，曾经是小镇中流砥柱的这家制造业公司把总部迁走了。几个星期内，属于小镇上层人士的公司经理们也都搬走了。与此同时，一家小型的制造业公司关门了，另外 2 家将工人人数削减了一半。美国最大的一家互联网贸易公司抓住了这个机遇，建立了一家客户服务中心和分销部门，雇佣了兼职的失业人员，付给他们最低的时薪工资，不带任何福利。几年之内，该社区的失业率一直是本州内最高的，一半以上的儿童申请了学校午餐的补贴计划。

琼斯太太是少数保住工作的幸运儿之一。由于她在社会服务部门工作，管理失去退休金的老人和因为破产和丧失房屋赎回权而无家可归的人，因此她的工作相对稳定。她会留下来，但是文化氛围却消失了，社区正在重塑自身的形象。她的故事说明，安全的避风港并不总是像人们期望的那样安全。

贤妻良母

从我们所采访的小镇居民来看，在一些社区里，与男性相比，女性更可能因为配偶的家庭或是工作而从其他地方搬来小镇。[15] 这个差异也是许多小镇女性经常会在博客上评论的主题，警告其他的女性，不要仅仅被说话直率、老实巴交的男人所吸引，就跟随他们回家乡，不久，这些不知情的女性就会后悔不已。男人留在小镇上，是因为他们和父亲一起耕作，管理家族事业，或是通过家庭关系找到工作，也可能他们回到家乡是因为他们喜欢在老旧的池塘里钓鱼，在小镇的小酒馆里喝杯啤酒。他们的妻子可能是在大学里认识的，旅行时认识的，也可能是在城市里工作的时候认识的——这就说明他们的妻子都是初来小镇的人。还有些女性的丈夫不是本地人，自然，她们也是初来小镇的人。在这两种情况下，妻子跟着丈夫去的地方通常对于女性来说没有什么职业机遇。如果她们是老师和护士的话，还算是幸运的。否则，她们就只能通过打扫房屋、做侍应、在学校和养老院做助手以及在办公室或商店打工来贴补家用。薪水很低，升职的机会渺茫，看似安稳的工作很可能一夜之间消失。她们说，对于生活的满足感大多来自做个贤妻良母。这并不是说她们不幸福，而是说她们做出了选择、做出了牺牲。[16]

“有时候，我觉得上大学没有什么用。”说这话的是贾尼丝·凯梅尼。她有 3 个不到 6 岁的孩子，一家人住在农场里，最近的城镇离他们有 10 英里远。小镇很小，没有红绿灯，除了汽油和一些生活用品，其他的东西，她都得开车 50 英里去更大的城镇买，例如孩子病了要去看儿科医生，常常要去沃尔玛买些生活必需品，农场的机器坏了得经常跑出去买配件修理。时不时，她还要照看小孩子、打扫房间、清洗衣服。农忙的时候，她还要开着拖拉机运干草，帮丈夫和雇工保持灌溉泵的运转。虽然生活很忙碌，但是她并没有觉得她所做的事情很有趣或是很重要。“就好像你工作了一整天，累倒在床上，第二天你起床后，一切又重新来过。这就是我的感受，这样的生活有点让人沮丧。”

凯梅尼太太从来没有想到她会成为农夫的妻子，在小镇旁边的乡村度过她的一生。她在一座 20000 人的城镇上长大，和她现在住的地方相比，那里就是一座大都市。她原本计划着去上大学，成为一名药剂师，在城市里生活。与计划不同，她恋爱了，高中一毕业就结婚了。她的丈夫来自另外一个州，他们就搬到了那里试着找工作。生活太过艰辛，他们只能勉强度日，于是决定回到凯梅尼夫人的家乡，以便得到她父母的帮助，她还可以去社区大学上学。不到一年，她的丈夫就提出离婚。她感到非常绝望，下定决心要去追求自己的梦想，接受大学教育。第二年，她就搬到了一座有大学的城市。由于依然还未摆脱婚姻失败的打击，她的学习成绩并不好。化学对她来说太难了，于是，她放弃了药剂学专业，毕业的时候，她获得了会计学学位，通过了注册会计师的考试。“我为自己自豪。”她说。

决定下一步做什么是一件让人觉得很挣扎的事情。她当时正在和现任丈夫约会，但是，她不确定是否真的想和他结婚。他那时正和父亲在一个偏僻的地方经营农场，而她却想去大城市追求自己的事业。她会计做得很好，觉得在大城市能获得更高级别的资格证书，在公司获得晋升，也许会读一个研究生学位。至少，她可以在一个小一点的社区里做会计。想看看哪个更适合她，她在一座 50 英里远的城镇上找到了工作。但她没有去做会计，而是在学区办公室工作。这不是她想要的，但是她决定继续下去，还结了婚。她的丈夫农场经营得很好，即使她不工作，也够维持家里的开销。因此她决定待在家里，开始生儿育女。[17]

凯梅尼夫人相对还是幸运的，农场足以支撑整个家庭生活。布兰达·莫拉夫斯卡的故事则更具代表性。她在自己所在的州上了大学，获得了学位，又转去了另外一个州，在那里获得了硕士学位，之后在大城市的一家研发公司做研究统计员。她的丈夫也获得了硕士研究生的学位，在城里找到了工作。但是，他是从农场出来的，父亲去世的时候，母亲问他是要回家经营农场还是把地卖了。于是莫拉夫斯卡夫妇回到莫拉夫斯卡先生的家乡，那里有 7000 居民。农场太小，不够维持一家人的生活。莫拉夫斯卡先生指望的专业工作落空后，他只能兼职做维修人员，而莫拉夫斯卡夫人则一直在小学里当代课教师。那里“不需要研究统计员”，她说，这是很明显的。在小学教了几年书以后，她在另一个镇上的一家体育用品商店找到了一份工作。后来，她利用她的计算机知识为一家电气承包商管理办公室事务。

莫拉夫斯卡夫人刚刚 60 岁，现在在一座小镇的一家非营利组织做秘书，因此她每天要开 50 英里去上班。她的丈夫每天单程要开 40 英里去工作。离他们最近的社区，不论规模大小都要开车 2 个小时。

他们很少去那里购物或买衣服，看看汽油费，他们还是希望待在家里。她深刻地记得适应乡村生活有多么困难。“搬到这里来对我来说是件非常糟糕的事情，”她说，“从大城市搬到这个离哪里都至少100英里的小镇就是一次文化冲击。”

像这样放弃了大好前程的女性本来在其他的地方会更加成功，现在生活在小镇只能说喜忧参半。一方面，她们找到成为贤妻良母的成就感，觉得自己很幸运，在所居住的社区里，孩子们可以安全地玩耍，结交朋友。凯梅尼太太很高兴她的会计专业能派上用场，可以追踪农场的资金状况。有些早晨，她坐在自家的计算机前为大学就认识的客户做税务报表。她坚持认为，只要有时间就要陪伴孩子，尽早地教育他们，不要依靠学校成为主要的知识来源。另一方面，她们怀念年轻时没有选择的那条路。“你很努力地朝着一个目标奋斗，并且达到了这个目标，”她说起了自己的大学学位，“它就改变了你。”如果可能，她是想去上法学院的。“我有许多梦想，”她补充道，“可是，我觉得那些梦想都不现实。”莫拉夫斯卡太太总结说，梦想被夸大了。她建议不要认为幸福来自于梦想的实现。“你必须要有目标，”她说，“但必须是现实的目标。改变和适应才是每个人所拥有的最重要的能力。”

在小镇里做贤妻良母不仅仅意味着要把人生的重点从事业上偏离，而且时间都被日复一日单调乏味的琐事所占据，例如看医生、洗衣服。小镇上的贤妻良母和城市以及郊区里的贤妻良母们有着同样的快乐与哀愁。她们说，看到孩子第一次蹒跚学步、第一天进学校、住的地方离好学校很近、能够为课后活动项目和学校委员会出一点力，都让她们极其有成就感。但是，对于小镇机会缺乏的状况，她们也很担忧。学校可能太小了，没有足够的音乐教育，小镇也没有钢琴教师。这些女性不是小镇长大的，感觉老一辈人还是把她们当作外来人。如果作为志愿者积极参与市民活动，她们很快会累垮，很多人都不愿意去做。与此同时，她们还必须具有创造性，找到达成目标的办法。

与几十年前相比，有一种环境适应模式在小镇上越来越流行，那就是保持双重居民身份。对于工作在城市或者郊区，但又和农民或者在小镇工作的男士结婚的女性来说，双重居民身份是一个解决方法。例如，已婚的莱诺拉 · 维科斯特罗姆住在 1900 人的小镇上。她接受我们的采访时说，儿子高中毕业以后她打算到城里来找份工作，平时上班住在城市里，周末开车回家。这对于她来说是很有可能的，因为他们只有一个孩子，此外，她一直在当地的一家医院里担任首席财政官，保持了良好的职业生涯。然而，与此同时，对于维科斯特罗姆太太来说，过渡到小镇生活是一件非常艰难的事。她在城市里长大，一直希望能够在城里工作。可是，大学的一年夏天，她去离她现在住的地方 30 英里的小镇探访祖父母时，一位朋友邀请她去观看竞技表演，遇到了她后来的丈夫。她希望丈夫能够追随她的事业，可是，她的丈夫有土地，于是她就跟着丈夫来到了小镇。她喜欢平静、安全、简朴的小镇生活，但是，她更喜欢城市。“你从城市来，”她说，“你习惯于城市的多样性和多种文化交融。一位城里来的姑娘置身于只有一种文化、一种处理方式的小镇，真的很难。”她解释说，就好像时间一下子倒流了 25 年，因为小镇上的女性只有在家庭里找到她们的位置，她们工作努力，养家糊口，保持安静，可是，她从小到大的想法是女性应该用她所学的知识去追求成功，如果有想法就要大声说出来。“可是你能做什么呢？”她陷入了沉思，“你选择了这样的生活，就要把它过到最好。”

我们所听到的关于适应小镇生活的故事中，最成功的例子就是罗斯玛丽 · 卡斯，4 个孩子的母亲，居住的小镇有 1100 人，距离任何一座大城市都有 200 英里，距离她的家乡有 1000 多英里。她出生在一个中产阶级家庭里，父母都受过良好的教育，工作好，生活优渥。

她一直梦想着要当一名芭蕾舞演员，还把这个梦想和她对写作的兴趣爱好融合在一起。高中毕业以后，她去上了大学，原本打算主修英语，同时进一步加强写作的爱好，还上了心理学课程，进行自我探索。那年春天，俄亥俄州的肯特州立大学 4 名学生被杀，这对她震动很大。那时，校园反文化运动兴起，她在嬉皮士生活方式的影响下踏上了游历全国的旅程，进一步自我探索。在旅程中，她遇见了一位向她表白的男士。这位男士刚刚从海军退役，并不富有，但是认为他能在建筑业谋生。他们最后在她丈夫的家乡定居下来。他们的小房子租金每个月 30 美金，靠柴火取暖。不久，第一个孩子出生了，丈夫的家人帮她丈夫找到了工作，还帮她照看小孩。生活捉襟见肘，她必须出去工作。她唯一能找到的工作就是打扫酒店的房间。她去申请当地报纸的工作，被拒绝了。她也不可能回到大学继续学习了。

“这太让我伤心了，”卡斯太太回忆起申请报纸工作被拒的事，“那真是太伤人了，我的自尊被完全击垮。”可是，1 年以后，办这份报纸的人去世了，他的妻子努力维持报纸正常运转。那位夫人雇用了卡斯太太做助手。这是份兼职，收入也不高，但是这很重要。这份工作的时间与接孩子放学、辅导孩子做功课、参加孩子课外活动的时间一点也不冲突。多年后，她成了幼童军的妈妈，为学校委员会服务，并在高中组织了青少年毒品及犯罪防治组织的分会，积极参加当地的教会。她依然是镇上的奇人，作为女性她非常珍视嬉皮士文化的自由精神，认为公社生活会很幸福，梦想有朝一日能够写一本书。可是，她坚信小镇生活的价值，不会回到她成长的城市居住，也不希望她的孩子们回去。她说，城市的问题是“一切都是转瞬即逝的”。在她看来，家庭总是搬来搬去不符合自然规律，同时也不是一种健康的生活方式。“我们在这里所拥有的一切，”她解释说，“就是代代相传。我觉得这是上帝的意旨——家人就应该待在一起。”

对于那些没有接受过大学教育的女性来说，因为无法追求事业而产生的失望情绪也许会小一些，但是教育的缺失也进一步限制了她们获得机会的可能性。卡利达 · 罗林斯就是一个例子。她所在的小镇大约有 1000 位居民，她今年 60 出头，大部分时间在清扫汽车旅馆的房间。她在城市长大，高中的时候就没有什么远大的理想，只想成为一位贤妻良母，做做秘书的工作。高中一毕业，她就结婚了。她丈夫应征入伍，去越南参加战争，生活被打乱了，他最想要的就是回到自己的家乡。他们回到了家乡。公公婆婆开了一家汽车旅馆，新婚燕尔的小夫妻就留在那里做旅馆的助理经理。“我花了很长一段时间才融入社区，”她回忆道，“因为我的想法和这里大多数人的想法都不一样。”孩子们都上了学以后，罗林斯太太在当地的幼儿园找到了一份工作。汽车旅馆生意不好，又位于该州最贫困的县里，罗林斯夫妇连账单都付不起。罗林斯太太很喜欢和幼儿园的小朋友们待在一起，这个工作她一干就是 23 年，然而后来，她所在的州规定幼儿园必须符合认证的要求，她没有学历，失业了。从那以后，她就回到了汽车旅馆。每天早上，她要记录收入与支出，填写政府报告,然后推着清洁车一间间房去打扫。她很少离开小镇。“汽车旅馆，”她说，“并不是我的选择，那是我丈夫的选择。”她又补充道，“做生意并没有让我感到快乐。”

无论是在城市还是在小镇，女性的生活不仅仅是围绕着丈夫和孩子，而且也围绕着父母的需求。例如，我们采访的乔治娜 · 帕特里奇，她和丈夫所在的小镇上有 2 万多人，家里有着舒适的红砖房。帕特里奇太太拥有大学学历，期望能够发挥所学当一名老师，可是，她从来没有担任过教学的职位。她最多只是在主日学校教过，帮助孩子们做家庭作业。起初，她留在家里，是因为她想把时间尽可能地都留给孩子。她的丈夫也这么认为，就辞去了工作，去了一家小公司当会计师，过起了朝九晚五的生活，周末也不需要加班。然而，当孩子们都长大独立了，帕特里奇太太的母亲去世了，父亲需要她的帮助，所以他们就留在了社区，她也没有去教书。后来，帕特里奇先生的母亲也去世了，她也帮忙照看他的父亲。她没有什么遗憾，只是她的生活并不是她所期望的那样。

帕特里奇太太的故事在各个规模的社区里都会有，相比那些父母可以负担得起老人之家和辅助生活设施的家庭，对低收入家庭会有更大的影响。可能我们所采访的小镇居民最鲜明的特点就是，即使他们可以负担得起其他的安排，对父母强烈的责任感依然让他们留在社区为父母提供帮助。在许多例子中，可以看到有的小镇居民留下来是因为兄弟姐妹都搬走了。其中一些留下来的人表示，他们喜欢小镇生活，但是他们也坚信，需要有人住得离父母近。[18]

因为丈夫或是父母而移居小镇的女性常常会说她们牺牲了自己的事业，然而，有时候她们遇到的另外一个问题是要处理与邻居或是姻亲之间并不令人愉快的关系。小镇居民在抱怨每个人对其他人的事务了如指掌时，一定会提到这个问题。如果你身处更大的社区，这个问题也许还容易摆脱，但是在这里，这是不可能的。

马西·普雷斯科特就是个典型的例子。她今年30岁出头，有孩子，所在的小镇上有2300位居民。虽然她的故事大部分都很乐观向上，但是她在讲述的过程中有几次迟疑不决，很明显有问题对她产生了很大的困扰。她从小在城市里长大，后来去上了大学，期望能在大都市生活，可能会当个老师，与某个有城市背景的人结婚，住得离朋友很近。然而，大学毕业后，她惊奇地发现自己爱上了一个小镇来的年轻人，而这个人坚持要结婚后要回到小镇居住。普雷斯科特太太能够在小镇上教书，喜欢在小镇这样的地方养育孩子。问题是，她与普雷斯科特先生同住在小镇上的姐姐合不来，而且他姐姐的朋友圈和她的朋友圈必然是重合的。“在小的社区生活，”普雷斯科特太太说，“每个人对任何事情都很清楚。在城市里，如果你丈夫的姐妹与你意见不合，没有什么大的影响，没人会知道，没人会在意。”但是，在小镇上，那可是不得了的大事。她一次次努力想要改善关系,但是没有什么效果。她已经开始放弃和解的希望了。“我想这可能真的会改变家里的气氛，”她叹了一口气，“这让我感到很难过。”

农业的馈赠

早在 20 世纪 30 年代，政策制定者和农业经济学家对农村孩子离开农场去城市里寻找好工作的比率表示了担忧。可以看出，机械化减少了对农业劳动力的需求。大萧条时期，农作物产量和价格下降，年轻人留在农场的机会更小。到了二战后，许多年轻人追求各种不同的事业，农场生活似乎成了他们追求更高理想的阻碍。[19] 问题是为什么。是因为人们如此钟爱家庭农场吗？是因为他们没有技能或是害怕生活在更大的地方吗？

从 20 世纪 40 年代、50 年代、60 年代农场长大的人们的事业轨迹中也许可以看到些端倪。有的人上了大学，在城市里找到专业性工作，就轻松地离开了小镇，有的人用了更长的时间，经过了更艰苦的转变才离开农场。从第二类人的身上，你可以明显看出他的家庭世世代代对土地发自内心的情感，但最明显的结论与农业所带来的家庭社会联系有关。农场是家族事业，也是家族栖息之地。对于边缘农民（marginal farmers）来说，农场不足以实现自给自足的生活。从这方面来说，这有点像镇上的诸如杂货店或五金店之类的小商店。边缘农民一方面维持农业生产，一方面还在镇上做兼职，获取稳定的收入。年轻人，通常是男孩子，会在上学之前、放学之后或是周末的时候代替父亲做一些杂事或干些田间地头的活。要从这一行转去其他地方全职工作，过程通常很缓慢且充满不确定性。这种不确定性一方面是因为农业收入会出现波动，另外一方面是因为从事了新职业的同时，是否还能与父母一起干农活，对于这点他们也迟疑不决。还有一点就是父母的年纪和健康状况。年轻人留在农村或回到农村，部分是因为要维持家庭农场，还有部分原因是他们必须要离父母很近，可能父母一方有人身体不好，或是父母有一方已经过世。[20]

这种转变在莱昂·德索托身上得以充分体现。20 世纪 50 年代，他在一座 2000 人的小镇上长大。镇子上居住的主要是法裔加拿大人，他们很多人仍然说法语，一大家子住在一起。说到这个，德索托先生深情款款，小时候周围总会有许多小伙伴。他的祖父专门从事散装燃料运送服务，还开了一家店，从农民那里收购奶油和鸡蛋。他的父亲务农。高中的时候，德索托先生上学之前、放学之后以及夏天的时候都会帮父亲在农场干活。大学毕业以后，德索托先生回到家乡，做了汽车销售，同时继续帮助家里干农活。这些年没那么容易了，因为他在镇上有份全职的工作，然后要在地里干到晚上九十点钟。有一段时间，农场的收入有所增加，但是，德索托先生留下的更大的原因是他的父亲身体欠佳。到他父亲去世的时候，德索托先生在镇子上做过几份不同的工作，孩子们也去上大学了。多数时间他的太太一直在教书以贴补家用。父亲走了，孩子也不在身边了，德索托夫妇终于可以搬离这里了。他们选择搬到了离孩子们更近的地方。德索托太太在学校教书，德索托先生在一家汽车经销店工作。他们依旧居住在小镇上，偏爱小镇是因为这里房价实在是很便宜。他们用了 30 年的时间才完全切断与家族农场之间的联系。他们的孩子都在城市里从事专业性工作。

德索托一家由农转非用了很长的时间，但是他们还是幸运的，他们都上过大学，找到教师和销售的工作。对另外一些人来说，这个过程就要艰难许多。在第 2 章中我介绍过达莱克先生，如今 87 岁高龄，从小在农场长大，一直是农民，经营着一家五金店，后来去钣金厂工作，过着简朴的生活。从朝鲜战场回来以后他一直为一位农场主干活，这个人就是他的父亲。达莱克先生说他本来想这辈子就以务农为生了，他坚持干了 10 年，但是他的父亲只是把他当雇用来的帮手，拒绝让他做任何农场管理的决定。这是达莱克先生离开农场最主要的原因，于是虽然他对五金一窍不通，还是尝试开了一家五金店。他说，对于他现在居住的小镇以及曾经工作过的企业，他最喜欢的地方就是人们都认识他，对他十分尊重。"那种感觉真是太好了，"他说，"尤其是当你在成长过程中父亲从来没有给予过任何赞赏。"

随着美国从事农业生产的人越来越少，人们很容易认为农业不再那么重要了，尤其是在规模较小的农村地区。大多数生活在这些地方的人们都在从事其他工作。然而，农业对许多社区来说依然很重要，它直接影响了当地的经济情况。收成好的那些年，小镇居民过得很好，庄稼、牲畜是社区从外界获取收入的主要来源。受到天气原因或是农业价格疲软的影响而出现经济危机的时候，镇上的商业也跟着遭殃。之所以出现这种状况，一方面是受到当地农民进行的市场交易的影响，另一方面是因为小镇居民可能对农场也拥有部分权益，尤其当大家庭共同拥有土地和管理农场时。[21]

图 5.2 显示了最近几十年农业社区的起起落落。这些数据来自美国经济分析局编撰的年度县级分析数据。为了将最有可能受农业影响的小镇的信息具体化，选取了在 60 年代后期总收入最依赖农作物和牲畜销售额的前 20% 的县。农业收入指的是每位农场主的平均净收入，根据消费者价格指数，首先扣除通货膨胀因素，然后计算得出各年平均值的变化。"农民"这一类别是指这些县每年的农场主的平均数量，用每年该数值与所有年份的平均值的比率表示。相对所有年份的平均值，两个指数在这份表格上显示出不同程度的偏差。[22]

这些数据中最值得关注的是农业净收入的年波动率。与专业人

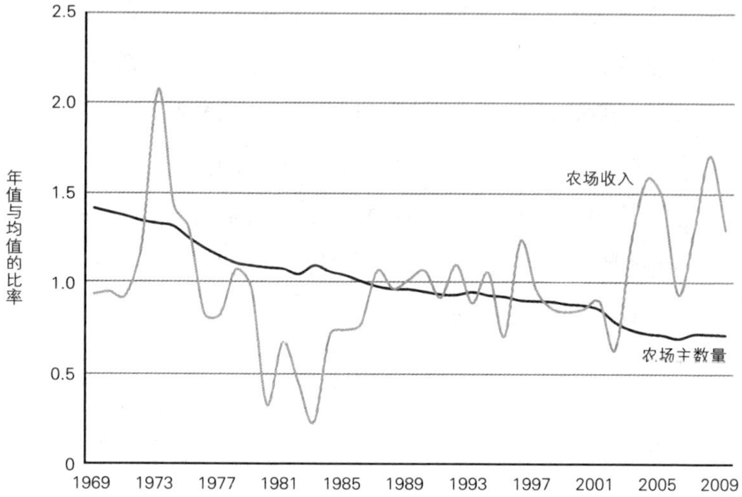

图 5.2 农民及农业收入

士的薪资和技术工人的时薪不同，农民的年收入是很难预测的，一直在变，不仅仅是因为当地的天气影响农作物的产量，而且全球市场以及其他国家的天气也会产生影响。例如，1973 年美国农业净收入急剧上升很大程度上是由于农产品价格的大幅上涨，这正是受到前一年苏联粮食产量迅速下滑的影响。[23] 诸如这些年乙醇生产对玉米需求的增加等其他一些因素也对农业收入产生了影响，但是并没有完全覆盖每年的价格波动。农业收入数据也显示，扣除通货膨胀因素之后，除了 2003 年之后的几年里增长比较明显以外，单个农场主的收入并没有增长。

以农业为主的县中，农民的数量呈逐步下降的趋势，从 1969 年平均每个县有 995 名农民下降到 2009 年平均每个县有 501 名农民，整体下降了大约 50%。这是单个农场主农业收入没有下降的重要原因之一。数据还表明，以几年为周期的农业收入短期下降与农民数量

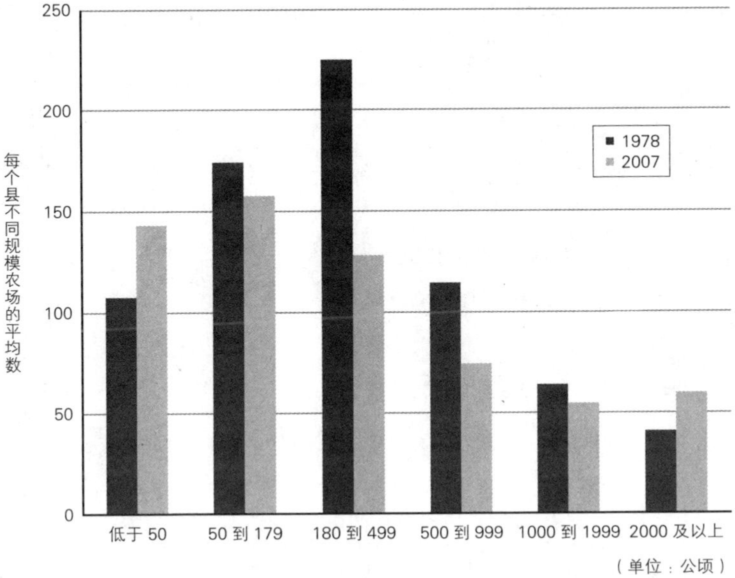

图 5.3　不同规模的农场

下降的速度之间存在一种微弱但明显的关系。有 3 个时期下降速度是最快的：1975 年到 1978 年、1984 年到 1987 年、2001 年到 2004 年。

图 5.3 所显示的数据对于理解农业社区的这种变化是有帮助的。从美国农业部 5 年间收集的信息来看，对不同规模农场的变化进行比较是可能的。与规模小的农场会被规模较大的农场吞并的观点相反，数据显示的情况更加复杂。一般来说，在以农业为主的县里，面积小于 50 公顷的小型农场数量确实增加了，从 1978 年的每个县 107 个增加到 2007 年每个县 143 个，而面积在 180 公顷到 500 公顷的中型农场的数量却在同一时期从每个县 224 个下降到 128 个，面积在 500 公顷到 1000 公顷左右的农场数量同样出现了下降，从每个县 114 个减少到 74 个，面积在 2000 公顷的超大农场从每个县 41 个增长到 60 个。[24]

这些变化所显示的模式表明，小规模农场依然处于重要地位，

小镇概况

克里斯特尔镇，北达科他州（Crystal，North Dakota）

20世纪80年代期间及以后农业发生的变化对两个地区产生的影响是最大的：西南地区，一些小型棉花农场和烟草农场被并入了规模较大的农场；中西部以北，大型小麦农场规模变得更大。1979年到2009年间，北卡罗来纳州和南卡罗来纳州、加利福尼亚州以及佐治亚州的农民总数减少了84198，下降了45%，而北达科他州和南达科他州、内布拉斯加州和堪萨斯州的农民人数则减少了78258，下降了35%。

平均说来，农民人数的减少对于东南部小镇人口的影响会小于中西部以北地区。在东南部，只有16%农场数量大幅减少的县内小镇也出现了人口的显著下降——和农场数量小幅减少的县几乎是一样的，而中西部以北地区，47%农场数量大幅减少的县里的小镇都出现了人口流失的现象。有些规模本来已经很小的小镇情况最为严重。

北达科他州彭比纳县的克里斯特尔镇就是个很好的例子。1979年到2009年，彭比纳县的农场数量从944个下降到521个，农场的平均规模从720公顷增加到1246公顷，农场经营者的数量则从1063人下降到了428人。因此，彭比纳县的11个镇都出现了人口减少的现象。克里斯特尔镇首当其冲，人口减少得最多，从1980年的255人减少到2010年的138人，减少了46%。另外5个在1980年不到200人的小镇人口至少减少了40%。

相比之下，卡瓦莱尔镇——县政府所在地，也是彭比纳县最大的城镇，人口只下降了13%，从1980年的1505人到2010年的1301人。卡瓦莱尔镇的情况好于克里斯特尔镇和其他几个小镇，有几个原因。彭比纳县有800多位居民在联邦政府、州政府和地方政府机构工作。这些居民绝大多数都在县政府所在地生活和工作，这为零售商店和服务性商店提供了更好的商机。

居住在县政府所在地的农民数量保持稳定，而居住在规模较小的城镇居民数量却在不断下降。小镇对于年老的居民也不再具有吸引力。2010年，克里斯特尔镇上只有6%的居民年纪在65岁以上（包括65岁）——比1980年减少了19%。相比之下，卡瓦莱尔镇65岁以上（包括65岁）的居民比例反而从1980年的20%上升到2010年的33%。

也许只是作为一种休闲农场，也许是专业化的经营——例如有机农业，很可能对于农场主来说，农业收入仅仅是其收入的一部分。中等规模的农场更可能是农民们主要的收入来源，这些农场被边缘化，位于那些可能会被更大规模农场合并的地区。

我们在采访中发现，农业区的农业收入模式和农民的数量对小镇文化产生了深远的影响。尽管事实上，几乎没有农民会住在小镇或住在靠近小镇的地方，可是小镇居民还是意识到农业收入的下降以及农民数量的减少对当地的商业以及人口趋势产生了影响。同样，很明显的是，那些在农场里长大、仍然在业余时间耕作的人们以及那些希望老一辈退休后自己能够接管农场的人仍然会受农业不确定因素的影响。农业的遗留影响塑造了他们对自己、对职业的选择，面临的机会以及价值观。

汤姆 · 芬斯特以驾驶筑路机谋生，经常说，“开筑路机是让我离农业最近的一种方式。我喜欢看着机器运转，感觉自己好像就是农业社区的一分子，这让我感到非常满足。开着机器，让道路变得更平整让我很有成就感。”他的父辈、祖辈和太祖辈曾经都是农民，他从小在农场长大，想当农民。他高中的时候就知道怎样修机器，夏天的时候像农民一样干活。但是，要想当农民，他的经济实力还不够。他没有太多其他的选择，能找到一份与农业类似的稳定工作，他已经很高兴了。

对于像芬斯特先生这样的小镇居民来说，关于农业的印象可以追溯到对祖辈的记忆中。早期在这个地区或其他地区定居的祖辈们辛苦工作，勇敢开拓，获得了一次又一次丰收，后来经济大萧条时期，他们损失惨重。也许正是因为他们是农民的后代，耳濡目染，有人回忆道，听祖父母们讲过他们是如何失去了土地，不得不在铁路或是建筑工地从事一些低收入的工作。失去了农场产生的影响是深远的，下一代就会一无所有，他们可能也只能在建筑工地或是制造厂工作。最后，他们的孩子上了大学，成了教师或是医务工作者，然而，他们依然认为自己是早期曾经在这里风光无限的祖辈的子孙。“我就是农民的儿子，”一位先生解释说，“即使我在小镇上长大。”他从来没有在农场里生活过，他的父母也没有，可是，他的祖父母曾经在农场生活。即使没有亲身经历过那段美好的岁月，他已经把那样的时光珍藏在了心中。

正像这个例子所表明的那样，可以生活在农场或者靠近农场之地的诱惑，把人们吸引到了农村地区。即使在其他地方他们可能赚得更多，他们还是选择来到小镇，这里让他们想起了自己的父母或是祖父母。有些人把从事农业作为爱好，周末在那几英亩地里耕作，或是照料后院的大花园；有些人尽管和农业没有任何关系，但是紧挨着农场居住，也让他们心满意足；还有一些人转行当上了农民——甚至在这个农业被看作是过去年代遗留物的时代——因为他们认为这里存在诱人的商机。

劳伦斯·伯吉斯和他的妻子玛格丽特快 40 岁的时候决定搬到西海岸的一个小镇上，试着开始从事农业。劳伦斯·伯吉斯拥有硕士学历，毕业于国内一所顶尖的商学院，平步青云成了一家大型石油公司的高管，而玛格丽特则毕业于一所知名的大学，供职于一家美国公司，拥有一份高薪职位。伯吉斯先生的父亲主要务农，同时还兼做其他一些工作。在父亲的鼓励下，伯吉斯先生坚信从事农业可能是他开办自己公司最好的机会。如今，伯吉斯夫妇有 3000 英亩土地，他们种植蔬菜、有机稻米，在农闲的时节将稻田出租给猎鸭人。他们怀念城市生活的脑力激荡和文化多样性，但是，对移居小镇却没有任何遗憾。他们十分珍视小镇的宁静与安全，闲暇时，他们都会作为志愿者参与市民活动。

但是，农业的另一个遗留传统对小镇就没那么好了。詹森先生是第 3 代农民，70 岁了还在打理着 9000 多英亩的土地，也没有打算最近退休。我们没能采访到与他一起务农的儿子，但是我们可以想象很可能会提到一些采访其他与父亲或岳父共同经营的农民时提到过的问题，包括主导权的分歧和财政危机等等。詹森夫妇所拥有的土地面积够大，足以养活两家人，但是在许多情况下，事情并不是这样的。

研究显示，两代人同居的农业家庭中，压力主要是集中在母亲和媳妇身上。尤其是如果媳妇是从其他地方来的，很可能被看作外人，不能完全加入到农场管理的决策过程中。年轻夫妇在经济上对于父母有依赖，所以，不太可能会出现因为被排除在外或是感情受伤而引发的公开冲突。媳妇可能会放弃自己的事业，不得不回来照顾年老的公婆。[25]

美国农业部的报告指出，一段时间以来农民的中位年龄有所上升。[26] 美国人口普查局的数据显示，职业为农民（包括土地所有者和土地租用人）的 18 岁及 18 岁以上的所有男性中，农民的中位年龄从 1950 年的 45 岁上升到 2000 年的 50 岁。但是，中位年龄并没有反映出完整的状况，及其给农业社区带来的影响。60 岁以上农民数量的比例能够给人们更清楚的认识，该数字从 1950 年的 19% 上升到了 2000 年的 36%。对于那些要接父亲的班继续务农的孩子来说，1950 年平均有 81% 的人在他们父亲 60 岁、自己大约 40 岁的时候能够接班。半个世纪过去了，这一平均比例下降到了 64%。他们的父亲寿命更长，身体更健康，在机械化生产的协助下还能继续耕种。在身体逐渐不能胜任工作时，这些老人并没有简单选择退休了事，而是渐渐减少工作量，雇用更多帮手，把更多的注意力转移到管理上，依然统领全局。[27]

“我们在这里看到的，”农业小镇的一位社区领导说，“是想留下来从事农业生产的年轻人都搬走了，因为农场无法维持他们和父母的生活——有时候还有他们的祖父母。”可能这位领导想要说的是，即使父母或祖父母已不再直接参与生产，但是，因为他们都很长寿，把农场所有权转给年轻人的时间被推迟了。有的年轻人是租用土地进行农业生产的，他们可能要将收入的1/3支付给上一辈的土地所有者。

因此，农村人口更加长寿从一个方面也影响了农村生活，它让年轻一代人感到压力，不得不去其他地方寻找机会。即使农场的范围没有因为更广泛地使用机械化和规模经济而扩大，农村地区也很难再留住这些农民的后代了。年轻人也许会渴望继续家族的农业传统，但是他们发现，必须要在其他地方住更长的时间，等到老一辈都退休了或去世了才能轮到他们。与此同时，社区领导注意到小镇居民人口老龄化，留下的年轻人越来越少了。

得人帮助，勉强度日

“天哪，我已经去过这么多地方了。学校一毕业，我就等不及离开家了。那时我有个男朋友，想要和我结婚。他在军队里，于是我想，嘀，干脆离开家算了。所以，我们结婚了，我去了得克萨斯州。这是我第一次离开家，我大哭了一场。”这是来自典型的低收入阶层的一位女性居民的开场白。

内莉·塔瓦斯生活在一幢破破烂烂的二层小楼里。她所在的小镇要把所有的狗和猫都算上才能凑足1000人。“那时我们在得克萨斯，离家很远，我17岁，怀有身孕，而他在军队里。那个时候我们都不赚钱，我也不能工作，几乎都快饿死了。孩子出生以后，我回了家，就一直待在家里。”她的母亲帮她照看孩子，并在附近的食品加工厂帮她找了一份工作。工作非常辛苦，收入非常低。几年以后，她辞职了，试着开了一家美发店。“我的丈夫是一位卡车司机。他说我们能在一起过下去的唯一的办法就是不在美发店做了，和他一起开卡车。于是，我和他一起开了一段时间车。我一直都这么说，当我和他一起开卡车的时候，我觉得我不会喜欢他了，当我离开他的时候，对这一点非常确定。”

“所以我离开了卡车，回到了母亲那里，和一个玩乐队的人结婚了。”她一直很热爱音乐。小的时候，她学过钢琴，听过杰瑞·李·刘易斯（Jerry Lee Lewis）的专辑。“我认为我是个出色的歌手，所以我们和乐队到处演出，主要是在本地。后来我意识到，不，不会一直这样继续下去，接着有一天房顶塌落，砸在他身上，他再也不能工作了。于是，我们就搬了家，在那里住了 10 年左右。接着我们搬回来了，现在住在我母亲住过的房子里。”

塔瓦斯太太如今 60 多岁。回首往事，她希望她能够做出不同的选择，多读点书。大萧条时期，她的母亲在一家鞋厂里工作，她的父亲在公共事业振兴署工作。她的父母希望孩子们都能过上更美好的生活，但是，一场大火把他们的房子付之一炬，她的父母无力负担任何一个孩子上大学。他们失去了一切，这几乎摧毁了他们的生存意志，几年以后，她的父亲去世了。“可以说，我一直是自己摸着石头过河的，随着年龄增长，慢慢懂得多了些，”她说，“我什么都知道一点，但是不够折腾的。”

塔瓦斯太太得了癌症，起先在她的肺部，后来扩散到了她的肠子，现在医生正在观察她胰腺上的肿瘤。目前，她的病情有所缓解。她有 3 个孩子，2 个在其他州生活，第 3 个在欧洲生活。他们并不经常来看她。她开着一辆老旧汽车，这辆车她开了 20 年。“说不定哪一天，这辆车就会报废，我就不知道该怎么办了。”她的女儿说过要给她买一辆好点的车，但是，她付不起保险。她的社会保险金每个月只有 600 美元。她唯一置办的大件就是上次手术康复时买的新椅子。

她的青蛙池塘就是小镇。她曾试图去规模较大的镇上住公寓，那里离医院距离近一些，但终因租金过高而无法如愿。在她回来之前，她和母亲都住过的这座老房子已经空置了 4 年之久。洪水冲击了房屋，泥溅到了屋顶，房子已经破烂不堪，但至少这是属于她的房子。“我的邻居都非常好，”她说，“我生病了，他们会来帮我打理院子，清除凋零的花朵，帮我照料这儿的一切。”她的一位邻居每周一次会开车 30 英里去沃尔玛采购，给她带点生活用品和食品。“内莉，这里是给你的食物。”街对面的太太说着，在厨房的桌子上留下了一个碟子。小镇上的一位农民会帮助她修剪树木。另一位邻居会把她带到一个规模较小的浸信会，大家会向上帝祷告，治愈她的癌症。她无法坐在教堂里的长凳上时，他们会给她拿来垫得又厚又软的椅子。“没有这么多的好邻居，”她说，“我不知道我会变成什么样。”

对于像塔瓦斯太太这样的人来说，青蛙池塘无关于工作和金钱，而只关乎如何平衡邻里之间的责任。虽然目前大部分时候，她是受恩于人，但是她还是努力履行长久以来的邻里之道：践行付出，尽量自给自足。她的一位邻居主动提出开车送她去做化疗，但是，塔瓦斯太太只要身体允许还是会自己驾车前往。她不想让邻居坐在那里 2 个小时，无所事事。她感觉身体还行的时候，还会去教会弹钢琴。塔瓦斯太太正在为下周在养老院举行的抽奖制作被子。圣诞节的时候，她会在咖啡罐里装上烤好的香蕉坚果面包，系上彩带，给周围的邻居送过去。

以社区作为参照组

我在这一章里提到的塔瓦斯太太以及其他人的故事中有一个共同点：社区不仅仅是生活的地方、人们投入时间和兴趣所在的社会单位，而且还是参照对象。社区是个人生活的一部分，是他们选择自己的行业、成功实现了生活理想或者有时没有实现梦想的原因之一。每个人的故事都和小镇的故事有着千丝万缕的联系。

通常只有在有竞争的情况下，才会有参照组的出现。小时候和自己的兄弟姐妹竞争，上了学和同学竞争，这种正式的或非正式的比较会一直持续下去，学习表现、体育成就、朋友圈、衣着，几乎一切都在比较。接下来，参照组的范围必然扩大，包括同一行业的其他人，根据薪资、职位、奖励、旅游、房价以及居住地等级来进行比较。如果一个人住在小镇上，那么社区就必然是他的一个参照组。

参照组与成就评估相辅相成。事实上，它们几乎是同义词。相对于一个人的参照组，他可以被归为接近上层、差不多中层或是接近底层。这是把小镇当作参照组的一种方式。相对于社区的其他人，一个人可能更接近上层或底层。正如第 2 章所提到的，这些差别存在于小镇中，在社区里人人皆知。

但是，我谈到的这些例子显示了社区作为参照组发挥作用的其他方式。不论好坏，小镇作为青蛙池塘决定了生活中合理的选择范围，这其中并没有完全排除最具抱负的选择——有许许多多名人和成功的商业领导人都是从小镇走出来的，他们做了很好的榜样。然而，如果某些选择在小镇居民中从未有人尝试过的话，就更容易被忽略。从这方面来说，当所有可能的选项都放在人们面前时，青蛙池塘的存在消除了做选择时的一些困惑。

青蛙池塘不仅给人们心理上的安全感，而且当其他的选择都行不通的时候，青蛙池塘就是人们的备选方案。许多故事中都强调了这一点，在这些故事中还包含了另一个新的元素——坦率直白。为什么我会生活在这里，为什么我会做这种工作？坦白地说，因为我在其他地方也试过，失败了；回到自己的家乡，搬到另一个小镇，我需要帮助，家里人会帮我的；我认识一个生意人，他能给我一次机会。小青蛙池塘比大青蛙池塘更容易找工作。

可是，在小镇生活，即使只是备选也不是那么简单的。如果其他地方的草地更绿，那么没有人会在经历了小镇的生活后，还会只想着“如果以前选择了其他道路的话，情况应该会更好”。在这些关于小镇生活与工作和金钱的选择的故事中，我们看到的是社区确实意味着安定。身处某地意味着社区与生活相结合，日常生活中应该发生的事情都会发生在这里，某种意义上，这里就成了家。

在这些故事中，我们也会看到，有时候要把社区当作家还会面临种种挑战。对于有些人来说，在外面的大环境里失败了，不得不生活在偏僻的地方，没有什么更好的机会，这种感觉实在太难受了。比起失业或婚姻失败，把小镇看作是生活的理想之地、与自然和自己和谐共处要容易许多。

我认为，那些没能在小镇实现个人理想的女性所面临的挑战尤其值得思考。一方面，她们要平衡事业和家庭，另一方面她们要适应并非成长之地的社区，还要肩负照料他人的沉重责任。有时候，社区会帮助减轻这些问题，但是在小镇这样毫无隐私的地方要解决这些问题还是很困难。有时候，另外一些问题也同样难以解决，比如，农业小镇上两代人之间的家庭关系、规模小的社区里兄弟姐妹和姻亲之间的各种问题。这些问题再一次突显了看似同一类人生活的地方所蕴含的多样性。

如果像塔瓦斯太太这样的人都完全依赖她所信任的邻居，那么结果就不会是“小镇是个温暖的地方，社区就像它描述的一样理想”。她非常独立，为自力更生而自豪，表明社区不只是好友之间亲密互助。更好的结论是，社区是人们为了日常生活而努力的地方，也许还包括与失业、癌症做抗争。青蛙池塘塑造了个人的视野，它并没有严格意义上阻碍人们与外界的联系或是阻碍人们从一个池塘跳到另外一个池塘，而是一个人生命中大多数时间生活的地方，人们的人生故事在这里发生了改变。

第6章　领导阶层：赢得尊重，改善社区

生活在一个拥有800人、周围是玉米地和养鸡场、离最近的城市有100多英里的小镇，对一位30刚出头的男士来说，可能很容易就会感到沮丧。但是约翰·欧文斯刚刚在这里住了1年，对小镇的价值观还有着极大的热情，正是这些价值观吸引他带着2个年幼的孩子来这里的高中当社会研究课的老师。尽管小镇人口近年来有些减少，但是当地的农业经济却依然十分强劲。约翰迪尔公司的经销商刚刚建造了一幢新的建筑，最近还新开了一家诊所。镇子上的银行躲过了让许多美国人身陷财务困境的房地产泡沫，运行良好。欧文斯先生说，社区的房价十分便宜。这也是他选择移居到这里的一个原因。

欧文斯先生承认，他教的许多高中学生会离开这里去寻找更好的工作，不会再回来。可是，他说对于那些留下来的人来说，机会意外地多。"构建人际网络的能力，"他说，是关键，"例如，你去了一个大城市，决定在那里做木工。没有人认识你，你必须要很努力地宣传自己。人们不知道是否能够信任你。他们以前从来没有听说过你。但是，小镇上人们都认识你，了解你的家庭。如果你和家人

受人尊敬，他们会说，‘哎，我们想找他来帮我们做。’当然，反过来也是这样。如果你的家庭名声不好，你可能想要从小镇上搬走。”

基于同样的原则，成为一个人人知晓、擅于交往、受人尊重的人，从而被大家信任对于社区领袖来说非常重要。欧文斯先生以他所在小镇上的一位银行家为例来进行说明。这位银行家“常常参与社区事务”，他“并不是只是坐在办公室里，不理睬任何人”。欧文斯先生印象中的市议会议员也都类似，小镇的自豪感中有他们或多或少的贡献。

诸如公司、政府机构这样的官僚组织根据权力等级模式有正式的领导结构。某个人居其位，谋其职，行使权力。相比之下，社区里正式权力和非正式权力同时发挥作用。通过选举和任命的方式得来的职位拥有正式的权力，例如市长、议员、镇行政长官，非正式权力主要集中在富有居民、慈善家、牧师以及自愿为重要委员会提供服务的居民手上。因此，社区领导层比正规组织的领导层更加难以定义，更加难以评估。领导层是优良管理和合理规划的关键，如今的社区在这两方面也被寄予很多期望。领导层主导寻求政府资金支持、基础建设、招商引资、稳定人口增长、消除人口减少带来的不良影响等各项事务。

许多关于社区领导的文献主要强调的是地方政治和规划的较为正式的方面。例如，学校董事会是如何推选出来的以及他们是怎样审议的，这些已经成为研究的重点，同时也对地方利益集团和政党之间联盟的形成进行调查；政治学家把社区当作实验室，研究民主程序怎样发挥作用；学习社会运动的学生研究基层压力团体如何影响当地学校债券、饮用水氟化等地方政策的制定；近年来，减税以及政府拨款对于土地使用、社区扩展和工业创新等问题的影响被给予了越来越多的关注。虽然这些对正式的政务流程的研究很有价值，但并没有揭示出普通老百姓对领导阶层的看法，以及这些看法对于社区希冀的积极的社会氛围有怎样的推动作用。[1]

正如欧文斯先生所描述的，社区领导阶层最关键的一点就是尊重。尊重是行使法定职权的基础。对于正式官员，这是获得选票，然后任职或连任的必需条件。尊重对于非正式领导阶层来说也是很重要的，有了这个基础，才能够达成一致意见，实现合作共赢。在一般的理解中，尊重就是声望，但是，在意义上又有所不同，声望意味着较高的地位，可能会成为嫉妒或顾忌的对象，而尊重则表示的是真正的欣赏，甚至是对某个可能社会地位不怎么高的人。例如，某个人工作非常努力但一贫如洗，这种人就可能受到人们的尊重，但是不会被看作是有声望的人。

尊重是小镇领导阶层的一个非常重要的标准。当小镇上的人彼此相熟或者自称彼此相熟了很长一段时间后，尊重就会通过各种社会交往来获得，例如一次谈话、共同承担某个委员会布置的工作以及完成一次其他任务。在一项全国性的调查研究中，受访者被问及他们对社区里各种人的赞赏程度。非都市小镇中 79% 的受访者表示对“帮助穷人的人”“非常”赞赏，66% 的受访者表示对“做事有条理的人”“非常”赞赏，而 61% 的受访者表示对“志愿者”“非常”赞赏。相反，72% 的受访者表示他们“并不赞赏”那些“非常繁忙，没空参与社区事宜的人”。小镇的这些比例明显比城市和郊区的高。[2]

通过社区志愿者或好邻居等不同角色所获得的尊重与一个人在专业领域表现出色所获得的尊重是不同的，比如优秀的外科医生或教师。正是社区通过其网络和各种活动让人得到了尊重。所以说，尊重的获得是社区对良好行为举止的奖赏。正因如此，通过审视获得尊重的基础就能了解社区是怎样运转的，能够赢得尊重的应该是有助于社区向善向好的行为举止。

谁是领导?

在虚构的小说中，领导通常都被描写成多姿多彩的人物，或者是受到大家爱戴的人物，例如县警长、乡村医生，或者是被嘲笑蔑视的对象，如装模作样的老板、贪污腐败的律师。而在现实生活中，人们更通常地会认为小镇领导阶层都是通过选举而产生的市议会或县委员会。但是，小镇居民并没有把这些官员看作是社区真正的领导人。例如，一位居住在1500人小镇的教师说，“我想说县委员会委员、市议会委员、教育董事会理事，这些人应该被敬仰”，但是他认为事实并非如此。他对身居各种正式和非正式职位的重要的社区成员的观点得到了小镇居民的认同。社区领导因为他们的身份和他们所做的事情而为小镇居民所认识和敬仰，他们通过自己承担的职责与社区的其他居民建立了联系。

即使是在规模最小的社区，领导阶层也会为那些满足社区需要的活动而奔走忙碌。人们很少会鲁莽地提到自己做了什么，但他们会毫不犹豫地推举出他们最了解的那部分领导。比如，住在600人小镇上的银行家帕森斯先生说，银行官员在他所在的社区和周围的小镇中都起到了关键的领导作用。“他们做事情很投入，”他说，“也许是因为他们所受的教育或是经历。”人们找他不仅仅是为了贷款，而且也希望得到生活方面的建议。“曾经有位女士到我这里来讨论她丈夫喝酒的问题，”他说，“为什么要找我谈呢？我根本不想听这事。但是，你要听。你要试着去安慰她。这是你必须要做的。”拍卖师施托伊本先生也赞同这个观点。“你知道，银行家、受到人们关注的商人，”他说，“他们被看作是领袖，是能够以正确方式处理事情的人。”还有一些也被人们看作是领袖，他们中有杰出的医生、优秀的律师以及富有的农场主和企业主。“我所说的企业主，”克拉克太太解释说，“是那些经济上获得成功的人。”

但是，小镇居民表示他们并不尊重社区里最富有的人。“成功似乎招来的嫉妒比尊重要多。”一位社区领导人说。人们认为，那些高收入者“要么为了钱而毁了社区”，他说，“要么偷偷摸摸地在别人背后赚钱。”这种想法在其他社区也很明显，中低收入者认为那些人都是“赚了不义之财”，或者只是继承了大量的财产，或者因为拥有油井或矿场而发财致富，或是在政府的帮助下大赚了一笔，可是又没有“分富于民，与社区分享”。这种看法也延伸到当地政治和商业上叱咤风云多年的创始家族。“他们家族在这里已经很长时间了，一直保持良好的声誉，”一位年轻人说，“正是这些把他们与我们这些穷人区分开来。”对于那些被认为骄傲自满的有钱人，人们更加看不起他们，觉得他们要么就是“有钱爱炫耀”，要么因为有钱而“骄傲自大”——对这些人小镇居民的评价并不高。

对于被视为领袖的商人来说，这很大程度上是因为他是在这里长大的，或是长期以来对小镇尽忠尽职。并不是任何一位商人都有这样的资格。这个人一定在当地拥有一份事业，并在那里生活了很长时间，至少已经有资格参与各项市民活动，并且他可能在与外界的竞争中保持业务运转良好，能够为居民服务。他们可能是五金店老板、木材场主、银行行长等等。在交谈中，没有人能够确定他们的身份，但是小镇居民都认为他们是生活在小镇并在此地有一份事业的人，会关心社区的未来，也会在当地进行投资。

相比之下，让小镇居民感到担忧的是那些为总部设在别处的公司工作的商店经理。“粮仓不再为小镇所有，”一位农民解释为什么小镇上受人尊敬的领导人寥寥无几，“加油站也是一样，它们都受到外面世界的影响，都只是其他地区的一个分支。”随着越来越多的本地企业成为总部设在其他地方的大公司的连锁店，小镇居民也越来越担心这种情况所产生的后果。他们很高兴小镇有了这些商店，但是，这些店的经理们都是初来小镇的人，或者他们只是过客，一旦有更好的机会，他们还是会离开的。至少，这些商店经理们并不是全心全意忠诚于小镇的，因此，他们可能不会全心投入到社区事务中。

对新来小镇不过一两年的领导者所持有的怀疑态度反映出小镇居民一直以来对初来者的不信任感，也被小镇居民认为是当地文化的一部分。即使新人打算在这里长久地留下来，但是常住居民对某个带着新想法想当领导的人还是表示怀疑。“有些人刚来，就想当领导。”布拉德福德太太在描述她所在的600人的社区时说。布拉德福德先生接着说，“他们只是想负责并接管社区的事务。我有点讨厌这些从城里来的人，他们会说，‘噢，我们是这样做的。’噢，你们为什么不待在原来的地方呢？”

如果商业领袖曾经做过改善社区的项目，这也会有所助益。例如，一位来自1300人小镇的居民就提到了一位企业家。他将小镇主街上的一幢建筑改造成了一家剧院，将一家老旧的餐馆改造成了一家带有咖啡馆和美容院的迷你商场。她对这位企业家赞赏有加。相比之下，对于另外一个反对发行债券以改善当地学校状况的企业主就不是很欣赏了。

获得尊重

除了规模最小的城镇以外，社区领导人已经日趋职业化了。小镇日常事务的管理越来越多地落在了全职领薪资的小镇管理人员的身上，而不是本质上相当于被选上当志愿者的兼职市长。不论小镇管理人员还是市长，所肩负的责任都需要经过专业训练。作为领导人，可能前一刻还穿着便服穿梭在朋友和邻居中间，下一刻就要穿着正装代表小镇。在处理越来越多的问题，包括与其他政府机构代表的会面时，适当的训练和合适的着装都是必需的。正如一位领导人所说，“做这份工作，你必须更加专业。我不会穿着牛仔裤和人字拖去参加会议。如果去县里参加会议，我会穿上套装和高跟鞋。”

有人可能会想，专职为社区服务的人们，例如学校和小镇的管理人员、医生、企业主等无须做什么其他事情就可以赢得人们的尊重。但是，在某种程度上，他们在社区的领导职务反而让这件事情变得更难。除了本职工作，他们还必须做一些其他的事才能赢得小镇居民的尊重。否则，人们很可能认为他们骄傲自大、自私自利。或是如当地的一位官员所说，“人们认为政府工作人员就是坐在那里领薪水的。”避免这种看法最好的方法就是自愿为各种社区组织服务。

以乔斯林·布朗为例，她是一座 6000 人小镇的市府行政官。快 50 岁的她整天忙忙碌碌，她的母亲年老体衰，住在 30 英里以外的小镇，需要她的照料。多数时候，布朗太太早上 8 点以前就会去上班，一直工作到晚上 6 点。每周至少有一个晚上会召开社区工作小组会议或是镇议会会议，她都必须参加，这是她的工作职责。她也是扶轮社、商会、家委会、当地艺术中心监管委员会以及新成立的经济发展组织成员。大概唯一一个她没有积极参与的组织就是她所属的教会了。

当然，关于社区志愿组织的衰落已经写过很多了，这其中的原因包括双职工家庭过于忙碌、社区居民进进出出、人们要花更长的时间通勤。[3] 不仅仅是郊区和城市，这些问题对小镇的社区组织也产生了很大的影响，尤其是人口的减少使人们很难再维系传统的组织方式，同时，当大部分留下来的居民又都去社区以外工作时，这种影响显得更为深远。可是，通常情况下，相对于较大的社区，小镇上根据社区规模统计的这类组织数量会更多。例如，在国家税务局登记注册的 150 万非营利组织中，按邮政编码对应地区的人口分类，在人口最少的地区，每 1000 人中就有 10 多个社团，在人口最多的地区，这一数字下降到每 1000 人中只有大约 2 个社团（如图 6.1）。

这并不说明规模较小的社区居民一定比规模较大的社区居民更

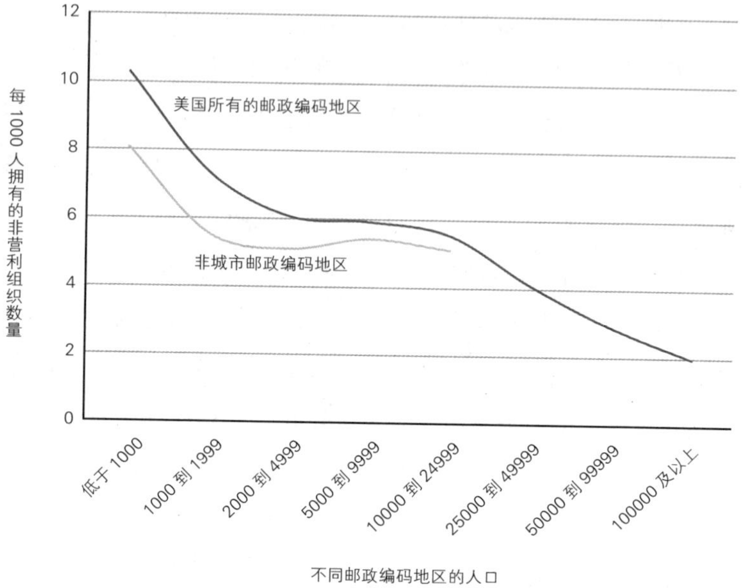

图6.1　每1000位居民中非营利组织的数量

积极地参与非营利组织。其实，其中的一个原因是，许多非营利组织比如医院董事会、家委会、童子军、退伍老兵协会等都建立在县或镇一级，不论当地人口有多少。但是，小地方人均非营利组织的数量更多是小镇居民认为这些组织对地方上很重要的原因之一。[4]

小镇社区组织的重点与大型社区组织强调的重点不太一样。最突出的如图6.2所示，这张图对非都市小镇的居民和郊区的居民进行了比较，将种族、民族、性别、年龄以及教育水平等因素考虑在内。在小镇中较少的两种组织是根据种族、民族和国籍组成的协会以及政治俱乐部或组织。其他组织在小镇的比例比郊区的高。毫不奇怪的是，小镇上农业组织的比例是最高的，可是同样，工会和青年团体的比例也是最高的。传统上，三类组织——教会附属组织、兄弟会、市民服务组织——参与改善社区以及社区内的慈善活动最为积

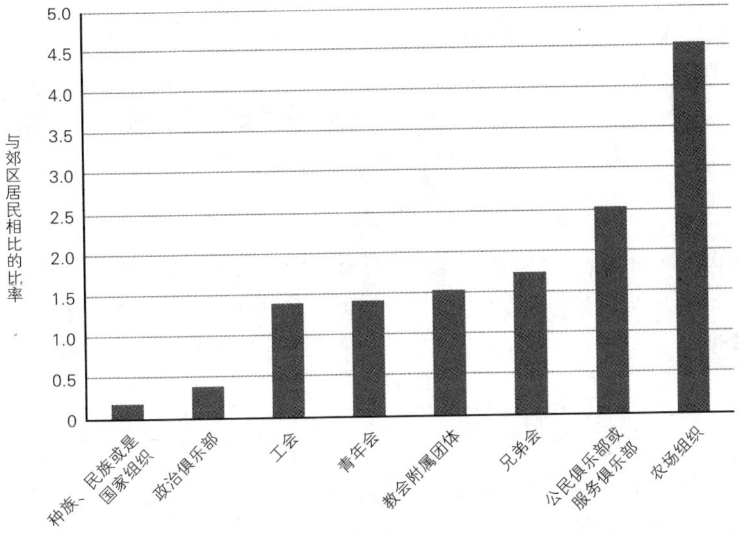

图 6.2　被挑选出来的组织的会员情况

极。虽然郊区的人口数量更多有益于专业性组织，但值得注意的是，其中许多团体的成员在小镇和郊区一样普遍。例如，小镇居民和郊区居民在可能会加入环保组织、运动俱乐部、健身中心、兴趣小组或是田园俱乐部、文学或音乐团体、职业协会等组织的数据上并没有明显的差异。[5]

小镇民间组织的成员有一个特别重要的特点，就是其可见性。小镇居民知道镇行政长官是否出席扶轮社的会议，是否加入美术委员会。民间组织让这种可见性最大化。其他成员会在定期会议上看见议员或医生，而发自个人的友善行为或慈善捐助则可能被忽视。

赢得尊重的具体行为是指那些能够直接给社区带来益处的行为，或那些能够间接地显示社区是由正直有爱心的个人所组成的行为。迪克西 · 郎格伦是位上了年纪的老人，生活在一座 20000 人的小镇上。

小镇概况

梅维尔镇，威斯康星州（Mayville, Wisconsin）

67号公路上，一位旅客从南向威斯康星州的梅维尔小镇前行，沿途会经过右手边一座维护良好的公园，左手边两个墓地，还有几个大的指路牌，其中一个包含了小镇许多现有社区组织的标志。19世纪60年代就来到这里的德国路德会信徒和天主教信徒大都定居在梅维尔镇。这个小镇周围是土地肥沃的农场以及大型的奶牛场，是本州牛奶和奶酪的重要来源。梅维尔镇本身就有几家具有百年历史的工具与模具公司，越来越多的通勤者每次要驱车50英里去密尔沃基上班。

和许多小镇一样，梅维尔镇的民选和任命的官员主要依靠社区的志愿组织来管理小镇的各项市民活动。总共有50多个正式的免税组织，至少还有12个以上的非正式组织。这是一个5000多人的小镇，有许多组织的标志在同规模社区中都为人所熟知。小镇上除了有两家路德教会之外，还有一家路德会靠近农村地区，镇中心有一个更大的天主教会，几个街区以外还有一个规模较小的卫理公会。有着悠久历史的公民组织包括每周三晚在当地一家餐馆聚集开会的狮子会以及每月第一个星期四都会在VFW大厅会面的海外战争退伍军人协会。其他的传统组织还有哥伦布骑士会、国际扶轮社，国际同济会以及家长教师协会。

虽然就全国范围来看，这些传统组织的会员人数有所下降，但是，在梅维尔镇以及其他一些地方，一些更新的特殊利益团体则在蓬勃发展。像1974年就来到梅维尔镇的美国保龄球协会分会以及1976年成立的骑行者组织都不再是新生代组织了。另外一些，例如一个名为“妇女之光”的福音会团契以及与之相对的一个名叫“兄弟团”的以男性为主的福音会团契则欣欣向荣。

和许多小镇一样，梅维尔镇上的介于志愿者组织和地方政府之间的非正式联盟组织带来了新的公私互动的形式。例如，威斯康星州的家庭与社区教育协会会举办“项目申请书”写作领导人研讨会，梅维尔镇主街还会为开发街区和改善社区寻求公共资助。

她说在她的主日学校班级里有一位男士就是那种备受社区居民尊重的领导人。“他就是个农场老小子，”她笑着说，“但是如果我需要什么，我会毫不犹豫地打电话给他。我确信他会管的。”一位生活在 900 人小镇的女士则提到了“在这里开杂货店的女士”，因为她“为社区做了很多事情”。住在另外一座相同规模小镇的女士则提起了她的邻居，一对 80 多岁的老夫妇。她解释说，这对老夫妻参与了“每一次志愿者行动，每一个社区组织”。来自另外一座小镇的男士说有一位少年会是社区未来的年轻领导人，他解释说这位少年主动帮助社区的孤寡老人修剪草坪。

值得注意的是，即使是在谈论担任正式领导职位的小镇居民时，他们也会提到志愿服务。“我们这里有一对夫妻，分别是一家银行和一家公司的首席行政官，”一位住在 1200 人小镇上的居民说，“他们把许多时间都贡献给了社区，做了许多事情。”一位住在 2500 人小镇上的议员说，那些“对社区十分尽心的”领导才会得到社区居民的尊重。克拉克太太也谈到了这一点。她说在她所在的小镇上，事业成功的企业主会受到大家的敬重是因为他们“真正地为社区做了许多事情”。在另外一座小镇上，一位常住居民给出了相似的看法，而且更加一针见血。“他们并不一定在社区中拥有很高的地位，但是他们都是关爱他人的人。他们很真诚。”她表示，市长并不在这些人之中。当地人都认为他“有点像个骗子”，这种人不会被认为是关爱他人的那种人。

这里又体现了小地方的规模的重要性。“你每天都会看到这些人，”一位男士总结道，“你会看到人们所做的小事。”如果某个人是银行行长或是狮子会的主席，是有益处的。但是他还是需要去做一些小事，例如出席野餐募款活动、帮助老人过马路等等。在大型社区里，没人会注意到这些。即使注意到，他们也没有人可以告诉。在小镇，消息就会一传十，十传百。在采访的过程中，人们讲述的故事都是听别人说的——他们听说有人帮助了一位邻居，听说另外一个总是去探访病人等等。

为社区做出贡献的人们感到自己做的事情有了回报，会更愿意积极参与其中，这就是尊重的作用。正如一位女士所说，她为学校董事会服务获得了人们的尊重，这让她感到非常高兴，正是这种赞赏的态度让她愿意竞选市议会，做了一届市长。另一方面，同样重要的是，那些没有为社区做出太多贡献的人们看到了事情的发展，决定也要更多地参与其中。这里有一个很好的例子，一位女士表示，她从小到大从来没有认为社区服务很重要，“我的父母没有关注过社区服务，所以我也没有为社区提供帮助的意识。”然而，在她现在所生活的小镇上，事情却完全不同。“这个小镇让我懂得社区的重要性，你必须要投入其中，有一种要互相帮助的强烈意识。我们会为那些家人不在身边的人提供圣诞晚餐和感恩节晚餐，养老院和学校里都有很多志愿者。”她自己也在为一个市民组织、学校和她的教会做志愿服务。

志愿者服务、关爱邻居、共同完成社区项目无疑对社区的福祉是有益的。在这些例子中，小镇居民的积极参与不仅是因为他们的无私，而且也是因为他们的行为会得到社区的回报。参与的居民会得到尊重，为社区生活做出贡献的人们会受到敬仰，而那些对社区生活不闻不问的人则得不到人们的尊重。“那些关爱他人、平等待人的人，”一位 200 人小镇上的议员说，“他们为其他人做了很多事情，但并不是为了得到认可，他们这样做，只是因为有需要。”

那些连自己都管不好的人则会被蔑视。“噢，我们这里有这样的人，他们甚至连自家的草坪都不清理。”一位先生说。“你可以贫穷，但你不能肮脏。”另外一位居民说。“我们这里有那些整天就坐着不动，只会抱怨、什么事也不做的人。”说话的这位女士所在的小镇上有 1200 人，她认为她所在的小镇上的居民大多很勤劳。那些过于关注自己的人也会受到其他居民的鄙夷。“他们就像是蟑螂一样，”施托伊本先生说，“你从来没有看到过他们，但是他们又一直就在周围。我告诉他们，你怎么做，社区就是什么样。如果你想待在你那该死的房子里，不想和别人接触，你可以这样做。可是不要一年以后又跳出来，叽叽歪歪说社区里啥也没有发生。”这种对特定行为的蔑视突显了社区领导人所需要的优点。一位女士总结说，尤其是那些“以自我为中心、自私自利的人”是得不到人们的尊敬的。社区这种利他的美德一定要得到保持。简单说来，这就是要让社区变得更加美好、关心它的需求。从广义的角度上来说，领导人必须要正直，关心小镇居民的财产安全，善于交际，清正廉洁。

积极参与各类市民活动可以提升个人在小镇其他居民眼中的形象，然而，具有讽刺意味的是，社区参与似乎也创造了一个公平竞争的环境，从而缓解了原本可能存在于小镇贫富阶层之间的紧张关系。一位在 800 人小镇议会工作的女士对这方面做了清楚的评述。她说，她受到人们的尊敬是因为她在议会的职位，但是她补充说，“我并没有让自己高高在上。我只是去做我会做的事。”她和农民、服务员、退休老人一起清理空置大楼、举办家常菜聚餐会，这证明了她和其他人一样，都是社区的一员。

文化领袖

虽然如今即使在规模最小的镇上，社区领导都通常指的是监管预算、执行计划（以及小镇居民的自愿服务工作）的办公室工作人员，但是有一种重要却常常被人忽视的领导角色，是由那些被称为乡村民俗学家的人扮演的。和研究民俗的学者不同，乡村民俗学家是本地传统的守护者，作为小镇居民，他们是了解小镇历史、记得什么时候曾经发生过什么事情、能够向任何愿意倾听的人重复故事的人。

有时候，乡村民俗学家与当地的历史学会有着正式的联系，甚至可能是保存着社区珍贵文物的小博物馆的馆长。如果换到大一点的社区的话，乡村民俗学家就有可能是州立大学或是市立大学的老师，或是市博物馆、文化中心的工作人员。而在小镇上，就有可能是某个擅长讲故事的居民，他也许就在当地的五金店里讲故事，或是社区报纸的编辑。通常，像这种对于小镇历史有着特殊兴趣的人对于保护社区的历史遗产来说是非常重要的。

我特别要强调乡村民俗学家，是因为小镇普遍存在的社区意识主要归功于这类人的领导作用。如果认为小镇居民认同自己所在的社区仅仅是因为他们就住在小镇，那就大错特错了。社区就是一个人人都了解的故事。社区的故事包括起源——通常是历史事实，但常常会带有一些虚构的成分——故事会谈到小镇的第一批居民的情况，也许是欧洲后裔的开拓者，也许包括了美洲原住民。故事里很可能会谈到吃苦耐劳的开拓者的传奇功绩，早期的城镇创建者，老师或医生等等，可能还会回忆起一场惨绝人寰的大火或洪水，或者一个不幸家庭遭遇的悲剧。

这些故事并不是小镇居民亲身经历的分享。这些故事代代相传，在小镇会议上被反复讲述，还被印在当地的报纸上，或是被图书馆或县政府收集归档，从而让社区有了独特的身份。这些故事是美国的缩影。几乎每一个人口上千的小镇都会找当地的民俗学家将描述小镇历史或某个重大事件的故事集结成册，以资纪念。漫步任何一个小镇的主街，不难发现保存下来的作品——例如商业墙绘、内战士兵的雕像、公园入口处的匾额或是刻在教堂窗户上的名字。

维拉·格鲁恩林是我们遇到的众多有趣的乡村民俗学家之一。她生活在一座农业小镇上。在过去的 25 年里，小镇人口增长到了 2 万多人，这意味着有许多搬到小镇的外来者并不熟悉这里的历史和传统。70 多岁的格鲁恩林太太一辈子都住在这里，当了近 40 年的教师。通常，她早上都会去基督教青年会做 1 个小时的祷告，然后教 4 年级学生的数学和英语。她对小镇的故事了如指掌，经常给小学的孩子们讲述第一批开拓者是如何经过努力在这里建造了房屋、开发土地。她也会谈起小镇的创建者，讲述他们是如何建造铁路、小镇博物馆的什么地方可以找到他们的照片。这些故事谈到的不仅仅是不屈不挠的个人主义，更多的是小镇居民齐心协力互相帮助、为抵抗外来者保护小镇所做出的努力。小镇建立初期，吉卜赛人的车队常常会来偷食物，后来，小镇又与邻近的小镇竞争，以争取更好的公路和更高级的商店。她谈到 1965 年小镇经历的那次洪水冲毁了公园，社区因此建造了一个新的动物园。当地报纸记者常常会打电话给她，了解小镇的历史。最近一段时间，每周三她会去老年中心参加“亲历历史”小组的活动。这个小组正在录制口述历史和书写回忆录。“我们不停地讲述着过去所发生的事情，”她说，帮助社区居民“更多地了解这个地方”。她还是当地历史协会的志愿者，将传记信息录入到电脑的数据库。最近，历史博物馆又开了一个新馆，在这里人们能够看到令人难忘的小镇历史的影像展示。

从几方面来说，格鲁恩林太太是我们采访的乡村民俗学家的典型代表。一辈子生活在小镇，或至少长期生活在小镇，与社区的老人经常在一起，自然对小镇的历史了解得更多。老师、店主、当选的官员会认识小镇里的很多人，也会有更多的机会听到关于小镇的各种故事。在小镇，我们采访了古董商、女服务员、理发师，这些人会最频繁地听到许多小镇故事。像格鲁恩林太太这样的退休老人有一大优势，可以有时间参与志愿者服务。我们还采访了一些业余的乡村民俗学家，其中包括那些志愿到当地的图书馆、学校、教会和俱乐部去向大家讲述小镇故事的居民。在规模最小的小镇，有时候邻里之间仅仅凭名声就知道谁会告诉他们最精彩的故事，或是最新的八卦，图书馆和小镇其他的文化中心的志愿者服务则意味着即使是陌生人也能从这些民俗学者那里了解到小镇的历史。

随着当地政府职位的增加和正规化，有些社区的乡村民俗学者的工作职责需要他们具备当地的历史和传统知识，萨拉·波特菲尔德就是这样。在过去的15年里，波特菲尔德太太一直是南部一座小镇公园的设施和服务主管。这座小镇上有600个人，既保留了南北战争之前的原始风貌，又能够适应21世纪不断变化的社会和经济现状，这是小镇引以为豪的一点。她的工作就是对外发布信息，吸引游客，同时要负责公园设施的使用和维护。她最近刚刚更新了社区的网站，几乎可以一字不漏地背诵有关小镇成立的故事以及最新的发展状况。她知道哪一年小镇建立了第一家纺织厂，哪一年最后一家纺织厂关闭了，她知道以前某家衬衫厂建在哪里，哪位著名作家在20世纪50年代造访小镇，她也知道装饰艺术运动是如何打造小镇广场的。她还知道当初那个磨坊、那位颇有影响力的牧师、那家大型花生农场的故事，她甚至还知道铁路是怎么建造的。毫无疑问，她认为社区的优势就在于了解自身的历史。这意味着“每个人都知道你是谁，你的母亲和父亲是谁”。这也意味着当秋季节日到来的时候，社区的历史又会被人们忆起，店主会向游客讲述各种各样关于小镇的历史故事。“我们认为这就是我们的定位。”她说。

许多社区的乡村民俗学者不仅仅提升了小镇的自豪感，而且也保存了当地民族文化中重要的部分。例如，一位来自以芬兰人为主的小镇领导向我们讲述了早期定居者在英语学习上所遇到的困难，有时候，芬兰裔的孩子在学校会因此受到嘲笑。他饶有兴味地向我们讲起了芬兰人蒸桑拿的传统。每周六各个大家庭、邻里街坊都会蒸桑拿，为周日的主日礼拜做准备。周围的邻居如果不是芬兰人，会认为这种行为很混乱，有时候，他们还会提起诉讼，要求禁止这种行为，但是，事实上，“蒸桑拿和在教会所遵循的”准则一样“纯洁”，男女是完全分开的。而在其他的小镇上，传统故事的传承者讲述着各种不同的故事，德国人在第一次世界大战期间遭受迫害，瑞典裔的祖先作为殖民者在这里定居下来，说西班牙语的祖辈们曾经是农场工人，意大利裔的移民在矿场工作。

美国原住民领导人在保护其所在社区的民族和乡村传统上也起到了非常重要的作用。马托 · 坦卡生活在印第安保留区内一座拥有 700 人的小镇上，这里居住的大都是奥格拉拉苏族部落的人，他们中有人的祖先是小巨角河战役 * 的老兵，有人的亲戚则在伤膝河大屠杀 ** 中被无情杀害。[6] 坦卡先生说着一口流利的英语和拉科塔语，他从小在印第安人保留地长大，10 年级的时候从学校辍学回家，可是，在他祖父的坚持下，他找到了一份保管员的工作，几年以后，他从警察学校毕业，最后他在全国最负盛名的法学院获得了法律学位。目前他担任部落的律师，处理与土地和博彩条例有关的诉讼。坦卡先生是拉科塔族至少延续了 19 代的叙事、歌曲和神圣仪式的主要传承者。他是拉科塔族太阳舞的领唱，会在守夜和其他仪式上进行表演，他还教授传统歌唱方式。他说，拉科塔族人对历史的理解并不是直来直去的，而是关乎人本身的。“这辈子我想要做的事情，其实，”他强调说，“就是要成为一个好的关联者（relative）。”这就意味着不仅要积极参加当地的服务活动，而且不论是否基于血缘关系、同处一个社区或是拉科塔族对伟大的祖父精神的共同理解，都要与每个人紧密相连。

坦卡先生列出了他作为律师需要处理的事务：房地产处置、离婚、因酗酒而被逮捕、财政援助需求、与州政府或联邦政府之间的

---

* 小巨角河战役（Battle of Little Big Horn），发生在 1876 年 6 月 25 日的蒙大拿州小比格霍河附近，是美军和北美势力最庞大的苏族（Sioux）印第安人之间的战争，被称作美军与印第安人之间最惨烈的战役。最终以印第安人的胜利而结束，整个战役历时仅半小时。

** 伤膝河（Wounded Knee）大屠杀发生于 1890 年 12 月 29 日，美国骑兵对印第安人苏族的部族拉科塔进行屠杀。这是最后一场大规模的印第安人战争，预示着印第安人传统生活时代的结束。

管辖权纷争、一起新的或是悬而未决的谋杀案调查等等。经常的情况是，讼诉是因为争执双方有一方没有好好计划安排。坦卡先生希望更多的社区成员能够懂得印第安人时间的真正含义。“我的祖父让我懂得了什么是印第安人时间，”他说，“意思是在夏天就买好冬天的雪铲。”他经常会想起他的祖父和他祖父的祖父母。他们是好的关联者的典范。“他们把生命奉献给了他人，”他解释说，“我觉得他们一直在看着我们。”

虽然乡村民俗学家自身都很有智慧，但是他们不愿被看作众所周知的哲人或智者。民俗学家因为他们对当地历史的知识而家喻户晓。他们不仅代表并传播有关过去的信息，还让大家知晓社区目前的活动。相比之下，乡村智者是通过阅读和旅行而积累的个人智慧来讲故事的。智者通过口传或写作向外来者讲述小镇的故事，从而在社区以外的地方赢得声誉。“没错，某某人就住在这里。”社区居民可能会说起社区里一位知名的散文家。然而，他们也会对那些给报纸写专栏或写网络博客的自诩智者的人感到失望。当地的民俗学家更可能会被居民们看作是社区宝贵的财富。

用社会学的行话来说，乡村民俗学家是生产和复制文化资本的社会网络的中心节点。一般来说，文化资本是指人们用来满足自身需要所使用的知识，例如，在颇具声望的行业中觅得一份高薪工作所需的知识。由于社会学家倾向于将整个社会而不是地方社区作为相关单位，因而重要的文化资本在社会范围的分层体系中很容易交换到金钱与地位。高等学历、职业培训、技术技能、高雅文化品位都是最好的文化资本。

可是，在小镇上，具有当地特色的文化资本同样关系重大。了解一些重要的信息是有用的。当资源稀缺、地理位置也很偏僻时，知道小镇上谁能把拖车的挂接装置焊接好，化粪池溢出来该打电话找谁，是很重要的。文化资本也包括对社会交际有用的表述性信息。

闲聊交谈能够交换到有用的信息，了解并能够讲述小镇的历史也能起到同样的作用。小镇内部的人了解传统，或者知道该去问谁，这要比游离在小镇的边缘感觉好很多，所以说乡村民俗学者扮演了非常有价值的角色。

在其位，谋其职

当被问及人生中达成的最满意的目标是什么时，玛格丽特 · 奥布莱恩说，“担任小镇第 1 任女市长。”这是她第 9 年担任市长一职，是她第 3 个任期的第 1 年。“即使这里只是一个乡村小镇，我依然为小镇今天的样子、为我们所取得的进步感到自豪。我该怎么表达才不会听上去像是性别歧视呢？我很自豪，我能和全部由男性组成的镇议会一起工作，和他们一起努力，而且感觉非常舒心。”

奥布莱恩太太的故事与许多小镇当选的官员故事相比，并没有什么不同。40 多年前，她来这里的时候刚刚和丈夫结婚。她从小在另外一个州长大，住在空军基地附近，梦想长大后有一天能参军。她想要去保家卫国，看看外面的世界。可她的父亲却不同意。她的兄弟可以参军，但是她和她的姐妹们不可以。她决定另寻他法，出去看看。按当时的叫法，她当上了空中乘务员。一段时间还好，但她必须要保持身材苗条、光鲜靓丽，还要穿着制服、戴着蓝色的小帽子，会让人很快衰老。“我就只是空中的服务员。”她回忆道。不久以后，她就辞职了，结了婚，搬到后来她生活了大半辈子的小镇，成为一名母亲。她乞求丈夫，难道他们不能搬走吗？不能搬到其他任何地方去生活吗？但是，这里是丈夫的家乡，他在公共事业公司上班，他想要孩子们就住在祖父母身边。于是她去附近的社区大学学习，成了社会工作者。

在随后的 30 年时间里，奥布莱恩太太一直做社工，稳定的收入贴补了丈夫的薪资，这样他们的孩子可以去上大学。虽然在许多小镇人的眼中，她依然是新来的，但是她的工作使她能接触到许多当地居民，有机会学到重要的技能。按照州和联邦的规定，有些事情她可以做，有些事情她不能做。她帮助一些需要社会福利和医疗援助的家庭，申请补贴，与医生和警察配合工作。她还做了一些志愿者的工作。她的父母教育她，一个人应该回报社会，她也尽力这样去做。尽管从技术层面上说，她已经退休了，但是，担任市长一职就是继续为社区居民服务的一种方式。

在许多情况下，小镇市长的日常生活并没有那么劳累。奥布莱恩太太早上边喝一杯热柠檬水，边听当地电台的早间新闻，读着她所在地区唯一的一份日报。她会在跑步机上锻炼半个小时，然后去市政厅。比如，今天上午她要为市政府机关的职位面试一位候选人，她很高兴这些候选人都在差不多规模的小镇工作过，接着她还要处理其他一些事务，打一些电话，这样她的助手就可以去办事了。她参加了扶轮社的午餐会，为了周六到另外一个镇去参加共和党领导人的基层会议，她打了几个电话，下午 3 点左右她抽空做了个填字游戏，又做了些阅读。似乎总会有些事需要她去关注——当地一个湖泊和墓地需要修缮，横穿小镇的公路正在重新铺设，她还要花很多时间写拨款申请。她指着新建的路灯杆、垃圾桶，还有新的储水设备和回收中心——所有这些项目都需要从州政府拨款。

像奥布莱恩太太这样的镇政府官员所需的技能一直都在变化。虽然这几十年来写拨款申请的技能提高了不少，但是，漫长的午后阅读时间读的多是关于新的融资机会、州政府制订的计划等。例如，最近她建议当地图书馆购买一些二手婴儿汽车座椅，可以租借给低收入家庭，没想到后来得知，如果发生意外，这一建议会让小镇陷入法律危机。在其他人口不到 5000 人的小镇上，镇行政长官提到了他们的公共管理硕士学位，他们还必须接受继续教育。

但是，这就是当地的政治体制，在小镇官员看来，既有趣又富有挑战。马尔温 · 本肯长期在奥布莱恩太太所在的小镇上担任县理事。他是第 3 代农民，大学毕业后在学校里教书。由于必须要完成政府的农业项目，他在职业生涯早期对公共财政和税收政策产生了兴趣，这促使他开始竞选公职。作为共和党终身党员，他参加竞选获胜并连任了 2 届。虽然他不打算参加下次选举了，但是一位理事同僚去世了，本肯先生就主动竞选此席位。然而，共和党还在考虑另外一个候选人。本肯先生就转为民主党参加竞选，他又获得了胜利，18 年来他一直担任这一职位。他说，至少，这让他的生活充满了乐趣。

一旦在小镇有丑闻爆出来，打击一定是毁灭性的。卡罗尔 · 梅森是位正式任命的官员，她谈起了她所在的 5000 人小镇的前市长。她的母亲去世的时候，这位市长穿着工装裤来到她家，在后院挑了一个地方，挖了个洞，种了棵树以纪念她的母亲。每次从家里的厨房看到这棵树的时候，她都会想起这位市长。几年以后，她去他的办公室，有一些文件需要他的签名。他说他有些事情要处理，问她可否过一两个小时再来。等她再回去的时候，她得知这位市长去他父母埋葬的乡村墓地自杀了。后来，她才知道他错误地授权市里购买了一些房产。镇议会认为这是个小错误，但是报纸却把这件事大肆渲染，变成了一桩丑闻。

就算没有丑闻，要保住职位，不论是选举产生的还是任命而来的，都不是件容易的事。公职人员必须面对积累多年的各种争议。每一个我们采访过的地方官员都有话要说。在有些社区，学校被整合之后很多年，居民依然气愤不已。而在另一些社区，由于小镇必须要依靠县警察局而不是小镇自己的警察来执行法律，争议一直在持续。又或者有人心生愤懑，因为隔壁小镇的健康中心更好、紧急医疗和救助服务更快速。[7]

梅森太太所在的社区周围都是煤矿。大约20世纪80年代的时候，煤矿纷纷倒闭，现在社区周围到处是被废弃的矿坑。这里以前有一家制造厂，雇佣了1000多名工人，但是现在也关闭了。她说这个社区是个“友善的小镇”，篮球队是小镇的骄傲。但是，经济形势不景气，她的工作也很难做，她要向州政府和联邦政府申请拨款，与环境部门进行协调，还要利用非正式的人际关系技巧。在争取新医院的资金、与州政府协商把中等安全监狱建在小镇这些事情上，梅森太太起到了重要的作用。可是如果她不能获得长期分裂的镇议会大多数议员的支持的话，她随时有可能失去工作。她是镇议会与民众之间的缓冲区。如果她挥舞魔棒能乞求到什么的话，她说她希望是更多的和谐。“人们有时候真的是把小事闹大了。”她说，小事经常会被弄得不可收拾。她有句座右铭就是“言多必失”。

考虑到有可能会出现严重误解，所以小镇上任何人竞选公职都会让人感到惊讶——在我们研究的一些小镇上，居民们表示很难找到出色的领导人。然而，通常情况下，社区的自豪感足以超越这些困难。既有像梅森太太这样上过大学、研究生毕业的公职人员，经过公共管理的正式培训，因为配偶的工作或是需要离父母近而回到家乡，也有像奥布莱恩太太这样的公职人员，在社区担任职位，当他们被要求竞选公职时很难拒绝。

还有一些公职人员，小镇对于他们来说就像一个青蛙池塘，培养了他们为更多公众服务的愿望。克雷格·贝克所在的县位于山脚下，县里有10000多人，大都是农民和农场工人。他被任命担任行政管理职务。虽然他是农场主的儿子，但是他从来没有想过要和父亲做一样的工作。少年时期，他就对政府行政工作越来越感兴趣。他想起那年在县里的四健会展上，他被分配去清理展览大楼，遇见了一位州政府的代表，他们的展台就在那幢楼里。在大学里，贝克先生主修政治学，志愿参加政治运动，曾认真地考虑去上法学院。但是，毕业后不久，他就在州首府工作，他现在的职位在那时出现了空缺。尽管他年纪轻，经验不足，但是他的政治关系网帮了他。“我不是受过教育的政治专家。”他说，只是他对小镇政治有一种天生的“直觉”。他了解这里每条乡村小路，也认识这里的每一个人。他明白，政府在这里的行动很缓慢，要多些耐心才能让居民们走出他们的舒适圈。他的梦想就是有一天能够竞选州众议院议员。与此同时，他能够在工作时或下班后帮助社区里的人，让他觉得很满足。

社区改善

社区领导除了在细微的地方要关爱他人以外，人们也希望他们能够开展一些可以真正改善社区的项目。在对领导和普通居民进行采访时，我们发现对社区领导的这种期望非常普遍。有些小镇日渐衰败，他们认为如果能够拆掉破旧的建筑或将其重新整修一下，建立一些新的商业项目，吸引工作机会，那么小镇的面貌就会有所改善。正如一位市长所解释的那样，“我们的主街已不复往日模样，但是，我们会努力不让它分崩离析。”人口有所增长的小镇计划着要维系小镇的情感，建立历史博物馆，创办节日，举行社区烧烤餐会。居民们也承认如果不采取任何行动，社区将会破烂不堪。他们很担心，不知道什么时候小镇的广场会开始破败，公园里的树木开始死亡，闲置的土地将无人打理。他们自豪地表示，小镇计划要修复那座老旧的桥、建一个新的消防站等等。这些行动都有着重要的象征意义和实用价值。它们是社区身份认同的中心，从视觉上提示着居民共同拥有的法院大楼、市政大楼、公共图书馆、公园、学校以及主街上经过改造的邮局。

我们在采访中发现，小镇领导人和居民在拆除残破建筑、让新建筑得以建立与尽量保护具有历史意义的古建筑之间保持着微妙的平衡。一方面，小镇居民懂得防止建筑崩塌的重要意义。就像在城里一样，残旧的窗户、废弃的建筑代表着混乱的秩序，同时也会招致犯罪。[8]另一方面，又加大力度去保护和恢复最具历史意义的建筑。正如我们研究的一个南方小镇的领导者所解释的那样，她所在的社区成功地吸引了大批游客，他们周末来这里短期旅游，欣赏已经逝去的美好岁月。“我们这里有这么多漂亮的古建筑、绿树成荫的街道、广场和古董店。”她说。城市规划者甚至跑到小镇来找灵感，想在城市里复制出小镇的感觉。[9]

这不是孤立的例子。我们研究的许多小镇都在试图促进旅游业以保住工作、留住人口、增加税收。有几个已经正式建立了旅游委员会。有一个小镇已将小镇名注册成商标，把它印在了纪念品上。有些小镇开展了一些小型项目，例如开一个古董商场或是举办一年一度的摩托车拉力赛。有些更雄心勃勃，例如设立游客中心、建造历史博物馆、开办赌场。如果充分利用各种条件，即使较小的努力也能成功地吸引周边的游客，例如湖泊可以吸引钓鱼和划船爱好者，可以借助民族文化遗产资源每年举行节日庆祝或手工展，或利用靠近城市的地理优势，吸引农业旅游爱好者参加小镇农场的活动。大规模的项目通常出现在一些特殊的地方，例如在靠近国家公园或是印第安保留区附近的小镇上。有时候，小镇会因为是总统的出生地或是儿时的居住地，或埋葬着一位著名的拓荒者或是牛仔而受益。

通常小镇居民对于这些吸引游客的项目感到很矛盾。小的项目尽管只是取得了小小的成功，通常居民们也是很满意的，因为它给小镇平添了某种特色，吸引着游客的到来，又不会改变任何现状。而较大的项目常常会给小镇带来更大的影响，也会产生更多的争议。例如，有一个小镇一直是该地区的博彩中心，小镇居民抱怨说，他们彼此都不认识了，必须把家门都锁住。但是，他们还是接受了，因为赌场带来的收益帮助他们改善了供水和污水处理系统，保留住

小镇概况

北斯托宁顿镇，康涅狄格州（North Stonington，Connecticut）

与许多其他小镇不一样的是，康涅狄格州北斯托宁顿镇的领导所面临的挑战不是要促进地方的增长，而是要控制其增长。北斯托宁顿镇位于纽约和波士顿之间的走廊内95号州际公路附近，在公司扩张、新的高档住宅开发方面前景光明。它的人口总数从1970年的3748人增加到2000年的4991人，这使得那些焦虑的小镇居民开始考虑保护小镇的历史特征和农村的自然风光。

2003年，指导委员会的居民志愿者们为社区制订了一份《保护与开发计划》。这份计划要求大家都要保护现有的农场、吸引新的农业企业、改善道路交通、确保居民们在房屋上能够有各种不同的选择。委员会认为当务之急是留出有限的区域用于商业增长，降低住宅开发的总体密度，保护自然资源和空地，将市政和娱乐设施保持原位，以及促进节能。

6年后的一项后续评估表明，虽然仍然还有许多工作要做，但已经采取了一些行动。新的分区规章已经通过了，供水和水质量管理计划也已经被采纳，实施了控制噪声污染的计划，风力发电的法规也已落实到位，还有一个长长的建议清单仍然在考虑之中。2010年的人口普查显示，人口已经逐步增加至5291人，10年内增加了6%。

这些都给居民带来了益处，同样，多次公开会议的举行也促进了社区精神。然而，保持田园环境的目标与高税收的问题之间的冲突越来越严重。尽管家庭收入相对较高，但是不断增加的通勤费用也困扰着小镇居民，有些居民还面临失业的问题。社区会议越来越倾向于讨论如何促进经济发展，以减轻税收负担或产生足够的收入来改善学校体系。

小镇的各类活动中都体现出了社区精神，例如，居民自豪地庆祝北斯托宁顿镇的200周年纪念，每个阵亡将士纪念日都会悼念本社区的阵亡将士，积极推动当地篮球和足球队的活动。作为社区一分子就意味着要参与社区的这些活动，也意味着要在小镇会议上不时地唇枪舌剑一番，在竞争激烈的领导人选举中，为那些对社区优先事项持有不同观点的候选人投票。

了原本可能因为年久失修而坍塌的建筑。

在这种情况下，平复小镇居民矛盾心情的关键是将新的收入不仅用于供水和污水处理项目，而且还将其用来维护小镇具有历史意义的身份标识。其他社区的领导表示，希望新的县博物馆、修复的法院、修葺一新的旧仓库、主题公园、拴马柱或是传统的路灯既会对游客产生吸引力，又能纪念小镇的历史。当然，在这个过程中，保存下来的并不是真正的过去，而是一种想象出来的选择性塑造并重建了小镇身份的历史。[10]

社区改善项目一方面切切实实地提高了生活质量，另一方面，这些项目也起到了象征性的作用，主要体现在两个方面。首先，通过招募社区成员共同参与项目，让项目落到实处。当人们一起完成社区美化，散发请愿书，筹集资金，甚至为发行公共债券投票时，他们对社区的集体归属意识又有了新的认识。第二，这些项目赋予小镇实实在在的标志。例如，“在山上有一个巨大的新水箱，”一位居民兴奋地表示，“真是太棒了。”对她来说，刻着小镇名字的水箱是一种识别标志。如果社区改善项目失败的话，这种打击也是具有象征意义的。例如，还是这位女士，她哀叹道，年复一年，社区的资金紧张，学校招生情况不理想，没法在高中建一间新的音乐教室取代那间破败不堪、被认定为结构不稳固的老教室。“其他学校都有新的设施，”她说，“但是，就是这里没有。资金紧张。你必须得发一通火才能把事情做好。”

如果拆除旧建筑、清理空地能提升社区的幸福感，那么基础设施和基本的社会服务更是至关重要的。媒体关于基础设施和服务的讨论主要集中在如何通过各州的税收拨款政策来达到农村和城市之间的平衡。但是，对于那些真正生活在乡村小镇上的人们来说，最常遇到的问题是与其他小城镇的竞争，而不是农村与城市之间的权衡。社区领导都明白各州和联邦的资金有限，愿意住在小城镇的医生、牙医和药剂师也不多，因此，如果一个城镇获得拨款补助或有了医生，那么另一个镇不仅在医疗保健方面，而且在吸引新的业务或阻止居民搬离小镇等事情上都可能会受到影响。在某些方面，小镇与过去很长时间相比并没有什么不同。小镇建成之初就开始互相竞争，争夺铁路和县首府的所在地。现在的区别在于，医疗保健、学校和政府服务已经成为这种竞争的主要内容。另一个区别是距离缩短了。交通不发达的时候，相隔 10 英里远的小镇就可以竞争，而现在的竞争则出现在相隔三五十英里的城镇之间。

凯勒先生是一家诊所的主任，生活在拥有 5000 人的小镇上。他在小城镇卫生服务的竞争中发挥核心作用。担任主任职务的这段时间内，他始终都在与医院、报纸和该地区可能损害他的诊所业务的其他诊所产生摩擦。他说，这家报纸似乎不喜欢他的诊所，而偏爱镇上的另一家诊所。最近，他在当地的沃尔玛举办了一次妇女健康展会，报纸拒绝宣传这个活动。他依然为这件事情忿忿不平。有时与其他诊所的竞争只是良性的对抗，但在其他时候，竞争如此之激烈，人们会拒绝彼此交谈或者说一些气愤的话。

从某个层面上来说，为社区争取到健康医疗服务只需要写写拨款申请，游说一下州政府的官员即可，凯勒先生说，这和建造一座新的大桥或是筹集资金买一辆新的消防车没有什么大的区别。但是，随意闲聊却要重要得多。他参加了许多高尔夫球赛，在这些比赛中可以遇见医生、商人、医学院和大学教师。如果发现有人对搬到小镇感兴趣，或者有人知道某人对搬到小镇感兴趣，他都会去游说。

社区领导人也针对年轻人做了更多的努力。他们告诉年轻人，小镇提供的就业机会比那些一心只想去城市的人想象的要更多，尤其是教师、社会工作、公共医疗卫生服务方面的职位。尽管社区领导表示随着电子邮件和互联网的普及，彼此联系已经方便了许多，但是，要和离开小镇的人保持联系还是很困难。这个想法与大学用来获取校友捐款和招收校友的孩子作为学生的想法相类似。小镇上的高中聚会和家庭节日也发挥同样的作用。另一个略见成效的策略就是，让经济发展部主任与以前的同学保持联系。

开拓创新

虽然社会学很少会把乡村小镇看作是创新之地，但是我们采访的许多社区领导人还是表示，如果小镇想要吸引更多的工作机会、留住小镇人口，创新正是他们所需。对小镇创新能力的怀疑态度源自现代化理论，这种理论认为创新的想法只会与城市里产生的工业、技术和科技进步相关。网络研究已经进一步证实了这一观点。如果小镇上的人们相互认识，很容易会被认为居民们忙于交际应酬，没有时间去小镇以外的地方与其他人建立新的联系。密集紧凑的人际网络里传播的都是熟悉的——有时候是陈旧的——思想，很少引入新信息，而开放宽松的人际网络更有利于创新增效。[11]

可是，小镇并非天生就不欢迎创新思想。人际网络研究显示，有时候稠密的网络对于全新想法的实行是非常必要的，资源和领导层可能比社会关系更加重要。事实上，小镇与仅仅传播陈腐思想的全封闭的人际网络完全不同。[12] 我们采访的许多小镇领导人与外界建立了良好的联系。他们会参加地区的政府组织和州政府组织、农业扩展网络、农民合作社、运输车队、基金会资助项目、牧师协会。此外，更常见的是，他们还会通过旅行、媒体以及互联网与外界建立联系。“引用托马斯·弗里德曼的话，世界是平的，”一位兼任 350 人小镇管理人员的农场主解释道，“如果你会用互联网，那么你可以坐在任何地方办公，不必一定要待在某个城市的第 40 楼。”在小镇上，你也会看到一些制造业的创新公司、实验站、新兴公司。[13]

无论是在新技术实验、消费产品和市场方面，小企业都是创新的源泉。最具创新性的小企业通常都位于都市或靠近都市的地方，那里高等院校云集，汇聚了大批受过教育的劳动力，还有良好的分销渠道。这些优势将地处偏远地区的小镇置于劣势地位。然而，随着互联网和无线服务的发展，交流变得越来越容易，交通更加便利，农业和生物燃料也有了新的发展，这种情况也许就会发生改变。在许多拥有 3000 ～ 10000 人的小镇上，创新实验比比皆是。[14]

例如，有一家小型制造厂利用精密激光和等离子切割机为大型机械公司生产零配件。通过电脑化订货、库存控制以及利用外包将成本最小化的激励措施，类似这样的小厂已经逐渐更具竞争力。在其他一些小镇，州政府和联邦政府的社区投资计划以及企业园区都给予新兴企业税收减免和免息贷款。许多小镇还设立了市经济发展主任或县经济发展主任的职位，由州政府负责发放工资。在小镇的网站上还可以查询到劳动力、工资比率、房屋成本以及学校的相关信息，网站、博客、邮件列表服务都被用来与高中校友保持联系。

在经验丰富的社区领导看来，最好的主意并不是好高骛远，不切实际——例如说服一家大公司在小镇建立一个新的总部，或是发明某种新玩意。最切合实际且有效的创新是在现有的基础上进行发展。例如，一个不到 2000 人的小镇上的一位年轻女士清楚地说明了这一点。她父母家里有 7 个孩子，都上过大学，其中有一个去了哈佛大学，另一个在日本教书。但是，这位女士与家乡的一位男士恋爱了。她有拉美研究的学位，他有建筑学学位。他们所接受的教育在农村小镇上并不实用。但是，她的父亲在当地开了一家小公司，她就把大学所学到的技能都用上了，和父亲一起开发了电脑记账系统，建立了一个网站。随着业务不断扩大，公司开始雇佣说西班牙语的员工，她自然承担翻译服务。与此同时，她的丈夫利用自己的建筑学专业知识开了一家建筑承包公司。她除了与父亲合作之外，现在还担任县经济发展顾问，帮助一些小型新兴企业减少公共事业费率、免除地产税、获得低息的周转金贷款。有 2 家她经手的公司从事焊接和金属加工，所需的技术小镇居民都能胜任，或是通过高中的夜校就能够学到。24 个新的工作岗位就此诞生了。

另一个小镇的管理者列举的创新实例，在他看来，体现了他所在地区的特点。他想节省暖气的成本，又不想把一大堆柴火带进屋子，于是他在室外安装了一个烧柴的炉子，每年冬天需要消耗 5 捆柴火，价格只是用油或煤气取暖所需费用的一小部分。为了充分利用室外炉子流失的热量，他又在炉子外面建了一个温室，开始种植菠菜，在当地的农贸市场上售卖。最近，他将一部分不用的绿色蔬菜卖给养猪的农民。他说，小镇的其他居民也找到了各种渠道将个人兴趣变成赚钱的行当。一位有大片林地的邻居制造了大量的生物柴油用来销售。一位刚到小镇来的居民，以前是学化学的，他有一个小型的气相色谱实验室，可以对食物、纸张和纺织品样品上的污染物进行检测，实验室的客户来自全球各个地方。还有一位邻居开了一家小公司，专门为军队生产定制服装。小镇为这些企业提供了许多帮助，翻新老旧的店面、升级供水系统、申请补贴以改善医疗看护设施等。

虽然创新大多意味着新的商业行为，但是，创新也包括那些为满足社会服务需求所做出的有创意的行为。补贴性的老年住房计划以及为老年人提供生活辅助、医疗保健、处方药计划将会给老龄化社区带来益处。其他小镇由于新移民越来越多，也有社会服务的需求。在其中一个小镇，社区从州政府那里获得了一笔拨款，用以在当地的小学进行健康筛查，扩大了访视护士计划的范畴；清理了池塘，以降低公共健康风险；召集了有兴趣的居民参与社区的园艺计划。社区没有自己的报纸，更不要说是西班牙语的报纸了，于是，社区将服务信息夹在每月的水费账单里或是在当地的商店里贴出通知，以告知大家。[15]

这些项目并不会花太多的费用，需要更多资金的项目都得到了州政府的补贴，例如与州政府合作建立监狱，建设小型的太阳能生产装置，循环利用废水进行灌溉。小镇利用州政府的小额拨款对主街的外立面进行了修复翻新，在高中增加了作为第二语言的英语课程，为老年人交通出行提供补贴，还用相对低廉的价格为公共建筑安装了太阳能电池板，建立手机基站，并为风力发电站选址。

但是，许多小镇面临的社会服务和基础设施的需求，需要相当大的一笔支出，其中所需资金最多的包括医院和学校。老化的天然气管道和水管需要更换，青少年拘留中心需要建造，还要有一笔工业贷款保证制造厂不会迁走。州政府的资金已经耗尽，无法提供帮助。唯一可以为这些项目筹集到资金的方法就是增加地方税收——这个想法并不受欢迎。

安格拉 · 洛伦索在一座拥有 3500 人的小镇上担任镇办事员。镇上面临的一项困难就是要增加地方税收以保证有足够的资金推进小镇急需的改造项目。州政府面临着严重的财政困难，大部分资金都只能靠地方上自己解决。居民们一直很自豪这是个不断进步的社区，但是，他们并不急着批准任何有可能提高地方房产税或开征地方营业税的项目。“我们想要一直保持进步的态势，”洛伦索太太回忆道，“但是我们并不希望由于税收问题而把人们从小镇上逼走。”

解决方法是一个在小镇或是邻里之间行得通的主意，但是在城市里的执行难度就会大很多。小镇发展委员会发起了一系列圆桌会议，每 6 个月召开一次，得到广泛的宣传，会议规模小到足以让居民出来讨论社区的需求。每 18 个月就会举行社区领导人会议，将圆桌会议讨论的意见汇集起来，参加会议的人包括商业领导人、教育工作者、牧师、被推选和任命的官员。因为有了这些会议，居民们觉得，他们在决定需要支持什么样的项目上有了发言权。我们采访洛伦索太太时，社区刚刚通过一个 600 万美元的债券发行计划，对养老院进行翻新改造，以及一个2400万美元的债券发行计划，准备建造一所新的医院。

通信是基础设施另一个需要创造力的方面。随着越来越多的农村居民使用手机而不是固定电话，紧急电话服务911也正在逐步适应这一现象。当有人通过座机拨打911时，呼叫者的位置就会出现在计算机屏幕上，但是如果电话是用手机打的，拨打者的位置却无法出现在屏幕上。小镇一直在与州政府的工作人员和电话公司合作，通过在手机中安装GPS芯片来解决这个问题，同时，他们也在对语音识别短信系统进行实验。要在小镇学校安排视频会议和网络学习也是一项挑战。例如，一位天资聪颖的高中学生身处偏远小镇，希望利用视频会议学习微积分大学预备课程，但是，电话公司只能提供音频会议。区域规划专员通过不同的电话公司来安排这项服务。

互联网以及管理合作事宜的州政府机构积极推动区域规划，例如参与县营业税计划、分配州政府的拨款用于街道和公路的修缮。小镇之间近在咫尺加强了正式或非正式合作的可能性。例如，将近2/3的非市区小镇所在的县至少还有另外5个小镇，1/3的小镇所在的县至少有一个25000人或以上的小镇（如图6.3）。[16]

虽然与其他小城镇相邻使得项目合作变得可能，有时甚至是必要的，但是，小镇领导还是常常把邻近的小镇当作竞争对手。竞争可能是有历史渊源的，如为铁路和县法院的位置而产生过冲突，这种竞争很可能会以一种相互对抗的方式永远存在。正如我们所看到的，小镇居民看到镇上的人要去另外一个城镇工作或购物，或者某个较大城镇的沃尔玛或购物中心从当地商家手中把生意抢走了，他们都会感到忿忿不平。

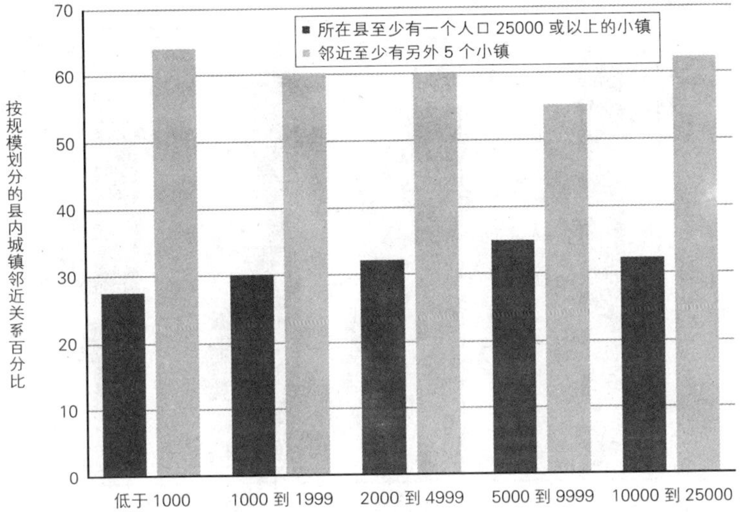

图 6.3　按城镇规模划分邻近关系

最近邻分析法 * 提供了一种方法，可以对具有不同特征的竞争对手所产生的影响进行评估，无论是相互竞争的汽车模型还是相邻很近的小镇都能适用这个方法。最近邻分析法使用纬度和经度坐标能进一步识别在地理上最接近、具有特定特征的城镇，其中一个特征就是人口规模。我们采访的小镇领导者也常常会猜测，周边更大城镇的存在对于小镇人口的数量产生了不利的影响。

图 6.4 显示了从 1980 年到 2010 年间，最邻近的 2500 人以上的小镇的不同人口规模，对人口减少可能产生的影响。这张图将其对 1980 年人口不足 1000 人小镇的影响和对 1980 年人口在 2000 至 5000

* 最近邻分析（nearest neighbor analysis）是主要应用于城市地理学的空间分析方法。理论上，假定区域内所有的点完全随机分布，则其平均距离为其密度倒数值的一半，将这个结果与根据图像观测到的实际分布格局相比较，可以得到一个比值，这个比值通常叫做最近邻指数。

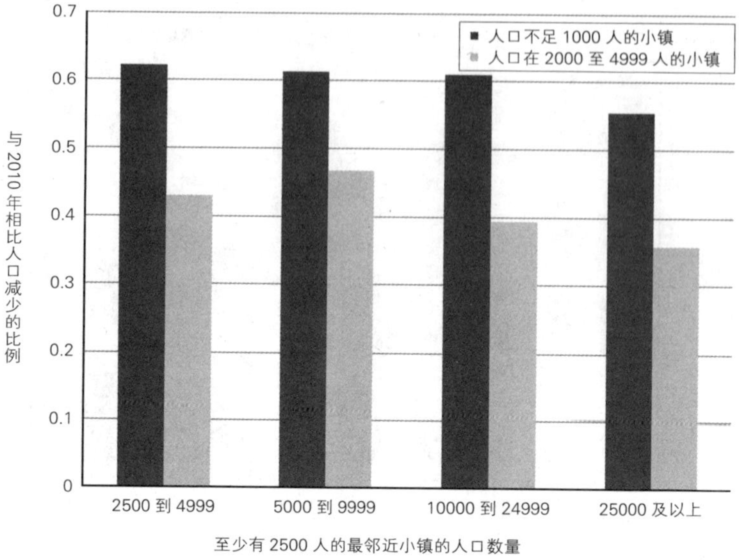

图 6.4　最邻近小镇的规模所带来的影响

之间规模稍大的小镇的影响进行了比较。对于规模最小的城镇来说，人口流失的概率高于 60%，附近最近的小镇人口是仅有几千人还是超过 10000 都没有带来太大的影响。只有当邻近小镇有 25000 人以上的居民，小镇人口减少的概率才会稍有降低。[17]

对于拥有 2000 ～ 5000 居民的较大城镇，在每次比较中，人口流失的概率低于 1000 人以下的较小城镇。如果邻近城镇规模略大，例如，有 5000 ～ 10000 居民，那么人口流失的概率就会略高。但是，在这之后，随着最邻近小镇人口的增加，小镇人口流失的概率就会降低。

这些结果具有直观的意义。1000 人以下的小镇不太可能会有学校和专业服务机构，比如医生和牙医。房价也许比较便宜，可是，生活在这样的社区几乎没有好处，还不如生活在附近稍大一些的社区，即使这种社区其实规模也不是很大。相比之下，人口至少有

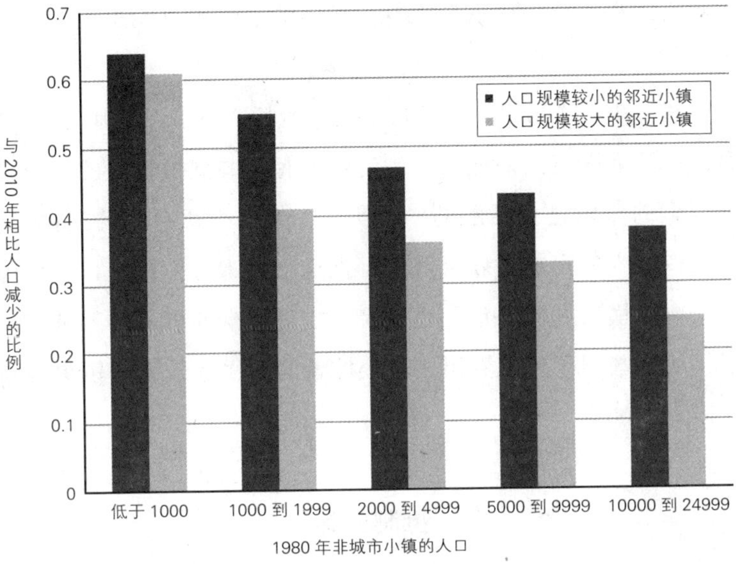

图 6.5　5 个邻近小镇所带来的影响

2000 ～ 5000 的小镇更有可能拥有服务机构和商业设施，才能吸引人们前来定居，尤其是如果那些 10000 人或 10000 人以上的小镇能够提供工作，会更具吸引力。因此，这些小镇位于较大的城镇附近是有好处的。

图 6.5 显示了最近邻分析的结果，考察了 5 个地理位置上最近的小镇人口，被比较的是这 5 个最邻近的小镇的平均人口是否小于或者大于本镇人口。换句话说，通过比较，可以了解这些规模不同的城镇是属于其附近区域的较小城镇还是较大的城镇。[18]

结果显示，不论人口不足 1000 的小镇在规模上与其周围 5 个邻近小镇相比如何，其人口减少的可能性都高于 60%。如果邻近小镇的规模较大，人口流失的可能性就会稍有提高——与上一张图的结果很类似。但是，对于人口至少有 1000 人一直到介于 10000 和 25000 之间的城镇，邻近城镇的规模较大确实是有好处的。附近城镇规模较小的小镇比附近有较大规模城镇的小镇更可能出现人口流失的现象。

当然，小镇人口是流失、持平还是增长取决于许多其他的因素。然而，这一证据与人们通常认为的附近有一些规模较大的城镇是个不利因素的印象是相抵触的。事实上，如果小镇自身的规模扩大，那么人口减少的可能性就会降低。把这个因素考虑进去，如果周围还有一些规模较大的城镇，小镇人口数量减少的可能性就进一步降低了。从这些例子可以看出，较小城镇的居民在较大城镇更容易找到工作。

抵制创新

我们采访的社区领导都认为竭尽全力去适应不断变化的外部环境是非常重要的。正如一位领导人所说的那样，“我们在不断进步，从某种意义上说就是我们不再害怕尝试新的东西。”他们指的是有经济发展计划、优良的无线网络服务和高中或大专的技术课程。他们也承认，有时候小镇居民对创新比较排斥。“我们的社区是个老龄化的社区。”一位来自1000人小镇的官员解释道。他表示小镇居民喜欢有一个“安全、温暖、友善的社区”，也就是说他们对新技术和经济发展计划并不感兴趣。不欢迎新搬来小镇的移民，对于移民存在歧视，也是其他小镇领导必谈的话题之一。

抵制还不能精确描述小镇居民对创新那种勉为其难的态度，更确切的词可能是漠不关心。这主要是源于过去小镇居民曾努力地吸引新移民和新企业失败之后所产生的失落情绪。这种态度也因为人们感觉到社区所发生的事情不再重要而变得愈演愈烈。有些年轻人就属于这一类人，他们不确定高中毕业以后是否还会继续待在这里，行将就木的老人也属于这一类人。如果他们的孩子生活在社区，想法也许会有所不同。然而，当孩子都离开这里，前往其他地方时，社区的未来就变得索然无味。“你不再那么迫切地希望社区繁荣昌盛，”一位居民说道，“我快要离开这个世界了。没有什么是值得我在意的。”

抵制还可能是因为他们反对向政府寻求外部帮助。我们采访的一位社区领导表示，她所在地区的牧场主和牧场工人对外界的帮助抱有怀疑的态度。她认为社区持续缴纳税款，如果不接受帮助，其他的社区就会接受帮助。但是，小镇居民却不这样看。按照她的话来说，小镇居民的想法是“我们不想因为无法自己照顾好自己而去申请补助”。“别人也许有权利告诉我们该如何处理事情。但我们要依靠我们自己。如果我们的法院大楼需要一个新的屋顶，我们会自己想办法的。”她认为自给自足固然好，但是骄傲自大不可取，更不用提愚蠢的行为了。

倘若没有有组织的抵制，小镇的行政长官们面临的棘手问题是如何充分利用有限的机会进行最有效的创新。我们发现这个问题不仅存在于只依赖单一行业的小镇上，在经济多样化的社区也同样如此。例如，在我们研究的一座海边小镇上，100 多年来伐木和渔业一直都是当地经济的支柱，然而，目前这两个行业雇佣的本地劳动力还没有旅游行业、附近的赌场和大型的州监狱来得多。一般来说，多样化对于社区的经济和人口发展都是有好处的。但是，小镇行政长官常常会提到由于各个选区之间的冲突而引发的问题。就这个社区而言，镇议会正在为如何既能保护环境又能清理土地、建立新的医疗机构，既能迎合高端旅游市场又能为赌场的工作人员以及监狱服刑人员的家人服务而进行权衡。然而，小镇失业率是 14%，学校招生人数不断下降，县政府资助的社会服务机构几近倒闭，要解决这些问题谈何容易。

大多数时候，人们对创新的态度主要是受到以往实用主义的影响。我们研究的另一个小镇就是个鲜明的例子。一群人计划建立一所小型的学院，以后可能扩展成大学。不久前，他们在离小镇几英里远的地方购买了一块土地。小镇居民开始紧张起来，一方面，这一计划有可能使交通更为拥挤，人们要为新建的道路支付更多的税款，加重供水的负担；另一方面，更为重要的是，小镇是一个保守的单一民族社区，新来居民的宗教信仰当地人并不了解。小镇紧急召开会议试图批准分区法，把新居民排除在外。有传言说，未来可能会出现各种破坏性状况或者不便。然而,尽管他们的担心依然存在，常住居民还是逐渐会认识到潜在的益处远远大于其带来的风险：大学校园可能会促进当地的商业发展。没有人单单从经济角度来看待这件事情，至少没人会这么说。相反，他们会将自己在其他情况下使用的熟悉的语言运用起来。他们认为对于大多数事情社区采取了实事求是的态度。他们知道如何大事化小，知道宽容待人、和平共存的道理。船到桥头自然直，人们说。"我觉得他们不会带来任何伤害，"一位常住居民表示，"他们又没有做违法的事情，他们也不是贩毒集团。这里是美国，如果他们想来这里，他们就有权来这里。"

在重建日渐衰落的小镇的行动中表现最为积极的社区领导也承认许多想法一开始的时候听上去很好，却并不切实可行。例如引进一家新的制造业厂或其他大型企业以期能够提供几百个就业机会，对于大多数远离城市、地处偏远地区的农村小镇来说，只是个永远不可能实现的梦想。而且，在为数不多的几个有新的大型工厂被建起来的小镇上，结果也是喜忧参半的。

例如，一座拥有 2700 人的偏远小镇，20 年来，由于附近石油天然气工业萎靡不振，以及碳萃取设施的关闭，一直在走下坡路。后来，镇上宣布了在社区附近建造铀浓缩厂的计划，情况才有所好转。虽然这一计划遭到了一些反核组织和希望社区一如既往的小镇居民的反对，但是州政府官员和联邦政府官员却积极推动这个计划，部分原因是他们期望铀浓缩和从价税*能够带来巨大的收益，然而这个期望并未实现。工厂所属的欧洲公司决定从国外进口铀，不再在当地开采。但是，小镇在一开始的时候还是从中受益。随着石油天然气行业被裁员的工人在建筑行业找到工作，小镇的失业率下降了，房价上涨了，当地企业开始为来自法国、德国和荷兰的新客户服务；人口增加了几百人，预计还会继续增加；通过了一项 4000 万美元的新学校债券发行计划，铺设了新的上水和下水管道；计划建造一个老年中心；与全国性的房地产开发商签订合同建造新房。2009 年次贷危机席卷全国，开发商被迫取消了计划。后续的增长主要发生在离小镇半个小时车程的较大规模的城镇。镇长告诉我们，从长远来看，他还是期望小镇能够从中受益，但是“似乎每次我们往前迈出两步，都会退回两三步”。

其他社区的领导则表示，不论在哪里，只要有可能，都要鼓励小企业的发展，这比引进大型制造企业更有效果。至少，这种看法来自于我们采访过的一些最深思熟虑的社区领导。一位小镇镇长解释说，他们也是吸取了痛苦的教训才懂得这个道理的。六七年前，镇上的一家大型工厂被出售了，搬到了另外一个州。一夜之间，400 个工作岗位全部蒸发——对于一个仅有 3000 居民的小镇来说，这无疑是一个沉重的打击。从那以后，小镇每年都召开经济会议，重点讨论如何帮助人们在本地区建立规模较小的公司。“对于我们来说，和一家大企业相比，多建立一些小企业可能更加适合我们。”他说。

小镇居民尤其期盼小企业的到来，这会让小镇增添一些有小孩的年轻家庭，也能提高学校的入学率。对于那些学校有可能被关闭的小镇来说，这种期望尤其强烈。甚至有人强烈反对退休的老人搬到小镇上来，他们担心如果老人来了，带孩子的家庭就没有房子住了。

---

*　从价税是以货物的价格为标准征收的一个税种，其税额与货物的价格高低成正比。

但是，小镇领导表示，现实情况是小镇对退休老人的吸引力比对年轻人家庭的吸引力大。退休的老人通常会找生活节奏较慢、房价较低、交通较为通畅的地方居住，他们并不太需要工作，他们需要的是医疗服务。可是，如果他们依靠社会保障金生活或者他们自己有养老金，这对于社区来说可能就是一笔新的收入。

社区领导很清楚，老人能为社区所带来的贡献十分有限。如果老人以前住在其他地方，在那里进行投资，这些投资很可能不会转化为当地银行的新增业务。如果有人习惯于网上购物或是去商场购物，他们也不会在当地购买同样的东西。“他们回到这里来生活，”一位2000人小镇的社区领导人表示，“同时认识到自己已经习惯了城市里快节奏的生活和设施。他们最终在这里买房子，是因为这里的房价便宜，而他们大部分时间都会去旅行。”她解释说，采取这种生活方式的人们很少会参与到社区组织中去。

毒品实验室和酗酒

除了人口减少、缺乏具有吸引力的工作之外，更让小镇领导头痛的问题是毒品。这曾经被认为是城市贫民窟的标志，现在似乎在偏僻的乡村也出现了。与小镇没有犯罪的印象相反的是，执法人员也被派来处理与毒品有关的盗窃和家庭暴力事件。虽然可卡因、大麻、处方药滥用的情况也十分普遍，但是，冰毒似乎是首选的毒品。[19]

记者尼克·雷丁（Nick Reding）对艾奥瓦州一座拥有6000人的小镇奥尔温进行了个案研究，他记录了吸食冰毒给美国小镇带来重大影响的人类悲剧：暴力火灾频发，枪支泛滥，警察竭力阻止，许多青少年被逮捕或辍学，许多家庭分崩离析，一名年轻男子失去了手指和部分面部。[20]

雷丁个案研究的评论者认为奥尔温的悲剧是美国小镇广泛衰败

的指导性样本。人口减少、机构倒闭、税收下降、年轻人没有希望，所以小镇用毒品来麻醉自己，舔舐痛苦也就不足为奇了。“显而易见，美国人民眼中曾经象征稳定的延绵起伏的黄金般的心脏地带，”一位评论家在《纽约时报》上写道，“依然时断时续、毫无规律地跳动着，几乎可以肯定会继续沉迷在化学品中寻找快乐的源泉。”[21]

事实上，奥尔温小镇的情况很复杂。和许多小镇一样，奥尔温的人口一直呈下降趋势——自从 1960 年起，人口已经下降了 50%。20 世纪 80 年代的农业危机对农民的打击很大，20 年以后，对新的农业企业的调整仍然在进行。但是，社区的机构也没有出现支离破碎的现象。除了 2005 年和 2006 年入室盗窃案的数量有所上升以外，犯罪率并不是很高。事实上，小镇的犯罪率从来没有超过全国的平均水平，有几次，甚至不到全国平均水平的 1/3。[22] 当然，对于被毒品摧毁的家庭来说，这些并没有任何的安慰作用，社区领导人正在寻求解决的方法。

我们在研究中发现，小镇冰毒的使用，以及其他与毒品和酗酒相关的问题的严重程度有很大差异。有几个小镇领导人表示，据他们所知，他们社区不存在毒品滥用的现象，酗酒的现象也非常少见。这样的小镇只是例外。多数小镇领导人坦承当地存在这样的问题。事实上，几乎每个人都知道在他们社区里存在着毒品生产、售卖和吸食的现象。就像奥尔温小镇一样，有许多悲剧发生。

“我的姐姐，愿上帝让她的灵魂安歇，她和我一起长大，出于某种原因，她决定走那条路。”这是一位 4000 人小镇的领导人在被问及社区毒品时说的一番话。毒品摧毁了她姐姐的肝。在另外一个同样规模的社区里，一对中年夫妇谈起了被送到戒毒所里的儿子。因为滥用毒品，他们的儿子一度变得非常危险，他们都害怕靠近他。“我们家里也是这样。”另外一位家长说。一位居民来自一个拥有 17000 人的农村小镇，小镇的犯罪率比全国平均水平高出至少 50%。他坚持认为："如果有人制造冰毒，任何人都会受到影响。"

在其他社区，没有受到毒品牵连的居民都知道哪些邻居受到了影响。"我们只是希望能够顺利地度过毕业舞会的高峰期。"一位女士说。在她所在的社区里，每年至少有一名青少年因为吸食毒品在开车时死亡。"有几个孩子醉酒驾车，在交通事故中身亡。"一位来自200人小镇的女士回忆道。在另外一个200人小镇上，一位居民承认他知道镇上有3个地方可以买到毒品。"我们这里有好几个冰毒实验室被突袭了。"这个男士所在的小镇上有800位居民。一位来自700人小镇的居民表示，"镇上有几个街区"可以买到毒品。"他们破坏了离这里几英里远的冰毒实验室。"她说。在另外一个小镇上，毒贩杀死了前来买毒品的青少年。

我很想知道小镇居民对这些问题是怎么说的。大多数居民都会首先假装自己的社区里无事发生，然后他们又会略带失望地承认小镇的确存在着毒品以及与之相关的犯罪活动。人们很少会主动谈到这个话题。只有当我们问起的时候，小镇居民才会就这些话题表达自己的想法。我特别想知道他们是否像记者那样以更宏大的视角来看待小镇的衰落，或是有自己不同的理解方式。

一位先生表示他所在的小镇上有17000人，每个人多多少少都受到了冰毒的影响。他是为数不多的会明确地把吸毒与小镇文化氛围联系在一起的人。他认为小镇文化有三个方面与毒品泛滥有关："无所事事"，他认为这是小镇上许多年轻人吸食毒品的原因；"乡巴佬思想"让每个人不论多大年纪都大量饮酒；"小镇上没有人想要面对现实"，也就是说，否认问题的存在。

将毒品问题与关于社区的描述联系起来的更常见的方法是，从总体上看待社区的衰落。居民并不会因为其所在社区的特定意义，或者人们没有参与市民活动就认为社区衰落。相反，他们认为社区衰落是一种文化上的衰退，父母不再像他们本应当做到的那样严格管教自己的孩子，儿童在长大的过程中总是期望得到即时的满足，成年人则受驱使于无止境的物质追求。

“现在的父母只想要成为孩子的朋友。”那位姐姐因毒品而死亡的先生说。过去不是这样的。“我小的时候，必须要在午夜之前回家。不然，我想我父亲会揍我。”“赖在主街上，或是让轮胎发出尖锐的声音没什么用，”另外一位居民回忆道，“甚至在我到家之前，已经有 4 个人打过电话‘给我的父母’。”这种监督现在还有，他说，只是已经少了很多。有些人归咎于一种把问题推到别人身上的文化潮流。例如，青少年现在更加有钱，因此，他们才更有可能去贩卖毒品的城市，电视广告过于美化葡萄酒和啤酒，互联网也带来外面世界许多新的诱惑。人们经常会把责任推到陌生人、移民和帮派身上。

最贴近这一切的小镇居民渐渐认定导致吸毒的某些特定的原因来自于社区内所存在的自卑感。虽然这种自卑感在任何地方都存在，但是，在机会较少的小镇可能尤为严重。“每天看镜子的时候，你都不喜欢你所看到的，”一位来自 3000 人小镇的先生说，“你朝着什么东西射上一枪，就会觉得自己看上去顺眼多了。”“他们需要感觉自己有用而且很重要。”一位来自 2300 人小镇的母亲说。

这些想法都被社区领导列入了解决毒品和酗酒问题的解决方案中。要解决这个问题，不能只是克服小镇生活中的弱点，而是要把目光放在那些放之四海而皆准的解决方法上。这包括以下几点：第一，要重点加强教育，尤其是关于毒品和酗酒的危害的早期教育（我们交谈过的老师和父母都认为，没有理由认为教育在小镇上不能起到和在大社区里同样的效果）；第二，通过教会、学校、社区组织与父母共同合作，鼓励他们对孩子们进行适当的训练；此外，为年轻人创建一些活动计划，让他们忙碌起来，培养他们的成就感；体育运动、音乐、社区服务也在社区领导的考虑范围之内；第五，需要依靠有效的执法。[23]

尽管我们所采访的居民们心情复杂，但他们还是支持这些行动的。在几个以吸食毒品而出名的小镇上，居民们批评县警长执法不力，在某个社区，县警长自己也被逮捕了。有些上了年纪的居民认为，如果父母和邻居能够像过去一样对孩子们进行严格监督的话，事情就解决了。在某个社区邻居们的聚会上和我们交谈的人提到当地的“AA House”时都带有一种自豪感。那幢小房子就位于公理会的后面，小镇居民把这幢房子买下来用来召开匿名戒酒协会会议。大多数晚上，这里会停着很多车，其中一个邻居说，她确切地知道那些车是谁的。

无论是作为当地历史博物馆的志愿者还是领导数百人的县交通部门，小城镇领导不仅要有通过培训和自身经验所获得的技术和技能，还要对小镇居民尤为重视的当地习俗有所了解。有效的领导力所依赖的尊重，来源于社区领导主动去了解社区的具体需求，并维持社区对睦邻友好和保持共识的期望。

社区的领导人表示，他们社区的特殊问题在于，如何在保护过去和适应经济和人口的变化两者之间实现微妙平衡。强调过去是由于，居民之所以留下或离开的原因是他们喜欢按照他们想象中的美国人过去的生活方式去生活。虽然有时候，过去是人们反对创新的原因，这也是社区最重要的资产。

可以通过正式和非正式的方法来推进创新的机会。正式的计划包括当地、州、地区经济发展规划，基础设施升级所需要的拨款，小企业的税收鼓励措施。非正式促进计划则通过结构宽松的社会网络将小镇镇长、农民、小企业主以及其他社区的利益相关方彼此团结起来。这些网络让小镇逐渐变成一个开放的体系，可以通过商业交易、旅行、旅游业和互联网融入更广阔的经济文化领域中。

虽然有时候，出色的领导能力被看作是小镇人口增长的关键因素，但是决定人口数量是增长还是减少的结构性因素也必须得到认识。正如我们在第 3 章里提到的，规模本身就很小的镇比规模稍大的小镇人口流失的可能性更大。我们也发现小镇人口数量的增减受到小镇所在县的自然环境的影响。这不是出色的领导力能够加以改变的。在这种情况下，领导人对于身处较大城镇附近所受到的影响也基本上是无能为力的。

我对美国中西部地区 5500 多个小镇的人口变化进行了研究，发现了另外几个影响人口变化的因素。1980 年以后的 25 年中人口数量出现下滑的小镇比 1950 年到 1980 年期间人口数量出现下滑的小镇更有可能——也的确是——在 1910 年到 1950 年期间出现了人口流失的现象。小镇出现人口数量减少很有可能是因为农场减少了，当地农业的利润降低了。还有一种是“群集”（crowding）效应，小镇——尤其是规模较小的镇——其所在的县里有数量庞大的其他小镇，这些小镇则更有可能出现人口流失的现象。相比之下，有些小镇主要是因为更靠近城市或是所在的县有州际高速公路，所以人口会出现上涨的现象或是人口减少的可能性降低。此外，如果这个小镇是县首府或是大学所在地，人口减少的可能性也比较低。[24]

因此，如果把促进人口增长的希望过多地放在小镇领导人身上的话，结果更可能让人失望。但是，领导人对于小镇的日常生活的影响远远大于其对于小镇人口增加或减少的影响。小镇居民关心的是，他们的领导人是值得信任的人，他们踊跃参与到市民的活动中，积极发展社区精神。小镇居民需要有能力的领导人处理财政事务，应对州政府与地区政府之间复杂的关系，关心基础设施建设，关心社区的整体状况，尤其是社区是否能够提供良好的教育和医疗保健服务。[25]

关于变革步伐过快的领导人，尽管有一些令人警醒的故事，但是具有进取心的领导人还是得到了人们的重视。对小镇来说，好消息是进步可以一点点地去衡量。如果不可能在小镇引进新的大型制造业工厂——而且，这一想法也不符合实际——那么一些小事情上所取得的进步就会更加明显一些，例如，长期无人问津的破败建筑被拆除了，小学翻修一新，主街近期重新铺设了道路。

第 7 章　信仰的习惯：小镇教会的社会作用

山谷景（Valley View）镇上的联合卫理公会占据了街角的一大片地方，这里地理位置便利，离小镇广场仅一个街区之遥。广场中间有一幢用本地石灰石建造的二层楼高的县法院。宏伟的红砖教堂始建于一个世纪以前，教堂的正门上方有一个高高耸立的塔楼。这里原本是一座小教堂，始建于 1870 年，也就是巡回牧师组建教会 2 年之后。会堂装有半圆形的木制座椅，可以容纳 200 人进行礼拜，可是，大多数时候，参加每周日 11 点主日礼拜的人数不到 100 人。这一天早上，教堂里摆满蜡烛，举行讲道和圣餐礼。周六下午的滂沱大雨，使得流经小镇南端的河水泛滥，导致整个地区断电。

通常，离小镇主街或广场一两个街区的地方都会有几个年代久远的教堂。有的可能是耶稣的门徒建立的，有的可能是长老会或是公理会教徒建立的，还有的可能是浸信会的几个宗派中的一个建立的，也有可能是路德教教堂，或是罗马天主教教堂。此外，小镇边上至少有一个现代化的新建教堂，小巷子里矗立着几幢外表朴实无华如同商店门面或是住宅样子的教堂，也许社区外围地带还有一两幢金属框架结构的建筑，门前挂了一个教堂的标识。电影制作人和作家在描述小镇的时候，还是会提到耸立在树丛之上的教堂尖顶，以及白色木制建筑里传出的赞美诗。这些形象可能已经过时了，变成了陈词滥调，但是，带有宗教色彩的教堂依然是美国小镇一个重要的特征。向任何一位小镇居民询问，他们个人是否有宗教信仰，回答几乎都是说，宗教是社区的重要组成部分。

而且，小镇居民在谈论宗教时，所指的宗教就是新教、天主教或者其他的基督教传统教派。虽然社区里偶尔会有犹太教徒、穆斯林、佛教徒或者印度教徒家庭，可是，这些家庭很可能要到更大的都市地区进行礼拜，社区里没有与他们信仰相关的敬拜场所。例如，2009 年进行的一项研究表明，全美国有 3376 个犹太教会，但是只有 15 个教会位于人口不足 25000 人的县里。这项研究还表明，全美国有 513 个清真寺，但只有 3 个清真寺位于人口不足 25000 人的县里。同样，全国有 625 个佛教寺庙，只有 6 个在人口不足 25000 人的县里，全国有 183 个印度教寺庙，只有 2 个在人口不足 25000 人的县里。[1]

山谷景镇牧师联盟最近对社区进行了仔细的调查研究，想了解该采取哪些措施以鼓励更多的人来教会参加活动。同是建立于 19 世纪的公理教会和基督教会，周日早晨参加主日礼拜的人数不足 100 人。位于卫理公会街道以北的美南浸信会只能勉强维持，参加小镇边上新建的路德会和天主教会主日礼拜的人数保持稳定。其他 11 个教会，主要是基要主义教会、五旬节教会以及一些非特定教派的教会，虽然这些教会中没有一个教会的教徒人数超过 100，但其发展却蒸蒸日上。宗教仍然是社区非常重要的组成部分。参加主日礼拜的人数有所减少，部分原因是，与上一代人不同，现如今的教徒们周末经常要去探望居住在城市里的孩子们。还有一个更加重要的原因是，小镇经济下滑，人口流失严重，小镇广场上一半以上的商店都关着。1920 年的时候，小镇人口曾经达到 4000 人，到了 20 世纪 50 年代人口就回落到了 3200 人，自那以后，人口又减少了 1/3。

关于去教堂做礼拜的研究显示，周围的环境对人们的习惯有着很大的影响。当人们搬迁到另外一个地区，如果这个地区宗教参与度很高，人们的宗教参与度也会提高。如果该地区的宗教参与度低，那么人们的宗教参与度也会下降。[2] 研究表明，新进美国移民的宗教参与度也会受到同样的影响。在土生土长的美国人去教堂做礼拜的比率高的社区里，新移民去教堂做礼拜的比率也会增加。反之亦然。[3]

问题是人们是怎么知道的呢？他们怎么会知道他们所在社区的宗教参与度是高还是低呢？尤其是在许多人看来，宗教是个人的隐私，人们怎么来判定宗教是重要的事情还是不重要的事情呢？是因为他们遇见了特殊的人吗？是因为读到了调查的数据、对社区进行了仔细的调查，还是有其他原因？是否真的会像对慈善厨房（soup kitchen）志愿者的研究所显示的那样，人们在世俗环境下讨论宗教活动的频率比预期的高？是否会像有的观察者尝试采取的行为那样，通过观察教会停车场的汽车数量来得出结论呢？[4]

在城市里，公众对宗教活动的认识很可能受到该地区地理位置的影响。亚特兰大地处美国南部，可能会被认为是受宗教影响比较大的地方，而波士顿因为地处美国东北部则相反。调查研究显示，小镇比大城市更加重视宗教。但是，向居民询问为什么他们认为宗教对社区而言很重要，这一点很有意思，因为这样可以让人们进一步认识教会在小镇扮演的社会角色。

小镇居民通常不会通过“估计”有多少人相信上帝或有多少人定期参与教会活动来判断宗教的重要性。在我们的研究中，有几个不寻常的例子，例如，有一位先生认为他所在的社区中，95% 的居民都信仰上帝，至少有 50% 的人每周日都会去教堂。这个先生正巧也是高中的社会学老师。又比如，有一位拿撒勒人教会教徒住在一个拥有 1900 人左右的小镇上。她确信，她所在的社区里几乎每一个人都参加了一个教会。她知道这一点是因为她的教会最近刚刚完成了一项对小镇的调查。我提起这些例子，是因为这些真的是属于例外情况。这些例子表明，对于小镇人民来说，他们很少会像社会学家那样去思考宗教的重要性。

要表明宗教在小镇的重要性，通常只要看看小镇教会的数量就知道了。“镇上有许多教会。”一位生活在拥有 1300 人社区的先生表示。他不确定到底有多少教会，但是，他说有 3 个属于不同宗派的路德教会。一辈子都住在另一个小镇上的居民给出了更加确切的数字。“这个县城里，大约有 6000 人，一共有 22 个教堂。因此，我可以说，宗教在小镇比在大城市更重要。”据他猜测，这其中的原因是，在大城市里面，没有人知道你是否会去教堂，可是，在小镇“人们对参与者有更多的了解”。教堂因其特别的建筑，在社区总是非常引人注目。“让我想想看，”另外一个小镇的女士说，“1，2，3，4，5，6。”她一边想，脑海里一边浮现出小镇教堂的样子。“这确实十分重要。”她总结道。通常，有些教会的会员人数并不太多，但是小镇人民感到自豪似乎并不是因为任何特定建筑的规模，而仅仅是出于这样的建筑有很多的事实。

与规模较大的社区相比，小镇的教堂更加显眼，这不仅仅是因为在较小的地方，教堂的主建筑更加夺人眼球，而且因为在人口较少的地区，人均拥有教堂的数量要比人口密集的地区多。图 7.1 所显示的数据来自于 2 次全国性的调查研究，第一次是在格伦玛丽（Glenmary）研究中心的主持下于 2000 年进行的，第二次是 2009 年由一家名为 InfoGroup 的商业公司进行的。由于使用的研究方法不同，这两次研究得到的结果也有所不同。但 2 次研究都表明，与规模较大的地方相比，规模较小的地方，相对于地方人口数量，教堂的数量更多。例如，在人口不到 5000 的县中，大约每 1000 居民共有 4 个教堂，但是在人口 50000 人及以上的县中，大约每 1000 人共有 1 个教堂。[5]

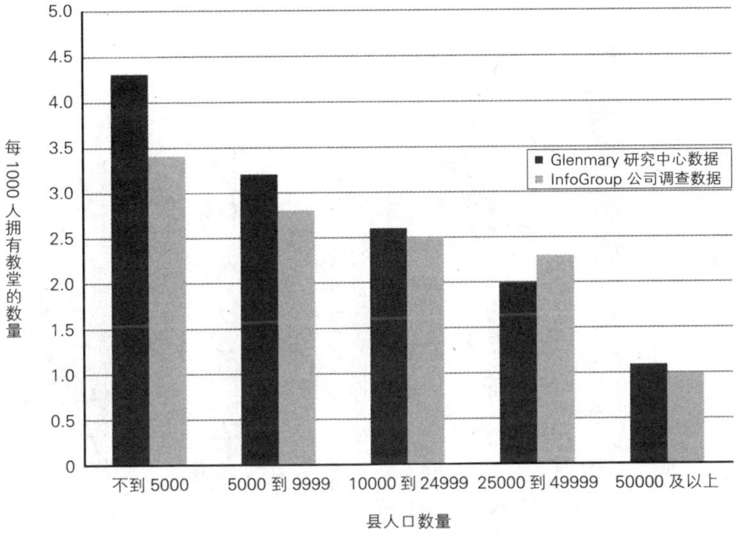

图 7.1　每 1000 人拥有的教堂

与市区相比，教堂建筑在人口稀少的地方更加引人注目，除此之外，加入教会的普通居民更为常见。正如图 7.2 所示，加入教会的小镇居民比率，从人口密度最低的县的 60% 以上到人口最多的县的不到 50%，各个地方都不相同。同样，在人数不到 5000 的县里，各个教会实际成员的数量大约为当地人口的 50%，但是，在超过 50000 人的县里，这一数字却减少到 34%。[6]

宗教重要性的另外一个明显标志是，在许多小镇，每周都有一个晚上被习惯性地认为是教会夜。这天晚上，教堂门口停满了车，社区领导不会在这天晚上安排其他的活动。“噢，周三的晚上，”一位女士在被问及她怎么知道宗教对小镇的重要性时解释道，“那是我们的教会夜。每个人都知道，每个组织、学校，每个人都知道不要在周三安排其他事情。那是教会之夜。”[7]

那些用其他方式来看待社区宗教重要性的人们通常都曾经在其

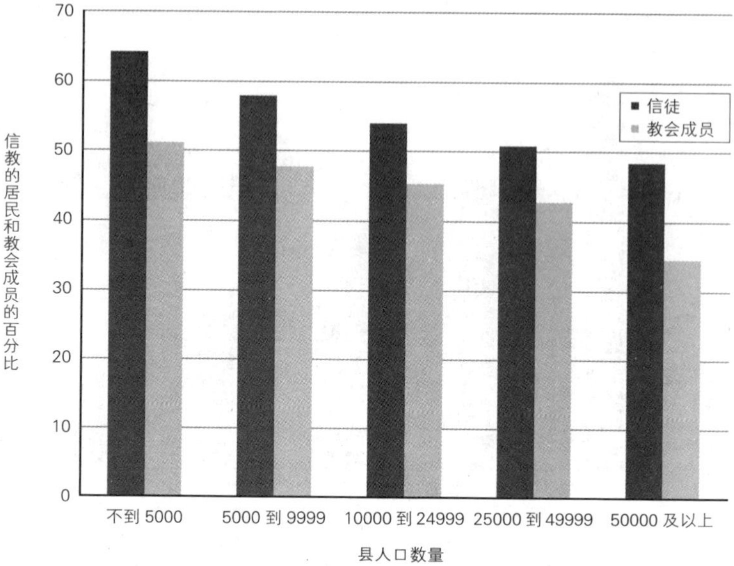

图 7.2 信教人员和教会成员的情况

他地方生活过。如果他们曾经生活在城市里，他们会说，相比之下，宗教在他们的小镇上有着更为重要的意义。这种看法主要是源于，他们知道自己的朋友、邻居会或不会去做礼拜。有时候，这种看法的根据是某个个人事件，这种事件会透露出很多讯息。一个有趣的例子是一位是天主教徒的女士和一位路德会教徒喜结良缘。婚后几年她一直去路德教会，后来她决定时不时地也要去天主教会做礼拜。人们震惊了，有几个人甚至为此对她提出质问。“如果你是天主教徒，你就不能去其他的教会。如果你是路德教会的教徒，你就得待在路德教会。所以，有段时间由于我去了天主教会，路德教会教徒多少会避开我，而天主教会也不接受我，因为我没有一直去那里参加礼拜。”她的经历证明了宗教在她所在社区的重要性。

20 世纪 20 年代到 50 年代对小规模的社区进行的几乎每一项研究都表明，在这几十年里，宗教一直发挥着至关重要的作用。如果小镇居民仍然认为宗教是重要的，这是否意味着情况没有什么改变？可能与城市和郊区相比，宗教更是保护小镇历史的一种方式？还是宗教也在不断适应小镇发生的变化？这些问题的最佳答案来自小镇居民自身。他们热情洋溢地谈论这个问题，认为教会让他们有了与过去的延续感，而且他们也表示，教会正在适应新的挑战。

归属感

“有人问我是不是重生的基督徒。我说，从我出生的那一刻起，我每个周日都会去教会。如果我待在家里的话，我一定会生病的。”说这话的人名叫艾玛·威尔金斯。这位 82 岁高龄的老太太，依然精神矍铄，她从小在一座 800 人的小镇上长大，嫁给了高中时期的恋人，从那以后就一直生活在自己的家乡。“你只是做了这些事情。”她说。她描述去教堂做礼拜就好像她在谈论打扫房间、做番茄罐头一样。“我想，这些都是生活的方式。”

小镇的生活习惯大多与教堂聚会有关。每周例行的礼拜在同一个时间开始，在几十年来一直使用同一个地方聚会，唱着熟悉的赞美诗，看到的都是熟悉的面孔。礼拜仪式也许没有郊区的大教堂那么活泼或令人激动，但是，作为加入教会很长时间的教徒，他们都很喜欢这种亲切的熟悉感，每周一次的礼拜让人们觉得时间过得很有规律。拍卖师施托伊本先生和太太参加的门诺会有 600 多个活跃成员——于是，这个教会就成为农村小镇规模比较大的教会之一，也是保持了几十年前习俗的教会之一。“每个周日都没有什么不同，”他说，“哦，偶尔会有人弄点事情出来，但是，那只是小插曲，基本上一切都很稳定，周日固定会有礼拜活动。那些活跃的教徒会让主日礼拜一直进行下去。”

伊兹·乔根森是路德教会的一员，该教会有大约 50 名成员定期参与礼拜活动，她也表示了相同的观点。她说，“每个周日早上，都有人会带点心过来，会有喝咖啡的时间，在教会活动开始之前是团契时间。”通常是在早上9点，礼拜在早上9点半到10点半之间，然后，人们会分成8到10组讨论布道的内容；每周三晚上7点30分，各个委员会在交谊厅开会；每个月会有一次，男人们聚在咖啡厅里吃早餐，而女人们以小组为单位讨论学习《圣经》。就像施托伊本先生之前所说的，这些特定的活动在伊兹·乔根森所在的教会里和他的教会一样，是固定不变的。

习惯成自然，尤其是如果讲道乏善可陈、音乐单调乏味的时候，每个周日出现在教堂里就是忠诚的象征。即使他们可能对接下来的事情没有那么激动，可他们还是会出现在教堂，这是其中的一个原因。例如，以芬兰裔为主的路德教会的一位终身教友表示，自从他记事起，他所在的教会就一直为社区里的德国人准备德式泡菜和德式小香肠。“我一个都无法忍受。”提到德式泡菜和德式小香肠，他抱怨道，可是，不去参加教会又不太可能。这体现了长期固定参加一个教会的人们的优点。一个10000人小镇上的一位天主教教区成员提及他最喜欢教区的一点就是那里的“延续性”。他说，许多教区居民一生都是教会的教徒，他们“不论在任何情况下都一直支持着教区”。这让他感到了一种历史感，同时，他也感觉到人们是真正地关心教区、关爱彼此。

和延续性一样，公共行为的可见性也推动了居民们定期参与小镇的宗教活动。不论是在小镇还是在教会，人们彼此相熟，因此，小镇居民在去教堂做礼拜这件事情上承受着来自社会的压力。人们都知道，汽车经销商是去卫理公会的，银行经理是长老会的长老。父母的声誉也影响到孩子的行为。如果银行经理的孩子在周日晚上没有去教会的青少年团契，而是外出喝酒，人们就会议论纷纷。又比如，施托伊本先生的孩子们和他一样都是在同一个教会中长大的。孩子们还是少年的时候，有一段时间，他们不想去主日学校或是去青少年团契。施托伊本先生十分明确地告诉他们，“这是没有任何商量余地的。”事实上，他对其他父母并不要求他们的孩子坚持去教会是有意见的，那些父母并没有“推着孩子们的屁股出门”去教会，这让他“真的很气恼”。去教堂的习惯已经根深蒂固，不仅仅是因为父母们认为这是一种正确的生活方式，而且因为社区也希望人们这么做。

在小镇，人们把去教堂做礼拜作为一种习惯，依靠的是社会的压力，当然，这并不意味着每个人都能坚持每周去教堂。多项全国性的调查显示，36% 居住在人口少于 20000 的非都市社区的居民声称，他们每周或几乎每周都去参加宗教礼拜。这个数字只比全美成年人的平均数高出 5%。1/4 的小镇居民表示他们参加礼拜的次数少于一年一次或是从来都不去——这一数字与全国的平均数几乎是一样的。

但是，对于小镇而言，值得关注的是社区领导人和其他上层居民对教会活动的参与度。正如图 7.3 所示，如果受过更多的教育，人们定期参加宗教礼拜的可能性会提高，但是，与生活在城市和郊区的居民相比，小镇居民参加宗教礼拜的可能性提高得会更高。[8]这种模式与现实情况（如我在第 2 章中所指出的）是一致的，即生活在采访者认为是“高于平均水平”家庭的居民，如果他们住在小镇上，相比居住在较大的地方，更有可能参与社区组织。这种差异也适用于宗教组织。在小镇上，54% 的上层居民隶属于某一特定的宗教组织，例如团契或是《圣经》学习小组，而在规模较大的社区这一比例只有 39%。[9]

很明显，从我们的定性访谈中可以看出，在小镇，教会的出席率和缺席率是公众讨论的问题。居民会谈论朋友和邻居的宗教信仰，是否有些邻居根本没有参加任何宗教组织。牧师定期征询社区成员的意见，邀请居民到教堂，与会众讨论意见征询的结果。牧师还加入了社区组织的董事会，每周都会在邮局或杂货店与组织成员

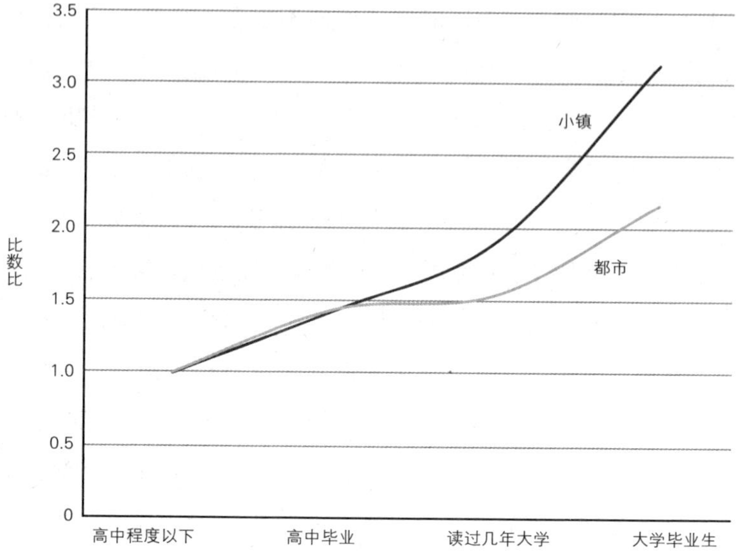

图 7.3　不同教育水平的社区居民参与教堂礼拜的情况

见面。他们说起有的成员因为错过了上次的礼拜或百乐餐（potluck dinner）* 而深表歉意。居民自愿参加访谈时提到，他们有的因为身体不好无法经常来做礼拜，有的必须在星期日工作，还有少数情况是因为与牧师关系不好而不愿意来。

对于那些定期来做礼拜的人来说，小小的教会感觉像家庭一样，更进一步促使他们来教堂。“这里我们有着非常出色的教会家庭，”一位住在有 2000 居民的社区领导解释说，“我们这里并不是很大。我觉得每次会有 60 或 70 人来参加礼拜活动。那是我们的家庭，非常重要。”他的观点也得到了一位女士的支持。这位女士是一个拥有 100 名教徒的公理教会的成员，这个教会所在的小镇有 1000 位居民。“如果你来参加唱诗班的练习，你会看到这里就是个大家庭，我们都

* 百乐餐，参加者自带一道菜前往聚餐。

是紧紧联系在一起的。这绝对是令人振奋的时刻，你回家后，会说，‘天哪，我真开心去参加了唱诗班的练习，我感觉好极了。’”一位来自拥有 3600 人小镇的路德会成员咯咯地笑着说，“那里有许多家人。那些和我没有任何血缘的人，嗯，他们就是我在教会的家人。”

虽然城市和郊区的规模大的教会领导人也会说他们的教会就像一个大家庭一样，但是，背后暗藏的秘密是，小镇的现实情况是社区范围有限，人际交往只在社区范围内进行。人们之间的交往不仅仅是在周日几分钟的见面，也不只是偶尔在参加委员会的时候坐在一起。他们可以谈论天气是如何影响当地的农业，被提议建造的支路对主街上的商店会有怎样的影响。人们还会提到隔壁的邻居也会去同一个教会，他们和同一教会的成员一起去看电影，在咖啡店里吃午餐时遇见了某个人，以及周日的晚上一起在冰雪皇后店共度美好时光。

例如，一位男士说，他和妻子与教会的另外 3 对夫妻一起上舞蹈课。另外一位男士提到了他和妻子在教会认识的 2 对夫妇的名字，而且他们还一起打了牌，这一周他们在学校的活动中又遇见了。和市区的大型教会一样，这里也有联系小组。例如，帕森斯先生说，他和太太加入了百人教会中一对夫妇的小组。“事实上，昨天晚上，我们去了其中一位成员的农场池塘，还在那里享用了一顿百乐餐。那顿晚餐棒极了。我的意思是，那只是吃饭的一种方式，在我看来，原因是你享受到了一切最美好的事物。”一些小的教会就不可能像大的教会那样，通过联系小组将人们进行分组。教会就是一个单独的社区。以帕森斯先生为例，整个教会定期聚在一起，组织一场汤－三明治晚餐，或者招待全镇的人都来享用薄饼早餐，以及在教会组织大扫除日。[10]

一项全国性的研究数据突显了小教会和大教会中，前往教堂做礼拜的人之间友谊模式上的区别。全国范围内积极去教堂做礼拜的人中，去规模较大的教会的人在自己的教会中有 10 个以上亲密朋友的可能性更高——很可能是因为大的教会可以交朋友的人更多。然而，在规模较小的非都市社区中，几乎有一半积极去教堂做礼拜的人隶属于会众少于 200 人的教会。相比之下，大都市地区，只有 18% 的人隶属于会众少于 200 人的教会。尽管隶属于规模较小的教会，但在非城市小型社区中，43% 去教堂做礼拜的人表示他们在教会里有 10 个以上的亲密朋友，而在都市地区这一比例只有 33%。为什么呢？很可能是因为他们不仅仅只是在周日才见到彼此，平时也会见到。[11]

教会不仅帮助其成员之间建立联系，还会主办一些面向公众开放的活动，发挥社区的桥梁作用。这些活动在人口介于 500 ～ 1000 人的小型社区里是非常普遍的。例如，在一个差不多这样规模的小镇里，好几个人表示，每个星期至少有一次或两次的筹款活动或是慈善晚宴。一位女士不无自豪地表示，在这些活动上，很可能你只要花 5 美元就能享用一顿丰盛的家庭自制餐。在另外一个小镇天主教会的宾果之夜 * 活动上，你可以品尝到各种各样的爆米花，这也是天主教徒和新教教徒的一个颇受欢迎的活动。在有些社区，教会似乎真的为了举办全社区的活动而相互竞争。而在另一些社区，教会领导人表示，他们尽力与学校活动保持一致，否则人们会被吸引去参加球类竞赛。例如，有些教会会租用中学的礼堂举办一场音乐会或是在返乡周上举办庆祝小镇节日的盛典。

虽然学校活动可能成为教会最常见的竞争来源，但小镇居民还提出另一个来源，那就是有能吸引众人的娱乐活动，如划船、钓鱼、园艺和打高尔夫球。这可能是形成图 7.4 所示的模式的原因。自然环

---

* 宾果之夜（bingo night），是脱胎于趣味博彩的游戏聚会，通常在一些比较大的游戏厅中进行，有现金兑奖，也有非现金兑奖，主要用于筹集资金，是一种很受欢迎的娱乐方式。

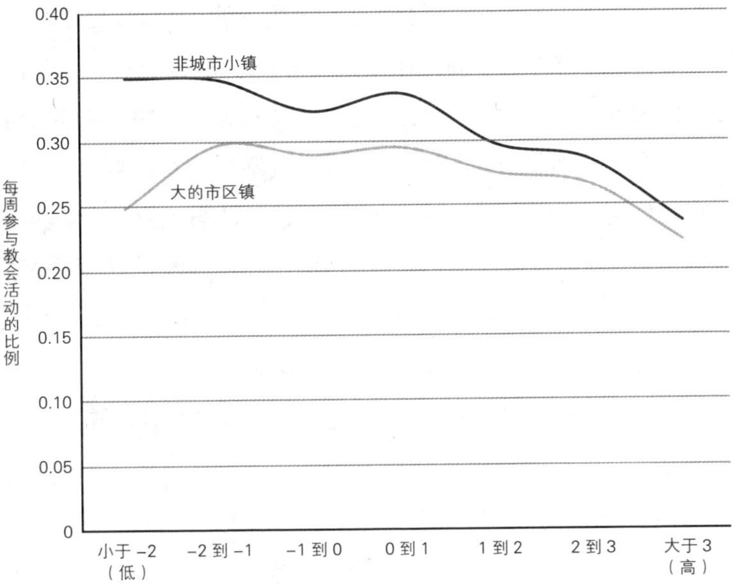

图 7.4　不同小镇规模和宜居指数下教会活动的出席情况

境优劣表上排名最前的地区平均每周教会成员的出席率要比表上排名最低的地区低。一般来说，随着环境分数的上升，出席率会下降。然而，在任何一级自然环境优劣水平上，非市区小镇的教会出席率都高于较大的市区镇。出席率最高的是位于自然环境分数最低地区的非郊区小镇。[12]

生老病死

长期以来社会学家一直认为，现代社会让人们不再经常思考有关疾病和死亡的问题。医院和养老院将行将就木的人与主体社区分离。殡仪馆建在了地理位置相对偏僻的地方，与居民们常去的购物中心相距甚远。只有在教堂里，人们才会时时想到出生、死亡和疾病。

为病者祷告、为即将出生的孩子举办一个庆祝派对、举行追思礼拜等，这些都是教会日常活动中的一部分。可是，即使是在教会，有时候生活中残酷的现实也会被阻挡在人们的视野之外，欢快振奋的赞美合唱代替了有关痛苦孤独的颂歌。小镇居民坚持认为在教会，一切都更加遵循传统。死亡、农场发生的意外事件、当地湖水中溺水身亡的男孩、因为交通意外而不幸遇难的少年、与乳腺癌抗争的母亲——在小镇,这些事情都不可能不引起人们的关注。消息很快就四处传播。“如果家里有人去世了,人们会来拜访,带些食物。”一位居民解释说。“我父母亲去世的时候,”另外一位居民说,“他们以前并不住在这里,但是，人们还是给我们带来了食物，举行了追思礼拜，人们会来我们家，表达他们的慰问。”

在郊区的一些大型社区里,教会成员也会对教会或者街区里《圣经》学习小组的成员表示他们的同情和慰问。而小镇的不同之处在于，当面对疾病和痛苦时，信仰超越了特定的教会范畴。一位生活在 2000 人草原小镇上的男士讲述了一个生动的故事。他的女儿，也是 4 个孩子中最小的，出生时伴有脑积水。医生诊断，虽然她半边身体瘫痪，半边大脑萎缩，可是，她还是有学习能力的。她上了幼儿园和一年级，可是，就在即将 8 岁的时候，她还是离开了人世。这家人常去的长老会给予了极大的支持。可是，最让这位男士印象深刻的还是天主教会所给予的支持。通常在像这位男士所在的小镇上，天主教徒和新教教徒总是你走你的独木桥，我走我的阳关道，有时候会让世世代代延续下来的宗教隔阂继续下去。但是,在这个例子中，8 岁小女孩的离世消除了这种隔阂。天主教徒对生命的尊重、对痛苦的理解给这位先生留下了深刻的印象。最近，他为那位牧师举办了一个生日庆祝会，这位牧师现在已经退休了，而且也是这位男士最亲密的朋友。

在小镇，还有一种与死亡和痛苦之间的联系是通过教会年历建立起来的。迈克尔·梅耶菲尔德·贝尔对英国的一个小乡村进行了详细的人种志研究，他认为村民们根据自然轮回来保持着对生命和死亡的意识。[13] 在许多美国小镇也是如此，例如丰收节、售卖甜玉米和番茄的路边摊以及五月柱舞（Maypole dance）* 等等。各个教会也会参与其中。"《圣经》上也有许多内容是有关播种、萌芽和生长的。"一位农业社区的牧师说。他在讲道时也会经常使用这些经文。"谈到干旱时节种庄稼的难处时，我们就会引用《圣经》上的这些话祷告。从事农业生产的人们都知道这一点。"周日早晨，人们会听见播种时期和丰收时节的赞美诗，"收割禾捆"或"河边相聚"。这寓意着生活中充满了跌宕起伏，和季节一样，生活中有许多事情都不在人类的掌控之下。

关爱社区

露西尔·普利亚姆想给她的 3 个孩子更加美好的未来。不久，最大的孩子就要上高中。在他们生活的城市，毒品和帮派始终威胁着人们的生活。每个月她原本就少得可怜的收入中，有一大部分要用来交房租。和越来越多生活在贫困中的人一样，她也考虑过搬到小镇上去，那里房价便宜，犯罪率低。离她所在城市 1 个小时车程的地方有个 3600 人的小镇，那里有一幢止赎房屋 ** 在拍卖抵税。她赢得了竞拍，就搬到这里，找了一份工作。但是，没人帮她修房子。这座房子情况很糟糕，本来应该被定为危房。卫理公会的牧师听说了

* 五月柱舞是起源于欧洲的古老节日。每年 5 月 1 日这一天，人们在村庄的草地上树起高高的"五月柱"，上面饰以绿叶，象征生命与丰收，并围着五月柱载歌载舞，祈求风调雨顺。

** 美国人在购买房屋时，多数都是使用按揭的形式。如果购买者因故不能按期还贷，超过期限的房屋便被"止赎"，房屋收归放贷机构所有。

她的困境，紧接着，就在由6位成员组成的教会联盟会议上征询意见，小镇的教会成员是否能够为她提供帮助。于是，接下来的6个月里，来自各个教会的人聚集在一起，把这幢房子基本上修好了。

这个故事中最大的亮点不是教会的成员对一个身陷困境的邻居伸出了援手，互相帮助对于他们来说早已习以为常。重点在于，他们有意愿帮助这位女士。通常，社区居民对于那些仅仅因为房价便宜而移居小镇的新来者会有警惕性。正如一位长期居住小镇上的居民所说，他们认为这些新来的人就是“想要从体制中获得好处”的那类人，这对于一个以勤奋工作为自豪的小镇来说是非常令人厌恶的事。即便普利亚姆太太有工作，人们也不知道她是否能保住这份工作，或者很快就只能依靠社会福利生活。如果不是因为教会的关系，他们可能不会给她任何帮助。教会联盟改变了这一切。事实上，教会联盟的许可说明，这是一个基督教慈善行为的典型例子。这也有助于浸信会和长老会不会被卫理公会所超越。

在小镇，类似这样的合作项目十分常见。这些项目有时候可以追溯到小镇刚刚建立的时期，那个时候，羽翼尚未丰满的教会彼此互相帮助，开始起航，有一段时间还共用一幢建筑。20世纪的前25年间，教会委员会十分盛行，经常安排一些非正式的活动，例如联合礼拜，联合主办节日活动和社区项目。在人口减少的小镇，这些传统变得尤为重要。

例如，在一个500人的小镇上，几年前，基督教会、长老会、卫理公会合并，组成一个主流的社区教会，因而留下了福音派新教和天主教教会，这两个教会共有一个来自13英里以外小镇的牧师。在这种规模大小的社区里，教会组织各种聚会已经是很平常的事情了，作为邻居人们都认识彼此。例如，天主教会经常会为新教的女士们举办下午茶会。有时候还会有色拉午餐。有个新教教会还会为整个社区表演音乐节目。“我们去那里做团契，”一位天主教女教友说，

“你认识每一个人，所以你不会害怕到那里去。”

除了这种跨越宗派的教会活动以外，帮助困难家庭的合作项目也是相当普遍的。“所有的教会都会参与其中，”帕森斯先生说起了他所在的 900 人小镇上每年都会有的一个项目，“我们会找到需要修缮房屋的家庭。有的可能很简单，只要清理一下排水沟，或者复杂点的，比如刷房子。如果是个大项目，可能要两或三个周末的话，我们会让每个教会都去一次。”除了将工作分配下去之外，这些项目之所以成功是因为它们都是根据不同社区的需要而量身定做的。为贫困人群准备的食品橱、圣诞节篮子和感恩节晚餐非常普遍，但是其他的项目则显示出更多的创新性。在一个有 1600 人的乡村社区里就有着一个更加有趣的例子。在这里，许多寡妇和单亲母亲对于汽车保养没有任何了解，但是农民和维修工会做这些事情。于是，教会联盟将有需要的人和有技能的人进行配对，组织了“汽车部”，每个月有一个周六免费更换机油，免费洗车。[14]

但是，教会之间的这种合作关系也可能会发生改变。在我们研究的许多小镇里，自从 20 世纪 80 年代起出现了许多独立的基要主义教会，并逐渐发展成为比历史悠久的诸如卫公理会、长老会、路德会等影响更大的教会。这些小镇的社区领导认为，之所以会出现这样的状况是因为各宗派之间的合作减少。有些人则认为，这是由于基要主义者支持绝对独特的信仰，因而从其他教会中分离出来。“我们都说，其他教会的教导和我们的教导是同样重要的，”一位基要主义牧师解释他的教会为什么不和镇上其他的教会一起参与社区礼拜，“但我们并不认同这一点。”另外一些牧师说，与过去相比，现在各教会之间存在一种更强烈的竞争意识。这也可能是由于各个独立教会的牧师必须使出浑身解数来吸引并留住教会成员。也可能仅仅是因为牧师花了如此长的时间与教会的成员一起，教会成员几乎没有什么时间去参加社区的其他活动了。[15]

与主流的新教教会和天主教教会对小镇所产生的历史影响相比，转向更保守的教会的趋势是美国宗教研究中常常关注的现象之一。全国性的调查显示，20 世纪 70 年代，主流新教教徒的人数远远超过了福音派新教教徒的人数，但是，最近几年，相比之下，他们的比例却有所下降。调查显示，自从 21 世纪伊始，生活在小镇、隶属于主流新教宗派的居民比例从 20 世纪 70 年代的 38% 下降到了 20%。就在同一时期，小镇居民中福音派新教成员的比例则从 29% 增加到 34%（天主教徒的比例稳定在 20% 左右，传统的黑人宗派的成员则保持在 8%）。[16] 在我们所采访的人中，绝大部分隶属于天主教或是主流的新教教派，但是，也有一些是福音派的成员，例如，美南浸信会和神召会，或是独立基要主义教会和灵恩教会的成员，例如，赞颂之司教会（Courts of Praise）、复兴帐幕教会（Revival Tabernacle）、盟约应许教会（Covenant Promise）以及活出希望教会（Living Hope）。这些教会成员对于同教会的其他教友都诚心诚意，但是，他们与其他教会以及社区组织之间联系的程度则各不相同。[17]

甚至在一些历史悠久的教会的会友中，我们也看到，有些会友由于对本教会的忠诚而导致与其他教会或是小镇本身的关系十分紧张。我们曾经采访过的一位天主教徒描述说在高中时感觉到“被排挤”，镇上其他同学多数都是新教教徒，教会的活动经常和学校的活动时间冲突。其他人也讲述了相似的经历。有人还说，他所在的教会不赞成跳舞，因此，高中阶段最受欢迎的周末活动他都无法参加。还有的说，因为她家里人害怕受到一些道德争议的影响，家里连电视机也没有，这也让她成了同学的笑柄。就成年人而言，教会与小镇之间的紧张关系有时候体现在神学问题的争论上。一位居民回忆，曾经有一件事让她所在的教会与抬头不见低头见的小镇居民之间出现了隔阂，彼此之间的关系也变得剑拔弩张。她觉得，要是这件事情发生在较大的社区，人们可能会更容易各行其是。牧师和神父也讲述了一些由于土地分区管制和教堂维护的误会所引发的冲突。当教会的成员构成与种族或家族的亲属网络相吻合时，充满敌意的情绪会将社区分裂开来，这种现象并不少见。例如，德国的天主教教徒或是瑞士的路德会教徒就表示，要跨越宗教界限结为连理或一起做生意仍然是件非常困难的事情。与较大的地方相比，这样的隔阂在较小的城镇中更为明显。

小镇上许多慈善活动，无论是教会合作开展的，还是由个别教会主办的，都已经成了日常事务，例如，赞助食品橱或是执事基金。我们曾经见过的一位牧师就谈到过食品橱的活动，他们会从国家管理的食品银行里购买散装食品，以及通过他所在教会的各个家庭进行定期捐赠，这个食品橱已经运作几十年了。另外一位牧师提到了一位越南裔的退伍老兵。有一次，他和医生约好要去看病，但没有钱加油，牧师打电话给加油站，告诉他们老兵的汽油费由教会的自主基金来支付。他表示，冬天的时候，燃油是基本的需求。

虽然慈善活动已经成为日常事务，可是，由于社区居民工资低、失业率高，这些活动的开展也举步维艰。当矿场倒闭、工厂关门、农作物歉收的时候，情况尤其如此。许多家庭只能勉强维持生活，他们在一些小的方面彼此帮助，相互支撑，求助于教会是他们不得已的尝试。“你们怎样维持生活？”牧师在问教会的一位教友，矿场关闭后，她的丈夫整个冬天都没有工作。“嗯，”她说，“我的父母会打电话给我们，他们并不想让我们难过，所以他们会说，‘我们食物做得太多了。你们能到我们这里来，和我们一起吃饭吗？’”

我们还了解到一些极具创意的帮助方式，反映出小镇的特殊技能和需求。在某个以农业和建筑业为主的社区里，卫公理会的教徒几乎没有花一分钱就买下了一座破败的房屋，将其修缮好，短期免费租借给那些由于丧失抵押品赎回权或自然灾害而失去家园的家庭。而另外一座小镇由于规模太小无法拥有独立的匿名戒酒会，因此，主流教会的成人主日学校就承担起同样的责任。人们开始敞开心扉，畅所欲言，结果发现几乎所有的人都因为受到某个人或者家庭成员的影响而酗酒。在农村，还有些教会成员会帮助生病的社区居民种植或收割庄稼，还有一些按照旧法来建造谷仓。有件事很有趣，一位中年农妇笑着说。她的丈夫很独立，两次尝试着要自己一个人建造一个谷仓，但是两次都在快完成的时候被风刮倒了。于是，他们所在的小教会里来了 50 多个人，不管他喜欢不喜欢就帮他把谷仓给建了起来。

在规模最小的镇上，有时候，教会是唯一能够举行市民活动的地方——这是教堂服务于社区的另外一种方式。我们在一个小社区里看见了卫理公会的教堂，这是小镇上唯一一个可以容纳小镇全部的 150 人，外加 150 个外来游客的建筑。因此，所有葬礼都在这里举行，这里可以招待许多人。吸引众多农民、游客以及小镇居民的一年一度的丰收节日庆祝活动，筹款晚餐以及手工集市都会在这里举办。非卫理公会的当地居民，包括天主教徒、路德会教徒以及长老会教徒都会开车到其他的城镇去参加教会活动，但是他们会和卫理公会的成员一起并肩合作，庆祝丰收节，在葬礼之后准备正餐。卫理公会的牧师是市议会的委员，也是社区改进委员会的成员，该委员会试图将空置的校舍转变成社区中心。教会的成员在教友和邻居需要帮助的时候，开车送他们去看医生，时不时探望可能生病的邻居。如果当地有某个家庭遇到了不幸，他们还会在教堂里举行慈善晚餐。要是没有教会的话，这些活动很可能越来越少。[18]

在消防和救援服务有限的地区，就像许多小镇一样，灾难发生时，教会也会发挥极为重要的作用。例如，在一个 2400 人的小镇上，一场洪水让电网断电，小镇没有水泵可以抽水，也没有有线电视。“小镇以外的人，”一位居民回忆，“比我们还了解这里的情况。”市长面临的问题是如何将信息传达给社区居民，让他们知道情况以及应该采取什么措施来保护自己和家园。有一个教会一直在制订逐户传福音的计划。该教会的牧师和其他牧师一起合作，利用这一计划，志愿组织信息宣传活动,挨家挨户传递信息。他们把小镇分成不同的“关爱小组”，制作并分发了一张信息表，告诉人们如何照顾好自己。他们这样重复工作了一个星期，直到水电供应全部恢复。

教会为社区做了贡献，很自然，牧师和教会的教友就会迫不及待地向人们讲述那些热心待人的故事。不幸的是，事情并不总是积极向上的。教会成员数量下降、小镇人口流失、经济形势不容乐观——市民的参与度并未因此而上升，反而有所下降。以一个南方600人小镇上的4个教会为例。神召会因为没有成员参与而关门，白人浸信会与黑人浸信会之间没有任何互动，卫理公会只有大约40个会友，资金急剧减少，基本处于勉强维持的状态。尽管以前小镇曾经试着建立一个牧师委员会，可每个教会还是自行其是。教会之间没有联合礼拜，也没有合作项目。小镇的中心区域完全用木板隔了起来。该地区的农业日渐萧条，唯一还提供工作的地方就是公立学校，也是在勉强支撑。3个牧师中，每个牧师都曾在不同的时期为孩子们开办一些课后活动、辅导学业以及其他一些活动，但是，一个也没有成功。除了周日早上的礼拜之外，想让教会的成员做任何事情都被证明是非常困难的。“他们就是觉得手上有更重要的事情，”其中一位牧师解释说，“唯一能让他们出门的就是橄榄球比赛。”

教会冲突

社会学家彭妮·埃杰尔·贝克（Penny Edgell Becker）对教会冲突进行研究后发现，即使最小的事件也能导致分歧的产生和升级。某个人住院了，牧师拜访了一家而没有拜访另一家也可能会引发长久的怨恨。经常去教会做礼拜的教友也会因为是否喜欢赞美诗、风琴应该放在教堂的前部还是后部这样的事情而争论起来。贝克发现当一个教会的教友开始减少、资金周转困难勉强维持、对牧师心生不满，或者是不能实现社区人口增多的期望时，冲突会更严重。这些问题在郊区的教会都是常见的问题。随后她又对纽约上城区的教会进行了研究，她发现家庭问题尤为重要。虽然她的研究重点并不是教会冲突，但是更为小型的农村社区中，教会面对的更多的是有孩子的家庭，这也会进一步加剧由同性恋、堕胎以及性别角色等问题周期性引发的紧张局势。[19]

和小镇生活的许多方面一样，教会的各种冲突一直以来都是幽默故事的来源。这些故事描述了在这种环境下所盛行的古老而有时充满睿智的生活常识。电台节目主持人盖瑞森·凯勒在《忘忧湖》的节目中讲述了一个乡村的路德宗教会因为女性是否应该被赋予神职而出现分歧的故事。反对的人认为，赋予女性神职是违反了上帝的意旨，是与《圣经》背道而驰的。他们打算离开教会，重新成立一个新的教会，但是墓地控制在路德会手里。他们想以后可以和祖父母葬在一起，所以他们留下来了。教会召了一位女性牧师，也是唯一一位来这里的牧师，他们决定不管三七二十一了。“也许这有悖于《圣经》，但是我们喜欢她。”[20]

尽管牧师和生活在小镇上的教会成员通常都会说，他们的教会就像人人互相关爱的社区，可是，冲突还是存在的——事实上，据一项研究显示，乡村地区的教会中，有 1/4 的牧师表示，在过去的 2 年，由于冲突，已有一些教友离开了教会，在城市或是郊区的教会中，情况也是如此。[21] 有些冲突一旦发生就会带来毁灭性的打击，尤其是在一些较小的地方，人们彼此常常见面，也没有太多教会可以选择。大家庭内部或大家庭之间存在的分歧也是造成教会成员关系紧张的主要原因之一。在我们调查的一个教会中，牧师描述了两位男士之间的冲突，其中一位男士指责另外一位男士对他的妻子说了侮辱性话语。指责的人因为这件事离开了教会。这大约是 10 年前的事情了。即便他依然住在这个社区，他也从来没有回来过。由于他和家人在这里没有其他的教会可以选择，他们会开车去离这里一个半小时车程的小镇参加教会活动。

在一个大约 1000 人的小镇上，一位福音教会的牧师讲述了他来这里之前几年发生的一件事，这件事差点摧毁了这个教会。教会管理着一所国家认证的小学，小镇的 50 多个孩子都在这里上学，但是，入学率却在下降，认证的标准愈加严格。面对这些困难，当时的牧师心灰意冷，离开了小镇，学校关闭了。大多数有孩子的家庭都离开了教会，再也没有回来。现在的牧师说，几乎不再可能吸引任何有孩子的家庭了。

在另外一座只有一个教会的小镇上，情况更加严重。教会成员对于教会在同性恋的立场上出现了分歧。一半人认为，教会应该采取更多的行动来欢迎同性恋成为教会成员，而另一半人则强烈反对任何鼓励被视为邪恶的生活方式或使其合法的行为。后者退出了教会，每个周日都留在家里，或者驾车去另外一个小镇参加礼拜。然而，在一座拥有不到 200 人的小镇上，意见不同的两派人基本上是抬头不见低头见。在咖啡馆里彼此遇见，又不想说话，会很尴尬。[22]

教堂多位于小型社区内，与其他地方相比，这里发生的冲突未必会更为激烈。我们发现，在许多案例中，人们都会记得那些激烈的冲突，然而种种迹象表明，他们最终还是会平息这些冲突。在另外一座小镇上有一家不到 200 会员的教会，会众因为教堂停车场的问题而分裂成水火不容的两派——一派想要修建停车场，而另一派却不同意。双方唇枪舌剑，激烈交锋，捍卫自己的观点。但是，想要修建停车场的一派在投票中以微弱的优势取得了胜利之后，反对的一方也接受了这个决定，没有再说什么。其他情况也是如此，例如由于计划替代或翻新教堂建筑而引发的冲突、由于雇佣新的牧师而引发的冲突，等等。

这些争议中有两个方面是争议得以化解的关键因素。第一，双方都不认为这些本质上是与《圣经》的解读或道德原则相关的问题，而是关于预算、人际关系和家庭的问题。从这个意义上看，人们关心的问题很重要，但是，这些不同于堕胎、同性恋之类的问题，也不同于支持或是反对教派的某些主要神学理论的问题；第二，小镇的道德规范之一就是不要乱说话。教会的成员们知道，如果他们要继续在社区里生活下去，他们会在邮局见面、在同一家杂货店购物，就该适时放弃争斗。

但是，在3000人或者5000人甚至人口更多的小镇上，常常会看到有些教会的成立是因为之前历史较为悠久的教会出现了分裂。我们采访过一座人口不过4000人的小镇，我们注意到，仅5个街区之遥就有2个卫理公会。在这个小型的社区里有20个教会。为什么需要有2个卫理公会呢？“教会之间开始争斗。”其中的一位牧师解释说。人们说，“哦，你知道，这就是我的立场，如果你不认同，我们就去建立自己的教会。”第二个卫理公会以及当地其他几个教会就是那样建立起来的。在另外一个拥有1000人的小镇上，就有8个教会，其中有2个是五旬节教派的教会，各自坐落在社区两边的简易建筑里。从这2个教会的名字上似乎可以看出，其中一个教会相比另外一个更倾向于与圣灵之间有着直接的关系。但是，一位常住这里的居民解释说，在20世纪90年代，之前教会的牧师与教会中的一位女士之间发生了婚外情，促成了这次分裂，一半的成员都离开了，创建了新的教会。

宗教社会学家认为，由于原有教会的争端而导致新教会的形成是宗教市场的一个范例。[23] 根据这个解释，当教会之间互相竞争，会众在信仰发生变化时可以自由选择其他的教会或是新建一个教会的时候，宗教就会繁荣兴旺。有许多证据证明，甚至是在规模较小的社区都存在着这种竞争。一个教会增加了新的主日学校，很快另外一个教会就会对礼拜堂进行翻新。可是，教会领袖为了压制公开竞争的行为却很少会在学术文献中被提及。

在小型社区里，牧师之间的和谐相处是非常重要的，同样，不同教会的教友之间的和睦也是非常重要的。牧师很有可能会和其他牧师在银行、足球比赛中遇见，彼此之间还会定期进行交流活动。如果和琼斯牧师相处不好，对于史密斯牧师来说并不是什么好事。为了防止关系过于紧张，牧师们也会想方设法在礼拜仪式或神学阐释上求同存异、共同合作。这里有个典型的例子。在一个不足 1000 人的农村社区里，有 7 个教会，包括天主教会、主流新教和福音派教会。虽然教会彼此之间在教义上存在着重大的分歧，偶尔还会有某个教会的成员弃教转向另一个教会的事情发生，但是，牧师之间有一个牧师协会，保持着镇上所有教会之间的良好关系。所有教会的共同目标就是要为社区服务，这一点也促进了教会之间良好关系的发展。私下里，牧师们会轮流待命，与县警察局长联系，以防有意外事件发生，或者有家庭需要汽油或歇脚过夜的地方。牧师们还会联合起来一起举办社区感恩节和耶稣受难日的礼拜活动。无论是哪个教会举办音乐会、邀请嘉宾演讲或是举办其他的特殊活动，牧师们通常都会把这作为牧师协会的活动广而告之，以表明某个教会并没有想要超过其他教会。

连接广袤世界

长期以来，小镇的教会一直饱受批评，有些甚至来自教会内部的成员，他们认为教会太过专注于自己的需求和利益，忽略了外面的世界。纵然电视、旅行、居住在其他地方的亲戚能够减轻与外部世界的隔绝程度，可是，教会认为他们有义务要扩展视野。《圣经》

上说，把上帝的爱传到撒玛利亚和地球尽头的使命需要我们具有更宽广的视野。城市和郊区的大教会做起来会比较容易些。这些教会规模大，可以从全球雇佣一些具有特殊才能的牧师，其教会的成员也可能与国外有生意往来。然而，有多少小型社区的小教会已经与更广阔的外部世界建立了联系，这一点还是值得关注的。

在调查了一个又一个小镇之后，我们发现，有许多小教会通过其成员以及已经成为牧师和国际人道主义工作者的前成员与其他国家建立了联系，甚至在规模最小的农村教会都存在着这样的联系。在一个有800人的小镇上，一个仅有25名正式会友的浸信会与巴西的一个事工*组织通过一位在教会长大、之后去了巴西的传教士建立了联系。教会不仅仅在财政上支持他，而且，不时地会有几位教会成员去那里为当地的事工组织提供帮助。在一些农村社区，农民的工作是季节性的，因此他们经常参加类似这样的活动。具有建筑、教育和卫生服务方面技能的居民也是志愿者的重要组成部分。另外一个小镇上的天主教会派了几名传教士去了巴西，多年来一直和他们保持密切的联系。与本地成长的传教士之间的关系主要依靠家庭联系，然而，正式的联系也越来越普遍。

“最近，我们的一位牧师去坦桑尼亚生活了3个月。”一位在1500人的偏僻社区生活的路德会成员说。她很感激牧师的布道能让她对坦桑尼亚的教会有所了解。她的经历和另外一个人口更少的社区的路德会成员的经历很相似。这个社区的牧师曾去东欧短暂游历过，在那里做过牧师，经常会向教会的成员汇报在东欧的情况。在一座有12000人的小镇上，每周的弥撒都是用英语和西班牙语分开进行的。一位从印度来访的牧师讲述了他所在的教会的情况，并为

* 事工是指基督教会的成员执行教会任命的工作。部分的事工是针对教会内部的会友，其他的事工则是针对大众的。

那里的教会筹集了一些资金。在另外一个社区的无宗派教会中，牧师曾在中美洲和非洲传过几次福音。他一直试着向教会的年轻人灌输全球化的观点。还有一些牧师是社区中为数不多曾经出国游历的人之一。例如，一个 1200 人小镇上的主流新教教会的牧师曾经在读神学院时去过苏联。从那以后，他一直对缔造和平和国际社会公正很感兴趣。

第二种国际交往是通过教派项目体现的。不论是天主教会、卫理公教会、美南浸信会、长老会、神召会，还是一些较小的教派全部都有国际福音和人道主义援助事工，参与其中的还有一些规模最小的教会。从这些项目中可以得知其他国家或者美国其他地方的需求，通过现金礼物、食品和衣物捐赠以及志愿者服务，增加了互相帮助的机会。

卫理公联合救灾委员会就是一个例子。在纽约市和华盛顿特区发生 9 · 11 事件之后，该委员会是最先在现场提供援助的组织之一。当飓风卡特里娜袭击新奥尔良，海啸摧毁东南亚，海地发生大规模地震时，这种组织都是冲在最前面去提供援助的。小镇上的卫理公会成员远离这些灾害发生地，但是，他们还是通过捐钱和派出志愿者来提供帮助。除了紧急救助项目之外，教会还会和教派机构合作，开展一些长期规划项目。例如，有个教会与海地的一个使命教会建立了联系，送去了许多玩具、生活用品、蚊帐，定期写信、探访，一直持续了将近 40 年。

其他的教会通过天主教共济会和路德会社会服务部参与了类似的项目。对于这些教会的成员来说，让他们感觉到成为这些大型项目的关键参与者似乎尤为重要。一个 1200 人小镇的路德会成员说，他和其他几位教会志愿者曾经去非洲住了 1 年，为一个教育项目提供帮助。“你离开这里，”他说，“你才会有那种感觉，嗯，你在一个更大的平台上做着善事。”在另外一个农村社区里，天主教会成员对肯尼亚伙伴教会有着特殊的关切，他们互相交换新闻、信件、照片和电子邮件。

第三种国际联系是通过短宣*来体现的。这些联系不仅得到专门从事这类事工的教派和跨教派机构的帮助，更需要当地领袖的主动性。例如，一位小镇的教会成员提到“家乡有位男孩为国际事工到处做演讲”，他说小镇仍然是这位讲员的“大本营”，从经济上支持他。这个教会还参加了墨西哥的短宣，每年都会有 2 到 3 个青少年或是年轻人加入与该地区其他教会共同建立的小组去墨西哥做几天志愿者的工作。“这让他们开了眼界，”牧师说，“知道我们是蒙福的民族。”

这些项目一般花费都很大。去秘鲁短宣一次，单单机票费用就要花费 1700 美元，还不包括组织这次活动的时间。经济低迷地区的牧师和教友领袖表示，他们不得不重新考虑各类事项的优先级别，找到更省钱的方法，投身于更广阔的世界。他们开车去墨西哥，代替乘飞机去秘鲁，或者去受灾的其他小镇做志愿者。尽管如此，参与者感到他们已经有能力发挥自己的作用，同时也开阔了视野。

教友领袖表示，良好的沟通和谨慎的规划是项目获得成功的关键。缜密规划最典型的一个例子出现在一个南部小镇的教堂被烧毁时。教会需要外界的帮助以实现重建——教会成员聚集在一起，浇铸了一块混凝土石板作为新建筑的地基，然后从各个州赶来的志愿者连续工作 2 天建造预制房屋。关于志愿者的野营车如何寻找营地以及所需工具和饭食安排的信息都被发布在网站上。在另外一个社区，一位退休牧师定期会去小镇周围的 6 个教会探访，收集一些衣物和小型日常用品，然后开着装满物品的小货车去墨西哥中部地区。每个夏天，来自美国各教会的会友志愿者都会去墨西哥待几天，提供学习辅导和健康检查服务。为墨西哥提供了必要的帮助，来自美

* 短宣是指去宣教工场配合宣教士，参与初步的宣教事工。

国的志愿者们也收获颇丰，他们开始从一个新的角度看待自己的生活方式和宗教信仰，可能这对于小镇来说更加重要。“当你身处小镇时，”一位牧师解释说，“你的视野似乎很狭隘，甚至觉得自己微不足道。”可是，一旦参加了国外的项目，哪怕是美国其他地方的项目，他表示，“会让你从一个更广阔的角度来反观自己，你其实很了不起。”

移民也让美国许多乡村社区与国外有了更多的联系。例如，一个拥有 10000 人、曾经以盎格鲁白人为主的小镇上，现在有 1/4 的居民是拉美裔美国人或亚裔美国人。之所以会出现这样的变化，是因为 20 世纪 90 年代，该社区开办了一家大型的肉类加工厂。大批移民的涌入导致当地的各个教会不得不进行西班牙语礼拜活动，为移民家庭提供临时住房。另一个小镇上，一位在大学里学西班牙语的盎格鲁女性曾经以为自己的知识无用武之地了，现在她为社区里的西班牙裔移民提供帮助。高中的时候，她和姐妹们跟随父亲一起去了墨西哥，在一家隶属于特雷莎修女的仁爱传教会的孤儿院里工作了 3 个星期，由此引发了她对跨国事工的兴趣。之后的一个夏天她又去了墨西哥的一个“男孩之家”工作。她说，高中的这些经历让她了解了其他国家的情况，让她知道外国人是什么样的，同时，也加深了她对人权问题的兴趣。虽然她生活的社区很安全，在过去的 100 多年里并没有很大的变化，但是，她对达尔富尔 * 这些地方的人们所面临的人权问题有着浓厚的兴趣。

一项全国性的调查显示，类似这样的国际交往在小型社区是非常典型的。在非都市地区的小城镇或农村社区积极参加教会礼拜活动的人中，39% 的受访者表示他们的教会在过去 1 年赞助了 1 次短宣，40% 的受访者表示他们的教会招待过 1 位来自其他国家的讲员，50% 的受访者声称他们教会的教友中有几个是新来的移民。还有些

* 达尔富尔，Darfur，苏丹地名。

国际交往更为常见，3/4 的受访者表示，他们的教会在过去 1 年里提供了饥饿救济物品，还赞助了 1 个以上的外国传教团。[24]

短宣以及与国外教会之间的伙伴关系扩展了人们的视野，这种效果是仅仅坐在家里看电视新闻无法企及的。一个拥有 500 名教友的天主教会就充分说明了这一点。这个教会位于一个有着约 5000 人的小镇上，听中美洲的一位牧师说，他正在寻求与北美地区的某个教会建立伙伴关系。这位中美洲的牧师在 2 个月的周期里，从一个村庄到另一个村庄，轮流在 15 个村庄里事奉。这些地区极为贫困，急需医疗援助。美国的这家教会派出了一个医疗队。这次行动的确让人们大开眼界。在这次行程中，医疗队的车坏了，整个团队不得不在大雨中徒步一个半小时回到最近的小镇。一到镇上，他们得知山路被冲毁了，如果他们继续前行，很可能会有生命危险。就在回来后不久，他们听说，他们的翻译被谋杀了。

小镇教会所面临的挑战

芭芭拉 · 赖内斯是相隔 20 英里的 2 家卫理公会的牧师。一家卫理公会位于人口仅有 30 人的小镇上，而另一家则位于人口不足 200 人的小镇上。两个小镇人口都在减少——这种趋势已经持续了 50 多年。这个地区的农场越来越大，也越来越少，铁路没有了，商店倒闭，学校关门。只有一家运输公司、化肥厂和两家美容院以及银行还保留在那里。两家教会中较大的一家有 35 ～ 40 个固定的教友，较小的一家从来没有超过 20 个教友。每个周日上午 9 点 30 分赖内斯牧师会在较小的教会讲道，11 点去较大的教会讲道。两个教会中的年轻家庭都非常少，最近几年，更多上了年纪的教友都搬到了离较大城镇 20 英里的养老院。有一个很明显的问题，甚至卫理公会教区长也问了这个问题，就是为什么这两个教会不能合并。沿着平坦的马路行驶，从一个教会到另外一个教会只有短短的 15 或 20 分钟的路程，但两个教会谁都不愿意关闭。事实上，几年前，规模较小的教会的教友人数曾经下降到 10 多个人，财政上也面临各种困难，确实认真考虑过要关闭的，但是教友写了一封信，征询了邻居的意见，还是保留了这个教会。两个教会都有自己的建筑，而且也都是他们各自小镇上唯一的教会。

这种模式在美国农村地区普遍存在。19 世纪期间，随着美国的边界不断扩大，卫理公会的巡回牧师建立了几千家教会。浸信会、天主教会、基督教会、长老会和其他教会在同一地点建立了许多教会。这种模式效果不错。当边境小镇消亡——如同许多小镇那样——其中的原因包括缺乏铁路交通、旱灾、火灾，或是没有被选作县府，这时，这些社区中羽翼尚未丰满的教会就会关闭，而那些建在人口增长的小镇的教会则日趋繁荣。多年来，几乎每个小镇都有几个教会同时存在。20 世纪 20 年代，许多小镇的人口开始出现下降，这种情况一直延续到 20 世纪末，从而出现了一批规模很小、无法养活自己、又不愿意关闭的教会。这些教会有自己的建筑和墓地，承载着社区和社区内各个家庭的历史。

赖内斯牧师讲述的经历，在雇佣人数不断减少的农村教会起到了重要作用。她的丈夫是卫理公会的牧师。在他的职业生涯中，他一路向上，从小镇的小教会走到 50000 人社区的重要职位。这个社区还是该地区比较大的城镇之一。虽然卫理公会的牧师照例每隔三五年就会被派到一个新的地方，但是教区长 12 年来却一直把他留在了这个社区。与几乎所有的牧师太太一样，赖内斯太太在其丈夫的教会中一直表现得非常积极。在过去的 12 年里，她一直是该地区所有卫理公会的青年协调员，也是她所在地区教会的主日学校老师。

赖内斯太太只有高中学历，所以她绝对不可能去上神学院，也不可能被赋予神职，成为一名有薪酬的正式牧师。但是，卫理公会有规定，教会的会友可以在当地做没有薪水的牧师，并在教会事奉，教会不时地有一些正式的牧师到访。最近出台了一条与赖内斯太太有关的规定，任何人到了一定的年纪，通常是50岁的时候，就不要求必须上全日制的神学院来获取证书了，而是可以连续上2周到1个月的课程，5年之内积满学分就可以了。赖内斯太太就是这样成为赖内斯牧师的，并且被任命为青少年牧师。在这个职位上工作了9年之后，教区长把她和丈夫调到了一个小教会，这个教会所在的小镇有1500位居民。她没有工作，2年以后，她的丈夫退休了，他们又搬到了离孩子们很近的另外一个州。她的丈夫旋即再一次开始讲道，于是，他们决定回到他之前度过了大部分职业生涯的州。他在5个教会布道，包括他太太现在布道的2个教会。后来，由于身体原因他无法继续工作，他的太太代替他继续布道。自从他5年前去世以后，他的太太就一直全职在2个教会事奉。

赖内斯牧师是一位老妇人，在后半生才获得了牧师资格，这个故事体现了小型社区中日渐扩大的一种趋势。在小的社区里牧师不止在一个教会事奉，夫妻档一起做牧师，或者一个是领薪水的全职牧师，另一个只是不领薪水的志愿者，这些现象都已经越来越普遍了，这样小教会才得以继续维持下去。很多例子表明一心想事业有成的年轻牧师会觉得小教会并没有什么吸引力，但是，对于上了年纪的牧师来说，他们的家人都在这里，喜欢更为缓慢的生活节奏，小型社区的一个或两个小教会是能够吸引他们的。例如，在另外一个州，一位妇女在环境相似的两个农村的路德教会做牧师，她说她很高兴能够在这两个教会事奉，离她和丈夫的农场只有几英里的距离。在抚养孩子的同时，她也做各种兼职，同时兼顾青少年事工志愿者，这之后，她去上了全日制神学院。[25]

针对农村小型社区人口稀少、牧师稀缺的问题，天主教会采取的措施，包括撤并教区、关闭教区学校、会友志愿者分担更多的日常行政管理事务、依赖移民牧师、要求牧师不止事奉一个教区——这种模式叫作聚类（clustering）。汤姆·迈伦神父最近就在忙这些事。虽然他本来可以在规模更大的城市教区事奉，可是，他说他更喜欢小一点的地方，在那里他“是小地方的大人物”。他住在一个有 1800 人的小镇上，在那个教区事奉，也会去邻近小镇另外 2 个教区事奉。这 3 个教区包括大约 500 个家庭。教友们早已习惯一个教区没有全职牧师的事了，但是，迈伦神父说，要改变现状并非易事。多年来，教区居民每个周日在同一时间去做弥撒。如果他们想要在自己的小镇做礼拜，就不得不星期六晚上去，而不是星期天早上。如果他们更喜欢星期天早上做礼拜的话，就得开车去另外一个小镇。时间和地点的安排一直受到人们的反对和不满。“这个社区的居民感到受了很大的伤害，”迈伦神父说，“他们的牧师离开了他们。他们感觉自己被忽略和抛弃了。”[26]

人口减少、经济萧条也迫使教会推迟教堂建筑的修缮、削减项目、冻结或降低牧师的工资，迫使牧师不得不更加依靠配偶的收入或寻找兼职。“我们家已经捉襟见肘了。”一位福音派教会的牧师说，他所在的小镇上有 1000 位居民，但是人口还在不断减少。这样的故事还有很多。在成为牧师之前，他有一份世俗的工作，当牧师以后收入大不如前。5 年前，他来到了现在的地方，收入又一次被削减，从那以后，他就没有加过薪。教会撤掉了之前在该地区与基督教电台共同赞助的广播节目，将社区范围的儿童项目减少了 50%，也没有更换破旧不堪的割草机和坏了的视频投影仪。小镇上保留下来的店铺数量并不多，牧师就在其中的一家兼职做店员。小镇之所以困难重重，部分原因是该地区的旱灾严重影响了与农业相关的行业收入。这样的困境也表明了小型教会容易受到人口变化的影响。1 年之内，这个小教会失去了 26 位教友。有几个逝世了，有些因为健康或失业而搬走了，还有一些人心存失望，转到镇上其他的教会去了。“当人们像这样离开你的时候，很明显，这对于教会的经济有着很大的影响，”牧师说，“对心理上也会产生影响。你和这些人是朋友，他们突然离去，你的生活里就出现了一个大洞。”

关闭小镇上的教会也是困难重重，这里有许多原因。在我们采访的一些小镇上，教会在经济上不存在任何问题——通常是因为有几个家庭非常慷慨地给予支持——但是，由于教会太小了，它无法吸引牧师。教友通常都为他们和祖先充满热情所维护的建筑而感到无比自豪。他们不喜欢看到这个建筑空置在那里，不喜欢看到这个建筑破败或挪作他用。在其他的小镇上，教会被关闭的危险对于其余的教友来说就好像当头一棒。他们知道这个决定权掌握在主教或地区委员会的手里，但他们还是感到自己受到了背叛。

也许是因为要彻底关闭教会实在是太难了，所以更常见的是，教友人数锐减，但没有真正关闭。这个趋势在 1980 年和 2000 年从全国收集来的县级数据中体现得很明显。在这 20 年期间人口增长或至少保持稳定的县中，教会成员总数增长的速度（29.5%）高于教会总数的增长（17.2%）。换句话说，教会的平均规模扩大了。而在人口流失的县里，模式则有所不同。在人口数量稍稍减少（即每年下降不到 1%）的县里，教会教友的总数下降了 11.2%，但教会的数量只下降了 0.8%。在人口数量大幅减少（每年下降超过 1%）的县中，总教会教友的总人数下降了 23.2%，但教会的数量仅下降了 9.4%（见图 7.5）。[27]

虽然在人口数量减少的地区教会关闭的情况相对较少，而且，毫无疑问，关闭教会是受到许多因素影响的，但是，当地社会状况中有一个方面很重要，那就是，邻近地区小镇的数量。鉴于全县总人口的差异，1980 年所收集的数据显示，小镇数量越多的县，教会数量就越多。这是有道理的，因为从历史上看，教会的建立和小镇的建立通常都是同时进行的。事实上，考虑到各县总人口的差异，

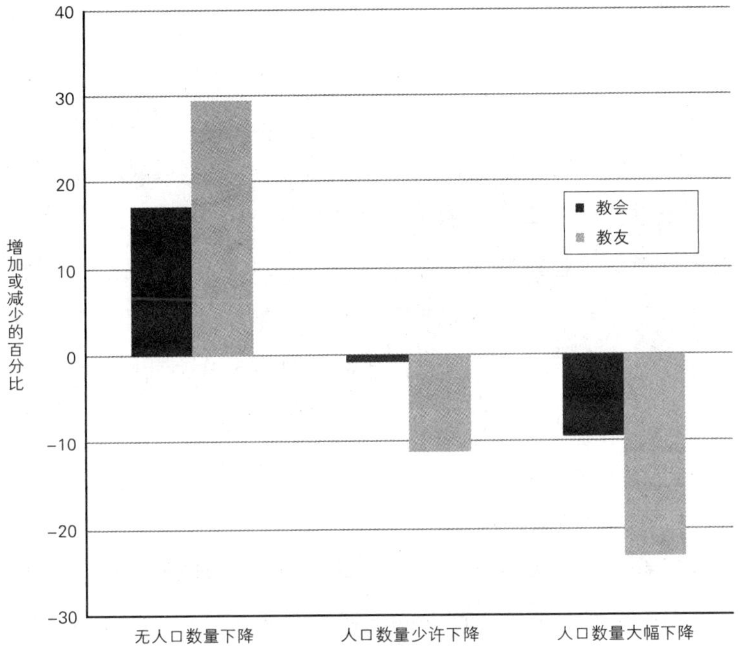

图 7.5　教会和教友数量的变化

1980 年的数据显示县里每多 1 个小镇，就平均会多出 2.8 个教会。但是，拥有更多的小镇和更多的教会也意味着，在接下来的 20 年里，这些社区的教堂更可能会关闭——很明显是因为剩下的教友可以更容易地到邻近的小镇去。从统计数字上看，考虑到 1980 年教会和人口的数量，2000 年时，每个县的小镇数量与各县的教会数量之间存在着负相关。县里每增加 1 个小镇，就会平均减少 1.2 个教会。[28]

如果对于那些失去教会的教友来说，关闭教会是件很艰难的事情，那些留存下来的教会也有很多问题。例如，在我们研究的一个有 3000 人的小镇上，有 1 家卫理公会。作为县首府，在过去的 25 年里，小镇的人口一直保持稳定，一部分原因是该地区有更多的农民生活在小镇上，还有一部分原因是镇上有更多的年轻居民通勤到 40 英里外的城市工作。整个县里还有另外 9 个镇，其中只有 1 个小镇的人口超过了 1000，所以这些小镇的规模都比一代人之前小很多。县府的卫理公会有大约 150 名正式会员，与 20 世纪 80 年代的 200 人相比，有所下降。这个教会与邻近小镇上的其他 4 个卫理公会相比要好很多，其他 4 个教会中的 2 个可能下一年就会关闭。县府的卫理公会面对的问题就包括，当这些姐妹教会关闭后，要欢迎新教友。该教会的教友大多数是老年人，隶属于这个教会多年，在这里也有许多朋友，他们会有怎样的反应呢？当然，他们会热情地欢迎新的家庭。但是，他们不知道这些新的家庭是否会有宾至如归的感觉。他们会对自己的教会关闭的事实心怀恨意吗？他们真的感到自己受欢迎吗？这些是县府教会正在考虑的问题。

这里有一个对照的例子——这个例子表明即使在遥远的农村地区，发展的可能性也依然存在——就是大使命教会（Central Mission Church）。该教会位于一个人口不断减少的小社区。镇上没有工业，过去 7 年的旱灾让农民们苦不堪言。全州的平均年龄为 35 岁，但是小镇的平均年龄为 48 岁。当地农民的儿子和女儿几乎都离开了小镇，至少是暂时性地离开了这里。老一辈的人依然经营着农场，家族里五六代人都守护着它。农民们希望，能有一个儿子在他们退休的时候回到小镇。与此同时，他们加入的教会也是家族成员几十年来一直参与的教会，他们大多数都是卫理公会、路德会或是公理教会的教友。这些教会的成员一直在减少，一个牧师离开了，很难再找到新的。相比之下，大使命教会一直在发展壮大。自从弗兰克 · 纽兰德牧师来了之后，教友人数从 10 年前的 50 人增加到现在的 100 人。今天，牧师正在五金店买点东西。一位常去另一个教会但是曾经去过纽兰德牧师教会的女士走进了店里。“这几天我要再去一次你的教会。”她告诉他。“你能来，我们一直都很高兴。”他说。“上帝在你的教会，”她说，“我去我的教会，我喜欢我的教会，但是，上帝在你的教会。当你在教会的时候，上帝就出现了。”

“你太客气了。”纽兰德牧师接着说。他认为，这主要是因为他的教会不是什么乡村俱乐部而是一个真正做礼拜的地方。但是，他又进一步解释说，教会尽力表现出来的爱才是最重要的。“我们这个地区经济非常困难，”他解释说，“所以我们这些家庭的财政问题一直是讨论的话题。”对于他的会众家庭来说，这些真的是问题。他们是最贫困的人，这些“渣滓”很少会受到当地居民的热烈欢迎。他们来这里，是因为这里的平均房价要比整个州的平均房价便宜 70%。事实上，要找到一个几乎不花一分钱就可以租到的空置房轻而易举。新来小镇的人中还包括许多受虐待的妇女，她们依靠政府救济生活，从城市来到这里就是为了逃避丈夫或男友的魔爪。还有一些是失业的工人，他们来的时候，经济形势比现在好，如今在其他地方已经找不到工作。纽兰德牧师说，在他的教会中教友的流动率出奇地高。与镇上其他历史更为久远的教会相比，新来小镇的人在这里觉得更加轻松自在，然而，后来他们又搬走了，或者丈夫找到工作了，把妻子和孩子留下来了。他说，许多婚姻经济压力很大。酗酒也是一个长期存在的问题。

鉴于当前的困难形势对镇上的每一个人都产生了很大的影响，纽兰德牧师所面临的挑战是，如何帮助这些低收入的家庭。一年之间，他向极需援助的家庭分发了 1000 多美元作为直接援助，帮助他们支付水电煤气等费用和医疗账单。但是，他的重点是要教会这些家庭合理分配自己的收入。“我们尝试着教他们如何量入为出，如何精打细算。”他说。在过去的一年里，几乎所有来教会的人都上过家庭财政的培训课。他也很重视儿童项目，尤其是自从发现教会里的孩子常常是来自单亲家庭以后。周三晚上和周日都有一个儿童项目，目的是要建立孩子和父母之间的亲密关系。这是一场战斗，但是，纽兰德牧师取得了一些鼓舞人心的小胜利。“我妈妈说我必须要到教会来，我来教会就会变成更好的人。”最近一个少女告诉他。他只会说，“哇！”

不论社区的人口是在不断减少还是增加，小镇教会通常面临的挑战是，他们的大部分教友都是老年人，因此很难吸引年轻人的加入。这个问题的部分原因是年轻人都离开小镇去找更好的工作了，也就是说，那些留下来的寥寥无几的年轻人也因为教会里的儿童和其他年轻人太少而不会被吸引。还有一个问题是，老年教友可能会对那些年轻人感兴趣的新鲜想法提出反对意见。赖内斯牧师说，即使她知道她的意见在其他的教会实行得非常好，但还是会有一些老年会友经常会说她的想法不会有任何效果。另外一位牧师也提出了相似的看法，表示说，“你的教会里总是有这样一些人。每个人都会遇到这样的人，他们只是名字不同，长相不同，可是，他们都会说，我们只用一种方式做事情。如果其他人没有言听计从，这些人就不欢迎。”另外一个教会的会友解释说，“我的孩子们回来之后，和我一起上教会，他们内心十分挣扎。他们去的教会更加现代，更加充满活力。他们不想去我们这些老派传统的教会，唱很古老的赞美诗。”他说他的教会人数有所减少，这些会友现在都开车去更大的城镇，找到一个更加适合年轻一代的教会。

小镇教会面临的另一个窘境就是在多大程度上参与政治活动的问题。这一点我会在第 9 章详细谈到，但是，现在只需要指出，农村社区的小教会有时候十分高兴地发现，他们也参与到了政治事件中，例如降低税收的全民公决或者召回州立学校董事会成员的活动。小镇居民还会和主教教区或教派的其他人一起要求立法，派会员参加集会，徒步到大教堂，鼓励教区居民观看宗教电视节目和讨论电台节目。但是小教会的会友同样也表达了对这些行动的忧虑。他们的教会已经习惯于帮助社区里的家庭，远离具有争议的政治问题。我们注意到，即使在美国最保守的地区，小镇居民也经常表示，他们对于教会领袖强行推行具有强烈政治意味的议程表示不认同。一位男士这样总结道，“我们是福音派。”他说，这既是在指他的教会，也是指社区里他的绝大部分朋友。“但是，宗教右派让我们觉得非常不舒服。极右翼的行动让我们非常反感。”在我们的要求下，他进一步解释说，教会就是“社区的盐和光”，但是，宗教右派试图通过政治来实现控制。“上帝是想让教会成为一种影响力，”他说，“而不是控制力。”[29]

适应多样化

正如我之前所提到的那样，人口的变化让小镇的民族和种族呈现出更多样化的特色，由此也带来了另外一个挑战。很多例子表明，这样的变化也会使宗教更为多样化。在一个 1100 人的小镇，一位 50 多岁、曾经在城市里生活的女士为我们讲述了一个有趣的故事。她的社区正在艰难地适应非基督教徒存在的情况。几十年来，学校里举办的教堂音乐的晚祷仪式一直是社区圣诞节活动的一部分。可是，现在学区里有 1 个犹太人家庭，2 个穆斯林家庭。“你必须得做出改变，”她说，“对于许多人来说很难理解。只要没有人质疑事情的合法性，你只管继续做啊。”她认为小镇将会适应，只是，她也担心，小镇还没有正视自身对种族多样性的感受。“是的，我们白人基督教社区几乎没有了。”她叹息道。[30]

由于大型肉类和禽类加工厂以及相关公司的存在，例如饲养场、糖厂和生物燃料厂等，一些小镇的人数不断增加，在这些小镇上，多样性的问题尤为尖锐。有两个例子说明了教会对此做出的不同的回应。在一个社区，人口数量在 24 个月里翻了一番，从 5000 人增加到 10000 人，几乎所有的白人居民突然发现，当大多数新来的移民都是西班牙裔和亚裔时，他们反而成了少数民族。引发人口迅速增长的肉类加工厂从一开始就具有很大的争议，不仅仅是因为这个工厂会给社区带来巨大的影响，而且因为这份工作很危险，公司还抵制工人们要求成立工会的行动。与此同时，公司提供了优渥的工资、稳定的工作，并仔细筛查，避免雇佣没有证件的移民。几个西班牙裔和亚裔美国人的教会发展了起来，只是轮班制的工作使员工无法定期参加。还有一些从非洲来的穆斯林工人，但是，最近的清真寺有几英里远。公司雇佣了胡安·洛佩斯牧师在公司的小教堂里工作。洛佩斯牧师表示，他的工作并不是要代替独立教会或主持礼拜仪式，而是为那些有婚姻和财政问题的人们提供咨询，介绍他们去可以提供帮助的社会服务机构，主持祷告会。批评他的人认为，他是公司管理层的应声虫，帮助公司避免那些代价高昂的劳动纠纷，但是他认为，公司正在用一种开创性的方法，让信仰以更加积极的姿态走进工作场所，哪怕是在小镇。

在另外一个社区里，由于几家主要雇佣西班牙裔移民的大型食品加工公司的出现，该社区的人口在过去的15年里从10000人增加到20000多人。现在一半以上的人都是西班牙裔移民。10年前，麦克·托兰德牧师搬到这里，在美南浸信会做牧师，每周来参加礼拜的大约有150人。托兰德牧师深思熟虑，能言善辩，他详尽地说明了教会在种族多样化快速发展的小镇上必须做出的复杂调整。几年以前，他试着在他的教会建立西班牙事工，但是没有成功。这次努力之所以失败，是因为教堂的位置在小镇的这一边，而大多数西班牙裔居住在另一边。教会还面临的一个巨大的困难，就是要跨越语言和文化的差异。虽然他并不承认对于西班牙裔移民的出现心存疑虑，但是，他也略带同情地表示白人——就像他们称呼自己一样——对于社区多样化的发展所带来的变化表示不满。白人认为，西班牙裔移民应当为毒品和帮派暴力负责，他们中的许多人都属于非法移民，他们耗费了社会服务资源，给学校增加了额外的负担，牺牲了

小镇概况

麦卡米镇，得克萨斯州（McCamey, Texas）

随着包括大批南部浸信会信徒的早期开拓者的到来，得克萨斯州一直都是美国宗教最为活跃的州。得克萨斯州有近900个非都市小镇，这些小镇所在的县里平均有92家教会，其中有62家隶属于保守的福音派新教。几乎每一个小镇上都有一家美南浸信会。

麦卡米镇，位于得克萨斯州西部，人口为1600，有3家浸信会，6家其他教会。这些教会清楚地展现了许多小镇的教会领袖所面临的挑战。

1925年，麦卡米发现了石油后，经历了短暂的繁荣，1930年，人口一度增长至3000多。与该地区的许多其他小镇相比，这里在大萧条中幸存下来，到了1960年，这里的人口还保持在3000多。从那以后，麦卡米的人口就一直在稳步下降。然而，这里的西班牙裔移民的人口总数却从1980年的35%增加到2009年的59%。家庭平均收入比得克萨斯州的平均水平低20%。独立的石油和天然气公司仍然是这里主要的雇主。

麦卡米的9家教会在社区中发挥着不可或缺的作用。许多常住居民隶属于其中的一个教会，这也是他们身份的主要组成部分。多年以后，教会的教友之间也形成了各种小团体，他们会在礼拜之后一起吃午餐或在工作日一起吃早餐。有几个牧师在养老院里主持礼拜。牧师联盟组织志愿者们去友谊中心帮忙，困难家庭可以在那里接受食物和衣物。牧师联盟偶尔还会赞助一场由基督徒乐队带来的摇滚音乐会，希望能够吸引社区更多的年轻人。天主教区、神召会、耶和华见证人王国聚会吸引了盎格鲁人和西班牙裔美国人，其中一个浸信会还帮助建立了一个西班牙语教会。

但是，小镇人口的减少、经济的衰退让所有的教会都只能勉强支撑。有几个教会参加礼拜的人数减少到不足40人。虽然牧师联盟极力促进旗下教会之间的合作，但是，新教和天主教之间、基要主义教会与现代的新教教会之间的紧张关系依然存在。酗酒、吸毒问题反复出现。当一个牧师离开小镇，在规模较大的社区找到了一份更具吸引力的工作时，要招募一个新的牧师通常是非常困难的。

白人的利益。托兰德牧师表示，他的孩子们有时候是班上唯一的盎格鲁人。他认为，社区的白人越来越少，他们不愿意应对社区发生的变化，就直接搬走了。虽然他对这些负面的反应表示理解，但是，他也认为这些反应让人感到担心，他想要采取一些措施，来改善彼此之间的关系。

具有讽刺意味的是，实现托兰德牧师跨民族理解之路的，并不是与本社区内西班牙裔移民的交流，反而是组织前往墨西哥的短宣。许多年以来，他的教会每个月都会通过美南浸信会给出少量的捐赠，帮助印度的教会。现在这种捐赠仍然在继续，但是，托兰德牧师决定，带一些志愿者去墨西哥可能会给他的教友们带来更大的影响。每个夏天，一小部分教友会开车经过得克萨斯州进入墨西哥，在当地的教会为孩子们开办《圣经》学校。他们有个很深的感悟，类似的活动也可以在本地区展开。起初，教会花费了1000美元修缮建筑，购买了特殊的用品和设备，但是，志愿者去过墨西哥后，意识到他们可以采用不同的方法。现在，他们在西班牙裔儿童住地附近的小镇公园组织活动。费用减少了，效果却更好了。墨西哥的所见所闻的确让他们开阔了眼界。

除了公园里的圣经课以外，托兰德牧师的教会还一直在两条小战线上奋战，以弥合教会与西班牙裔移民之间的沟壑。一条是加入了宗教联盟，为西班牙语教会提供资金支持。之所以想出这个主意，是因为教会自己无法组织西班牙裔事工。另一条是提供志愿者服务，帮助教会关注的贫困家庭。例如，最近教会帮助一个单亲母亲和她的4个孩子重建了房屋，孩子的父亲抛弃了他们。墨西哥的这些经历和短宣也改变了教会的看法。“如果我出生在墨西哥，”托兰德牧师说，“我能够明白美国所带有的天生的吸引力，以及作为丈夫和父亲，美国给他带来的希望。我能明白，这些家庭生活的地方非常糟糕、非常贫穷，能够有美国梦可能是非常美好的事。我怎么能说，如果我生在墨西哥，我不会尽一切力量通过合法或非法的途径来美国呢？我一直会这么想。我脑子里始终有这个想法。”他说，教会也这么认为，至少会友们帮助了那些需要帮助的人们，没有问任何有关身份证件的问题。他也成了全国通用工作卡系统的提倡者，他提倡建立更有效的项目，以便移民能够通过这些项目成为正式公民。

小镇或其他地方的教会领袖几乎都没有办法完全解决这些问题。有些教会领袖支持完全暂停移民计划或者打击非法移民，而有些教会领袖则强调的是教会帮助那些有困难的人的价值，不论他们是谁，强调的是要更加努力地实现社会公平。“作为基督徒，对此我感到非常挣扎，”托兰德牧师说，“我刚刚祈求上帝，让我了解他的心意，这个问题太难了。”之所以这个问题很难解决，是因为即使在收入很低的小镇上，牧师和教会都享受着美国人所习惯的舒适的生活方式，对于相熟的朋友和常去做礼拜的会友所产生的安全感也感到非常满意。要按照耶稣的指令去帮助贫困的人，为饥饿的人提供食物已经很困难了，更难的是还要制定出合适的公共政策解决移民和贫困问题。

与此同时，教会面临的困境还包括对于合法的和非法的移民，教会的责任是什么。何塞 · 埃斯皮诺萨神父，40 岁出头，在墨西哥长大，2 年前成为美国公民。他说如果能和华盛顿特区的官员讲一件事，那就是通过一项合理的移民法。“我的意思是，我们讨论移民问题讨论多久了？政府做出了承诺，可是，什么也没有做。”他在 2 个教区事奉，一个教区位于有 9000 人的小镇上，另外一个教区在 2 英里以外，一个 3000 人的小镇上。其中，80% 的人都是西班牙裔，大多数都是农场工人。“这里的许多人，”埃斯皮诺萨神父说，“没有证件，就害怕被遣返，只想找安全的工作。他们没有证件，所以，他们在这里工作一段时间，然后搬到其他地方。”

在洛佩斯神父为一家公司做牧师的小镇上，就有几家教会悄无声息地向那些没有证件的工人提供必要的紧急服务以避免被遣返。

其中一个牧师问道，如果因为一个孩子出生在美国，另外一个孩子出生在墨西哥，政府就要把这个家庭分开的话，他们应该怎么做呢？或者孩子生病了，如果孩子的父母没有证件，医院不允许接收这个孩子，那这个孩子该怎么办呢？教会的立场又该如何？在另外一个社区里，教会在为一个移民家庭获得公民身份而庆祝，但是，教会也在悄悄地帮助那些没有合法身份的工人。另外一个社区里积极参与教会事工的信徒发现，和其他小镇的服务机构合作，能够更有效地实现立法改革。

更为完善的移民法能解决一部分问题，但是，其他的问题却依然存在。许多周日的早上，埃斯皮诺萨神父看着他的疲惫的教区居民时，都会感到十分气馁。在摘樱桃和苹果的季节里，几乎一个人都不来。苹果园的工作要一个星期工作 7 天。接着，冬天到了，许多家庭要回墨西哥和他们的亲属一起生活，来教会参加礼拜的人又减少了。他担心来向他讨要食物的单亲妈妈，也担心抵制不住诱惑加入帮派的少年。土生土长的美国本地人的情况也并不比移民好多少。几乎没有人的收入足够养家糊口。小镇财政困难，连市游泳池都快关门了。有一段时间，埃斯皮诺萨神父曾试着在社区公园为教会的家庭组织一些活动，但是，由于小镇对于公园的使用和清洁征收的费用太高，他不得不放弃了这些计划。

经济崩溃

除了移民所带来的多样化之外，有时候，经济情况的突然变化也会对小镇的教会带来巨大的影响，而小镇教会对此却无能为力。经济风云突变的威力远远超出平常农业市场的波动或是人口的长期下降。产生突变的原因包括严重的采矿事故、大型制造厂的关闭、空军基地或管理设施的搬迁。当地教会所面临的挑战就是要适应社区的新需求和不同的利益点。

有个小镇，叫“淘金热”（Gold Rush），恰如其名，这个小镇就经历了一系列经济混乱的状况。小镇建于 19 世纪，当时周围的崇山峻岭里发现了金子，几乎一夜之间，小镇人口激增至 8000 人，随后又逐渐减少到 4000 多人，成了矿工及其家人的“公司镇”。20 世纪 90 年代，金矿关闭了，年迈的矿工和家人留了下来，可是，几乎所有的年轻家庭都搬走了。当地的教会逐渐适应了会友人数日渐减少的状况，会友主要是退休的人，他们希望尽可能地和过去一样。然而，在 10 多年间，4 件意料之外的事情发生了：附近开了一家大型赌场；联邦政府在废弃的矿上建起了一个科学实验室；旅游业繁荣兴旺；一位名人富豪在这里开发了高档住宅，美国大城市退休的有钱人都被吸引到这里来了。

和我们研究的所有小镇一样，淘金热镇的牧师和教友领袖也曾差点失去他们的社区。主街的上上下下，每个教会都在应对小镇新情况的方方面面。基要主义教会对于赌场采取非常强硬的态度，坚持神学的观点，反对赌博，反对在安息日工作，反对酗酒。一家主流的新教教会吸引了许多新来小镇的上层居民，但是这些人多数只参加圣诞节和复活节的礼拜活动，其他的周日礼拜一律跳过，他们支持宽容、多样性和进步政治。另外一个主流新教教会的教会人数翻了一番，教堂也扩建了，只是，会友分裂成了两派：一派坚持传统，另一派希望更有效地服务新教友。天主教教会发展最大，但是，还是要努力去满足赌场和旅游业低收入工作者的需求。过去，低收入者通常在矿业公司工作，他们的家人也都在这个社区，新来小镇的人都是季节性的工人，他们来自几个不同的国家，很少会每次在社区待上半年以上的时间。牧师联盟经营着一家食品屋，帮助妇女摆脱家庭暴力，为没有燃料的家庭提供资金支持，但是，牧师对于小镇未来的发展方向也不是很确定。“太多人来了又走。”一位牧师叹息道。“连日常的见面打招呼都很难做到。”另一位牧师说。

淘金热镇的崩溃虽然有些极端，但并不是独一无二的。面对同样挑战的还有那些被洪水和飓风摧毁的小镇，那些处在城市远郊开发线路上的小镇，以及那些同样经历过矿场关闭和赌场开业的小镇。即使相隔只有几个街区的教会反应也完全不同。这些教会不仅受到社区变化的影响，而且参加教会的劳工的潜在区别也对教会产生了很大的影响。

社区转型中的教会

如果说经济困难和人口减少是小镇教会面对的最常见的问题，那么在人口越来越多的社区，情况就完全不同。这些社区离大都市地区非常近，也受到了郊区扩张的影响。这些地区和小镇正在发展，这里的教会不会出现会友减少的状况。但是，他们会面临郊区巨型教会的竞争，无论如何，这些教会都必须考虑转型意味着什么。

乡村小镇希望之泉（Hope Springs），人口不到1000，但是，这里距离一所大型的州立学校只有15英里，离拥有100多万人口的还在不断扩张的城市也只有30英里，因此，在未来的10年里，预计这个小镇的人口会有很大的增长。随着新的电信公司和生物科技公司的到来，希望之泉小镇周围20英里以内的房地产迅速繁荣起来。镇上的7个教会正面临着一个进退维谷但是极为有趣的境况。一方面，教会的会友多数都是常住的社区居民，有的在农场工作，有的在政府部门工作，还有的在商店工作。他们回忆起，几十年前，3个教会因为没有新的教友而合并在一起。目前，每个周日早上，参加礼拜的信徒平均有80到100人。小镇新来了一些家庭，当地小学的入学率也有所上升，来教会参加礼拜的信徒人数有望增加，可是，从很大程度上来说，事情不会变化得那么快。从另一个方面来看，牧师们每个月都会在牧师联盟的午餐会上见面，他们不知道是否应该采取行动，为未来做规划。他们似乎有两个选择。一个是保留教会较小的规模，不时地引入新的家庭，保持教友之间长久以来的亲密友好关系。之所以这样选择，有一个重要的原因：就在 30 英里以外，就有 2 个大型教会，每个教会都有巨大的建筑和超过 10000 的会友。随着希望之泉小镇的不断发展，很可能会有新的家庭开车 30 英里去这 2 个大型教会参加礼拜。只有 100 教友的小教会是无法与之竞争的。但是，另外一个选择是竞争。也许希望之泉镇上的教会再也不会发展壮大了，但是，它们会适应社区的新发展。

艾琳 · 蒙塔格 – 摩根牧师，25 岁，在希望之泉镇的联合基督教会做牧师。她曾在两家会友人数不断减少的小教会实习过，她很高兴能来到这里，要将这里教会成员的人数从目前的数量增加到 100 以上还是很有希望的。希望之泉镇上的联合基督教会是教会转型的完美案例。教会里上了年纪的教友担心蒙塔格 – 摩根牧师步伐迈得太快了。这些人都是教会的中流砥柱，每次礼拜都会出现，还会慷慨捐赠，但是，他们也是最难伺候的。他们希望自己生病住院的时候，或是他们认识的某个人逝世了，有人会去探望。蒙塔格 – 摩根牧师是另一代人，她刚刚大学毕业，一直生活在城市里，她希望教会能事奉年轻家庭。小镇上新来的居民很少会来教会，他们要外出上班，还没有加入教会。

希望之泉镇联合基督教会所出现的矛盾表明，在某些时候转型中的教会如何应对在外界看来可能是微不足道的困难。问题并不在于人们在邮局闲聊他们喜欢什么，不喜欢什么——尽管这些事的确发生了，而在于教会是必须要真正做决定的小型民主团体。以这个小镇为例，最紧要的一个问题就是教堂的斜坡——从人行道到前门的斜坡。在年长的教友来看来，这段斜坡对于普通的轮椅和走路的人来说太陡了，而且也没办法去地下室。为了解决这个问题，会友们最近进行了投票，打算在教堂的后面建造一个一层楼高的团契厅。年长的会友把这个决定看作是一次重要的胜利。可是，团契厅也是吸引新家庭的好方法，就在街对面上学的孩子们的童子军会议就可以在团契厅举行。表面上，这是一个双赢的局面。可是，现在还有一些棘手的问题，例如，什么时候，在什么条件下，谁可以使用这个团契厅？谁来清理打扫这里？需要符合什么样的火灾和安全规定？

不难想象，处在转型中的社区教会在深层次的神学问题和道德问题上存在着冲突。情况也许如此，但是，希望之泉镇的情况更为典型。蒙塔格－摩根牧师的讲道方式、对《圣经》的解释以及福音传道都是在神学院学的。她说，有时候她能做的，只是嘲笑一下她为了在现实世界工作所接受的训练有多么的不充分。她很惊讶，她的时间大部分都花在了看似单调的事情上，例如轮椅坡道、分区规则等等。这些日常事务就让她从早忙到晚。

我们研究的许多小镇教会都认为自己处于转型中。这是一个恰当的描述，这倒不是因为类似出现在市中心的那种经济形势的转变，而是因为社区处在悬而未决的状态中。这里不再是几乎一成不变的小镇了，也不是永远都在变化中的郊区社区。这些处在转型中的教会所在的社区就位于离大都市 20 到 50 英里的类似希望之泉这样的小镇上——距离太远，无法被纳入城市开发的进程又足够贴近，以至受到城市发展的影响。尽管采用的方式难以预计，但教会还是必须对未来进行规划，未来可能会有所不同。

有趣的是，转型中的教会这个概念并没有受到所有人的欢迎。反对似乎主要来自于长期居住在这里的居民以及具有前瞻性的牧师。在人口正在增长或者预期持续增长的社区里，如果教会自认为是转型中的教会，那么，很可能会阻碍其不断发展的步伐。从我们的访谈中可以看出，似乎每一个牧师都把发展看作是一个可能实现的目标。但是，即使在同一个社区，教会与教会之间发展的可能性也有很大的不同。通过以下这个案例的比较可以看出这样的差别。

南公园社区教会的教堂是一座华丽的、开放式的砖与玻璃混合建造的建筑，当教堂里的每个长椅上都坐满人的时候，一共可以容纳 200 人。1958 年，教会领袖决定，矗立于小镇中心长达半个世纪之久的这个旧建筑已经无法继续满足教会的需要了。1 年以后，现在的这个教堂就在几英亩的乡村土地上拔地而起。慢慢地，小镇就朝着教堂的方向发展。如今，教堂周围空旷的土地上，绿树成荫，有 4 间卧室的高档住宅矗立于此。几个街区以外就是学校、社区公园和购物中心，这里也就成了有孩子的家庭的理想选择。

南公园社区教会所在的小镇是该地区较大的小镇之一。1950 年至 1980 年期间，小镇人口翻了一番，自从 1980 年起，小镇人口又增加了 50%。目前，社区里住着大约 20000 居民。在过去的几十年时间里，支线机场、社区大学、大型食品加工厂、几家小型制造业公司的出现，以及背靠产量丰富的油田和天然气生产基地等优势让这个小镇获益匪浅。虽然，小镇上有几户家庭在商业和农业上都做得很好，但是这个社区从来没有非常繁荣兴旺过。这里的家庭平均收入比全州家庭平均收入低 20%，同时，这里的平均房价也比全州平均房价低 20%。随着社区的发展，社区人口也变得越来越多样化。大部分家庭还是盎格鲁白人，但是，相当规模的少数族裔人口是西班牙人，小部分是非洲裔美国人。

小镇一直在发展，然而，近些年来，南公园社区教会的会友却几乎没有发生任何的变化。多数周日，11 点的礼拜有不到 70 个人参加。这一数字比 10 年前略微高些，当时发生了一次冲突，几个家庭离开了，没有人愿意提及此事。但是，这一数字还是比 20 世纪 80 年代的会友人数要低一些。教会认为自己是个小教会，也的确如此，并没有期望规模会有所扩大。教会里有许多会友一辈子都生活在这个社区，因此，他们对于教会历史的记忆比他们对未来的设想要生动鲜活得多。

格伦·费舍尔牧师一直试着想改变那样的局面。他 4 年前来到这里，通过一个网络课程，一直在为获得神学院的学位而努力，因为是网上学习，大部分课他都可以在家里上。上个星期，他 30 岁了。起初，他非常气馁。当主管自己教会的兴奋感消失殆尽之时，他意识到要将发展教会的想法付诸实施是多么的艰难。他知道在某个时候，他会离开这里，也许会去城里或郊区一个年轻人多点的教会，可是，他也感受到一种召唤，去尽其所能地重振南公园社区教会。

在过去的 2 年里，出现了一个 12 人的小组，他们支持费舍尔牧师建立一个更加充满活力的教会的愿景。这个小组并不是一夜之间突然出现的，他们由不同年龄的成员组成领导队伍，大多数人之前就互相认识，但是，他们是通过在委员会工作、与费舍尔牧师一对一地谈心、阅读并讨论有关教会规划和发展的材料，才走到一起的。起初，他们认为教会经历了起起落落，会一直保持较小的规模。现在他们相信教会一定会发展。有一件事他们可以确定的是，社区中有许多人，就算他们来参加教会，但也不是定期的。他们认为如果可以劝说这些人中的一部分人更加认真地对待宗教信仰，教会的人数是能够增加的。

费舍尔牧师认为，从南公园社区教会的情况中可以总结出三个重要的经验。第一，态度至关重要，并且态度是可以改变的。这一点体现得很明显。人们一开始认为教会的规模一直会很小，后来人们认识到教会的人数是能够增加的。而且，不论事实上教会规模扩大与否，更重要的是会友们对于教会有一种积极的态度。他们知道，有时候他们会失败，计划也会出错，想法无处着落。但是，这些都没有关系，事情还是会不断向前发展；第二，会友们明白，教会的未来要靠他们。他们意识到，不要期望牧师来解决问题，费舍尔牧师开始在这里做牧师时他们就是那样，期望牧师来解决所有的问题，其实，事情更多掌握在他们自己手里；第三，教会领导团队渐渐认识到自己就是孵化器。他们为自己能萌生出新的想法并得以实施而自豪。

有些书被证明对于南公园社区教会的费舍尔牧师和领导团队是非常有用的，其中一本是由罗纳德·克兰德尔写的《小型教会的扭转策略》。[31] 通过与教派领袖联系，克兰德尔对 100 个在过去 2 到 5 年里经历过某种重大的形势而好转的、会友人数不到 200 人的教会进行了研究。他发现，情况有所好转的教会的领导人都具有国际性的思维，对未来充满了积极的愿景，受圣灵的引导和支持。通过祷告、《圣经》学习、团契、特别活动等，信徒们逐渐把教会的小规模看作是一个优点而不是缺点。对使命和传讲福音的重视，通过学会寻找和欢迎新的教友而不是把目光停留在过去，也进一步促进了教会情况的好转。

克兰德尔研究清楚地表明，《圣经》里要求的相互做见证很关键。在那些形势好转的小型教会里，会友们知道如何向朋友和邻居解释《圣经》，需要《圣经》的学习和祷告，教会还需要探访社区里的居民，对新来的居民诚挚欢迎，热情有加。克兰德尔把这称为收养，就像一个家庭收养一个孩子一样。教会必须要欢迎新来的教友，让他们感觉轻松自在。

在后续的研究中，克兰德尔也发现一些重要的信息。起初出现某种积极正面的迹象、情况好转的教会大多数在随后几年中会遇到严重的挫折。尤其是当前任牧师离开教会，新任牧师继任的时候，常常会出现问题。这表示，牧师的领导能力是关键，但是，还有一点也很重要，那就是牧师要注意培养教友领袖的领导力。[32] 这是费舍尔牧师一直以来的目标。“你正在引领其他的人做事工，你不会为自己所做的事情而感到自卑，”他说，“他们的祈祷和你一样，他们到医院探访也和你们一样。要让他们有能力去做事工。”

毫无疑问，教友领袖的能力和牧师的领导力都是一样的重要。无论这个组织是企业还是教会，领导力对于规划和执行新的项目是必需的。但是，克兰德尔强调的另外一点也同样重要，就是需要调整方法以适应某种形势。这些形势指的是在社会研究中占据重要地位的人口、社会和文化方面。人口方面——就是人口趋势——尤其重要，由于社区人口的增长，南公园社区教会的人数很有可能会增加。5 年前，现在小镇的 1/3 人口住在其他县，1/4 的小镇人口住在其他州。

然而，考虑到社区的社会特征时，南公园社区教会的未来则不太确定。在过去 25 年时间里，小镇的总人口增加了大约 6000 人。西班牙裔人口增加了 7000 人，而白人的总人口缩减了 1000 人。在小镇的 70 个教会中，有 5 个教会的教友主要是西班牙裔移民，只举行西班牙语的礼拜活动，天主教教区增加最多，并且举行英语和西班牙语礼拜活动，在种族混杂的街区成立了十几个小型的五旬节派和福音派无宗派教会。南公园社区教会的会友与所在街区的居民是同一种族的。

在另一个教会的经历中，社区种族成分不断变化的重要性就一目了然了。西区教会也位于高档的以盎格鲁白人为主的街区。该教会属于另外一个不同的教派，但是，在神学理论方面与南公园社区教会相类似。和南公园社区教会一样，该教会强调福音传道和教会发展，并在这方面取得了很大的成功，至少和过去的 10 年相比是这样的，那个时候教会处在低潮期，现在人数翻了一番，达到了将近 200 个正式会友。但是和南公园社区教会一样，其成员在种族结构上保持一致。教会领袖认为，帮助在西班牙裔美国人中发起 2 个独立教会,更具有意义。一个教会有 100 名会友,而另外一个有 75 名会友。西区教会可能还不算是形势好转的教会，但是，适应社区不断变换的需要和利益，也是一种具有前瞻性的思想。

除了种族的因素以外，对上述 2 个教会的比较还进一步说明了社区在社会动态发展中另一个关键的方面。离南公园社区教会最近的街区建于 20 世纪 80 年代，这意味着这个街区的新移民较少、带着孩子的家庭也较少。西区教会建于 10 年以前，其周围的街区都在发展壮大。西区教会的牧师表示，教会大多数的会友在加入教会之前已经彼此认识了。他们在学校的会议上见过面，在操场上带孩子玩的时候也遇见过，在邻居的联欢会上也见过，有的人彼此之间还是亲戚关系。从那种意义上说，南公园社区教会的地理位置就没那么优越了。南公园社区教会的信众培养小组不得不扩大范围，更主动地去接触新来的小镇居民。

一个社区的文化包括克兰德尔在研究中所讨论的态度和对教会前景的展望，这也是费舍尔牧师提到的对南公园社区教会来说非常重要的方面。“忘记过去，”他小心谨慎地表示，“表达出这种态度，继续向前。我们无法改变过去，我们只能创造未来。”他认为，南公园社区教会逐渐形成了一种集体心理状态，他们曾非常害怕失败，无法承担成功所必须要冒的风险。

费舍尔牧师的话非常坦率真诚。他对于教会领导核心正在发生的变化充满了希望，但是，他还是感到一丝沮丧。他认为教会太懦弱了。教会领袖们都在逃避责任，希望由他来完成大部分的工作，这让他觉得很生气。

就教会应该或是不应该做什么的问题上，我们所采访的南公园社区教会和西区教会的会友们与牧师们有着完全不同的看法。与教会的教友们相比，牧师更加关注教会怎样发展，人数是否有所增加。牧师们的职业生涯、牧师做得成功与否都取决于教会发展的情况。即使是定期去教会参加礼拜的会友也并不太关心教会的发展。他们更关心工作和家庭。教会只是做礼拜、灵命成长和事奉的地方，但那里不是他们的家。

事实上，那就是牧师的工作，并不是教会里信徒的工作，除此之外，牧师在很多其他重要的方面也与教友们有所不同。我们采访过的许多牧师都刚刚来到社区。费舍尔牧师以前并不住在教会所在的这个社区。每个星期有 4 天，他会驱车 1 个小时从另一个小镇来到这里。有时候，差异也与年龄有关。费舍尔牧师只有 30 岁，比较期待未来。他鼓励教友们要忘记过去，他对教会的历史并没有什么贡献。

但是，小镇上小型教会的历史对于隶属于这些教会的人们来说是十分重要的。他们可能在这个教会里长大、举行婚礼。教会的建筑可能是他们的父母建造的，一直用心维护。教堂后面的墓地保留着他们祖先的墓。教堂是社区延续性的标志，是社区在时间长河中位置的象征。正是由于这些原因，在对未来进行规划的时候，往往需要关注过去的历史。

正如本章中所提及的例子显示，小镇上的教会面对着与地方社区人口和经济状况相关的各种各样的挑战。显而易见，宗教对于小镇具有举足轻重的地位，在提供社会服务方面起着重要的作用。虽然不可避免地会出现冲突，但是，宗教通常会让小镇居民更加认识到，社区是邻里和睦相处、相互关爱的地方。对所有小镇的所有教会的概括性总结几乎没有，除了一点，那就是，这些教会中，大多数的规模真的非常小，由于人口数量的变化，许多教会正处在转型中。

当然，这些教会与大都市的大型教会有很大的不同。小型教会只能偶尔给在社区成长发展起来的宣教机构提供帮助支持，而大型教会有全球事工专员，负责组织短宣，为几十个宣教机构提供帮助。我们采访的大型教会的会友提到了他们在教会中的朋友以及温暖人心的团契，这些和小镇上的教会都是一样的。但是，大都市的教会会友还会兴致盎然地讲起他们刚刚在教堂听的音乐会、出色的唱诗班、最近的诗歌朗读之夜以及充满趣味的主日学校课程。如果他们的教会在市中心有事工部门，他们会描述在面对城市贫困时所面临的挑战。他们很少担心教会可能因为会友的减少而关闭。

在考虑小镇教会所面临的不同挑战时，有一点值得注意的是，这些教会也面临着所有社区都共同关心的问题：无论这些教会与那些专注于数量增加或减少以及财务可持续性的企业实体有怎样的相似之处，教会建立的基本目的是要培养信徒的灵命。教会无论大小，无论位于人口数量减少的小镇还是生机勃勃的城市，所面临的最主要的挑战都是要促进会友与神之间的关系。一位牧师强有力地证明了这一论点。这位牧师所在的教会原本有 60 人，但是，每年都会有一两个会友离开，因此，教会变得越来越小。搬到养老院的老年会友的需求、年轻人的匮乏都让他感到焦虑。然而，他最关心的问题是，如何让会友们通过祈祷，认识到他们与上帝之间的关系。“没有上帝，我们什么也做不了。”他说。每个周日他都尽力让人们认识到这一点。最重要的是，他一直努力通过服事社区以及周三晚上的学习小组，让会友们在礼拜中感受到上帝的存在。

第8章　问题之争：社区生活的道德情操

“我沿着州际公路驾车前行，广告牌上都是脱衣舞俱乐部的广告。就沿着州际公路！因此，6岁的孩子会问你，‘哎，爸爸，这是什么意思，全裸？’我很担心这会发展到什么地步，或者已经是了——像现在这种‘什么都行’的想法。”这种道德堕落让50多岁的高中篮球教师吉恩·法齐奥感到非常忧虑。他住在拥有10000人的河边小镇。中学周边都是保养良好的工薪阶层的单层住房，街道两旁的几个街区有几家百年历史的小型制造业工厂和零售商店。困扰法齐奥先生的不只是昭然可见的性广告。如今，这个世界似乎出现了什么问题。

“过去的三四十年里，世风日下。”位于2500人小镇的基要主义教会“上帝之语圣经教会”的63岁牧师特里·汤普森抱怨说。每个周日，镇上有近1/4的人会去听他讲道。他和镇上另外2个与他具有相同信仰的基要主义牧师一起合作讲道。主流的卫理公会和路德教会在道德问题上也倾向于传统的观点。“20世纪60年代，我高中毕业，”汤普森牧师解释说，“那个时候，老师抱怨的是学生们在课堂上嚼口香糖和上课讲话。现在变化太大了。没人再告诉孩子们什么是对什么是错了。一直不断地教导孩子，让孩子们认为我们只是享有荣耀的动物，这是非常危险的。其实，我们没有什么特别的。孩子们必须在其他方面发掘自己的特殊之处。现在，通常对于年轻的男孩女孩来说，就只有性幻想。”

生活在小镇，很容易让人感觉被外面的世界围攻。小镇如同天堂，却是一个受到威胁的天堂，生活的小舟在风云变幻的海面上漂浮，无法掌控。小镇上任何人做出的决定都不会影响到外面的世界。纽约、华盛顿、洛杉矶、好莱坞的商业巨头才会做出影响世界的重要决定，这些决定又是那些对美国小镇几乎一无所知的媒体大亨、政府律师精心炮制的。与此同时，一家本地企业倒闭了，一个家庭搬离了小镇，返校节皇后怀孕了，而那个本来有着大好前程的运动员也吸毒成瘾了——即使小镇的人口在增加，但这与人口动辄几千万的大城市相比，实在微不足道。因此，人们会发现自己几乎无法控制任何事务，只能抓住少数几股仍有可能掌握的力量。

“《圣经》上预言说，末后的日子，你会看到人们反常的行为，例如，女人爱上女人，男人爱上男人。我小时候几乎没有听到过这些，但如今已经非常普遍了。”这位快 70 岁的老先生住在一个周围都是玉米地的 900 人的小镇上。“美国人已经背离了《圣经》”，他说，贪婪、欺诈、缺乏爱心如同流行病一样四处蔓延。“我认为美国以后会遭到报应的。”他担心这些问题正在从城市蔓延开来，侵蚀他所在的社区。

一对中年夫妇生活在一座拥有 1500 人的小镇上。近些年来，这个小镇在民族和种族上呈现出越来越多元化的趋势。他们表示小镇出现了“家庭衰败和解体的现象”。妻子指的是绑架、性骚扰、色情影视文学、性错乱等等。丈夫则认为，人们对于道德问题太过容忍，关于对与错的认知“极为混乱”。他预计“更大的浩劫将会出现在我们的社会体系中”。

自 20 世纪 80 年代后期以来，社会观察家认为文化战争在美国价值体系中表现得越来越明显。一边是自称的进步人士——自由主义者，他们认为价值观是与所处环境有关的，道德的决定必须在理解了不同的情况和约束后才能做出。另一边是传统主义者——保守主义者，他们坚信是与非有着明确的界限，通常，理解他们信念的基础就是神的启示。进步人士居住在旧金山和纽约等地，保守主义者居住在像南达科他州的廷德尔和阿肯色州布林克利这样的小城镇。[1]

当然，许多关于美国文化战争的固有观念被夸大了——有些完全是错误的。例如，最直言不讳的传统主义者都是乡巴佬——这是不对的。他们中许多人都受过良好教育，考虑事情周到，语言表达清楚，支持保守道德原则。他们住在高档郊区，在名牌大学教书，作为企业高管享受着高薪，在极受欢迎的广播电视节目中畅谈自己的看法。

我们对于文化战争争议性问题的了解多数是来自全国的民意普查，以及对那些运动人士的调查，这些人代表着政治候选人和法律一方调动资金并动用影响力。虽然部分研究是在小镇进行的，但是这项研究中并没有考虑到生活在小镇会如何影响道德情操的表达方式。因此，不难想象，小镇只是道德保守主义的堡垒——或者小镇与其他地方一样也存在文化冲突。

几十年以来，社会学理论告诉我们，社区对自身的认识与其对善恶的看法密切相关。社区抵抗住了被认为会威胁社区活力的外部力量，进而强化了起决定性作用的价值观。居民们会明确各自在社区谈论社会问题的立场——并且，在谈论这些立场时，他们会强化社区的真正意义。小镇居民对自己进行了重新定义，以区别于陌生人、变态之人或是他们并不认同的外来生活方式。

那些关于小镇特点的想法就是源自于这个理论。一座乐于促进并维护一致性的小镇对于那些不经意偏离正轨的人来说可能是个危险的地方。一个非洲裔美国人无意中进入了南方的一个种族主义白人社区，可能会遇到很大的麻烦。同样，同性恋者如果去一个全是顽固偏狭的乡下人居住的小镇加油，也可能遇到大麻烦。社区价值观的执行者可能是当地警长、深受人们欢迎的牧师或是治安委员会。

但是，关于小镇的可怕传说并没有考虑到小镇已经融入了整个国家文化中这个事实。正是因为这种融合——小镇居民与其他地方的居民和想法能够轻松互动——才引发了人们对刊登脱衣舞的广告牌、扰童事件的关切以及“什么都行”的心态。

生活在小镇上的人们明白，无论他们因为何种原因而生活在现在的地方，相对于更广泛的文化来说，他们的社区处在一个脆弱的地位。一方面，这些小镇反映了国家宏观经济和人口发展趋势，处于同样的媒体环境和娱乐环境之中。另一方面，生活在小镇就等同于与大环境背道而驰，因此有理由在思想和行为上与其他地方的人不同。

这种模棱两可的认识带来的直接效果就是改变了对具有重要意义的争议性道德问题的讨论。人们怎样看待堕胎和同性恋——或者讲授进化论，或是打击毒品应该采取什么样的立场——也是人们将自己定义为社区一员的一种方式。道德信念传递的是什么是有益于社区的共同观念，同时也说明，小镇可能会受到怎样的威胁，应该采取什么措施来保护小镇所珍视的生活方式。

世风日下

在我们采访的小镇居民中，几乎没有一个人认为美国的道德水平有所改善。相反,他们十分肯定地认为美国的道德水平正在衰落中。这种反应并不让人感到惊讶。据全国民意调查显示，许多美国人对于道德滑坡现象感到十分的忧虑。对于那些生活在以保护历史为荣的社区——也是人口不断下降的社区——的人来说,尤为如此。例如,在我们采访的对象中，有些人会把两种下降直接联系在一起，他们认为如果现在的人们依然遵循《圣经》的教义，小镇会变得更好。

但是，某个人所在的社区与某个人对道德滑坡的感知之间并没有直接的联系。相反，要理解其中的联系就必须知道人们在谈道德滑坡时究竟指的是什么问题。通常，都是与家庭有关的问题，包括性关系混乱、离婚、如何教育孩子、职业道德沦丧，人们变得越来越贪婪、越来越物质化，过分关注自己，而不关心他人。如果我们回想一下第 3 章里，人们谈到的他们最爱社区的那些方面，你会发现这些衰落中的道德听上去很熟悉。这些其实就是小镇居民最为珍视的社区价值观。在小镇居民的眼里，小镇上的家庭关系稳固，孩子教养得当，人们工作努力，一点都不物质化，居民们关爱他人多过自己。如果这些价值观出现了衰退，对于小镇居民看重的东西就会产生威胁。我会用几个例子来说明我的看法。

丹妮丝·赫德伦是一位会计，与丈夫和 2 个正值青春期的女儿生活在阳光地带（美国南部地区）的一个 800 人的小镇。她说，美国最糟糕的道德问题就是人们不再愿意努力工作了。她有这种感觉是完全可以理解的。她从小在农场长大，放学后都会帮家里做事，大学时期半工半读，完成学业。然而，当她被要求更详细地谈谈看法时，她认为根本问题是“婚姻被破坏了”，她认为这是 20 世纪六七十年代的性开放所造成的结果。她说，“未婚先孕，‘孩子’没有父亲加以引导和教育，”是孩子没有学会努力工作的原因。“我知道人们并不想听到这个，可是，当你抬眼看到这冷酷的现实，你会发现我们国家最严重的道德缺陷就是让人们觉得可以随意离婚、再婚、发生性行为，或者做任何可以带来愉悦的事。这毁了我们的孩子。”同样，她把这个普遍问题与她所在的社区也联系了起来，“看看我们的社区，可以看到在学校体制下挣扎的孩子们”，她解释说，这些孩子就是婚姻失败的证明。她还补充道，她所在教会的青年组正试着介入这一空白领域，教导孩子们更好的价值观。她表示，因为你要时刻小心不能“侵犯其他人的权利”，所以有时候这就是一场战斗。

我之前提到的深受广告牌上脱衣舞困扰的篮球教练描述了另一种不太一样的道德问题与社区价值观之间的关系。从一种角度上说，他将城市的堕落与他所在小镇的优秀进行了一个简单的对比。他说，圣路易斯和芝加哥的广告牌上有脱衣舞的广告，而“在这个小镇上，我们并没有你们所谓的那种俱乐部”。从另一种角度上来说，他觉得，脱衣舞只是更大的问题的一种表象，这个问题同样在其他地方比他所在的社区更严峻。“我认为我们社区是一个共同分享的社区。”他说，并指出小镇上规模最大的公司是一家本地公司，会回报社区。“他们不像外来人那样只会索取，不懂回馈。”他解释说。他也认为在美国存在着更广泛的“螺旋下降的趋势”。毒品开始出现在他任教的学校，他认为枪支接着就会出现。归根结底，他认为根源问题就是“父母教养不当”和“贪婪”。这与他所认为的让自己的社区更为强大的良好的父母管教和分享的美德截然相反。

读完这些评论，也许很容易得出结论，小镇居民是过分悲观了，也许他们只是太害怕生活方式被侵蚀。批评家认为，如果他们能够更好地掌控外面的大千世界，他们可能会意识到事情并没有那么糟糕。但是，可能还有不同的理解。先抛开一个事实，人们怀念的社区和家庭生活往往没有真正存在过，至少没有他们想象得那么美好。相反，我们需要考虑小镇居民实际面临的变化。他们在小镇或是城市里长大，感觉那里温暖、舒适，也许只是因为他们那时还是孩子，不需要面对成人生活的严苛。不论是什么原因，他们都想要复制那种生活在安全友爱环境中的感觉。他们留在小镇或是搬到了小镇，因此也做出了牺牲。他们原本工作的大公司不在小镇上。按照原本的职业升迁规划，他们可能就得不断地从一个城市搬往另一个城市。孩提时期的好友、兄弟姐妹大都选择了那条路，他们的孩子也选择了那条路。现在他们的日常生活里都是价值观相同的朋友和邻居，外面世界的新闻、商业性广告以及电视节目里谈及的那些不同价值观的人们，毫不奇怪会让他们觉得社会没有朝着好的方向发展。“这不仅仅是家庭解体，”一位先生指出，严重程度如他所想，“作为一种文化、社区、教会和政府，我们并没有按照应有的方式去做事情。”

关键并不是因为小镇对道德衰落的感受比其他地方更深刻，也不是仅仅因为生活在小镇。有许多原因会让人们感觉到事情与过去不一样了——包括电视里播放的混乱的性关系和大街上的毒品，更不用说一位中年人日渐消失的青春活力。关键在于道德滑坡在小镇有着不同的意义。在小镇被人们所珍视的一切——养家的希望、安全感、感觉自己被邻居和朋友关爱——即使在最好的境况下也受到了威胁。一种对普遍的道德衰落的忧虑触及了人们的内心，这使得社区变得更加重要。

保护未出生的孩子

除了普遍担心的道德衰落问题以外，小镇的居民对当前颇具争议性的问题也密切关注。与城市和郊区一样，当讨论道德问题时，一个反复出现的话题就是堕胎。尤其当他们是天主教信徒或保守的新教教会的成员，而且花了很大力气养育孩子时，他们可能会坚定地反对堕胎。一个信仰天主教的 30 多岁的妈妈就是一个很典型的例子，她坚决反对堕胎。她的态度绝对不是那种容易被认为是口号的程式化回应。“我是一个独立的人，”她说，“我不想听到别人说我对自己的身体没有选择权。”然而她反对堕胎合法化，她坚信堕胎对女性是一种摧残。在她看来，这与女性的本性是完全相反的。“女人有一种成为母亲的感觉。也许她们才 21 岁，会说，‘我不想有孩子。’但如果去看医生被告知她们永远不会有孩子，她们会很悲伤。”她表示，同样的道理，“当一个女人选择进行堕胎，结束一个生命的时候，

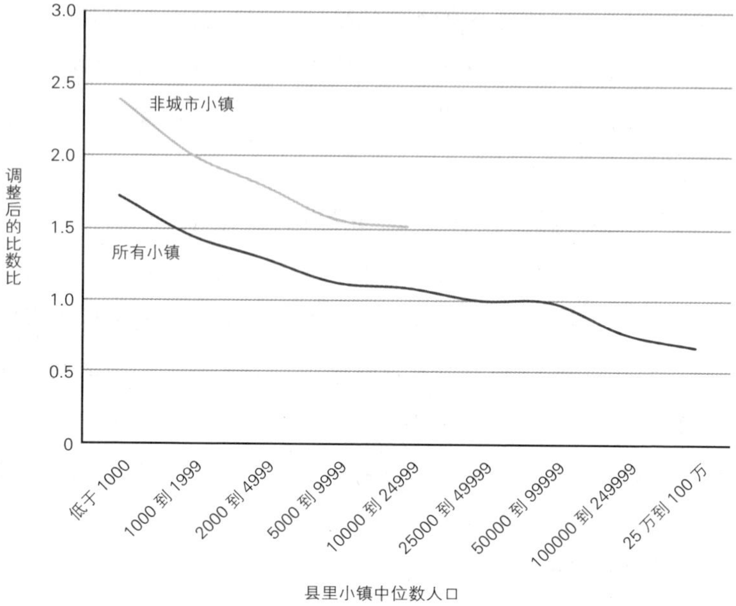

图 8.1 不同规模小镇的反堕胎情绪

会产生一种强烈的情绪——她的余生都会陷入这种情绪。”这位女士解释说，正是由于这个原因，她对堕胎的看法肯定会影响她的投票。

当被问及美国最严重或令人不安的道德问题时，小镇居民通常提到的都是堕胎。对堕胎的抗议之所以如此强烈，部分是因为小镇居民与大城镇和城市的居民在很多与堕胎态度有关的方面都有所不同，包括年龄、性别、教育和地区等。但是，即使将这些因素考虑在内，一个人生活的地方似乎仍然会产生很大的影响（见图 8.1）。在除了强奸或乱伦外的任何情况下，与居住在平均人口介于 25000 到 49999 之间的都市县的人们相比，1000 人小镇上的居民反对堕胎的比例是其人口的 1.7 倍，城市人口平均超过 25 万的地区反对堕胎的比例则降到其人口的 0.7 倍。此外，对于各个不同规模的社区，非都市地区反对堕胎的人数大约是都市地区的 1.4 倍。[2]

在定性访谈中，我们采访过的许多人都迫不及待地想要表达对堕胎的感想。“如果孩子在母亲的子宫里都不安全，”小镇的一位男士，引用了特蕾莎修女的话说，“那就没有人会安全了。”在他看来，堕胎就等同于人类可以操纵生命，决定生命什么时候开始，什么时候结束，这使它成为一场“严重的道德危机”。他的意思是，腐败侵蚀了整个社会的道德体系。小镇居民很少会知道谁真的堕胎了。然而，堕胎这种事总是和社会渣滓以及那些懒惰、不负责任的人联系在一起的。如果有女性选择堕胎，这说明她并没有按照小镇标志性的勤奋工作和道德规范来生活。

强调小镇价值取向的一种思维模式在另一组全国性调查的结果中体现得十分明显。这些调查询问受访者，他们是否认为怀孕的女性在任何情况下都可以合法地进行堕胎。如果是因为被强奸而怀孕，或是怀孕让妈妈的健康遭受极大的威胁，或是婴儿很可能有严重的缺陷，3/4 以上的美国人认为可以堕胎，非都市小镇上认为可以堕胎的比率与大都市的几乎一样多——在考虑了年龄、性别、种族、地区和教育水平的差异后（如图 8.2 所示）。然而，对于其他的情况——尤其当这种情况与小镇的道德标准背道而驰的时候——小镇居民与大城市居民在态度上的差异就变大了。如果有位已婚妇女只是不想要更多的小孩，小镇上认为她可以堕胎的人就只是大城市的 3/4。如果女性因为贫困而无力养活更多的孩子，或是未婚先孕又不想和让她怀孕的男子结婚，小镇居民和大城市居民之间的意见分歧就更大了。态度差别最大的情况是，怀孕女性只是出于个人原因而去堕胎的——即“因需堕胎”。[3]

通常，我们所采访的小镇领导对于堕胎的意见尤为强烈。认为堕胎是一种道德沦丧的小镇领导会在社区的政治竞选活动和教会会议上明确反对这种行为。类似这样的告诫可能被看作是讲道，至少是在一种对堕胎意见几乎一致的环境下进行的，但是，和意见一致

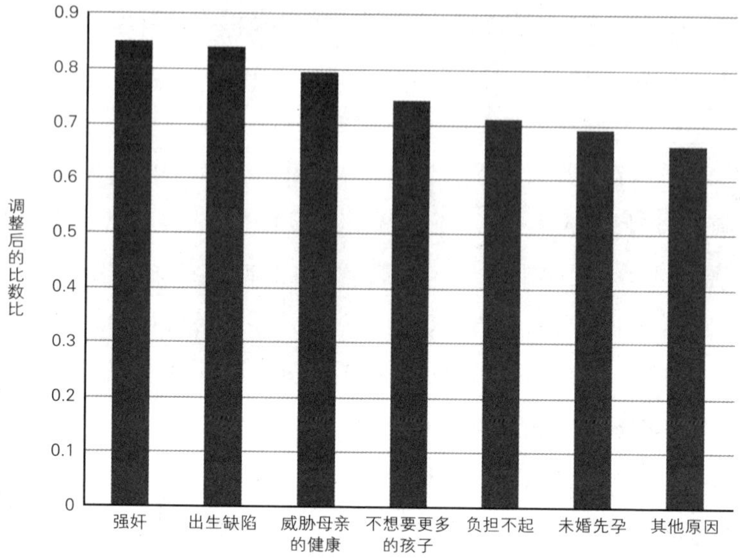

图 8.2　对待堕胎的态度

的人讨论争议性的话题就像在后院讨论天气和运动一样都是社区建设的行为。居民们表达不满的对象是大自然、竞争对手的运动队，或是被认为是支持堕胎的陌生人。这些外人提供了一个表达反对堕胎观点的机会，直到这些观点被大家熟知为止。

戈蒂埃太太在第 3 章出现过，她是一家店的店主，生活在一座 400 人的小镇。我们来看看她对什么样的社会问题和道德问题抱有强烈的态度。“最重要的就是反对堕胎，”她说，“如果我们连生命也不尊重的话，我们还有什么？”没有任何提醒，她再次谈起了她之前就这个话题所进行的对话。“我女儿是民主党党员，她对我说，‘可是，你们共和党人都相信死刑。’于是，我说‘没错，死刑并不是什么好事，我不会说我赞成它的存在。只是，那个人做错了什么事所以要受到惩罚。而那个孩子从来没有选择过什么。除非有人帮他，否则孩子永远没有机会。’”就好像她和女儿就这个话题又讨论了一遍。

对于这个话题，戈蒂埃太太有更多的话要说，这次又引用了之前的另一次对话。“正如有人说，‘上帝怎么没有派给我们一个智慧之人，解决这所有的问题呢？’而他说，‘我派了。你们放弃了他。’对于反对堕胎的问题，我的态度十分坚决。对不起，但是如果这些政党不能解决这个问题，他们还有什么用呢？我们没能拥有我们本应有的智慧和聪明才智，是因为我们自己把它抹除了。我们已经将其摧毁了。”

这些是戈蒂埃太太自己的想法，但是，很重要的一点是，要认识到这些想法也是将戈蒂埃太太的家庭和社区联系在一起的公共道德话语的一部分。在戈蒂埃太太常去的那个天主教教会里，教众定期会为尚未出生的孩子祈祷。她很高兴教会里有人“能够谈论并告知”他们关于堕胎的问题。她的姐姐 47 岁怀孕生了一个健康的孩子，教会的会友和她都很高兴。戈蒂埃太太喜欢引用她已经去世的母亲的话，她的母亲曾经生了 10 个孩子。“我母亲总是说，‘哎，你们认为你们中哪一个我应该放弃呢？你们中哪一个人想成为牺牲品呢？’”戈蒂埃太太坚持认为，堕胎就好像牺牲掉自己的一个孩子。

当然，小镇上并不是所有人都反对堕胎的——全国性的调查也显示了这一点。一个有趣的问题是，为什么小镇更为普遍的观点是反对堕胎，而不是正反两方面都包含的观点。一个原因是，事实上，在小镇大多数人都是反对堕胎的，这就意味着主张女性有权选择人工流产的少数人的意见可能并不为人注意或无法表达。例如，一位居住在 1500 人小镇上的退休农民表示，他认为堕胎“这个决定应当是当事人和医生以及精神顾问商量之后做出的决定”，但是，他也表示“我们社区里很多人在这一点上都不同意我的观点”。另外一位先生表示，他“反对堕胎”，但是“也反对由政府来告诉我，或我的女儿，我的姐妹，我是否能堕胎而她不能”。同时，他也补充道，“我这番言论是不能在公众场合下表达的，很可能我会被看作婴儿杀手，连脑袋都会被他们打扁。”反对堕胎的积极分子在社区里有发言权，所以他保持沉默。另外，主张女性有权堕胎的人通常都不太愿意公开表述自己的意见。这种倾向在赞成堕胎者描述其立场的方式上体现得更为明显。

第 6 章里提到的市长奥布莱恩太太，是一位母亲，也是一位天主教信徒，她在自己所在的 1100 人小镇里做社工已经 30 年了。她是强烈支持女性有权堕胎的典型代表。“堕胎，在我看来，与政府无关，”她说，“堕胎完全是私人的事。我喜欢它能就此保持不变。我认为我没有权力去告诉别人他们的权利是什么。我有我自己的情感，我把这些情感都给了我的孩子。但是，他们现在已经长大成人了，他们可以自己做决定了。所以，对我来说，我并没有坚持这种意见或是那种意见。简简单单，这就是由个人决定的事。”

她在描述立场时，有两点很重要。一是特别强调了一个词“个人”，还提到了她自己（“对我来说”“我”“情感”“个人”）。她的意思是堕胎是个人的决定，但是她也暗指对于堕胎的看法，人与人各有不同，取决于每个人的经验和世界观。另一个是缺乏社会语言学家所称的直接引语。例如，与戈蒂埃太太不同，奥布莱恩太太没有引用她与他人的谈话，她也没有重复她听到的其他人的对话。她在表述个人坚定立场时一开始就强调个人的选择，只是在最后又说对于任何一方她都没有特别强烈的意见。当被要求再谈谈她的看法时，她提出了自己做社会工作者时的经历。她说，她看到过堕胎被滥用作为一种控制生育的手段，也看到过堕胎被用作阻止大脑严重损伤的胎儿出生的方法，可是，不论何种情况她都觉得不适合提出任何建议。“把决定权留给个人吧。”她说。相比之下，她所在社区中那些强烈反对堕胎的人更倾向于清楚地表达他们的看法，从而成为应用于整个社区的权威意见。

有人可能还想知道对堕胎问题的强烈反对是否会如同殖民时期

小镇概况

埃利斯镇，堪萨斯州（Ellis，Kansas）

堪萨斯州的埃利斯四周围绕着地形平坦且开放的麦田、玉米地、大豆田。这座小镇位于堪萨斯州西部70号州际公路附近，人口有2000。和该地区的其他小镇一样，埃利斯的人口比1950年减少了许多，但是在过去的10年里，人口略有增加。尽管早在1867年铁路就在这里设立停靠站，但是直到19世纪80年代大批德国天主教移民从俄国移居到此，埃利斯才逐渐成形。这些移民对于埃利斯宗教的影响依然很明显，54%的居民是天主教徒，22%的居民是主流新教徒，18%的居民是福音派新教徒，其他的居民则隶属于几个小的教派。门罗街上的圣母玛利亚教堂是最大的教堂建筑。

堕胎问题一直是堪萨斯州以及埃利斯长期关注的问题。1973年，堪萨斯州有超过12000例的堕胎，到了1987年这一数字下降到了6400例，但是，1991年又增加到10000例以上，后来就一直维持在这个水平上下。尽管埃利斯县人口稀少，每年也有近10到12例的堕胎。除此之外，每年还有100多例的非婚生子，有1/3是青少年。

在离埃利斯16英里的县城海斯，计划生育健康中心和玛丽·伊丽莎白妇产医院会提供怀孕相关的信息咨询。除了支持反堕胎的玛丽·伊丽莎白妇产医院之外，反堕胎人士还会在全县张贴道路标识，警示人们不要进行堕胎，敦促联邦政府取消计划生育资助，因为这一资助是用来帮助怀孕妇女选择是否要进行堕胎的。

在堕胎的问题上，从道德错误说到个人选择说，埃利斯的居民意见各不相同。尤其是2009年威奇托的流产医生乔治·提勒被枪杀之后，有些人认为，这个问题引起了太多的关注。2010年，一直公开反对堕胎的美国保守共和党参议员萨姆·布朗巴克竞选州长时，在竞选过程中承诺当选后会进一步控制堪萨斯州的堕胎行为。在堪萨斯州，布朗巴克赢得了63%的选票，而民主党候选人参议员汤姆·霍兰仅获得了32%的选民支持。在埃利斯选民的投票中，布朗巴克以72比24战胜了霍兰。

马萨诸塞州的猎杀女巫行动一样能帮助某些社区加强其集体认同。许多学者认为，当殖民地区感受到威胁时，猎杀女巫就成了确认忠于殖民地基本价值观的一种方式，尤其是对女巫的指控能够团结社区，让殖民者有充分的理由宣称他们对正确的宗教教义的信仰。[4] 对于19世纪末20世纪初的禁酒运动也有类似的看法，由于感受到在移民和城市化进程中传统价值观受到威胁，农村社区把提倡禁酒作为一种保护的手段。[5]

有研究表明，最有声势、最有组织的反对堕胎的行动主要集中在对选举产生最大程度的影响、能举办大型会议的城市和郊区。[6] 然而，正如我们在讨论道德滑坡时所看到的，有时候小镇居民感觉他们是被一个外部世界包围着，这种感觉也存在于对堕胎的看法中。尤其是在谈到城市的堕胎问题时更为明显，人们认为城市与小镇不一样，小镇的人们对于生命的神圣有着更强烈的态度。

例如，我们在第5章提到了德索托先生，他从小生活在一个说法语的加拿大移民社区里，现在他生活在一个有着800人左右的小镇上。从德索托先生的话语中就可以感受到城市与小镇之间对于堕胎问题的态度差异。他非常重视小镇生活。他喜欢他长大的社区，这里几代同堂，亲戚们都住在一起，他可以和朋友们在附近的街区游荡。他之所以选择现在的社区，不仅仅是因为这里的房价便宜，而且因为这个社区非常小。但是，他也担心小镇会被围攻。他的故乡小镇人口已经有所流失，他们这一代人已没有几个还留在那里了。就社会问题而言，他对小镇道德观念的偏爱影响着他对问题的看法。在谈及对堕胎问题的看法时，他并没有一开始就表达自己的观点——他后来表示堕胎就是“纯粹的谋杀”——相反，他一开始声称“我不知道我们这个国家为什么要杀害婴儿”，接着他又提到了他读过的生活在城市里的“堕胎杀手”。这里提到的杀害婴儿的“我们”就是生活在城市里的人们，而不是像他一样的小镇居民。这个主题也贯穿着他对其他社会问题的看法，例如酗酒、政治腐败。小镇象征着世界应有的样子，而城市引发了人们对世界可能的发展方向的担忧。德索托先生非常明确地表示，将城市与小镇进行比较，“小镇的居民拥有一套更加完善的价值观。”

想象一下在这个污浊的世界里还有小镇这一方天地能够体验到道德的洁净，但是，更为糟糕的是，人们担忧小镇生活本身也受到了威胁。我想引用一位 30 多岁的女性的话来说明这一观点。她称自己是“非常保守的共和党人”。她一直积极参加教会的活动，她说，重要的是人们不仅仅相信上帝，而且相信主耶稣基督是他们的救世主。她有几个孩子，她自己是在一个大家庭里长大，除了她是父母亲生的，其他的几个兄弟姐妹都是领养的孩子。因此，她有多种理由反对堕胎，其中最强烈的理由就是她的信仰。“堕胎就是谋杀”，她声称，引用上帝的话说，“在我把你放进母亲的子宫之前我就认识你”，“在我把一颗星放入天空之前我就认识你”。她暗指城市生活时表示，悲哀的是，一个国家会为“死于 9 · 11 事件中的 4000 多人哭泣”，但是不会提起在同一天、后一天以及再后一天被谋杀的 4500 名婴儿。同时，她也认为，以堕胎为象征的更严重的道德痼疾正在威胁着她的小镇。“我在小镇上见过有些美国女性因为在 14 岁的时候堕胎而一直陷入深深的黑暗绝望中。”她说。为了强调这个观点，她又补充说，“就这点而言，小镇和大城市几乎是一样的。”她觉得小镇因为“没有按照上帝要求的方式行事而陷入了大麻烦”。除了堕胎以外，让她感到担忧的道德消亡的另一个指征是性关系混乱。“这在美国小镇和大城市都时有发生，”她指出性尝试少不了性交，“怀孕的比率是降低了，但是孩子们因为口交而引发的喉癌比率却上升了。”

这位女性对于堕胎问题的担忧比起小镇上其他许多居民要极端得多。可是，从间接的方式看，其他人把堕胎与在他们看来削弱社区的道德腐败联系在了一起。这一点在一位男士讨论其担忧的问题时可见一斑。这位男士快 50 岁，在一座有着 25000 人的小镇上当汽车修理工。社区的人数一直在增加，因此，过去 20 多年来，与他所认识的其他人口下降的小镇的机修工相比，他的工作一直很稳定，他有理由对自己的生活感到满意。尽管他所在社区的种族和民族呈现多样化的趋势，但是，他说哀悼过去是愚蠢的行为，因为“过去那些美好的日子从来就不是真的很美好”。他说自己很实际，除非有切实的行动，否则他不会对那些社会问题产生兴趣。但是，即使是因为被强奸和乱伦而怀孕，他也坚决地反对堕胎。他说，有一种情况是例外，也就是如果怀孕真的威胁着母亲的生命。他之所以如此强烈地反对堕胎，不仅仅是因为他认为这样做剥夺了无辜的生命，而且因为它预示了在美国甚至在他所在的社区，家庭价值观的普遍沦丧。“生活如此忙忙碌碌，”他说，“人们没有时间可以像过去一样坐在一起。家庭关系也不像以前那样亲密。”他认为过去家庭是“力量、培育和爱”的源泉，但是“现在我们与此渐行渐远”。他评论说，“这个小镇长期以来一直在努力找寻有利于家庭生活的事情。”可是，社区的努力结果喜忧参半。他并不是因为事情发展的方向而感到极度沮丧。他只是担心孩子的未来，怀疑是否能找到任何实际的解决办法。

从这位男士的话语中可以明显地听出那种几近无能为力的感受，这也是理解小镇在堕胎问题上态度积极或冷淡的关键。反对堕胎的积极人士认为堕胎是一种特别令人发指的邪恶，对此他们可以采取一些行动。例如，我之前提到的那位篮球教练感到很自豪，因为他的学生们每年都会乘车去美国首都抗议最高法庭 1973 年在罗伊诉韦德案*中所做的裁决。推翻这一裁决在他和他的学生看来是他们所能取得的重要胜利。相比之下，我们采访的大多数人都反对堕胎，自己没有过这样的经历，或者也不想让他们的妻子或女儿有这样的经历，可是，他们对于听说的更加激进的反堕胎运动持保留意见。正如一位妇女所说，“当你怀孕了，这又不是你想要的，不存在两全其美的选项。”——这意味着堕胎有可能是错误的，但是，她并不喜欢反堕胎的积极人士将它变成一个敏感的热点问题。她认为他们在利用人们的担忧，“因为这并不会对大多数人的个人生活产生影响。他们认为这是一件大事——我没有做，所以我认为自己很好，如果有人做了，这些人就是坏人。”

这位妇女的观点并没有支持反堕胎运动，因为她认为运动的领导者暗暗地、甚至有意操控着人们对这件事的关切。因此，有人认为，堕胎从道德上来说是错误，但是，堕胎不应该成为朋友和邻居之间进行评判或批评的事情。这种彼此容忍的态度为在保留自己信念的同时表达不同意见敞开了大门。“我反对堕胎。”说话的女士是长老会的信徒，生活在一个有 1000 人的小镇。她补充说，“但我个人对于做出堕胎决定的人并不反感。”与有些组织中的她所认为的坚定的反堕胎积极人士不同，她“没有那么疯狂地反对堕胎”，她只是觉得堕胎对国家不利。

毫不奇怪，尽管小镇上也有些人基本上来说是反对堕胎的，但是他们对反堕胎运动还是有所抗拒，因为小镇文化让他们面对着几种层面的思潮。例如，一位生活在有 1500 人小镇的女性参加了保

* 1969 年，一位化名为杰内 · 罗伊的妇女和其他人一起向得克萨斯州限制堕胎的法令提出了挑战。该法令规定，除非因为维护孕妇的生命，州内一律禁止妇女实施堕胎手术。罗伊主张得州限制堕胎的法令使得她无法自主地决定在什么时间、以什么方式、为何种理由而终止妊娠。1973 年，联邦最高法院裁定得州限制堕胎的法令过于宽泛地限制了孕妇在妊娠过程中的选择权，侵犯了联邦宪法修正案第 14 条所保护的个人自由，构成违宪。

守的灵恩教会活动。她认为堕胎从根本上来说就是错误的，教会的教义以及她在教会和社区认识的大多数教徒都支持这种观点。但是，她又感到很矛盾，她觉得政府不应该“告诉某人对这样的个人事务该做什么决定”。对政府介入的怀疑态度也是社区文化的一个重要主题。另外，她认为自己是个女权主义者——她认为这是她这一代人的特殊身份标志。“我认为我们这一代人真的推动了妇女的觉醒，让她们能够掌控自己的人生、尊重自己的身体，”她说，“强奸并不是受害者的错。”她声称，任何对堕胎问题的讨论都应该理解这一事实。归根结底，她坚定地认为堕胎是错误的行为，但是希望这场不幸被引爆的热烈讨论能够更加细致。

从这些例子中得出的结论是，即使在意见似乎相对统一的小镇上对于堕胎的看法也各有不同。虽然很少有声音会公开支持女性有选择人工流产的权利，但是反对堕胎的立场要比新闻故事和研究调查中展示的复杂得多。但是就此认为小镇居民大多数人意见混乱，也不是很对。意见之所以不一致，原因是这个问题的旁观者一直密切关注着形成这些意见的各种因素。在我们的采访中，最重要的因素包括基本而普遍认同的信念：人的生命是宝贵的，从子宫中将生命夺走是错误的，小镇居民普遍认同和支持这个观点；一种“我们VS.他们”的心态，认为小镇美德受到大城市和不尊重基本价值的主流媒体的危险的对抗；对于政府介入个人生活的忧虑；对于极端主义者反堕胎运动的怀疑；强调这是个人的决定，它不仅仅要求个人在性行为中负责，而且承认人们有形成自己观点的权利；意识到不同层面的社会影响，包括不同性别、不同年龄层次、不同的教会和小镇，甚至被收养或非婚生子个人经历的影响。

人们的“文化工具包”让人们可以在这个价值观不再重要的破碎世界中按照自己的利益行事，但是只依据这个依然无法明白人们是怎样将这些复杂的影响进行分类的。提出的意见与人们内心深处的真实想法背道而驰，也无法阐明小镇生活和其他社会因素在观念形成的过程中所产生的影响，尤其无法清楚地解释由此所产生的行为。权衡关于堕胎的各种复杂的观点鼓励人们采取一种务实的态度去解决问题。虽然有许多人对于这个重要的问题并没有考虑太多，但是我们采访的那些确实关心这个问题的人却也很少参与反堕胎运动。要如此全力参与反堕胎运动需要一种罕见的多样化的诠释框架的联结，例如，坚定地相信堕胎是错误的，感觉自身受到不同价值观的强烈威胁，以至于政府介入似乎是必要的，以及正如相关研究表明，一部分应该归功于社交网络和人们自身的信念。[7] 为此，人们更可能采取的回应是采取有益的行动，与此同时并不直接让政府参与其中，坚持不侵犯个人自由的原则。具体来说，最合适的行为就是自愿捐钱或投入时间支持"危机怀孕诊所"[*]。我们采访的小镇居民把这看作是一种务实的解决方案，可以提供咨询、堕胎的信息，在有些情况下，社区会为决定留下孩子的母亲提供帮助。危机怀孕诊所也被反堕胎积极人士用来让那些考虑堕胎的孕妇心怀愧疚，但是，大多数支持诊所的小镇居民并不是这样认为的。

减少堕胎的务实的方法与小镇居民对常识和创造性的强调十分契合。看上去为某位女性提供一些帮助来渡过危机怀孕是比较实用的做法，而不是大费周章进行反堕胎运动，这些活动只是可能或根本不可能有任何效果。批评家会认为，嘴上说"我们必须帮助母亲们保住孩子"只不过是因为没做什么而事后进行的辩护，然而，现实生活中这种说法会激发人们的行动，例如捐款或投入时间为危机怀孕诊所提供帮助。

* 也称危机怀孕中心（CPC），旨在劝阻孕妇不要堕胎，通常隶属于反堕胎宗教团体。

同性恋

在全国性的调查中，通常对于堕胎的保守态度与对于同性恋的负面看法是同时出现的。在现实社会中，许多州都有宪法明令禁止同性婚姻——例如亚拉巴马州、阿肯色州、堪萨斯州、内布拉斯加州和北达科他州——这些州都有许多小镇，也试图限制堕胎服务的提供。因此，图 8.3 总结的一份显示居民对于禁止同性婚姻的宪法修正案支持率的数据被提交到美国国会，也就不足为奇了。这些数据来源于有关此修正案的一项全国范围的调查，该调查对居住在人口中位数从不到 1000 人到 25 万人以上的都市县和非都市县的受访者进行了比较，同时还考虑了这些受访者在性别、种族、教育、年龄和地区上的差异。[8]

但是，在这个图中，大部分变化都出现在小镇规模的最低值和最高值上——这意味着在这两者之间的大多数城镇中，受访者是否居住在较大或较小城镇与这个特点的相关性较小。数据还显示人们对同性恋要比对堕胎有更多不同的观点，即使在小镇也是如此。就某些调查的问题上，如果把年龄、地区、教育水平等因素考虑进去的话，农村小镇居民的回答与大都市居民的回答没有什么区别。[9] 从某些方面来说，这是让人惊讶的，因为通常在小镇的流言蜚语、同辈压力会促使人们墨守成规，而农村男性的形象使得人们产生了对同性恋的恐惧心理。[10] 与大城市不同，如果小镇居民的性取向与多数人不同，他们很难不引起人们的注意。当被问及他们个人是否知道谁是同性恋的时候，接近 90% 的非都市小镇居民表示他们确实知道，有一半的人表示他们知道的这个人就是家庭一员或是亲密的朋友。[11] 结果，小镇中逐渐形成的观点是，只要同性恋没有扰乱当地的社区——或者导致如同“一群加利福尼亚傻子”那样的行为——就可以容忍。对于异性恋的居民来说，他们认为自己相对见多识广，

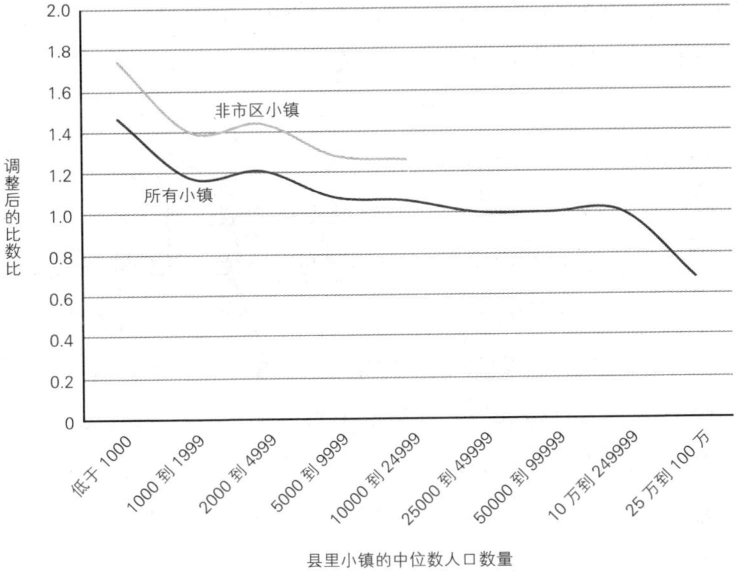

图 8.3　对反同性恋修正案的支持

具有容忍力，这种观点表明了对同性恋权利的支持，但并不代表谅解同性婚姻。居民们表示他们自己知道谁是同性恋，或者在他们的大家庭里就有同性恋，他们认为应当允许同性恋者和其他人一样受教导、加入教会、接受公职，但是要警告他们不要太张扬。更加保守的态度认为同性恋是一种罪，同性恋者不应该和其他人一样享受同等的权利，因为如果赋予了权利，就会给社区带来危害。异性恋家庭将会失去对孩子道德行为的掌控，更糟糕的事情也会随之而来，例如虐待儿童、色情文学和性成瘾。

桑德斯太太和许多人一样，对于同性恋的态度更倾向于容忍。她说她有个朋友就是同性恋者，只是他并不住在这个小镇上，她觉得和他做朋友没有问题。然而，她坚持认为她并不想看到同性恋“在我面前出现”——这意味着同性恋应该淡出公众的视野。“只要他们是值得尊重的，也没有太高调，”她说，“我就不介意。那是你自己的事。”她甚至觉得应该允许同性恋者结婚。她的理由是，结婚是一件非常私人的事，重要的是这个人要幸福。“如果这能让他们开心，”她说，“又有谁会在乎呢。我并没觉得有问题。他们又没有伤害任何人。”在谈到不应该拒绝同性恋者加入教会时，她也强调了同样的原则。即使这里涉及公众的问题，但是她认为被排除在外所造成的心理伤害远远大于对教会集体利益伤害的可能性。“上帝有权进行评判，”她说，“我们没有。”

我们在第5章里提到了巴恩斯太太，她在一个拥有1700人的小镇银行工作。她的观点与之前形成了鲜明的对比——但还是比较宽容。她一生都是天主教徒，她认为自己是保守的基督徒。她强烈反对堕胎，常常因为这个原因她会把票投给共和党。但是，她又不像人们想象的那样反对同性恋。尽管她反对同性婚姻，她认为同性恋者在某些方面应该与其他人享受同等的权利。她承认，“我身边没有多少同性恋者。”大部分她所知道的关于同性恋的信息都是从电视上看来的。她说，重要的是要尊重别人的生活方式。“许多年前，我不认为小镇上的普通人会接受同性恋，”她说，“但是，现在接受度越来越高了。”她认为她所在的小镇上并没有太多的同性恋者，但是她知道在有些城市里这种现象更为普遍。她说，她自己就认识一些同性恋，这对她的观点影响最大，“你不能做那种会说我不接受你生活方式的人。”

巴恩斯太太强调尊重和接受的原因之一就是，她觉得她的教会对于同性恋问题相对较为沉默，不像他们对堕胎问题那样强烈谴责。虽然她认为梵蒂冈是反对同性恋的，可是，她并没有听到她的教区里对同性恋的任何指责。其他天主教徒也提到了这一点。正如其中一个人所说，教会不会去尝试“改变同性恋者”，在这种情况下，她认为，“这个人就是这样的，上帝就是把他创造成这样的。”

而另一方面，许多小镇居民坚定地认为同性恋在道德上是错误的。在这些人中，有些人的确尝试着将异性恋者所遵循的小镇文明准则应用在同性恋者身上。例如，一位长老会女教徒就认为同性恋违反了上帝的律法，但她说她要避免仇恨，就同性恋这个问题她要在思想上“达到一定的境界”。“我还没有达到那个境界，”她承认，但是“我正在努力”。一位路德会的女教徒也在努力。她表示她所在的教会对这个问题非常的保守，但是人们不愿意对这个问题谈论太多，因为担心某个人的儿子或是女儿可能就是同性恋者。让她感到欣慰的是，她所在的教会不会向同性恋者授予神职，因为果真如此将会引起一片混乱。其他的小镇居民可就没有这么宽容了。他们坚定地认为同性恋在《圣经》上是受谴责的，并且给人们带来了困扰，同性恋代表了更广泛社会中令人担忧的文化转变。从小镇居民的言论中就可以看出他们的忧虑，例如，“他们那么高调，这让我感到恶心。”“大城市里这种事见得多了。”“同性恋者真的在占上风。”“电视里似乎都在歌颂他们，我真的觉得很恶心”。“他们因为性取向而被当作圣人。”

人们对于同性恋的看法有很大不同，在许多拥有大量农村人口的州，通过了禁止同性恋者结婚的宪法修正案，正如我们在上一章里所看到的，教徒对于分裂或退出教派的问题抱有强硬的态度。[12] 原因之一就是全州范围内的公民投票和教会政策代表的是大众的利益——不论你是否是同性恋，法律和决策对每个人都会产生影响，或看上去会产生影响——因此，迫使人们选择立场。还有一个原因是那些反对同性恋者享有同性结合权利的人比那些支持者的呼声更强烈有力。和堕胎的问题上人们所持的观点一样，对于同性恋态度温和或是持开放态度的小镇居民认为，他们这样的人在社区只是一小部分，他们不喜欢大声说出自己的意见，认为这是私人问题，不应该拿出来公开讨论，或成为公众政策。

关于这种互相容忍的态度如何实践，在一位牧师的话语中体现得尤为明显。这位牧师认为自己思想开放，宽容待人，不太愿意在授任同性恋神职或是同性结合上采取强硬的态度。“对于同性关系我没有任何的兴趣，”他说，“我认为只有做出承诺和信守承诺是重要的事。”对于他来说，诚实可靠比积极地支持任何一方对同性恋的看法都重要。克拉克夫人也是类似的观点。“我认为对致力于某件事或对某个人做出承诺很重要，”她说，“如果你选择忠于同性的某个人，对我而言真没什么问题。”就她而言，她也认为在一群和她一样农村背景的人当中，这么开放的思想“实属罕见”。她的看法表明，十有八九她不会和社区里一起共事的人过多地谈论自己的观点。

认为自己在同性恋问题上持温和态度或开放态度的小镇居民并不愿意在公开场合谈论这个话题，但这一事实并不意味着他们没有思考过。尤其是如果他们所属的教会或者州内媒体也会讨论同性恋婚姻，那么他们很可能会听到一些人喜欢或不喜欢的意见。但是，各种合理的观点、情感、个人经历、有利于社区的观点都会对他们的意见有指导作用。一位男士的观点清楚地显示这些复杂的因素如何汇聚在一起。在这位60多岁的男士所生活的小镇上，教会和政府官员在许多场合都会讨论同性恋的话题。他对这个话题已经厌倦了，各种观点以及其他一些事情让他觉得精疲力竭。几年前他就坚定地认为，同性恋是一种选择——这种论点是站不住脚的。他只是在想，“你什么时候会选择？你还记得你是什么时候做出那样的选择的呢？你还记得当你站在学校的操场上，那里有四分卫，有啦啦队长，你觉得谁的臀部更可爱？”他认为人们不会去选择，但是人们会有一种天生的性取向。然而，他的情感和理性的观点并不一致。“我还没有做好准备，坐在教会里看着鲍勃把手臂搭在弗兰克的肩上，”他说，“我不会去抨击他们，但是对这一切我还没有做好准备。”

对于我们采访的大多数人来说，他们知道同性恋这个话题会不断产生一些新的观点，这些观点要么会让他们很不安，要么让他们感觉到自己最终会接受这些新的观点。例如，一位 50 多岁的男士和妻子住在一个规模非常小的社区里。他说，二三十年前，他所在的社区里，没有人知道什么是同性恋，但是，现在这是每个人都熟悉的变化之一。“我想如果那就是你想要的，你又不会打扰我，我就可以接受，”他说，并提到了社区里的 2 对同性恋情侣，“他们似乎并没有打扰任何人。每个人多多少少都知道是怎么一回事。”这位男士参加的保守的浸信会并不承认同性恋，然而，与教会对他的思想的影响相比，他更相信每个人都应该有“成为他们自己”的自由。至于同性恋婚姻，他说，“我认为如果那真的就是你想要的，你就有权选择那样的生活方式。”其他人也表达了相似的观点，并表示他们高中时的朋友现在也是同性恋，或者说他们的孩子让他们更进一步去思考这个问题。

学校里的争议

近年来，小镇和农村社区一直都是学校课程问题争论最热烈的地方。例如，2005 年，在宾夕法尼亚州一个人口不到 2000 的丹佛小镇上发生了奇兹米勒案*。在这起案件中，法官判决不得在高中生物课程中教授智慧设计**(Intelligent Design)的内容。[13]在诸如亚拉巴马州、堪萨斯州、路易斯安那州等农村人口众多的州内，有关进化论的争论已经结束了，但是，在俄克拉何马州的毛米勒、阿肯色州的斯潘

* 奇兹米勒案（Kitzmiller case）是一场关于在公立学校课程中声明智慧设计能够替代演化论解释物种起源的诉讼案件。案件起因是丹佛学区教育委员会要求 9 年级的科学课程在教授演化论时，必须由教师向学生宣读一项大约 1 分钟的声明。11 位来自丹佛的学生家长对此提出控诉。

** 智慧设计论认为，自然界特别是生物界中存在一些无法在自然的范畴内予以解释的现象，必须求助于超自然的因素，即必然是具有智慧的创造者（创造并）设计了（这些实体和）某些规则，造成了这些现象。

塞等小镇上，人们还在争论是否应该教授《摩西十诫》并张贴在公共建筑上。民意调查显示，美国的公众会在这些问题上产生很大的分歧，但是，与更大社区的居民相比，非都市小镇的居民对于祈祷、《圣经》阅读、学校里的神造论课程和智慧设计的课程更加有好感。事实上，有调查显示，小镇上狂热的神造论支持者与进化论支持者的人数之比接近10比1。[14]

然而，有人认为小镇的人都想要在公共课堂宣传基督教教义的观点是错误的。虽然在一些小的单一民族社区里鼓励学生在学校里祈祷、阅读《圣经》、学习神造论要比在宗教信仰各不相同的城市里容易得多，但是，小镇居民中几乎没有人认为公立学校的课程应当明确地将宗教教义纳入其中。对于政教之间的争论，小镇居民已经听得太多、读到得太多，不再对此感兴趣。例如，他们认为《摩西十诫》包含具有普遍性的道德教义，能给社区带来有益的影响，但是，并不需要把它作为《圣经》的教义来教授。

随着更多移民的到来，小镇的种族和宗教也越来越多样，一些社区大声疾呼应当保留在学校祈祷和教授《摩西十诫》等传统。例如，我们曾经在一个800人的小镇上采访了一些牧师。其中一位牧师渐渐开始感觉到移民带来的影响，明确地宣称《摩西十诫》应当张贴在公立学校里，作为常规课程来教授。"'政教分离'这几个字并没有出现在《权利法案》或是《宪法》里。"他维护着自己的观点。抑或正如另外一个社区的教会教徒所抱怨的那样，"我们'美国人'过于重视犹太教的节日、佛教，当然还有伊斯兰教，但是却不被允许传播基督教的观点。"然而，想要保留道德传统的社区似乎更可能找到其他方法来实现它们的目的。例如，有个小镇新近来了几个印度教的家庭，镇上的一位保守派福音会牧师表示，如果他的孩子们生活在印度的话，他不会让他们在学校学习印度教教义，因此，他认为应该通过教会的努力来保留住社区的精神传统。在其他的一些采访中，人们把宗教和道德分得很清楚。

例如，有位女性就明确地表明了自己的观点。她说，她所在的社区学校要将《摩西十诫》作为宗教教义是非常困难的事情。“我们有伊斯兰教的孩子们，有耶和华见证人会，也有犹太人家庭。”她说。所以尽管她希望能够教授《摩西十诫》，可是，她还是觉得应该把它融入道德原则中，而不是作为宗教来教授。她正巧居住在人口结构十分多样化的城市。但是，一位认识到即使新教教徒和天主教徒也可能会有不同观点的小镇女性也做出了几乎完全一样的推理。“即使你不信仰我所信仰的上帝，”她说，“然而，任何一个有逻辑的人都会认为，把上帝以外的任何其他东西放在生命中的首要地位都是错误的。”如果人们能在原则上同意《摩西十诫》的第一条，她相信他们就很可能明白其他几条作为道德理想的价值。[15]

50 岁的拉斯 · 约翰森是报纸的编辑——是路德会教徒，他的妻子是天主教。他们生活在小镇，有 6 个孩子。把他对《摩西十诫》以及在公立学校进行祈祷的看法与我刚才提到的女士的观点相比较的话，是很有趣的。虽然她讲述了一种相当普遍的观点，即一些基本的真理都可以在《摩西十诫》中找到，几乎每个人都会赞同这些真理，但约翰森先生则认为要承认不同宗教传统之间的差异需要更加谨慎。他说，他所在的社区里有些新教教徒认为天主教是邪恶的。如果他们想要在公立学校里教授《摩西十诫》，那么必须要忍受向圣母玛利亚的祈祷。“我相信《宪法》的智慧。”他说。他认为那些试图将自己的宗教信仰强加给他人的人最好三思而后行。“祸福相依，”他解释说，“你得到的未必是你期望的。”

同样地，我们在前几章提到的小镇实用主义倾向看上去压倒了强硬的意识形态立场。当小镇人民表示希望《摩西十诫》能在公立学校里教授、希望公立学校能够允许祈祷仪式时，这种观点体现得尤为明显。但是，正如一位居民所说，小镇人民也在考虑更好的“解决问题”

的办法，例如，鼓励父母更好地指导他们的孩子，要求学校把诚实、可靠、慷慨作为道德准则来传授。虽然两边的观点都有积极的支持者，但是，小镇基层居民关于教授进化论的立场最为明确。[16]

毫无疑问，小镇上有些居民强烈地认为学校里就不应该讲授进化论，或者即使学校里讲授进化论也应该被作为反面教材。我之前提到的那位女士就充分代表了这一观点，她谈到孩子们有可能因为口交而罹患癌症。虽然她的看法不同寻常，至少她没有像有些人那样在电台的脱口秀节目中进行肆意的谩骂。她大学毕业，在全职回家带小孩之前是一位银行高管。她说，6 年级她就学进化论了，那个时候她就相信这完全是胡扯。很长一段时间她都没有去进一步思考这个问题，但是现在她的孩子进学校了，她又重新审视了这个话题。她有许多理由可以确信，进化论不仅仅从科学的角度上说是错误的，而且对于人类社会也是有害的。理由一,进化论是奴隶制产生的原因。进化论让人们相信"黑人没有像白人一样进化"，她说，"所以低人一等。这就是奴隶制产生的原因。"理由二，根据进化论的观点，死亡发生在原罪之前，但是这与《圣经》的观点正好相反——原罪是死亡的原因。理由三，就她所理解的，大爆炸理论表明万物从一个奇点（single dot）顺时针喷发出来，但是太阳系里的行星是沿着逆时针方向转动的。理由四，进化论者认为月亮以前是地球的一部分，她认为不是这样的。理由五,《圣经》大洪水的故事而非所谓经过数年的长久进化过程更好地解释了大峡谷的地质存在。基于以上观点，她觉得，人类可能是猴子变来的想法是一种耻辱。

知识渊博的科学家会认为这些想法荒唐可笑。即使是在强烈反对进化论的人中，这些观点也是非常极端的，但是，这些想法的确表明了生活在小镇与对社会问题秉持极其保守观点之间的关系。这位女士并不相信这些观点，因为她在自己所在的小镇上已经听到过了。即便她生活在共和党人占主导地位的社区,参加思想保守的教会，她也从来没有公开表达过自己对进化论的看法，她觉得这些观点不会得到其他人的认同。相反，她自己阅读材料——在网上咨询——为自己在 6 年级时所下的结论寻找论据。她形成观点的方式与小镇讨论并形成意见的典型方式完全不同。

小镇上更为通常的方式——可能较大的社区里也是——是寻找实际的方法将科学与信仰协调起来。例如，一位先生的妻子是小镇高中的科学老师，他形容他的妻子是家里的“信仰者”，而他则追求事实，因此他们这对夫妻常常会因为进化论和神造论而产生争论。一位在高中学过科学的女士说，这个问题很好解决，只要你记住科学告诉我们方法而宗教告诉我们原因。她解释说，这之间的区别是，进化论是在学校学的，而神造论是在教会学的。另外一位女士给出一个典型的答案，她说她只是困惑，希望有一天能够得到解答。但是另外一位居民则声称《圣经》将上帝描述成一个渐近的神灵，他与人类的关系在不断地改变，因此，她认为进化论只是上帝做事的方式。

然而，不论他们是感到困惑，还是已经弄清楚了，我们所采访的人中几乎没有人觉得，学校董事会有必要来来回回修改科学课程。当小镇居民要求做出选择时，他们表示会把票投给批评进化论的学校董事会候选人或者持相反观点的另外一个人，他们最希望的就是不要再讨论这个问题了。“这场争论中没人会胜出。”一位男士感叹道，神创论者能言善辩，而另一边得到了顶尖科学家的支持。“只是这样来来回回，永无止境。”一位居民附和道。正如另外一位先生所说，他的妻子是进化论的坚决拥护者，而他则偏向于神造论的观点，“我不会站在栅栏柱上来讨论这个问题或其他任何与此有关的问题”，他还补充说道，处理这种学校的话题最好“非常小心”。

他们之所以希望不要再讨论这个问题不是因为他们觉得这个问题不重要，而是因为他们认为最明显的解决办法就是思想开放——

或者正如一个女士谈到进化论时所说，“就像其他的科学内容一样学习，了解它是什么，然后继续。”对于有些人来说，例如我们采访过的一位自称是“纯粹的六日创世论者”（literal six-day creationist）* 的先生，教授进化论是为了了解各方面的知识。对于另外一些人来说，了解智慧设计以防科学家的进化论中有任何的漏洞，对学生来说也是不错的。[17] 正如我们采访的一位科学老师所说，“我试着在我的课堂里达到一种平衡。在教育的时候，我们不要向人们传教，要让人们去思考。我不是那种会说一切都只是黑和白的人。”[18]

常识理念

小镇居民说，还有一些道德问题也很重要，值得引起人们更多的关注——例如吸毒、酗酒、职业培训、学校改进和合并、贫富差距、环境保护等。但是，对于那些最具争议性的问题——堕胎、同性恋、教授《摩西十诫》和神造论——小镇居民的看法与外界通过看福克斯新闻网或美国有线电视新闻网上的新闻所想象的那样有很大不同。

整个社区被分成不同的派别，有时候是为了支持或者反对调整学校课程，或是因为当地牧师宣布他们支持同性恋婚姻。如果知道这样的斗争正在酝酿发酵，有线新闻制作人就会派记者去录下双方最具煽动性的言论。看了这些片段，观众可能会无法了解大多数小镇的真实情况。

民意测验很有用，可以提醒人们，小镇在诸如堕胎、同性恋和进化论的问题上的态度与大城市相比还是比较保守的。与此同时，如果要认真对待这些民意测验的话，就必须要解释清楚。全国性调

* 六日创世论：《旧约·圣经》第一篇《创世记》讲的内容是耶和华在六天之内创造了宇宙万物的故事，后世笃信创世论的部分信徒认为，“六日创世”中的“日”必须是人类概念中的正常的一天。

查汇总显示的小镇居民的意见各种各样，有细微的区别，主要取决于问的是什么问题。但是，这些调查并没有充分反映出一个事实，即一个社区的意见可能与另外一个社区的意见是完全不同的。

对于社区里那些有争议的问题的讨论过程，小镇居民是优秀的观察者。受访者的想法展现了各种各样的意识形态，在他们自己看来，他们的想法也偏离了当地的规范，这种情况也暗示着他们表述意见时的坦诚。经常可以看到的是，在讨论具有争议性的问题时，小镇居民会把相关的其他人的预期反应也考虑在内。人们避免发表对堕胎或同性恋的看法，担心会冒犯邻居和其他教徒。他们认为这些问题错综复杂、令人迷惑、需要宽容与尊重，因此，即使可能对这些问题有强烈的意见，他们也会持保留态度。常常会看到人们用个人化的语言来表达绝对的道德信念（正如一位先生所说，“我个人的看法”）——这并不是因为小镇居民是道德相对主义者，也并不是因为他们的意见是个人的，而是因为这反映了和睦相处、求同存异的社区准则。人们希望的是，社区是公正的——在这里“我们共同生活，和睦相处，意见不一致，但是并不强求别人接受自己的想法”。[19] 从这方面看，小镇居民和其他美国人一样遵守文明准则，而且更加习惯于这些准则，因为大部分的小镇生活都是公开的，居民通过直接交流和背后闲聊与邻居朋友进行沟通。

我一贯主张，要想弄明白为什么尽管小镇居民在道德问题上的看法实际上是割裂的且微妙的，但是保守派的意见似乎总是会占据上风，社区规范对道德问题讨论的隐形监督达到何种程度是一个重要的因素。少数对于堕胎、同性恋婚姻以及其他道德问题极其焦虑的人更有可能会大声说出自己的意见，并将他们的观点绝对化。当一方意见看上去占大多数时，少数派就更加不会在公众场合发表自己的意见了。因此，在对授予同性恋神职或当地学校董事会投票表决时，有时会出现意想不到的结果。被普遍认为是占多数的意见，在无记名投票时，结果却不是。

总的来说，小镇的受访者似乎一心想展示的是小镇在面对那些有争议的问题时采取一种通情达理、务实、开放的态度。他们正是这种精神的守护者，并相信这才是真正的美国精神，美国自建国以来的大部分成就都归因于此。这种乐观进取的精神同样也尊重公共场合的体面，考虑争议双方的意见，寻求解决方法。小镇居民相信这种精神不仅仅在强大的双亲家庭、学校和教会中传播，同时，年复一年，日复一日，在与邻居的友好相处中，在参与社区的种种活动中得以维系。他们担心城市里不会秉承同样的传统，担忧外界文化中那些腐朽的趋势会对社区产生威胁。这些忧虑让人们更加坚信生活在小镇是一个不错的选择。总而言之，与其对感知到的威胁心生担忧，不如坚信开放的思想、公正的态度必将会应对自如。

第 9 章　华盛顿的坍塌：政治与新民粹主义

2008 年总统竞选期间，共和党副总统候选人萨拉·佩林表示，生活在小镇的美国人民——像她所生活过的拥有 9000 人的阿拉斯加州瓦西拉市——比起美国其他地方的人民来说，更加真实可信、兢兢业业、诚实可靠、真诚待人，更加有自尊，为此她受到了普遍的赞誉。专家权威在一场辩论中展开了激烈的争论，认为一位如此脱离城市和企业的候选人不会明白美国所面临的真正挑战。他们指出，无论如何，依然生活在美国小镇的人数量已经很少了，不会对美国大选带来太大的影响。[1] 然而，这不是小镇价值观第一次在全国选举上被赞扬——或是批评，也不太可能是最后一次。

19 世纪晚期的民粹主义运动吸引了小镇和农场，尤其是美国中西部地区和南部地区的小镇和农场中成百上千万的选民。当时，美国农村地区的农作物产量低下，关税和货币政策减少了人们把产品售往国际市场的机会，富有的铁路大亨收取了高额的运费，东岸的银行利率过于高昂。尽管这次运动让几位成员成功地当选了美国国会议员，但是也引来了专家们的一阵抨击，几年以后这个运动最初设立的目标几乎都没有完成，也就渐渐地消散了。[2] 这次运动唯一留下的就是人们在要求财政保守主义时所表现出来的弥久不散的反政府情绪。

尽管相对于美国城市地区，人口有所下降，但是小镇和农村社区依然保留了足够的声音，20世纪后半期，即使那些政治候选人主要靠其他地方的支持当选，他们还是会定期宣称自己代表了美国小镇的价值观。富兰克林·德拉诺·罗斯福在白宫的任期延长之后，美国小镇的许多人认为哈里·杜鲁门更像是他们其中的一员。后来，他们对从堪萨斯州阿比林市走出来的德怀特·艾森豪威尔也是这么认为的。在约翰·肯尼迪、林登·贝恩斯·约翰逊和理查德·米尔霍斯·尼克松分别担任总统之后，更不用说东南亚的分裂战争和水门丑闻的影响，选民转向吉米·卡特，这说明他们希望能够回归到美国农村更简单的价值观。罗纳德·威尔逊·里根的银幕生涯和加利福尼亚州长的职位并没有妨碍他塑造一个能让人联想到边疆地区的牛仔形象。乔治·赫伯特·沃克·布什只当了一届总统，随后，威廉·克林顿成为另一位从小镇走出来的总统。他连任了两届总统，在他之后是乔治·布什的当选。乔治·布什承诺，他在得克萨斯州米德兰市学到的小城镇价值观将在他担任总统期间发挥指导作用。[3]因此，也难怪在2008年的总统选举中，部分选民会被佩林的小镇背景所吸引，观察家再次指出民粹主义派的呼声似乎很强大。[4]

新民粹主义之所以成为可能，是因为这是记者和政治活动家的想法，他们希望那些抗议国债、捍卫携带枪支权利的愤怒民众的故事能够引起人们的争议，同时，这与那些全新的或者组织缜密的事物相关。可以肯定的是，让早期民粹主义者骚动的事情又卷土重来了，包括指控华盛顿特区分崩离析，或是落入了华尔街金融家的控制，以及这样一种想法，即只要不去干涉，普通民众有能力解决他们自己的问题。喧闹的集会人群要求华盛顿有新的行动方向，这样的集会引起了媒体极大的关注，这种情绪的来源也被人们所关切。这是否因为经济衰败、房屋止赎、高额税收所带来的不安全感？这是否体现了那种弥久不散的白人种族主义？这是否反映了一种潜在的道德不适感？

没有特别的理由怀疑，小镇居民比大城市居民更可能成为新的民粹主义运动的推动者。小镇上潜在的活动家数量太少，不足以形成一股助推力。更可能出现的情况是，希望心声被听到的小镇居民和城市与郊区主要的基层活动家一起来推动新的民粹主义运动的形成。无须多说，小镇价值观已经被重新提起，因此有必要了解这些价值观究竟是什么。强调社区和家庭与华尔街和华盛顿在地理上和情感上的疏离感，以及基于常识的方针政策伴随着对道德滑坡的担忧，这些都确确实实地存在着——那么还有什么呢？

对大政府的不同程度的反感

和小镇上几乎每个人进行交谈，最后总会听到人们抱怨政府的无能与浪费。他们抱怨说，州政府和联邦政府的官僚主义者从来没有到访过小镇，因此，如果他们来了，他们会觉得羞耻。“别让我开这个头。”一位社区居民哀叹道。“华盛顿已经分崩离析了。”另一个小镇的领导人表示。他说，他认识的人中 90% 都同意这个观点。他们都感觉自己被忽视，被抛弃了。但是，也有很多不同的观点。就像有关美国小镇的其他事情一样，每一种远远看来无可争辩的结论，近距离仔细研究一下就会发现问题要更为复杂。即使在同一个社区，也会有许多居民对政府持肯定的态度。当和大城市相比较时，对政府态度上的差异经常是被忽略的。

各种调查可以让我们对这种复杂的态度有个大概的了解。当小镇居民被问及他们认为“这个国家的各种问题上”“我们是花了太多钱”“太少钱”还是“适当数额”时，不到 10％的小镇居民认为在教育、

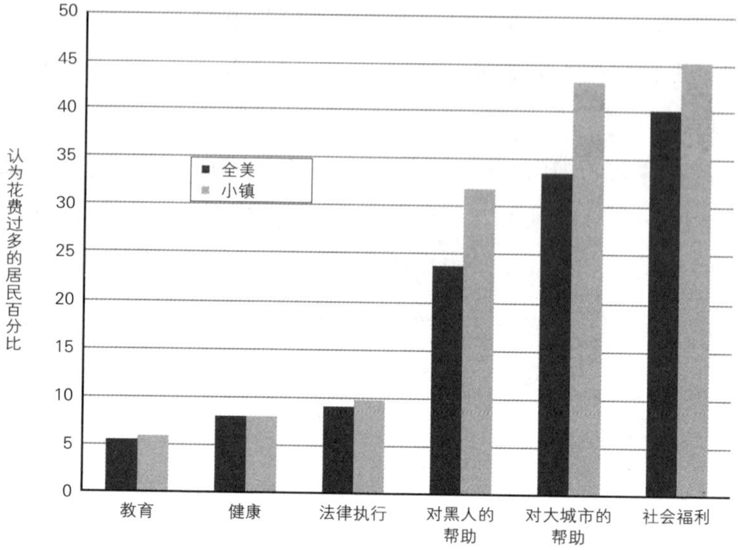

图 9.1　对于政府支出的关注

卫生或执法方面付出太多。这些比例与整个美国的比例相比几乎没有什么不同。差异在于，受访者可以想象在其他地方要比在他们自己的社区更严重的那些问题。这些问题引起了人们对超支的更多关注。1/3 的小镇居民认为在“援助黑人”的问题上花费太多，超过40%的人认为在“对大城市援助”和“社会福利”上花费太多。在这些问题上，小镇居民会比一般的美国受访者感觉更甚。然而，正是由于这些问题，担心超支的公众比例达到了最大值(见图 9.1)。[5]总之，调查结果表明，小镇居民并没有绝对地或统一地反对需要政府支出的各种社会项目。小镇居民对于另外一个问题的回答进一步证实了这一结论。这个问题是，你是否“考虑过你必须支付的联邦所得税*的金额过高、合适还是过低”。不出所料，大多数公众（61%）认为

* 美国的联邦所得税以个人所得税、社会保险税、公司所得税为主。

其联邦所得税过高，但给出这一回答的小镇居民比例并不比其他地方高。

调查涉及的都是标准化的问题，旨在获取公众对于各种话题的直接反应。然而，这些调查并不能深入探究当小镇居民真的有机会表达自我时，他们对政府的真实想法和论调。尽管在采访中，的确有些人对政府在生活中的作用避而不谈，但是，绝大多数小镇居民还是愿意详细地讲述他们的看法。很明显，他们一直在思考他们喜欢政府什么，又不喜欢政府什么，很可能也和邻居朋友讨论过这些意见。

有种观点并不是小镇所独有的，但是，却在小镇引起了极大的共鸣。这种观点认为，大政府由于其规模过大，所以从原则上来说运转不力。“联邦政府规模太大，官僚主义盛行，他们甚至都不知道自身什么情况。”一位 50 出头的注册护士表示，她生活在一个有 1700 人的小镇上。她补充道，“我赞成本地人帮助本地人，让本地人尽可能多地对地方上有控制权。”之所以认为她的观点代表了许多小镇居民表达看法的方式，是因为她把大官僚制度和本地控制做了区分。与有时候在政治评论中体现的情绪不同，这种对官僚的厌恶源于人们对亲密关系的渴望——就像家庭中的亲密关系——在这种亲密关系中，个人的需求会得到关照。小镇居民用来与大政府的“他们”进行对比的“我们”，指的就是他们的小镇。官僚主义和陌生人一样都是外来的：官僚主义存在于社区以外的其他地方，威胁着小镇居民在生活中习以为常的正常关系。从这个角度上来说，地方政府是小镇需求与利益天然且必需的守护者，而州政府、地区政府和国家政府则要靠边站了。正如一位长期居住在 2000 人小镇上的居民所说，“当然，你需要一些服务”，指的是“你的电灯和水”，这些都是地方政府提供的，而对其他试图插手的政府机构，他说，“应该省省力气了。”

既然大政府被地方社区认为是外来的，误解便不可避免。正如我们在前几章所看到的那样，作为小镇的一分子就必须要了解当地的文化——如何恰当地在路边与行人打招呼问好，要知道店员的名字和家庭的历史，小镇领导为社区的项目做了怎样的贡献，尤其是当某个人和社区遭遇不幸时邻里出手相助的故事。陌生人自然无法理解这些事情，所以新搬来小镇的人需要用很长的时间才能在小镇生活得自在。同样，小镇之外的政府也无法理解地方文化。正如一位小镇居民所说，州政府和联邦政府尤其“脱离群众”。

小镇居民不太愿意承认他们也不太了解政府，就像政府不太了解他们一样。但是这种看法偶尔会出现。这与他们对陌生人的看法很相似。陌生人无法融入那些将小镇居民团结成一个共同体的耳熟能详的故事，部分原因是他们有着让人难以理解的信仰和价值观。他们或多或少喜欢生活在嘈杂的地方，交通拥挤、道路混乱，尽管事业让他们异常忙碌，没有时间与家人在一起，可是他们依然乐此不疲。政府同样也让小镇居民无法理解，不仅是因为其规模巨大，而且还因为这样大的规模意味着它的规则、规定和要求极度令人迷惑，超出了普通老百姓的正常理解能力。

事实上，大政府对于地方社区来说就是个陌生人，这意味着掌管大政府的政治家可能被认为是不值得信赖的，就像初来乍到的人可能被怀疑是社会渣滓、毒贩或是在逃犯。“我真的认为政客都是被收买了，贿赂了。”帕森斯先生表示，这些泛指的政客中并不包括地方官员，但是他声称这些泛指的政客中包括了“许多州政府的人”。德索托先生也持有类似的观点。“过去是你投票给你认为最出色的候选人，”他解释说，“后来，你是在两个恶魔中进行选择，投票给那个危害比较小的恶魔。现在谁当选都不重要了，反正他们都是骗子。”他坚持认为，政府做得最好的事情就是“不要干涉人民的事务”。其他人也用简洁的语言表达了相同的观点，例如，谈到政府时，人们会说“管得越少，越好”，或用设问句，例如“你曾经看到过‘政府’

真的解决过问题吗？”

有时候，类似这样的观点是小镇居民最本能的反应，背后既有情感因素也有理性分析，可是，那些相信公职人员的小镇居民们确实担心，这些政客并没有把小镇的利益放在心上。正如居住在 900 人小镇上的一位主妇所言，“嗨，这就是我们的小镇——成百上千万美元就这样花在了竞选上，而我们却无法得到帮助，在这里建立一家工厂。这真让我觉得恶心。”这些小镇居民坚持认为，城市必然会推动政治决策，这意味着各种后果，从地方项目少得可怜的资金到那些可能对于城市来说是必不可少但对于小镇来说毫无意义的缺乏代表性的规章制度。小镇居民抱怨的具体问题多种多样——从路面上尚未填满的坑洞到对更好的互联网服务的需求，再到学校倒闭和工作机会的缺乏——有时候这些话题看上去微不足道，却具有重要的象征和实际意义。例如，一座拥有 900 人的小镇，几十年来人口一直在减少，该镇领导人坚信小镇的生存受到了威胁，这威胁来源于本州的政客只对大都市居民承担义务。他们感到受到危害的原因是，本州法律规定不准在路边树立广告。如果小镇能够设立路标，那么旅客一定会停下来，在当地的餐馆里吃个饭，看看这座美丽的小镇。

因为人数较少的原因，小镇居民明白城市在政治上的影响力比小镇大。然而，相比担心没有更多的人可以代表他们发声，他们更担心的是政治家不明白小镇是如何运作的。例如，我们采访的几位小镇居民挑选了临时保姆、日间看护、老年人看护的规定来说明这些针对大城市社区的政策是不适合小镇的。从某种程度上来说，他们明白州政府对这些服务要求持有执照并进行监管的必要性，但是，从另外一个角度上看，他们认为这是政府的干预，邻居以后再也不能随意为其他人提供帮助了。正如一位妇女所解释的那样，持证上岗“太过挑剔，有些做了多年保姆而且做得非常出色的人就不能再工作了”。在她看来，这完全反映出政客们理解小镇现实生活的能力。

“有时候，你需要的只是一些常识。”她叹息道。

认为常识就足够了的看法也属于小镇人民反精英主义观点中的一种。“‘政府应该’对美国人民有点信心。不要认为我们很愚蠢。我的感受是，因为美国人民真的很愚蠢，政府必须要来拯救我们。所以，少数的精英人士必须制定出帮助我们的方法。”[6]

我们还听到了许多对州政府和联邦政府政策的强烈抨击。有人指出政府不仅仅偏向城市，现在还支持许多长久以来一直对小镇人民非常不利的计划。在许多人口大幅减少的小镇和县里体现得尤为明显。这些农村社区，农场扩大了，农民减少了，小镇里的居民也因此少了许多。农场扩大是由于政府政策的影响。在我们采访的小镇居民中，没有人能够真正说清楚这到底是怎么回事。他们只是感觉到大型的农业企业游说团队控制着农业政策，而农业政策对于普通农民来说没有什么益处，使他们生活举步维艰，而那些大型农场、饲养场、猪肉和家禽加工企业则更有能力经受市场上的暂时性挫折。

有一种与之相关且更愤世嫉俗的解释认为，政府领导人故意制定一些政策拖垮小镇。正如一位社区领导所述，这种观点认为，罗斯福新政的目的就是要帮助城市居民而不是农村地区的居民，因此，导致这些地区人口日渐稀少。按照这种看法，社会保障和医疗保险以及其他许多计划都是为了帮助雇主和雇工而不是农民。于是，第二次世界大战期间，沿海城市军费开支出奇地高。从那以后，大城市的富有阶层就利用政府为他们的利益服务，危害了小镇的利益。正如一位持这些观点的先生所说，“这更多是出于计划而不是偶然。”[7]

小镇居民也表示，大政府培养的就是一种依赖性，而不是允许人们去为自己做些事情。“你鼓励人们去思考他们应该得到什么，而不是他们自己做些什么，自己去找到解决的办法。”一位社区领导解释说。一位退休的炼油工人也表达了相似的观点。他住在一座 700 人的小镇上，那里的人们为自己的彻底独立而自豪。“出问题的时候，我们再也不指望政府来帮我们解决，”他说，“许多人都是这样的心态。大叔 * 会来这里，帮我解决问题。哦，大叔不能解决所有问题。”他对于人们对政府依赖性的担忧，并不是说他认为政府应该袖手旁观，例如，他觉得政府制订的老年人药品计划就运转得很好，不应该取消。并且，当他看到人们并不能完全对自己负责的时候，他认为政府应该负起责任。

对那些骗取社会福利的骗子和渣滓的关注，引发了小镇居民对政府最直接的批评。这种看法认为，那些穷困潦倒的人对政府的依赖程度最大，也切实知道如何从政府的各种计划中获得益处。“我认为政府是一个耻辱。”一位 60 岁出头的熟练技工声称，“但是，人民需要政府。他们要政府去照顾他们，这样，他们就不必担负责任了。就像飓风卡特里娜一样。他们期望政府介入，来照顾他们。结果一个大龄女孩用她所得到的钱去做了乳房植入手术。”一个生活在 1500 人的偏远农村地区的保险经纪也表达了类似的看法。“和城市里一样，我们这里也有很多骗取社会福利的渣滓。”他说，“美国还在另一件事上也是大错特错了。每个人都认为政府欠他们什么。”

最令他感到愤怒的是，听到人们“发牢骚”说没有足够的钱生活。“这些人走在街上，身边有个怀孕的妻子，手里拿着一罐啤酒，嘴里还叼着一支烟。还要我们来付钱。情况只会越来越糟糕。”一个低收入、高失业率社区的镇长创造了一个词——“信箱工资单”，用这个词来描述他希望能够离开镇上的人。他说，这类人只会坐在那里，等待政府的支票邮寄过来。有些人甚至穿着名牌服装。“他们创造了这个体系并对此加以滥用。”可以肯定的是，类似这样的负面情绪主要是针对那些渣滓的道德缺陷，但是，人们认为，政府所做的事情让问题变得更严重了——通常表现为需要纳税人承担不合理的成本却成

---

* Uncle，山姆大叔的简称，指美国政府。

效有限——个人和家庭应当为他们自己负责。[8]

有些人深信大政府是没有人情味的，不懂得普通老百姓的需求，可能还是一个腐败的政府，与社会渣滓结为同盟。这些人只需要稍稍有点想象力就会认为美国已经不可遏制地滑向社会主义。他们认为联邦政府对金融机构以及其他企业事务的干预并不是预防经济崩溃的必要步骤，而是一种社会主义。“我不知道你给我多少时间来谈这件事，”一位有 800 居民的小镇领导说，在谈到他对政府有哪些不满意的地方时他有些激动，“因为我认为整个国家都在朝着社会主义的方向前进。”尽管他们可能并没有把这看作为民粹主义，但是，他们不仅仅希望将个人以及家庭生活的控制权归还给他们生活的小镇社区，而且还希望大政府日益扩大的控制权可以回退到以前的状态。

市政厅会议的魅力在于它是一个可以表达心中忧虑的平台。我们采访的一个小镇最近就召开了这种会议——这是一座多民族小镇，人口不断扩大已经达到了大约 18000 人。选民中既有民主党人士，也有共和党人士，还有许多独立人士，但总的来说还是共和党占优势。“我认为我们这个地区的许多人，大部分人，都觉得这个会议就是浪费时间。”几天以后参加过会议的一位先生解释说。他说，在他看来，“政府计划一旦与我们的生活相关”，就“具有危害性”。医疗保健一直是他所在社区的市镇会议关注的焦点，他一直在考虑这件事。“就医疗保健而言，本来应该是医生来做的决定，谁又会想要政府里的某个人来为你做决定呢？”他问道，“政府参与后，就会有接管这事的倾向。”他认为，他所在社区里的每个人都反对政府制定的任何医疗保健议案。他觉得这是支出不断增加的另外一个症状。在他看来，因为各种相关法律和人们必须填写的纳税申报表格，联邦医疗保险已经成为一场灾难。他坚称，即便是邮局，由私营企业管理也会比现在好得多。邻近小镇的市长表示，她同意这些观点。尽管她积极参与地方政治，但是，她还是对她目睹的国家状况感到深深的担忧。

“我当然不赞成公费医疗制度，”她说，“我们当然不想要政府介入，大多数计划有了政府的参与就会在财政上破产。政府连邮局都运行不好。”她觉得，政府只是“对我们的生活管得太多了”。

认为政府什么都管不好的观点，经常就变成了对大政府一边倒的谴责，似乎它做的任何事情都既没有效率也看不到效果。而且，似乎人们对政府的反感已经从某些具体的抱怨扩展到了更多的领域。例如，在公众最关注美军干涉伊拉克和阿富汗的时候，我们做了一些采访，人们在战争上拖延了太长的时间，或是在没有进行有力打击的问题上提出了强硬的观点。[9] 其后的言谈显示了同样的悲观——对于共和党人和民主党人都是如此——来源于政府在环境保护、犯罪和国外竞争等问题上的无所作为。在后来的经济大衰退时期所进行的采访中可以品读出人们的各种忧虑。随着联邦计划和州计划所能提供的援助日渐减少，小镇居民发现，他们面对的项目成本高昂，筹集资金相当困难，这包括学校建筑、紧急响应设备、街道、水处理系统以及其他一些小镇贷款的基建项目。即使是了解问题的特性，最深思熟虑的镇长有时候也会忍不住要去谴责他们在华盛顿特区看到的一切。

在对医疗保险覆盖面、教育和能源独立等问题的看法中，人们总是批评完这个又批评那个。人们认为政府应该做多点还是做少点其实并不重要。最重要的是,小镇人们在谈论小镇时所强调的价值观。令他们欣喜的是，小镇生活似乎是可控的，涉及政府问题，都是“不可控的”。小镇上的居民努力工作、为自己的生活负责。相比之下，政府官员却“工作效率低下”，“浪费我们的时间”，“没有什么成就”。

政府做的好事

但是，除了抱怨美国正朝着社会主义方向前进的人，还有一些居民却认为一些——甚至大部分——政府所做的事情都是有益处的。他们说，在州政府和联邦政府的补助金的帮助下，社区里有了一家新的医院或是警察局，医疗诊所获得了补贴，老年人能够方便地出行，当地的一家工厂继续开工，公路铺好了。对于这些项目，小镇居民存在着矛盾的心理——正如一座有 2200 人小镇的办公室工作人员声称“我们是在帮助自己”——与此同时，他们也认识到申请政府补助金是帮助他们自己的一种方法。

这种矛盾的心理在农民以及从事与农场相关的工作的人们所表达的观点中可见一斑。他们憎恨政府的控制——限制耕种的面积，要求将农场业务详细地向当地的农业部门进行汇报。正如一位大型农场经理所述，“我们有这么多讨厌的规定，都快无法养家糊口。”他说，社区里的牧场主和农场主不断地抱怨各种各样的规定，从动物粪便的利用到杀虫剂的购买和使用等等。但是，他们也承认政府补贴对于农业社区走出市场疲软和农作物收成欠佳的时期是非常必要的。没有这些钱，“这里就没有牧场主和农场主了，”一位居住在农业社区的人表示，“一个也没有。”她承认，农业政策一直都是“敏感的话题”，但是，没有其他的方案能够代替价格支持计划和市场监管。

许多与农业毫无关联的小镇居民也都承认政府计划的必要性。我在第 2 章曾提到了安斯利先生。他和妻子住在一座有 6500 人的小镇上，下午他会去打高尔夫球。在谈起州政府和联邦政府的官员时，他这样说：“他们绝不是完美的，他们浪费了许多金钱和资源，但是至少他们在试着做好事。”有许多政府计划是很有用的，他提到了在校学生早午餐计划和向贫困人口发放食物券。安斯利先生讲述了小镇居民认为政府既做了好事也带来问题的一个原因。安斯利先生和许多小镇居民一样都在政府供职——例如，他是财务主管。这份工作让他痛苦地意识到政府官僚主义导致的工作低效，但是，他还是认为他和他的同事们的工作是有用的。

学校管理者和当地的其他管理者一样，其工作和组织都需要依靠政府。像安斯利先生一样，他们熟悉政府的运作方式，明白公共资金的必要性。基本上，我们采访的教育局局长和校长都非常感谢州长对于公共教育的支持，没有任何抱怨，只是担心州内其他地方——尤其是城市——可能得到超出自己份额的公共资金。小镇的管理者意识到学校的质量不仅仅依赖于地方债券的发行，而且主要依赖于州政府预算。与其他的小镇居民一样，他们不喜欢联邦政府的各项规定。“今年，对我们已经进行两次审计了，”一位校长抱怨道，“现在他们又要来一次。”

在政府工作的经历会影响居民谈论政治和自身观点的方式。尽管他们对于本地、本州和国家政治情况比邻居们知道得更多，但是，有时候他们在表达个人观点的时候，还是会谨小慎微。尤其是那些像教育局局长、城市管理者和县书记员这样被指派的政府官员尤其如此。他们表示自己已经学会对个人意见闭口不谈，以此来维持和平的状态。从礼貌的角度上讲，他们认为像宗教、政治之类的话题是不应该拿出来讨论的。即使是秘密的采访，有时候他们也不愿意表示自己更加倾向于哪个政党、对于现任总统的管理有什么看法。

另一些人却持有相反的看法。他们觉得直截了当地表达自己的想法是最好的，而且他们喜欢这样做。这些人多数是通过选举产生的官员，习惯于在党派问题上表明自己的立场。例如，我们采访的一位先生居住在不到 500 人的小镇上，曾在本州的立法机构任职过一届，在县政府工作过许多年。他开玩笑说，曾经有段时间总是“出言不当”，一开口就会被认为是白痴，然而，他还是为自己的直言不讳而感到自豪。这些人对自己和邻居们也是这样看的。他们说，人们对小镇人民的固有印象就是非常礼貌，却不敢表达与别人不同的观点，事实上，并非如此。他们说，小镇居民非常愿意表达自己的看法，而且是热情高涨，无论是一个非常重要的议题，还是只是聊天，他们都非常乐意参与。县推广专员克拉克太太说，她所在的 3300 人的社区里，政府总会“给我们发表意见的机会”。

小镇政治

尽管小镇人民对于大政府普遍持有怀疑的态度，可是，地方政府因为归属地方，小镇人民的态度就温和了许多。用来区分小镇人民和州政府、联邦政府官员的“我们”和“他们”的分类方式并不适用于小镇人民与地方政府之间的关系。正如一位小镇居民所说，地方政府官员属于“我们可以和他们交谈”“能够理解我们”的人。另一位小镇居民谈到了他所在的 3000 人小镇中被选举出来的政府官员时说，“他们待我非常好。”因此，尽管他对于政客普遍抱有怀疑的态度，但是，他还是认为他们都是“实诚人”。抽象点说，这就是信任。具体点说，能够通过直接的交流就找到实际的方法，解决某些人在特定情况下所产生的问题。

一位生活在大约 5000 人小镇上的养猪专业户给我们讲的一个故事，就是很好的例子。“一天晚上，我的一位朋友喝醉了酒回家。”他回忆道。他的朋友喝醉了开车回家而下半身不能动弹，正穿过草坪从他的车爬向房子的前门。“警察过来，想要逮捕他，但是他的上半身很强壮，他们扭打了起来。警察打电话给局里，调度员说，‘别逮捕他了，把他弄上床吧。’”讲这个故事的先生说，这说明了他所在的小镇的“思维方式”。他知道所有警察的名字。如果他醉酒驾车，他知道警察会逮捕他，这是他罪有应得。但是，如果是小事，比如没有系安全带，他们很可能只会给他一个警告。他说，重点是在一座有 5000 人的镇里，由于人们彼此认识，才会这样对待他人。“你有问题需要解决，就去市政委员会，他们会听你说。”他说，电力公司和分区委员会也是如此。“你要了解人民，知道这里的情况。”他总结说，这样“效果会更好”。

在另一个拥有同样人口数量的小镇上，一位在镇委员会工作的小镇居民也提出了类似的观点。对于大政府的官僚主义他无法容忍，可是，地方政府却不一样，他认为地方政府对社区足够了解，知道社区需要什么，怎样才能有效地进行改善。类似分区法案、草坪割草规定等小事可以让社区变得人见人爱，并不需要粗暴地强制执行。“这些都是社会秩序的一部分，”他说，“‘我们’在这方面做得很好。但是州政府和联邦政府‘官员’只会碍事。”

我们采访的小镇领导强调说，他们用了很长的时间才让小镇人民明白这些计划是根据特定的情况来专门制订的。那些在这方面很成功的小镇领导人在本地的竞选中通常能够毫无悬念地当选或是连任。小镇人民信任小镇的领导，因为他们感到无论实行的是什么法律法规，都是根据特定的需要为小镇特别定制——不是无原则的让步，而是适应具体的需要。重要的是他们对社区的独特之处非常熟悉。

从图 9.2 中可以粗略地看出对地方官员信任与国家政府信任之间的差异，这张图显示了帕特南国家社会资本基准调查（Putnam's national social capital benchmark survey）中，“差不多一直”或“大部分时间”相信“地方政府做的是对的”受访者的比例，以及“差不多一直”或“大部分时间”相信“国家政府做的是对的”受访者的比例。在没有关于社区规模的直接信息的情况下，该图显示的是居住在人口密度较低和人口密集地区的受访者的比较。信任地方政府的受访者比例从人口密度最低地区的近 50%（上下有些波动）下降到人口密度最高地区的 30% 左右，与此同时，随着人口密度增加，信任国家政府的人口比例也从略低于 30% 稍微上升到略超过 30%。因此，和我们的定性访谈中所显示的一样，在人口最少的地区，对地方政府和国家政府的信任之间存在相当大的差距。[10]

我们采访的指派官员都很清楚地意识到，他们必须要根据不同

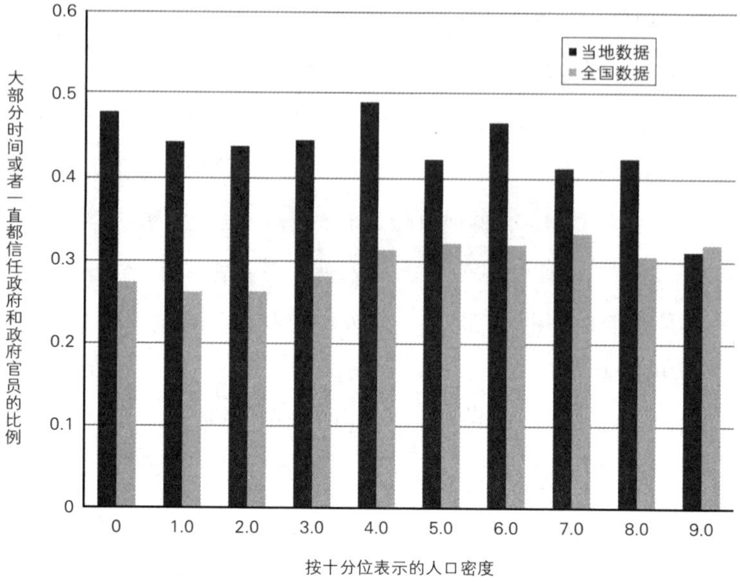

图 9.2　不同人口密度地区对政府和政府官员的信任情况

的情况来采取不同的行动，这样才能获得老百姓的信任，同时避免徇私舞弊或是党派偏见。在我们所采访的人中，当他们得知名字和身份都不会曝光时都松一口气，他们不想被认为是与某一方政党过于亲近，他们真的不喜欢国家政治舞台上上演的各种党派纷争。正如一位小镇管理者在谈及国家政治时解释道，“人们都避免成为政治家，他们依靠传统的看法和观念来处事。”因此，他尽量保持中立，避免与任何一个政党为伍。“我们在地方就把事情解决了，”他说，“因为人们彼此认识，只要做正确的事就可以了。”

我们在第 2 章提到了管理人员埃尔德先生开始做这份工作的时候，只是短期代岗，现在他已经在这个岗位上工作了 15 年之久。他说，在学校里他只学到，“镇政府还是不错的，州政府更好，联邦政府是最好的。”但是，他现在认为，地方政府是尽善尽美的，对于州政府和联邦政府感到非常失望，因为在制定决策的时候他几乎没有任何的发言权。最近，监管公用事业公司的规定又成了眼中钉、肉中刺。“我们百分之一百肯定的事情，他们会说‘不’，而我们百分之一百否定的事情，他们则说‘好’。”可是，和我们采访的许多地方官员一样，他的观点也很微妙。他说，认为州政府和联邦政府能够化腐朽为神奇的想法，最后只会带来失望。相反，他邀请各方代表参与，与老百姓喝咖啡聊天，试着培养信任感。“人们可以加入‘我们’的公开对话，我们可以和他们交流。”他坚信基层民主。这意味着要花费大量的时间在当地群众中征求意见。他知道，大家都忙碌于工作，所以，他并没有组织委员会会议，而是去他们工作的地方拜访他们。

霍华德 · 柯林斯是拥有 8000 人的海滨社区的市政管理人员。这个社区的税收主要来源于当地的石油和天然气。几十年以来，该社区一直是民主党的天下，但是，自从 20 世纪 80 年代以来，这里就变成了共和党稳坐天下。可是，不管怎样，都必须要培养出信任感，才能将事情做好。最近，柯林斯先生的一项综合性战略发展计划获得批准，又有 1000 万美元的公共债券发行，用来建造一幢新的市政大楼。这些成果来之不易，很多时候，要和各个小组开会，让他们觉得这个主意是他们自己的。“我们有 200 多人参与到这个计划中。”他回忆道。起初，有许多负面的情绪，后来，人们开始相信这些计划是可以成功的。“我不想让自己听上去是在吹嘘，”他说，“但是，与以往相比，信任更为重要。”

这种程度的信任和合作并不意味着在地方政治的问题上就没有了争议。正如我们在第 6 章所看到的，社区领导自愿为邻居服务，提供帮助，获得了人们的尊重；如果社区领导被认为自私、懒惰、过于野心勃勃，或者当人们对于类似学校合并或者税务评估问题上意见有分歧时，他们所获得的尊重也很容易失去。例如，有个面积只有 1 平方英里的小镇，那里的一位领导说，他所在的社区里，人们一直在吵架。镇议会的 3 个成员中，通常每年都会有 1 位成员经过投票后，被要求离开。小镇人民“从来就没有高兴过”，这位领导说。结果，小镇的情况很不稳定，什么业绩也没有。这座小镇有 600 个人，小镇本地居民把诸如消防和警察保护等一切重要的事情都留给县政府去完成，为此他们感到很满意。另一个小镇的居民认为，一位外来的小镇领导试图改变现状，现在他们的政府完全一团糟。还有一座小镇的议会决定将警察调度的工作移交给县里，以节省这个 3000 人小镇的开支，结果一片混乱。

虽然我们采访的许多小镇居民觉得地方官员比州政府和联邦政府官员要好很多，但是，他们还是觉得地方政府已经不像过去那样乐于助人了——有了这样的忧虑，人们很害怕他们所熟悉的社区生活悄然逝去。格里姆肖先生是这样描述这些变化的：“我年轻的时候，大家的态度是，‘你们选了我们，我们就是为你们服务的。’你去市政厅，你听到的是‘我能为你做些什么？’”现在态度完全不同了，他认为，这说明实际上，“我们是来控制你们的，我们会告诉你们要做些什么。”另外一座小镇的先生对政府的这种转变也有所抱怨，指出他经常听说镇议会又通过了某个新的条例。可是，另外一位先生认为问题是当地官员越来越职业化。在他看来，如果所有的官员有固定的工作，而不是被政府聘任全职工作的话，可能会好一些。

这些观点进一步加强了一些教科书中依然存在的对地方政府的印象，即小镇政治很大程度上是受到了某些名人和小团体的推动。[11] 虽然地方官员为人们所熟知，与社区中其他有影响力的人搞好关系相当重要，但是，现在的情况与过去相比已经大有不同。除了规模最小的城镇，具有高等学历或者接受过公共管理在职培训的被指派的行政管理人员从事着大部分的日常监督和规划工作，而人们越来越期望通过选举上任的官员能够精通如何处理复杂的法律和财政问题。在采访过程中，给我们留下更深刻印象的是官员的专业水平和技术知识，而远非暗藏的狭隘主义的证据。小镇居民不会因为对名人的推崇——也不会受到主流媒体对国家政治报道的影响——而在实际问题上牺牲自己的利益。当被问及有关本地政治的话题时，小镇居民总会从正反两面去谈论那些他们担心的实际问题，从教育公债到房地产税，从警察保护到街道和下水道。他们可能并不喜欢他们所认为的发生在华盛顿特区的事情，对于地方性问题却有着更大的兴趣——动物管制、路面坑洼、犯罪、破坏公物、救护车服务、公园和养老院——这些都很重要。

紧张的社会关系

许多小镇居民都很喜欢小镇慢慢地发生变化，这对于地方政治来说是有利的。当一切没有任何变化的时候，过去被证明屡试不爽的方法也能在未来发挥很好的作用。可是，我们看见小镇经常是自然灾害以及其他灾难性事件的重灾区。飓风肆虐社区，洪水冲毁小镇，火灾将主街最主要的部分付之一炬——这些事件对于地方政治又会产生怎样的影响呢？

我们之前谈到了一些事例，社区精神的力量在这些灾难性的事件中得以充分体现。尽管小镇居民的生活可能在那个时候被完全打乱，但是，他们在回顾往事时，能回想起许多团结一致、睦邻友好、互相合作、共渡难关的故事。故事从一个人的口中传到另外一个人的口中，成为当地文化不可或缺的部分。人们对灾难性事件的反应也显示了彼此之间相互帮助的深情以及社区面对灾难的恢复能力。

通常，这些故事对已经发生的负面的事情避而不谈。对于所发生的事情、发生的过程、出现的问题以及下次应该怎样才能做得更好，集体创伤会引发多种不同的解释。通常最显而易见的罪魁祸首就是政府。传言四起——政府就不应该建造这么失败的大坝，政府的科学家和工程师没有发现渗透到当地供水系统中的有毒化学物质，当地的官员对紧急气象预警和火灾设备的升级换代行动缓慢，随着时间的流逝，一些居民会比其他人更快地获得保险赔付和重建家园。业已存在的任何矛盾都会被夸大。

一个有1000人的农业小镇更加真实地再现了这种社区矛盾。小镇位于一个相对富裕的地区，土地平坦肥沃，玉米和大豆的产量通常都会高于平均水平，居民收入颇丰，因此，当地商业兴盛，学校优秀。1995年，一场史无前例的龙卷风在席卷了州内其他地方之后，肆虐小镇。1人死亡，分散在20英里以内的农舍和建筑遭到破坏或摧毁。小镇的一边安然无恙，另一边却损失惨重。消防站和小镇上最古老的一座教堂彻底坍塌。几乎全新的、象征着小镇繁荣昌盛的小学被夷为平地。清理工作花了几个月的时间。一部分转移到其他地方的居民再也不回来了。10年以后，小镇的大部分都得以重建。与邻近的小镇相比，这里的房子和商店绝大部分都是崭新的。但是，创伤造成的疤痕仍然存在，尤其体现在居民们对地方政治的看法上。[12]

对这种长期挥之不去的冲突最好的描述就是两派对立，一派认为社区因为之前所发生的事而朝着好的方向发展，而另一派却不这么认为。乐观主义者指着新商店、新房子，强调小镇重新焕发勃勃生机。他们多半把龙卷风看作是新时代的开始，并把这归功于市长和市政委员会优秀的前瞻性思维。而另一派却认为，小镇的历史几乎都没有保留下来。他们想讲一个时间跨度更长的故事，而飓风只是最新一次的艰难困苦，如同前辈祖先们都曾经历过的那样。他们指责市长和市政委员会利用危机为自己谋私利。

我们采访了一些小镇居民，多年以后，他们依然保持自己在这个事件中的立场。有几个人回忆起了龙卷风10周年的纪念活动，那场活动和龙卷风本身一样都给人们的生活带来了一场混乱。有些人认为重建小镇的庆祝活动举办得十分成功，而其他的人则拒绝参加。

指责政府说谎、管理不善的声音仍然不绝于耳。有几次，现任的小镇领导在地方选举中落选了。“你在这个职位上待的时间越长，”一位领导很不高兴地抱怨道，“你得罪的人就越多。”

从这个灾难性事件的破坏程度以及政治影响的持久度和严重性来说，这个小镇的例子并不常见，但是，它却突显了地方政治上一个重要的特点——大的社区里，人们对不喜欢的地方领导只要普遍地对其采取冷漠的态度即可，这与小镇的情况有所不同，小镇居民很难对他们不喜欢的地方领导视而不见。一旦失去了支撑地方政治的尊重与合作，要想再找回来就很难了。

为什么共和党赢了

政治分析人士认为，憎恶大政府、倾向财政保守主义、强调小镇自给自足和地方自治通常都是共和党的政治主张而不是民主党。我引述过的小镇领导和居民中，很多人自称为共和党人。就全国的数据来看，事实上，与规模较大的社区相比，非都市小镇的居民更可能是共和党人。这种趋势在图 9.3 中表现得非常清楚。图 9.3 显示了小城镇居民自称为共和党人（或民主党人）的概率和大城市中居民自称为共和党人（或民主党人）的概率的对比。自 21 世纪开始以来，小镇居民成为共和党人的概率要比生活在较大社区的居民高出约 30%，而小镇居民成为民主党人的可能性则比较大社区的居民低大约 20%。该图表明，20 世纪 70 年代，小镇居民对共和党的倾向性与大规模社区对共和党的倾向性之间出现了差异，到了 20 世纪 80 年代的里根时期这种倾向性几乎完全消失了。近些年来，又再次出现。事实上，近年来对共和党或是民主党的倾向性之间的差距比 70 年代更大。该图预测，如果将小镇居民和较大社区居民之间的差异考虑进来的话——比如年龄、性别、种族、地区和教育水平方面

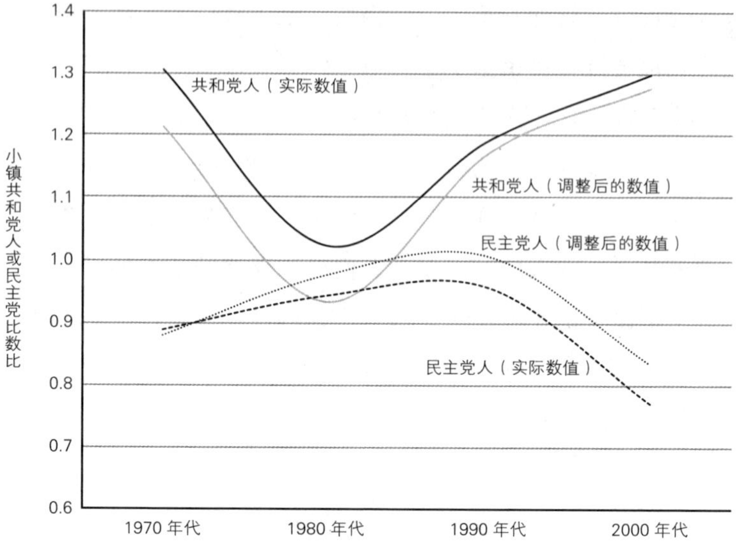

图 9.3　政党身份的相对认同情况

的差异等等，小镇居民对共和党或民主党倾向性的概率会如何变化。将这些差异纳入考虑范围内（如“调整后的”概率比所示），大部分倾向性的分歧仍然存在。另外，对于这些因素而言，20 世纪 70 年代的真实境况更加能够说明为什么近几年来更多小镇居民会自称是共和党人。[13]

尽管小镇的共和党员比民主党员相对更多一些，但是小镇上还是有相当数量的民主党员和独立人士，于是问题来了，为什么小镇常常会被看作是共和党的堡垒呢？一个原因是决定选举结果的胜者全得制度（Winner-take-all）*。这意味着一个镇或县的大多数选票都投给了共和党的候选人，即使这里大多数少数派把票投给了民主党，

*　胜者全得制度，即在一州或首都获得选民票最多者获得该州或首都所有选举人票数。

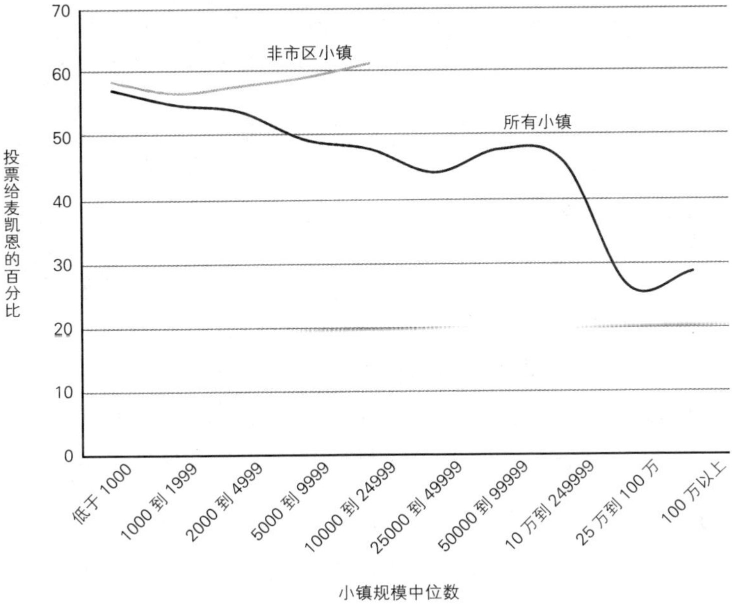

图 9.4　通过小镇的分布来看红州的投票情况

这个镇或县还是会被认作为是共和党的大本营。例如，在 2008 年共和党人约翰 · 麦凯恩和民主党人奥巴马之间的总统选举中，事实上，生活在主要是由小镇组成的非都市县的选民投票给麦凯恩的比例大于较大的都市地区的选民（图 9.4）。然而，即使在较小的非都市地区，为麦凯恩投票的选民的比例仍然平均低于 60%。2004 年也是这样，当时规模较小的非都市县中，平均有 59%的人把票投给了乔治·布什（相比之下，在最大的大都市地区这一比例仅为 42%）。正如政治学家莫里斯·菲奥里纳（Morris Fiorina）、塞缪尔·艾布拉姆斯（Samuel Abrams）和杰里米 · 波普（Jeremy Pope）在他们的《文化战争？极地美国的神话》一书中所述，考虑实际的投票行为时，红蓝各州的极端分歧也就不那么极端了。[14]

但是，小镇还有一种力量是在国家或者州层面的分析中没有考虑到的。就地方而言，尤其是当大部分选民都认为自己是独立选民时，选举成败主要看选举候选人及其党派合作者是否有能力改变地方观点。在采访中，我们发现人们主要支持共和党人的关键因素有三个。不论在什么地区，所有的小镇，尤其是以白人为主的社区里，这些因素体现得颇为明显。

第一个原因是共和党至少在地方党派关系上比民主党略占优势。虽然地方上的候选人并不像州内以及全国的选举获胜者一样总是来自于同一政党，但是共和党候选人总是会获得胜利，负责市政委员会、学校董事会、县委员会的工作，在道路养护、农业支持等指派性工作上还会得到一些政治上的优势。由于共和党在投票上略占优势，在地方社区的活动中能更多地看到共和党的参与，有时候，还会对本州选举以及全国性的选举产生一些小的影响。例如，可以把投票站设在反对堕胎的教会里，小镇议会的委员陪同上了年纪的选民去投票站投票。

还有一个相关的因素是，共和党候选人经常获胜的州的选民即使是民主党人或独立选民，也会在登记的时候填写成共和党，就是为了参加共和党的初选。例如，克拉克太太说她是一名共和党人主要是因为她生活在一个共和党州，“是一名共和党人完全不同，”她表示，相较于成为一名真正的共和党人，“如果我要在任何一场初选中进行投票，大多数时候我必须是一名共和党人。”这和另外一个共和党州的居民说的几乎一样。“我绝对是民主党人，”他声称，“但是，我不是注册的民主党党员。事实上，因为初选的问题，我是一名注册的共和党党员。这里的民主党党员太少了，所以民主党初选根本不在这里进行。我希望能在初选中进行投票。”另一个小镇的一位女士解释说，“自从我开始投票起我就一直是民主党党员，但是几年前，为了能够在初选中进行投票，为了能够在县警长、县检察官等职位的选举中发挥一份作用，我改变了自己的党派关系。就这样，我变成了共和党人，我觉得没必要再变回民主党人了。所以，这说明什么？我不知道。”另外一位依然保持注册民主党党员身份的女士也表述了几乎同样的看法。“如果你不是共和党人，你真的没什么选择，”她评论道，她指的是初选，“这是该有多疯狂啊？”

当然，初选所取得的优势到后来也会出现逆转。我们发现，有些选民是注册的共和党员，可是，他们对于共和党的政策却相当不满意。尤其是乔治·布什担任总统的最后几年里，伊拉克战争让政府的支持率出现了下滑。“不要让我谈到这件事。”詹姆斯·杰斐逊说。这位 86 岁的老先生是一名共和党党员，生活在一个有 500 人的小镇上，周围都是一片片玉米地，第二次世界大战期间，他曾经在海军服役。看到伊拉克战争如此摧残生命，他感到十分痛恨。“那里没有我们什么事情。总统操纵中央情报局的情报，把我们拖入了那场战争中。”这让他感到非常生气。最近，他觉得共和党只是尽量帮助占美国总人口 4% 到 5% 的最富有阶层。在他看来，那场战争的目的就是为了钱和石油。施托伊本先生也是这样认为的。他记得他曾经参加过一次共和党人的集会，那次集会真是“他妈的”恐怖，他几乎都要成为民主党员。要不是民主党人看上去就像个“没用的懦夫”一样，只会坐在那里抱怨，他也很可能会成为民主党党员的。

第三个因素是对于某些问题所持有的立场鲜明程度。正如我们在上一章所看到的那样，堕胎问题是许多小镇居民的心腹之患，他们认为这会对他们怎样投票产生影响。他们可能是独立选民，但他们还是会选择反对堕胎的候选人而不会选择主张女性有权选择人工流产的候选人，这基本上就意味着会把票投给共和党。小镇居民知道他们可能会在很长的一段时间内要和其他的人打交道，例如邻居、公寓里的室友，或是去杂货店时、轮胎需要修理时、要提交证书以及买卖保险时，都会和其他小镇居民打交道，这时，立场的鲜明程度就显得尤为重要。当他们对政治问题有分歧的时候，有两种选择。

一种是公开声明自己的立场，讨论问题。这种情况我们常常会见到。而另一个选择是，避免掀起波澜。那可能是比较好的做法，尤其涉及道德问题和政治问题。关于堕胎问题的各种看法中，我们发现支持女性有权选择人工流产的小镇居民表示他们的意见只占少数，并且强调这只是个人的看法，承认他们不会经常在公开场合表达自己的看法。[15]

当人们更多地谈到他们的政治见解时，倾向于支持女性有权选择人工流产的小镇居民往往闭口不谈。有些人因为自己是镇上为数不多的民主党人之一而感到自豪，偶尔还会作为少数派竞选公职或者为捍卫自己的观点而和本地的共和党抗争，而其他人则退避三舍。洛兰 · 麦克布赖德就是个典型的例子。她 50 多岁，在一个小型矿业社区长大，曾经在马萨诸塞州生活了 20 年，现居住在自己的家乡。大学毕业以后，她生活在美国思想更为开放的地区，她形容自己是一位自由的民主党人，属于少数派。她也离婚了，因此许多当地居民都对她敬而远之。“我的观点与这里的人有很大的区别，”她承认道，“我依然坚持东海岸地区人们的观点。我的大多数朋友观点都很自由，但我生活在一个非常保守的社区。”她并没有在社区公开表达个人见解，而是通过与其他地方的朋友保持联系来坚持自己的看法。她在东海岸还有工作上的客户，因此她可以这样做。

我们遇到许多像麦克布赖德太太这样的小镇居民，人数之多让人惊讶。他们对社会问题的观点很开明，为自己是独立的选民而自豪，但他们通常把选票投给民主党，很少会在镇上表达自己的观点。他们的年龄、性别、种族、地区、职业都不相同，但是，通常总有一些东西让他们会感到——从社会和政治的角度上——他们与小镇上的邻居有所不同。和麦克布赖德太太一样，他们曾经在美国其他的地方生活，在那里有自己的朋友并一直保持联系；或者他们的孩子生活在其他地方，因此有可能他们所认同的政治观点与本地的朋友并不相同；也有可能，他们因为诸如分区管理或学校事务争端与地方上的共和党机构闹翻了。例如，一位女士回忆她高中时的生物老师因为教授进化论而被“赶出了小镇”。从那以后，她再也没有觉得生活很愉快。

对于那些觉得与地方政治氛围格格不入的人们来说，最简单的方法就是在个人空间和公共空间之间划出清晰的界限。在个人空间里，人们可以根据自己的意愿，对于政治或闭口不谈或各抒己见；在公共空间内，他们清楚地知道自己是少数派。我们在第 4 章谈到的兹洛特尼科夫太太，很喜欢 600 人海滨小镇上花旗松的香味。她描述了类似这样的界限是如何起作用的。她说，她所在的社区完全是共和党的天下，可是，她自己是一个进步人士，只给民主党投票。她的个人空间里包括她在小镇上 30 多个最亲密的朋友，为了维持友好的氛围，他们从来不谈论政治。他们很可能知道，在某些问题上她比他们更加开明。但是不谈论政治的禁忌限制了她在政治上的影响力，但与此同时也让她的社会关系变得更加和谐。[16]

草根激进主义

几乎所有的迹象都表明，就一场民粹主义政治活动所需的实际力量而言，美国小镇相对来说几乎没有。尽管有 3000 万美国人生活在小镇，但在任何一个州，他们都无法代表大多数已注册的选民，而且他们太过分散，想要在一个地方组织起来实属不易——至少比在人口密集的大都市要难许多。一般来说，小镇居民可能比大规模社区的居民更保守一些，但是，他们绝对不是极端地保守。一场民粹运动最有希望带来的在意识形态上的吸引力就是许多小镇盛行的反政府情绪。然而，这种情绪中包含了对两大政党以及州首府和华盛顿特区状况的怀疑态度。正如我们所见，小镇人民对于某些问题持有强硬的态度，如果他们认为地方官员没有很好地为民众服务、教会和学校正在受到威胁的话，他们会愿意清楚地表明看法，可是，社区的普遍准则强调的是和谐共处、友善他人，对于有可能升级为社区冲突的问题保持沉默，利用常识来消除分歧。

然而，新民粹主义在小镇和农村地区获得广泛支持的可能性主要和茶党运动相结合，受到了广泛地讨论。茶党分散在全国许多地方，组织松散，通过保守主义电台广播和有线电视进行宣传，其成员大都是财政保守主义者，他们反对迅速扩大的联邦政府官僚机构，反对迅速增加的监管和急剧上升的赤字开支。茶党运动支持草根激进主义和传统的价值观。[17] 民意测验显示，以白人为主的农村社区中，民众对茶党运动的支持是最强烈的（见图 9.5）。[18]

在我们的采访中，有些人强烈支持茶党运动的活动。“我对萨拉 · 佩林绝对是真爱。”一名妇女如是说。2008 年，她把票投给了麦凯恩，对于奥巴马政府内心感到深深的不安。“我爱萨拉 · 佩林，她不怕说出自己的想法。许多美国人民感觉到但不一定开口表达的观点，她都会代表他们说出来。我认为人民有权表达自己的想法，我认为是时候这么做了。”这位女士所在的社区有 7000 居民，那里失业率高、薪资低，她认为社区的居民长期以来一直怡然自得太久了，“只是把一切都交给了政府”。在她看来，茶党让人们认清楚现实，给人们发声的机会。[19]

我们之前提到的市政管理人员柯林斯先生就生活在一个有 8000 人的小镇上，这里主要生产石油和天然气。他说，他所在的社区对茶党运动有着浓厚的兴趣。虽然社区里的居民民族各异、种族不同，可是，和他交谈过的人们普遍对联邦政府感到愤怒。“他们抱怨民主党，也抱怨共和党，”他说，“他们不知道自己喜欢哪个党。”他认为部分原因是联邦政府试着实行“统一的方法”，而不是让地方政府根

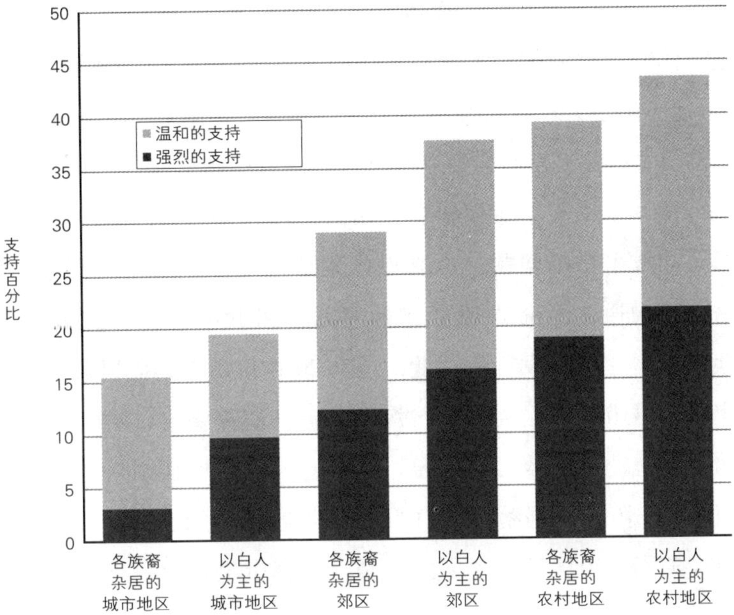

图 9.5　对茶党运动的支持情况

据自己的需要制订计划。他认为,《有教无类法案》* 就是个巨大的失败。最近，税收上涨的威胁以及对政府救助大公司的反感似乎正在引发民众不安。[20]

小镇管理者埃尔德先生从来不公开发表自己的政治观点。作为一名被指派的社区官员，他为自己能够容忍多种不同政治见解而感到自豪，他也必须这么做。然而，私下里，他对联邦政府十分不信任。他赞扬奥巴马将人们团结起来，给了人们希望，但是，他认为联邦政府里的那些人并不真正关心创造工作机会的事。他喜欢佩林。

* 有教无类法案（No Child Left Behind Act），是 2002 年 1 月 8 日签署的一项美国联邦法律。该法案主要旨在解决贫困地区学生和黑人男孩的受教育问题，该法案措施的效力和目标仍在引起热烈的辩论。

他觉得任何一个没有上过哈佛大学或耶鲁大学却能当上州长，还一直被媒体嘲笑的人不会太差。除此之外，“她也是一位非常出色的女性。”他不确定自己是否会真的把票投给她。他的观点是，联邦政府遥不可及，因此公众有必要以某种方式进行重新组织。

可是，小镇人口相对稀少，如何动员大量的社区居民支持民粹主义运动成了一个问题。之前所有类似的活动中有一个关键的因素就是交流沟通，不论是18世纪的小酒馆和市政厅里的小型讨论会、19世纪民粹主义者发行的报纸，还是20世纪后期其他国家的起义者所使用的磁带，都是为了进行沟通交流。研究指出，咖啡馆里、教堂地下室里的促膝谈心很重要，但是，研究更加强调包括各个地区的领导人、选民和捐赠者在内的远距离交流的价值。[21] 与以往相比，现如今美国小镇居民彼此之间以及与大都市里志趣相投的市民之间的联系更加紧密。研究表明，有线新闻频道比网络新闻更加大胆地表达看法和评论，现在即使是在最偏远的农村社区也早已可以收到这些频道了。[22] 前不久，有关社会和政治问题的网络课程也在网上可以找到了。[23] 上一章我提到的那位找到了反驳进化论论断的女士就是一个例子，证明了互联网能够将具有相似观点的人们联结到一起。

除了交流沟通以外，还有一个关键因素就是频繁的选举和大量需要通过选举来决定的公职。如果将村庄、镇、乡、县、州立法区、学校董事会、给水管理区、公园委员会和地区规划委员会考虑在内的话，美国是工业社会晚期地方政府部门数量最多的一个国家。[24] 大多数小镇上的选民至少每2年要投票1次，选举出州长和美国国会代表，更多的时候，选举的目的是为了通过教育公债、对税收进行特殊的全民公决、修正州宪法、修改地方执法规范。即使在两个主要政党中任何一个占主导地位的社区中，初选的竞争也是白热化的。选举的频率会带来两种关键的结果。一种是市民必须下定决心，不管他们的见解是否只是略有不同，也不管他们是否认为自己是独立选民、想要与邻居和谐共处，他们都必须做出选择：随大流还是做个少数派；另外一种结果是，许多选举出来的官员和指派的官员获得了管理经验，因此可以参与到政治进程中去。

社会运动必须具备的另外一个因素是领导力。正如我们在第 6 章里谈到的，小镇领导靠的是人际交往、通过正式或非正式的身份为社区服务从而赢得小镇居民的尊重。这说明，选举产生的官员有机会通过志愿服务来赢得人们的尊重，而其他的居民则需要定期出现在镇会议上，参与服务活动，加入社会交际网络和社区组织，才能获得并保持在地方上的曝光率。并不是任何人都有资格在社区中享有这种声望的，但是，镇上那些家庭关系长久、在地方企业和教会中发挥重要作用的人就有机会担任领导职务。

在重大的全国选举以及随后的中期选举之前和期间进行的采访中，我们对社区领导人进行了采访。这些社区领导人坚定地支持某一个主要政党的候选人，但也深受州政府，尤其是联邦政府工作的困扰，任何能指明新方向的人，他们都会迫不及待地全力支持。通常，保守派牧师都会最直言不讳地对一个新的开始表示支持，他们一直在努力废除允许堕胎的法律或限制同性恋的权利，只是他们的努力没有回报，现在他们相信自由主义者正在接管这个国家。保守派牧师很伤心，学校祈祷仪式被取消了，他们也很担忧，不道德的性关系正在削弱整个国家，他们愿意和教堂的会众或在其他的论坛上谈论这些问题。

这些担忧在托德 · 布坎南教士的工作中体现得很明显。托德 · 布坎南教士是浸信会的牧师，20 世纪 80 年代，他从美国最保守的神学院毕业，目前每个周日都在一个有 2400 位居民的小镇上，对着 75 个人讲道，同时还继续为 20 个教会服务。他在的这段时间里，小镇人口减少了近 1/3。布坎南牧师说，对于他来说，任何一个政治话题，不论是大是小，是否具有争议，都可以是布道的主题。让他感到无比心烦的是，非洲裔美国人的教会似乎摆脱了支持和背书政治候选人的限制，而像他所在的白人教会如果采取同样的行动，就很有可能会失去免税资格。*

每周日，布坎南教士都会就堕胎以及他所谓的美国的“色情化”话题讲道，他也总会有一批忠实的听众。他还没有参加过附近城市所举行的游行抗议活动，但是，他总是会在社区中支持任何想要推动州和国家政治往右翼发展的保守派候选人。2008 年，他支持麦凯恩，但是并没有太大的热情。“我认为他并不是真正的保守派，”他说，“现在的萨拉 · 佩林，她就是真正的保守派，她可能是理想的候选人，或者是（州长）哈克比。”

在接下来的几个月里，从华盛顿奥巴马政府那里传来的消息让布坎南教士越来越心烦。“总统正在将美国推向罪恶的深渊，”他说，“他正在推动类似堕胎之类的议题。他发表了前所未有的言论，表示他会竭尽全力推动堕胎的进行。他正在推行的健康保险将会摧毁我们这一代婴儿潮时期出生的人。再过 10 年或 12 年的样子，由于没有钱支付费用，我将无法进行开胸手术或是肺移植手术。

对于布坎南教士来说，可能会因为无法支付医疗护理费用而死去的想法只是他所能预见到的威胁美国的危害之一。他是福克斯新闻网的忠实观众，“他们当然会向你讲述整个故事。”他看的新闻越多，对于堕胎、安乐死、无痛死亡以及针对医生的导致医疗护理费用上升的不合理的法律等问题了解得就越多。这些问题让他想起了《圣经》里提到的有关政府罪恶的警告。“不论什么时候，只要正直的人上台，”他说，“人民就开心，如果不是，结局则相反。”他认为，奥巴马政府正在尽其所能破坏他作为一名牧师大声反对恶魔的能力，

---

* 1964 年通过的《约翰逊法案》规定，所有非营利组织可以享受免税待遇，但不能参与政治，不可以对政治候选人表态。该法案的目的正在于限制宗教对选举和政治人物的影响，因为美国最大的非营利组织就是宗教团体。

小镇概况

谢里登镇，怀俄明州（Sheridan，Wyoming）

谢里登是美国怀俄明州中北部较大的城镇之一，拥有超过17000人。近年来，它吸引了许多对观光牧场度假、钓鱼和狩猎感兴趣的游客，而且一直是国内煤炭的重要供应地。

2008年，在美国总统选举中，谢里登县以68%对30%的差距，将票投给了约翰·麦凯恩和萨拉·佩林。这是共和党候选人在该地区取得的一个小胜利。在南部，约翰逊县77%的选民选择了共和党，而在坎贝尔县和克鲁克县的东部，有80%的选民选择了共和党。1964年，谢里登县的选民把票投给了林登·约翰逊，但从那以后，谢里登县就一直是共和党坚定的支持者。2010年，众议院、州长和国务卿等职位的共和党候选人以决定性的3/4多数获得胜利，州立法机构和县政府办公室职位的共和党候选人连竞争对手也没有。

2009年4月15日，谢里登县的茶党在市政府前面的格林内尔广场举行了第一次会议。茶党的支持者呼吁减少政府支出和缩小联邦政府的规模。“我们厌烦了财富的再分配，”一位发言人说，“我们想要自由市场，而不是寄生虫。”一年以后，茶党运动的集会吸引了260人，并由怀俄明持枪者协会协办。怀俄明持枪者协会是一个草根组织，目的是为了促进州政府的权利和反对联邦立法强制实行健康保险。

2010年全州范围的调查显示，怀俄明州对茶党运动有着广泛的支持。51%的受访者表示他们同意或非常同意茶党运动的目标，84%的茶党支持者对联邦政府有疑虑，85%的人对全球变暖的主张持怀疑态度，90%的人则对移民问题表示担忧。

95%的茶党运动支持者认为，奥巴马总统正在做的工作“还可以”或“很差”，与此同时，有30%的人对茶党运动持否定态度。

有35%的支持茶党运动的人认为奥巴马是穆斯林，40%的人怀疑他是否出生在美国。“他完全就是个自由主义者。”一个选民解释说，“这真是吓到我了。我想，我从来没有像奥巴马当选时那样感觉不适过。”“只是为了不同以往地选出一个黑人，结果让他当上了总统。”

例如“正在试图摧毁美国家庭”的同性恋。

“整个世界一片混乱，”布坎南教士说，“我们正在履行《圣经》赋予我们的使命。《圣经》上说，会有一个神赐予能力的人出现，人们要投票给他，我们就有这样的领导人。他已经通过投票选举出来。我不是说他是反基督者，但是他有一些这样的倾向。我从来没有看到过任何人会在电视上说出这么多的谎言。”让布坎南教士感到非常不安的是，奥巴马总统欺骗了那么多的美国人，他们竟然还都喜欢他。“他做的事情和希特勒没什么区别，悲哀的是人们还放手让他去做。除了一些保守人士没有人提出异议。”[25]

第10章　敞开大门：塑造未来

小镇的普通老百姓如何打造社区的未来？是鼓励他们的孩子留下来——即使不是他们自己所在的小镇，也可能是其他类似的社区，还是和上代人一样——激励他们的后代追寻只有在城市和郊区才能实现的梦想？从本质上说，这个问题涉及基本的价值观。不足为奇，选择在小镇生活的人们会随遇而安——谈到他们是多么喜欢那里的朋友和邻居，喜欢路上迎面而来热情的问候，喜欢每周都出现在同一个地方做礼拜，喜欢对于道德和政治问题意见的一致。但是，他们真的如此珍视小镇生活，会让他们的孩子留在小镇吗？

坦白地说，答案是否定的。如果小镇人民真的认为下一代就应该留在这附近，那么这些社区的规模应该比现在要大很多。正如我们所看到的那样，当下的居住者很少会说，他们选择在小镇生活是因为父母或是祖父母的压力。不需要仔细斟酌，便可以看出周围环境以及所秉持的价值观对小镇居民有着很大的引导作用：这里正好是家庭农场所在的地方。这里有教师或医生的工作空缺。年老的亲戚生病了，需要照顾。这里是男朋友生活的地方。这里房价便宜。

正是这些条件符合了人们的需求，大多数小镇才得以存在。即使大多数人口增长都出现在大都市，可是，全国范围内人口的增长也足以让小镇人口出现复苏。这并不是说小镇不需要有任何战略规划就可以轻松地迈向成功的未来。正所谓，逆水行舟，不进则退，这话一点也没错。正因如此，小镇领导人努力吸引新的工作机会和员工，建造更好的道路，不断地改善社区状况。

然而，在这一章中，我想重点讨论未来，小镇居民鼓励下一代努力追寻的未来。如果对社区的忠诚不是那么重要的话，那么什么才是？仅仅是简单的美国式的个人主义成功伦理盛行吗？这是最有可能的一种解释。毕竟，社会观察家们长期以来一直认为，无论美国人民怎样讨论社区精神，为了成功，他们还是愿意牺牲这一点。或是有什么更加微妙的力量在发挥作用？不论是在小镇还是在其他地方，或许人们对于生命中重要事情的理解并没有太多不同，然而，这是否就从另一个不同的角度反映出了个人与社区之间的关系？

仔细聆听了小镇居民关于如果有机会，如何重新来过的想法之后——同时，考虑到父母、老师、牧师从他们的角度给年轻人的建议——我的结论是，人们看待自己和社区持续发挥的作用远比通常所认为的要复杂得多。即使父母对于选择的生活并不遗憾，他们还是想要修正以往决定中的不足之处。他们很清楚生活在小镇有什么优势，又会受到什么样的限制。努力工作、缜密规划以及高等教育通常都会受到重视。但是，这一切的目的并不都是为了获得成功——至少不是那种通常意义上事业成功的回报——更多的时候是为了体验生活赋予我们的经历。这就意味着要承担风险，要尝试些新的东西，要走出个人的舒适区并且日渐成熟。旅居者不会把家乡遗忘，而是带着它一起上路。就像儿时在家中形成的习惯，形成了就会一直保持下去，价值观形成了之后也会内化于心。但是，重要的是，由于学习与成熟被认为需要更多的时间，父母和祖父母的寿命也更长了，并且可以更容易地保持交流，因此，不论是近在咫尺还是远在天边，社区依然保持活跃的状态。

大学的重要性

要想明白上文所述的内容在现实生活中究竟如何体现，就应该从人们最有共识的获得成功的途径着手：上大学。我们采访的每一个人，不论自己是否上过大学，都认为如果可以，年轻人去上大学是目前一个不错的选择。不仅那些没有上过大学的人这样认为，上过大学的人更是认同这一观点。[1]

小镇居民明白，去上大学的年轻人回到小镇的可能性低于那些没有上过大学的人。这一差异在图 10.1 中体现得很清楚，该图显示了年轻人的居住地与其出生地不同的概率。居住在非都市地区的 15 岁人群中，有 1/4 很可能会离开自己出生的地方。22 岁尚未从大学毕业的年轻人中，这一比例可能上升到大约 3/10，但是，在大学毕业且年龄相同的年轻人中，这一比例又要高出 7 个点。此外，在大学毕业生中，离开出生地的比例继续上升，在人们快 40 岁的时候，这一比例达到了 45%，而在那些未从大学毕业的年轻人中，可能离开出生地的比例稳定在 33%。如果把在非都市环境中长大而目前居住在大城市地区的居民算进去，差异很可能将更大。[2]

对于那些既上过大学，又留在了小镇的人们来说，可以想象，他们的下一代可能也会做出同样的选择。听完 50 岁的药剂师奥拉夫 · 赫宁克的经历介绍以及他给出的建议之后，我为这种可能性感到吃惊。赫宁克先生从小在农场里长大，直到他开始上高中的时候，才想要考大学。他主修化学，并进入另外一个州的大学攻读硕士学位。因为远离家乡，也因为对未来的计划没有清晰的认识，他回到了家乡，和父亲从事了几年农业。农业经济出现了下滑，他就在离家 20 英里的一个小镇上的一家大型化学品加工公司里找到了工作。

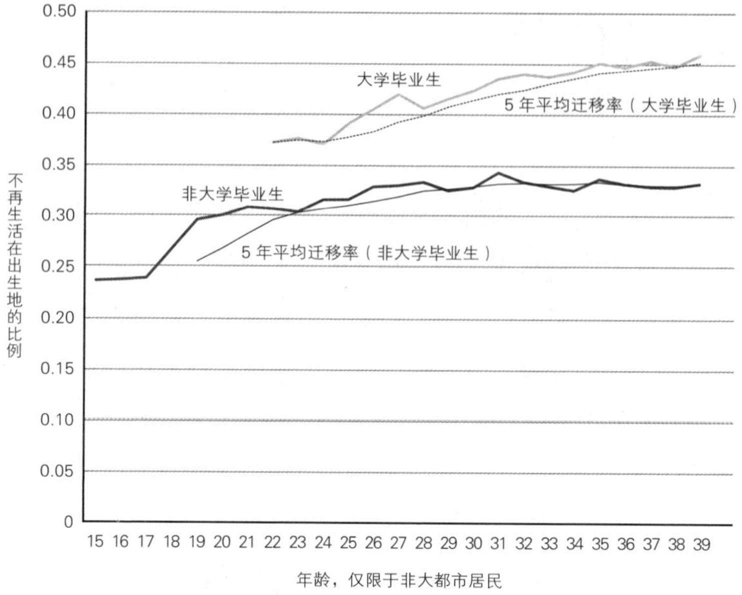

图 10.1　因为受教育而出现地理迁移的情况

赫宁克先生说，他想给那些从镇上高中毕业的人的忠告是“要去上一所好大学，至少要获得理科的硕士学位”。他解释说，之所以要这样做是因为一个人“必须要拿到文凭才能够找到一份称心如意的工作”。他有 2 个儿子，1 个女儿。大儿子听从了父亲的建议，大学主修机械工程，目前在赫宁克夫妇家乡的一家制造公司工作。二儿子去另外一个州上了大学，他是否会回来，很难说。女儿还在读高中。

其他小镇居民更加无法肯定一个大学毕业的年轻人是否有可能会在小镇生活，但是，他们都认为高学历无疑是必要的。一位来自人口不到 100 人的非建制村庄的老师认为，他的父母亲都没有上过高中，他前前后后花了 12 年的时间半工半读才完成了大学的课程。他希望他的 3 个孩子都至少能够获得大学学位。

没有案例显示，人们会担心小镇走出来的年轻人可能无法完成大学的学业。但是，需要承认这其中可能会有许多困难。例如，一位生活在拥有 6000 人小镇的老师指出，她所在的社区里年轻人可能会陷入进退两难的境地，一方面想要建立一个家庭，另一方面想要接受教育。“我的建议是在你安定下来之前尽可能地接受更多的教育，”她说，“因为一旦你的生活安定下来，你会有其他的责任。”还有心理上的问题，例如怀疑自己的能力，这也会给自身带来一些困难。例如，有一位金融顾问生活在一个拥有 700 人的小镇上。她强调说，必须“要有自信去接受教育”。在她看来，有一点很重要，那就是不要被“世界上有许多聪明睿智受过良好教育的人”这样的事实所影响。[3]

当然，也有人并不认同年轻人就应该上大学这种看法。小镇上的父母和教育工作者都很现实，他们知道，大学并不适合所有的人。“有些人适合去中等职业学校，这可能比大学更有用。”我们采访的一位小镇农民表示。尤其是在他所在的社区，社区太小了，没法雇佣太多的大学毕业生。一位来自 4000 人小镇的教育局长秉承了这种观点。“不是每个人都必须要上大学的，”他说，“外面有许多不错的工作，技术学校和中等职业学校也能提供许多的机会。”一位在另外一个小镇开办了艺术工作室和画廊的女士表示，现如今，人们在上大学之前要三思而后行，学费太贵了。她的丈夫认为，在军队里待上几年，学习服从命令是一个明智的选择。

在这些人中，没有人明确表示，与生活在城市里的人相比，大学对于小镇居民并没有那么重要。他们很可能会否认。但是，从他们的言语中可以听出，他们明白，在小镇上，即使没有接受过大学教育，一样有可能过上美好的生活，生活经验让他们明白年轻人需要什么才能生活幸福。除了大学以外，他们还关注其他的经验和技能的价值。

贝蒂·伦德伯格60岁了，是2个孩子的母亲，生活在一个拥有800人的小镇上，和一位养牛的农夫结了婚。伦德伯格太太从小的梦想就是要成为一名空姐，去看看外面的世界。她从来没有想到过自己会成为一位农夫的妻子。但是，她和她的未婚夫从高中时开始约会，不久之后就结婚了，在一个拥有13000人的小镇上工作了几年之后，她的丈夫接管了其父亲的农场。她说，如果可以重新再来，她想在农场长大，而不是在小镇上。她认为，农场长大的孩子能够学习更多的技能，获得更多的自信。她对自己的生活基本上还是满意的，她在高中上的缝纫课和烹饪课以及她这些年作为妻子和母亲所学到的知识已经够用了。

当伦德伯格太太被问及如果现在高中毕业，考虑未来的发展方向的话，她会做什么，她的思绪立刻转回到她真正所做的事情上。"我还是会再一次选择同样的事情。"她说。她还是会去小镇，挣钱结婚。和许多我们采访的人不一样的是，即使她的父母就住在大学城，她父亲的收入足以支付大学的学费，她也没有提到她会去上大学。有件事会和现在不同的就是，她会存更多的钱。她说，钱迟早派得上用场，因为"农业的收入并不是太好"。

随后，伦德伯格太太又谈到她的家庭和社区，她依然会做出同样选择的原因也变得更加明朗了。她爱她的小镇，走在街上，知道每幢房子里住的都是谁。她很高兴已长大成人的孩子们也住在小镇上——一个孩子就住在附近的小镇，另外一个就住在离她有一个半小时车程的小镇上。"孩子们离开学校之后就远走高飞了。"为此她表示很遗憾。他们"去了更大的城镇"，她说，"他们有些人喜欢去大城镇，但是我并不喜欢。"

小心陷阱

的确，小镇上许多没有上过大学的人本能地认为，高等教育就是通往更加美好未来的通行证，但是，有一点至关重要，在他们看来，上大学还是不上大学不仅仅只是在接受教育的问题上做了一个正确的决定。生活远比这个复杂得多，对其他方面的考虑越来越重要。不去上大学的决定也许根本就不是一个选项。如果人们重来一次，或给年轻人建议的话，对于其他方面的考虑则更为重要。

小镇居民认为，从为年轻人提供的价值观和经验来看，生活在小型社区通常来说都是不错的选择，但是——也许因为小镇居民把这里看作是避难所——小镇也到处充满了陷阱。“和你在一起的人是什么样的，你就是什么样。”这是一位生活在 5000 人小镇的母亲的总结。对于一个年轻人来说，尤其如此。在一群集体酗酒、吸毒或从事其他危险活动的朋友当中，最可怕的危险无处不在——从痛饮狂欢到糟糕的成绩，再到混乱的性关系或犯罪。除了这些危险之外，居民们还经常会提到日常环境中的不良影响也限制了年轻人的发展机会。

休 · 波利亚德女士，50 多岁，生活在一个有 5000 人的小镇。她讲的故事显示了一种环境占主导地位的思想。她家里有 11 个孩子，她的父母生活在山脚底下的一个小镇上，父亲是一名机械师。很明显，任何一个孩子想要上大学，在钱的方面都会有很大的缺口。然而，令人感到惊奇的是，伯拉德太太认为，如果不是社区里盛行的那些文化准则，她也许会去上社区大学或州立大学，靠自己工作赚钱来负担学费。

“我们所有的女孩，”她回忆道，谈起了她的姐妹和学校里的朋友，“都担心男孩子们是怎么看待我们的。”小学的时候，她一心想要成为一名农场主或是老师，但是，这些想法都只是昙花一现。“我们对男孩们产生了兴趣，这有点疯狂。”她说。进高中第 1 年的时候，她的梦想是“结婚，有 2 个孩子”。她与后来的丈夫在高中 3 年级的时候开始约会，毕业后 1 个月就结婚了。

波利亚德太太说，如果能够重新来过，她“会去上大学，不会高中一毕业就结婚”。她后来确实上了一些大学的先修课程，但是，她补充道，“我越是拖延，这就变得越可怕。”如果她有女儿，今天她想给出的建议是，不要围着一个男人规划人生。“首先照顾好自己，不要因为男孩子而让自己成为人生的配角。”

波利亚德太太不是唯一一个有这种想法的人。很多人和她一样都强调为自己考虑很重要，不要太快结婚，不要围着男人转。从某个角度上看，这种观点反映出了一个事实，她那个年纪的男性和女性结婚都比现在早。虽然不论在小镇还是在城市和郊区，早结婚可能都是很普通的现象，但是，在较小规模的高中上学的青少年生活在毫无隐私可言的状态下，这无疑加大了压力。当正式的约会成为了日常高中生活的一部分时，到毕业还没有男朋友或女朋友的人会担心时间不够了。

小镇的道德规范是不允许堕胎或者是荡妇之名的，这也推动了早婚。无论如何，如果能再有一次机会做些不一样的事情，小镇人民表示他们将会遵循的建议常常是不要太注重约会，晚点结婚。“噢，天哪，”一位在小镇长大现在居住在城市的 50 岁出头的妇女表示，“我想说，‘别再和那男孩乱搞了！放慢脚步。慢慢来。’”

这条建议很可能不仅仅是个人经验的总结。在小镇生活，人们更容易了解镇上那些结婚早，并因此没有去上大学的年轻人。早婚不是标准，如果早婚了，就特别地引人注目。美国人口普查数据显示，生活在非都市地区 16 岁到 21 岁的人群中，有 17% 的女性和 7% 的男性结婚了或已经结婚至少一次。如果将年龄、种族、性别等因素考虑在内的话，这个年龄阶段结婚或结过婚的人的比例在非都市地区要比在都市地区高出 2/3。[4]

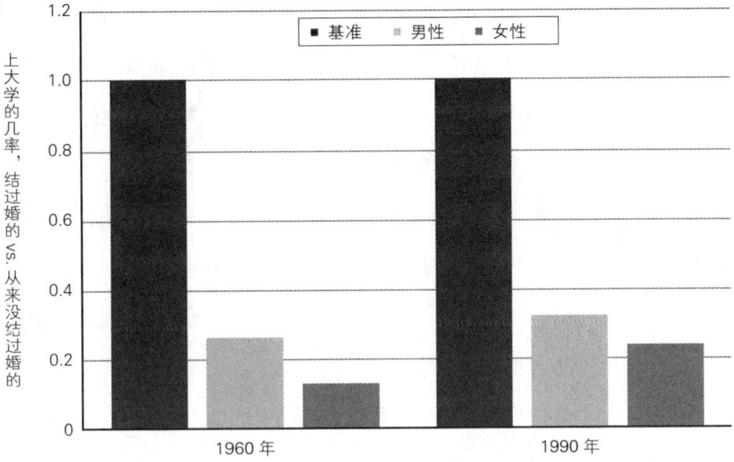

图 10.2　早婚对于上大学的影响

图 10.2 中总结的数据说明了早婚对完成大学学业的潜在影响。在这些美国人口普查的数据中，挑选出来的数据包括了普查时居住在非都市地区的年龄从 16 岁到 21 岁的人。为了进行比较，图中所用的数据，一个是 1960 年的人口普查数据，当时美国上大学的人数相对较少，还有一个是 1990 年的普查数据，当时较多的美国人上了大学，美国人口普查局还没有改变都市地区和非都市地区的定义。1960 年，已婚且完成至少 1 年大学课程的年轻人的比例仅为未婚年轻人的 1/4（考虑到年龄和种族的差异）。就女性而言，已婚女性完成大学课程的几率更低——是非婚女性的 1/8。到 1990 年，早婚对上大学的阻碍有所减少，但只是略微下降。已婚且上过大学的年轻男性是未婚年轻男性的 1/3，已婚且上过大学的年轻女性是未婚年轻女性的 1/4。[5]

这些数据表明，如果那些担心早婚会对上大学产生不良影响的小镇居民的忧虑，是来源于他们自己的经历或者是几十年前父母对他们所说的话，那他们可能反应不会过于激烈。在那个时代，早婚极大地减少了上大学的机会，尤其是女性上大学的机会。居民的忧虑现在依然是有根据的。虽然早婚相对较少，但确实显著减少了年轻男性或是年轻女性上大学的可能性，至少会推迟他们上大学的时间。

除了早婚之外，最常提到的需要避开的陷阱就是狭隘的思想——居民们把这个看作是小镇生活的一个特征。正如一位女士所说，如果她有机会重新来过，她会尽量“不再那么思想狭隘，不再给自己归类”。另外一位女士表示她一直想成为一名美容师，从来没有想过其他的行业。一位农民的儿子则说，他本来很喜欢地质学，但是，从来没有考虑过把它当作职业。还有些人因为过早地切断了自己的机会之路而自责。他们认为这是他们的错，可能是因为当时年纪小，没有什么经验，或者他们过于急切地需要工作和家庭带来的那份安全感。但是，另外一些人则认为他们之所以缺乏洞察力完全是因为社区。正如那位把自己归类的女士所解释的那样，“我完全不知道我的生活会有什么样的可能性。我没有任何可以参照的女性榜样。”

我们问人们，在他们看来，避免或克服思想狭隘抑或缺乏远见卓识最好的方法是什么。我们采访的一位牧师给出了一个非常漂亮的答案。他说，他从小就在小镇里长大，感觉“生活就这样了”，他认识镇上的每一个人，他的朋友都是从穿尿布就开始一起玩。可是，离家外出求学，进入神学院之后，就离开了他的舒适区。他认识到思想开放很重要，但是认为仅仅下决心开放思想并不够。他建议分三步走。第一，“追求你的目标和梦想”，当然，这意味着你要有一个计划；第二，“不要害怕”，“不要只是因为你感觉不舒服或格格不入或是准备不足，就退缩”——这就是当初他离开他那“不知名的”小镇，他的舒适区时的感受；第三，“小心谨慎，慢慢前行”，而不是屈服于压力，过快地把工作或家庭安定下来。

小镇生活的弊端

我们采访的大多数小镇居民都十分乐观地认为，一个人无论在哪里长大，在一生中可以去做几乎任何事情。他们完全相信，美国依然是一个充满机遇的地方。但是，他们确实也认识到，从某种程度上来说，人就是环境的产物，人的社会背景造就了人对世界的认识。小镇里走出来的年轻人可能完成他们渴望的任何事情，但是必须要克服那些大都市没有的障碍。对于那些从小镇走向大学、不知道将来会怎样的人来说，尤其如此。

小镇居民并不认为质量不佳的学校是成功路上的一大障碍。这些学校通常坐落在规模最小的城镇上。这些小镇经济疲软，人口减少，学校班级人数很少，几乎没有高级课程。一位来自这样的小镇的年轻人这样说道，"我真的不必那么努力。"他认为，学校为学生进入大专做了很好的准备，但是，对于更高的目标来说，这样的准备就显得力不从心了。然而，他的看法并不具有代表性。大多数小镇居民已经听到太多城市里的学校的各种问题，觉得他们自己已经很幸运了。正如我们所看到的那样，他们通常为本地的学校感到自豪，认为这是社区最好的资产。他们总是有合适的理由可以这么想。尽管小镇规模不大，学校还是有着不错的税基，或者从州政府那里获得足够的财政支持，以完成自己的目标。即使分数和毕业率可能没有许多城市地区高，但还是可以接受的。[6]

小镇上的父母和教育工作者认识到的小镇生活的弊端，与我们之前在讨论青蛙池塘时谈到的问题相类似。一位年轻人可能会在学习成绩，或者是体育、音乐方面表现不错，甚至非常出色，但是，他还是会觉得自己无法在更广阔的世界里取得成功。很显然，对于这个年轻人来说，战场在别处。一名在一所 200 人的高中表现出色的学生似乎在一所 3000 人的高中里就不会那么具有竞争力了，到了一所 30000 人的大学或者 300000 人的城市里很可能会迷失自己。一个相当不错的学生很可能会产生这种自我认识，而天资稍弱的学生可能会更加感到自己低人一等。

人们描绘了在青蛙池塘里长大会给人带来的各种各样的影响，缺乏远见往往被看作是其中最重要的问题。由于人们对于自己的局限性有着切合实际的认知，因而缺乏对未来无限机遇的憧憬和展望。也许是家里的经济条件有限，也许是无法离开家乡追寻更加美好的未来，视野狭窄也可能是因为他们缺乏自信，或者没有一个能够激发他们对未来设想的榜样人物。

比尔 · 赛克斯是一所 200 人高中的指导顾问，这所高中所在的小镇上有 3000 多人。在过去的 10 年里，他一直在努力扩展向他咨询的学生的视野。19 世纪 70 年代，小镇附近的山里发现了铅，于是社区逐渐繁荣起来。到了 1900 年，人口激增到 10000 多人。但是，在接下来的半个世纪里，小镇的人口减少了 50%，到了 20 世纪 70 年代，铅矿关闭的时候，人口就减少到目前的规模。铅矿留下来的是大面积的污染，美国国家环境保护局至今仍然在努力清除，更不用说铅中毒给许多家庭带来的长期的健康问题。仅有不到 1/10 的成人是大学毕业生。

赛克斯先生说，过去 5 年里，高中的数学和科学分数有所提高，现在已经达到了本州的平均水平，辍学率也有所下降。可是，有 60% 的学生申请了午餐费用减免计划，学校给学生的人均支出在全州倒数第二。即使是最好的学生也很难被激励起对自己能力的信任。“很可能我们这里最大的局限”，他说，就是“我们看不到有希望的机会”。如果他只能给学生一个建议，简而言之，“出去看看吧。”

由于生活贫困以及社区所能提供的参考范围狭窄，学生们无法更加清楚地了解到他们能得到什么样的机会。贫困对于他们在学校的表现几乎没有任何影响，却限制了他们外出旅行的能力，以及到社区之外的地方参与扩展视野活动的能力。小镇非常关注自身，以至于 75 英里以外的大都市地区大量的升学和就业的机会似乎对于他们都是遥不可及的。“不论他们如何才华横溢，”塞卡斯先生解释说，“生活环境都可能会阻碍他们的发展，因为在这个环境下他们看不到比现在的生活更好的未来。”

他是从个人经验的角度来理解这个问题的。他在邻县的农场里长大，他认为自己会子承父业，从没想到过他会对高中所学的内容感兴趣。他的父亲没有上过大学，所以，他希望儿子可以去上大学，但鼓励他主修商务，为日后回农场做准备。如果不是因为有一个当老师的叔叔，赛克斯先生很可能不会成为教育工作者，而是一直这样在农场里待下去了。

可是，对于这里的大多数学生来说，青蛙池塘里有的只是从来没有上过大学的叔叔、阿姨、父母和邻居。小镇的士气很低，大多数房屋又老又旧，其中许多已经破败不堪，新建的商店寥寥无几，主街随处可见空置的建筑和老旧的汽车。“这种心态影响着每一个人。”赛克斯先生说。在一些小的方面，这种心态甚至影响着他的行为。他以自家的院子为例，过去他一直把院子打理得井井有条，一尘不染，并以此为豪，可是，小镇并不是很重视院子的维护。“所以，我的院子已经不是原来的样子了。”他说。

不过，赛克斯先生的工作是为学生提供咨询服务，因此，他尽其所能。他尽力效仿他的叔叔，为学生提供有益的帮助。他认为，即使是在小镇，还是可以找到值得年轻人效仿的榜样，帮助他们开阔眼界。老师们都上过大学，只要老师与学生之间普遍存在的距离感可以跨越的话，老师也可以成为榜样。“我们试着让孩子们参加各种课外活动，例如乐队、体育运动，或是各种俱乐部，”赛克斯先生表示，“在这里孩子们看到老师的另外一面，而不仅仅只是权威人士。”他还说，有时候师生之间的关系会进一步改善，有时候孩子们开始设想人生更多的可能性。

赛克斯先生在鼓励学生开阔思想的时候，遇到的困难之一是社区的贫困状况。事实上，家里的经济条件不好，没法上大学的年轻人会说，他们没有做梦的理由。在那些经济更加繁荣的社区里，缺乏对未来的远见给教育工作者带来了更多的困扰。因此，问题很可能就是，年轻人觉得小镇的生活舒适安逸，他们根本不必远走他乡就可追寻自己的事业。虽然这些年轻人留在小镇有利于人口的稳定，但是当教育工作者看见那些天资聪颖的学生将自己的选择局限在狭小的范围内，就开始担忧长此以往所产生的后果。

卡伦·麦克法兰是一所中学的校长。学校所在的社区经济繁荣，大约有 2500 人，在过去 50 年里，尽管这个地区的农业人口出现了普遍的下降，离它 1 小时车程的最近的城市人口激增，可是，该社区的人口还是维持在 2500 人左右。高中离一家小型的文学院只有 2 个街区的距离，该文学院在培养教师和商务人才方面成绩斐然，其中一些毕业生会继续攻读法学院和医学院。离小镇 30 英里的范围内，有几个社区学院，50 英里以外的城市里还有一个规模很大的大学。可是，当麦克法兰太太为高中 12 年级的学生做咨询时，发现要让他们跳出固有的思维模式很难。他们会说，“我可以做市政府公务员，也可以去银行工作，也可以去杂货店工作。”她说，“有时候，我认为那就是他们的视野。他们的视野非常有限，看到的只是那几种工作，觉得这就是真实的生活。”

麦克法兰太太热爱她的社区。“我生活在这里，我热爱这里，我不想贬低小镇的居民。”她说。一想到孩子们离开后就永远不再回来了，她就觉得很难过，但是，那些从来没有想过要离开小镇的孩子则更让她感到揪心。“不要再做井底之蛙了。尝试一下吧，”她对他们说，“如果你能打破传统的思维，你就不会在回望过去的时候说，‘天哪，我多希望我曾经做了这个或那个。’保持开放的思想状态。”麦克法兰太太曾经的一位学生，如今 20 多岁的一位女性，也表示了同样的观点。留在小镇，她并不觉得遗憾，但是她希望她能够少一些自我怀疑所带来的困扰。

我已经在第 5 章里谈到过，对于那些去上大学的学生们，小镇背景会给他们带来另外一个劣势——通常来说，大学是一种新的人生体验，新的社会经历和知识体验，因此，大学生活会存在着不确定性和矛盾心理。除了像首次离家、必须努力学习等问题之外，小镇家庭背景还意味着这些学生从来没有与众多人打交道的经验。不论是选择课程还是挑选朋友，或是对未来职业的思考都会让他们觉得惴惴不安。

药剂师赫宁克先生说，尽管那所离家很近的小型大学资源有限，专业选择范围并不广，但是他还是去了那里，然后也试着去了一所大型的州立大学读了一个学期。他感觉非常不适应，后来，他还是回到了那所小型学院里读书。他的硕士课程也让他备受煎熬。上学之前，他对专业或是大学几乎一无所知，所以，他对必修的课程非常失望。正是这种矛盾的心情促使他回到了小镇。

麦克法兰太太说，她所在高中的学生们有时候会去本州以外的大型大学上学，仅仅维持一个学期。“他们觉得很挫败。不像在高中时期，他们一直都名列前茅。他们开始迷失，开始思考。‘哦，天哪，一定有问题，这并不适合我。’”她告诉他们，这就是现实。“你不会一直都名列前茅。你将会经历各种争斗。”她会鼓励他们勇往直前。“向自己证明你能够克服困难。向你自己证明，向你的同班同学证明，向你的社区证明。”

上大学的真正原因

如果小镇居民明白高等教育是通往美好未来的关键一步，在描述高等教育的好处时他们就不会如此功利了。人们依然保留着一些过去的观念，正是这些观念为以前的人们提供了上高中的理由。教育曾经是让人成为知识丰富、遵纪守法的公民的途径，这样的人会留在小镇，为小镇的利益而努力工作。大学也具有相似的意义，特别是如果人们想在某一个行业出人头地，大学之后可能还需要进一步的培训。不同的是，大学不像过去的高中那样能够为家乡小镇带来贡献。上大学所带来的贡献就好像撒向水面的面包，不论你最终生活在哪里，都会给整个世界带来益处。这种观点在一位越南移民身上得到了清晰的体现。他非常感激当他还是难民时所获得的帮助，他认为回报是非常重要的。他的 2 个女儿都听从了他的建议，也就是“完成大学学业”，“积极参与社区活动”。对他而言，社区既是生活的有着许多移民的小镇，更是普遍意义上的美国社会。

这些潜在公民福利性质的改变也表明，即使是在小镇，人们也会越来越认为大学有助于个人的发展。在我们的采访中，人们谈到大学时都认为，大学可以让下一代变得成熟、有成就感、有自信，可以让他们耐心等待，有一天长大能够做出正确决定，可以让他们单纯地对自己的选择进行探索。这些有关个人发展的观点淡化了大学是为了事业做准备的想法。“你需要接受大学教育，”一位父亲在描述他给孩子的建议时解释道，“重要的也许并不是他们将要学到的知识，而是有 4 年的时间在情感上发展成熟，尝试一些不同的事物。”或是像另外一位父亲所说，“大学给了你成长的时间。”这种逻辑与专栏作家大卫 · 布鲁克斯所称的奥德赛时期有些类似。众所周知，农场里长大的孩子和父母一起工作，十六七岁的时候就是一个成熟的大人了。与这样的孩子不同，如今的年轻人在他们 20 多岁——甚至 30 多岁的时候——还在做做这个，做做那个，寻找作为成年人的意义。[7]

生活在小镇，居民有时候会觉得，社区本身并不是最适合年轻人长大成人的地方，因此，多用几年时间变得成熟就更加重要。小镇可能对于小朋友来说很合适，但是，对于年轻人来说就多少有点幼稚了。小镇与外界太过隔绝，教会里人们又太过亲密无间。中产阶级年轻人缺乏参与城市中的暑期项目和实习计划的机会。更糟糕的是，小镇里长大的年轻人还缺乏自信。如果他们远离家乡去上大学，就需要用更长的时间才能找到合适的位置。

一位有着 400 多名学生的学区教育局长表示，他和学生们一起 30 年了，教书、训练、工作，这教会了他一件事：做真实的自己。他说，能够做到这一点的人将无悔于人生。这比追求职业生涯的成功更为重要。他明白，当成长的社区与外界过于隔绝、风雨不侵之时，青少年常常会出现的缺乏自信问题就会更加突出。他告诉孩子们，"不要害怕失败。不要因为你会失败就害怕去体验。做真实的自己，追求你心之所想。"他认为，太多的时候，年轻人选择了顺风顺水的道路。如果生活在小镇，在他们的小小世界里，他们是成功的。可是，如果你"没有失败过"，他说，"说实在的，你就没有真正活出你的风采。"

另外一位教育局长似乎也同意这种看法，他表示，他的社区里有 1100 人，他与学生们一起努力的目标是让他们用新的体验和想法挑战自己。从幼儿园开始一直到 12 年级。对于那些继续去大学求学的孩子来说，他希望他们牢记要勇于尝试新的事物。"要更主动地去尝试。尝试不同的事情。不同的类型的事情都要找机会去试试。即使你认为可能不擅长的事情，也要试试，看看你做得怎么样。"

还有另外一位教育局长——一位生活在 600 人小镇上的资深教育工作者——用略微不同的语言表达了相似的观点。他说，他对教育有着坚定的信念，认为出色的通识教育是非常关键的。但他补充道，"我并不真的完全相信，大学教育能完成人们想要做的事情。从某些方面来说，大学与职业的相关性还不及高中。"他并不认为上大学的目的就是掌握技能，在他看来，每个人应当走不同的路。教育的目的应该是“扩展思维和意识”。人应该花点时间想一想自己喜欢做什么，仔细研究一下所有可能的选择。

人生目标

前面的这些例子表明，小镇的教育工作者对于下一代人内心和脑海里设想的未来有着很多思考。他们会强调教育的重要性，这一点也不让人觉得惊奇，但重要的是，要近距离观察他们所认为的教育的目的以及他们如何在余生去实现这个目标。他们很少单纯地强调技能或学术成就本身，也并不认同那些能将小镇居民与其他地方的人明显区分开来的人生目标。然而，他们非常重视在小镇生活以及与家人相处的过程中所学到的人生经验。

很自然，不论人们最终在哪里定居，小镇那种不懈努力、妥善规划、自给自足的美德都是应该传承的。小镇居民看不起社区里的那些混混，也说明了他们希望自己的子孙后代不要变成那种样子。他们经常会把某个依靠社区福利生活的人或是他们想象中生活在城市贫民窟里那些好吃懒做的人拿出来评判。小镇上的人还会常常指出自己的错误。他们说，不论是在高中还是在大学，追求快乐是可以的，但是如果可以重新来过的话，他们会更加努力地学习，制定更加清晰的长期目标，而且还会尝试着以开放的态度面对各种变化。

适应并灵活应对变化的能力——不论这种变化是指事业的改变、经济状况的改变，或是必须搬到一个新的地方——是小镇教育者反复提及的一个特质。在他们改变自己的时候，或是经历本地的农业和商业起伏变化的时候，他们看到了适应能力的价值。“不要害怕变化，”一个5000人小镇上的中学校长说，“如果你做的某件事情并不一定让你感到快乐，你就必须继续前行，另辟蹊径，尝试其他一些事情。”他说，考虑到当今充满不确定性的金融状况，更是如此。

灵活多变还体现在知道必须要不断地提出问题和寻求建议。教育工作者强调要学会提出问题，不仅仅是因为这是课堂上的习惯，而且这还可以削弱他们在小镇看到的自给自足的氛围。例如，还是那个中学校长，他说他的社区似乎都是一些“顽固分子”，“太过骄傲”，根本不愿意提问题，什么事情都自己做。“确保你走的每一步都能得到帮助，”他建议道，“如果你不知道答案，一定要找到那个知道答案的人。要提问题。世界上没有愚蠢的问题。”

另外一个重点就是终身学习。终身学习是指在毕业之后，继续不断地获取知识、保持学习新事物的兴趣。这种想法在教育圈里已经不新鲜了，也适用于其他更多的领域。在一个拥有 1400 人的小镇上，有一家小型制造公司，公司里有 130 名员工，该公司的经理坚定地认为终身学习是非常必要的。他说甚至他招聘来做工程和市场的大学毕业生也没有达到他期望的训练程度。“他们认为他们接受过教育，理所当然应该拿到高薪，”他抱怨道，“他们想要众星捧月般的感觉，自我感觉一直非常良好。”他认为，不仅仅小镇存在这种问题，城市里同样如此。为了解决这个问题，他试着对公司的年轻人进行培训，“他们没有接受过培训，唯一的解决办法是从第一天就开始培训。”他告诉这些年轻人，“如果你每天没有 0.5% 的进步，那么你就有 0.5% 的退步。”他在公司制订了一套阅读和学习计划，要求员工都参与到这一计划之中。

对于终身学习的必要性，这位先生的观点比大多数人都更加激烈。其他人更多地认为终身学习是当今经济环境下的必需。“我们现在看到的是什么呢？”一位居住在不到 1000 人的小镇上的农民问道，“一生中换七八次工作。”一位在这家公司被培养起来、现居城市的女士表示，的确是这样。从她个人的经历来看——她已经从事过三种职业了——关键是人要有灵活性，学会“有能力做选择”，而不是陷入别无选择的境地。

内化的小镇价值观

灵活应变、对各种选择持开放态度，不断地学习改变——这些价值观放之四海而皆准。而且，这些价值观表明，小镇长大的人们应该准备好远走他乡，就好像父母训练孩子们离开家一样。也许正是这个原因，小镇生活所带来的安全感才更加弥足珍贵。但这种安全感无法长久持续。社区是养育孩子的好地方，然后，孩子们从这里启程走向远方。

“我的孩子们回到这里的可能性，”一位生活在1700人的小镇上、有着不错的银行工作的先生说，“几乎没有。”他的大儿子就住在200英里以外的一座城市里。他的儿子热爱那座城市，即便有过回家乡的想法，也是转瞬即逝。这位先生也承认小镇对他妻子的吸引力没有对他来得大。他的太太是教育学硕士，想要成为一名校长，但是镇上没有这样的机会。“在这里养育孩子非常好。”他说，但是，从其他方面来看，女性选择职业的机会非常有限。除非女性热爱打猎和钓鱼，否则职业女性可以参加的社会活动少之又少。“我不想这样说，”他说，“可是，这里几乎就是男人的世界，我太太已经抱怨了很多年了。”

父母不断向孩子灌输的是同样也适用于其他地方的小镇价值观。他们并没有鼓励孩子们在小镇度过余生，而是强调反映小镇特点的持续向前的人格特质。对社区的忠诚度更多体现在各种庆祝活动中，而不是期望孩子们在社区里工作一辈子。这一点我在前几章都已经探讨过了。小镇的节日象征的是社区精神，但是，游客和小镇居民也只是一年庆祝一次。学校也能体现人们对社区的忠诚度，但是学校还是孩子成长和完成其他事情的地方。社区组织的工作可以由一名志愿者来完成，也可以在其他地方继续进行。古雅的小镇广场可以被参观、被怀念，也可以在郊区的房屋开发建设中被仿造。[8]

最具有普遍适用性的价值观就是内在自我的方面。在小镇人民的想象中，有些价值观在他们的社区中体现得最为明显，可是，事实上这些观念在大都市也得到了普遍的认同。位居榜首的是努力工作、诚实可信、人品正直，此外还有对自给自足的渴望、对睦邻友好的需求。虽然宗教的公共角色以及保守的道德和政治观点的表达频率可能在小镇显得尤为突出，但在其他地方也并非不存在。令小镇居民担忧的是，即使是自己小镇上的年轻一代对于这些价值观也不像过去那样诚挚了。邻里可能悄悄地给民主党投了票，或对同性恋持欢迎的态度，而大家对此心照不宣。

但是，那些具有普适性的价值观仍然被赋予了小镇的意义。有种看法是，一个人应当灵活应变，尝试新的事物，克服缺乏自信的困难，愿意接受失败——这种看法从另外一个不同的角度赋予了成功别样的色彩。灵活应变并不是指对自己有利的地位和成就——其衡量标准是职业生涯的成功，其获取方式是对个人价值观的妥协以及对朋友的利用。相反，灵活应变是一种能预期到失败的人生观。这种观点认为，人一生中会做出一些错误的决定，做出错误决定的人，最后定居在小镇，也是不错的选择。虽然有人失败了，但是，有了小镇邻里的支持，还是会对人生抱有积极的态度。

玛丽亚 · 桑切斯就是个很好的例子，她相信自己有能力，在小镇邻居和朋友的帮助下，跌倒后再爬起来。她是个移民，不会说英语，在学校里奋力求学。她的父母在田间辛苦劳作，努力维持生计，在成为正式居民的错综复杂的进程中寻找一条属于他们的路。她回想起曾经因为白人同学带有偏见的言论而从学校里一路嚎啕大哭，回到家里。最终，她成功地踏进了大学的大门，成了一名教师。现在她给那些移民孩子的建议就是，不要害怕。“脸皮厚一点。对那些负面的言论充耳不闻。不要哭。继续前行。要有梦想。要有很大的梦想。”她保留了许多关于人们如何迎难而上的故事。她把这些故事讲给学生听，让他们无畏那些可能听到的负面评论。这听上去像是一种“自力更生获得成功”的哲学思想。但是，它具有深刻的公众意义。她说，要保持乐观的精神就需要得到其他人的支持。[9]

同样，幸福的意义也带有了小镇的特色。在不受人关注的小型社区生活提醒着人们，魅力和成功并不决定幸福的程度。收入微薄的小镇居民常常在描述其经济状况时，表示他们的生活很舒适，这一点就很能说明问题。当小镇居民被问及要给下一代怎样的建议时，他们很少强调未来的目标是为了赚更多的钱。正如一位先生所说，“人们高估了金钱的地位。”小镇居民更看重的还是幸福和服务。生活在更大规模社区的居民也是如此。不同的是，在小镇人们更加明确地认为财富与幸福之间是没有联系的。富有的人因为与普通人打成一片，又为社区服务而得到尊重。人们总是说，幸福总是一点一点地出现，尤其当你和邻居们有福同享、有难同当，幸福就这么一点点地来了。[10]

延续的社区关系

如果小镇居民内心明白社区的未来存在于年轻人所拥有的内在价值观中，那么他们的关系就不完全是精神和情感上的了。实实在在的联系依然存在，即使对于那些永远不可能回到小镇生活的人来说，与社区的社会关联也会继续存在。就像我举的例子中所显示的那样，暂时回家在店里帮帮忙、在家里的农场住上一段时间、拜访父母和兄弟姐妹、给年迈的父母一些帮助、渴望得到支持和建议都进一步促进了这种关联。生活的艰辛让一些人留在了家乡，无法面对外面更广阔的世界以及工作、婚姻中出现的不确定性时，有些曾经的小镇居民也选择回到自己的家乡。

一个300人小镇的高中举行了毕业典礼，教育局长做完演讲之后，接受了我们的采访。他并不幻想小镇有能力留住年轻人。85% 的新近毕业生都去了 4 年制大学，剩下 15% 的学生中有很大一部分会去社区大学继续完成他们在高中就已经接受过的职业培训。然而，这位教育局长还是认为，许多毕业生会与小镇保持联系。不管这些学生在毕业的时候是怎么想的，经验告诉他，他们会与小镇保持联系的。他在毕业演讲中建议学生们要掌握一些技能，做他们喜欢的事情，积攒一些财富。他也建议他们，“不要忘记你们的根。随着你们长大，那些你迫不及待要离开的人们——这样你们就可以去城市、做你们自己——不要忘记他们。不要忘记你们的根，因为当你们日渐长大变老的时候，你们会更加需要那些人。”

吸引人们回家的还有一个原因就是真实感，这一点我在本书的第 3 章中已经讨论过了。不仅仅是那些留在小镇上的居民，还有那些离开小镇或者那些偶尔回来看看的人们都认为，小镇上的人们比其他地方的人更加真实。他们所指的还包括小镇的孩子们有玩耍、漫步和接近自然的机会，例如，在这里你会看到周围田野里的稻草堆、正在产仔的动物、公园里的家庭烧烤活动，你还需要和社区里的每一个人打交道。

从我们曾经对一位著名电影制片人的采访中可以看出小镇真实性的吸引力到底有多大。这位制片人儿时的夏日时光都是和祖父母、表兄弟姐妹一起在农村度过的。她告诉她在纽约和洛杉矶的学生，接受大学教育有“多么重要”。她还补充道，“可笑的是，尽管我上了这么多学，我却发现我一直不断地在回归”——回归到她曾经度过无数夏日时光的小镇，“在那里，我才找到自己存在的意义。”

离开小镇的年轻人将来仍会牢记故土的可能性有所提高，原因是我们已经多次听到过的“从生活的艰辛中学习”的思想。这种想法和一句谚语有些类似，“你可以把一匹马带到水边，但是你却无法让它喝水。”这说明父母和教育工作者能教给孩子们的也就这么多了。

孩子们必须自己长大，体会挫折失败，才会真正地懂得生活的现实。“我曾经做过许多蠢事，付出了不少代价，可是，你可以从中学到许多。”一位先生——这位牧场主曾经有过多次投资失败的经历——总结道。

对“生活艰辛”的一种理解突显了强烈的个人主义：远离家乡、自力更生、冷暖自知。当然，这种观点小镇上依然还存在。这也是人们应该为自己负责的观点的一部分。但是，与之相对的另外一种观点认为，经历过艰难困苦的人在小镇有一张安全网，意思是，浪子离家，犯了错误，回到父母的怀抱中。那位牧场主曾离开家去上大学，发现他太年轻不会选择职业，7 次变更专业。他的儿子不再生活在小镇上，可是，牧场主知道小镇的价值观已经深深地印刻在他儿子的个性中。他的儿子会回家来看，拜访父母，获取建议。最近，他儿子对他说，“天哪，父母们太聪明了！”

敞开大门

所有这些对于小镇的未来意味着什么？生活在小镇的父母、教育工作者和小镇领导们并没有确切地告诉下一代，让他们选择离开这里。潜意识里，小镇居民依然重视小镇的安全感。小镇生活的许多方面都体现出这一点，例如小镇居民会忠实地参与学校的演出活动和体育赛事，也会在五金店——如果还存在的话——或是海外退伍军人协会的薄饼早餐会中体现出来。父母会告诉孩子们，小镇是成长、养育孩子、努力工作、简单生活的好地方，年轻人可能现在不喜欢这里，但是以后他们会爱上这里的。小镇是一个封闭的空间，就像一栋可以建立家庭的房屋一样。

然而，房屋要充分发挥其功用就要把门开着。不单单是不锁门——小镇居民频繁地提到，不锁门意味着邻里关系和睦，有安全感。

把门打开更意味着可以来也可以走，可以离开也可以回来，让新鲜的空气进来，也可以接受新的思想。边界是可以跨越的，这个空间是一个家，而不是堡垒。[11]

“敞开大门。”约翰 · 劳克林说。约翰 · 劳克林，70 岁出头，是一位商人，在这个 1600 人的小镇上几乎住了一辈子。对于劳克林先生和他的太太朱莉娅来说，生活一直很美好。朱莉娅现在已经退休了，还兼职做家教。他们两个都不想去其他地方生活，但是，回望过去，想象如果再回到年轻的时候，他们知道有很多他们原本可以走但却没有选择的道路。劳克林先生成绩优秀，而且还是大学荣誉协会的成员。他本来可以去任何地方工作的。劳克林太太认为，如果为和平队服务几年应该会很有趣。

“生活就要有那么一点不舒适，”劳克林先生建议道，“有一个你可以回得去的舒适的条件，但是，不要害怕走出舒适区，去看看外面的世界有什么。”对于他而言，敞开大门就意味着，即便结果是失败，也愿意尝试新鲜事物、愿意冒险。劳克林太太说，敞开大门则意味着，即便在某个时候你会让自己陷入一个可怕的境况，你还是会追随自己最初的兴趣。

不论一个人生活在哪里，门都是生活中重要的特征。在小镇，门有着特殊的意义。可能是因为常常谈到不需要上锁的门，或者是因为门会把小镇居民引入熟悉的通道，走进家门，那里安逸舒适；走进学校，那里召开小镇会议；走进咖啡馆，邻居们齐聚一堂、谈天说地。紧闭的大门意味着这样的空间很快就会腐朽发臭，敞开的大门代表的是更大的自由。

虽然有些偏见认为小镇是狭隘的聚居区，其实，小镇一直都敞开着大门。只是，有时候大门开得不是那么大。初来乍到的人从半掩的门中挤进来，觉得很难真正有家的感觉。新移民的到来有时候让小镇的常住居民产生排外情绪，这些新移民觉得融入真的非常困难。可事实上，大多数小镇都是由移民建立的，小镇欢迎新移民的到来，希望小镇的规模可以由此扩大，有时候，的确做到了，小镇一直以来也依赖与外界的贸易和交通。

敞开大门也意味着会将自己的弱点暴露出来。一些年轻人迈出大门，离开家乡，希望上大学、去军队服役和在城市里工作会开启另一扇大门。其他人会选择留下来，但会经常出门旅行，通过电子通讯设备与其他地方的人保持联系。除了最小城镇以外，美国人口发展的趋势将阻止城镇的消失。但是，就像过去的铁路和公路一样，敞开的大门也会带来变化，社区节日的庆祝和对新来者的接纳将越来越重要。

第11章　结语与思考：小镇社区

要对小镇做一个概括——即使是对那些处于21世纪的美国的小镇——也很容易遇到各种例外。小镇的规模、历史和位置各不相同。从广阔草原上孤立的村庄到尘土飞扬的山谷里的矿区，从布满岩石的海港到玉米地和牧场环绕的小型制造业中心，到处都可以看到小镇的影子。和过去相比，小镇之间的差异已经减少了很多，逐渐融入了以折扣商店、快餐连锁店为代表的美国文化中，很多情况下，已经失去了其特有的民族传统。然而，许多小镇的特色仍然可以在社区节日中见到，在一轮又一轮新的移民潮中复苏。也许，只有一点对于小镇来说是共同的，那就是，与大多数城市和郊区相比，小镇规模的确非常小。

然而，社区完全是另外一回事。虽然在各个不同的地方，社区的具体表现在程度上也各有不同，但是，人们在描述其社区经历以及对社区的理解时所显示出的社区特征却有很多的共性。事实上，观察家从广义地理论角度上所探讨的社区特征在这里是显而易见的，而且这些特征从某些方式上阐明了生活在小镇的特殊意义，显示了小镇居民是如何寻找到社区的——或者至少小镇居民希望能够找到社区，因此，当他们无法如愿时，他们会发出深深的叹息。

要确定社区为实现可行且可持续的理想所必需的元素，我们可以在之前提到过的社会学家苏珊·凯勒的研究中找到一个更有效的方法。多年来，她一直在普林斯顿大学教书，在这期间，她对一个名叫双子河（Twin Rivers）的社区进行了一项长期深入的调查研究。这个社区离普林斯顿大学校园中心有11英里的距离。凯勒的研究始于20世纪70年代，结束于2001年9月11日纽约和华盛顿遇袭事件之后的几天。凯勒进行的人类学研究、定性访谈和调查让她确信，社区是不能够用其他科学家正在尝试使用的网络图或是数学公式来表示的。相反，她发现，双子河居民的经历以及对于生活的理解与阿列克西·托克维尔和马丁·布伯对早期美国村庄和民族聚居区进行研究时得到的观点有异曲同工之处。在图中（如图11.1所示），她确定了组成社区的10个板块。[1]

领土或是领地（territory）——凯勒认为，不仅仅从字面意义上看，而且形象地来说——就是社区的基石，作为社区所在的界址点，为社区提供了空间标记、物理身份，可能还包括安全感和封闭感。

社区成员标准（membership criteria）确定了谁属于社区，谁不属于社区。这些是明确的和未明确的象征性边界，同时也是一种认知分类，将“我们”和“他们”、“内部人士”和“外来人士”区分开来。这些标准也是包容或者排斥的理由。

制度框架（institutional framework）由正式的法律和日常非正式规则与制裁措施所组成，在危机和冲突发生时保持秩序。

文化价值观（cultural values）增强了社区社会凝聚力，重点强调合作、共同责任和分享。这些价值观进一步加强了地方上对于重要事情和目标的普遍认识。

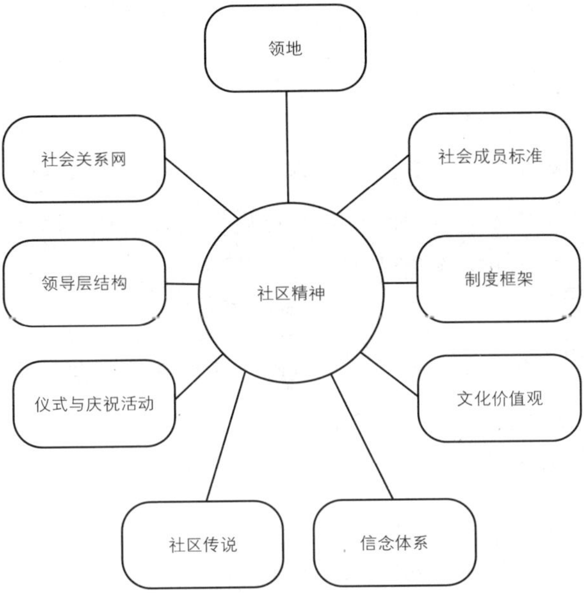

图 11.1　社区的基本构成要素

信念体系（belief system）为社区向成员提出的要求提供了理由和解释，并且指明了实现其目标所能采取的方式。

社区传说(myth of community)告诉人们社区是怎样开始的，谁建立了这个社区，为什么建立这个社区，所有有关社区的发展进步、失败、困苦时期和重要事件都交织在一起。

仪式与庆祝活动（rituals and celebration）将小镇居民聚集到了一起，时不时地为日常的集体生活加些点缀，以期表达情感、留下记忆和享受欢乐。

领导层结构（leadership structure）积极地提供引导和管理功能。不仅涉及领导者本身，还有小镇居民对他们的期望，领导者获得的回报是小镇人民对他们的尊重和忠诚。

社会关系网（social networks）是把人们以家庭和朋友的方

式联系起来的一种真实的关系，还包括邻里友好的行为以及慈善、义举和社区服务等行为。

最后一点是社区精神（spirit of community）。凯勒认为，社区精神是一种相互依赖的感觉。这种感觉源自于之前所提到的所有因素，这种感觉最终会超越个人利益，让人们认同并愿意承担对社区的责任。

事实上，上述的每一个特点都不同程度地存在于社区之中，这些特点合起来构成了社区的不同方面，让社区有了自己不同的身份，也成了社区的优点或者缺点。例如，可能在一个社区，其一年一度庆祝社区建立的节日早已久负盛名，但是，这个社区却没有有效的领导层结构处理日常事务，而另外一个社区有着密集的人际关系网，却没有激发出整个社区的责任感。

在接下来的内容中，我想利用这些特点，对我们从观察和访谈中了解的社区情况做一个总结。这并不表示所有的小镇都会让社区里的居民感受到社群意识，或者在社群意识的产生上做得比城市或是郊区好。我的观点是社区根据这 10 种维度在小镇以独特的方式展现自己。

社区空间的领地

人们在理解小镇的社群意识时，社区的实际空间和地理位置的重要性并没有得到足够的重视。小镇居民在谈到其所在的社区时，浮现在脑海的就是社区的样子，唤起了每个人对过去的回忆以及对那些事件的感受，随之而来的还有生理上的反应，例如，与在陌生的地方相比，他们感到能够更加容易地观察外界或顺畅地呼吸。小镇居民——这是对于居住在社区空间里的成员恰当的称呼——能够通过回忆，描述出主街上的建筑，如数家珍地道出教堂的数量。居民们表示，他们最喜欢小镇的一个特点就是小镇的“熟悉感”，换句话说，就是知道哪是哪儿，知道道路通向何处。例如，居民们表示，如果对小镇很熟悉，你可以在脑海里想象一下，在邮局向左转，驾车经过右手边的学校，走两个街区，经过左边的路德会，就可以到杂货店了。除了在较大的城镇，居民们很少会用具体街区或是房屋来描述他们所住的地方。参照物就是“小镇”——他们住在小镇的中心、小镇的旧城区、小镇的新城区、小镇的边缘、小镇的西边或是离小镇几英里的地方。

在许多情况下，小镇居民都深刻地意识到，小镇现在与未来的福祉都仰仗着小镇与其属地和周边的关系。小镇的建立是因为农民们迁移至此，铁路在这里建立了停靠点，或者这里有河流，或是开发了新矿。小镇的选址并不是偶然的，因此，居民选择这里同样也是有理由的。无论是在农田里耕作，还是在矿上劳作，是经营零售商店，还是在学校教书，他们都知道以实际空间为基础的地方经济才是最重要的：由于地区的农场规模扩大，小镇人口日渐减少，或者由于矿井关闭，商业出现低迷。

一方面，个人与空间之间存在着直接依附性（direct attachment），另一方面，个人所处的社区与空间的关系又暗含在间接依附性（indirect attachment）中。直接依附性和间接依附性之间有着有趣的差别。当农场主感觉对家族世代所拥有的一片土地有着特殊的依恋，或者房屋的主人注意到窗外美丽的景色时，直接依附性就体现得非常明显；当某位居民为主街上空置的建筑满心焦虑，或者某位居民为家家户户都把自家的草坪打理得井井有条而自豪时，空间与社区之间的关系就得以显著地体现。在后面的这些例子中，空间维护的方式、空间显示的样子都反映着社区本身的形象。

物理空间是社区存在的必要因素，还是只是某些社区的重要元素之一，学术文献对此存在着不同的看法。尽管被称为社区的社交网络并没有特定的地理位置，但是这样的例子肯定是有的。“天体物理学界”“西班牙裔社区”“Facebook 社区”等等这样的例子比比皆是。虽然这些社区里的成员身处某个特定的地方，但是，社区本身并没有任何具体的位置。当社区确实有了某个实际空间时，这个空间为社区的集体身份提供了重要的维度。[2] 美国人认为，因为同样身处一块大陆的一隅，他们彼此之间有一些共同点。有时候，他们会把这个地方称为“家园”，觉得有必要保卫他们的家园。同样，小镇人民认为他们就是某个具体地方的居民，这让他们与其他的居民有了共同点，这里也是他们日常生活的空间。

除了由小镇实际边界确定的空间外，被奥尔登堡称为“绝好的地方”就存在于小镇的实际边界内，对于小镇居民的社群意识起到了极大的推动作用。[3] 事实上，这些地方中有一部分确实属于集体，如市政厅、社区中心、学校、公园、消防站、诊所、医院等，这些地方都获得了小镇居民的集体支持，也被他们看作是自己的地方。还有一些地方虽然是私人所有，但是，因为小镇居民常常聚集于此，在下着雨的早晨与邻居喝着咖啡聊着天，互致问候，让他们时刻记得自己是社区的一员，所以，这些地方也是非常好的地方，例如酒馆、酒吧、咖啡馆、农民合作社、理发店、美容店等等。传统上，这些地方都集中在小镇的中心地带，是社区活动具有象征意义的核心地带，为不同年龄的人相互交流提供了便利。因此，当一所学校流失或是主街上某家店倒闭，在小镇居民看来就好像把他们的社区之心夺走一样，也就不足为奇了。[4]

地域也许就是可以共同分享的空间，但是，在这个空间里居民们也会被分为三六九等，因此，地域也是互相争夺的地盘，这里出现更多的是激烈冲突而不是社区精神。咖啡馆多数都是小镇上退休老人的地盘，并不属于忙碌的父母和上班族，常常待在这里的人被认为是村里说长道短的人。小镇的大部分空间都是私人的领地，实现了高度等级分化，既有豪宅，又有适合中等收入人群的住宅；既有占地广阔的宽敞的大房子，也有适合低收入人群和老年人的经济型住宅。在拥有各种民族和种族的社区里，这些特征很可能就深深地印刻在实际上的居住隔离的模式中。[5] 小镇周边的土地到处是废弃的露天矿山，或是属于多代同堂的农业家庭所有。多代同堂的家庭里可能存在的紧张势态，或是与学校和税收相关的决定所引发的紧张局势，就像俗话说的那样，“天经地义”。*

看谁是，谁不是?

衡量小镇成员的标准，第一条就是，居所。从很大程度上来说，小镇之所以成为社区，仅仅是因为人们居住在小镇上，就像一个街坊或一个城市、一个国家一样。从法律上说，居所意味着拥有一个永久的地址，所有的信件都寄往这个地址，把这个地址列入税单，有时候，居所也可以证明这个人就是本地居民或者他是以合法的身份进入这个国家的。所有这些时不时地会提醒人们，他们是真正属于社区的。地址是社区成员身份的重要方面，但当然，这不是唯一重要的方面，也不总是谁属于社区、谁不属于社区最明显的证据。如果一个人有地址，但几乎从来不住在那里，他并不会觉得自己是社区的一员，其他居民也不会认为他是社区成员。或是如我们看到的那样，有的人在社区中居住，却由于在某些方面没有达到其他居民的预期，而仍然被认为是外来者。

与较大的地方相比，小地方的居所更是容易成为一种常识。小

*　此处原文为“come with the territory”，约定俗成的惯用语，意为天经地义、理所应当，巧妙呼应了此处对 territory（领地）重要性的阐释。

镇居民说他们认识镇上的每一个人，他们的意思是他们或多或少知道哪些人住在小镇上，哪些人不住在小镇上，谁是常住居民，谁是新搬来的。可能他们并没有和社区所有的5000人或是10000人说过话，聊过天。可是，对于谁属于小镇，谁不属于小镇，他们还是有感觉的。对成员和非成员的这种感觉更多依赖的是微妙的行为线索，而不仅仅是一个地址。属于小镇的人会经常出现在小镇的加油站，从而被认作为当地居民。他们会向合作公寓*里的某个人解释他们是谁，然后第二天，那个人就会在咖啡馆向其他人讲述他前一天的所见所闻。虽然实实在在地拥有一个住所是有好处的，但是，那些离家上大学或者常年在外开卡车的人仍然也可能是社区的成员之一，原因就是他们的背景以及割不断的家庭关系。有的人可能住在小镇上，但是，他却被看作是陌生人、外来者、社会渣滓，或者只是过客。

米歇尔·拉蒙特（Michele Lamont）和维拉格·莫纳（Virag Molnar）有效地区分了象征边界和社会区隔。前者是共同的认知分类系统，人们利用这些分类系统认识这个世界；后者则是制度性的机制，真正地按不同的群组对人们进行分类。[6] 种族分类将人们分成“黑人”和“白人”，这种广为熟知的分类方式就属于前者；而强制住房、交通和社会服务必须依照种族的不同而隔离使用的《吉姆克劳法》** 则是后者的代表。在某种程度上，小镇通过法律机制进一步加强了象征边界和社会区隔重叠的部分。成为社区的成员部分还取决于是否缴纳地方房产税、在地方选举中进行投票。

当默认的个人概念范畴受到威胁或以某种形式受到侵犯，需要讨论和采取行动时，象征边界就会成为共有的公共信息。在许多小

---

* 合作公寓是美国的一种集合式住宅，公寓的屋主以股权的形式共同拥有大楼，每套公寓按其所占比例折算成股份。

** 《吉姆克劳法》(Jim Crow Laws）泛指1876年至1965年间美国南部各州以及边境各州对有色人种实行种族隔离制度的法律条文。

镇上，确定居民是否是合法成员的象征边界从很多方面都很容易分辨。从最简单的方式看，小镇的规模小，很容易就能看出谁是访客，并贴上陌生人的标签，因为有些众所周知的本地行为，访客却没能做到。例如，访客的车辆是其他州的牌照，或在某些州内，出现一个外县的牌照字母或号码。他们还会长时间地凝视高耸的谷仓，而本地居民根本不会注意到谷仓的存在。

这里存在着一个复杂的情况，至少，如果是从广义上定义"社区"的话，大多数人不只是一个社区的成员。他们和邻居算一个社区，其他的"社区"则包括同事、他们所参加的教会或者犹太会堂，以及他们在 Facebook 上的朋友们。和居住在规模较大地区的人们一样，小镇居民们也有多个相互重叠的社区。但是，在我们的访谈中，有一个突出的不同点就是，小镇人民很少会把自己归于一个以上的地域性社区。他们谈到这个问题时，就好像他们的地域性社区就是他们所在的小镇，是件理所当然的事情。事实上，他们确实也参与到其他的地域性社区中，例如选区、县、学区、国会选区、企业园区、农业地带以及地区规划区等。可是，除了我们采访的确实为这些实体机构工作的人之外，居民们只把自己生活的小镇看作是他们的社区。

把小镇视为社区的理由具有重要的意义。它指出了象征性传达成员身份的多种方式的重要性。小镇不仅有自己的名字（各个县也有自己的名字），而且名字还可能会被标在小镇边的路牌上、水塔上或谷仓上，印在报纸上（如果小镇有自己的报纸的话）、当地的商店上，当然，也会被写入大多数居民邮政地址中。正如我们所看到的那样，如果小镇有学校，学校的运动队又和其他小镇的运动队进行比赛的话，这也是有用处的。虽然这一点很难说，但是各个小镇从地理上相互分离似乎也是重要的。例如，不是伊利诺伊州的埃文斯顿市的居民就无法说清楚埃文斯顿市与斯科基或者威尔梅特之间的界线在哪里，但是相比最近的小镇也在 10 英里以外的小镇居民，这种区隔随着日复一日的交往而变得模糊。

法律法规的制度框架

凯勒使用“制度体系”（Institutional Framework）这个词，意在将社区管理的法律法规、奖惩制度具体化。这些都是正式编撰的，例如，这些条例会规定，社区成员必须缴纳年费，或者社区成员在定期选举中有投票权。除了机动车、物业维修以及个人安全等方面的规定，还有一些非正式的但人人都懂得的人际行为准则，例如，小镇上的某个居民和另外一位小镇居民在街上或是邮局遇到时会挥手或者微笑。这些规则提醒我们，作为社区的成员，不仅仅只是以某种方式被看作属于或不属于社区，还要实践正式和非正式的行为预期。

就如同生活在同一块地域，小镇居民需要“共享”的还有制度化的法律法规，因此，小镇居民可能仅仅是因为遵守同一法规而成为共同社区的一员。和地域一样，法律法规以不同的方式适用于不同的居民。禁止非洲裔美国人天黑之后留在小镇的《日落法案》就是一个例子。据估计，这些法律在20世纪早期在大约1000多个小镇上实行，在有些地区主要是用来限制西班牙移民的。此外，还有禁止游荡的规定、针对毒品法规和公民身份编制的差别执法。[7]

在访谈中，小镇人民对大部分新提出的需要遵守的法律条款和正式的政府法规都是不待见的。对于日托机构新的资格要求、新的《约束法》*，以及对毒品法规的执行不力都是人们普遍关心的问题。另一方面，小镇居民十分肯定地认为，有法律存在，遵纪守法是非常重要的。小镇之所以是一个好的社区，部分原因是邻居都认为彼此

* 约束法，美国的一项法令，禁止未被皮带牵住的狗在街上乱跑。

是守法的好市民。小镇居民也认为，生活在一个很小、可以对特殊情况应变处理的地方是有益处的。他们喜欢有机会与市长相遇，或可以请求警长只给某人一个警告，而不要逮捕他们。

人们反复提到的设想是，不论正式还是非正式的规则都应当务实，并且在通常情况下，是应当根据常识来决定的。因此，当人们表示说社区里的每个人都是平等的或至少是接近平等的时候，这就是人们所表达的关键。他们虽然意识到身份区隔，也知道管理农场或在高中教书的专业技能的重要性，可是，他们还是认为大多数涉及共同利益的问题可以通过常识来解决。

本质上来说，常识是指在某个地方被认为是理所当然的信息，而不需要加以清楚明晰的定义。常识体现在人们在某些情况下默契地认为一个决定是对的或仅仅只是便于操作的。这就是为什么外界对地方常识的侵扰，尤其是来自州政府和联邦政府的侵扰在确定居民对地方社区的忠诚度上起着重要的象征性作用。这些侵扰换来的只是公众的嘲笑。这些教训告诉我们，外来者很可能无法理解本地社区居民已经掌握的信息。

社区价值观之合作与共享

对社群意识有很大促进作用的文化价值观强调合作、共同责任与分享。就小镇而言，这些价值观反反复复地出现在小镇居民对社区重要方面的描述中。访谈对象讲述了许多邻里之间互相帮助的故事，也谈到了在诸如自然灾害这样的事件中，小镇居民展现出的人性中最美的一面。分享总是体现在一些细小，甚至很琐碎的事情上，例如在加油站或者午饭时的闲聊，由此维持一种彼此相熟的感觉，促进相互的关系，以便正式合作的需要。如果按照人均来算，自愿组织数量相对较多，那么居民被要求参与到社区项目的可能性也就更大。小镇居民很高兴能够与邻居一起美化公园、照顾寡居者和孤儿，举办薄饼早餐会，为生病的人做饭以及组织宾果之夜的活动。

如果你觉得这一切听上去有些太美好了，让人觉得不太真实，那么你说对了。小镇居民所讲的故事都是选择性的记忆，他们在讲故事的时候，想到的都是慈善的行为或者无私的奉献，至于那些自私自利、漠不关心的时刻就会被他们抛在脑后（或者在和陌生的研究人员交谈时，会自动屏蔽）。我们几乎没有听到小镇居民说过哪个人是十足地冷漠无情，只是他们也坦诚地表示，小镇的确存在冲突和意见不一致的情况。他们对老话也表示认同，正所谓，篱笆扎得紧，邻居处得好。有时候，他们也会讲些由于篱笆所引发的关于边界争端的故事，这进一步印证了这句老话。社区领导普遍认为 80/20 法则可以适用于小镇的情况——20% 的小镇居民参与了 80% 的志愿活动。而且，志愿活动并不能让整个社区直接且平等地受益。虽然小镇居民把志愿活动看作是当地人值得赞赏的品格，但是，从他们对志愿活动所做的叙述来看，类似这样的活动所带来的好处是有选择性的。就像在一些较大的地方，居民们志愿去学校服务是因为他们的孩子在学校，志愿去养老院服务是因为他们年迈的父母住在那里，志愿去教会服务是因为那是他们自己的选择，去海外退伍军人协会薄饼早餐会做志愿者是因为这有益于他们的老战友。小镇规模较小，在这些专门的协会中，有些人可能同时服务于 2 个或 2 个以上的协会，因此，不同的志愿者协会相互联系的可能性增加了——这一特征也在其他的情况下会出现，从而进一步促进了社区凝聚力。[8]

共享最简单的方式就是互惠互利，例如一个学生帮助另外一个学生学习数学，而后者又帮助前者学习历史。小镇居民也提到了这样一种互惠的关系——例如邻居之间互相交换菜谱、互相帮助照看孩子。连续互惠使互惠关系得以延伸，例如 A 帮助了 B，B 再帮助了 C，最终绕了一圈，A 也得到了益处。小镇也促进了这种共享方式的实现。因为社区里的人们彼此相熟，日常生活中也会彼此接触，所以最后完成这个循环的可能性也增加了。口口相传，几个星期、几个月或几年之后善行终将得到回报。

受访的居民也表示，善行还会以另外一种方式得到回报——尊重。尤其是那些富人们也许并不需要实实在在的礼物，可是，如果他们为社会服务，他们就会获得尊重。同样，贫困的小镇居民在一些小的方面给予邻居帮助，也会获得道德资本。当每个人似乎都在小的方面积极地帮助他人的时候，中产阶级对于上层或下层人民的感觉也会更好。对于违反了预期行为准则的人来说，舆论的力量足以将其摧毁，但是，舆论也会让好事传千里。

还有一点很有趣，期望小镇人民能够自力更生——这一准则似乎从一开始就和共享的精神相矛盾，但是，事实上二者是互补的。自力更生意味着在自己能力所及的范围内做一切事情，不要沦为社区的负担。自己修剪草坪，自己清理排水沟，自己开车到医院去做化疗。按照这样的准则，如果你接受了邻居的帮助，应当是不得已而为之。实际上，自力更生减少了对照顾和共享的需求，使这种需求更加容易满足。提供帮助者也更可能获得尊重。太轻易地接受别人善意的帮助也容易失去别人的尊重。

证实共同生活方式价值的信念

凯勒提出了“文化价值观”(cultural values)和“信念体系”(belief system) 这两个概念，有两个例子可以说明这两个词之间的区别。如果说，“我应该去看看我的邻居，因为她一直在医院里，也许我能让她开心一点。”就像凯勒的定义一样，这是价值观表现的一个例子。这句话表明了这个人认为做一个乐于助人、具有合作精神的社区成员是很重要的。相比之下，另一个人说“这里是生活的好地方，因为这里房价便宜，没有交通堵塞，我走路 5 分钟就可以去上班”，这就是信念体系的例子了。它说明了在某个社区生活的理由。这句话并没有声称人们应当互相帮助，从而来强化社群意识，相反，它表达的观点是，社区成员之间存在共同点。他们默默地接受了具有相似生活方式的价值观。人们心照不宣地都认为，房价便宜、靠近工作地点、交通并不拥挤，生活在这里还是不错的。

实际上，价值观和信仰当然是相互交织在一起的。邻里相互帮忙就是一种价值观，鼓励人们在别人有需要的时候，要出一份力，与此同时，这也是他们共有的生活方式的一部分，证明他们生活在那里是对的。可是，关键问题是，小镇的社区并不完全只有共享与关爱。尽管存在这种共享与关爱，但是人们有时候会把小镇生活和无限制的共享与关爱联系在一起，展现了一种与事实并不相符的画面。小镇居民与其他地方的人们并没有差别，他们同样投入许多的精力到工作、家庭和休闲活动中。

证实小镇生活价值的信仰主要和小镇居民眼中在此地生活的好处相关。他们喜欢认识新人、结交朋友、与家人共享美好时光——认为这也是其他小镇居民喜欢的事情。还有一些常常被提到的观点强调说，与那些大的地方相比，小镇的生活更加纯朴，节奏更慢，孩子生活得更真实，房价更低廉，邻居们也没有那么唯金钱至上——把这些称为“信念”也是对其描述的好方法。事实上，小镇以及小镇居民的经历各不相同，这一点和大城市居民很相似。然而，小镇居民就是以这些方式来看待社区的。

如果小镇生活中有一个方面是具有重要象征意义的，那很可能就是小镇居民对交通的认识。当他们被要求对自己所理解的慢节奏的生活做出解释时，他们说，就是不必在交通拥堵时坐在车里或应对车流高峰时间的拥堵。生活在一个“安静”的社区意味着没有嘈杂的车流声和震耳欲聋的喇叭声。他们说在大城市开车会迷路，喜欢他们自己社区是因为那里很“熟悉”。在他们看来，从这些角度上说，小镇要比大城市好得多。在其他方面，小镇居民否认了那些他们担心被外来者施加在自己身上的不同之处。在连接互联网、文化兴趣或知识方面小镇与外界并没有什么区别，真正的区别体现在堵在交通要道上的喧闹的车辆数量上。

我们采访的小镇居民中很少有人会认为，自己的朋友和亲戚搬到了收入更高、文化活动更丰富的城市和郊区去之后，他们就被落在后面了。小镇居民的内心深处觉得他们其实是幸存者。有时候，他们会加以解释，认为自己的生活方式受到了并不喜欢小镇价值观的政府官僚和生活在城市里的富有的公司高管的威胁。他们讲了许多关于小镇的故事，天气恶劣的冬天、倒闭的店铺、规模不大但努力维持着向公众开放的教会。在小镇居民的讲述中，我们看到他们为了坚持自己珍视的价值观所付出的代价。

社区传说

社区传说指的是社区成员所讲述的关于社区建立、历史、演变以及起起落落的故事。通常，这些故事都会被美化，人们只提到了社区光辉的历史，而不会提及阴暗的一面，那些事很快就被小镇居民遗忘。因此，社区传说常常展示社区辉煌时代的形象，那个时代的许多事物都比现在美好。有时候，过去的英雄事件也会被用来说明，社区其实一直在不断取得进步。小镇辉煌的历史包括不畏艰险的开拓者、传播文明的早期定居者、大萧条时期保持低调的后来者、为国牺牲的军人以及其他在社区建立家庭、开办企业和担任领导的居民。在社区的黄金时期，每个周六晚上，街上挤满了人，许多孩子在操场上尽情地玩耍。而那些不断取得的进步则可以在关于新移民、新企业和新农业技术的故事中看到。

在人类学家米尔恰·伊利亚德（Mircea Eliade）关于部落社会时期人类起源的神话经典著作中，很明显，这些故事是由特定的人来传述的，他们肩负特殊的责任，拥有独特的地位，了解过去的事情，可以在特殊的场合讲述或者表演这些故事，也许获知了世代相传的秘密。[9] 如前所述，小镇存在着一种相似的且通常已经被制度化了的文化领导力。乡村的民俗学家通常是在社区里住了很长时间的居民，会被邀请向其他人讲述早期社区的情况，阐述小镇创建的历史，也许还会谈及一些已经不为人所知或快被人们遗忘的令人悲痛的历史事件和社区丑闻。

社区传说不应当被看作只是通过引起共鸣来加强凝聚力的故事。在我们采访的小镇居民中，有人讲的故事是非常神圣的，例如家族世代是如何将农场或房子一直保留下来的。还有许多故事，人们是当笑话讲的，就好像故事的主人公高于生活，让人开怀一笑之余，也展示了社区轻松的一面。奇怪的事件、枪战、蚱蜢袭击以及各种祖先的故事都是以这种方式讲述的。神话也可以用来让长久存在的争端变得戏剧化，重新回味甚至可能让其得以解决。有时候，这些故事包括骗子、从穷人身上捞好处的富人、种族主义、对移民的敌意、对于自然灾害之后重建工作的分歧等等各个方面。

仪式和庆祝活动

定期举办的各种仪式加强了小镇的社区精神。这些活动让人们走出家门，放下手头的工作，享受彼此在一起的时光，参加各种有关分享的庆祝活动，做些事情，明确提醒他们是具有一些共同点的小镇居民。我的访谈对象说，有两种基本的仪式活动是为了实现这些目的。一种是全社区范围内的活动——例如，7 月 4 日的庆祝活动、返乡节周末或者秋收节——代表整个小镇，任何想要参加的人都可以来。这在小镇都是非常普遍的，至少一年有一到两次，为了纪念小镇与众不同的方面，让居民有机会能够聚在一起，放松一下。在许多社区，体育活动也有着相似的作用，而且频率高。另外一种活动的规模小一些，例如邻居们聚在一起帮助生病的居民或是一贫如洗的家庭。虽然这些规模较小的活动并没有包含整个社区，但是，我们采访的小镇居民都认为这些活动表现了社区的完整身份，是成员相互帮助的表现。之所以可以将其称为仪式活动，是因为这些活动遵循了某种制度化的规定，例如，把食物带到贫困的邻居家里或者在一起守夜，也因为活动把人们聚集在一起，后来这就变成了人们常常讲述的故事，所以说活动对社区很重要。

埃米尔 · 涂尔干在《宗教生活的基本形式》一书中讨论仪式的话题时，区分了构成仪式的行为和与这些行动有关的集体表征或意识，但是他坚持认为，实际上，这两者应该放在一起考虑。[10] 很明显，在小镇上，仪式活动以及对这些活动的理解有助于促进小镇居民的社群意识。这些活动时不时让小镇居民做一些不同寻常的事情或者将他们组织起来应对异常事件，例如自然灾害或者是重大交通事故。人们聚集在一起，表现出在其他场合很少当众表现出来的高兴或悲伤等情绪。对这些活动的后续解释也同样重要。人们回忆这些活动，以此证明他们的小镇的确是一个人人相互关爱的社区，居民都喜欢彼此的陪伴，在别人需要帮助的时候都会出一份力。

最近有关仪式问题的学术研究又回到了涂尔干强调的那样，人们彼此面对面，体验到了一种在其他情况下不太可能或缺失的情感状态。例如，兰德尔 · 柯林斯（Randall Collins）在《互动仪式链》一书中提出，有效仪式的关键在于身体的共同参与——共同的关注点、共同的情绪以及限制外来者加入的一些障碍。[11] 柯林斯说，因为事实上他们共同参与了仪式活动，有着特殊的情感，即使仪式上只有两三个人，社群意识还是会被加强。社区节日、体育赛事、婚礼、葬礼很明显都属于仪式的范围。不同的是，在小镇上，在仪式中被戏剧化的“社区”也是小镇人民生活、工作、做生意的社区。相比较而言，参加婚礼的宾客感到了短暂的兴奋和友好，一起跳舞、一起喝酒祝愿，以仪式的方式纪念家庭的价值观，但是，这样的庆祝活动可能与他们所生活的社区并没有什么关系。

仪式对于理解如何构建并修订社区成员和非社区成员的定义，有着重要的意义。在拥有大量移民的城镇，社区庆祝活动通常有一些象征性的举动，展现民族包容性，例如具有民族特色的音乐和食物。与此同时，在庆祝城镇建立的纪念活动中，新移民会被不动声色地排除在外。除了节日活动以外，小镇的常规会议上也会有些与仪式相关的场合，专门用来讨论谁可以来参加仪式活动，谁不可以。在有些城镇，讨论这样的话题时还会提出一些合并更多土地的建议。小镇会议上讨论更多的是如何吸引新来者，如何提供必要的基础设施，决定什么样的新来者受欢迎，什么样的不受欢迎等建议。[12]

虽然在小镇居民看来，仪式大多是正式地涉及整个社区的活动，但是人行道上、咖啡馆里的日常交流就可以被认为是非正式的仪式。大多数情况下，这些都是发生在中立的公共场所里令人感到欢乐的际遇，聊的都是些安全的话题，比如说天气、体育赛事、当地所发生的事情以及家庭出游等等。[13] 旁观者接收到的信息是，小镇居民相处和睦，对共同价值观的认同也得以加强。媳妇再生气，也不敢在这些公共场合对婆婆恶言相向。如果她这样做了，她会成为社区街头巷尾谈论的焦点——21 世纪版的乡村悍妇。[14]

领导层结构

领导体制的必要性让我们明白，社区不仅仅只是比邻而居、彼此陪伴的具有相同想法的人们的汇聚。这一观点来源于“共同体”与

"社会"之间的区分，前者指的是社区，暗示着平等的人之间的温暖、团结、亲密无间的关系，而后者则暗指正式的组织、等级制度以及明确的劳动分工。小镇主要是人为社会型关系，也有自然社会型关系。

从对小镇领导人的采访中，我们得知，小镇上许多必不可少的行政工作都需要经过特殊的培训、拥有特殊的经验。领导人参加志愿者协会，例如狮子会、同济会、商会或是去他们各自参加礼拜的地方，都会赢得人们的尊重。人们期望领导人能够维护社区的基础设施，保障法律的实施，保护公众的安全，促进社会服务。

有种观点认为，小镇领导是通过个人关系和魅力在工作，这种说法多少还是有道理的。我们所采访的小镇领导人每天都会了解地方上的情况，参加社区会议，接听选民电话。小镇居民欣赏那些工作上有能力的领导，也希望小镇领导是和他们一样的人，而不是统治者。

目前，小镇领导很大一部分时间都在参与广泛的地区和州内的各种活动，在履行监管职责的同时，也把重点放在了发展经济上。在其社会角色中，小镇领导起到了关键性的中介功能，界定了与更为广泛的社会环境相关联的地方社区。

社会关系网

除管理和引导社区运转的正式体制以外，小镇居民之间非正式的社会关系也非常关键，因为这能让他们觉得自己属于这个社区。这些关系涵盖了一起工作、与邻居隔着后院的篱笆聊天、星期天早上和教堂里的教友打招呼、在当地的咖啡馆里会面、安排一笔生意、和好友去钓鱼、去医院探望生病的亲戚等等。人们认为，这不仅仅是两个人之间的关系，还是将无数人直接或间接联系在一起的社会关系网。这种想法进一步说明了社区是通过多种方式联系在一起的。

我的访谈对象中有大量的例子证明，即使是在最小的城镇，最亲密的个人关系也是有选择性的，很大程度上是由于彼此之间的姻亲关系和共同的兴趣而建立起来的。当我们请受访者谈谈社区中那些他们非常了解的、会邀请到家里吃饭或去饭店共进晚餐的人时，他们解释说，是因为参加一些社区的组织和活动而认识的。他们还说，邀请来家里吃饭的客人，还包括一起去教会的夫妇、隔壁的邻居、高中起就相熟的朋友、同事、一起完成狮子会资助项目的伙伴或是大家庭里的成员。从这些方式来看，他们的人际关系与城市和郊区中研究的人际关系没有什么不同。社区居民想表达的分享和团聚的意识更多是与聚餐、礼拜、追悼、工作或是志愿服务有关，而不是社区本身，至少当社区就是小镇时，就是如此。小镇社会人际网络的独特性更多地归因于这些特定的人际关系与其他网络和情境的重叠。隔壁的邻居同时也是那个经常在教会里看见、在街上遇见或者在球赛中撞在一起的人。

小镇上，居民们彼此的住处相隔不远，社会关系网由此建立，也正是如此，人们有机会在多种场合下进行交流。与生活在不同城镇或大都市不同地区的人们相比，生活在同一小镇的人们有更多的机会知道某个人的名字，或者在过去和他们聊过天。在小镇，因为彼此相熟更进一步加强了本来因为同处一地而已经建立的“我们”意识。然而，有一点必须铭记的是，和其他地方一样，那些将社区加以区分、强化多重身份的因素塑造了小镇的社会关系网。在访谈中，我们发现，许多教会成员对自己所在教会其他成员的了解与认同要高于其他不同教会的成员，也有证据表明，社会关系网是由农民的土地所有权、年龄、是否有孩子、职业以及性别共同构成的。在小镇居民看来，和一个不同社会经济阶层的人一起坐在当地的咖啡馆里，认识小镇上的每一个人是一件非常惬意的事情，但是他们之间的关系在持续时间、强度和内容上会有所不同。[15]

邻居、教会成员、同事很可能相互认识，这说明小镇的人际网是封闭的网络 [或者用术语来说就是，有着很高的“集聚系数”(clustering coefficients)]。这种可能性表明，小镇居民可能思想上也是封闭的，这并不是因为智力上有缺陷，而仅仅是因为他们的人际网让他们无法接触到不同的新思想。我所做的访谈可以证明，这种说法是没有根据的。尽管参加访谈的小镇居民声称，他们认识许多一同住在镇上的居民，但是，只有很少一部分人是可以一起消磨大部分时光的亲密朋友，大多数人表示他们与社区之外的人保持固定的关系。他们还和之前在此居住过、养育过孩子的城镇或城市里的朋友们保持着联系，与生活在美国其他地方的亲戚们保持着联系，他们到处旅行，通过互联网获得信息，与其他地方的人们也有生意来往。

只有与政治相关和讨论带政治色彩的社会问题时才可能有例外。我们所采访的许多小镇都倾向于共和党，对于社会问题也倾向于保守派观点。我认为这主要有几个原因。第一，由于人们可以平等地参与到当地的社会人际网中，有更多的机会强化自己的观点，于是，就成了大多数人的观点。第二，小镇居民表示他们并不会常常公开发表自己对于政治的看法，尤其在他们认为会遇到不同意见的情况下。即使人际网相当开放、多样化，在这些情况下人们可能也不会谈论政治性话题。此外，与保守派人士相比，具有开明思想的人更可能会使用尝试性、条件性语言，表达个人的观点。

随着电子通讯的发展，社会人际网也在不断地扩大，有些文献提出疑问，是否地理上的接近还有其重要性，或者是否和现实世界一样，网络空间里也可以轻松地建立社区。在这方面，可以参考凯勒所提出的框架，包含了构建社区的多个模块。某种社区可能只是通过网络联系建立起来的，人们一同现身的地域要素和仪式要素是缺失的，同时，创建集体传说和建立某种管理体制还是有必要的。

对于仅仅通过网络联系的程度和结构就来确定社区，人们需要谨慎为之。虽然网络在利用数学模型来进行调查方面有很多优势，但是现实通常比数据模型所展示的内容要复杂得多。例如，要求受访者说出自己亲密朋友的名字或调查自己的邮件联系人就可以模拟建立一个网络。但是，在现实生活中，我们发现，人们很难确定谁是真正的好朋友，谁又不是。他们通过许多不同的渠道来交换各种信息，人们重视的关系与信息交换的频率几乎没有什么关系。

社区精神

在凯勒看来，社区精神是所有一切其他活动和信念的结果。与此同时，对于个人而言，社区精神也可以被看作是对某种超越个人利益、人们又觉得对此负有责任的事物的认识。例如，家庭成员都知道，家里的每一个人都有个人身份，追求某些特定的目标，但是，他们也知道，他们是家庭的一部分，对于其他人的幸福是有责任的。就小镇而言，社区精神的意义常常体现在人们的期望之中，例如，期望社区中的优秀成员能为集体福祉贡献时间和精力，参与到社区的项目中，或者至少独立自主，不要成为社区的负担。

社区精神还会通过一种微妙的方式得以体现。如果说人们认为他们总是在某些方面对社区是有义务的，那么不仅要考虑社区项目的各种实际活动，还必须要考虑他们的感受。在访谈中，我们反复听到小镇居民在谈论，就好像他们真切地为小镇的发展而悲伤或高兴——他们希望能够找到方法阻止人口的减少，他们抱怨小镇学校没有了，他们很难过一家店关门了，他们很自豪有了一座新的消防站，他们感到很高兴，因为主街安装了新的排水沟。的确，从个人利益的角度来看，他们也是受到影响的——不得不开车去更远的地方购物，或者当下雨天把车停在主街上的时候不用经常在雨中漫步了。但这不是全部。单从个人利益看,这并不能充分体现他们的感受。小镇的发展状况才反映出他们对社区的感情。小镇是变得更好，或是变得更差;不论有什么事情发生，好事还是坏事，作为社区的成员，他们都参与了。

后记

小镇居民所谈论的关于小镇的一切，其实，都在和大城市相比较。小镇居民认为，他们的社区比大都市更加友善、安全、有亲和力，邻里关系也更好，更加充满关爱和适合养育孩子。城市和郊区的居民自然不太同意这些对他们社区的负面看法。尽管大城市居民的参照对象主要是其他的大都市，但是，他们的部分观点和小镇居民的观点有很多相似之处。他们同样喜欢那种人与人之间友好相处、邻里和睦的氛围。例如，一位生活在中等规模城市的居民暖心地说起了她所住的那条街上“邻居们举办的小型聚会”。“圣诞节的时候，我们会互相赠送曲奇和小礼物，”她解释说，“有时候，我们还会一起聚餐。”她说，住在路尽头“独门独户”的 8 幢房子里的人们经常会这样聚在一起。有一位一辈子都住在明尼阿波利斯市郊区的 70 多岁的女士说，她所在的社区最美好的就是“小镇的氛围”。同样地，芝加哥的一位居民表示，她喜欢街道的宁静，她所在的街区，有一种“邻里和睦的感觉”。从这些评论可以推断出，城市规划工作者和景观设计师成功地在大城市建立起了小镇氛围。有人建议，要仿照过去小镇的样子建造小镇广场，开发房屋，房屋要包含宽敞的门廊，门廊里要摆放秋千和盆栽的天竺葵。

坦率地说，将小镇所有美好的事物都在大城市加以完全复制是一个很失败的建议。我在之前的章节中讨论的所有内容都表明，规模很重要。小镇人民并不是天生就更加友好、更加平易近人、更加有礼有节，而是较小的规模形成了这样的社会关系网、行为模式和公民承诺。这其中有一部分是可以在城市里得以复制的。例如，那位来自芝加哥的女士所谈及的关于她所在街区的情况并不令人感到惊讶。在这样的规模下，她感受到邻里和睦。如果她生活在小镇的话，其他方面就完全不同了。她说起曾和男朋友听着免费的音乐会，在千禧公园里漫步，感觉很惬意，可是，他们不认识公园里的任何一个人。当被问及她是不是很喜欢芝加哥这个城市，以后会留在这里时，她说这个城市“很棒”，但是，她估计过一两年会搬到旧金山，也许会去西班牙。生活在郊区的人们也给出了相似的答案。他们很喜欢周围的街区，那里宁静、友好。有些邻居家的院子和花园是连在一起的。他们喜欢待在户外。例如住在明尼阿波利斯市郊的这位女士表示，玉米地几十年前就没有了，但是“我们还是离空旷之地很近”。可是，郊区的这些居民很少会在他们的社区工作或者购物，也很少会去当地的教会或者定期地与许多邻居见面。那位住在明尼阿波利斯市的女士说，她所生活的郊区“是个好地方，人们可以来，也可以走”。

进一步仔细研究居民们描述社区所用的语言，可以看出，居民们在倾向性和视野上的不同点。郊区的居民和小镇居民一样，他们也强调其所在的社区适合家庭生活。这也意味着郊区与小镇之间的不同。适合于家庭生活通常暗指多样化，郊区居民认为多样化是好事，孩子们可以和不同民族、不同种族的人进行交流。当然，郊区是否像居民描述的那样具有多样性仍是人们争论的话题。可是，郊区居民知道，多样性应该值得他们去珍视。通常情况下，适合家庭生活的郊区多指便利的设施——学校不仅质量好，而且规模大，可以提供各种各样的学术、体育和艺术项目，还可以参加各类娱乐活动和组织。正如一位生活在拥有 80000 人的发展迅速的郊区的家长所述，“无论是住房，还是公园或道路，郊区都规划得非常好。”

适合家庭生活的郊区还意味着生活便利。便利也是小镇居民非常重视的一点，因此，明白便利所指的不同之处也是非常重要的。就小镇而言，便利意味着走几个街区就能到银行，住在学校的附近，而且，便利还指与银行职员和教师十分相熟，可以抛弃所有大地方必需的繁文缛节，同时便利也意味着机会有限，于是，人们每天必须做决定的时候也就简单了许多。而郊区对于便利的定义则有几分不同，郊区的地方更大，社会关系更加复杂。正如一位生活在郊区的居民所说，在郊区，便利意味着能够开车到“工作地点”。郊区要靠近一条州际公路，这样可以在二三十分钟内到达想去的地方。

这些意义上的细微差异所体现的空间感可以用比喻的手法来描述，小镇的空间感就像是一个圆圈，大都市的空间感就像是一支箭。虽然小镇居民会在其他地方花费大量的时间，尤其是如果他们必须要驾车去另外一个城镇购买杂货、看医生时，社区对于他们来说是一个有限的空间，就像是一个圆圈，大致与小镇的行政范围相重合。不论是在工作场所、学校、农产品商店，还是美国退伍军人协会，社区里存在着各种社会关系。一支箭是对郊区空间更好的描述，郊区居民的家是他们来来去去的地方。郊区居民开着车几乎是朝着一个方向前进去上班，朝着另外一个方向开到购物中心，然后再朝着另外一个方向开去教会或是学校。社会关系就分散在这些不同的方向中。

尽管小镇居民认为自己和邻居的关系，从某种程度上说更加真实，对于正直无私等传统价值观也更加坚持，但是，没有理由可以认为小镇在道德上就优越于大城市，反之亦然。不论小镇还是大城市，各有各的优点和缺点。有的社区邻里和睦，只是有时候这种睦邻友好也会让人觉得窒息；有的社区机会无限，只是有时候也会让人觉得难以应对。关键是要认识到小镇与大都市地区在多大程度上有所不同。小镇的确有其优势。不论小镇可能发生怎样的变化，不论全国范围的广告、商业模式和政治局势对小镇产生了多少影响，只要小镇的人口依然稀少，社会关系相对独立，那么小镇当下并且依然会和城市有所不同。

那些从大都市搬到乡村小镇，希望能够在这两个世界中利益最大化的人们很快就会发现，他们可以享受到小镇的部分益处，但是，要想获得其他潜在优势，就必须付出他们并不愿意付出的代价。约翰·迈耶斯就是一个很好的例子。10 多年前，这位 50 岁的商业高管带着妻子和 3 个儿子穿越 25 英里从一座大城市来到这个仅有 100 人的小镇。迈耶斯先生是一家跨国保险公司的行政副总裁，最近，这家公司被一家瑞士公司给收购了。每天早上，他会在书房里工作，用半个小时的时间通过安全邮件链接与公司在印度的员工进行沟通交流，这些员工已经在晚上将账目处理好了。他和住在纽约市郊的老板汇报工作，而老板则待在兼作办公室的卧室里通过邮件与外界联系。从这个角度上来说，迈耶斯先生是全球新兴的通过电子邮件进行工作的劳动大军成员之一，同时他还能够享受到乡村生活的好处。他和太太拥有几英亩的土地。他们很高兴能够在花园里种些花花草草，在野生动物出没的附近的林子里散散步、呼吸新鲜的空气、欣赏日落的美景。但是，他们却没有体会到小镇生活中其他的传统特色。他们不认识周围的邻居，因为在迈耶斯先生所知道的范围内，邻居们都很少在家。他的家庭办公室只在一天中的第 1 个小时起作用，然后，他必须要驱车 25 英里回城，因为他的老板坚持他必须要出现在公司，与其他员工面对面地进行交流。事实上，他的老板一直通过迈耶斯先生手机和电脑上的全球定位系统来监督他的确切位置。迈耶斯先生交际甚广，他每周会拜访朋友 2 次，为此他必须去城市里的某个酒吧与他们会面。每个月，他至少有 4 次要开车 45 分钟去机场，然后飞到另外一个城市做宣讲。迈耶斯先生和太太还是教会团契的成员，他们一般要开车 15 英里去参加教会活动。

这个例子又把我们带回到了我一开始就提到的问题上，尽管只有极少数人居住在小镇上，但是，小镇是否从某些方面体现了真实的美国？答案是否定的。相反，小镇是许多人认为的美国应该有的样子，确切地说，是他们希望美国应该有的样子。小镇邻里和睦，对于社区的居民有着很高的期望。对于有些人来说，小镇与过去之间有着如同家一般舒适稳固的联系，以及友善感。对于不需要这种感觉的人来说，小镇是令人压抑窒息的。生活在较大地方的人们必须要通过不同的方法来寻找到令人舒心的社会关系。作家们对托克维尔的看法并不感到意外，19 世纪 30 年代他访问了一些小镇，对美国民主不断地取得成功有了深入的了解，这给他留下了深刻的印象。可以理解的是，有时候，民粹主义会号召人们反对大政府，像小镇居民一样照顾自己。这些梦想只是在某种程度上会在一些小镇发挥作用，但是完全不适合更大范围内复杂的社会生活现实。

随着小镇的不断变化，小镇的未来也有可行的道路。只靠逃离城市和郊区的人是不可能让小镇的人口大幅度提高的。然而，由于大规模的耕作导致的人口减少也减缓了。更加便捷的交通、优质通讯、人口的老龄化、对与土地近距离生活的渴望、对友善的邻里关系的期待等等因素让小镇得以存活下去。小镇保留了过去那种节奏缓慢、较小范围规模的生活方式，同时也富有领导力和创新思想，对未来充满期待。

研究方法

写这本书，一方面是因为我就是在小镇长大，而且我一生中大部分时间都生活在看似规模很小的社区里，另一方面是因为我从1996年就开始潜心研究美国的小镇。作为一个关于“公民参与”项目的一部分，我和我的研究组在18个州对社区领导和普通居民进行了250次定性访谈。其中，有1/3的受访者就居住在小镇上，其余的受访者居住在城市或郊区。1997年，我们在1528位随机选取的受访者中，展开了一次具有代表性的全国调查。这些数据为我所著的《松散的连接：走入美国四分五裂的社区》一书的资料来源。1998年，哈佛大学出版社出版了这本书。这本书重点探讨了美国社会体系日益千疮百孔的形势下，公民参与模式的变化，这本书其中有一章节是和小镇有关的。在这本书里，不仅有大量尚未分析的数据，而且还有许多与社区生活相关的问题尚未得到答案。

10年过去了，我又能重新探讨有关小镇的这些问题。2007年，我开始着手关于中西部地区社会变化的项目，包括分析美国人口普查局1890年到2005年期间在5500多个小镇收集的数据。作为数据的补充，我和我的研究助手对我们所选择的小镇中的200多位居民和社区领导进行了采访，以期展现出农村地区的农业小镇以及快速成长的都市地区所发生的变化。这个项目也促成了我的另外一本书的出版，即《重建中心地带：20 世纪 50 年代以来的美国中部地区》，该书于 2011 年由普林斯顿大学出版社出版。再次面临大量未经分析的定性信息，我决定扩大研究关注的问题，把美国其他地方的小镇也囊括其中。2008 年和 2009 年，我和我的研究助手又做了大约 250 个采访，2010 年和 2011 年，又做了大约 150 个采访。除了定性采访之外，我还采用了美国人口普查局在 1980 ～ 2010 年期间对建制居民点所收集的数据，并对我在 1997 年所做的调查数据进行了重新分析，仔细研究了 1998 ～ 2008 年期间其他几个全国性调查数据。重要分析所使用的人口普查数据，是从密苏里人口普查数据中心以及 socialexplorer. com 网站上获得的，不仅仅包括对于 2005 ～ 2009 年美国社区调查所估计的数据，还包括了 1980 年、1990 年、2000 年和 2010 年，每 10 年 1 次的人口普查数据。各种数据文件中都使用了城市地区变量，以确定那些有居民处在城市边缘地带的小镇。正如第 1 和第 3 章所讨论的，有时只分析了 2010 年的数据，而有时分析了 1980 年及 2010 年文件中同时存在的小镇，因此小镇的总数会有少许不同。

研究过程中，我亲自拜访了 100 多个小镇，与当地的居民、牧师以及其他社区官员随便地聊过，也去过法院大楼和图书馆收集信息并拍照。在正式的访谈中，大约 120 个是在受访者家中或工作地点进行的，其他的是通过电话来进行。所有的访谈都由受过专业训练的采访者完成。平均每个访谈持续时间为 1 个半小时，有些长达 3 个小时。其中有 18 个访谈是夫妻一起参与的，其他的都是一对一进行的，只是，有几个访谈是夫妻分开进行的，有几个访谈是兄弟姐妹或是来自同一个家庭的两代人共同参与的。除了一对一访谈之外，我们还对各个社区的多位居民进行了几次焦点小组访谈。

定性访谈的对象是通过目的性的定额设计（Purposive Quota Design）挑选出来的。该设计的目的是通过挑选出人数大致相同的男性与女性、青年人和老年人以及受过高等教育的人和未受高等教育的人，从而最大可能地实现受访者的多样化，然后，在这个更大的范围中挑选出拥有不同职业、不同宗教背景、不同种族和民族背景的受访对象，他们来自不同小镇，这些小镇大小规模不同，发展和衰落模式各异，所属地区不同，经济活动的主要基础也各不相同。小镇的特征主要是由人口普查数据以及住房、社区历史和地方经济形势的状况来决定的。大多数情况下，要确定一对一的受访者，首先会采访社区领导，例如选举或委派的官员、教育局长或学校校长、县推广员、县委委员或者牧师等，同时，请求他们把我们介绍给社区其他的居民，然后，请这些受访者继续把我们介绍给其他人。接受访谈的小镇人口规模从 43 人到 25000 人不等，2008 年的人口中位数为 1443 人。除此之外，为了有对比，有 150 位来自人口在 4 万到 280 万人之间的城市或郊区的受访者也参加了访谈。访谈在 43 个州进行，其中，有些小镇的主要产业是农业、畜牧业、肉类加工、硫矿开采、开放地带煤矿开采 、铜矿开采、深井黄金开采、盐矿开采、石油、天然气生产和加工、传统制造业和金属加工、电子工业、客服中心、信息处理、旅游业、博彩、生物燃料以及先进的技术行业。各个社区家庭平均收入从略高于全国平均收入到比全国平均收入低 30% 不等，失业率也在比全国平均水平低 4% 到高 20% 之间变化。在许多更小的社区，公共医疗和教育设施是主要用人单位。受访者从事的职业有 85 种，从管理员、快餐厨师、办公室助理到银行行长、医生和律师，最常见的职业是家庭主妇、教师、农夫和销售员。受访的社区领导中最常见的有选举或任命的官员，比如市长、镇行政人员、经济发展主管，以及新教徒牧师、天主教牧师、教育局局长和校长。

访谈采用的是半结构式访谈的方式，围绕一定的主题逐个对所有的受访者提问，并且灵活地提出后面的问题，以获取更重要的细节和更多具体的信息。提这些问题的目的是要鼓励受访者讲述自身的故事，谈谈自己所在社区的意义，以及他们对社区的理解和诠释；谈谈自己的工作以及家人的社区生活，以及一些更重要的社区问题，从工作培训和教育机会的获得等经济问题到吸毒和堕胎等人们关心的社会道德问题。对于大多数受访者使用的是最初版本的问题。收集数据的最后一年，对受访者使用的是修改后的版本，其中添加了一些问题，以便更深入地探讨之前访谈中出现的话题。有些受访者会提供一些有关学校、天主教区、小镇的政治领导的特征变化等特殊问题的信息，那么我们会为他们专门设计不同的访谈。

所有的访谈都按照专业要求记录下来。对每个访谈中与本书各章节主题相关的内容和变量都做了定性分析，尤其特别关注与职业、年龄、性别、社区规模以及地点相关的变量。可能的话，人口普查数据、全国性调研的反馈以及公众可通过网站和研究文件获取的有关地方社区的信息都可以作为定性访谈信息的补充。虽然许多受访者同意公开他们的身份和所在的社区，但我们还是严格遵守机构审查委员会有关人类对象研究的规定，对所有这样的信息予以保密，对受访者使用假名，没有透露他们的真名、社区地点，而且隐瞒和改变有些特征以免个人和社区被辨认出。本研究的访谈大纲如下：

小镇居民访谈大纲：A版

1. 出于访谈录制的需要，我是否已经清楚地解释了本研究的目的？你是否允许录制此次访谈？

2. 在开始之前，我需要填写一些背景信息。比如，我会对磁带说你是男性或女性。

3. 你出生于哪一年？

4. 你现在多大年龄了？

5. 你在学校完成学业的最高年级？

6. 如果你上过大学：你是在哪里上的大学，专业是什么？

7. 如果你是研究生毕业：你的专业方向是什么？

8. 你现在从事什么职业？（如果退休了，就问过去从事什么职业。）

9. 你结婚了吗？

10. 如果是已婚：你配偶的教育程度如何？

11. 你的宗教信仰是什么？

12. 为了录制的需要，你住在（镇或县和州的名字）。

正式提问：

1. 我们对人们如何进入其所在的行业尤为感兴趣，不论是他们的工作、操持家务，或是退休前从事的工作。能否说说你的故事，或许可以从你离开学校开始说起？你是怎样进入自己所在的行业的？

2. 有没有某些事件或某种影响最终促成你从事这个行业？能否谈谈这方面内容？

3. 你的父母对你的职业选择有什么影响吗？例如，他们是否希望你从事他们的职业？如果是的话，他们是怎么让你知道这一点的呢？又或者说他们是如何引导你的呢？他们有没有鼓励你选择别的工作？

4. 你的父母对大学的看法如何？他们是否愿意让你上大学，或者他们是怎么说的呢？

5. 你的父母对你所居住的地方有何看法？你自己呢？例如，有些父母非常希望孩子住得离自己很近，如果孩子们搬走了，他们会难过。你的家人对这个问题是怎么看的？

6. 谈谈你刚开始（工作、耕作、组建家庭、养育孩子等）的情况。

你是怎么做的？你面临着什么样的挑战？最艰难的事情是什么？

7. 现在问你另外一类问题。假设你即将高中毕业，正为将来做打算。有关什么事情该做或者什么事情不该做，你会给自己怎样的建议？

8. 请你谈谈，做这些事情如何能帮助你获得生活中想要的东西。

9. 对于你的直系亲属，也就是目前和你生活在一起的家庭成员，我有几个问题想问。他们都是谁？（特别调查配偶、孩子和其他亲属。）

10. 在你看来，谁是家里主要的收入来源——也就是说，主要担负家庭收入的那个人——或者是否还有其他人也是家庭收入的主要来源？

11. 我不会问有关财务方面的私人问题，但是我想问你一个基本问题：你觉得目前你的财务状况如何，是非常紧张、比较紧张、比较宽松，还是非常宽松？

12. 请再多谈一些有关这方面的内容，例如，这（紧张或者宽松）是什么意思？在什么情况下，财务状况会紧张或者不紧张？

13. 什么东西是对你真正有益处，但是目前你负担不起的？

14. 你过去的财政状况比现在好吗？你会怎样描述那个时候的财政状况？

15. 有哪些主要因素阻碍你的财政状况好转？

16. 如果你想大幅度改善你的财政状况，必须做的事是什么？例如，你会继续深造、更换工作、搬到另外的地方，还是有其他的选择？

17. 为什么这是必须要做的，这样做对你会有何帮助？

18. 就财政状况而言，和你的父母相比，你的生活是更加轻松了还是更加艰难了？或者你怎样看待你的生活？你生活的哪些方面变得更加轻松了或者哪些方面变得更艰难了？

19. 你的父母经历过类似 20 世纪 30 年代大萧条时期那样，或者身无分文的非常艰难的时期吗？

20. 如果有：他们谈到过与此有关的事情吗？这段经历对他们产生了怎样的影响？这段经历对你又产生了怎样的影响？

接下来的问题与你所在的社区有关：

1. 你是否是目前家族里第一个住在这个社区的人呢？或者你家族的前几代人也曾居住于此？

2. 如果家族的前几代人也曾住在这个社区：请说说他们的故事。家族中谁最先来到这里？他们从哪儿来？什么时候来的？为什么会在这儿定居？

3. 如果家族的前几代人中没有人曾住在这个社区：请谈谈你是怎么来到这里并定居下来的。你是什么时候来的？在此之前，你一直在哪里？你为什么会来这里？

4. 有哪些事情让你非常喜欢住在这个社区？

5. 你能否举个例子——用这个例子来说明住在这儿的好处？

6. 为什么这个例子对你有特殊的意义呢？

7. 住在这儿，有什么方面是你特别不喜欢的？或者可能有哪些地方是你觉得，如果可以，你很希望改变的？

8. 你能举个例子吗？

9. 你曾经想过自己会生活在别的地方吗？不管是否现实，如果你必须住在别处，你会去哪儿？或者会是什么样的社区？

10. 如果出于某种原因，你必须离开，你最怀念这里的是什么？当然是你的朋友，但是，还有其他什么吗？这里有什么东西对你有吸引力，并且你知道日后会怀念的？

11. 下面一个问题你需要思考一会儿。城里人谈起住在乡下的农场或小镇的人时，有时会说一些不太友好的话。例如，城里人会称他们为“乡巴佬”或者说他们说话很滑稽，或者想知道他们为什么会住在那么偏僻的地方。我想你理解我的意思，对吗？或是这些内容会在电视里或是电影里提到。你听说过这些吗？能举个例子吗？你觉得有人会因为你住在这里而看不起你吗？情况是怎样的？

12. 另一方面，如今居住在农场和乡村的人常常会因自己居住的地方而自豪。是什么让你觉得住在那里很自豪？还有没有其他的方面让你觉得自豪？

13. 你所在的社区居民真的很友好、邻里和睦、乐于助人吗？你会怎样描述你所在的社区？用你自己的话谈谈。

14. 请你举些例子，说明社区居民在哪些方面很友善。

15. 你可能听说过“篱笆扎得牢，邻居处得好”这句谚语，意思是有时候人们会意见不同，有时候邻居们相处得不融洽，有时候邻居们太好管闲事，有时候邻居们太爱说长道短。请你用几分钟的时间谈谈这些问题。我肯定你所在的社区有时候也会发生这样的事情。你能举些例子吗？

16. 我不知道你是否听说过“小镇友好”这个词。这个词是指小镇上的人非常友善礼貌，但是，有时候他们并不会说出他们真正的想法。例如，他们会说“嗯，我不知道”，而不是“不，我不同意”。你可能注意过这种事情，请你谈谈类似的事情。这种情况会出现在你社区的哪些地方？（对于不同的地区使用替代性词语）

17. 就另一个略有不同的话题而言，小镇和农村地区的居民以自给自足而闻名。不到万不得已，他们不会向别人寻求帮助。在人们看来，他们自力更生。他们擅长修补东西，找到解决问题的办法。你所在的社区居民是否也是这样？你能否举些例子？你也是这样的吗？

18. 在你看来，怎样才算是自给自足、自己修补东西、自己解决问题？你能举个例子吗？

19. 如果有个人 25 或 30 年前曾经在你所在的社区生活过，如今又回来了，他们会注意到社区哪些重要的变化？

20. 与 30 年前相比，还有什么变化会引起他们的注意？

21. 引起这些变化的主要原因是什么？

22. 这些变化对社区有益还是无益？

23. 这些变化为什么对社区有益（或无益）？

24. 有些受访者谈到“缺失感”——或者感到过去的一切可能更好。这可能会发生在日渐衰落或不再发展的社区里。你认识的人中有时候会提到这种缺失感吗？他们怎么描述这种感受？

25. 大多数社区都会有受人敬仰和尊重的人。你所在的社区中，什么样的人受到敬仰和尊重？

26. 同样，大多数社区中也会有一些无法得到别人尊重的人。这又是哪种人？

27. 大多数社区中都会有一些不太爱交际的人。你所在的社区中，哪种人不太爱交际？

28. 他们为什么不爱交际？

29. 你所在的社区有没有采取任何吸引新近居民的举措？如果有：社区都做了哪些事情？

30. 如果有新近居民：什么样的人搬迁到了你的社区？他们为什么会搬到这里来？

31. 你认为宗教对于你所在的社区有多重要？

32. 就宗教的重要性而言，你能给举个例子吗？

33.（如果有的话）你加入的是哪个宗教教会？

34. 如果加入了教会：该教会有何传统，属于哪个教派？

35. 这个教会是否在你所在的社区？如果不在，该教会离你所在的社区有多远？

36. 这个教会有多少成员？

37. 为了表示友好和与人交际，你和教会的其他成员都会做些什么？例如，你们会不会聚在一起喝咖啡或聚餐？或者你们都做些什么事情？

38. 你是否曾经获得了你所在教会切切实实的帮助？

39. 请你谈谈当时的情况。

40. 我想问你一些有关教会活动和项目的问题。请问教会会安排一些有其他国家的教会一同参与的活动吗？例如帮助其他国家的姐妹教会，或对传教士给予资助？

如果有：请你谈一谈。教会都会做些什么？

教会还会做些一些其他类似的事情吗？

41. 你所在的教会是否会开展一些专门帮助社区穷人的活动？

如果有：请你谈谈这些活动。谁需要帮助，教会又是怎么做的？

你能否可以就教会所帮助过的人或者家庭举出具体的例子（不必提及姓名）？

42. 你所在的教会是否资助过前往别国的短宣？

如果有：请你谈一谈。你们会去哪里？你们会做些什么？谁又会去呢？

能否举例说明是什么促成这样的短宣？

教会为什么要进行短宣？

你认为短宣对于教会的生活会产生怎样的影响？

43. 你自己是否曾经参加过去其他国家的短宣？

44. 如果去过：你去过哪儿，做了些什么？你是如何参与其中的？这次短宣对你又有何影响？

45. 人们常说他们对土地有种特殊的情感。土地对于他们来说，意义非凡。你是否也有同感？

46. 如果是这样的话：农村生活的哪些方面对你具有特殊的意义？

47. 如果不是这样的话：在你看来，为什么土地对你来说没有特殊的意义？

48. 你是否认为土地对于你所在社区里的许多人来说具有特殊意义？

49. 是什么使土地对他们来说具有特殊的意义？

50. 为了出门欣赏你所在地区的自然美景，你会做哪些事情？

最后一组问题：

1. 你也知道，人们对于社会问题和道德问题，看法不一。你有没有对某些社会问题和道德问题反应强烈？

2. 如果有：你对什么问题反应强烈？为什么？

3. 如果没有：那么，有没有哪些问题是你十分关注，而且对你的投票产生了影响的？

4. 就你对美国社会目前的发展状况的看法，你认为如今美国最严重的道德问题是什么？

5. 你认为这个问题对美国产生了怎样的影响？

6. 针对这个问题，你所在的社区居民有何举措？

7. 堕胎是许多人都反应强烈的问题。请你用自己的话来描述一下你对这个问题是什么样的看法？

8. 有哪些主要原因会让你持有这样的观点？

9. 另一个常常在新闻中被提到的问题是和进化论有关的。你对进化论有何看法？你觉得学校应该如何教授进化论？

10. 在你看来，在你对进化论的观点形成的过程中，什么对你的影响最大？

11. 许多社区都面临着毒品、酗酒和犯罪问题。你所在的社区存在这些问题吗？

12. 如果有：你能举个例子吗？

13. 如果没有：你认为原因是什么？

14. 你觉得解决社区中毒品和酗酒问题最好的办法是什么？

15. 这里还有一个问题：通常来说，政府的帮助会让你所在的社区情况有所好转还是反而让事情变得更糟？

16. 请你用自己的话谈一谈，政府是怎样让事情有所好转或者变得更加糟糕的？

17. 你认为自己是共和党人、民主党人还是独立人士？

18. 问题到此结束。你有没有需要补充，或是需要重新讨论的问题？

小镇居民访谈大纲：B版

1. 出于访谈录制的需要，我是否已经清楚地解释了本研究的目的？你是否允许录制此次访谈？

2. 开始之前，我需要加入一些背景信息。比如，我会对磁带说你是（男性或女性）。

3. 你出生于哪一年？

4. 你现在多大了？

5. 你在学校完成学业的最高年级？

6. 如果上了大学：那么你是在哪儿上的大学，专业是什么？

7. 如果你是研究生毕业：你的专业方向是什么？

8. 你现在从事什么职业？（如果退休了，就问过去从事什么职业。）

9. 你结婚了吗？

10. 如果已婚：你配偶的受教育程度？

11. 你有何宗教信仰？

12. 为了访谈的录制需要，你住在（镇或县和州的名字）。

正式提问：

1. 请你谈谈你的工作。你的工作主要是做什么的？你的时间是怎么安排的？你的主要职责是什么？你能否用一些术语来描述你的工作情况？

2. 你做这一行有多久了？请你简单介绍一下情况，包括以前从事的其他任何工作。如果你换过工作，为什么要换工作？

3. 我们对人们是如何选择自己的行业尤其感兴趣。你能否谈一谈你的故事？或许你可以从高中或者更早时期说起？你是如何选择以及为什么选择你的行业的？

4. 我对你居住在小镇上或居住在小镇附近与你所在的行业之间的关系，充满了好奇。你住在哪儿——或者你想住在哪儿——对你所从事的行业有怎样的影响？

5. 如果你去城市工作，你会做出哪些牺牲？你愿意放弃你现在小镇所拥有的哪些东西？

6. 你为什么愿意做出这样的牺牲？

7. 现在反过来问。生活在小镇，你又做出了哪些牺牲？你牺牲了哪些本来住在城里可以享受的好处？

8. 你为何愿意做此牺牲？

9. 是否会有什么遗憾？是否想过“如果”你选了不同的道路，“生活会怎样”？能否谈谈你的生活可能会有什么不同？

10. 你觉得，如果你生活在城市里，你是否会拥有更好的赚钱机会？

11. 因此，你选择在小镇生活，是不是因为钱对你来说并不重要，或者因为小镇生活消费不高，还是其他什么原因？

12. 如果你结婚了：这里有另外一个关于你如何迈入目前行业的问题。你的决定如果完全受到配偶的影响，那么你的配偶是如何对你的决定产生影响的？例如，你配偶的职业是否会对你的职业产生影响？

13. 我不会询问家庭财务状况的细节，但是与社区其他人相比，你的财务状况可能属于最上层的1/4，次上层的1/4，略低于社区的平均水平，或者大大低于社区的平均水平？

14. 相较于社区其他房屋，你如何描述自己所居住的房屋？

15. 你认为，你房屋的价值很可能是高于社区里房屋的平均价值还是低于社区里房屋的平均价值？

16. 在大多数社区里，总会有少数几个家庭是社区里最富有的。也许他们拥有许多的土地，也许他们拥有油井，或者他们继承了丰厚的财产。请你谈谈你所在的社区里这些人的情况。他们从事的是什么职业？

17. 有哪些事情是有钱人能够做而社区其他人所不能做的？例如，他们是否住在豪宅里，他们是否外出旅行，还是其他的一些事情？

18. 有没有听到过对这些有钱人的批评言论？例如，他们喜欢显摆或是其他类似的议论？请你谈谈你都听到过哪些批评言论？

19. 这些有钱人在社区有什么权力？他们对于小镇的管理或其他方面会产生影响吗？

20. 转换一下话题，生活在小镇的人常常会说他们认识镇上所有的人。当然，对于有些人你会更加了解一些。大约猜测一下，你认为，你知道小镇上多少人的名字？你只需要说出粗略的人数，或是这些人在小镇总人数中的比例。

21. 你认为，社区里有多少人是你的亲密朋友？

22. 假设你要请社区的一些朋友来吃饭，或者一起去饭店——你会与他们一起度过晚上的时光。你会请谁？你是怎么与他们结识的？你和这些人之间有何共同之处？你为什么会选择他们？

23. 换个说法，你是怎样认识小镇上你最熟悉的人的？你和他们之间关系如何？你是在哪儿遇见到他们的？

24. 下面的问题可能有点难回答，但我可以这样问：在你最熟悉的人中，他们大多数人是否彼此认识？或者许多人彼此都不认识？也许他们社交圈不同，他们认识你，但他们彼此之间并不认识。

25. 请你就这个问题再多谈一些。为什么他们彼此认识或彼此不认识？

26. 你所在的小镇上的人们能否称得上是好邻居呢？如果是，能否给我一个例子说明做个好邻居意味着什么？

27. 假设我搬到你们小镇，我对你说，我想与大家融洽相处，我想做个友好的邻居。跟我说说有什么潜规则。我需要做什么才能被看作友好的邻居？

28. 我还需要做些什么？还有什么其他睦邻友好的规则？

29. 反过来看。有什么事情我不应该做？有什么事情，可能因为我不遵守规则，让我受到批评？

30. 与住在城里相比，住在小镇有哪些你认为最好的方面？

31. 为什么你特别喜欢某些方面？

32. 你去城里时，不喜欢哪些方面？

33. 为什么不喜欢？

34. 如果有人来到你的小镇，他们可能会有所批评。你觉得他们会批评什么？

35. 你对这些批评有何反应？

36. 与我们交谈过的小镇居民有时说他们喜欢小镇是因为这里没有什么变化，一切如常。你认为你所在的小镇也是这样吗？是否也没有什么太大的变化？如果是，你为何喜欢这样？或者为何不喜欢？

37. 人们提到的另一点是他们喜欢小镇的慢节奏生活。请你解释一下，慢节奏生活是指什么？

38. 你喜欢节奏慢的生活吗？如果喜欢，为什么？

39. 请你谈一谈你所在小镇的社区精神。你觉得社区精神会在什么时候出现？

40. 请你解释一下你所在的小镇的社区精神。这是一种感觉吗？或者小镇上的居民如何描述这种社区精神？

41. 我们一直在谈小镇。我很好奇，从什么时候开始，小镇逐渐失去了作为一个小镇的感觉？是因为小镇的规模，还是有别的原因？

42. 假设有个镇有 20000 人。你会认为这个镇是小镇吗？为什么是或者为什么不是？

43. 你认为，小镇最理想的规模是多大？就你看来，怎样才能让它的规模变得足够大，但不会太大？为什么需要这么大的规模？

44. 就小镇的样子而言，有没有你特别喜欢的地方？例如，有人说他们喜欢主街的样子，或者小镇上有一些老房子或别的什么。有没有哪些是你喜欢的地方？为什么？

45. 你最喜欢小镇位于什么地点？

46. 为什么你特别喜欢这一点？

47. 对于小镇目前的地理位置，有没有你喜欢的方面？也许小镇就坐落在美丽的山谷里，或者是毗邻农场。有没有类似的方面？

48. 请你用自己的语言谈一谈你为什么会喜欢小镇的地理位置。

49. 接下来，我有几个问题是关于你所在社区的领导人的。当我说到“你所在社区的领导人”时，你会想到谁？谁是重要的领导人？

50. 这些人身上有哪些方面让他们脱颖而出成为领导人呢？换句话说，是什么让他们成为领导人？

51. 你觉得目前的社区领导人怎么样？他们正在做的哪些事可以真正帮助社区？

52. 能否给一个实例，说明领导人所做的具体实事是如何帮助社区的？

53. 另一方面，领导人有哪些地方没有做到，或者所做的事情未能帮助社区？

54. 为什么他们所做的事情没能起作用？或者有哪些本来应该做而没有做的事情？

55. 社区是否有过有争议的提案？或许社区里一部分人坚持一个意见，而另一部分人则坚持另外一种不同的意见？

56. 如果有这种情况，请你谈一谈。情况是怎样的？

57. 你自己是否曾经在社区里担任过领导职务？如果有，是什么职务？你做成了哪些事情呢？

58. 在目前的社区领导人中，你个人和哪位领导最为熟识，或者和谁在一起感觉最舒服？为什么？

59. 就最近社区里所发生的具有创新意义的事情，你能否举一个例子呢？例如，有些小镇用上了可持续能源，建造了一家新医院，或是吸引了新的企业。有没有类似这样的事情？

60. 这事是怎么开始的？又是怎样影响社区的？

61. 你所在的小镇是否在处理一些与移民和新民族族群有关的问题？

62. 如果是：是哪些问题？社区居民是否会因为社区人群更加多样化而感到紧张？他们对此有何感想？

63. 我还没有问过宗教问题。宗教在你所在的社区中有多重要？是很重要还是不怎么重要？你有什么看法？

64. 是什么让你感觉宗教重要或不重要？有什么迹象表明宗教是重要的或是不重要的？

65. 如果有的话，你参加的是哪个教会？

66. 你与教会的其他成员在一起会做什么事情？例如，礼拜前后，你们会彼此交谈吗？或者你们会一同为各个委员会服务吗？ 你能举一些这样的例子吗？

67. 最后，我有一些关于政治的问题。你所在的社区中，大多数居民是共和党人还是民主党人，或者一半是共和党人，一半是民主党人，或者你会如何描述你所在社区的情况？

68. 是否两者中有一个政党常常在当地选举中获胜？那么这个政党如何在当地开展工作？

69. 当地人关心的重大问题有哪些？或许是那些你知道的社区居民关心的问题。或者是你个人十分关心的问题。

70. 为什么这些问题尤其重要?

71. 联邦政府目前有没有采取任何措施帮助你所在社区的居民?或者你会如何描述联邦政府的行为?

72. 州政府怎么样?州政府有没有做过对你所在社区特别有帮助的事情?

73. 你与社区中认识的居民相聚时会谈论政治话题吗?或者那是你们不会太过谈论的话题?

74. 有没有什么话题你们的确会谈论或者不会谈论?

75. 如果可以向总统说起一件事,你会说什么?

76. 如果可以向州长说起一件事,你会说什么?

77. 2008 年总统选举你投票了吗?

78. 如果投了:请问你投了谁的票?

79. 以上就是所有问题。你有没有什么需要补充的内容?

社区领导人访谈纲要

1. 出于访谈录制的需要,我是否已经解释清楚了本研究的目的?你是否允许我对这次访谈录音?

2. 在我们开始之前,我需要加入一些背景信息。例如,我会对磁带说你是(男性或是女性)。

3. 你出生于哪一年?

4. 你今年多大了?

5. 你在学校完成学业的最高年级是几年级?

6. 如果上过大学:你是在哪里上的大学,专业是什么?

7. 如果你是研究生毕业:你的专业方向是什么?

8. 你现在从事什么职业?(如果退休了,就问过去从事什么职业。)

9. 你结婚了吗?

10. 如果结婚了：你的配偶从事的是什么职业？

11. 你的宗教信仰是什么？

12. 为了访谈录音的需要，你住在（镇或县和州的名字）。

正式提问：

1. 请你谈谈你所在社区的大体情况。社区是什么样子的？有多大规模？住在社区的居民们都包括哪些人？他们都从事哪些工作？

2. 你所在的社区有什么突出特征？该社区因什么而闻名，或者说该社区因为什么而与众不同？

3. 就你个人而言，你最喜欢小镇的哪个方面？还有其他的方面吗？

4. 小镇有哪些方面你不太喜欢？如果可以的话，你会在哪些方面做出改变？

5. 我主要的问题是：在你看来，你所在的社区目前面临的主要问题或挑战是什么？请你谈一谈。还有其他的挑战或问题吗？为什么这对于社区来说是一种挑战？

6. 社区是如何解决每一个问题的？效果如何？是否有解决这些问题的计划或者委员会？什么人参与其中？州政府或其他的司法机构是否也一同参与解决问题？

7. 社区有没有其他重大的问题？都是些什么问题？

8. 你认为，最近几年以来，发生在社区的最好的事情之一是什么？有没有任何有正面意义的事情？

9. 请你谈谈为什么这件事情尤其重要。为什么这是有益的事？

10. 那些效果不太好的事情呢？可能是一些社区遇到的挫折，也请你谈一谈。

11. 这是社区能够处理的问题吗？或者说事情的结果会怎样？

12. 近年来，是一直在增长，维持原样，还是一直减少？

13. 如果是社区人口增长：增长的主要原因是什么？我想知道的

是细节，例如，是因为新产业、经济发展计划、某些正在该地区发生的事情等等。

14. 如果人口出现了下降或者人口维持不变：最近发生什么事情导致人口出现下降或是人口数量不变？还有什么其他的事情吗？

15. 你预测下个 10 年左右人口发展趋势将会如何？下降、稳定还是增长？原因又是什么？

16. 你居住的地理位置是如何影响人口增长或者下降的？例如，附近的州际公路或者与城市的距离会产生影响吗？

17. 该地区主要雇佣者有哪些？是否有一些可以提供许多工作机会的公司？都有哪些公司？这些公司是做什么的？

18. 如果可以的话，请你谈谈这些公司的历史。这些公司什么时候来到本地的？又是什么吸引他们来到这里？他们的经营状况如何？

19. 如果有个人住在你所在的小镇，但是要去别的地方上班，他们会去哪里上班呢？他们可能会做什么工作？

20. 小镇有什么吸引人的地方？为什么他们愿意住在这个社区里却在别处上班呢？你能给我举个这样的例子吗？

21. 如果有一个人，25 年到 30 年前曾经居住在这里，如今他又回来了，他们会发现小镇有哪些主要的变化？同样，我需要的是具体的变化。种族与民族上有什么变化？或者像新建了学校或者公园等等类似的变化？

22. 你知道这个地区过去是什么样子吗？例如，你是否听其他小镇居民说起过他们以前喜欢做的事情？你看见过图片吗？你听到过有关的故事吗？

23. 近年来，是否有些商店关门歇业？如果有的话，你能否告诉我有哪些？

24. 为了留存小镇旧时的风貌，社区都采取了哪些措施？有哪些传统是社区所遵循的？社区是怎样努力维护中心地区的？

25. 你所在的社区是否保留了一些民族的传统，例如瑞典的传统或者德国的节日等？

26. 那么一年一度的游行、节日或是庆典活动呢？你能否谈谈这些方面？

27. 是否有关于该地区进一步发展的具体计划——例如新建一个企业中心，制订新的房屋开发计划等等？低收入群体和老年人住房的问题又有怎样的措施呢？

28. 如果有具体计划，具体之处在哪里，会产生什么样的影响？

29. 社区居民现在的经济状况如何？他们非常富裕吗？他们是否因为经济形势的影响而遇到财政困难？

30. 我们更进一步地探讨这个问题：对当地的经济产生最大影响的因素是什么？是某个公司或产业吗？如果是，那么这个公司或产业经营状况如何？或者还有其他对经济产生较大影响的方面？

31. 每个社区都会有一些家庭艰难地维持着收支平衡，这些人情况如何？他们如何应对当前的经济问题？他们又得到了怎样的支持？

32. 该地区的农业状况如何？农业发生了怎样的变化？这些变化是如何影响社区的？

33. 农业方面是否有一些新的发展？例如，新的庄稼品种、设备、饲养场，或者其他类似的方面？如果有，你能否谈一谈？

34. 当然，由于天气和市场波动的原因，农业也会有大年和小年。小年对小镇有什么影响？例如，你是否见到公司关门，或者人们搬离小镇的情形？

35. 不知你对这方面是否了解，不过，从农场主的观点来看，政府的各项计划对他们是否有帮助还是反而有害无益？如果有帮助的话，体现在哪些方面？如果有害无益，又体现在哪些方面？

36. 下一个问题是关于社区医疗保健的。就医生和医院而言，情况如何？

37. 所以，情况是得到了改善，还是每况愈下，或是其他？有没有什么是你需要却没有的？

38. 针对老年人的服务如何？例如，有没有老年人护理中心或老年人协助生活机构？你所在的社区有什么机构？设施服务是否完善？

39. 学校如何？你所在的社区有什么学校，学校情况如何？学校人数是有所增加，有所下降或是别的什么情况？是否有计划要建立新学校或者关闭之前的学校？

40. 小镇常常以志愿公民协会为豪。你所在的社区有没有这样特别活跃的协会？如果有，他们都做些什么？你能举一个具体的例子吗？

41. 是否有社区范围的市民项目，例如建立新消防站或者图书馆，或是其他类似的方面？这些项目是怎么促成的？

42. 请你谈一谈你所在社区的宗教情况。小镇主要有哪些教会？教会的情况如何？

43. 教会在社区起什么作用？为什么教会很重要？

44. 是否存在不是教会的宗教组织？可能是犹太中心、清真寺，或者其他一些组织？

45. 你所在的社区是否努力吸引新的居民搬到社区居住？

46. 如果是：社区都做了哪些努力？

47. 新的居民搬到小镇来之后，他们需要在哪些方面进行调整才能开始安享小镇的生活呢？也许你可以假想某个从未在社区里居住的人，以他为例来谈一谈。

48. 我们知道，一些居住在城市里的人正在往小镇迁移——也许是因为退休了，或者是因为小镇生活便宜。你认识这样的人吗？你能否举个例子？

49. 在我们所研究的一些社区中，人们正在努力发展当地的旅游业，会有诸如文化遗产日、各种节日或野餐的活动。你所在的社区是否也有这样的活动呢？如果有：请你谈一谈，都有些什么活动？

50. 在其他社区，地方政府、州政府和联邦政府都在帮助社区的各项事务中发挥了重要的作用——例如修建公路，税收激励，向医院提供支持等等。你所在的社区是否有这样的情况？如果有，也请你谈一谈。

51. 你所在的社区是否会有人抵制社区的发展，或者阻止其发展？如果有，这些行为背后的原因是什么？他们为什么要抵制社区的发展？

52. 就可替代能源——风力、太阳能、生物燃料等等而言，你所在的社区正在发生哪些变化？

53. 你所在的社区是否受到像沃尔玛这样的公司影响？例如，人们是否会更频繁地开车离开小镇去买东西？

54. 网络、电邮、手机如何影响你所在的社区生活？

你作为社区领导的相关问题：

1. 你参与最多的活动或事情是什么？请你谈谈你每天所做的事情。

2. 如果让你找出一些给你的工作造成困难、让你觉得沮丧的事情，你觉得会是什么？

3. 如果你可以挥舞魔法棒，让问题得以解决，你会希望什么问题得到解决？

4. 谈一些积极的事情吧。请你谈谈你曾经成功解决的一个问题或完成的一个项目——完成了这件事情，你觉得特别地高兴。

5. 接下来是另外一类问题。你工作的方式与 5 年前或者 10 年前做同样工作的人们的工作方式有什么不同？换句话说，有什么新的、不同的变化？

6. 这个问题和技术相关。新技术对你的工作产生了怎样的影响，或者对你所面对的问题又有怎样的影响？

7. 市场上出现了什么变化？这些变化对你的影响体现在哪些方面？

8. 经济衰退对你的工作有何影响？

9. 那政治氛围呢？你所在的地区政治氛围如何，对你所做的工作又有怎样的影响？

10. 你所在地区的政治氛围发生了怎样的变化，比如说，在过去的 5 年左右？

11. 你所在的社区居民是否对某些问题更加感兴趣，或者你怎么描述现如今的这些热点问题？

12. 现如今，在你所在的地区，哪个政党似乎最为成功？为什么？他们成功的原因是什么？

13. 影响你所在地区居民在州选举和全国选举中投票的因素有哪些？是否存在一些具有特别影响力的特殊利益团体？

14. 许多社区的居民对政府官员多少持有怀疑的态度。有时还会有一些疑虑或者不信任。你所在的社区居民对于政府官员有哪些不信任？

最后一组问题：

1. 众所周知，人们对社会和道德问题观点不一。有没有什么社会问题和道德问题你是抱有强硬态度的？

2. 如果有：什么问题会让你反应强烈？为什么对这个（或这些）问题反应强烈？

3. 如果没有：是否有你十分关心、会影响到你的投票的问题？

4. 关于美国目前的社会状况，你认为，现如今我们国家最严重的道德问题是什么？

5. 请谈一谈，在你看来，这个问题对美国产生了怎样的影响？

6. 针对这个问题，你所在社区的居民正在采取哪些行动？

7. 许多社区面临着与毒品、酗酒、犯罪有关的问题。你所在的社区存在这样的问题吗？

8. 如果有：你能举例子吗？

9. 如果没有：为什么在你看来这还不是个问题？

10. 你觉得解决社区的毒品和酗酒问题最好的办法是什么？

11. 另一个问题：通常情况下，政府的帮助会让社区情况变得更好还是更加糟糕？

12. 用你自己的话谈一谈。政府是怎么样做事情的（让情况变得更好还是更加糟糕）？

13. 通常来说，与你交谈过的人中，现如今他们对政府的作为是满意、不满意，还是其他的态度？你如何描述你所在社区居民的态度？

14. 对州政府是什么样的态度？人们关心的问题是什么？

15. 如果你可以告诉州长一件事，那会是什么事情？

16. 如果你可以告诉总统一件事，那又会是什么事情？

17. 通常情况下，你认为自己是共和党人、民主党人还是独立派人士？

18. 如果可以告知的话，请问你在最近的总统选举中投了谁的票？

19. 以上就是所有问题。你有没有什么需要补充的内容或者还要再讨论的问题？

神职人员访谈大纲

1. 出于访谈录制的需要，我是否已经解释清楚了本研究的目的？你是否允许我对这次访谈录音？

2. 你是哪一年出生的？

3. 你今年多大年纪了？

4. 你在教会的头衔是什么？

5. 你在教会工作多久了？

6. 你是为一个教会服务，还是为多个教会服务？

7. 如果你为多个教会服务：其他的教会还包括哪些？这些教会位于什么地点？

8. 在你来这里当牧师之前，你一直在做什么，居住在什么地方？

9. 你完成学业的最高年级和获得的最高学位是什么？

10. 你的大学是在哪里完成的？

11. 你去哪里上的神学院？

12. 你结婚了吗？

13. 你所在教会的名称是什么？（如果牧师不止为一个教会服务的话，请注意只选择一个，最好选择牧师自己居住的社区，以此作为以下问题的参照点。）

14. 你的教会位于什么地方（镇或州）？

15. 我现在知道是哪个教会了，那么它属于哪个教派，有什么传统？

16. 为了访谈录音的需要，我要说你是（男性 / 女性）。

正式提问：

1. 每周有多少人会去你的教会做礼拜？

2. 参加礼拜的人数是在不断增加还是在下降？例如，与 10 年前相比，现在情况如何？

3. 在你为这个教会服务的过程中，你最主要的忧虑或面临的挑战是什么？请你花几分钟谈谈这些问题。能否仔细阐述一下这为什么会是挑战，你采取哪些措施来应对这样的挑战？

还有没有其他重要的挑战？都是什么？

4. 你的教会有自己的建筑吗？

如果有：该建筑是什么时候建造的？

如果没有：你和教会的成员在哪里会面？

5. 你的教会坐落于何处？例如，在靠近镇中心的老城区，还是在小镇上较新的区域，或是在乡下，或是别的地方？

6. 你所在的社区还有哪些其他主要的教会吗？（任何其他的教会？）

7. 现在有没有一些事情，是所有教会或者其中一部分教会共同完成的，例如，他们是否有合作项目？或者地方上的各个教会之间是什么关系？请你谈一谈教会之间是怎么互动的，或者你可以举几个例子。

8. 请允许我问一些与你的教会活动和项目有关的问题。你的教会是否会有涉及其他国家教会的活动，例如帮助其他国家姐妹教会或资助传教士的活动？

如果有：请你谈一谈，教会都做了哪些事情？

教会还有没有做过其他类似的事情？

9. 教堂是否开展了一些针对社区穷人的特别活动呢？如果有：请你描述一下这些活动。谁需要帮助，你们都做了什么？

你能否给举出一个关于教会曾经帮助过的人或家庭的具体例子（不用提及名字）？

教会是否有委员会能组织管理这些活动，或者说委员会是怎么运作的？

10. 你的教堂会资助一些前往其他国家的短宣吗？

如果有：请你谈一谈。你们会去哪里？你们都做些什么？谁会参加？请你举一个例子说明。

教会为什么要资助这样的活动？

你认为，这样的活动对于教会生活会产生怎样的影响？

如果没有影响：你愿意你的教会这样做吗？

如果会有影响：你希望教会做些什么？

为什么这是个不错的想法？

如果不是个好的想法：又是为什么？

11. 你自己是否曾经短宣去过别的国家？

如果有：你去过哪儿，在那儿做什么？你是怎样参与其中的？这对你产生了什么影响？

与所在社区相关的问题：

1. 你所在的社区是什么样子？请你用自己的话描述一下。请你用几分钟描述一下社区的样子，我来想象一下。

2. 现在请你进一步谈谈你所在的社区。还有些什么事情你还没有提过？例如，社区居民是什么样的？

3. 如果你让社区居民说出他们之所以喜欢住在那里的三件事情，人们会提到哪三件？

4. 对于每一件事情，请你再略微详细地说明一下。人们在提及那件事情的时候，他们会想些什么，为什么这件事情对他们而言是非常重要的？

5. 如果有人 25 年或 30 年前曾经住在这个社区里，现在他又回来了。他们会注意到主要变化是什么？

6. 与 30 年前相比，还有哪些变化会引起他们的注意？

7. 引起这些变化的主要原因是什么？

8. 这些变化对社区来说是有益处的还是无益处的？

9. 为什么这些变化对于社区来说是有益处的（或无益处的）？

10. 你知道，许多规模较小的社区已经出现了人口流失的现象，我想你所在的社区也许也有这样的情况。对吗？

（如果他们说没有，也许你可以认为是至少人口没有很大增长，并由此确定下面想要提出的问题。）

11. 你认为人口减少的原因是什么？为什么人口数量会下降？发生了什么事情？

12. 人口数量下降还有没有其他的原因？

13. 对于社区人口数量下降，社区居民有何想法？他们是否觉得遗憾？他们是否为此感到高兴？他们是否并没有考虑过这个问题？或者他们对此是何反应？

14. 我想知道为什么有些人会搬离社区。你能否想到这样的人，请你谈一谈他们为什么搬走？

15. 人们搬走还有什么别的原因？

16. 人们搬离社区通常会对教会产生影响。你能谈谈这方面的情况吗——有人搬离社区，这会对你的教会产生什么样的影响？

17. 那些仍然留在社区里的居民呢？他们留下来是有原因的。但是，他们的机会是否会比离开社区的人少一些呢？或者说他们与离开社区的人相比，有什么不同之处呢？

18. 有些受访者谈到了“缺失感”——或者怀旧之情，也许感到过去的一切更好。你是否听过人们这么说过？或者表达的是类似的意思？他们是怎么说的？

19. 社区人口数量下降，也就不得不“缩小规模”，这和企业是一样的。因此，我想请你花几分钟时间谈谈这个问题。例如，有时候，社区会因为学校的关闭、医院的倒闭或是企业的离开，或是与其他小镇共享警察的保护和消防资源而缩小规模。你所在的社区采取了什么措施来缩小规模？

20. 你所在的社区还采取了什么其他的方法来缩小规模？（也许可以再提一些例子。）

21. 就其他方面而言，小镇交通更加方便，沟通更加顺畅，生活更加便利。因此，人们可能不会再想着开车一两个小时去外面吃饭或逛街。他们干脆网上购物。你自己是否也是这样，或者听说其他人也是这样呢？你能举些例子吗？

22. 目前，你所在社区居民的财政状况如何？大多数居民都比较富裕？或者是受到经济的影响，他们遇到一些财政困难呢？或是还有别的原因？

23. 继续讨论一下这个问题：对地方经济影响最大的因素是什么？农业是主要的因素吗？如果是，农业发展的情况如何？或者还有其他的因素吗？

24. 不需要提及姓名，你能举个最近身陷困难的小镇居民的例子吗？

25. 你认为，他们为什么会有这些困难？

26. 总体而言，你认为社区居民的财政状况是越来越好、越来越糟，还是维持原状？

27. 你为什么会认为社区居民的财政状况是越来越好、越来越糟，或是维持原状？

28. 需要做些什么才能让情况真正好转？什么才能改善社区的经济状况？

29. 社区的经济状况可能得以改善吗？为什么可能得到改善或者为什么不可能？

30. 地方经济状况对你的教会产生了怎样的影响？教会需要紧缩预算吗？如果需要的话，会在哪些方面缩减预算？

31. 大多数社区里，都会有深受敬仰的人。在你所在的社区里，哪几种人会受到仰慕和尊敬？是什么原因让这些人受到爱戴？

32. 社区里也会有一些不被别人尊重的人——也许人们还有点瞧不起他们。人们不会在公共场合批评他们，但是，人们私底下会悄悄谈论他们。他们都是什么样的人？他们为什么得不到人们的尊重？

33. 大多数社区都会有些人不太爱交际。你所在的社区有什么样的人不爱交际？

34. 他们为何不爱交际？

35. 一些受访者认为，居住在小型社区里就像住在玻璃鱼缸里一样。有时他们希望有多一点的私密空间。我想，你作为社区的牧师，或许有时也有同感。你能谈谈这方面的情况吗？

36. 人们是如何聚在一起，彼此交际的？当然，你不用说出他们的名字。例如，各个小组会聚在一起喝咖啡吗？交际活动大多数时候只是在亲戚之间进行吗？或者交际活动是怎么进行的，你能提供一些例子吗？

37. 你所在的社区是否为吸引新的居民搬入社区做出过努力？

38. 如果有：社区是怎么做的？

39. 新居民搬进来时，需要做哪些调整会感觉生活在社区舒服自在？也许你可以假想到某个从来没有在那里居住过的人，以他为例谈一谈。

40. 人们常说自己对土地有着特殊的感情，土地对他们意义非凡。你是否听小镇居民们说过土地对于他们有着特殊的意义，或者他们是如何谈论土地的？

41. 不知道你在讲道或做礼拜时是否提到过土地或农业？就像在有些教会里，人们会高唱“恩雨大降”或者“收禾捆回家”？

42. 我想你讲道时的确也会提到“要爱你的邻居”，对吗？同样，你不用提及任何人的名字，你是否能想到一些邻里不和或者冲突的例子？你能否举个例子？例如，有什么问题，事情是什么样的？

43. 你是否听说过“小镇的友好”——意思是小镇居民友善礼貌，即便他们有不同意见，也不会说出反对意见，相处融洽？你是否遇到过这样的事，或者你怎样看待这种现象？

最后一组问题：

1. 你知道，人们对于社会问题和道德问题，看法不一。你对于哪些特别的社会问题和道德问题抱有坚决的态度？

2. 如果有：是什么样的问题？为什么？

3. 如果没有：那么，有没有你十分在乎的，会影响到你投票的问题？

4. 你认为，就美国社会目前的发展状况而言，最严重的道德问题是什么？

5. 你认为，这个问题正在以什么样的方式影响着美国？

6. 针对这个问题，你所在社区的居民采取了哪些举措？

7. 堕胎是许多人都反应强烈的问题。如果用你自己的话来说，你是怎样看待堕胎这个问题的？

8. 你之所以持有这种观点，主要原因有哪些？

9. 如果你对堕胎问题的观点影响你的选举投票的话，那么影响是如何产生的？

10. 如今，有些具有争议性的问题相当复杂，因此，你可以一点点地谈谈你的看法。例如，你怎么看待在公立学校教授《圣经》中的《十戒》？

11. 另一个在新闻中屡见不鲜的问题，就是有关进化论的问题。你对进化论问题有何看法？你觉得学校应该如何教授进化论？

12. 你认为，在你形成有关进化论观点的过程中，什么对你的影响最大？

13. 许多社区都面临毒品、酗酒和犯罪问题。你所在的社区是否也存在这些问题？

14. 如果有：你能举个例子吗？

15. 如果没有：你为什么认为这并不是一个问题？

16. 你觉得解决社区的毒品和酗酒问题最好的办法是什么？

17. 为什么这是最好的方法？

18. 另一个截然不同的问题是向有需要的居民提供工作职位、职业培训，以及其他的帮助。你所在的社区也有这个问题吗？

19. 你所在的社区是如何解决这个问题的呢？

20. 另一个问题是，政府的帮助一般会让社区的情况变得更好还是更加糟糕？

21. 请你用自己的话谈一谈，政府是如何让情况变得更好或更加糟糕的呢？

22. 问题到此结束。你有没有需要补充的内容，或是需要重新回顾的内容？

注释

第 1 章　导论

1.Richard Lingeman, *Small Town America: A Narrative History, 1620–the Present* (New York: Putnam, 1980) 中的调查研究一直以来被业界有所忽略，但是这项调查详尽地叙述了小镇的历史及围绕小镇发生的各种故事。这本书已经不再印刷，它虽然只是用粗线条进行了简单必要的描绘，但充满了各种有趣的细节和轶事，并提供了有关 20 世纪 70 年代早期小镇的非常有用的信息。

2. 民意测验显示了美国人民对于小镇的各种不同看法。通常说来，许多美国人喜欢生活在小镇或是农村地区，大多数生活在小镇的美国人对自己的社区还是很满意的。例如，2008 年皮尤研究中心（Pew Research Center）进行了一项民意调查，结果显示，如果可以选择在一个地方居住的话，30% 的受访者倾向于在小镇生活，另外 21% 的受访者倾向于农村地区，而 23% 的受访者更喜欢城市生活，还有 25% 的受访者则表示更喜欢生活在郊区；在所有目前生活在小镇的受访者中，有 55% 的人认为他们所在的社区很棒或是非常好。但是，其他受访者中认为自己所在社区很棒或者非常好的人的比例更高，在郊区有 68% 的人，在农村地区有 71% 的人，仅在城市稍低，为 52%（Paul Taylor, Rich Morin, Kim Parker, D' Vera Cohn, and Wendy Wang, "对于差不多一半的美国人来说，别处的草更绿。" *Pew Research Center Social and Demographic Trends Report*, January 29, 2009, http://www.pewsocialtrends.org）。然而，皮尤研究中心的调查结果的实用性是有限的，因为通过固定电话号码采样的调查回复率仅为 22%，而通过手机号码采样的回复率也仅为 20%。让问题变得更加复杂的是，自称居住在小城镇的受访者中，33%的人生活在被标示为人口密度很高的县，而 62%的居民根据标示实际生活在城市或郊区。此前的调查也普遍显示人们对小城镇是喜爱的态度。例如，1985 年的洛普民意调查显示，61%的受访者认为小城镇最适合交到“你想要的那种朋友”，只有 12%的受访者认为大城市最适合交到“你想要的那种朋友”（26%的受访者认为“没有区别”）。大部分人或者绝大多数人认为，小城镇是健康生活、保守隐私和抚养孩子的好地方（Roper Organization, November 2, 1985, 基于 1998 份私人访谈的样本 http://www.ropercenter.uconn.edu/data_access/ipoll）。但是，2 年之后的一则新闻 (William Mueller, “Do Americans Really Want to Live in Small Towns?” *American Demographics*, January 1987: 60) 引入了其他的证据，证明小镇的学校和卫生服务水平较差，流言蜚语和个人冲突普遍存在，生活在“给农作物喷洒化学致癌物质的农夫鲍勃的下风处”也是不利于健康的。10 年以前，人口普查数据显示，生活在小镇和农村地区的人口数量在不断下降，或者充其量保持稳定，而赫斯特报系 ICR 调查研究集团于 1977 年 8 月 19 日进行的民意调查显示，21%的美国人声称，他们从郊区搬到了乡村或农村，而只有 12%的人从乡村或农村地区搬到了郊区 (http://www.ropercenter.uconn.edu/ipoll)。很难对民意调查结果加以解释，正如我在前言中提到，许多生活在大都市区的美国人都想象自己生活在小城镇。例如，皮尤研究中心 2006 年进行的一项民意调查显示，26%的受访者表示他们生活在小镇上，16%的受访者表示他们生活在农村地区，57%的受访者则表示他们生活在城市或郊区（51%的人表示，如果可以在任何地方居住，他们更愿意去小城镇或农村地区；Richard Morin and Paul Taylor, “郊区并不是最受欢迎的，但郊区居民是最满意的。”Pew Research Center Publications, February 26, 2009, http://www.pewresearch.org）。如果只看这些回答的表面结果，那么有 7800 万美国人住在小城镇，而美国人口普查显示，只有 5200 万人住在 25000 人以下的建制居民点（其中包括大都市地区的人口规模在 25000 人以下的建制居民点）；人口普查还显示，2.22 亿美国人居住在城市地区，而民意调查显示只有 1.74 亿人生活在城市地区 (US Census Bureau, *Statistical Abstract of the United States: 2008* [Washington, DC: Government Printing Office, 2008], tables 28 and 29)。

3. H. Paul Douglass, *The Little Town: Especially in Its Rural Relationships* (New York: Macmillan, 1919), 3.

4. 同上，242 页。

5. 有关社会资本的问题，参见 James Coleman, “Social Capital in the Creation of

Human Capital," *American Journal of Sociology* 94 (1988): S95–120。关于社会资本在社区生活角色转变的最具广泛性的实证研究之一，参见 Robert D. Putnam, *Bowling Alone: The Collapse and Revival of American Community* (New York: Simon and Schuster, 2000)。对空间安排对社会资本方面的影响也给予了有益的关注，参见Kevin S. Hanna, Ann Dale, and Chris Ling, "Social Capital and Quality of Place: Reflections on Growth and Change in a Small Town, " *Local Environment* 14 (2009): 31–44，这篇文章不仅仅重点说明了空间对社会网络影响的方式，而且还强调了对地点和空间的依恋对于居民的社群意识起着重要的作用。要了解更多的观点，参见 Ann R. Tickamyer, "Space Matters! Spatial Inequality in Future Sociology, " *Contemporary Sociology* 29 (2000): 805–13。正如第 3 章和第 4 章讨论的内容一样，这一主题在我的访谈中也反复出现。对社区网络感兴趣的读者应当参考 M.E.J.Newman, "Detecting Community Structure in Net-works," *European Physical Journal B* 38 (2004): 321–30; Filippo Radicchi, Claudio Castellano, Federico Cecconi, Vittorio Loreto, and Domenico Parisi, "Defining and Identifying Communities in Networks, " *Proceedings of the National Academy of Sciences* 101 (2004): 2658–63, 其中，社区被定义为网络中最密集的连接子集。关于介绍部分，参见 Albert-Laszlo Barabasi, *Linked: How Everything Is Connected to Everything Else, and What It Means for Business, Science, and Everyday Life* (New York: Penguin, 2003)。严格地从网络连接的角度来定义社区，一方面为社区量化提供了很好的机会，另一方面也忽略了社区的意义、彼此关系的质量以及不能简化为个人关系的集体属性等重要的问题。

6. 作为研究的背景资料，在小镇长大的作家所写的回忆录让我受益匪浅。参见 M.J.Anderson, *Portable Prairie: Confessions of an Unsettled Midwesterner* (New York: Thomas Dunne, 2004); Leslie O. Anderson, *Memoirs of a Country Boy/Newspaper Man* (Elk River, MN: DeForest Press, 2004); Bob Barnett, *Growing Up in the Last Small Town* (Ashland, KY: Jesse Stuart Foundation, 2010) ; Carol Bodensteiner, *Growing Up Country: Memories of an Iowa Farm Girl* (Des Moines, IA: Sun Rising Press, 2008) ; Eric B. Fowler and Sheila Delaney, *Small-Town Boy, Small-Town Girl: Growing Up in South Dakota, 1920–1950* (Pierre: South Dakota Historical Society, 2009) ; Mary Karr, *The Liar' s Club: A Memoir* (New York: Penguin, 2005) ; Dorothy Hubbard Schwieder, *Growing Up with the Town: Family and Community on the Great Plains* (Iowa City: University of Iowa Press, 2002); Karen Valby, *Welcome to Utopia: Notes from a Small Town* (New York: Spiegel and Grau, 2010)。虽然这些书都具有深刻的见

解，但是，它们在诠释小镇生活方面的作用是有限的，因为它们把目光聚焦在某一个社区，突出强调作者记忆中孩提时期社区曾经的样子，很多时候这些书的作者后来都成了记者、作家或是教育工作者。从艺术作品的角度而言，最引人入胜的回忆录也常常会让小镇生活变得具有异国情调，例如，名叫布巴和克莱姆的人物在制作威士忌酒，还有独眼祖母在厨房墙壁上打洞，抵御栅栏后面饥饿至极的昆虫所带来的灾害。

7. 我在第 3 章和第 6 章讨论了小镇人口减少以及其他一些变化。小镇人口减少的观点主要源于许多规模最小的城镇人口确实出现了下降。相对于大城市和郊区人口的增长而言，小镇人口在美国总人口的比例中变得相对更低了。但是，人口数量的减少并不应该被夸大。例如，*Century of Difference: How America Changed in the Last One Hundred Years* (New York: Russell Sage Foundation, 2006), 173, Claude S. Fischer 和 Michael Hout 在该书中有一张图表就是根据 1900 年至 2000 年的人口普查数据制成的。这张图表显示，生活在“乡村”的美国人口比例出现了大幅下降（主要是生活在农场和非建制村或小村庄的美国人口），可是生活在“城镇”的美国人口比例几乎没有下降（主要是非大都市地区的人口在 25000 人以上的建制居民点）。

8. 以下是我会考虑的一些研究文章：Nancy Tatom Ammerman, *Bible Believers: Fundamentalists in the Modern World* (New Brunswick, NJ: Rutgers University Press, 1987); Lynn Davidman, *Tradition in a Rootless World: Women Turn to Orthodox Judaism* (Berkeley: University of California Press, 1991)。

9. 在第 8 章和第 9 章里，我对社会问题和道德问题进行了讨论。关于各种各样小镇居民的朴实智慧的有趣例子，参见 Denis Boyles, Superior, Nebraska: *The Common Sense Values of America' s Heartland* (New York: Doubleday, 2008)。同样，可以参见 Bill Bryson, *The Lost Continent: Travels in Small-Town America* (New York: Harper Perennial, 1990)。

10. 社会学家对共同体（gemeinschaft）和社会（gesellschaft）这两个术语之间区别的兴趣来源尤其重要，参见 Ferdinand Tönnies, *Community and Civil Society*, ed. Jose Harris (1887; repr., Cambridge: Cambridge University Press, 2001)。Durkheim 在 *The Division of Labor in Society* (1893; repr., New York: Macmillan, 1933) 一书中，表达了对机械团结与有机团结的看法，认为二者不应当被直接视为小镇社会重要性减弱的原因。但是，从 Durkheim 的解释中可以得到一个结论，特别是现代社会的社区不再以所在地为基础，而是建立在非空间的社会关系上（案例可参见 Joseph R. Gusfield, *The Community: A Critical Response* [New York: Harper Colophon, 1975]; David W. McMillan and David M. Chavis, “Sense of Community: A Definition and Theory,” *Jour-*

nal of Community Psychology 14 [1986]: 6–23)。虽然旅行和电子通信的便利性可能会减少社会关系在空间上所受到的限制，但地区对于理解社区不再重要的观念显然是错误的。在一项全国调查中 (Robert Wuthnow, *Loose Connections:Joining Together in America' s Fragmented Communities* [Cambridge, MA: Harvard University Press, 1998])，有 42%的受访者表示他们居住的街区最接近他们对社区的定义，35%的受访者表示他们所生活的城镇最接近他们对社区的定义，8%的受访者表示他们居住的更大范围的区域最接近他们对社区的定义，只有 12%的受访者表示与他们相关的人最接近他们对社区的定义，而 3%的受访者则没有做出任何回应。在较小的范围内，距离近的重要性也很明显，这一点在 Suzanne Keller, *Community: Pursuing the Dream, Living the Reality* (Princeton, NJ: Princeton University Press, 2003) 的论述中也有所体现。另外一种情况，参见 Clive C. Taylor and Alan R. Townsend, "The Local 'Sense of Place' as Evidenced in North-East England," *Urban Studies* 13 (1976): 133–46。

11. Thomas Bender 所著的 *Community and Social Change in America* (Baltimore: Johns Hopkins University Press, 1978) 一书对文献资料进行了非常有价值的调查。回顾以往，Herbert J. Gans, *The Levittowners: Ways of Life and Politics in a New Suburban Community* (New York: Pantheon Books, 1967) 一书对后来郊区社区思想的形成起到了非常重要的作用。冷战时期，公众对所谓的大众社会的社会关系原子化（有趣的比喻）心存担忧（例如 David Riesman, *The Lonely Crowd: A Study of Changing American Character* [New Haven, CT: Yale University Press, 1950] 所述）；进一步资料可查阅 William Kornhauser, *The Politics of Mass Society* [Glencoe, IL: Free Press, 1959]), 在此背景下，*The Levittowners* 一书发布了鼓舞人心的证据，郊区的大型住宅开发区内的新来者可以成功地与邻居相遇，借着喝咖啡和后院烧烤的机会融入其中。因为一项重要的数据研究显示，小镇与规模更大的大都市地区并没有太大的不同，参见 John D. Kasarda and Morris Janowitz, "Community Attachment in Mass Society,"*American Sociological Review* 39 (1974): 328–39。这篇文章利用全国调查数据，检验究竟是地区规模（和人口密度）还是居住时间会对社会归属感的几项衡量标准产生更大的影响。作者总结说，与居住时间所产生的影响相比，地区规模并没有太大的作用。但是，有几个方面限制了该项研究在证明小镇社区是否具有特殊性上面的有用性：该项研究是以英国而非美国的数据为基础的；农村 – 城市这一变量并没有对受访者加以区分，有的受访者来自小城镇，有的生活在农场或是乡村，而有的则生活在远离大都市地区或者比邻大都市地区的小城镇上。在规模更小的社区里，居住时间所产生的影响要比在规模较大的社区里要大。概念性论证并没有对这一点加以考虑。而且，研究结果确实显示，对居住地更感兴趣（一项对社区归属感的态度衡量标准）的受访者也会花时间与该地区的亲朋好友在一起，更有可能参加各种社区组织。

12. 有一个例外值得注意，其中包括了与城市居民相比较的小镇信息，参见 Claude S. Fischer, *To Dwell among Friends: Personal Networks in Town and City* (Chicago: University of Chicago Press, 1982)。关于对友谊以及与家庭联系的调查数据的进一步研究，参见 Claude S. Fischer, *Still Connected: Family and Friends in America since 1970* (New York: Russell Sage Foundation Press, 2011)。对小镇的人种志研究有助于提供基层的社群意识动态，其中就包括 Sonya Salamon, *Newcomers to Old Towns: Suburbanization of the Heartland* (Chicago: University of Chicago Press, 2003); Richard O. Davies, *Main Street Blues: The Decline of Small-Town America* (Columbus: Ohio State University Press, 1998)；Osha Gray Davidson, *Broken Heartland: The Rise of America' s Rural Ghetto* (Iowa City: University of Iowa Press, 1996)。

13. 作为一种有洞察力的神话和意象的来源，可参见 Emanuel Levy, *Small Town America in Film: The Decline and Fall of Community* (New York: Continuum, 1991)。这部作品鉴定了近 1000 部 20 世纪关于小城镇的电影，并详细审查了其中大约 80 部。一份更限定研究范围但具有深刻的历史、文学和民族志见解的研究，参见 Richard O. Davies, Joseph A. Amato, and David R. Pichaske, eds., *A Place Called Home: Writings on the Midwestern Small Town* (Saint Paul: Minnesota Historical Society, 2003)。

14. 有关访谈的其他信息，请参见附录方法论篇。

15. 美国人口普查局（2010 年进行的每 10 年 1 次的人口普查，结果于 2011 年 4 月 1 日公布，http://www.census.gov）估计，2010 年建制居民点（不包括普查区）为 19505 个，其中 18088 个建制居民点的人口低于 25000 人。2010 年建制居民点的人口总数估计达到了 1.89 亿，其中 5290 万人居住的建制居民点的人口不足 25000 人。据报告，1960 年人口不足 25000 人的建制居民点为 17412 个，1970 年为 17826 个，1980 年为 18152 个，1990 年为 18191 个，而 2000 年为 18221 个。据估计，1960 年，这些居民点的总人数为 4000 万，1970 年为 4400 万，1980 年为 4780 万，1990 年为 4850 万，2000 年为 5200 万。从密苏里州人口普查数据中心得到的 2000 年建制居民点的电子数据文件，辅以 2010 年国会选区重新划分的数据（这些是分析时最新获得的数据），用来对城市化地区的小镇进行分类，不包括 14548 个人口低于 25000 人的非城市化小镇，这些小镇的总人口达到了 2900 万。参见 US Census Bureau, *Historical Statistics of the United States: Colonial Times to 1970* (Washington, DC: Government Printing Office, 1975), series A73–90。要了解城市周边地区的定义，参见 US Census Bureau, *Statistical Abstract of the United States: 1982* (Washington, DC: Government Printing Office, 1982), 21。一部分小镇没有被包括其中，原因是这些小镇被定义为城市周边社区，包括旧金山和圣荷塞附近的加利福尼亚州的阿瑟顿，莫比尔县 6 英里外的亚拉巴马州契卡索，威尔明顿市以西 4 英里的特拉华州的埃尔斯米尔，锡达拉皮兹市以北 7 英里处的艾奥瓦州的海厄瓦萨，离芝加哥市中心 15 英里远的伊利诺伊州的希尔塞德，堪萨斯城 7 英里以外的堪萨斯州的米申镇，达拉斯市 3 英里以外的得克萨斯州的高地公园镇以及离沃索 6 公里远的威斯康星州的罗斯柴尔德镇。美国人口普查局的建制居民点数据低估了新英格兰地区（缅因州、佛蒙特州、新罕布什尔州、马萨诸塞州）小镇及其人口的数量，在这个地区，乡的概念更加合适。小镇的农村居民并没有被包括进建制居民点的人口估算数量中。

16. 关于新英格兰地区的次级行政区的历史，参见 J.A.Fairlee, *Local Government in Counties, Towns, and Villages* (New York: Century, 1906); James S. Garland, *New England Town Law: A Digest of Statutes and Decisions concerning Towns and Town Officers* (Boston: Boston Book Company, 1906)。

17. 次级行政区的信息来自 2000 年和 2010 年进行的 10 年 1 次的人口普查，主要来自密苏里州人口普查数据中心编制的县级细分区数据以及 http://www.socialexplorer.com。用 2010 年重划选区文件来确认居民不足 25000 人的次级行政区，加上 2010 年的数据，从而挑选出没有居住在城市化地区的人口的小镇。

18. 图 1.1 显示的数据综合了人口不足 25000 且不处于城市周边地区的建制居民点和次级行政区（位于新英格兰地区和纽约）每 10 年 1 次的人口普查信息。根据电子数据文件分析，2010 年人口数量不足 1000 人的非城市地区的城镇总共有 9054 个，1000 ～ 1999 人之间的城镇有 9054 个，2000 ～ 4999 人的城镇有 2618 个，5000 ～ 9999 人的城镇有 1131 个，而 10000 ～ 24999 人的城镇有 2999 个。这些城镇的中位数人口分别是 396 人、1428 人、3131 人、6989 人以及 15028 人。

19.2010 年建制居民点和非城市地区的人口普查电子数据文件显示，有 359 万人生活在不足 1000 人的城镇，406 万人生活在 1000 ～ 1999 人的城镇上，有 820 万人生活在 2000 ～ 4999 人的城镇上，有 790 万人生活在 5000 ～ 9999 人的城镇上，有 996 万人生活在 10000 ～ 24999 人的城镇上。除了生活在这些人口不足 25000 的建制居民点和次级行政区的 3370 万人之外，还有 3000 万生活在这些城镇附近的居民，他们可能需要依靠小镇，才能进入最近的学校、获得日常用品和当地政府的各项服务 (US Census Bureau, *Statistical Abstract of the United States: 2010* [Washington, DC: Government Printing Office, 2010], table 29, 自从 2000 年以来，其中有 5900 万人被划归于农村地区人口）。

20. 之所以将 25000 作为一个门槛是因为公布的人口普查数据通常都是用这个数字作为统计表的分界点。最相关的调查数据可以识别出人口在 20000 及以下的非大都市社区的受访者。在一些研究中，也使用了美国人口普查局用来确定 2500 人以下的居民点为“农村地区”的传统区分，但是，其在社区研究中的价值却是有限的。参见 Irwin T. Sanders and Gordon F. Lewis, “Rural Community Studies in the United States: A Decade in Review,” *Annual Review of Sociology* 2 (1976): 35–53; Robert R. Dykstra, “Town–Country Conflict: A Hidden Dimension in American Social History,” *Agricultural History* 38 (1964): 195–204。这篇文章对区分农村地区城镇居民和非城镇居民的重要意义表示赞同。我们在定性访谈中，直接向一些受访者询问，何种规模的城镇能够并且仍然被认为是小规模的城镇。几乎所有的受访者都认为，人口在 20000 ～ 25000 之间的城镇仍然会被认作为小城镇。当其他受访者主动对小镇的恰当定义进行评论时，我们也做了调查。有几位受访者认为小镇合理的人口数量最高在 40000 ～ 50000 人。如需了解对居民点人口普查数据相关的观点的有用讨论，请参见 Charles M. Tolbert, Michael D. Irwin, Thomas A. Lyson, and Alfred R. Nucci, “Civic Community in Small-Town America: How Civic Welfare Is Influenced by Local Capitalism and Civic Engagement,” *Rural Sociology* 67 (2002): 90–113。因为不同数据的限制，这些作者并没有将人口不足 2500 的城镇囊括其中，而是将人口达到 20000 的城镇计算在内，同时，他们还对大都会地区城镇和非大都会地区的城镇进行了区分。他们认为，小镇应当是公民参与尤为显著的地方，同时，类似县一样的大数据单位“可以掩盖地方社区体制结构的本质差异”（同上，92）。

21. 这里提到的平均距离是各州各县土地的平方英里平均数的平方根除以各州各县人口不足 25000 的建制城镇的平均数所得的结果；美国人口普查局、县级部门数据、2000 年人口普查的电子数据文件，再加上 2010 年每个县人口不足 25000 人的城镇数量的数据。

22. 定性访谈的数量相对较大，因此，不将这些数据与调查得来的数据相混淆是非常重要的。定性访谈不是针对一个“样本”进行的，目的也不是要代表预先确定的人。因此，我将具有代表性的样本调查数据都包含在内。定性访谈的目的就是要比调查更加仔细地研究普通人描述生活和社区的话语、他们用于理解其个人经历的认知图式和叙述，以及这些话语和叙述中的变化。对于有关调查中所使用的定性访谈的社会科学的最新思考，参见 Mario Luis Small, “‘How Many Cases Do I Need?’ On Science and the Logic of Case Selection in Field-Based Research,” *Ethnography* 10 (2009):

5–38。其他同样有价值的作品，参见 Kathy Charmaz, *Constructing Grounded Theory: A Practical Guide through Qualitative Analysis* (London: Sage, 2006); Juliet Corbin and Anselm C. Strauss, *Basics of Qualitative Research: Techniques and Procedures for Developing Grounded Theory* (London: Sage, 2007) ; Steiner Kvale and Svend Brinkmann, *InterViews: Learning the Craft of Qualitative Research* (London: Sage, 2009) ; Irving Seidman, *Interview ing as Qualitative Research: A Guide for Researchers in Education and the Social Sciences*(New York: Teachers College Press, 2006)。

23. 社区生活的这些方面充分说明了“构建社会世界的地方语境”的重要性，参见 Gary Alan Fine, “The Sociology of the Local: Action and Its Publics,” *Sociological Theory* 28 (2010): 355–7。

24.Clifford Geertz, *Local Knowledge: Further Essays in Interpretive Anthropology* (New York: Basic Books, 1982,92).

25. 援引了 Geertz 的话之后，最好在这里指明一下，我的方法强调的是要仔细解读小镇社区生活的话语、象征和习俗来进行理解，这与 Clifford Geertz 在其著作 *The Interpretation of Cultures: Selected Essays* (New York: Basic Books, 1973) 中提及的方法是一样的。我在这里谈到的观点，并不是要将小镇社区视作理所当然的事，而是需要找出它产生的方式，它代表什么样的意义，这一观点与 Lyn C. MacGregor 在 *Habits of the Heartland: Small-Town Life in Modern America* (Ithaca, NY: Cornell University Press, 2010) 一书中的观点相似。MacGregor 坚定地认为，“保持对社会概念的不可知状态，把焦点转向了解社区形成的方式”，这样做是有用处的，以此总结了她在威斯康星州韦罗奎所进行的人种志研究（同上 , 236）。

26. 关于一个独特的“美国”角色如何发展和传播引人注目的描述，可参见 Claude S. Fischer, *Made in America: A Social History of American Culture and Character* (Chicago: University of Chicago Press, 2010)。有关食物加工和特许经营的营销的影响，参见 George R. Ritzer, *The McDonaldization of Society*, 6th ed. (Newbury Park, CA: Pine Forge Press, 2010)。在一系列关于电视的影响的实证研究中，可参见 James R. Beniger, “Does Television Enhance the Shared Symbolic Environment? Trends in Labeling of Editorial Cartoons, 1948–1980,” *American Sociological Review* 48 (1983): 103–11; Karen A. Cerulo, “Television, Magazine Covers, and the Shared Symbolic Environment: 1948–1970,” *American Sociological Review* 49 (1984): 566–70。有关广告的研究，尤可参阅 Jackson Lears, *Fables of Abundance: A Cultural History of Advertising in America* (New York: Basic Books, 1995)。

27. 有观点认为要寻找社会更深层面的、充满情感的、有价值的某个方面的符号、惯例和意义，而且这种观点与个人的身份是紧密相连的。参见 Ann Swidler, "Geertz' s Ambiguous Legacy," *Contemporary Sociology* 25 (1996): 299–302; Ann Swidler, *Talk of Love: How Culture Matters* (Chicago: University of Chicago Press, 2001), 220–23; Ann Swidler, "Comment on Stephen Vaisey' s 'Socrates, Skinner, and Aristotle: Three Ways of Thinking about Culture in Action,' " *Sociological Forum* 23 (2008): 614–18。

第 2 章　你必须和每个人打交道 ：小镇居民

1. 我还从以下这份资料中得出 1970 年和 1980 年的美国人口普查数据：Glenn V. Fuguitt, David L. Brown, and Calvin L. Beale, *Rural and Small Town America* (New York: Russell Sage Foundation, 1989), 411。

2.US Census Bureau, 2010, residents of incorporated places and New England towns; household income data drawn from the merged 2005 to 2009 American Community Surveys, http://www.socialexplorer.com.

3. 图 2.1 的数据来源于美国人口普查局 2005 ～ 2009 年的美国社区调查。关于多样性指数，参见 Peter Michael Blau, *Inequality and Heterogeneity: A Primitive Theory of Social Structure* (New York: Free Press, 1977): Thomas Rotolo, "Town Heterogeneity and Affiliation: A Multilevel Analysis of Voluntary Association Membership," *Sociological Perspectives* 43 (2000): 272–89。这一指数根据类别的数量进行了调整，公式为 k / k–1 (1–∑ pi2)，其中 k 代表类别的数量，p 代表每个城镇属于第 i 个人口普查定义的收入类别的家庭的比例，这些类别列示如下：少于 10000 美元，10000 ～ 14999 美元，15000 ～ 19999 美元，20000 ～ 24999 美元，25000 ～ 29999 美元，30000 ～ 34999 美元，35000 ～ 39999 美元，40000 ～ 44999 美元，45000 ～ 49999 美元，50000 ～ 59999 美元，60000 ～ 74999 美元，75000 ～ 99999 美元，100000 ～ 124999 美元，125000 ～ 149999 美元，150000 ～ 199999 美元，以及 200000 美元或以上。

4.James West, *Plainville, U.S.A.*(New York: Columbia University, 1945), 115（受访者将"everybody"在口语中发音为"ever' body"，本书对此错误进行了强调）: Arthur J. Vidich and Joseph Bensman, *Small Town in Mass Society: Class, Power, and Religion in a Rural* Community (New York: Doubleday, 1958), 40–41: W. Lloyd Warner, *Yankee City* (New Haven, CT: Yale University Press, 1963)。人类学家 Sherry Ortner 回顾了这一时代的人种志研究，注意到社会学研究对社会阶层的重视，而这一点在 20

世纪 60 年代和 70 年代的人类学著作中是相对缺失的，参见 Sherry Ortner, *Anthropology and Social Theory: Culture, Power, and the Acting Subject* (Durham, NC: Duke University Press, 2006), 尤请参详 20–21。

5. 参见 David M. Hummon, *Commonplaces: Community Ideology and Identity in American Culture* (New York: State University of New York Press, 1990), 在这本书中，小镇居民对于平等的重视被视为乡村居民意识形态的例证。

6. Pierre Bourdieu, *Distinction: A Social Critique of the Judgment of Taste*, trans. Richard Nice (Cambridge, MA: Harvard University Press, 1984)。对于美国而言，Bourdieu 的见解已经远远超出了有关品位的观点，而是包含一个更为常用的由道德情感和价值观所组成的象征边界的概念。参见 Michele Lamont, *Money, Morals, and Manners: The Culture of the French and the American Upper-Middle Class* (Chicago: University of Chicago Press, 1992); Michele Lamont and Marcel Fournier, eds., *Cultivating Differences: Symbolic Boundaries and the Making of Inequality* (Chicago: University of Chicago Press, 1992); Michele Lamont,*The Dignity of Working Men: Morality and the Boundaries of Race, Class and Immigration* (Cambridge, MA: Harvard University Press, 2000)。

7. 美国人口普查局，美国社区调查，2005 ～ 2009 年，电子数据文件。2010 年人口 25000 及以下的非城市乡镇居民，2009 年中位数家庭收入平均约为 40000 美元；这些社区中有 3% 的家庭收入超过 150000 美元。

8. 很大程度上，这些典型特征都在 Donald Landon 的研究 (*Country Lawyers: The Impact of Context on Professional Practice* [New York: Praeger, 1990]) 中得以证实。该研究将 100 多位生活在不到 20000 人社区的律师与生活在高达 150000 人口的城市的律师进行了比较。Landon 的访谈与我的访谈相类似，表明小镇律师积极参与到地方公民活动中，与此同时，他们更加注重在小镇做律师可以拥有不受官僚政治约束的自由。

9. 美国人口普查局，建制居民点的居民，2000 年，非城市化地区城镇。25 岁及以上拥有专业学位或博士学位的居民百分比分别为，不到 1000 人的城镇为 0.9，1000 ～ 1900 人的城镇为 1.2，2000 ～ 4999 人的城镇为 1.5，5000 ～ 9999 人的城镇为 1.8，10000 ～ 24999 人的城镇为 2.2。在人口数量大于 25000 的城镇里，这一比例为 3.2。

10. 在 *Golf and the American Country Club* (Urbana: University of Illinois Press, 2001) 一书中，Richard Moss 估计，到 1900 年为止，全美共有 1000 个乡村俱乐部，到了 1930 年，这一数字则达到了 4000。关于这些乡村俱乐部的身份区隔及排他性，

参见 James M. Mayo, *The American Country Club: Its Origins and Development* (New Brunswick, NJ: Rutgers University Press, 1998)。

11. 美国人口普查局，美国社区调查，2005 ～ 2009 年，电子数据文件，2010 年人口在 25000 及以下的非都市城镇居民。与规模更大的社区相比，非都市城镇服务业从业人员比例并没有太大的差异，只有两个行业是例外——金融和保险，城镇金融和保险从业人员比例为 4%，而大城市为 8%。

12. 对于县级推广代理人工作内容和历史发展的描述，参见 Anne W. Van den Ban and H. S. Hawkins, *Agricultural Extension* (Oxford: Blackwell, 1996)。关于其早期发展史，可参见 Edmund de Schweinitz Brunner, *Rural America and the Extension Service: A History and Critique of the Cooperative Agricultural and Home Economics Extension Service* (New York: Columbia University Press, 1949)。

13. 美国人口普查局，美国社区调查，2005 ～ 2009 年，电子数据文件。

14.2005 ～ 2009 年美国社区调查的估计及 2000 年每 10 年 1 次的人口普查显示，制造业工人的中位数在人口不足 1000 的非都市城镇中，从 2000 年的 33 下降到 29；在 1000 到 1999 人的城镇中，从 2000 年的 112 下降到 98；在 2000 到 4999 人的城镇里，从 2000 年的 233 下降到 201；在 5000 至 9999 人的城镇里，从 2000 年的 499 下降到 423；在 10000 至 24999 的城镇里从 2000 年的 1033 下降到 896。

15. 请参见后面几章的例子。

16. 图中的数据来自美国人口普查局进行的美国社区调查，汇总了 2005 年至 2009 年的数据。

17.Thorstein Veblen, *The Theory of the Leisure Class* (1899; repr., New York: Penguin Books, 1967), 88–89.

18.Anne Norton, *Republic of Signs: Liberal Theory and American Popular Culture* (Chicago: University of Chicago Press, 1993), 47–86.

19.Carrie L. Yodanis, “Producing Social Class Representations: Women’s Work in a Rural Town,” *Gender and Society* 16 (2002): 323–44.

20. 综合社会调查，1982 ～ 1984 年，电子数据文件由芝加哥大学国家民意研究中心提供。有 593 位居住在人口不到 2 万人的非大都市城镇的受访者，以及 2251 位生活在更大的城市或郊区的人参与了此次调查。我们询问了一小部分受访者，与社区里其他的房屋相比，他们会把自己的房屋列入哪一个等级。调查中的大部分人认为应该是位于平均水平到略高于或略低于平均水平。

21. 居住在平均水平以上或远超于平均水平上的房屋的人中，人口低于 20000 的非大都市城镇和所有人口超过 20000 的社区里，不同群体的比例分别为：教会，54%和 39%；文学或艺术组织，16%和 13%；农场组织，10%和 5%；民族组织，7%和 5%；学校兄弟会，12%和 9%；兴趣爱好组织，14%和 12%；青年组织，16%和 11%；退伍军人组织，16%和 5%；服务组织，22%和 15%；兄弟组织，16%和 13%。

22. 埃尔德先生总结了他对社区意识的观点，他认为类似这种为需要汽油的人提供帮助的事情“之所以有人做，是因为正如我所说的那样，到了一种程度，即使不是有血缘的家庭，人们也有那种共存亡的意识”。

第 3 章　故土难离：小镇居民看小镇

1. 美国人口普查局，美国社区调查，2005～2009 年，电子数据文档。人口不足 25000 的非都市城镇中，平均有 19% 的居民 5 年前曾经生活在不同的县。相比之下，在人口超过 25000 人的城市化城镇中，这一比例为 24%。在非都市化城镇中，这一比例从不到 1000 人城镇的 18% 上升到有 10000 到 24999 人城镇的 24%。比例最高的是科罗拉多州和内华达州，其中 30%的人 5 年前没有住在同一个县，而比例最低的是路易斯安那州、密西西比州和西弗吉尼亚州，有 15%的人搬家了。来自 1980 年美国人口普查局的数据显示，25000 人以下的非城市化城镇中，有 20%的居民 5 年前住在不同的县。

2.Ferdinand Tönnies, *Community and Civil Society*, ed. Jose Harris (1887; repr., Cambridge: Cambridge University Press, 2001),22–51.

3. 芝加哥大学国家民意研究中心所进行的综合社会调查，电子数据文件。1998 年至 2008 年间，参与这项调查的 1143 名受访者都生活在居民人数不足 20000 的非都市城镇。在这些受访者中，有 42% 的人是在农场或乡村长大的，有 38% 的人是在居民人数不到 50000 的城镇里长大的。电子数据文件显示，公民参与度调查中对比的结果是非常明显的（以下简称公民参与调查）。我对调查进行了设计，盖洛普咨询公司于 1997 年 1 月～2 月之间对具有全国代表性的 1528 名受访者进行了实地调研。想要进一步了解调查的内容，请参见 Robert Wuthnow, *Loose Connections: Joining Together in America' s Fragmented Communities* (Cambridge, MA: Harvard University Press, 1998)。现在我又识别了生活在标准大都市统计区以外并将其所在的社区描述为小镇的受访者，重新对数据进行了分析。这样分类之后，232 名受访者中，77% 的人表示他们生活在小镇或者农村地区，12% 的人表示他们生活在城市，还有 10% 的人表示他们生活在郊区。目前生活在标准大都市统计区以内小镇上的人们可能也是在小镇或农村地区长大的：294 位受访者中，62% 的人是在小镇或农村地区长的，17% 的人是在城市中长大的，还有 22% 的人是在郊区长大的。642 位目前生活在郊区的受访者中，29% 的人在小镇上长大，22% 的人在城市中长大，48% 的人在郊区长大。359 位目前生活在中心城市的受访者中，28% 的人是在小镇上长大的，50% 是在城市中长大的，还有 20% 是在郊区长大的。

4. 人们在选择小镇生活时，工作、婚姻和其他情况所产生的影响将在第 5 章阐述。

5. 由于社会学中有大量的文献对于原因、根据、理由、动机及相关概念的不同之处做了叙述，因此，关键一点是要弄明白，人们喜欢或不喜欢小镇的哪些方面很可能就是他们选择生活在小镇的原因——或者事后的理由——但是，这些更应当被看作是人们对于自己居住地的喜爱之处或不喜爱之处的最直接的表达。在试探性访谈中，受访者经常很难明确说出他们最喜欢或者最不喜欢的一样东西，所以标准的问题会问三样东西。为了让受访者不要只是给出很短的答案，例如“人”或者“感到安全”，会要求受访者解释一下他们提到的每一样东西会对他们很重要的原因。向小镇受访者询问具体有哪些方面是他们所不喜欢的，或者如果可以的话，有哪些方面是他们想要改变的，从而了解他们不喜欢哪个方面。与此最相关的社会学文献讨论，参见 Stephen Vaisey, “Motivation and Justification: A Dual-Process Model of Culture in Action,” *American Journal of Sociology* 114 (2009): 1675–715: Terri L. Orbuch, “People’ s Accounts Count: The Sociology of Accounts,” *Annual Review of Sociology* 23 (1997): 455–78。经典文献来源参见 C. Wright Mills, “Situated Actions and Vocabularies of Motive,” *American Sociological Review* 5 (1940): 904–13。关于最新的理论拓展，参见 Luc Boltanski and Laurent Thevenot, *On Justification: Economies of Worth* (Princeton, NJ: Princeton University Press, 2006)。

6. 美国人口普查局，电子数据文档，1980 年非城市化地区 14232 个、居民人数在 25000 人以下的建制城镇的人口数据。在下一个 25 年的时间里，年均人数减少或增加不超过 1% 的小镇数量最少的州包括缅因州、纽约州以及佛蒙特州。其他一些小镇人数增加减少的比率相对较低的州包括伊利诺伊州、印第安纳州、肯塔基州、密歇根州、密西西比州、新罕布什尔州和俄亥俄州。

7.Walter Perrig and Walter Kintsch, “Propositional and Situational Representations of Text,” *Journal of Memory and Language* 24 (1985): 511。作者强调了在文本中观点连贯性的差异。在这个实验中，有一点很明显的是，通过一个空间环境内的表现而形成的自我中心表征或者观点表征是非常重要的，可参见 Timothy P. McNamara, Julia Sluzenski, and Björn Rump, “Human Spatial Memory and Navigation,” in *Learning and Memory: A Comprehensive Reference*, Volume 2, ed. Henry L. Roediger III (New York: Elsevier, 2008), 157–78。

8. 民意调查的数据显示，不论生活在哪里，大部分美国人还是更喜欢慢节奏的生活，其中小镇居民尤为珍视这样的生活。例如，皮尤研究中心 2008 年的调查显示，有 71% 的受访者更喜欢生活在节奏较慢的社区，相比之下，只有 22% 的受访者更喜欢生活在节奏较快的社区。在自称生活在小镇的人中，有 85% 的人更喜欢慢节奏的生活，农村地区有 89% 的人更喜欢慢节奏的生活，相比之下，郊区只有 71%、城市只有 39% 的人更喜欢慢节奏的生活。参见 Paul Taylor, Rich Morin, Kim Parker, D'Vera Cohn, and Wendy Wang, "For Nearly Half of America, Grass Is Greener Somewhere Else," *Pew Research Center Social and Demographic Trends Report*, January 29, 2009, http://www.pewsocialtrends.org。

9. 访谈时，小镇与空气、空间和呼吸之间的关系被频繁提及。例如，"我在这里找到了呼吸的空间。"另外一位男士表示他会随意开车两个小时，离开城市。尽管他是打比方，但他也认为他生活的地方，空气要比城市更加清新。

10. 一位女士表示在城市里她无法呼吸，另外一位女士也同意她的观点，并解释说，她和丈夫去城市里看望儿子时，她的丈夫根本无法呼吸，而她则无比思念天空和白云。

11. 公民参与度调查。虽然这些回应将非大都市小镇的居民与其他社区的居民区分了开来，但是，还是与中心城市居民之间的差异最为明显，而与郊区居民之间的差异较小。例如，89% 的郊区受访者和 76% 的中心城市受访者认为他们的社区让人觉得很舒适；85% 的郊区受访者和 66% 的中心城市受访者认为他们的社区很安静；还有，10% 的郊区受访者和 29% 的中心城市受访者则表示他们的社区让他们感到兴奋；而 24% 的郊区受访者和 23% 的中心城市受访者则表示，他们的社区很无趣或者无聊。

12.Marc H. Bornstein and Helen G. Bornstein, "The Pace of Life," *Nature* 259 (1976): 557–58。这项研究测量的是大街上受观察的对象走过 50 英尺的距离所用的时间。研究人员对 6 个国家 15 个地点的 309 位研究对象进行了测量，但是大多数研究都是在大城市里进行的。

13. Robert V. Levine and Ara Norenzayan, "The Pace of Life in 31 Countries," *Journal of Cross-cultural Psychology* 30 (1999): 178–205.

14.Aaron Lowin, Joseph H. Hottes, Bruce E. Sandler, and Marc Bornstein, "The Pace of Life and Sensitivity to Time in Urban and Rural Settings: A Preliminary Study," *Journal of Social Psychology* 83 (1971): 247–53.

15. 最新的证据来源是拥有 13038 人全国代表性样本的电子数据文件，其中 2582 个被认为是生活在非大都市地区（其他的地理信息没有公布），参见 US Bureau of Labor Statistics, American Time Use Survey, 2005: Respondent and Activity Summary File Codebook (Ann Arbor, MI: Inter-university Consortium for Political and Social Research, 2005)。就相关的几项指标而言，时间使用日记（time-use diary) 上记录的大都市居民与非大都市居民与朋友相处的时间或睡觉时间的平均分钟数并没有明显的差异。从普通最小二乘法回归模型看，根据年龄差别进行调整后的预期值显示，非大都市地区的男性在草坪和园艺活动中所花费的时间要比大都市地区的男性高 38%（不幸的是，郊区居民与中心城市居民之间的差别没有进行比较），非大都市地区的男性用在上下班途中的时间比大都市地区的男性要少 22%（而女性所花的时间却没有太大的区别）。非大都市居民和大都市居民最明显的差异是在所谓的"休息与思考"上；非大都市地区 18 ～ 29 岁的男性用于休息与思考的时间比大都市地区同年龄段男性少 38%，但是，就 30 多岁、40 多岁、50 多岁甚至年龄更大的的男性和女性而言，非大都市居民用于休息和思考的时间比都市居民多，之间的差异从年龄在 30 岁至 44 岁之间的男性的 24% 到同年龄段的女性的 48%。其他方面，例如在银行的等候时间、去购买日常生活用品所用时间等并没有太大的不同，但这些方面也很少会记录在时间使用日记中，无法保证结论的可靠，也无法在具体的地点进行比较。综合心理实验，可以从这一证明中得出的可能性结论是，与时钟时间相比，对不同地方的文化感知与生活节奏之间的关系更大。

16. 但是，我们也发现，有些人回到了小镇，期望着小镇还像他们小时候一样，结果却非常失望。例如，一位加利福尼亚州的女士最近刚刚和丈夫搬回他小时候生活的城镇，在此之前，他们已经在其他地方生活了 40 年，"他人生最初的 26 年是在这里度过的。这里有他一起成长的好朋友。我们回到这里之前，他们一直都生活在这里，可是，我们彼此之间却没有任何共同点。这让他感到非常难过。大多数现在和我们关系亲密的朋友都不是在这里土生土长的人。"

17.Michael Mayerfeld Bell, "The Ghosts of Place," *Theory and Society* 26 (1997): 813–36.

18. 作为感官刺激的一个案例，可参见 Alan F. Collins, Martin A. Conway, and Peter E. Morris, eds.,*Theories of Memory* (London: Taylor and Francis, 1993)。有关地点和有形事物的论述，可参见 Eviatar Zerubavel, "Social Memories: Steps to a Sociology of the Past," *Qualitative Sociology* 19 (1996): 283–99; Paul Connerton, *How Societies Remember* (Cambridge: Cambridge University Press, 1989) ; Michael Schudson, *Watergate*

in American Memory: How We Remember, Forget, and Reconstruct the Past (New York: Basic Books, 1992) ; Barry Schwartz, "The Social Context of Commemoration: A Study in Collective Memory," *Social Forces* 61 (1982): 374–96。

19. 许多访谈都会提及小镇是个好地方，安全无忧，适合养育孩子。一位 3 个孩子的父亲所说的话就是非常好的例证。他们一家人住在一个 1300 人的小镇上，离最近的城市有大约 80 英里的距离。"我妻子的姐妹们（从城市里来），问道'孩子们呢？'我们说，'不知道。'"他笑了，继续说道，"孩子们一直待在前面的院子里，她的姐妹们很在意，而我们并不担心。昨天晚上，我在屋里，妻子说，'你知道（女儿的名字）不在院子里吗？'我说，'不，我不知道。'她其实在两幢房子以外的地方。我并不担心。"

20. 人们对小镇案件的认识很复杂。虽然我们采访的小镇居民通常坚持认为他们所在的小镇犯罪率低，安全性高，可是当被问及时，他们也会承认社区里的确存在吸毒（尤其是冰毒）和酗酒的问题，因此偶尔也会出现抢劫、逮捕和交通事故。小镇居民知道小镇也有犯罪案件，但是他们认为这是特例，而非普遍情况。他们并没有把这些犯罪案件看作是一个神秘的或是地方性的、无法控制的问题，而是来小镇贩毒的毒贩作恶、警长一时的执法不严或是一颗需要严加看管的不良种子。美国人口普查局县数据（数据文档）中调出来的全国数据并辅以城市数据档案的数据显示，2008 年全美各个地方的犯罪率低于 1998 年的犯罪率，在非乡村城镇所在的县里，2008 年的犯罪率各有不同，在居民人口不足 1000 的城镇里，犯罪率低至每 10000 人中有 240 宗犯罪案件，居民人口在 1 万至 2.5 万人之间的城镇，犯罪率为每 10000 人中有 320 宗犯罪案件，而这都大大低于居民人口在 10 万至 25 万人的城市，以及居民人口超过 100 万人的城市，这两种城市的犯罪率分别为每 10000 人 409 宗犯罪案件和每 10000 人 479 宗案件。这些数据也显示，与财产犯罪相比，暴力犯罪更是随着城市规模的变化而变化。

21. 社会学著作表明，真实性是从文化角度上定义的，其意义会随着社会环境的变化而变化，但是人们对于真实性的担忧也源于社会变迁，以及人们的意识，即人类从农业社会发展到工业社会，再发展到后工业社会的进程中会将过去的某些东西遗失。进一步回顾文献资料，参见 Rebecca J. Erickson, "The Importance of Authenticity for Self and Society," Symbolic Interaction 18 (1995): 121–44。关于真实性的看似真实或虚假意义的社会建构，参见 Dean MacCannell, "Staged Authenticity: Arrangements of Social Space in Tourist Settings," *American Journal of Sociology* 79 (1973): 589–603: Richard A. Peterson, *Creating Country Music: Fabricating Authenticity* (Chicago: University of Chicago Press, 1999)。关于围绕寻求真实性作为小镇吸引力

的研究，参见 Catherine M. Cameron and John B. Gatewood, "The Authentic Interior: Questing Gemeinschaft in Post-industrial Society" , *Human Organization* 53 (1994): 21–32: Japonica Brown-Saracino, "Social Preservationists and the Quest for Authentic Community," *City and Community* 3 (2004): 135–56。

22. 美国人口普查局，非建制地点和新英格兰小镇，2010，电子数据文件，每个城镇的人口除以各城镇的平方英里乘以每英里的平方英尺。

23. E. A. Ross, *Changing America: Studies in Contemporary Society* (Chautauqua, NY: Chautauqua Press, 1915), 157.

24.Sonya Salamon, "From Hometown to Nontown: Rural Community Effects of Suburbanization," *Rural Sociology* 68 (2003): 17–18.

25. 关于这项研究的讨论，可参见 Matt Richtel, "Digital Devices Deprive Brain of Needed Downtime," *New York Times*, August 24, 2010。

26. 关于支撑个人真实性现代追求的条件，可参见 Lionel Trilling, *Sincerity and Authenticity* (Cambridge, MA: Harvard University Press, 1972)。对这些观点更深入的阐述可以参见 Charles Taylor, *Sources of the Self: The Making of Modern Identity* (Cambridge, MA: Harvard University Press, 1989) ，以及 Charles Taylor, *Multiculturalism: Examining the Politics of Recognition* (Princeton, NJ: Princeton University Press, 1994)。

27. 美国农业部，经济研究局，"自然条件宜居评估。" 2004，http://www.ers.usda.gov。评估的分数都是以县级为单位的。我将县级评估数据与美国人口普查局 2010 建制居民点和新英格兰城镇的电子数据文件相结合，对这些城镇的自然条件宜居进行了评估。评估的等级对于纬度和温度尤为敏感。例如，分数较低的城镇都位于像明尼苏达州和北达科他州类似纬度的地方，而分数较高的城镇则位于弗吉尼亚州和俄克拉何马州类似纬度的地方。分数最低的城镇 1 月份的平均温度为 10 华氏度，而分数最高的城镇 1 月份的平均温度为 45 华氏度。

28. 公民参与度调查显示，30% 生活在非大都市小镇的受访者表示他们对社区的文化活动"非常满意"，27% 的大都市小镇的受访者也有同样的看法，而生活在中心城市和郊区的受访者中分别有 30% 和 27% 的人有同样的看法。

29. 参见 Albert Blumenthal, Small-Town Stuff (Chicago: University of Chicago Press, 1932), 尤请参详 128–43，以及 Nels Anderson, "Review of Small-Town Stuff," *American Journal of Sociology* 38 (1932): 294。

30. 关于谣言如何在新移民中起作用的有趣讨论，参见 Joanna Dreby, "Gender

and Transnational Gossip," *Qualitative Sociology* 32 (2009): 33–52。关于探讨八卦的建设性作用的文章，参见 Robert F. Goodman and Aaron Ben-Ze' ev, eds., *Good Gossip* (Lawrence: University Press of Kansas, 2004)。

31. 关于社区瓦解这样重大的问题，我的观点是，美国人一直而且现在依然崇尚个人主义，他们能够将个人主义与参与社区志愿者活动以及其他活动很好地协调起来。这些活动的形式已经发生了变化，但是，很难确定这些活动整体减少了。在这一点上，我非常赞同 Claude Fischer 在其书 *Made in America: A Social History of American Culture and Character* (Chicago: University of Chicago Press, 2010, 10) 中的观点，他并不赞同"社区活动发生了革命性变化的说法……倒是对这些活动数个世纪的延续性更加印象深刻"。关于我对个人主义、无私行为以及社区活动形式的变化的观点，参见 Robert Wuthnow, *Acts of Compassion: Caring for Others and Helping Ourselves* (Princeton, NJ: Princeton University Press, 1991), Wuthnow, *Loose Connections*。

32. 美国农业部经济研究局制定了一个分类体系，将美国各县分别归属于 6 个不同的经济类型：农业型、矿业型、制造业型、联邦政府和州政府型、服务业型和非专业型。建制居民点 2000 年人口普查电子数据文件和县数据综合显示，各个类型中居民人口不到 2.5 万人的非都市城镇的比例如下：农业型 11%、矿业型 3%、制造业型 29%、联邦政府和州政府型 3%、服务业型 14%、非专业型 33%。1980 年至 2008 年期间，29% 的农业型县中城镇人口的比例至少下降了 25%，25% 的矿业型县城镇也是如此；相比之下，制造业型县的比例是 15%，联邦政府和州政府类型县的比例是 17%，服务型县的比例是 14%，非专业型县的比例是 18%。而这些年里，人口至少增长了 25% 的各个经济类型城镇的比例分别为 13%、14%、18%、25% 和 20%。

33. 美国人口普查局，各州的建制居民点和新英格州以及纽约州被归为次级行政区的城镇，1998 ～ 2010 年，电子数据文件。该图显示了 1980 年人口数量比 2010 年有所降低的城市化地区以外的城镇比例。1980 年，人口在 1000 以下的有 9162 个城镇，人口在 1000 ～ 2000 之间的有 2874 个城镇，人口在 2000 ～ 5000 之间的有 2435 的城镇，人口在 5000 ～ 10000 之间的有 925 个城镇，人口在 10000 ～ 25000 之间的有 518 个城镇，比例就是以这些数字为基础的。

34. 尽管我们采访过的许多居民都谈到了实际或预期的人口绝对数量的下降，但在其他情况下，即使城镇人口增长适度，相对下降也是令人十分担忧的。1980 年至 2010 年期间，所有居民人数少于 2.5 万的非都市城镇的平均人口数量比 1980 年增加了 19.3%，而所有城镇的人口数量则增加了 30.6%，有幸处于都市区的居民人数在 2.5 万人以下城镇的人口数量则增加了 63%。

35. 依图所示，1980 年人口数量大于 2010 年人口数量则被定义为人口减少，2010 年人口数量低于 1980 年人口数量的 75% 或与之持平则被定义为人口大幅度减少。以 2010 年人口数量作为因变量，1980 年人口数量为控制变量，进行普通最小二乘回归，自然条件宜居评估每低 1 分，城镇在 2010 年的居民人数就相应减少 354 人。

36. 图中的数据来自经济服务研究局 2004 年对各县进行分类时的数据，以及各城镇的数据。2010 年人口为 2.5 万人或少于 2.5 万人的非都市城镇中，11.1% 的城镇位于农业型县，2.7% 的城镇位于矿业型县，32.1% 的城镇位于制造业型县，35.3% 的城镇位于非专业型县，还有 8.9% 的城镇位于服务业型县。

37. 中西部地区 5500 个城镇中大约 2/3 的城镇人口数量下降与农业因素与和地理因素相关。对于这些因素的分析，参见 Robert Wuthnow, *Remaking the Heartland: Middle America since the 1950s* (Princeton, NJ: Princeton University Press, 2011)。在公民参与度调查中，非大都市小镇上，26% 的居民表示他们所在社区“人口数量在减少”，这一比例高于给出同样回答的大都市小镇居民的比例和郊区居民的比例，分别为 20% 和 19%，但是低于给出同样回答的中心城市居民的比例，即 41%。

38. 小镇人口数量下降与收入之间的关系是很复杂的。Bruce Gardne 在 *American Agriculture in the Twentieth Century: How It Flourished and What It Cost* (Cambridge, MA: Harvard University Press, 2002) 一书中的 113 页写道，“某些城镇收入水平的数据无法获得，我们无法对人口迅速增长和减少的城镇的收入水平进行比较。”但是，情况并非如此。这里所使用的建制居民点的人口普查数据包括了某些城镇的标准，其中就包含了中位数家庭收入。就 1980 年人口数量不到 2.5 万的非城市化城镇而言，我对各个城镇的家庭收入中位数进行了比较，在 1979 年至 2009 年期间，这些城镇中，有的人口数量减少了 25% 甚至更多，有的减少了不到 25%，有的非但没有减少还增长了不到 25%，有的增长了 25% 甚至更多。相比之下，就非都市小镇的平均变化而言，人口数量大幅下降的城镇家庭收入中位数下降了 4%，人口数量小幅下降的城镇家庭收入中位数下降了 5%，而人口数量稳定不变或者小幅上升的城镇家庭收入中位数则保持不变，人口数量大幅增加的城镇家庭收入中位数则上升了 10%。

39. 明尼苏达州铁矿业的就业人数从 1972 年的大约 8000 人，增至 1979 年的 14000 人，但是到了 1982 年，就业人数急剧下降至不到 6000 人，2005 年就业人数不到 4000 人。自 20 世纪 60 年代中期以来，铁矿业的就业人数总的下降了 83%。参见 Thomas Michael Power, *The Economic Role of Metal Mining in Minnesota: Past, Present, and Future: A Report Prepared for Minnesota Center for Environmental Advocacy and the Sierra Club* (Missoula: University of Montana, Economics Department, 2007)。

关于工厂关闭如何影响小型社区的一项有价值的个案研究，参见 Carol D. Miller, *Niagara Falling: Globalization in a Small Town* (Lanham, MD: Lexington Books, 2007)。

40. 我们采访的同一社区的其他居民对于关矿和铁路裁员有着不同的看法。有人认为，矿上的设备太过陈旧，替换旧设备需要公司支付大笔资金。还有人认为，政府措施不到位，面对国外竞争没有保护好本国的采矿公司。但是，还有人认为，公司因为不得不支付工会规定的高额薪资以及丰厚的养老金而被迫破产。居民们都认为，社区和采矿公司几十年里浮浮沉沉，但还是存活了下来。

41. 正如我之前讨论的内容，请参见图 3.5。

42. 图中的数据来自我对 2006 年国会联合选举调查的电子数据文件的分析，这是一项包括 35816 名县级可识别信息受访者在内的具有全国代表性的调查。有关问题、方法论、回应率的信息，参见 Stephen Ansolabehere, *Guide to the 2006 Cooperative Congressional Election Survey* (Cambridge, MA: MIT Press, 2010)。根据两个问题来确定受访者是否是经常光顾沃尔玛的顾客，首先，受访者是否在沃尔玛购物？如果是，受访者是定期来沃尔玛购物还是偶然来这里购物？我使用了 2005 年美国人口普查局的数据，根据受访者居住的县人口，以及该县是位于统计区域之外或之内来对他们进行分类。

43. 尽管有关沃尔玛的公开讨论多数都是集中在沃尔玛受欢迎或不受欢迎的大都市地区，但是有关沃尔玛是如何形成节约、家庭和社区等小镇价值观的深入讨论，参见 Rebekah Peeples Massengill, *WalMart Wars: Moral Populism in the Twenty-First Century* (New York: New York University Press, 2013)。Massengill 还指出了沃尔玛的公众形象与福音派宗教取向之间的关系。更多有关这一主题的内容，参见 Bethany Moreton, *To Serve God and Walmart: The Making of Christian Free Enterprise* (Cambridge, MA: Harvard University Press, 2009)。

44. 虽然平均而言，小镇的房价的确要比城市和郊区便宜，我们采访的许多居民也都提到了这一点，但是，小镇居民仍然表示，因为他们想要在农村生活，可能还想买一小块地来耕种或养马，于是他们决定在房子上投入更多的资金，同时他们的收入又比较低，导致了家庭预算紧张。就低端的房地产市场而言，小镇与城市之间的差异可以从 2005 年至 2009 年汇总的美国人口普查局社区调查的估计数据中看出来，该数据显示人口数量在 1000 以下的非都市城镇自有住房中有 35%的房屋价值在 5 万美元以下，相比之下，人口数量在 1 万至 2.5 万人的非都市城镇中价值在 5 万美元以下的房屋比例为 17%，而人口数量在 2.5 万至 100 万及以上的都市城镇中价值在 5 万美元以下的房屋的比例仅为 7%。还是同一组数据，最小的非都市城镇中自有房屋的中位数价值为87120美元，1万至1.5万人的非都市城镇自有房屋的中位数价值为142902美元，而5万及以上的都市城镇自有房屋的中位数价值大约为280000美元。

45. 从2005年至2009年汇总的美国社区调查中估算的数据。2000年人口普查的可比数据为平均通勤时间，规模最小的非都市城镇为25.4分钟，到了人口数量在10000至25000的非都市城镇中，平均通勤时间就下降到了19.3分钟，而到了人口数量在100万及以上的城市里，平均通勤时间又增至29.4分钟。

46. 图中的数据来自美国人口普查局2010年建制居民点和新英格兰地区城镇的电子数据文件。

47. 这些结果来自美国人口普查局于2011年发布的2005～2009年汇总的美国社区调查的建制居民点和新英格兰市政分区的电子数据文件。

48. 关于多向分层同化理论，尤请参详Alejandro Portes and Min Zhou, "The New Second Generation: Segmented Assimilation and Its Variants," *Annals of the American Academy of Political and Social Science* 530 (1993): 74–96; Min Zhou, "Segmented Assimilation: Issues, Controversies, and Recent Research on the New Second Generation," *International Migration Review* 31 (1997): 975–1008; Roger Waldinger and Cynthia Feliciano, "Will the New Second Generation Experience 'Downward Assimilation' ? Segmented Assimilation Reassessed," *Ethnic and Racial Studies* 27 (2004): 376–402; Alejandro Portes and Patricia Fernandez Kelly, "Segmented Assimilation on the Ground: The New Second Generation in Early Adulthood," *Ethnic and Racial Studies* 28 (2005): 1000–1040; Alejandro Portes, "Migration, Development, and Segmented Assimilation: A Conceptual Review of the Evidence," *Annals of the American Academy of Arts and Sciences 610*(2007): 73–97。

49. 关于文化流变的一次优秀讨论，部分基于一个小社区进行的研究，可参见Tomas R. Jimenez, *Replenished Ethnicity: Mexican Americans, Immigration, and Identity* (Berkeley: University of California Press, 2009); Tomas R. Jimenez, "Mexican-Immigrant Replenishment and the Continuing Significance of Ethnicity and Race," *American Journal of Sociology* 113 (2008): 1527–67。

50. 同质型小镇居民对移民的反对程度要大于居民类型更加多样化的城市居民。然而，有关态度的数据差异相对并不大。例如，我在2003年进行的"宗教与多样性调查"发现，70%的非大都市小镇居民赞成减少移民的法律，但这一数字仅比大都市地区居民的反应高出8%。在另一个问题上，72%的小镇居民同意美国对来到美国的移民负有很大责任，仅比大都市地区的反应低6%。更清楚的迹象表明，我们的定性访谈采用这种或那种方式，对于那些受移民直接影响不大的城镇的影响非常小，而在移民率高的城镇中，居民的评论从非常积极到非常消极变化很大。

51. 图中的数据是根据 2005 年至 2009 年的美国社区调查计算得出的，提供这些数据的小镇中既有西班牙裔人又有盎格鲁白人，其中人口在 25000 人以下的非都市城镇有 5052 个，所有的小镇一共为 9284 个。在 5052 个非都市城镇中有 1831 个小镇的西班牙人的中位数收入高于盎格鲁白人。

52. 在肉类和家禽加工厂中经常发生侵犯人权的行为，可参见 *Human Rights Watch, Blood, Sweat, and Fear: Workers' Rights in U.S. Meat and Poultry Plants* (Washington, DC: Human Rights Watch, 2005)。也可以参考 Georgeanne M. Artz, Peter F. Orazem, and Daniel M. Otto, "Meat Packing and Processing Facilities in the Non-metropolitan Midwest: Blessing or Curse?" (paper presented at the annual meeting of the American Agricultural Economics Association, Providence, Rhode Island, July 2005); Georgeanne M. Artz, Peter F. Orazem, and Daniel M. Otto, "Measuring the Impact of Meat Packing and Processing Facilities in Nonmetropolitan Counties: A Difference-in-Differences Approach," *American Journal of Agricultural Economics* 89 (2007): 557–70。在艾奥瓦州波斯特维尔进行的两项研究中，一个有 2200 人的肉类加工社区提供了关于种族多样性的当地观点，以及关于移民和无证工人的冲突，参见 Stephen G. Bloom, Postville: A Clash of Cultures in Heartland America (New York: Mariner Books, 2001); Mark Grey, Michele Devlin, and Aaron Goldsmith, *Postville U.S.A.: Surviving Diversity in Small-Town America* (Boston: Gemma Media, 2009)。

第 4 章　社区精神 ：小镇身份的约束

1. 宗教与多样性调查，2003 年在我的指导下进行的具有全国代表性的调查，参见 Robert Wuthnow, *America and the Challenges of Religious Diversity* (Princeton, NJ: Princeton University Press, 2005)。在本次调查中，有 611 名居住在人口普查定义的大都市统计区之外认为自己所在的社区是小城市、城镇或者农村地区的受访者，有 1807 名居住在大都市统计区认为自己所在的社区是城市或郊区的受访者。前者和后者中分别有 44% 和 14% 的受访者表示他们几乎了解所有邻居，13% 和 10% 的受访者表示他们只认识一半的邻居，还有 12% 和 17% 的受访者只认识 1/4 的邻居，有 27% 和 48% 的受访者只认识邻居中的几个人，另有 4% 和 10 % 的受访者不认识周围的任何人。

2. 长期以来，社会学家对于小镇上“彼此都认识”的理念一直非常感兴趣。Georg Simmel (“The Metropolis and Mental Life” in Georg Simmel, *On Individuality and Social Forms*, ed. Donald N. Levine [Chicago: University of Chicago Press, 1971], 331) 在 1903 年写道，小镇上“一个人认识几乎每一个他所遇见的人”，证明了在更大的地方，社会关系必然不同（保守，甚至冷淡）。Louis Wirth(“Urbanism as a Way of Life,” *American Journal of Sociology* 44 [1938]: 1–24) 将这一观点纳入了他自己对于人口规模重要性的讨论之中。Claude S. Fischer 在他的著作 *To Dwell among Friends: Personal Networks in Town and City* [Chicago: University of Chicago Press, 1982], 61 中引用了 David Hummon 的 “Popular Images of the American Small Town,” *Landscape* 24 [1980]: 3–9)，提出了一个不同的解释，他强调“这种公众熟悉程度需求与居民的私人生活无关”。

3.Benedict Anderson, *Imagined Communities: Reflections on the Origin and Spread of Nationalism* (London: Verso, 1991), 6.

4. 这些结果均出自于我所做的公民参与度调查。41% 的大都市地区受访者表示社区就是他们的居住区，43% 的非大都市小镇居民表示社区就是他们所在的城镇。

5. 参见 Paul Lichterman, *Elusive Togetherness: Church Groups Trying to Bridge America’s Divisions* (Princeton, NJ: Princeton University Press, 2005)。Lichterman 在一个约有 23.5 万人口的城市里进行了人种志扩展研究，重点关注各个宗教服务组织是如何弥合种族差异与社会阶层差异的。他发现弥合这些差异的社会关系通常只把关注点放在个人身上，而注重强调更大社会范畴的组织在解决这些潜在问题上能发挥更有效的作用。参见 Paul Lichterman, “Social Capital or Group Style? Rescuing Tocqueville’s Insights on Civic Engagement,” *Theory and Society* 35 (2006): 529–63; Paul Lichterman, “Integrating Diversity: Boundaries, Bonds, and the Greater Community in The New Golden Rule,” in *Autonomy and Order: A Communitarian Anthology, ed. Edward Lehman* (Lanham, MD: Rowman and Littlefield, 2000), 125–41。文献中经常可以看到美国文化的一个的倾向，即强调将慈善和志愿服务作为个人善举。参见 Christian Smith and Michael O. Emerson, *Passing the Plate: Why American Christians Don’t Give Away More Money* (New York: Oxford University Press, 2008); Robert L. Payton and Michael P. Moody, *Understanding Philanthropy: Its Meaning and Mission* (Bloomington: Indiana University Press, 2008); Susan Eckstein, “Community as Gift-Giving: Collectivistic Roots of Volunteerism,” *American Sociological Review* 66 (2001): 829–51; Robert Wuthnow, *Acts of Compassion: Caring for Others and Helping*

Ourselves (Princeton, NJ: Princeton University Press, 1991)。相反，社会范畴识别过程中的难点是，这些社会范畴是不平等的基础，很难得到认可，参见 Douglas Massey, *Categorically Unequal: The American Stratification System* (New York: Russell Sage Foundation, 2007)。

6. 由于各个调查中社会资本数量出现下滑的趋势，有人认为社区也在衰退，想要了解关于这一观点最有力的发展和维护，参见 Robert D. Putnam, *Bowling Alone: The Collapse and Revival of American Community* (New York: Simon and Schuster, 2000)。对这一传统观点的批评强调要用新的社会参与方式替代旧的社会参与方式，改变政治、法律和文化组织形式。参见 Carl Boggs, "Social Capital and Political Fantasy: Robert Putnam' s 'Bowling Alone,'" *Theory and Society* 30 (2001): 281–97。关于公民参与形式变化更为有趣的研究，参见 Emily Barman, *Contesting Communities: The Transformation of Workplace Charity* (Stanford, CA: Stanford University Press, 2006)。Mario Luis 在 *Small, Villa Victoria: The Transformation of Social Capital in a Boston Barrio* (Chicago: University of Chicago Press, 2004) 一书中充分论述的观点与我在这本书中的叙述以及将社区视作为象征的观点有所相似，我也从中获益良多。

7. 在公民参与度调查中，受访者被问及是否在过去的一年中参加过有关社区问题的会议。其中 69% 的非大都市小镇受访者表示此类会议是在学校召开的；相比之下，59%的郊区受访者和 52% 的中心城市受访者表示此类会议是在学校召开的。

8. 国家教育统计中心，学校与教职人员调查，1987 年和 1999 年，电子数据文件，对学校数量和按地方划分美国 K –12 年级总的入学人数的样本结果进行加权。按照国家教育统计中心标准，小镇是指人口不到 25000 万人但是超过或等于 2500 人的建制居民点或人口普查指定居民点，而且这些居民点还位于联合大都市统计区或者大都市统计区之外，农村地区是指人口普查局指定为农村的地区。据这些调查估计，1987 年至 1999 年期间，小镇学校的数量由 18556 个下降到 11393 个，农村地区学校的数量从 19391 个下降到 16578 个，而大型或中等城市中心地区学校的数量则由 19482 个增加到 21895 个，大型或中等城市边缘地区或大城镇的学校数量则从 21132 个增加到 37761 个。据调查估计，从 1987 年至 1999 期间，小镇总的入学人数从 950 万下降到 480 万，农村地区总的入学人数则从 670 万下降到 470 万，而城市中心地区总的入学人数则从 1300 万增加到 1430 万，城市边缘地区的总的入学人数是从 1300 万增加到 2380 万。还可以用另外一种方式描述这种变化，即 1987 年小镇和农村地区的学校占全国学校总数的 48%，但是 1999 年仅占 32%，1987 年的入学小镇和农村地区的入学人数占全国入学人数的 32%，但是 1999 年仅占 20%。2000 年每 10 年 1 次的人口普查收集的数据导致了 2003 年国家教育统计中心对地方的定义做出了修改，因而这里采用 1987 年和 1999 年的调查结果。欲了解研究的总结内容，请参见 *National Center for Education Statistics, Schools and Staffing Survey, 1999–2000: Overview of the Data for Public, Private, Public Charter, and Bureau of Indian Affairs Elementary and Secondary Schools* (Washington, DC: US Department of Education, Office of Educational Research and Improvement, 2002)。2005 年国家教育统计中心数据（电子数据文件）中，对地方的新定义改变了农村学校的类别，该数据显示 2500 到 25000 人城镇的学校数量从 1999 年的 11393 减少到 2005 年的 8982，减少了 21%，小城镇学校的学生人数从 1999 年的 480 万下降到 2005 年的 350 万（这些数字来自学区电子数据文件中的 5 个类别区域变量）。

9. 这些数字来自 1980 ～ 2000 年的人口普查数据，代表 1980 年总人口不到 25000 人的非都市小镇中 5 ～ 17 岁的孩子。

10. 正如我在第 6 章所述，在居民们看来，空置的店铺严重损害了社区精神，于是，不是这些商店被夷为了平地，就是镇领导们想方设法让这里看起来像有人在使用。可是，学校曾经是孩子们玩耍的地方，是居民们参加毕业典礼和城镇会议的地方，如今空荡荡的学校饱含着更为深刻的象征意义。正如一位市长所言，“他们关闭了两层楼高的砖砌校舍，让校舍年复一年地空置着。一样东西空置太久了，就会让人感到非常沮丧。”她表示，最近最值得人们高兴的一件事是一幢建筑即将作为市政厅重新启用。

11. 将运动和小镇的骄傲之间联系起来的一个例子，参见 Joe Drape, *Our Boys: A Perfect Season on the Plains with the Smith Center Redmen* (New York: Times Books, 2009)。二者利益相关的阐述可参见 Carlton Stowers, *Where Dreams Die Hard: A Small American Town and Its SixMan Football Team* (Cambridge, MA: Da Capo Press, 2005)。

12. 关于小城镇节日的丰富的描述，参见 Robert H. Lavenda, *Corn Fests and Water Carnivals: Celebrating Community in Minnesota* (Washington, DC: Smithsonian Institution Press, 1997)。小镇牛仔竞技活动一瞥，可参见 Elizabeth Furniss, “Cultural Performance as Strategic Essentialism: Negotiating Indianness in a Western Canadian Rodeo Festival,” *Humanities Research* (1998): 23–40; Elizabeth Atwood Lawrence, *Rodeo: An Anthropologist Looks at the Wild and the Tame* (Knoxville: University of Tennessee Press, 1982); Stan Hoig, *Cowtown Wichita and the Wild, Wicked West* (Albuquerque: University of New Mexico Press, 2007), 尤请参详 153–68。

13. 相关案例可参见 Karen De Bres and James Davis, “Celebrating Group and

Place Identity: A Case study of a New Regional Festival," *Tourism Geographies* 3 (2001): 326–37。

14. 在最近的一个社会学理论的例子中，例如由集体仪式激发而产生的情感体验的集中性被强调，参见 Randall Collins, *Interaction Ritual Chains* (Princeton, NJ: Princeton University Press, 2005)。有关这一主题的经典作品，参见 Emile Durkheim, *Elementary Forms of the Religious Life*, trans. Carol Cosman and ed. Mark S. Cladis (1915; repr., Oxford: Oxford University Press, 2008)。

15. 关于社区节日如何戏剧化地改变社区成员在其他环境中的地位的一场有趣的讨论，可参见以下资料。关于年度节日及其在 1890 到 1940 年的移民中所起到的作用，参见 Robert A. Orsi, *The Madonna of 115th Street: Faith and Community in Italian Harlem* (New Haven, CT: Yale University Press, 1985)。关于节日如何改变海地移民，参见 Elizabeth McAlister, "The Madonna of 115th Street Revisited: Vodou and Haitian Catholicism in the Age of Transnationalism," in *Gatherings in Diaspora: Religious Communities and the New Immigration*, ed. R. Stephen Warner and Judith G. Wittner (Philadelphia: Temple University Press, 1998), 123–62; Karen McCarthy Brown, "Staying Grounded in a Highrise Building: Ecological Dissonance and Ritual Accommodation in Haitian Vodou," in *Gods of the City*, ed. Robert A. Orsi (Bloomington: Indiana University Press, 1999), 79–102; Jonathan Rieder, *Canarsie: The Jews and Italians of Brooklyn against Liberalism* (Cambridge, MA: Harvard University Press, 1985) ; Wesley Monroe Shrum Jr., *Fringe and Fortune: The Role of Critics in High and Popular Art* (Princeton, NJ: Princeton University Press, 1996)。关于入籍仪式所扮演的类似角色的深刻讨论，参见 Sofya Aptekar, "Immigrant Naturalization and Nation Building in North America" (PhD diss., Princeton University, 2010)。

16. 对桑普森关于集体效能研究的简要总结，参见 Robert J. Sampson, "Neighborhood and Community: Collective Efficacy and Community Safety," *New Economy* 11 (2004): 106–13。也可以参见 Robert J. Sampson, Stephen W. Raudenbush, and Felton Earls, "Neighborhoods and Violent Crime: A Multilevel Study of Collective Efficiency," *Science* 277 (1997): 918–24; Jeffrey D. Morenoff, Robert J. Sampson, and Stephen W. Raudenbush, "Neighborhood Inequality, Collective Efficacy, and the Spatial Dynamics of Urban Violence," *Population Studies Center Research Report, Report* No. 00–451, March 2001。

17. 图中的数据是 2000 年 7 月至 11 月对 3003 名成年人进行的全国调查中的

2500 名受访者的数据，这也是社会资本基准调查的一部分。这项调查还向当地 41 个社区的 26230 名居民征询了信息。由于大多数地方性调查都是在城市进行的，我根据全国调查结果提交了报告。电子数据文件和代码手册均来自康涅狄格大学罗普民意研究中心。

18. 参 见 Terry L. Besser, Nicholas Recker, and Kerry Agnitsch, "The Impact of Economic Shocks on Quality of Life and Social Capital in Small Towns," *Rural Sociology* 73 (2008): 580–604。该研究是通过邮件进行的，调查的对象包括 1994 ～ 2004 年人口数量在 1 万以下的 99 个城镇中随机抽取的居民。研究结果与 Kai Erikson 的研究结果 (*Everything in Its Path: Destruction of Community in the Buffalo Creek Flood* [New York: Simon and Schuster, 1977]) 进行了对比。他对于居民的社区感受在多大程度上是建立在城镇空间秩序上，又在多大程度上会受到自然灾害的负面影响这个问题进行了重要的研究。Timothy Philip Schwartz-Barcott (*After the Disaster: Re-creating Community and Well-being at Buffalo Creek since the Notorious Coal-Mining Disaster in 1972* [Amherst, NY: Cambria Press, 2008]) 重新回顾了 Erikson 的观点，说明居民们是如何重新树立社区意识及其结构的。

19. 关于搜查令的广泛讨论，参见 Kenneth Burke, *A Grammar of Motives* (Berkeley: University of California Press, 1969)。与之相关联的富有启发性的研究文章，参见 Wendell V. Harris, "The Critics Who Made Us: Kenneth Burke," *Sewanee Review* 96 (1988): 452–63。

20.Jennifer Sherman, "Coping with Rural Poverty: Economic Survival and Moral Capital in Rural America," *Social Forces* 85 (2006): 891–913.

21. 在小城镇的人行道行为和被描述为“文明的疏忽”之间形成了鲜明的对比，参见 Erving Goffman, *Behavior in Public Places: Notes on the Social Organization of Gatherings* (New York: Free Press, 1966), 88–99。关于文明规范如何与城市环境形成对比的讨论，参见 Mitchell Duneier, *Sidewalk* (New York: Farrar, Straus and Giroux, 2000); Mitchell Duneier and Harvey Molotch, "Talking City Trouble: Interactional Vandalism, Social Inequality, and the 'Urban Interaction Problem,' " *American Journal of Sociology* 104 (1999): 1263–95。

22. 关于“手指波浪”“高速公路问好”和“农民敬礼”的动人描述，参见 Roger Welsch, *Forty Acres and a Fool: How to Live in the Country and Still Keep Your Sanity* (Osceola, WI: Voyageur Press, 2006), 210–12。

23. 网络研究指出了重叠关系的重要性，这种重叠关系涉及一个人的朋友也是另外一个人的朋友这种关系。就家庭研究而言，尤其要参考 Elizabeth Bott, *Family and Social Network* (1957; repr., New York: Routledge, 2003); Joan Aldous and Murray A. Straus, "Social Networks and Conjugal Roles: A Test of Bott' s Hypothesis," *Social Forces* 43 (1966): 471–82; Alexandra Maryanski and Masako Ishii-Kuntz, "A Cross-Species Application of Bott' s Hypothesis on Role Segregation and Social Networks," *Sociological Perspectives* 34 (1991): 403–25。正式的网络关系研究中很少会强调关系的重要性，在这些关系中，有关第三方的许多详细信息会被公之于众。关于这一现象更详细的讨论，请参见 Robert Wuthnow, "*Intimate Knowledge as a Concept for Further Research in Studies of Religion*," Association of Religion Data Archives at the Pennsylvania State University, 2011, http://www.thearda.com/rrh/papers/guidingpapers.asp。有关保守秘密和流言蜚语传播的文献资料同样具有启发性，参见 Sissela Bok, *Secrets: On the Ethics of Concealment and Revelation* (New York: Pantheon, 1983); Donna Eder, "Cohesion through Collaborative Narration," *Social Psychology Quarterly* 51 (1988): 225–35; Donna Eder, "The Structure of Gossip: Opportunities and Constraints on Collective Expression among Adolescents," *American Sociological Review* 56 (1991): 494–508; Gary Alan Fine and Lori Holyfield, "Secrecy, Trust, and Dangerous Leisure: Generating Group Cohesion in Voluntary Organizations," *Social Psychology Quarterly* 59 (1996): 22–38; Joshua Gamson, "Normal Sins: Sex Scandal Narratives as Institutional Morality Tales," *Social Problems* 48 (2001): 185–205。

24. 社会渣滓是居民们用来形容不努力自给自足的人最常用的词语。这个词语也暗指并没有得到充分审查或者了解，无法得到信任的陌生人或是新来之人。还有一个相关的词语是寄生虫，即寄生于某一体制，例如滥用慈善的行为。还有一个词较少使用，packsacker，指的是某个人并不来自于该社区，但是他多年来向社区的人证明他为人可靠、勤勉敬业、忠诚不二，最终为社区居民所接受。

25.Gerald Marwell and Ruth E. Ames, "Experiments on the Provision of Public Goods, I. Resources, Interest Group Size, and the Free-Rider Problem," *American Journal of Sociology* 84 (1979): 1335–60; Oliver Kim and Mark Walker, "The Free Rider Problem: Experimental Evidence," *Public Choice* 43 (1984): 3–24.

26. 我的一个同事已经就这个问题做出了有洞察力的阐述，参见 Viviana A. Zelizer, *The Purchase of Intimacy* (Princeton, NJ: Princeton University Press, 2005); Viviana A. Zelizer, *The Social Meaning of Money: Pin Money, Paychecks, Poor Relief,*

and Other Currencies (Princeton, NJ: Princeton University Press, 1994);

27. 关于谈论金钱的禁忌，参见 Robert Wuthnow, *Poor Richard' s Principle: Recovering the American Dream through the Moral Dimension of Work, Business, and Money* (Princeton, NJ: Princeton University Press, 1996), 138–68。

28. 关于社会网络的封闭性，参见 James S. Coleman, "Social Capital in the Creation of Human Capital," *American Journal of Sociology* 94 (1988): S95–120。Coleman 提到了流言蜚语的传播，但是他主要表明的是彼此相互认识的 B 和 C 能够结成联盟，迫使 A 遵从规范。可是，从小镇居民提供的信息来看，这种运作方式还是非常复杂的。人们认为，其他人可能知晓人们强调的实际执行存在的可能性，他们不仅知晓重要的传言，而且听闻了意味着私密的、幕后信息的各种话题。

29. 参见 Ray Oldenburg, *The Great Good Place: Cafes, Coffee Shops, Community Centers, Beauty Parlors, General Stores, Bars, Hangouts, and How They Get You through the Day* (New York: Paragon House, 1989)。关于展示"第三场所"和"协会"对小城镇社区福利变量的有益影响，参见 Charles M. Tolbert, Michael D. Irwin, Thomas A. Lyson, and Alfred R. Nucci, "Civic Community in Small-Town America: How Civic Welfare Is Influenced by Local Capitalism and Civic Engagement," *Rural Sociology* 67 (2002): 90–113。其他关于特定环境中发生的宴饮交际研究通常集中在城市地区，案例可参见 James P. Spradley and Brenda J. Mann, *The Cocktail Waitress: Women' s Work in a Man' s World* (1975; repr., New York: Waveland Press, 2008); William H. Whyte, *The Social Life of Small Urban Spaces* (1980; repr., New York: Project for Public Spaces, 2001); Mitchell Duneier, *Slim' s Table: Race, Respectability, and Masculinity* (Chicago: University of Chicago Press, 1992); Sean Safford, *Why the Garden Club Couldn' t Save Youngstown: The Transformation of the Rust Belt* (Cambridge, MA: Harvard University Press, 2009)。关于正式的日托中心在城市环境中建立非正式网络的重要性的论述，参见 Mario Luis Small, *Unanticipated Gains: Origins of Network Inequality in Everyday Life* (New York: Oxford University Press, 2009)。

30. Susan Fiske 的这篇论文（"*Envy Up, Scorn Down: How Comparison Divides Us*"，在 2010 年 9 月普林斯顿大学法律与公共事务的秋季退修会上宣读）认为，"蔑视"在心理学文献中常常被忽视，但是，在大众文化中，"蔑视"常常是指看不起地位较低的人，表示出轻视、嘲笑，希望他们走开，给他们暗示让他们远离，有时候也会忽视他们或以沉默回应而表现出轻蔑的态度。当受到蔑视的人或团体感到自卑，就会出现一种更加有趣的现象，也是我在这里要强调的，就是受到蔑视的人是怎样进行回击的，也就是说，他们坚持他们所认为的价值和特点从而否认了对他们的蔑视。美国文学专家和历史学家特别指出了辛克莱·刘易斯（Sinclair Lewis）和斯科特·菲茨杰拉德（Scott Fitzgerald）作品中所表述的对小镇和农村地区的轻视；参见 James H. Shideler, "Flappers and Philosophers, and Farmers: Rural–Urban Tensions of the Twenties," *Agricultural History* 47 (1973): 283–99。有一部相关的作品对于英国文学中的对比形象进行了研究，但是这部作品并没有对小镇给予太多的关注，参见 Raymond Williams, *The Country and the City* (London: Chatto and Windus, 1973)。关于边缘化且诋毁小镇居民和农村地区居民的大众形象的更广泛的讨论，参见 Gerald W. Creed and Barbara Ching, "Recognizing Rusticity: Identity and the Power of Place," in *Knowing Your Place: Rural Identity and Cultural Hierarchy*, ed. Barbara Ching and Gerald W. Creed (New York: Routledge, 1997), 1–38。参见 Edward W. Soja, *Postmodern Geographies: The Reassertion of Space in Critical Theory* (London: Verso, 1989), 234–35。在这本书里，作者把乡村蠢货或是农村白痴的概念追溯到希腊语的词根 idios，意思是"一个对城邦的各个方面一无所知的人"，因此，这些人与城市居民相比文明程度更低，或者较为缺乏公民精神。

31. 参见 Annie Proulx, *That Old Ace in the Hole* (New York: Simon and Schuster, 2002); Timothy Egan, *The Worst Hard Time* (New York: Houghton Mifflin, 2006)。该地区以外的作家赞扬了这本书的准确性，参见 Candace Smith, "That Old Ace in the Hole," *Booklist*, May 1, 2003, 1213; Gail Caldwell, "Intruder in the Dust," *Boston Globe*, December 15, 2002; Sean Daly, "That Old Ace in the Hole," *People*, December 23, 2002; Stephen Finucan, "Fear and Loathing on the Panhandle," *Toronto Star*, December 8, 2002。接近宗教的评论家更具有批判性，例如，可参见 James Lough, "No Winning Hand," *Denver Post*, December 15, 2002。

32. 虽然在我们的访谈中，纽约市时不时地会出现，成为参照点，但曾经作为城市特征的独特语言模式似乎并未显示出复杂性，据一位专家解释说，"纽约口音让你听上去很无知"（引自 Sam Roberts, "Unlearning to Tawk Like a New Yorker," *New York Times*, November 19, 2010)。

33. 在公民参与度调查中，48% 的非大都市小镇居民表示，他们对于其所在社区的"自然美景"十分满意，而持有这一看法的人在大都市小镇中只占 42%，在郊区占 35%，在中心城市中只有 31%。

34.Rebecca Kneale Gould, *At Home in Nature: Modern Homesteading and Spiritual Practice in America* (Berkeley: University of California Press, 2005).

35.William Wordsworth, *The Complete Poetical Works* (London: Macmillan, 1888)，写于 1806 年。

36.LiErin Probasco, "*Encountering Difference: Solidarity and Transnational Religious Humanitarian Aid*" (PhD diss., Princeton University, 2013). 我为这本书做研究的时候，作为项目顾问参与了 Probasco 的项目，他在项目里提供了生动的对比依据。去过尼加拉瓜的美国人以及 Probasco 自己常常会对来到尼加拉瓜村庄的游客所期待的拓展性对话和仪式活动进行评论，而和我交谈的初来小镇的人则会注意到人们在人行道上相遇时所给予的友善以及简短的对话，但是这并不表示这样的相遇会花费很多时间或者给人们带来负担。

第 5 章　青蛙池塘 ：理解工作与金钱的意义

1. 在许多描述美国梦的作品中，有一段有价值的历史讨论，参见 Cal Jillson, *Pursuing the American Dream: Opportunity and Exclusion over Four Centuries* (Lawrence: University Press of Kansas, 2004)。关于一份强调离开故乡迁往他处的工作，可参见 Robert N. Bellah, Richard Madsen, William M. Sullivan, Ann Swidler, and Steven M. Tipton, *Habits of the Heart: Individualism and Commitment in American Life* (Berkeley: University of California Press, 1985)。关于专注于个人选择的自由和表达对抗社区依附的书籍，参见 Bellah et al., Habits of the Heart; Herbert J. Gans, *Middle American Individualism: Political Participation and Liberal Democracy* (New York: Oxford University Press, 1988); Paul Leinberger and Bruce Tucker, *The New Individualists: The Generation after the Organization Man* (New York: HarperCollins, 1991); Alan Ehrenhalt, *The Lost City: The Forgotten Virtues of Community in America* (New York: Basic Books, 1995)。关于我自己对美国梦的普遍性理解的研究，参见 Robert Wuthnow, Poor Richard' s Principle: *Recovering the American Dream through the Moral Dimension of Work, Business, and Money* (Princeton, NJ: Princeton University Press, 1996); Robert Wuthnow, *American Mythos: Why Our Best Efforts to Be a Better Nation Fall Short* (Princeton, NJ: Princeton University Press, 2006)。

2. 在我所进行的公民参与度调查中，有 47% 的非大都市小镇居民表示，失业是其所在社区一个"严重的问题"，这比都市地区小镇（34%）或郊区（25%）高出许多，但是与中心城市（47%）持平。

3. 这些数据来自美国人口普查局，2000 年建制居民点，电子数据文件。非都市城镇是指人口普查数据中被认为是在 5 万人城镇附近地区以外的城镇。的确，小镇无法提供许多行业的机会。财富 500 强的首席行政官可能会住在城市或郊区，但不可能住在小镇上。也许会有一些例外，例如一些国家元首、百老汇明星、电视主持人以及华尔街的交易员。但是，小镇的情况远比想象的要更多样化。我们采访的对象包括核电厂的管理者，某些重要的国家政府机构的负责人，州政府和联邦政府中选举和指定的工作人员，在企业或者投资公司拿着六位数和七位数收入的白领。还有畅销书作者、报纸专栏作家、大学教授、跨国公司的高管、发明家、工程师和职业运动员。与办公室职员、教书匠或者小企业的职员相比，他们的人数很少。可是，城市里也是这种情况。

4.1998 年到 2008 年之间进行的一项社会调查的数据（电子数据文件）显示，在 5 万人城镇中长大的受访者中，只有 16% 的人目前生活在人口不到 2 万的非大都市小镇中，38% 的人生活在人口不到 2 万的大都市小镇中，47% 的人生活在城市或郊区。

5.Seyla Benhabib, "Sexual Difference and Collective Identities: The New Global Constellation," *Signs* 24 (1999): 345.

6. 小镇居民的平均收入比城市居民低（工作行业也没有那么有声望），这表明询问他们是否受到歧视、剥削，是否机会阻隔，以及社会学家认为会出现不公平的相关社会结构因素影响是恰当的。参见 Douglas Massey, *Categorically Unequal: The American Stratification System* (New York: Russell Sage Foundation, 2007); Erik Olin Wright and Joel Rogers, *American Society: How It Actually Works* (New York: W. W. Norton, 2010)。对待不公平的标准做法是不认为小镇与大都市地区之间的差异很重要，这很可能是因为居民们是自愿选择去小镇生活的。例外情况是，偶尔会讨论到薪水很低的新移民，以及在小镇落户、充分利用这里廉价且没有工会组织的劳动力的制造业公司和农业综合企业。参见 Donald D. Stull and Michael J. Broadway, *Slaughterhouse Blues: The Meat and Poultry Industry in North America* (San Francisco: Wadsworth, 2004)。把 Charles Tilly (*Durable Inequality* [Berkeley: University of California Press, 1998]) 提出的理论观点与小镇联系起来加以思考是有启发性的。Tilly 认为非洲裔美国人和女性是雇主可以轻易利用的从属范畴群。农村、城市区隔也可能被视为范畴区别，再加上固有的"俗气无知的乡巴佬"的贬损印象，尤为如此。然而，不同之处在于，将歧视非洲裔美国人和妇女的行为合法化的同样的法律定义从未出现在美国农村人身上。Tilly 的这种观点适用于小城镇居民的部分是，雇主通过结构化信息网络和模拟，实施机会阻隔，而处于从属地位的人们经常对于那些职位所带来的熟悉感和友谊感到安心舒适。我通过对小镇居民的访谈所提出的证据，强调了工作信息赖以传播的地方网络的重要性以及视野的局限性有助于适应眼前的工作机会。

7.Mark S. Granovetter, *Getting a Job: A Study of Contacts and Careers* (Cambridge, MA: Harvard University Press, 1974); Mark S. Granovetter, "The Strength of Weak Ties," *American Journal of Sociology* 78 (1973): 1360–80; Mark S. Granovetter, "The Strength of Weak Ties: A Network Theory Revisited," *Sociological Theory* 1 (1983): 201–33.

8. 关于认知图式的概念，以及它们在多大程度上是固定的或文化形态的，相关讨论参见 William Brewer, "Schemata," in *The MIT Encyclopedia of the Cognitive Sciences*, ed. Robert A. Wilson and Frank C. Keil (Cambridge, MA: MIT Press, 2001), 724–25; Roy D' Andrade, *The Development of Cognitive Anthropology* (Cambridge: Cambridge University Press, 1995) ; Karen A. Cerulo, "Coming Together: New Taxonomies for the Analysis of Social Relations," *Sociological Inquiry* 68 (1998): 398–425; Paul DiMaggio, "Culture and Cognition," *Annual Review of Sociology* 23 (1997): 263– 87; L. A. Hirschfeld and S. A. Gelman, eds., *Mapping the Mind: Domain Specificity in Cognition and Culture* (Cambridge: Cambridge University Press, 1994)。我在宗教背景下对认知图式的讨论也是与之相关的，参见 Robert Wuthnow, "Cognition and Religion," *Sociology of Religion* 68 (2007): 341–60。

9. 关于隐喻和垂直隐喻的最有用的讨论，参见 George Lakoff and Mark Johnson, *Metaphors We Live By* (Chicago: University of Chicago Press, 1980)。相关的有益而简短的讨论，也可参见 Samuel Glucksberg, "Metaphor," in *The MIT Encyclopedia of Cognitive Science*, ed. Robert A. Wilson and Frank C. Keil (Cambridge, MA: MIT Press, 2001), 532–34; Tim Rohrer, "The Cognitive Science of Metaphor from Philosophy to Neuroscience," *Theoriaet Historia Scientarium* 6 (2001): 27–42。

10. 关于美国梦的故事，关于权衡、牺牲和收获的叙述，参见 Wuthnow, *American Mythos*, 79–103。

11. Claudia Strauss, "What Makes Tony Run? Schemas as Motives Reconsidered," in *Human Motives and Cultural Models, ed. Roy G. D' Andrade and Claudia Strauss* (Cambridge: Cambridge University Press, 1992), 197–224; Claudia Strauss, "Who Gets Ahead? Cognitive Responses to Heteroglossia in American Political Culture," *American Ethnologist* 17 (1990): 312–28; Claudia Strauss, "Culture, Discourse, and Cognition: Forms of Belief in Some Rhode Island Working Men' s Talk about Success" (PhD diss., Harvard University, 1988).

12.Strauss, “What Makes Tony Run?”

13. 如下研究常对我产生影响：Kathryn Edin and Laura Lein, *Making Ends Meet: How Single Mothers Survive Welfare and Low-Wage Work* (New York: Russell Sage Foundation, 1997); Katherine S. Newman, *Falling from Grace: Downward Mobility in the Age of Affluence* (Berkeley: University of California Press, 1999); Katherine S. Newman and Victor Tan Chen, *The Missing Class: Portraits of the Near Poor in America* (Boston: Beacon, 2008)。

14. 虽然当时媒体猜测 9 ·11 袭击事件可能对住宅计划产生影响，但这一事件似乎不太可能促使许多人逃往小城镇。例如，对纽约市居民的一项研究发现这一事件几乎没有太大的影响，但确实表明对恐怖主义的恐惧可能会使原本已经住在较小地方的居民留在原地，参见 David Kay, Charles Geisler, and Nelson Bills, “Residential Preferences: What’ s Terrorism Got to Do with It ?” *Rural Sociology* 75 (2010): 426–54。

15. 虽然据我所知，关于这一点并没有全国性的数据，但还是有一些证据表明了小城镇父系主义倾向的可能性。例如，1998 年和 2008 年间对已婚男女进行的一项社会调查结果表明，在人口不到 20000 居民的非大都市社区的居民中，在城市或郊区长大的女性略多于男性（21% 对 18%）——意味着他们不是在本地长大的。最大的区别是，在农场长大的男性有 28%，而女性为 19%。这些数据并未表明在小城镇长大的人目前是生活在同一个小镇还是已搬迁。由于土地转让模式和多代农业，农民中的父系主义倾向可能更强烈。例如，2000 年美国人口普查微样本的 5%，电子数据文件，对生活在非大都市区的已婚且自认为是农民、农场经理或农场工人的分析表明，年龄 18 岁至 39 的人中，有 51.1%的女性和 36.6%的男性不再居住在其出生的州，年龄在 40 岁至 75 岁的人中，有 35.4%的女性和 24.3%的男性不再居住在其出生的州。就土地转让本身而言，一项展示了大约 300 位接近退休的农民决策细节的小型研究显示，30.4%的人与儿子建立了法律上的伙伴关系，但没有人与女儿建立这样的伙伴关系；54.1%的人会与儿子共同制定管理决策，但只有 0.9%的人会与女儿共同做出决定，参见 Norah C. Keating and Brenda Munro, “Transferring the Family Farm: Process and Implications,” *Family Relations* 38 (1989): 215–19。关于并未聚焦于农村社区的更大讨论范围，参见 Walter D. Koenig (“Sex-Biased Dispersal in the Contemporary United States,” *Ethology and Sociobiology* 10 [1989]: 263–78)。对 2800 多位使用高中聚会小册子的男性和女性的地域流动性进行了调查，发现女性的扩散距离要比男性长，但是，由于地点、教育、职业和婚姻状况等不同，也可能会有所不同。

16. 对这些问题进行的一些简要讨论，参见 Ann R. Tickamyer and Debra A.

Henderson, “Rural Women: New Roles for the New Century?” in *Challenges for Rural America in the Twenty-First Century*, ed. David L. Brown and Louis E. Swanson (University Park: Pennsylvania State University Press, 2003), 109–17。美国 2000 年人口普查数据中对于非建制定居点的分析显示，在非城市化的城镇，25 万人口中有 57.3% 的已婚妇女被雇佣，在这些社区中，女性的年收入平均为 17583 美元，而男性为 29095 美元。

17. 然而，一份没有涉及农耕或者放弃职业期望的女性的对比示例说明了女性在追随丈夫来到小镇时可能做出的调整。一位 40 岁的女性之所以生活在一个 200 人的小镇上，是因为其丈夫在他们刚刚有孩子的时候想要回到自己的家乡。他们住在移动房屋内，隔壁就是丈夫的父母和兄弟，除了他们自己的孩子之外，他们还要照顾丧母的侄女。这位女性做了 7 份不同的工作，其中有一项工作单程通勤时间达到了 45 分钟。

18. 虽然学术文献认为有大家庭围绕通常说来是件好事，对于穷人和抚养孩子来说，尤为如此 (案例参见 Carol B. Stack, *All Our Kin: Strategies for Survival in a Black Community* [New York: Harper and Row, 1975]; 关于农村社区的研究，参见 Valarie King and Glen H. Elder Jr., “American Children View Their Grand- parents: Linked Lives across Three Rural Generations,” *Journal of Marriage and Family* 57 [1995]: 165–78; Valarie King and Glen H. Elder Jr., “The Legacy of Grandparenting: Childhood Experiences with Grandparents and Current Involvement with Grandchildren,” *Journal of Marriage and the Family* 59 [1997]: 848–59)。与我们交谈的人知晓可能存在的困难。一位从小就在小镇上长大的男性告诉了我们一个很具说服力的故事。他结婚的时候，父母就住在车程一个半小时以外的小镇上，他感觉很近、很方便，但是还不是那么近。但是，他的母亲担心会影响儿子和媳妇的生活，于是，他的父母就搬到了离他们 8 个小时车程的新地方，避免这样的事情发生。

19.David B. Danbom, *Born in the Country: A History of Rural America*, 2nd ed. (Baltimore: Johns Hopkins University Press, 2006).

20. 参 见 Ashok K. Mishra, James D. Johnson, and Mitchell J. Morehart, “Retirement and Succession Planning of Farm Households: Results from a National Survey” (paper presented at the National Public Policy Education Committee, Salt Lake City, September 21–23, 2003)。一份比较性的研究可参见 Timothy W. Guinnane, “Intergenerational Transfers, Emigration, and the Rural Irish House- hold System,” *Explorations in Economic History* 29 (1992): 456–76。最近对工资差异的计量经济学

分析表明，农业带来了巨大的非金钱利益，参见 Nigel Key and Michael J. Roberts, "Nonpecuniary Benefits to Farming: Implications for Supply Response to Decoupled Payments," *American Journal of Agricultural Economics* 91 (2009): 1–18。

21. 关于家庭延续、由兄弟姐妹和表亲继承的土地被亲戚耕种的相关伦理问题的一项讨论，参见 John Hutson, "Fathers and Sons: Family Farms, Family Businesses, and the Farming Industry," *Sociology* 21 (1987): 215–29。对影响农场延续的因素考察，如经营者的教育、家庭财富和农场规模，参见 Ashok K. Mishra, Hisham S. El-Osta, and James D. Johnson, "Succession in Family Farm Business: Empirical Evidence from the U.S. Farm Sector" (paper presented at the annual meeting of the Agricultural and Applied Economics Association, Denver, August 1–4, 2004)。

22. 图中显示的数据来自美国经济分析局在线提供的信息，并由 John Blodgett 在密苏里州人口普查数据中心组织为 SAS 文件。这些数据来自 674 个县，选取了 1970 份县级数据，对该县的个人收入总额与农产品销售总额进行比较。这些县包括 1980 年居民人数少于 25000 人的 3500 个非都市城镇。每个县未扣除物价上涨因素且未调整农民数量的平均农场净收入从 1969 年的 6641000 美元增加到 2009 年的 27079000 美元——这是分析完成时的最新数据。1969 年消费物价指数为 1.0，到了 2009 年则增加到 5.845。因消费者物价指数变化而调整的每个县的农场净收入从 1969 年的 6641000 美元下降到 2009 年的 4632334 美元，并由于农民人数减少进一步调整之后，1969 年每个农民的农场净收入稳定在 6675 美元，直到 2001 年为 6390 美元，1973 年和 2008 年到达顶峰，分别为 14781 美元和 12176 美元。

23.John A. Schnittker, "The 1972–73 Food Price Spiral," *Brookings Papers on Economic Activity* 4 (1973): 498–50; Shelby W. Herman, "Farm Income in 1973 and Outlook for 1974," *Survey of Current Business* (September 1974): 11–13.

24. 这些数据来自 667 个县，其中与个人收入总值相比较，1970 年农产品价值是最高的。

25.Ramona Marotz-Baden and Deane Cowan, "Mothers-in-law and Daughters-in-law: The Effects of Proximity on Conflict and Stress," *Family Relations* 36 (1987): 385–90 ; Ramona Marotz-Baden and Claudia Mattheis, "Daughters-inlaw and Stress in Two-Generation Farm Families," *Family Relations* 43 (1994): 132–37 ; Fiona Gill, "Moving to the 'Big' House: Power and Accommodation in Inter-generational Farming Families," *Rural Society* 18 (2008): 83–94.

26.Rich Allen and Ginger Harris, "What We Know about the Demographics of

U.S. Farm Operators," *Agricultural Outlook Forum* (February 25, 2005), http:// www.agcensus.usda.gov/Publications/2002/Other_Analysis/.

27. 报告里所提到的中位数年龄以及 60 岁以上的百分比均出自我对 1950 年和 2000 年美国 10 年 1 次人口普查数据的分析。我分析的对象是 18 岁及以上职业为农民（农场主或者土地承租人）的男性。这些数据出自人口普查微样本的 1%，电子数据文件，参见 Steven Ruggles, Matthew Sobek, Trent Alexander, Catherine A. Fitch, Ronald Goeken, Patricia Kelly Hall, Miriam King, and Chad Ronnander, *Integrated Public Use Microdata Series*: Version 4.0 [machine readable database] (Minneapolis: Minnesota Population Center, 2008)。有关农场经营者老龄化的讨论，参见 J. L. Harlin, "The Aging Family Farm: Estate/Succession Planning for Farmers," *Agricultural Finance* 34 (1992): 38–39; Ayal Kimhi and Ramon Lopez, "A Note on Farmers' Retirement and Succession Considerations: Evidence from a Household Survey," *Journal of Agricultural Economics* 50 (1999): 154–62; Keating and Munro, "*Transferring the Family Farm*"。据美国国家农业部估计，2009 年，全国 2131007 个农场中，有 648297 个农场是由年龄在 65 岁或 65 岁以上的人经营的；74% 是由农场所有者全职经营的，23% 是由农场所有者兼职经营的，还有 3% 是由租用土地承租人经营的。参见农业资源管理调查，美国农业部，2010 年 11 月，http://www.ers.usda.gov。

第 6 章　领导阶层：赢得尊重，改善社区

1. 关于正式领导和社区规划文献的案例，参见 Kristina Ford, James Lopach, and Dennis O' Donnell, *Planning in Small Town America: Observations, Sketches, and a Reform Proposal* (Chicago: American Planning Association, 1990); John Nalbandian, *Professionalism in Local Government* (San Francisco: Jossey-Bass, 1991)。

2. 社区参与度调查，电子数据文件。非大都市小镇中表示对参与这些活动的人很敬佩的居民比例要比其他类型的社区高。具体说来，非大都市小镇中对帮助穷人的居民表示"非常"敬佩的居民比例分别要比郊区和中心城市高出 9 个百分点和 5 个百分点；而对组织活动的居民表示敬佩的比例分别高出 3 个百分点和 13 个百分点；对参加志愿者队伍的居民表示敬佩的比例则分别高出 8 个百分点和 11 个百分点。

3. 引起社区组织成员数量减少和参与度下降的因素包括社区和组织的渗透型边界、容易导致短期和偶然参与的专业兴趣组织、推迟的婚姻和子女抚养，以及低收入城市社区的组织资源减少。参见 Robert D. Putnam, *Bowling Alone: The Collapse*

and Revival of American Community (New York: Simon and Schuster, 2000); Robert Wuthnow, *Loose Connections: Joining Together in America' s Fragmented Communities* (Cambridge, MA: Harvard University Press, 1998); Robert Wuthnow, "Der Wandel des Sozialkapitals in den USA," in *Gesellschaft und Gemeinsinn: Sozialkapital im internationalen Vergleich*, ed. Robert D.Putnam (Gütersloh, Germany: Verlag Bertelsmann Stiftung, 2001), 655–749。

4. 这些数据来自国家慈善统计中心（城市研究所）的电子数据文件。邮政编码人口数据来自 2000 年美国人口普查结果，与各个组织的邮政编码地点最为对应。宗教组织不需要向美国国税局登记备案，因此，非营利性组织数据对这类组织的数据估计过低，但是，这些数据里已经包括了那些自愿交税或者已经被 501(c)3 条款认定为免税的组织。

5. 图中的数据来自公民参与度调查。这些数据是以郊区居民为对照组，非大都市小镇居民在每一种组织中会员资格的比值比，这些数据也受到居住在大都市小镇或中心城市、性别、种族、民族、教育水平、年龄、受访者的家庭里是否有孩子等因素的控制。

6. 坦卡先生的社区是美国毗连地区 96 个非建制镇中的一个，这些城镇中有 30% 或者以上的人口是美洲原住民，这些社区的平均人口数量大约为 1000 人。

7. 我们采访的一位律师对小镇出现口角的现象有着重要的看法。根据他曾经代理过的许多民事争端的经验，他认为邻居之间的冲突通常不会发生，他们知道必须要在小镇上长期共存，除非问题非常严重，否则他们不会说出心中的不满。他也认为，房屋之间的大空间和大院子是小镇的优势。"彼此之间开阔的空间（非常有用），这样我就不会踩到你的脚，不会看向你的窗户，不会闻到你做的味道奇怪的食物。因此，每平方英里的人更少，也就不会有许多人踩到你的脚。"这种观点与事实相符，即政府官员谈到的大部分冲突都与公共物资有关，例如学校、执法部门，这些冲突又不可能轻易解决。

8. 一场关于社会失序的所谓"破窗理论"的讨论，参见 Robert J. Sampson and Stephen W. Raudenbush, *Disorder in Urban Neighborhoods: Does It Lead to Crime?* (Washington, DC: US Department of Justice, National Institute of Justice, 2001); Robert J. Sampson and Stephen W. Raudenbush, "Seeing Disorder: Neighborhood Stigma and the Social Construction of 'Broken Windows,' " *Social Psychology Quarterly* 67 (2004): 319–42。

9. 在我们研究的一些社区里，对于历史遗迹保护的讨论都与地方法规的通过有关，这些地方法规又会规定社区遵守州保护法律，例如，州保护法要求所有 50 年以上的建筑的改动必须要获得批准或者某些建筑才有资格享有州保护基金。

10. 不再赘述，但从我们的访谈中可以看到历史保护在小城镇中普遍存在，历史保护的过程一直以来都是将过去生活经历的各个方面转变成可以被游客和新居民轻松消费的形式。这个过程在其他的文章中也有明确的描述。关于犹太人社区的情况，参见 Beth S. Wenger, *History Lessons: The Creation of American Jewish Heritage* (Princeton, NJ: Princeton University Press, 2010)。关于纽约的情况，参见 Hasia R. Diner, Jeffrey Shandler, and Beth S. Wenger, eds., *Remembering the Lower East Side: American Jewish Reflections* (Bloomington: Indiana University Press, 2000)。关于圣安东尼教区的情况，参见 Thomas S. Bremer, *Blessed with Tourists: The Borderlands of Religion and Tourism in San Antonio*(Chapel Hill: University of North Carolina Press, 2003)。

11.David Obstfeld, "Social Networks, the Tertius Iungens Orientation, and Involvement in Innovation," *Administrative Science Quarterly* 50 (2005): 100–130; Aautam Ahuja, "Collaboration Networks, Structural Holes, and Innovation: A ongitudinal Study," *Administrative Science Quarterly* 45 (2000): 425–55; Simon odan and Charles Galunic, "More than Network Structure: How Knowledge Heterogeneity Influences Managerial Performance and Innovativeness," *Strategic Management Journal* 25 (2004): 541–62; Ronald S. Burt, "Structural Holes and good Ideas," *American Journal of Sociology* 110 (2004): 349–99; David Strang and Sarah A. Soule, "Diffusion in Organizations and Social Movements: From Hybrid Corn to Poison Pills," *Annual Review of Sociology* 24 (1998): 265–90.

12.1985 年的综合社会调查尝试对网络的开放和闭合程度进行了调查，全国范围内的 1517 名成人接受了调查，“有些人的朋友们基本上都认识。有些人的朋友们彼此并不认识。你认为你所有的朋友都彼此认识吗？还是大多数朋友彼此认识？或是只有几个朋友彼此认识？抑或是你的朋友们彼此都不认识？”只有 12% 生活在 2500 人至 1 万人的城镇受访者选择了最亲密的选项，表示他们所有的朋友彼此都认识，就所有访谈的人而言，也是这样的比例，但是低于给出同样答案且占生活在大城市（人口数量大于 25 万）中的 16% 的居民比例。表示所有或者大多数朋友都相互认识的受访者在小镇的比例（71%）高于大城市的比例（54%），但是，这仍然表明小镇上的大多数居民至少有几个朋友是彼此并不认识的。从我们的访谈中可以发现，很明显，居民们与社区以外的联系有强有弱，人们会谈到生活在别处的亲戚、朋友、熟人、商业客户、电话和邮件。

13. 作为一个有用的回顾，它显示了网络研究的混合结果和考虑额外的环境因素的需要，参见 Alejandro Portes, "Social Capital: Its Origins and Applications in Modern Sociology," *Annual Review of Sociology* 24 (1998): 1–24。在不同的国家背景下关于农村地区网络结构效应的明显变化，参见 Barbara Entwisle, Katherine Faust, Ronald R. Rindfuss, and Toshiko Kaneda, "Networks and Contexts: Variation in the Structure of Social Ties," *American Journal of Sociology* 112 (2007): 1495–533。一项关于鼓励在全美国小城镇社区之间互相合作和交换想法的区域项目的讨论，参见 Ted K. Bradshaw, "Multicommunity Networks: A Rural Transition," *Annals of the American Academy of Political and Social Science* 529 (1993): 164–75。这位农民引用的是一本畅销书，参见 The farmer quoted was referring to the best-selling book by Thomas L. Friedman, *The World Is Flat: A Brief History of the Twenty-First Century* (New York: Farrar, Straus and Giroux, 2005)。

14. 通过互联网创新有一个有趣的例子，即为二手的农用机械设备开发了 eBay 市场。参见 Florian Diekmann, Brian E. Roe, and Marvin T. Batte, "Tractors on eBay: Differences between Internet and In-Person Auctions," *American Journal of Agricultural Economics* 90 (2008): 306–20。

15. 地方报纸的重要性在我们的访谈中反复被提及。拥有一家报纸的城镇居民频繁地提及报纸的作用，不仅发布当地的新闻事件，而且有助于社区身份和社区意识的形成。在有些城镇里，居民们则抱怨报纸不务正业或是被大型连锁媒体并购，不再尽心尽职地报道地方事件。几位受访者也讲述了当地居民开办博客网站或是印发社区时事通讯的成功例子。

16. 图中数据来自美国人口普查局 2008 年提供的人口预估，并将这些县的数据与建制居民点数据合并计算得来的。关于城镇内部网络有趣的模拟研究（以意大利的通勤为基础）表明大型中心城镇很可能与许多卫星城镇相连接，而这些卫星城镇之间却是彼此毫无联系的，而较小的城镇很可能邻近的城镇较少，但是彼此之间相互联系。参见 Andrea DeMontis, Alessandro Chessa, Michele Campagna, Simone Caschili, and Giancarlo Deplano, "Modeling Commuting Systems through a Complex Network Analysis: A Study of the Italian Islands of Sardinia and Sicily," *Journal of Transport and Land Use* 2 (2010): 39–55。

17. 图中显示的结果来自最近邻分析，其中纬度和经度是预测变量，用欧几里得距离和一次迭代来确定距离最近的城镇，用分区变量选择 1980 年人口数量至少有 2500 人的距离最近的城镇。

18. 用最近邻分析计算 1980 年城镇的地理距离最近的 5 个城镇的平均人口数量的预期值，算法参数设置为欧几里得距离和五次迭代。

19. 美国卫生与公众服务部，*Results from the 2004 National Survey on Drug Use and Health: National Findings* (Washington, DC: Substance Abuse and Mental Health Services Administration, Office of Applied Studies, 2004)。这一调查显示非大都市地区的非法药物使用还是比大都市地区少；在过去 1 个月里，非大都市农村地区年龄在 12 岁及以上使用非法药物的比例为 4.6%，大都市小型地区比例为 8.5%，而大都市大型地区的比例为 8.1%（同上，图 2.7，21）。美国缉毒局冰毒缴获的数量出现了稳定增长，从 1987 年的 198 公斤增加到 2005 年的 2161 公斤，此后，2009 年又下降到 1703 公斤。2009 年各州缴获的冰毒数量各有不同，少到缅因州和威斯康星州的 1 至 2 公斤，多到密苏里州和印第安纳州的 1000 多公斤。

20.Nick Reding, *Methland: The Death and Life of an American Small Town* (New York: Bloomsbury, 2009).

21.Walter Kirn, "Wasted Land," *New York Times*, July 1, 2009.

22. 关于小镇 Oelwein 的犯罪和执法的年度统计数据，以及对艾奥瓦州和全国的比较，参见 http://www.city-data.com/crime/crime-Oelwein-Iowa.html。

23. 几位受访者都指责当地执法部门对毒品和酗酒问题监管松懈，可是，执法部门也常常会提及对小镇和农村地区全面覆盖的重重困难。人们对于执法部门的功绩也是各持己见。一种极端，是居民们支持采取更加严厉的惩罚，而另一个极端，是有些居民建议毒品合法化。

24.Robert Wuthnow, *Remaking the Heartland: Middle America since the 1950s* (Princeton, NJ: Princeton University Press, 2011)。要了解大学城特色，但更加关注城市而非小镇的大学，参见 Blake Gumprecht, "The American College Town," *Geographical Review* 93 (2003): 51–80。大学建在小镇上的优势包括受过良好教育的居民比例更高、能够对当地的年轻人进行教育、留住年轻人、通过管理大学获得领导经验、大学能够提供各种文化活动。关于较早期县治作用的研究，参见 Glenn V. Fuguitt, "County Seat Status as a Factor in Small Town Growth and Decline," *Social Forces* 44 (1965): 245–51。关于公路以及公路扩建对农村人口发展的影响的讨论，参见 Craig R. Humphrey and Ralph R. Sell, "The Impact of Controlled Access Highways on Population Growth in Nonmetropolitan Communities, 1940–1970," *Rural Sociology* 40 (1975): 332–43; Daniel T. Lichter and Glenn V. Fuguitt, "Demographic Response to Transportation Innovation: The Case of the Interstate Highway," *Social Forces* 59

(1980): 492–512; Guangqing Chi, "The Impacts of Highway Expansion on Population Change: An Integrated Spatial Approach," *Rural Sociology* 75 (2010): 58–89。

25. 关于类似的观点，根据对 18 个农村城镇进行的采访，可以看出与优秀领导力相关的品质包括突出社区自豪感、社区决策的参与方法、对未来机会的现实评估，以及对竞争定位的意识，参见 Milan Wall, "Factors in Rural Community Survival: Review of Insights from Thriving Small Towns," *Great Plains Research* 9 (1999): 115–35。也可参见 Milan Wall, "Clues to Rural Community Survival," *Heartland Center for Leadership Development*, 2010。

第 7 章 信仰的习惯 ：小镇教会的社会作用

1. 这些数据由 InfoGroup（http://www.socialexplorer.com）收集。2000 年所做的另一项研究也得出了相似的结果。例如，该研究发现全国有 3727 个犹太教会，但只有 19 个位于不足 25000 人的县里。该研究还发现全国共有 1209 个清真寺，但只有 7 个位于不足 25000 人的县里。参见 Glenmary 研究中心，电子数据文件。教会领袖自愿上报信息，这意味着有些教会很可能没有被注意到。关于有重要价值的历史信息，参见 Lee Shai Weissbach, *Jewish Life in Small-Town America: A History* (New Haven, CT: Yale University Press, 2005)。Weissbach 对于 19 世纪 70 年代到 20 世纪 50 年代没有生活在城市里的美国少数民族犹太人的生活进行了研究。他认为社区里常常会看到基督教徒与犹太人之间的适应性与容忍度。研究包括的"小镇"中，大多数（例如加利福尼亚州弗雷斯诺、科罗拉多州科罗拉多泉、佛罗里达州奥兰多、伊利诺伊州埃文斯顿，以及密歇根州兰辛）在 1920 年时，人口已超过了 25000 人。Weissbach 观察到的适应性和容忍度与许多研究的结果是一致的，这些研究表明，少数派宗教团体和少数民族团体比例越低的社区，人们对这些团体存在的容忍度、群际信任和消极刻板印象的程度也越低，因此，占群体多数的人把他们看作威胁的可能性就更低。参见 Charles Y. Glock, Robert Wuthnow, Jane Allyn Piliavin, and Metta Spencer, *Adolescent Prejudice* (New York: Harper and Row, 1975); Robert D. Putnam, "E Pluribus Unum: Diversity and Community in the Twenty-First Century," *Scandinavian Political Studies* 30 (2007): 137–74。大多数犹太教堂和清真寺坐落在城市里，这并不意味着教会与教会成员之间存在着正式的互动。就这一问题的研究讨论，参见 Robert Wuthnow, *America and the Challenges of Religious Diversity* (Princeton, NJ: Princeton University Press, 2005)。但是，在我们的采访中，大城市居民尤其认为，如果只是从远处看，社区里有犹太人和穆斯林存在，也是他们所欣赏的多样性的一种体现。

2.Robert Wuthnow and Kevin Christiano, “The Effect of Residential Migration on Church Attendance in the United States,” in *The Religious Dimension: New Directions in Quantitative Research*, ed. Robert Wuthnow (New York: Academic Press, 1979), 259–76.

3.Phillip Connor, “Increase or Decrease? The Impact of the International Migratory Event on Immigrant Religious Participation,” *Journal for the Scientific Study of Religion* 47 (2008): 243–57; Phillip Connor, “International Migration and Religious Participation: The Mediating Impact of Individual and Contextual Effects,” *Sociological Forum* 24 (2009): 779–803.

4. 关于汤 – 厨房的研究，参见 Courtney Bender, *Heaven' s Kitchen: Living Religion at God' s Love We Deliver* (Chicago: University of Chicago Press, 2003)。关于教堂停车场的研究，参见 Penny Long Marler and C. Kirk Hadaway, “Testing the Attendance Gap in a Conservative Church,” *Sociology of Religion* 60 (1999): 175–86。另外的一些讨论，可参见 C. Kirk Hadaway, Penny Long Marler, and Mark Chaves, “What the Polls Don' t Show: A Closer Look at U.S. Church Attendance,” *American Sociological Review* 58 (1993): 741–52; Paul J. Olson, “Any Given Sunday: Weekly Church Attendance in a Midwestern City,” *Journal for the Scientific Study of Religion* 47 (2008): 443–61。

5.2000 年，Glenmary 研究中心收集了教会及信众的数据（电子数据文件来源：http://thearda.com），据此可以按照县里的人口列出教堂的数量。2009 年，InfoGroup 也收集了数据，电子数据文件，http://www.social explorer.com。这两个组织提供的人口数据分别来自 2000 年每 10 年 1 次的人口普查和 2007 年的人口预估。Glenmary 提供各个教派教堂的数据似乎更加完整，根据这些数据，在人口低于 5000 的县中，教堂的中位数为 11，也就是每 268 位居民中就有 1 个教堂。人口在 5000 至 1 万的县里，每 322 位居民中就有 1 个教堂，在人口数量为 1 万至 2 万的县里，每 404 个人就有 1 个教堂，在人口数量为 2 万至 5 万的县里，每 537 个人有 1 个教堂，在人口数量在 5 万人及以上的县里，每 895 个人就有 1 个教堂。图中所显示的比率标准化为每 1000 个居民的教堂数量。这些数据是针对 3139 个县而言的。

6.2000 年，Glenmary 研究中心负责收集信教者数据，2009 年，InfoGroup 负责收集教会成员的数据。

7. 关于公开表达宗教主张的重要性，包括对于教会社区存在感的一些观点，参见 Robert Wuthnow, *Producing the Sacred: An Essay on Public Religion* (Urbana: University of Illinois Press, 1994)。关于受访者对于宗教建筑重要性的看法，参见 Robert Wuthnow, *Growing Up Religious: Christians and Jews and Their Journeys of Faith* (Boston: Beacon, 1999), 69–84。在讨论教会世俗化的问题时，更多是关注教会的参与度或是宗教团体的政治影响，相对来说很少关注宗教建筑的政治影响，但是，这似乎也是一个值得进一步调查研究的重要课题，尤其是城市地区的居民人口比小城镇更多，可是城市地区人均的教堂数量却比小城镇低。关于更多关于宗教视觉影响的观点，参见 David Morgan and Sally M. Promey, *The Visual Culture of American Religions* (Berkeley: University of California Press, 2001)。想要了解探索神圣之地在神学上的重要性的书，参见 Robert M. Hamma, *Landscapes of the Soul: A Spirituality of Place* (Notre Dame, IN: Ave Maria Press, 1999)。

8. 图中总结的结果来自对 1972 年至 2008 年综合社会调查所收集的累积数据进行的二元逻辑回归分析 (N ＝ 52344)。因变量是“参加”，代码为“1”，指的是那些几乎每周、每周或者一周不止一次参加宗教仪式的受访者。居住在小城镇是指那些居民住在不到 2 万人的非大都市社区的受访者。模型中的控制变量是指调查的年份，受访者的年龄，受访者是福音派新教徒、天主教徒或其他，或是无教派人士（以主流的新教教徒作为参照组），受访者的地区为南部地区、中西部地区或者是西部地区（以东北部地区为参照组），性别和种族。教育变量根据教育年限进行编码，包括 12 年初级和中级教育的虚拟变量、1 到 3 年高等教育的虚拟变量或者 4 年及以上的高等教育虚拟变量（以少于 12 年的教育作为参照类型），以及小镇和高中毕业、小镇与大学、小镇与大学毕业的相互作用项。没有相互作用项的模型中，所有控制变量的影响显著，为 0.001，居住于小镇的影响也很明显，比值比为 1.146。在包含相互作用项的模型中，相互作用项说明了居住于小镇的二元影响，小镇与高中毕业之间的相互作用并不明显，小镇与大学之间的相互作用项以及小镇与大学毕业之间的相互作用项则都很显著。该图对所有控制变量和相互影响进行考虑，将小镇以及城市中各个教育水平的居民参加宗教仪式的比值与高中没能毕业的居民参加宗教仪式的比值进行了比较。该研究结果显示，每周去教会参加活动的大学毕业的小镇居民比值大约是高中未毕业的小镇居民比值的 3 倍，相比之下，城市的居民中，每周去教会参加活动的大学毕业的城市居民与高中未毕业的城市居民的比值比大约为 2。

9. 综合社会调查，电子数据文件。通过对生活在人口不到 2 万的非大都市城镇居民和具有全国代表性的调查中的所有受访者进行比较，得出了这些结果；这些调查是在 2000 年和 2008 年之间进行的。影响小镇居民参加宗教仪式的人口因素与影响大地方居民的人口因素并不相同。例如，小镇主要分布在南部和中西部，所以这里参加宗教仪式的比率较高；老年居民在当地居民的比例较大，相比年轻人，他们更常参与宗教仪式；但是大学学历的居民比例较低，与教育程度较低的人相比，他们参加宗教仪式的频率更高。这些人口因素在很大程度上可以相互抵消。例如，在对小镇和较大城镇进行比较时，二元变量回归每周参加教会仪式的比值比是 1.235；对地区（南部）、教育（大学毕业生）、年龄（65 岁及以上）以及性别变量进行控制之后，比值比为 1.236。当然，社会科学中有一个悠久的传统，即因为与自然亲近，更多地接触到“上帝的行为”等等，宗教在农村地区比在城市地区更重要，但是，似乎并不能因此就认为，这些假设的差异可以用来解释当代小城镇的宗教信仰。参见 Kevin D. Breault, “New Evidence on Religious Pluralism, Urbanism, and Religious Participation,” *American Sociological Review* 54 (1989): 1048–53; Morgan Luck, “The Miracle of the Religious Divide: An Additional Argument for the Purported Distinction between Rural and Urban Religiosity,” in *Where the Crows Fly Backwards: Notions of Rural Identity*, ed. Nancy Blacklow and Troy Whitford (Mount Gravatt, Queensland: Post Pressed, 2010), 59–65。农村和城市地区的全面比较也没有说明，由于种族定居和教派活动的差异而导致区域变异。参见 Janel M. Curry, “Community Worldview and Rural Systems: A Study of Five Communities in Iowa,” *Annals of the Association of American Geographers* 90 (2000): 693–712。

10. 这些例子表明了 Alejandro Portes(“Social Capital: Its Origins and Applications in Modern Sociology,” *Annual Review of Sociology* 24 [1998]: 1–24) 提出的“强制性信任”。Portes 写道，义务“不是通过法律或暴力，而是通过社区的力量而强制执行的”（同上，9)。他表示，强制性信任是存在的，例如，一名学生获得了贷款，原因是与他同一族群的人们会确保归还这笔贷款，又或者银行把钱贷给社区的一位成员，同样期望的是如果这个人没有归还这笔贷款，社区将会承受处罚。同样地，小镇教会成员得到了教会其他成员的信任，去参加各种仪式，在清理日帮忙等等，因为即使这个人并没有考虑参加教会的活动，教会其他成员也会在社区里看到他。

11. 这些结果来自“全球问题调查”，在我的指导下，于 2005 年完成。这项调查是针对教会积极分子所做的全国性代表调查，参见 Robert Wuthnow, *Boundless Faith: The Global Outreach of American Churches* (Berkeley: University of California Press, 2009)。在我的调查中，411 名受访者生活在人口普查定义的大都市统计地区（MSA)以外的地区，他们表示自己所在的教会都位于小镇或是农村地区，而 1820 名受访者则生活在大都市统计地区。46% 常去教会的小镇居民和 17% 常去教会的大都市居民表示，他们教会的人数不到 200 人，另有 8% 常去教会的小镇居民和 35% 常去教会的大都市居民表示，他们教会的人数超过 1000 人。就全国范围而言，人数少于 200 人的教会中，有 34% 的教会成员表示他们有 10 个以上亲密的朋友都属于自己所在的教会，人数在 1000 人及以上的教会中，有 40% 的教会成员表示他们有 10 个以上亲密的朋友属于自己所在的教会。对这些数据的二元逻辑回归分析显示，对年龄、性别、婚姻状况、种族、受教育程度、参与频率、宗教传统和教会规模加以控制之后，农村小城镇参加教会且在同一教会拥有 10 个及以上朋友的居民比值要比大都市统计区参加教会且在同一教会拥有 10 个及以上朋友的居民比值高出 1.376。

12. 数据有限，没有找到理想的方式对不同规模、地点的小镇教会平均参与人数进行估计。因此，图中的数据计算如下：出席宗教仪式的频率信息来自 2006 年和 2008 年进行的 2 次具有全国代表性的大调查，合并计算，有 6 万多名受访者（在最初的随机样本中，报告的回收率为 47%）；由于是县一级的受访者（这在调查中是很少见的），很可能综合了每个县的受访者的反馈，计算出美国每个县每周平均教会出勤率的分数：这些分数再与城镇一级的数据综合起来，产生的结果显示了每个城镇所属的县里每周的教会平均出勤率。关于数据信息，参见 Stephen Ansolabehere, *Cooperative Congressional Election Study, 2006: Common Content*(Cambridge, MA: Harvard University, 2010); Stephen Ansolabehere, *Cooperative Congressional Election Study,2008:Common Content*(Cambridge,MA: Harvard University,2010)。相关电子数据文件，参见 http:// projects.iq.harvard.edu/cces。

13. Michael Mayerfeld Bell, *Childerley: Nature and Morality in a Country Village* (Chicago: University of Chicago Press, 1994).

14. 欲了解小镇教会社区关怀的活动，可以关注拥有 2200 位居民的堪萨斯州的康瑟尔格罗夫市，参见 Ram A. Cnaan, *The Invisible Caring Hand: American Congregations and the Provision of Welfare* (New York: New York University Press, 2002), 139–55。

15. 例如，在一个 1300 人的小镇上，有一个路德教会，其中一位教徒参加这个教会很长时间了。她表示路德教会和卫理公会派关系良好，但是，与她所在的城镇和附近几个社区新出现的福音派教会的关系就不是这样了。“他们建造房屋，年复一年从本来很稳定的教会里挖人。你所看到的并不是传统的宗教。”有点勉强，她又补充道，“如果那是他们想要的，也行。”可是，她还是觉得教会成员资格和出现率并不应该“像女生联谊会或者兄弟会招新那样充满竞争”。

16. 综合社会调查，电子数据文件；全国的结果以及人口不到 2 万的非大都市城镇居民的结果；1972年至1978年以及2000年至2008年所进行的调查。综合这些调查显示，较早时期有1367个小镇居民参与调查，而最近这个时期，参加调查的小镇居民人数为1796人。除了福音派基督教、主流的新教、天主教和历史上一直存在的黑人教派之外，每个时期都有不到1%的犹太教徒，这两个时期内分别有2%和5%的人持有其他信仰，还分别有3%和13%的人表示他们不属于任何教派。

17.2009年InfoGroup收集到的县级数据显示，福音派教会的教徒在居民人数不到5000的县里的教会成员中占37%，在居民人数为5000至10000的县里的教会成员中占45%，在居民人数为10000至25000的县里的教会成员中占51%，在居民人数为25000至50000的县里的教会成员中占48%，在居民人数为50000及以上的县里的教会成员中占32%；而主流的新教教徒在这些不同居民人数的县里所占的比例分别为33%、28%、23%、22%及17%；天主教徒在这些不同居民人数的县里所占的比例分别为20%、14%、12%、16%及30%。

18. 我们对一些较小的社区进行了研究，促进这些社区教会仪式活动的另外一个因素是教会的地点。位于上层大都市郊区的教会通常与低收入的中心城市街区相隔离，与这些教会不同，小镇的教会通常靠近社区中心，毗邻低收入人群住宅区或者因为靠近学校而提供孩童看管服务。一些较大的社区存在交通不便的问题，但是，校车、由州项目来支付的为残疾人和老年人提供的货车服务，以及志愿者有时候可以解决这些问题。

19.Penny Edgell Becker, *Congregations in Conflict: Cultural Models of Local Religious Life* (Cambridge: Cambridge University Press, 1999); Penny Edgell, *Religion and Family in a Changing Society* (Princeton, NJ: Princeton University Press, 2006).

20. Garrison Keillor, *A Prairie Home Companion,* radio program, November 7, 2009.

21. 由Mark Chaves设计、1998年对1234家教会进行的全国宗教团体研究（电子数据文件），比较的是教会所在的人口普查区。关于进一步的研究信息，参见Mark Chaves, *Congregations in America* (Cambridge, MA: Harvard University Press, 2004)。

22. 这并不是孤立的事件。在教派讨论男女同性恋者神职授予与人教政策之时，教会发现彼此之间出现了分歧。例如，在一个900人的小镇上，联合基督教会的成员有60人。教派投票，赞成授予男女同性恋者神职，允许他们加入教会，此后，大多数教会成员投票表示要继续维持与教派的从属关系，于是，20位成员离开了教会。这场争议中重要的一点是，几乎所有人都认为这个冲突本来是可以避免的，事实上，他们彼此都是朋友、邻居，在同一个小镇上抬头不见低头见，他们也是希望避免这场冲突的。牧师回忆道，“我真的认为，每个人都明白除非我们的教徒决定这样做，否则我们不会举行承诺仪式。”他也曾鼓励教会成员与宗派负责人进行交流，也因他们没有那样做而感到“困惑”。回想起来，人们之所以离开，也是因为对这些年来教派“自由化”的倾向越来越心生不满。

23.R. Stephen Warner, *A Church of Our Own: Disestablishment and Diversity in American Religion* (New Brunswick, NJ: Rutgers University Press, 2005).

24. 这些结果来自我于 2005 年进行的“全球问题调查”。将非大都市小镇中积极参与教会活动的教徒与大都市统计区的受访者进行比较，可以对前者的反馈有所理解。最大的不同在于，表示教友中至少有几位是移民的受访者比例（分别为 50% 和 80%）和表示教友中许多都是移民的受访者比例（分别为 3% 和 10%）。其他几项则显示两者之间有许多相似之处：认为教会非常重视国际事工（分别为 35% 和 38%），教会有宣教委员会（分别为 35% 和 40%），教会派人员去海外进行短宣（分别为 35% 和 40%），教会会招待 1 位从国外来的演讲人（分别为 40% 和 51%），过去 1 年教会举办过饥饿救援（分别为 74% 和 76%），教会曾经资助过 1 次或多次外国事工（分别为 77% 和 73%）。参见 Wuthnow, *Boundless Faith*。

25. 虽然关于小镇和乡村教会的文献相对较少，但一些可能让人产生兴趣的关于神职人员和会众领袖的最新研究，可参见 Lawrence W. Farris, *Dynamics of Small Town Ministry* (Herndon, VA: Alban Institute, 2000); Shannon Jung, ed., *Rural Ministry: The Shape of the Renewal to Come* (Nashville: Abington, 1998); Peter G. Bush and H. Christine O’ Reilly, *Where 20 or 30 Are Gathered: Leading Worship in the Small Church* (Herndon, VA: Alban Institute, 2006); papers from the Missouri Rural Churches Project at the Missouri School of Religion (http://www.msr-crm.org)。

26. 在马龙神父的主管教区内，由于牧师的平均年龄为 67 岁，按计划 5 年内有 1/4 的牧师会退休。与此同时，教区更加充分地利用执事和移民来的牧师。关于农村地区天主教会的运行情况，参见 Miriam Brown, ed., *Sustaining Heart in the Heartland: Exploring Rural Spirituality* (Mahwah, NJ: Paulist Press, 2005)。

27. 图中所显示的数据来自之前引用过的 2000 年收集的 Glenmary 数据，以及 1980 年收集的可比较数据（2009 年 InfoGroup 的数据可比性较弱），电子数据文件是由宗教数据档案协会提供的。这里的数据仅仅是非大都市县的数据，1980 年有 2294 个县有宗教数据，2000 年有 3022 个县有宗教数据。在这 20 多年里，有 2001 个县没有出现人口减少的现象，信徒的平均数量从 31082 人增加到 40242 人，教会的平均数量从 74.4 个增加到 87.2 个；有 832 个县的总人口减少了 20%，或者每年减少 1%，信徒的平均数量从 24405 人减少到 21680 人，而教会的数量则从 61.2 个减少到 60.7 个；有 161 个县的人口数量下降了 20% 以上，信徒的平均数量从 6314 人减少到 4847 人，而教会的数量则从 25.5 个减少到 23.1 个。根据美国农业部对于县人口减少的定义，进一步对较小型和较大型的县进行分析比较也得出了相似的结果。

28. 这里所描述的结果来自对 1980 年和 2000 年以 2994 个大都市县作为分析单位的宗教数据进行的多元回归分析。将 1980 年各县教会总数作为因变量，模型中包含了 1980 年各县的总人数，每个县里人口不到 2.5 万人的城镇数量的非标准回归系数为 2.778，标准系数为 0.183，显著性为 0.001 或更高。将 2000 年各县教会总数作为因变量，模型中包含了 1980 年各县的总人数以及 1980 年教会的总数，每个县里人口不到 2.5 万人的城镇数量的非标准回归系数为 -1.163，标准系数为 -0.060，显著性为 0.001 或更高。

29. 许多其他教会成员对于社会问题看法不一，极左、极右的观点都有，他们并没有具体提及宗教权利，他们谴责人们在道德问题和政治问题上所产生的分歧。他们尤其被歪曲事实、谎言连篇、夸大其词的现象所困扰，似乎意见两端的人们无法心平气和地进行理性的讨论。

30. 正如另一个住着几家犹太人和穆斯林家庭的小镇上的一位女士所说，“有时候，有点让人觉得诡异，” 指的是基督教实践与学校活动结合得过于紧密。

31.Ronald K. Crandall, *Turnaround Strategies for the Small Church* (Nashville: Abingdon Press, 1995).

32. 参见 Ronald K. Crandall, Turnaround and Beyond: *A Hopeful Future for the Small Membership Church* (Nashville: Abingdon Press, 2008)，也可参见 Ed Stetzer and Mike Dodson, *Comeback Churches: How 300 Churches Turned Around and Yours Can, Too* (Nashville: B&H Books, 2007)。

第 8 章　问题之争 ：社区生活的道德情操

1. 对于进步主义者和保守派之间的紧张关系，最深思熟虑的讨论之一可参见 James Davison Hunter, *Culture Wars: The Struggle to Define America* (New York: Basic Books, 1991)，也可参见 James Davison Hunter and Alan Wolfe, *Is There a Culture War? A Dialogue on Values and American Life* (Washington, DC: Brookings Institution Press, 2006)。

2. 图中数据来自 2006 年普通国会选举调查，全国有 36337 位年龄在 18 岁及以上的成人作为代表性样本参加了此项调查。其中，有 12610 人表示最符合他们观点的意见是“法律绝不允许堕胎”或“法律只允许在强奸、乱伦或妇女生命危险的情况下进行堕胎”（即没有选择“法律应该允许除了强奸、乱伦或对妇女生命有危险之外的其他原因的堕胎，但必须在明确地确定堕胎需要之后”或“法律规定妇女应当可以把堕胎作为个人选择”）。所显示的比值比来自于逻辑回归分析，涉及性别、种族、是否生活在南部、是否 60 岁及以上或 30 岁以下、是否大学毕业，而每位受访者所在县里的城镇中位数规模、是否该县在大都市统计区之内，同时，2010 年中位数人口在 25000 人至 49999 人之间的城镇也一并被排除在比较类别之外。

3. 图中的结果来自 1998 年至 2008 年之间进行的综合社会调查，电子数据文件，随机选出了人约 8850 名年龄在 18 岁及以上的非机构、说英语的美国人参加这项调查。图表显示了生活在不到 2 万人的非大都市城镇居民与人口更多的大都市城镇居民的比值比，其依据是二元逻辑回归模型，其中的控制变量包括年龄、性别、种族、地区和教育程度。

4. 这一观点并没有被所有研究殖民地时期美国猎巫行动的历史学家所认同，而是由社会学家 Kai Erikson 进行了显著的推动，参见 *Wayward Puritans: A Study in the Sociology of Deviance* [New York: John Wiley and Sons, 1969])。

5.Joseph Gusfeld, Symbolic Crusade: *Status Politics and the American Temperance Movement,* rev. ed. (New York: Greenwood Press); Daniel Okrent, *Last Call: The Rise and Fall of Prohibition* (New York: Scribner, 2010).

6.James Davison Hunter, *Before the Shooting Begins: Searching for Democracy in America ' s Culture War* (New York: Free Press, 1994).

7.Ziad W. Munson, *The Making of Pro-life Activists: How Social Movement Mobilization Works* (Chicago: University of Chicago Press, 2009).

8. 图中的数据来自 2008 年普通国会选举调查，这项调查与之前提到的 2006 年的研究相类似，用同样的方式对每位受访者所在县里的城镇中位数规模进行了评估。

9. 在 2004 年、2006 年和 2008 年所进行的综合社会调查中，受访者被问及他们对“同性伴侣有权结婚”的看法；生活在不到 20000 人的非大都市地区受访者中，有 57% 的人表示反对或者强烈反对，而生活在 20000 人以上的大都市地区的受访者中，有 51% 的人持相同观点，但是在年龄、性别、种族、地区和教育等因素受到控制的二元逻辑回归分析中，居住地区的影响在数据统计中是微不足道的。在问及是否同意同性恋者在学校任教的问题时，20 世纪 70 年代，49%的非大都市小镇居民表示赞同，2000 年至 2008 年所进行的调查显示，这一比例增加至 75%，这与所有受访者的反馈情况相似，20世纪70年代，所有受访者中有51%表示赞同，而2000年至2008年所进行的调查显示，这一比例增加至79%。从美国国家选举调查的电子数据文件中收集的数据并未给出准确的衡量标准，但是这项研究显示，“农村”人口（这部分人口约占所有样本的1/3，包括生活在农场、小镇以及开阔的乡村地区的居民）对于男同性恋者和女同性恋者的“情感温度计”平均分数从1984年的22.4分增加到2000年的41.2分，相比之下，郊区居民的平均分数则从30.5分增加至45.9分，中心城市居民的平均分数则从35.4分增加至47分。

10.David Bell, “Cowboy Love,” in *Country Boys: Masculinity and Rural Life*, ed. Hugh Campbell, Michael Mayerfeld Bell, and Margaret Finney (University Park: Pennsylvania State University Press, 2006), 163–82; Will Fellows, *Farm Boys: Lives of Gay Men from the Rural Midwest* (Madison: University of Wisconsin Press, 2001).

11.2006年的国会选举调查中问过这些问题，这些问题表明生活在城镇人口中位数为25000或少于25000人的非大都市县的受访者中，有88%的人表示他们认识的人中有同性恋，在这88%的受访者中，有20%的受访者表示他们认识的同性恋者就是自己的家人，22%的受访者表示他们认识的同性恋者是关系亲近的朋友，还有14%的受访者表示他们认识的同性恋者是同事，另有4%的受访者表示那个同性恋者是他们喜欢的人。

12.2004年，11个拥有庞大农村人口的州通过了宪法修正案，将婚姻定义为“绝对是男人和女人的结合”：它们是阿肯色州、乔治亚州、肯塔基州、密歇根州、密西西比州、蒙大拿州、北达科他州、俄亥俄州、俄克拉何马州、俄勒冈州和犹他州。

13.Kitzmiller, et al. v. Dover, *Area School District, decided for the plaintiffs on December* 20, 2005, complete transcript of testimony, http://www.talkorigins.org. 一些科学家在这个案例上提供了专业性的证据，对其中一位科学家的评论可参见 Kenneth R. Miller, *Finding Darwin's God: A Scientist's Search for Common Ground between God and Evolution* (New York: Harper Perennial, 2007); Kenneth R. Miller, *Only a Theory: Evolution and the Battle for America's Soul* (New York: Viking Adult, 2008); Harold W. Attridge, ed., *The Religion and Science Debate: Why Does It Continue?* (New Haven, CT: Yale University Press, 2009)。

14. 综合社会调查，电子数据文件。2004年，1304位受访者接受了调查，其中一个被问及的问题显示居民人口不到2万的非大都市城镇中，6%的受访者认为“人类是从早期动物物种中发展而来的”，而52%的受访者则认为这种说法是完全错误的，另有16%的受访者表示这种说法很可能是错误的（在大都市生活的受访者中，39%

的人认为这种说法绝对是错误的）。我的定性访谈表明，调查提问经常没有捕捉到的细微差别存在于相信物种内进化或者不同物种之间进化的人们，但是他们又拒绝承认人类是从其他物种进化而来的。例如，“我认为我们不是从一个细胞开始的，我认为我们也不是从海里爬上来，长出腿来。然而出于同样的理由，我知道有些动物，例如海象，可能曾经有脚，它们没有使用，就慢慢地退化了。”

15. 我们采访了一些虔诚的教徒，他们认为应该在家里或者教会，而不应该在学校讲授《十诫》，不然，学校就必须加入关于其他宗教的课程。一位美南浸信会教徒的观点就十分典型：“就个人而言，我并不认为在公立学校讲授宗教是一个好主意。我也想看到学校里讲授《十诫》，可是当今这种文化之下，我们真的不能开启在学校里讲授某一种宗教而不讲授其他宗教之门。我不想让老师对我的孩子讲授另外一种宗教。我认为父母应该在家里讲授。”

16. 对于学校争议的务实处理方法似乎也有例外，有观点认为外来者正在阻止小镇人民顺遂其心，例如，“他们说学校里不能有祷告，这让我百爪挠心。这是我们国家的一部分。这一直都是我们国家的一部分，现在你要剔除这部分，我不喜欢。我想他们应该允许学校里有祷告。”换句话说，作为地方当选官员，这位女士清楚地表示，“他们”指的是社区之外的力量，尤其是联邦政府。她不仅因为学校里没有祷告感到很生气，而且她也很务实地认为，在她所在的人口不到 800 人的几乎同质性社区里，祷告是理所当然的。

17. 六日创造论者解释说，“就所学的内容而言，我们并不是生活在神权统治之下，我并不想去改变任何人。我并不相信神权统治。我认为进化论应当作为一种理论来教授，给出支持和反对的证据。我主张进化论应当被教授。我认为智慧设计应当作为一种理论而教授。我认为，至少应当提及创世模式，也就是，谁是设计者，谁将其进一步推进。这并不是说应该在科学课上进行辩论，但是，我们在周围的设计中看到如此之多的智慧，根据这一事实可以提出某种推断。对这样的讨论加以抑制是大错特错的。”

18. 科学老师认为“神创论的宗教信仰和进化论”之间“可能存在某种联系”，因此，他很高兴两者都能被提及，但是，他坚持认为这两种理论不应当被混淆，这两种理论可以轻易地区分开来，进化论是科学，与其他的——可能是宗教或信仰，一样是充满智慧的。自称思想开放的人们最经常用的词汇是“理论”，他们的意思是进化论是对事情发展模式的科学解释，但是，这是一种可能被修正的解释；当然，有些人认为进化论是最需要进行修正的。

19. 或者正如一位女士所言，“他们并不想被迫接受某种观点，他们也肯定不想让你强迫他们的孩子接受。”

第 9 章 华盛顿的坍塌：政治与新民粹主义

1. 相关案例参见 Jennifer Bradley and Bruce Katz, "Village Idiocy," *New Republic,* October 8, 2008, 12–13; Ben MacIntyre, "Small Town America Still Dares to Think Big," *Times of London*, September 25, 2008; Mark Greif, "Death and the Maiden," *Harpers*, November 2008), 18; Andrew M. Langer, "Sarah Palin, Small-Town America," *U.S. News,* September 12, 2008。作为研究佩林在民众中如何崛起最好的社会学分析材料之一，参见 Jeffrey C. Alexander, *The Performance of Politics: Obama' s Victory and the Democratic Struggle for Power* (New York: Oxford University Press, 2010), 193–242。

2. 有一些作品为 19 世纪晚期的民粹主义提供了有价值的历史观点和解释，参见 Lawrence Goodwyn, *The Populist Moment: A Short History of the Agrarian Revolt in America* (New York: Oxford University Press, 1978); Michael Kazin, *The Populist Persuasion: An American History*, rev. ed. (Ithaca, NY: Cornell University Press, 1998); John Lukacs, *Democracy and Populism: Fear and Hatred* (New Haven, CT: Yale University Press, 2006); Charles Postel,*The Populist Vision* (New York: Oxford University Press, 2007)。

3. "布什先生去了华盛顿。" 美联社，2001 年 1 月 18 日。在其他的资料来源中，讨论杜鲁门的小镇出身，参见 David McCullough, *Truman* (New York: Simon and Schuster, 1992)。讨论艾森豪威尔的小镇背景，参见 Stephen E. Ambrose, Eisenhower: *Soldier and President* (New York: Simon and Schuster, 1990)。关于卡特的渊源，参见 Erwin C. Hargrove and James Sterling Young, *Jimmy Carter as President: Leadership and the Politics of the Public Good* (Baton Rouge: Louisiana State University Press, 1988)。关于里根的讨论，参见 Lou Cannon, President Reagan: The Role of a Lifetime (New York: Simon and Schuster, 1991)。关于克林顿的讨论，参见 Donald T. Phillips, *The Clinton Charisma: A Legacy of Leadership* (New York: Palgrave Macmillan, 2007)。关于乔治 · 布什的讨论，参见 Justin A. Frank, *Bush on the Couch: Inside the Mind of the President* (New York: Harper, 2004)。

4.Ron Formisano, "Populist Currents in the 2008 Presidential Campaign," *Journal of Policy History* 22 (2010): 237–55.

5. 图中所显示的结果来自 1998 年至 2008 年期间所做的综合社会调查。这些年中，有大约 1100 名生活在 20000 人口的非大都市城镇居民以及大约 8000 名公众接受调查（在这期间，每 2 年会进行单独调查，对这些调查的分析显示这些在问题上没有重要的变化趋势）。非大都市城镇居民以及普通民众对于每一项主题认为花费太多的比例各有不同，5.8% 的非大都市城镇居民和 5.4% 的普通民众认为在教育上的花费过多，7.9% 的非大都市城镇居民和 7.9% 的普通民众认为在健康上花费过多，9.7% 的非大都市城镇居民和 9.0% 的普通民众认为在法律执行上花费过多，31.9% 的非大都市城镇居民和 23.8% 的普通民众认为在对黑人的帮助上花费过多，43.1% 的非大都市城镇居民和 33.6% 的普通民众认为在对大城市的帮助上花费过多，45.2% 的非大都市城镇居民和 40.2% 的普通民众认为在福利上花费过多（除了福利的其他问题使用“y”的版本）。小镇居民和大地方居民在这些问题上回答有所不同，也许是因为其他一些人口因素。在控制了受访者的年龄、种族、性别、地区和教育水平这些因素之后，用二元逻辑回归模型对这些人口因素进行研究。小城镇居民的剩余比值比为：城市援助 1.439、黑人援助 1.383、福利 1.238 ——有效位数都是 0.001，对教育、卫生和执法方面不显著。

6. 言论中出现了一个相似的主题，即一些受访者在接受采访的时候，对华盛顿特区正在讨论的医疗改革法案提供志愿服务。一位 18000 人城镇的市长在解释她所在社区的反对意见时说，“有更好的方法可以完成这件事，我们知道，我们正在思考，‘好的，常识，人民，常识。’但是我们讨论的是（华盛顿的）律师。律师和常识通常并不协调。”

7. 在采访的时候，奥巴马政府的批评者把它比作罗斯福政府，因此，这位受访者有可能反映了这些批评。然而，在以共和党为主的农村社区中，还有一种长期以来一直存在的看法，认为罗斯福是一个不了解中心地带小型社区中农民和居民困境的东部人。历史学家普遍认为罗斯福的政策有利于农业，但也强调了围绕被美国最高法院于 1936 年否决的 1933 年《农业调整法案》和 1938 年新的《农业调整法案》所产生的种种争议，以及在罗斯福 1935 年签署的《社会保障法案》中农业工人被排除在保险范围之外的问题。相关案例参见 Adam Cohen, Nothing to Fear: *FDR’s Inner Circle and the Hundred Days That Created Modern America* (New York: Penguin, 2009); Kenneth S. Davis, *FDR: The New Deal Years, 1933–1937* (New York: Random House, 1995); Peter Fearon, *Kansas in the Great Depression: Work Relief, the Dole, and Rehabilitation* (Columbia: University of Missouri Press, 2007); Jim Powell, *FDR’s Folly: How Roosevelt and His New Deal Prolonged the Great Depression*(New York: Crown Press, 2003); Keith J. Volanto, *Texas, Cotton, and the New Deal*(College Station: Texas A&M University Press, 2004)。

8. 对于社会福利受益人群的负面观点并不只是针对小镇居民的，可是，在小镇生活似乎又给居民们的观点加上了两个不同的方面：人们认为小镇居民不得不为城市里所产生的大部分问题买单，人们害怕越来越多的社会福利受益人群正迁往小镇，以利用当地廉价的房屋和服务。一些长期居住在小镇的居民认为这些新来的人破坏了小镇努力工作、自给自足的准则。“要让当父母的人去工作，而不只是依赖政府的施舍，”一个人这么说，他甚至反对为低收入家庭的学生提供免费或补贴性的午餐计划。“那些人都懒得早上起来将一碗谷物早餐为孩子放在桌子上。”他说着口气软了下来，“我并不支持这种社会实验。”在另外一个小镇上，一位女士为自己哪怕收入微薄但依然能自律而感到自豪，对那些被照顾得太好而无法做好一个负责任的市民的人心生抱怨。“小镇里这样没用的人太多了，”她说，“就是想着这里的房子破败，想依靠社会福利生活，卖酒的店铺就在不远处。”她批评政府，正是因为政府“让我来为你做”的态度，造就了“依赖社会福利的一代人”。

9. “我的儿子已经 4 次前往阿富汗打仗了，”这是一位父亲表达的对美国政府的看法，“我的儿子正准备第 5 次回到阿富汗。上次我在华盛顿时说，‘这个仗我的孩子要打多少次，议员先生？’他无法回答这个问题。这让我很担忧。”这位男士继续向我描述，他所在的社区居民对政府所做的一切都非常不满意，从税收和医疗保健问题到对学校和环境的担忧。

10. 图中的数据来自 2000 年进行的全国调查，这也是 Robert Putman 的“社会资本基准调查”的一部分。

11. 一本广泛使用的教科书肯定地指出小镇政府“很可能被小团体所掌控”，“很闲散”，按照“全体一致同意的原则”做出决定，研究表明政治讨论集中在“人物上而不是问题上”，参见 David R. Berman, *State and Local Politics*, 9th ed. (New York: St. Martin’s Press, 1999), 233。唯一引用的研究是关于一个城镇的，这项研究是 20 世纪 50 年代进行的。另外一篇文章只是顺便提了一下小镇：Kevin B. Smith, *State and Local Government* (Washington, DC: CQ Press, 2007)。还有一篇根本就没有提到小镇：Ann M. Bowman and Richard C. Kearney, *State and Local Government: The Essentials*(Belmont, CA: Wadsworth, 2008)。

12. 有关社区和毁坏程度的一些细节做了修改，以免不经意泄露了小镇的身份。

13. 图中总结的数据来自 1992 年至 2008 年的综合社会调查中累积的电子数据文件。10 多年来，这些调查被综合起来弥补小镇代表在不同调查中的样本差别，这里的受访者生活在人口为 20000 或不足 20000 的非大都市社区。就每 10 年受访者的总人数而言，20 世纪 70 年代为 10652 人，20 世纪 80 年代为 13223 人，2000 年代为

14927 人。通过询问受访者是否是共和党员、民主党员还是独立人士来衡量政党身份。用二元逻辑回归模型计算出小镇居民与大型社区共和党人或民主党人的实际比值比，以及控制性别、种族、年龄、调查时间、4 个地区和 4 个级别的教育水平等因素之后，可比较的预估比值比。

14.Morris P. Fiorina, Samuel J. Abrams, and Jeremy C. Pope, *Culture War? The Myth of a Polarized America*, 3rd ed. (New York: Longman, 2010).

15. 关于农村地区避免直接透露人们如何投票，而是间接透露的普遍趋势的有趣讨论，参见 Trudy Peterson, “Rural Life and the Privacy of Political Association,” *Agricultural History* 64 (1990): 1–8。在我们的试探性访谈中，很明显人们不愿意透露是如何投票的，在大多数访谈中，直到访谈几近结束时，我们才会问受访者在上一次总统选举中，他们是如何投票的，在那一刻，几乎每一个人都会说明他们的投票方式，但是，即使访谈是保密的，还是会有一些人拒绝透露。

16. 欲了解同样有见解的观点，参见 Nina Eliasoph, “Close to Home” : The Work of Avoiding Politics, *Theory and Society* 26 (1997): 605–47。

17. 除了网络和媒体来源外，茶党的观点也出现在几本书中，参见 Dick Armey and Matt Kibbe, *Give Us Liberty: A Tea Party Manifesto* (New York: William Morrow, 2010); Joseph Farah, *The Tea Party Manifesto* (New York: WND Books, 2010)。

18. 承蒙康涅狄格大学洛普中心民意资料库的好意，提供 2010 年 4 月 9 日 –11 日美国欧维希国际市场研究咨询公司（Opinion Research Corporation) 为美国有线新闻网（CNN) 对 1008 名受访者所进行的民意测验的电子数据文件，图中总结的数据均来自此次民意测验。这些数据也体现了人们通常对低回复率的小心谨慎。欧维希国际市场研究咨询公司制定的分类参考了人口普查对于城市、郊区、农村的定义以及对于受访者所在社区种族和民族构成情况。

19. 反对茶党运动的居民常常会将其看作是受到外界利益的驱使，例如伐木、采矿、石油或天然气。

20. 一个小镇的管理人员就发表了反对意见。这个小镇中，70% 的居民是西班牙裔美国人，普遍支持民主党候选人。“我认为萨拉 · 佩林和茶党的支持者是会引起分歧的，” 他说，“他们不会支持我们，他们要将我们分开，离间我们。” 他补充道，“在纳税人权利的某些方面，我可能会同意他们的观点，但是他们做事的方式似乎带有党派的性质。”

21. 在 20 世纪 90 年代对此文献的一个有用的总结，参见 Rory McVeigh and Christian Smith, “Who Protests in America: An Analysis of Three Political Alternatives-

Inaction, Institutionalized Politics, or Protest," *Sociological Forum* 14 (1999): 685–702。在最近的一次讨论中，强调本地和跨地区网络，参见 Jeffrey Stout, *Blessed Are the Organized: Grassroots Democracy in America* (Princeton, NJ: Princeton University Press, 2010)。

22.Markus Prior, *Post-Broadcast Democracy: How Media Choice Increases Inequality in Political Involvement and Polarizes Elections* (New York: Cambridge University Press, 2007); Markus Prior, "News v. Entertainment: How Increasing Media Choice Widens Gaps in Political Knowledge and Turnout," *American Journal of Political Science* 49 (2005): 577–92.

23.Lila K. Khatiwada and Kenneth E.Pigg, "Internet Service Provision in the U.S. Counties: Is Spatial Pattern a Function of Demand?" *American Behavioral Scientist* 53 (2010): 1326–43; Michael J. Stern and Barry Wellman, "Rural and Urban Differences in the Internet Society: Real and Relatively Important," *American Behavioral Scientist* 53 (2010):1251–56.

24. 美国人口普查局，政府人员的人口普查，2002 年（Washington, DC: Government Printing Office, 2002）。这份人口普查显示一般性质的政府单位数量为 87525 个，特殊性质的单位数量为 48558 个。

25. 我们与布坎南牧师所在社区的几位居民进行交谈，他们表示并不同意牧师的意见，但是，他们也认为该地区居民并不信任联邦政府，认为部分担忧显示了居民对于一位非洲裔美国总统的负面态度。

第 10 章　敞开大门：塑造未来

1. 当然，农村小型社区的年轻人是否做好了充分的准备、激发了上大学的积极性，长期以来一直是人们争论的话题，却并不是我在这里讨论的内容。即使对地理位置、父母受教育程度等其他变量加以控制，比较农村年轻人和城市年轻人的统计性归纳依然很难，因为这些归纳并未承认各个家庭之间、各个城镇之间所存在的差异，或者并没有理解父母对于高等教育的价值以及小镇出来的年轻人可能遇到的某些困难的复杂情感。这些问题才是我在这一章节里所关注的内容。要了解更广泛的讨论，参见 Thomas Espenshade and Alexandria Walton Radford, *No Longer Separate, Not Yet Equal: Race and Class in Elite College Admission and Campus Life* (Princeton, NJ: Princeton University Press,2009); Elizabeth A. Armstrong and Laura Hamilton,

Exclusion:Class,Gender,and College Culture(Cambridge, MA: Harvard University Press, 2010); Patrick J. Carr and Maria J. Kefalas, *Hollowing Out the Middle: The Rural Brain Drain and What It Means for America* (Boston: Beacon, 2009)。欲了解对农村居民归类中所涉及的尤其与种族、阶层和宗教等敏感内容有关的有趣例子，参见 Ross Douthat, "The Roots of White Anxiety," *New York Times*, July 18, 2010。Douthat 从 Espenshade 和 Radford 的书中选取了一些例子，引发了报刊读者大量的回复。顺便提一下，他们对精英大学录取情况进行的研究表明，进入大学之前参加"以职业为导向"的课外活动会降低录取的可能性，而控制了许多其他因素的影响之后，参加其他的课外活动反而会增加录取的可能性，研究还做出了评论："这些活动包括预备役军官训练营和带薪实习工作项目，也可能会包括四健会、美国未来农民会以及其他一些表明学生们尚未决定自身未来发展方向的活动"(Espenshade and Radford, *No Longer Separate*, 126)。Douthat 在专栏中表示，精英大学对自由主义文化心存偏见，它们歧视预备役军官训练营、四健会和美国未来农民会的学生，总结说如果这些大学"更多地录取一些预备军官和心存高远的农民，那么国家会更加富强"。读者各抒己见，反应不一，有支持 Douthat 的，也有对年轻农民想要上大学心存疑惑的，也有人认为各州许多知名的大学和学院里有大量乡村地区来的学生。在 *Remaking the Heartland* 中，我对中西部各州的数据进行了研究，这些数据表明在对接受过大学教育的年轻人的培训和再培训上，部分州在哪些方面做得比其他州好，在地理流动性上接受过大学教育的居民与其他居民又有何不同。

2. 图中的概率是根据 2000 年人口普查微样本的 5% 计算而得的，是目前居住在非大都市地区居民的数据。生活在大都市地区、未能大学毕业的 39 岁人群中，有 59% 的人会离开出生地所在的州，而没有上过大学的人群中，有 47% 的人会离开出生地所在的州。

3. 与城市和郊区一样，在小镇和农村地区长大的年轻人大学的升学率相差很大。1999 年为国家教育统计中心做了学校与教职人员调查，这是一份电子数据文件，代表了 1999 ～ 2000 学年 19672 个高中的 12 年级学生。调查的数据表明在小镇和农村地区 13% 的学校中，只有不到 10% 的 4 年级学生计划去四年制大学学习，在 25% 的学校中，有 10% ～ 29% 的学生，在 45% 的小镇和农村地区学校中，有 30% ～ 59% 的学生，而在 14% 的小镇和农村地区学校中，有 60% ～ 79% 的学生，在 3% 的小镇和农村地区学校中，则有 80% 的学生。与中心城市和城市边缘地带相比，小镇上的学校更加向分布的中间范围集中——也就是说，这些学校中，打算上大学的 4 年级学生比例不会过低也不会过高。普通最小二乘法回归分析的数据显示计划去四年制大学上学的 4 年级学生的平均百分比受高中规模的正向影响，也受到少数民族学生比例的负向影响，控制其他影响因素之后，与东北部与中西部相比，南部和西部受影响的比例要低很多。考虑到这些因素，小镇或者农村地区地段因素对于计划去四年制大学上学的 4 年级学生的平均百分比有一个较小的正向影响。

4.1990 年美国人口普查微样本的 1%，由 Steven Ruggles, J. Trent Alexander, Katie Genadek, Ronald Goeken, Matthew B. Schroeder, and Matthew Sobek, *Integrated Public Use Microdata Series*: Version 5.0 [machine-readable database] (Minneapolis: Minnesota Population Center, 2010) 提供。二元逻辑回归分析的“marst”变量包括已婚配偶共同生活、已婚配偶缺席、分居、离婚或丧偶与未婚，“都市”变量（不包括未定义的都市状态）包括不在都市区、在联合大都市区的中心城市内、外或未定义，控制变量为年龄、性别和包括白种人或其他的种族。 非都市居民与都市居民的比值比为 1.735，有效位数是 0.001 及以上。请参阅以下关于 1990 年与随后的都市和非都市定义的对比。

5.1960 年人口普查微样本的 1% 和 1990 年人口普查微样本的 1%。对于生活在非都市区的 16 至 21 岁人群的结果，用二元逻辑回归模型将其按男女分类，控制种族和年龄，将“目前或曾经已婚”对“未婚”作为自变量。1960 年调整后的男性比值比为 0.260，而 1960 年调整后的女性比值比为 0.128；1990 年调整后的男性比值比为 0.321，1990 年调整后的女性比值比为 0.236 ——有效位数都是 0.001 及以上。图中，标有“基线”的纵列表示如果已婚者和未婚者之间没有差异，比值比则为 1.0；而其他纵列显示的是每次比较的比值比。例如，最右边的一栏显示，已婚妇女中在大学学习至少 1 年的几率是未婚女性的 0.236。在这些样本中，1960 年有 31% 被归类为生活在非大都市区，而 1990 年这一比例则为 27.4%，但到了 2000 年就下降到 8.4%。关于大都市地区定义的描述，参见 US Census Bureau, *Statistical Abstract of the United States: 2010* (Washington, DC: Government Printing Office, 2010), appendix II, 879。

6. 国家教育统计中心 1999 年学校与教职员工调查（据电子数据文件显示），对学校规模、少数民族学生比例和地区差异等进行控制之后，小镇和农村高中的毕业率高于中心城市和城市边缘地区的高中。州平等政策的影响还是非常明显的，各个地方学生对老师的比率以及每个学生的支出相差不大。小镇和农村地区从州政府获得的资助相当于其收入的 51%，这一比例与中心城市学校基本持平，而城市边缘地区的学校从州政府获得的资助则只相当于其收入的 44%。

7.David Brooks, “The Odyssey Years,” *New York Times*, October 9, 2007. 关于这一话题的一次社会学讨论，参见 Neil J. Smelser, *The Odyssey Experience: Physical,*

Social, Psychological, and Spiritual Journeys (Berkeley: University of California Press, 2009)。

8. 这里的"便携式小城镇价值观"的概念归功于精彩的回忆录 *Portable Prairie: Confessions of an Unsettled Midwesterner* (New York: Thomas Dunne, 2004)，由南达科他州的小镇居民 M. J. Andersen 撰写。

9. 她所记录的故事以及她向学生所传达的确切言辞证明了许多访谈中存在的一个明显的共通点：受访者并不是因为采访者向他们提问而简单地提出一些假设性的建议，他们是在重复自己给孩子、学生、教会的年轻人以及他们所认识的人的建议。"今天早上，我刚和一位年轻人谈过，告诉他……'""我对你说的，就是我对我自己孩子说的。"或是"学生们经常听见我这么说"，诸如此类的话语在文本分析中就是直接引语。

10. 想要详细地了解美国人不把金钱列入工作理由的现象，参见 Robert Wuthnow, *Poor Richard's Principle: Recovering the American Dream through the Moral Dimension of Work, Business, and Money*(Princeton, NJ: Princeton University Press, 1996)。我知道，正如我相信许多小城镇的居民，在财富与幸福之间的统计研究中存在相关性。参见 Derek Bok, The Politics of Happiness: *What Government Can Learn from the New Research on Well-being* (Princeton, NJ: Princeton University Press, 2010)。这样的研究也记录了幸福与融入社区的感受之间的关联性。

11. 把社区比喻成家，寓意丰富，让我备感兴趣。相关深度讨论，参见 Mary Douglas, "The Idea of a Home: A Kind of Space," in *Home: A Place in the World*, ed. Arien Mack (New York: New York University Press, 1993), 253–72。我自己关于宗教隐喻中对家和住所的研究，参见 Robert Wuthnow, *After Heaven: Spiri- tuality in America since the 1950s* (Berkeley: University of California Press, 1998)。与小镇相关联的可渗透边界的扩展思考，参见 Robert Wuthnow, *Loose Connections: Joining Together in America's Fragmented Communities* (Cambridge, MA: Harvard University Press, 1998)。

第 11 章 结语与思考：小镇社区

1. 参见 Suzanne Keller, *Community: Pursuing the Dream, Living the Reality* (Princeton, NJ: Princeton University Press, 2003)。与 Keller 提出的一些社区构成要素相同的简要讨论参见 Philip Selznick, *The Moral Commonwealth: Social Theory and the Promise of Community* (Berkeley: University of California Press, 1992), 360–65。

2. 对城市环境中空间条件和环境的重要性进行的一场有启发性的讨论，参见

Mario Luis Small, Villa Victoria: *The Transformation of Social Capital in a Boston Barrio* (Chicago: University of Chicago Press, 2004), 123–44。一项更宽泛的调查，参见 Thomas F. Gieryn, "A Space for Place in Sociology," *Annual Review of Sociology* 26 (2000): 463–96。

3.Ray Oldenburg, The Great Good Place: *Cafes, Coffee Shops, Community Centers, Beauty Parlors, General Stores, Bars, Hangouts, and How They Get You through the Day* (New York: Paragon House, 1989).

4. 参见 Sonya Salamon, *Newcomers to Old Towns: Suburbanization of the Heartland* (Chicago: University of Chicago Press, 2003)。Salamon 对伊利诺伊州的 6 个城镇进行了研究，她认为这些中心公共空间代表了社区最重要的事情，对于促进不同年龄居民的社会关系起着重要的作用。

5. 尤请参详 Daniel T. Lichter, Domenico Parisi, Steven Michael Grice, and Michael C. Taquino, "National Estimates of Racial Segregation in Rural and Small-Town America,"*Demography* 44 (2007): 563–81。这项研究使用的是1990年和2000年的数据，研究表明小城镇和大都市地区的种族隔离程度一致。关于新来之人与久居之人领地之争的另一个例子，参见 Sonya Salamon and Jane B. Tornatore, "Territory Contested through Property in a Midwestern Post-agricultural Community," *Rural Sociology* 59 (1994): 636–54。

6.Michele Lamont and Virag Molnar, "The Study of Boundaries in the Social Sciences," *Annual Review of Sociology* 28 (2002): 167–95.

7.James W. Loewen, Sundown Towns: *A Hidden Dimension of American Racism* (New York: New Press, 2005); Eileen Diaz McConnell and Faranak Miraftab, "Sundown Town to 'Little Mexico' : Old-timers and Newcomers in an American Small Town," *Rural Sociology* 74 (2009): 605–29.

8. 一篇基于对关联关系的详细分析文章——在这个案例中是布里斯托和格拉斯哥，参见 Delia Baldassarri and Mario Diani, "The Integrative Power of Civic Networks," *American Journal of Sociology* 113 (2007): 735–80。

9.Mircea Eliade, *Myth and Reality* (New York: Harper and Row, 1963).

10.Emile Durkheim, *Elementary Forms of the Religious Life*, trans. Carol Cosman, ed. Mark S. Cladis (1915; repr., Oxford: Oxford University Press, 2008).、

11.Randall Collins, Interaction Ritual Chains (Princeton, NJ: Princeton University Press, 2005).

12. 在城市项目住房会议上进行的一场关于社区定义的有趣的平行讨论，参见 Sudhir Alladi Venkatesh, *American Project: The Rise and Fall of a Modern Ghetto* (Cambridge, MA: Harvard University Press, 2000)。

13. 我所指的中立的公共空间是人们可以互动的场所，在这个场所里，人们似乎都是平等的，而且是因为有旁观者存在而表现出来的平等。这种用法借鉴了 Rudolf P. Gaudio, "Coffeetalk: Starbucks and the Commercialization of Casual Conversation," *Language in Society* 32 (2003): 659–91 中的讨论。

14. 在大多数情况下，充斥着紧张情绪的仪式化互动是为了防止情绪爆发或者发生肢体冲突，要了解关于其方法的具有启发性的见解，参见 Randall Collins, *Violence: A Microsociological Theory* (Princeton, NJ: Princeton University Press, 2008)。感谢 Devany Schulz 提供了婆媳关系紧张的例子。

15. 关于诸如性别、年龄、土地所有权以及农场管理方式等农业社区社会网络构建因素的讨论，参见 Sonya Salamon, *Prairie Patrimony: Family, Farming, and Community in the Midwest* (Chapel Hill: University of North Carolina Press, 1992)。

参考文献

Ahuja, Gautam. "Collaboration Networks, Structural Holes, and Innovation: A Longitudinal Study." *Administrative Science Quarterly* 45 (2000): 425–55.

Aldous, Joan, and Murray A. Straus. "Social Networks and Conjugal Roles: A Test of Bott' s Hypothesis." *Social Forces* 43 (1966): 471–82.

Alexander, Jeffrey C. *The Performance of Politics: Obama' s Victory and the Democratic Struggle for Power*. New York: Oxford University Press, 2010.

Allen, Rich, and Ginger Harris. "What We Know about the Demographics of U.S. Farm Operators." *Agricultural Outlook Forum* (February 25, 2005), http:// www.agcensus.usda.gov/Publications/2002/Other_Analysis/.

Ambrose, Stephen E. *Eisenhower: Soldier and President*. New York: Simon and Schuster, 1990.

Ammerman, Nancy Tatom. *Bible Believers: Fundamentalists in the Modern World*. New Brunswick, NJ: Rutgers University Press, 1987.

Andersen, M. J. *Portable Prairie: Confessions of an Unsettled Midwesterner*. New York: Thomas Dunne, 2004.

Anderson, Benedict. *Imagined Communities: Reflections on the Origin and Spread of Nationalism*. London: Verso, 1991.

Anderson, Leslie O. *Memoirs of a Country Boy/Newspaper Man*. Elk River, MN: DeForest Press, 2004.

Anderson, Nels. "Review of *Small-Town Stuff*." *American Journal of Sociology* 38 (1932): 294.

Aptekar, Sofya. "Immigrant Naturalization and Nation-Building in North America." PhD diss., Princeton University, 2010.

Armey, Dick, and Matt Kibbe. *Give Us Liberty: A Tea Party Manifesto*. New York: William Morrow, 2010.

Armstrong, Elizabeth A., and Laura Hamilton. *Exclusion: Class, Gender, and College Culture*. Cambridge, MA: Harvard University Press, 2010.

Artz, Georgeanne M., Peter F. Orazem, and Daniel M. Otto. "Meat Packing and Processing Facilities in the Non-metropolitan Midwest: Blessing or Curse?" Paper presented at the annual meeting of the American Agricultural Economics Association, Providence, Rhode Island, July 2005.

———. "Measuring the Impact of Meat Packing and Processing Facilities in Nonmetropolitan Counties: A Difference-in-Differences Approach." *American Journal of Agricultural Economics* 89 (2007): 557–70.

Attridge, Harold W., ed. *The Religion and Science Debate: Why Does It Continue?* New Haven, CT: Yale University Press, 2009.

Baldassarri, Delia, and Mario Diani. "The Integrative Power of Civic Networks." *American Journal of Sociology* 113 (2007): 735–80.

Barabasi, Albert-Laszlo. *Linked: How Everything Is Connected to Everything Else, and What It Means for Business, Science, and Everyday Life*. New York: Penguin, 2003.

Barman, Emily. *Contesting Communities: The Transformation of Workplace Charity*. Stanford, CA: Stanford University Press, 2006.

Barnett, Bob. *Growing Up in the Last Small Town*. Ashland, KY: Jesse Stuart Foundation, 2010.

Becker, Penny Edgell. *Congregations in Conflict: Cultural Models of Local Religious Life*. Cambridge: Cambridge University Press, 1999.

Bell, David. "Cowboy Love." In *Country Boys: Masculinity and Rural Life*, ed. Hugh Campbell, Michael Mayerfield Bell, and Margaret Finney, 163–82. University Park: Pennsylvania State University Press, 2006.

Bell, Michael Mayerfeld. *Childerley: Nature and Morality in a Country Village*. Chicago: University of Chicago Press, 1994.

———. "The Ghosts of Place." *Theory and Society* 26 (1997): 813–36.

Bellah, Robert N., Richard Madsen, William M. Sullivan, Ann Swidler, and Steven M. Tipton. *Habits of the Heart: Individualism and Commitment in American Life*. Berkeley: University of California Press, 1985.

Bender, Courtney. *Heaven' s Kitchen: Living Religion at God' s Love We Deliver*. Chicago: University of Chicago Press, 2003.

Bender, Thomas. *Community and Social Change in America*. Baltimore: Johns Hopkins University Press, 1978.

Benhabib, Seyla. "Sexual Difference and Collective Identities: The New Global Constellation." *Signs* 24 (1999): 335–61.

Beniger, James R. "Does Television Enhance the Shared Symbolic Environment? Trends in Labeling of Editorial Cartoons, 1948–1980." *American Sociological Review* 48 (1983): 103–11.

Berman, David R. *State and Local Politics*. 9th ed. New York: St. Martin' s Press, 1999.

Besser, Terry L., Nicholas Recker, and Kerry Agnitsch. "The Impact of Economic Shocks on Quality of Life and Social Capital in Small Towns." *Rural Sociology* 73 (2008): 580–604.

Blau, Peter Michael. *Inequality and Heterogeneity: A Primitive Theory of Social Structure*. New York: Free Press, 1977.

Bloom, Stephen G. *Postville: A Clash of Cultures in Heartland America*. New York: Mariner Books, 2001.

Blumenthal, Albert. *Small-Town Stuff*. Chicago: University of Chicago Press, 1932.

Bodensteiner, Carol. *Growing Up Country: Memories of an Iowa Farm Girl*. Des Moines, IA: Sun Rising Press, 2008.

Boggs, Carl. "Social Capital and Political Fantasy: Robert Putnam' s 'Bowling Alone.'" *Theory and Society* 30 (2001): 281–97.

Bok, Derek. *The Politics of Happiness: What Government Can Learn from the New Research on Well-being*. Princeton, NJ: Princeton University Press, 2010.

Bok, Sissela. *Secrets: On the Ethics of Concealment and Revelation*. New York: Pantheon, 1983.

Boltanski, Luc, and Laurent Thevenot. *On Justifcation: Economies of Worth*.

Princeton, NJ: Princeton University Press, 2006.

Bornstein, Marc H., and Helen G. Bornstein. "The Pace of Life." *Nature* 259 (1976): 557–58.

Bott, Elizabeth. *Family and Social Network*. New York: Routledge, 2003. First published 1957.

Bourdieu, Pierre. *Distinction: A Social Critique of the Judgment of Taste*. Translated by Richard Nice. Cambridge, MA: Harvard University Press, 1984.

Bowman, Ann M., and Richard C. Kearney. *State and Local Government: The Essentials*. Belmont, CA: Wadsworth, 2008.

Boyles, Denis. *Superior, Nebraska: The Common Sense Values of America' s Heartland*. New York: Doubleday, 2008.

Bradley, Jennifer, and Bruce Katz. "Village Idiocy." *New Republic*, October 8, 2008, 12–13.

Bradshaw, Ted K. "Multicommunity Networks: A Rural Transition." *Annals of the American Academy of Political and Social Science* 529 (1993): 164–75.

Bault, Kevin D. "New Evidence on Religious Pluralism, Urbanism, and Religious Participation." *American Sociological Review* 54 (1989): 1048–53.

Bremer, Thomas S. *Blessed with Tourists: The Borderlands of Religion and Tourism in San Antonio*. Chapel Hill: University of North Carolina Press, 2003.

Brewer, William. "Schemata." In *The MIT Encyclopedia of the Cognitive Sciences*, ed. Robert A. Wilson and Frank C. Keil, 724–25. Cambridge, MA: MIT Press, 2001.

Brooks, David. "The Odyssey Years." *New York Times*, October 9, 2007.

Brown, David L., and Louis E. Swanson, eds. *Challenges for Rural America in the Twenty-First Century*. University Park: Pennsylvania State University Press, 2003.

Brown, Karen McCarthy. "Staying Grounded in a High-rise Building: Ecological Dissonance and Ritual Accommodation in Haitian Vodou." In *Gods of the City*, ed. Robert A. Orsi, 79– 102.Bloomington: Indiana University Press, 1999.

Brown, Miriam, ed. *Sustaining Heart in the Heartland: Exploring Rural Spirituality*. Mahwah, NJ: Paulist Press, 2005.

Brown-Saracino, Japonica. "Social Preservationists and the Quest for Authentic Community." *City and Community* 3 (2004): 135–56.

Brunner, Edmund de Schweinitz. *Rural America and the Extension Service: A*

History and Critique of the Cooperative Agricultural and Home Economics Extension Service. New York: Columbia University Press, 1949.

Bryson, Bill. *The Lost Continent: Travels in Small-Town America*. New York: Harper Perennial, 1990.

Burke, Kenneth. *A Grammar of Motives*. Berkeley: University of California Press, 1969.

Burt, Ronald S. "Structural Holes and Good Ideas." *American Journal of Sociology* 110 (2004): 349–99.

Bush, Peter G., and H. Christine O' Reilly. *Where 20 or 30 Are Gathered: Leading Worship in the Small Church*. Herndon, VA: Alban Institute, 2006.

Caldwell, Gail. "Intruder in the Dust." *Boston Globe*, December 15, 2002.

Cameron, Catherine M., and John B. Gatewood. "The Authentic Interior: Questing *Gemeinschaft* in Post-industrial Society." *Human Organization* 53 (1994):21–32.

Campbell, Hugh, Michael Mayerfeld Bell, and Margaret Finney, eds. *Country Boys: Masculinity and Rural Life*. University Park: Pennsylvania State University Press, 2006.

Cannon, Lou. *President Reagan: The Role of a Lifetime*. New York: Simon and Schuster, 1991.

Carr, Patrick J., and Maria J. Kefalas. *Hollowing Out the Middle: The Rural Brain Drain and What It Means for America*. Boston: Beacon, 2009.

Cerulo, Karen A. "Television, Magazine Covers, and the Shared Symbolic Environment: 1948– 1970." *American Sociological Review* 49 (1984): 566–70.

———. "Coming Together: New Taxonomies for the Analysis of Social Relations." *Sociological Inquiry* 68 (1998): 398–425.

Charmaz, Kathy. *Constructing Grounded Theory: A Practical Guide through Qualitative Analysis*. London: Sage, 2006.

Chaves, Mark. *Congregations in America*. Cambridge, MA: Harvard University Press, 2004.

Chi, Guangqing. "The Impacts of Highway Expansion on Population Change: An Integrated Spatial Approach." *Rural Sociology* 75 (2010): 58–89.

Ching, Barbara, and Gerald W. Creed, eds. *Knowing Your Place: Rural Identity and Cultural Hierarchy*. New York: Routledge, 1997.

Cnaan, Ram A. *The Invisible Caring Hand: American Congregations and the Pro-*

vision of Welfare. New York: New York University Press, 2002.

Cohen, Adam. *Nothing to Fear: FDR' s Inner Circle and the Hundred Days That Created Modern America*. New York: Penguin, 2009.

Coleman, James. "Social Capital in the Creation of Human Capital." *American Journal of Sociology* 94 (1988): S95–120.

Collins, Alan F., Martin A. Conway, and Peter E. Morris, eds. *Theories of Memory*. London: Taylor and Francis, 1993.

Collins, Randall. *Interaction Ritual Chains*. Princeton, NJ: Princeton University Press, 2005.

———. *Violence: A Micro-sociological Theory*. Princeton, NJ: Princeton University Press, 2008.

Connerton, Paul. *How Societies Remember*. Cambridge: Cambridge University Press, 1989.

Connor, Phillip. "Increase or Decrease? The Impact of the International Migratory Event on Immigrant Religious Participation." *Journal for the Scientific Study of Religion* 47 (2008): 243–57.

———. "International Migration and Religious Participation: The Mediating Impact of Individual and Contextual Effects." *Sociological Forum* 24 (2009): 779–803.

Corbin, Juliet, and Anselm C. Strauss. *Basics of Qualitative Research: Techniques and Procedures for Developing Grounded Theory*. London: Sage, 2007.

Crandall, Ronald K. *Turnaround Strategies for the Small Church*. Nashville: Abingdon Press, 1995.

———. *Turnaround and Beyond: A Hopeful Future for the Small Membership Church*. Nashville: Abingdon Press, 2008.

Creed, Gerald W., and Barbara Ching. "Recognizing Rusticity: Identity and the Power of Place." In *Knowing Your Place: Rural Identity and Cultural Hierarchy*, ed. Barbara Ching and Gerald W. Creed, 1–38. New York: Routledge, 1997.

Curry, Janel M. "Community Worldview and Rural Systems: A Study of Five Communities in Iowa." *Annals of the Association of American Geographers* 90 (2000): 693–712.

Daly, Sean. "That Old Ace in the Hole." *People*, December 23, 2002.

Danbom, David B. *Born in the Country: A History of Rural America*. 2nd ed.

Baltimore: Johns Hopkins University Press, 2006.

D' Andrade, Roy. *The Development of Cognitive Anthropology*. Cambridge: Cambridge University Press, 1995.

Davidman, Lynn. *Tradition in a Rootless World: Women Turn to Orthodox Judaism*. Berkeley: University of California Press, 1991.

Davidson, Osha Gray. *Broken Heartland: The Rise of America' s Rural Ghetto*. Iowa City: University of Iowa Press, 1996.

Davies, Richard O. *Main Street Blues: The Decline of Small-Town America*. Columbus: Ohio State University Press, 1998.

Davies, Richard O., Joseph A. Amato, and David R. Pichaske, eds. *A Place Called Home: Writings on the Midwestern Small Town*. Saint Paul: Minnesota Historical Society, 2003.

Davis, Kenneth S. *FDR: The New Deal Years, 1933–1937*. New York: Random House, 1995.

De Bres, Karen, and James Davis. "Celebrating Group and Place Identity: A Case Study of a New Regional Festival." *Tourism Geographies* 3 (2001): 326–37.

DeMontis, Andrea, Alessandro Chessa, Michele Campagna, Simone Caschili, and Giancarlo Deplano. "Modeling Commuting Systems through a Complex Network Analysis: A Study of the Italian Islands of Sardinia and Sicily." *Journal of Transport and Land Use* 2 (2010): 39–55.

Diekmann, Florian, Brian E. Roe, and Marvin T. Batte. "Tractors on eBay: Differences between Internet and In-Person Auctions." *American Journal of Agricultural Economics* 90 (2008): 306–20.

DiMaggio, Paul. "Culture and Cognition." *Annual Review of Sociology* 23 (1997): 263–87.

Diner, Hasia R., Jeffrey Shandler, and Beth S. Wenger, eds. *Remembering the Lower East Side: American Jewish Reflections*. Bloomington: Indiana University Press, 2000.

Douglas, Mary. "The Idea of a Home: A Kind of Space." In *Home: A Place in the World*, ed. Arien Mack, 253–72. New York: New York University Press, 1993.

Douglass, H. Paul. *The Little Town: Especially in Its Rural Relationships*. New York: Macmillan, 1919.

Douthat, Ross. "The Roots of White Anxiety." *New York Times*, July 18, 2010.

Drape, Joe. *Our Boys: A Perfect Season on the Plains with the Smith Center Redmen*. New York: Times Books, 2009.

Dreby, Joanna. "Gender and Transnational Gossip." *Qualitative Sociology* 32 (2009): 33–52.

Duneier, Mitchell. *Slim' s Table: Race, Respectability, and Masculinity*. Chicago: University of Chicago Press, 1992.

———. *Sidewalk*. New York: Farrar, Straus and Giroux, 2000.

Duneier, Mitchell, and Harvey Molotch. "Talking City Trouble: Interactional Vandalism, Social Inequality, and the 'Urban Interaction Problem.'" *American Journal of Sociology* 104 (1999): 1263–95.

Durkheim, Emile. *The Division of Labor in Society*. New York: Macmillan, 1933. First published 1893.

———. *Elementary Forms of the Religious Life*. Translated by Carol Cosman. Edited by Mark S. Cladis. Oxford: Oxford University Press, 2008. First published 1915.

Dykstra, Robert R. "Town– Country Confl ict: A Hidden Dimension in American Social History." *Agricultural History* 38 (1964): 195–204.

Eckstein, Susan. "Community as Gift-Giving: Collectivistic Roots of Volunteerism." *American Sociological Review* 66 (2001): 829–51.

Eder, Donna. "Cohesion through Collaborative Narration." *Social Psychology Quarterly* 51 (1988): 225–35.

———. "The Structure of Gossip: Opportunities and Constraints on Collective Expression among Adolescents." *American Sociological Review* 56 (1991): 494–508.

Edgell, Penny. *Religion and Family in a Changing Society*. Princeton, NJ: Princeton University Press, 2006.

Edin, Kathryn, and Laura Lein. *Making Ends Meet: How Single Mothers Survive Welfare and Low-Wage Work*. New York: Russell Sage Foundation, 1997.

Egan, Timothy. *The Worst Hard Time*. New York: Houghton Mifflin, 2006.

Ehrenhalt, Alan. *The Lost City: The Forgotten Virtues of Community in America*. New York: Basic Books, 1995.

Eliade, Mircea. *Myth and Reality*. New York: Harper and Row, 1963.

Eliasoph, Nina. "Close to Home" : The Work of Avoiding Politics. *Theory and*

Society 26 (1997): 605–47.

Entwisle, Barbara, Katherine Faust, Ronald R. Rindfuss, and Toshiko Kaneda. "Networks and Contexts: Variation in the Structure of Social Ties." *American Journal of Sociology* 112 (2007): 1495–533.

Erickson, Rebecca J. "The Importance of Authenticity for Self and Society." *Symbolic Interaction* 18 (1995): 121–44.

Erikson, Kai T. *Wayward Puritans: A Study in the Sociology of Deviance*. New York: John Wiley and Sons, 1969.

———. *Everything in Its Path: Destruction of Community in the Buffalo Creek Flood*. New York: Simon and Schuster, 1977.

Espenshade, Thomas, and Alexandria Walton Radford. *No Longer Separate, Not Yet Equal: Race and Class in Elite College Admission and Campus Life*. Princeton, NJ: Princeton University Press, 2009.

Farah, Joseph. *The Tea Party Manifesto*. New York: WND Books, 2010.

Farris, Lawrence W. *Dynamics of Small Town Ministry*. Herndon, VA: Alban Institute, 2000.

Fearon, Peter. *Kansas in the Great Depression: Work Relief, the Dole, and Rehabilitation*. Columbia: University of Missouri Press, 2007.

Fellows, Will. *Farm Boys: Lives of Gay Men from the Rural Midwest*. Madison: University of Wisconsin Press, 2001.

Fine, Gary Alan. "The Sociology of the Local: Action and Its Publics." *Sociological Theory* 28 (2010): 355–76.

Fine, Gary Alan, and Lori Holyf eld. "Secrecy, Trust, and Dangerous Leisure: Generating Group Cohesion in Voluntary Organizations." *Social Psychology Quarterly* 59 (1996): 22–38.

Finucan, Stephen. "Fear and Loathing on the Panhandle." *Toronto Star*, December 8, 2002.

Fiorina, Morris P., Samuel J. Abrams, and Jeremy C. Pope. *Culture War? The Myth of a Polarized America*. 3rd ed. New York: Longman, 2010.

Fischer, Claude S. *To Dwell among Friends: Personal Networks in Town and City*. Chicago: University of Chicago Press, 1982.

———. *Made in America: A Social History of American Culture and Character*.

Chicago: University of Chicago Press, 2010.

———. *Still Connected: Family and Friends in America since 1970*. New York: Russell Sage Foundation Press, 2011.

Fischer, Claude S., and Michael Hout. *Century of Difference: How America Changed in the Last One Hundred Years*. New York: Russell Sage Foundation, 2006.

Fiske, Susan. "Envy Up, Scorn Down: How Comparison Divides Us." Paper presented at the fall retreat of Law and Public Affairs, Princeton University, September 2010.

Ford, Kristina, James Lopach, and Dennis O' Donnell. *Planning in Small Town America: Observations, Sketches, and a Reform Proposal*. Chicago: American Planning Association, 1990.

Formisano, Ron. "Populist Currents in the 2008 Presidential Campaign." *Journal of Policy History* 22 (2010): 237–55.

Fowler, Eric B., and Sheila Delaney. *Small-Town Boy, Small-Town Girl: Growing Up in South Dakota, 1920–1950*. Pierre: South Dakota Historical Society, 2009.

Frank, Justin A. *Bush on the Couch: Inside the Mind of the President*. New York: Harper, 2004.

Friedman, Thomas L. *The World Is Flat: A Brief History of the Twenty-First Century*. New York

Farrar, Straus and Giroux, 2005.

Fuguitt, Glenn V. "County Seat Status as a Factor in Small Town Growth and Decline." *Social Forces* 44 (1965): 245–51.

Fuguitt, Glenn V., David L. Brown, and Calvin L. Beale. *Rural and Small Town America*. New York: Russell Sage Foundation, 1989.

Gamson, Joshua. "Normal Sins: Sex Scandal Narratives as Institutional Morality Tales." *Social Problems* 48 (2001): 185–205.

Gans, Herbert J. *The Levittowners: Ways of Life and Politics in a New Suburban Community*. New York: Pantheon Books, 1967.

———. *Middle American Individualism: Political Participation and Liberal Democracy*. New York: Oxford University Press, 1988.

Gardner, Bruce L. *American Agriculture in the Twentieth Century: How It Flourished and What It Cost*. Cambridge, MA: Harvard University Press, 2002.

Gaudio, Rudolf P. "Coffeetalk: Starbucks and the Commercialization of Casual Conversation." *Language in Society* 32 (2003): 659–91.

Geertz, Clifford. *The Interpretation of Cultures: Selected Essays*. New York: Basic Books, 1973.

———. *Local Knowledge: Further Essays in Interpretive Anthropology*. New York: Basic Books, 1982.

Gieryn, Thomas F. "A Space for Place in Sociology." *Annual Review of Sociology* 26 (2000): 463–96.

Gill, Fiona. "Moving to the 'Big' House: Power and Accommodation in Intergenerational Farming Families." *Rural Society* 18 (2008): 83–94.

Glock, Charles Y., Robert Wuthnow, Jane Allyn Piliavin, and Metta Spencer. *Adolescent Prejudice*. New York: Harper and Row, 1975.

Glucksberg, Samuel. "Metaphor." In *The MIT Encyclopedia of Cognitive Science*, ed. Robert A. Wilson and Frank C. Keil, 532– 34. Cambridge, MA: MIT Press, 2001.

Goffman, Erving. *Behavior in Public Places: Notes on the Social Organization of Gatherings*. New York: Free Press, 1966.

Goodman, Robert F., and Aaron Ben-Ze' ev, eds. *Good Gossip*. Lawrence: University Press of Kansas, 2004.

Goodwyn, Lawrence. *The Populist Moment: A Short History of the Agrarian Revolt in America*. New York: Oxford University Press, 1978.

Gould, Rebecca Kneale. *At Home in Nature: Modern Homesteading and Spiritual Practice in America*. Berkeley: University of California Press, 2005.

Granovetter, Mark S. *Getting a Job: A Study of Contacts and Careers*. Cambridge, MA: Harvard University Press, 1974.

———. "The Strength of Weak Ties." *American Journal of Sociology* 78 (1973): 1360–80.

———. "The Strength of Weak Ties: A Network Theory Revisited." *Sociological Theory* 1 (1983): 201–33.

Greif, Mark. "Death and the Maiden." *Harpers*, November 2008, 18.

Grey, Mark, Michele Devlin, and Aaron Goldsmith. *Postville U.S.A.: Surviving Diversity in Small-Town America*. Boston: Gemma Media, 2009.

Guinnane, Timothy W. "Intergenerational Transfers, Emigration, and the Rural

Irish Household System." *Explorations in Economic History* 29 (1992): 456–76.

Gumprecht, Blake. "The American College Town."*Geographical Review* 93 (2003): 51–80.

Gusfeld, Joseph R. *The Community: A Critical Response*. New York: Harper Colophon, 1975.

———. *Symbolic Crusade: Status Politics and the American Temperance Movement*. Rev. ed. New York: Greenwood Press, 1980.

Hadaway, C. Kirk, Penny Long Marler, and Mark Chaves. "What the Polls Don' t Show: A Closer Look at U.S. Church Attendance." *American Sociological Review* 58 (1993): 741–52.

Hamma, Robert M. *Landscapes of the Soul: A Spirituality of Place*. Notre Dame, IN: Ave Maria Press, 1999.

Hanna, Kevin S., Ann Dale, and Chris Ling. "Social Capital and Quality of Place: Reflections on Growth and Change in a Small Town." *Local Environment* 14 (2009): 31–44.

Hargrove, Erwin C., and James Sterling Young. *Jimmy Carter as President: Leadership and the Politics of the Public Good*. Baton Rouge: Louisiana State University Press, 1988.

Harlin, J. L. "The Aging Family Farm: Estate/Succession Planning for Farmers." *Agricultural Finance* 34 (1992): 38–39.

Harris, Wendell V. "The Critics Who Made Us: Kenneth Burke." *Sewanee Review* 96 (1988): 452–63.

Herman, Shelby W. "Farm Income in 1973 and Outlook for 1974." *Survey of Current Business* (September 1974): 11–13.

Hirschfeld, L. A., and S. A. Gelman, eds. *Mapping the Mind: Domain Specificity in Cognition and Culture*. Cambridge: Cambridge University Press, 1994.

Hummon, David M. "Popular Images of the American Small Town." *Landscape* 24 (1980): 3–9.

———. *Commonplaces: Community Ideology and Identity in American Culture*. New York: State University of New York Press, 1990.

Humphrey, Craig R., and Ralph R. Sell. "The Impact of Controlled Access Highways on Population Growth in Nonmetropolitan Communities, 1940–1970." *Rural*

Sociology 40 (1975): 332–43.

Hunter, James Davison. *Culture Wars: The Struggle to Define America*. New York: Basic Books, 1991.

———. *Before the Shooting Begins: Searching for Democracy in America' s Culture War*. New York: Free Press, 1994.

Hunter, James Davison, and Alan Wolfe. *Is There a Culture War? A Dialogue on Values and American Life*. Washington, DC: Brookings Institution Press, 2006.

Hutson, John. "Fathers and Sons: Family Farms, Family Businesses, and the Farming Industry." *Sociology* 21 (1987): 215–29.

Jillson, Cal. *Pursuing the American Dream: Opportunity and Exclusion over Four Centuries*. Lawrence: University Press of Kansas, 2004.

Jimenez, Tomas R. "Mexican-Immigrant Replenishment and the Continuing Significance of Ethnicity and Race." *American Journal of Sociology* 113 (2008): 1527–67.

———. *Replenished Ethnicity: Mexican Americans, Immigration, and Identity*. Berkeley: University of California Press, 2009.

Jung, Shannon, ed. *Rural Ministry: The Shape of the Renewal to Come*. Nashville: Abington, 1998.

Karr, Mary. *The Liar' s Club: A Memoir*. New York: Penguin, 2005.

Kasarda, John D., and Morris Janowitz. "Community Attachment in Mass Society." *American Sociological Review* 39 (1974): 328–39.

Kay, David, Charles Geisler, and Nelson Bills. "Residential Preferences: What' s Terrorism Got to Do with It?" *Rural Sociology* 75 (2010): 426–54.

Kazin, Michael. *The Populist Persuasion: An American History*. Rev. ed. Ithaca, NY: Cornell University Press, 1998.

Keating, Norah C., and Brenda Munro. "Transferring the Family Farm: Process and Implications." *Family Relations* 38 (1989): 215–19.

Keillor, Garrison. *A Prairie Home Companion*. Radio program, November 7, 2009.

Keller, Suzanne. *Community: Pursuing the Dream, Living the Reality*. Princeton, NJ: Princeton University Press, 2003.

Key, Nigel, and Michael J. Roberts, "Nonpecuniary Benefits to Farming: Implications for Supply Response to Decoupled Payments." *American Journal of Agri-*

cultural Economics 91 (2009): 1–18.

Khatiwada, Lila K., and Kenneth E. Pigg. "Internet Service Provision in the U.S. Counties: Is Spatial Pattern a Function of Demand?" *American Behavioral Scientist* 53 (2010): 1326–43.

Kim, Oliver, and Mark Walker. "The Free Rider Problem: Experimental Evidence." *Public Choice* 43 (1984): 3–24.

Kimhi, Ayal, and Ramon Lopez. "A Note on Farmers' Retirement and Succession Considerations: Evidence from a Household Survey." *Journal of Agricultural Economics* 50 (1999): 154–62.

King, Valarie, and Glen H. Elder Jr. "American Children View Their Grandparents: Linked Lives across Three Rural Generations." *Journal of Marriage and Family* 57 (1995): 165–78.

———. "The Legacy of Grand parenting: Childhood Experiences with Grandparents and Current Involvement with Grandchildren." *Journal of Marriage and the Family* 59 (1997): 848–59.

Kirn, Walter. "Wasted Land." *New York Times*, July 1, 2009.

Koenig, Walter D. "Sex-Biased Dispersal in the Contemporary United States." *Ethology and Sociobiology* 10 (1989): 263–78.

Kornhauser, William. *The Politics of Mass Society*. Glencoe, IL: Free Press, 1959.

Kvale, Steiner, and Svend Brinkmann. *InterViews: Learning the Craft of Qualitative Research*. London: Sage, 2009.

Lakoff, George, and Mark Johnson. *Metaphors We Live By*. Chicago: University of Chicago Press, 1980.

Lamont, Michele. *Money, Morals, and Manners: The Culture of the French and the American Upper-Middle Class*. Chicago: University of Chicago Press, 1992.

———. *The Dignity of Working Men: Morality and the Boundaries of Race, Class, and Immigration*. Cambridge, MA: Harvard University Press, 2000.

Lamont, Michele, and Marcel Fournier, eds. *Cultivating Differences: Symbolic Boundaries and the Making of Inequality*. Chicago: University of Chicago Press, 1992.

Lamont, Michele, and Virag Molnar. "The Study of Boundaries in the Social Sciences." *Annual Review of Sociology* 28 (2002): 167–95.

Landon, Donald D. *Country Lawyers: The Impact of Context on Professional*

Practice. New York: Praeger, 1990.

Langer, Andrew M. "Sarah Palin, Small-Town America." *U.S. News*, September 12, 2008.

Lears, Jackson. *Fables of Abundance: A Cultural History of Advertising in America*. New York: Basic Books, 1995.

Leinberger, Paul, and Bruce Tucker. *The New Individualists: The Generation after the Organization Man*. New York: HarperCollins, 1991.

Lavenda, Robert H. *Corn Fests and Water Carnivals: Celebrating Community in Minnesota*. Washington, DC: Smithsonian Institution Press, 1997.

Levine, Robert V., and Ara Norenzayan. "The Pace of Life in 31 Countries." *Journal of Cross-cultural Psychology* 30 (1999): 178–205.

Levy, Emanuel. *Small-Town America in Film: The Decline and Fall of Community*. New York: Continuum, 1991.

Lichter, Daniel T., and Glenn V. Fuguitt. "Demographic Response to Transportation Innovation: The Case of the Interstate Highway." *Social Forces* 59 (1980): 492–512.

Lichter, Daniel T., Domenico Parisi, Steven Michael Grice, and Michael C. Taquino. "National Estimates of Racial Segregation in Rural and Small-Town America." *Demography* 44 (2007): 563–81.

Lichterman, Paul. "Integrating Diversity: Boundaries, Bonds, and the Greater Community in *The New Golden Rule*." In *Autonomy and Order: A Communitarian Anthology*, ed. Edward Lehman, 125–41. Lanham, MD: Rowman and Littlefield, 2000.

———. *Elusive Togetherness: Church Groups Trying to Bridge America' s Divisions*. Princeton, NJ: Princeton University Press, 2005.

———. "Social Capital or Group Style? Rescuing Tocqueville' s Insights on Civic Engagement." *Theory and Society* 35 (2006): 529–63.

Lingeman, Richard. *Small Town America: A Narrative History, 1620–the Present*. New York: Putnam, 1980.

Loewen, James. W. *Sundown Towns: A Hidden Dimension of American Racism*. New York: New Press, 2005.

Lough, James. "No Winning Hand." *Denver Post*, December 15, 2002.

Lowin, Aaron, Joseph H. Hottes, Bruce E. Sandler, and Marc Bornstein. "The

Pace of Life and Sensitivity to Time in Urban and Rural Settings: A Preliminary Study." *Journal of Social Psychology* 83 (1971): 247–53.

Luck, Morgan. "The Miracle of the Religious Divide: An Additional Argument for the Purported Distinction between Rural and Urban Religiosity." In *Where the Crows Fly Backwards: Notions of Rural Identity*, ed. Nancy Blacklow and Troy Whitford, 59–65. Mount Gravatt, Queensland: Post Pressed, 2010.

Lukacs, John. *Democracy and Populism: Fear and Hatred*. New Haven, CT: Yale University Press, 2006.

MacCannell, Dean. "Staged Authenticity: Arrangements of Social Space in Tourist Settings." *American Journal of Sociology* 79 (1973): 589–603.

MacGregor, Lyn C. *Habits of the Heartland: Small-Town Life in Modern America*. Ithaca, NY: Cornell University Press, 2010.

MacIntyre, Ben. "Small Town America Still Dares to Think Big." *Times of London*, September 25, 2008.

Marler, Penny Long, and C. Kirk Hadaway. "Testing the Attendance Gap in a Conservative Church." *Sociology of Religion* 60 (1999): 175–86.

Marotz-Baden, Ramona, and Deane Cowan. "Mothers-in-law and Daughtersin-law: The Effects of Proximity on Confl ict and Stress." *Family Relations* 36 (1987): 385–90.

Marotz-Baden, Ramona, and Claudia Mattheis. "Daughters-in-law and Stress in Two-Generation Farm Families." *Family Relations* 43 (1994): 132–37.

Marwell, Gerald, and Ruth E. Ames. "Experiments on the Provision of Public Goods, I. Resources, Interest Group Size, and the Free-Rider Problem." *American Journal of Sociology* 84 (1979): 1335–60.

Maryanski, Alexandra, and Masako Ishii-Kuntz. "A Cross-Species Application of Bott' s Hypothesis on Role Segregation and Social Networks." *Sociological Perspectives* 34 (1991): 403–25.

Massengill, Rebekah Peeples. *Wal-Mart Wars: Moral Populism in the Twenty-First Century*. New York: NYU Press, 2013.

Massey, Douglas. *Categorically Unequal: The American Stratification System*. New York: Russell Sage Foundation, 2007.

Mayo, James M. *The American Country Club: Its Origins and Development*. New Brunswick, NJ: Rutgers University Press, 1998.

McAlister, Elizabeth. "The Madonna of 115th Street Revisited: Vodou and Haitian Catholicism in the Age of Transnationalism." In *Gatherings in Diaspora: Religious Communities and the New Immigration*, ed. R. Stephen Warner and Judith G. Wittner, 123–62. Philadelphia: Temple University Press, 1998.

McConnell, Eileen Diaz, and Faranak Miraftab. "Sundown Town to 'Little Mexico': Old-timers and Newcomers in an American Small Town." *Rural Sociology* 74 (2009): 605–29.

McCullough, David. *Truman*. New York: Simon and Schuster, 1992.

McMillan, David W., and David M. Chavis. "Sense of Community: A Definition and Theory." *Journal of Community Psychology* 14 (1986): 6–23.

McNamara, Timothy P., Julia Sluzenski, and Björn Rump. "Human Spatial Memory and Navigation." In *Learning and Memory: A Comprehensive Reference, Volume 2*, ed. Henry L. Roediger III, 157–78. New York: Elsevier, 2008.

McVeigh, Rory, and Christian Smith. "Who Protests in America: An Analysis of Three Political Alternatives— Inaction, Institutionalized Politics, or Protest." *Sociological Forum* 14 (1999): 685–702.

Miller, Carol D. *Niagara Falling: Globalization in a Small Town*. Lanham, MD: Lexington Books, 2007.

Miller, Kenneth R. *Finding Darwin's God: A Scientist's Search for Common Ground between God and Evolution*. New York: Harper Perennial, 2007.

———. *Only a Theory: Evolution and the Battle for America's Soul*. New York: Viking Adult, 2008.

Mills, C. Wright. "Situated Actions and Vocabularies of Motive." *American Sociological Review* 5 (1940): 904–13.

Mishra, Ashok K., James D. Johnson, and Mitchell J. Morehart. "Retirement and Succession Planning of Farm Households: Results from a National Survey." Paper presented at the National Public Policy Education Committee, Salt Lake City, September 21–23, 2003.

Mishra, Ashok K., Hisham S. El-Osta, and James D. Johnson. "Succession in Family Farm Business: Empirical Evidence from the U.S. Farm Sector." Paper presented at the annual meeting of the Agricultural and Applied Economics Association, Denver, August 1–4, 2004.

Morenoff, Jeffrey D., Robert J. Sampson, and Stephen W. Raudenbush. "Neighborhood Inequality, Collective Effcacy, and the Spatial Dynamics of Urban Violence." *Population Studies Center Research Report* Report No. 00–451, March 2001.

Moreton, Bethany. *To Serve God and Walmart: The Making of Christian Free Enterprise*. Cambridge, MA: Harvard University Press, 2009.

Morgan, David, and Sally M. Promey. *The Visual Culture of American Religions*. Berkeley: University of California Press, 2001.

Morin, Richard, and Paul Taylor. "Suburbs Not Most Popular, But Suburbanites Most Content." Pew Research Center Publications, February 26, 2009, http:// www.pewresearch.org.

Moss, Richard J. *Golf and the American Country Club*. Urbana: University of Illinois Press, 2001.

Mueller, William. "Do Americans Really Want to Live in Small Towns?" *American Demographics* (January 1987): 34–37, 60.

Munson, Ziad W. *The Making of Pro-life Activists: How Social Movement Mobilization Works*. Chicago: University of Chicago Press, 2009.

Nalbandian, John. *Professionalism in Local Government*. San Francisco: JosseyBass, 1991.

National Center for Education Statistics. *Schools and Staffng Survey, 1999–2000: Overview of the Data for Public, Private, Public Charter, and Bureau of Indian Affairs Elementary and Secondary Schools*. Washington, DC: US Department of Education, Office of Educational Research and Improvement, 2002.

Newman, Katherine S. *Falling from Grace: Downward Mobility in the Age of Affluence*. Berkeley: University of California Press, 1999.

Newman, Katherine S., and Victor Tan Chen. *The Missing Class: Portraits of the Near Poor in America*. Boston: Beacon, 2008.

Newman, M.E.J. "Detecting Community Structure in Networks." *European Physical Journal B* 38 (2004): 321–30.

Norton, Anne. *Republic of Signs: Liberal Theory and American Popular Culture*. Chicago: University of Chicago Press, 1993.

Obstfeld, David. "Social Networks, the *Tertius Iungens* Orientation, and Involvement in Innovation." *Administrative Science Quarterly* 50 (2005): 100–130.

Okrent, Daniel. *Last Call: The Rise and Fall of Prohibition*. New York: Scribner, 2010.

Oldenburg, Ray. *The Great Good Place: Cafés, Coffee Shops, Community Centers, Beauty Parlors, General Stores, Bars, Hangouts, and How They Get You through the Day*. New York: Paragon House, 1989.

Olson, Paul J. "Any Given Sunday: Weekly Church Attendance in a Midwestern City." *Journal for the Scientif c Study of Religion* 47 (2008): 443–61.

Orbuch, Terri L. "People' s Accounts Count. The Sociology of Accounts." *Annual Review of Sociology* 23 (1997): 455–78.

Orsi, Robert A. *The Madonna of 115th Street: Faith and Community in Italian Harlem*. New Haven, CT: Yale University Press, 1985.

Ortner, Sherry. *Anthropology and Social Theory: Culture, Power, and the Acting Subject*. Durham, NC: Duke University Press, 2006.

Payton, Robert L., and Michael P. Moody. *Understanding Philanthropy: Its Meaning and Mission*. Bloomington: Indiana University Press, 2008.

Perrig, Walter, and Walter Kintsch, "Propositional and Situational Representations of Text." *Journal of Memory and Language* 24 (1985): 503–18.

Peterson, Richard A. *Creating Country Music: Fabricating Authenticity*. Chicago: University of Chicago Press, 1999.

Peterson, Trudy. "Rural Life and the Privacy of Political Association." *Agricultural History* 64 (1990): 1–8.

Phillips, Donald T. *The Clinton Charisma: A Legacy of Leadership*. New York: Palgrave Macmillan, 2007.

Portes, Alejandro. "Social Capital: Its Origins and Applications in Modern Sociology." *Annual Review of Sociology* 24 (1998): 1–24.

———. "Migration, Development, and Segmented Assimilation: A Conceptual Review of the Evidence." *Annals of the American Academy of Arts and Sciences* 610 (2007): 73–97.

Portes, Alejandro, and Patricia Fernandez-Kelly. "Segmented Assimilation on the Ground: The New Second Generation in Early Adulthood." *Ethnic and Racial Studies* 28 (2005): 1000–1040.

Portes, Alejandro, and Min Zhou. "The New Second Generation: Segmented

Assimilation and Its Variants." *Annals of the American Academy of Political and Social Science* 530 (1993): 74–96.

Postel, Charles. *The Populist Vision*. New York: Oxford University Press, 2007.

Power, Thomas Michael. *The Economic Role of Metal Mining in Minnesota: Past, Present, and Future: A Report Prepared for Minnesota Center for Environmental Advocacy and the Sierra Club*. Missoula: University of Montana, Economics Department, 2007.

Prior, Marcus. *Post-broadcast Democracy: How Media Choice Increases Inequality in Political Involvement and Polarizes Elections*. New York: Cambridge University Press, 2007.

———. "News v. Entertainment: How Increasing Media Choice Widens Gaps in Political Knowledge and Turnout." *American Journal of Political Science* 49 (2005): 577–92.

Probasco, LiErin. "Encountering Difference: Solidarity and Transnational Religious Humanitarian Aid." PhD diss., Princeton University, 2013.

Proulx, Annie. *That Old Ace in the Hole*. New York: Simon and Schuster, 2002.

Putnam, Robert D. *Bowling Alone: The Collapse and Revival of American Community*. New York: Simon and Schuster, 2000.

———. "*E Pluribus Unum*: Diversity and Community in the Twenty-First Century." *Scandinavian Political Studies* 30 (2007): 137–74.

Radicchi, Filippo, Claudio Castellano, Federico Cecconi, Vittorio Loreto, and Domenico Parisi. "Defining and Identifying Communities in Networks." *Proceedings of the National Academy of Sciences* 101 (2004): 2658–63.

Reding, Nick. *Methland: The Death and Life of an American Small Town*. New ork: Bloomsbury, 2009.

Rieder, Jonathan. *Canarsie: The Jews and Italians of Brooklyn against Liberalism*. ambridge, MA: Harvard University Press, 1985.

Riesman, David. *The Lonely Crowd: A Study of Changing American Character*. New Haven, CT: Yale University Press, 1950.

———. "The Suburban Dislocation." *Annals of the American Academy of Political and Social Science* 314 (1957), 123–46.

Rodan, Simon, and Charles Galunic. "More than Network Structure: How kowledge Heterogeneity Influences Managerial Performance and Innovativeness." *Strategic Management Journal* 25 (2004): 541–62.

Rohrer, Tim. "The Cognitive Science of Metaphor from Philosophy to Neuroscience." *Theoria et Historia Scientarium* 6 (2001): 27–42.

Ross, E. A. *Changing America: Studies in Contemporary Society*. Chautauqua, NY:Chautauqua Press, 1915.

Rotolo, Thomas. "Town Heterogeneity and Affiliation: A Multilevel Analysis of Voluntary Association Membership." *Sociological Perspectives* 43 (2000):272–89.

Ruggles, Steven, Matthew Sobek, J. Trent Alexander, Catherine A. Fitch, Ronald Goeken, Patricia Kelly Hall, Miriam King, and Chad Ronnander. *Integrated Public Use Microdata Series: Version 4.0* [machine-readable database].Minneapolis: Minnesota Population Center, 2008.

Ruggles, Steven, J. Trent Alexander, Katie Genadek, Ronald Goeken, Matthew B. Schroeder, and Matthew Sobek. *Integrated Public Use Microdata Series: Version 5.0* [machine-readable database]. Minneapolis: Minnesota Population Center, 2010.

Safford, Sean. *Why the Garden Club Couldn' t Save Youngstown: The Transformation of the Rust Belt*. Cambridge, MA: Harvard University Press, 2009.

Salamon, Sonya. *Prairie Patrimony: Family, Farming, and Community in the Midwest*. Chapel Hill: University of North Carolina Press, 1992.

———. "From Hometown to Nontown: Rural Community Effects of Suburbanization." *Rural Sociology* 68 (2003): 1–24.

———. *Newcomers to Old Towns: Suburbanization of the Heartland*. Chicago: University of Chicago Press, 2003.

Salamon, Sonya, and Jane B. Tornatore. "Territory Contested through Property in a Midwestern Post-agricultural Community." *Rural Sociology* 59 (1994): 636–54.

Sampson, Robert J. "Neighborhood and Community: Collective Efficacy and Community Safety." *New Economy* 11 (2004): 106–13.

Sampson, Robert J., and Stephen W. Raudenbush. *Disorder in Urban Neighborhoods: Does It Lead to Crime?* Washington, DC: US Department of Justice, National Institute of Justice, 2001.

———. "Seeing Disorder: Neighborhood Stigma and the Social Construction of 'Broken Windows.'" *Social Psychology Quarterly* 67 (2004): 319–42.

Sampson, Robert J., Stephen W. Raudenbush, and Felton Earls. "Neighborhoods and Violent Crime: A Multilevel Study of Collective Efficacy." *Science* 277 (1997): 918–24.

Sanders, Irwin T., and Gordon F. Lewis. "Rural Community Studies in the United States: A Decade in Review." *Annual Review of Sociology* 2 (1976): 35–53.

Schnittker, John A. "The 1972– 73 Food Price Spiral." *Brookings Papers on Economic Activity* 4 (1973): 498–507.

Schudson, Michael. *Watergate in American Memory: How We Remember, Forget, and Reconstruct the Past*. New York: Basic Books, 1992.

Schwartz, Barry. "The Social Context of Commemoration: A Study in Collective Memory." *Social Forces* 61 (1982): 374–96.

Schwartz-Barcott, Timothy Philip. *After the Disaster: Re-creating Community and Well-being at Buffalo Creek since the Notorious Coal-Mining Disaster in 1972*. Amherst, NY: Cambria Press, 2008.

Schwieder, Dorothy Hubbard. *Growing Up with the Town: Family and Community on the Great Plains*. Iowa City: University of Iowa Press, 2002.

Seidman, Irving. *Interviewing as Qualitative Research: A Guide for Researchers in Education and the Social Sciences*. New York: Teachers College Press, 2006.

Selznick, Philip. *The Moral Commonwealth: Social Theory and the Promise of Community*. Berkeley: University of California Press, 1992.

Sherman, Jennifer. "Coping with Rural Poverty: Economic Survival and Moral Capital in Rural America." *Social Forces* 85 (2006): 891–913.

Shideler, James H. "*Flappers and Philosophers*, and Farmers: Rural–Urban Tensions of the Twenties." *Agricultural History* 47 (1973): 283–99.

Shrum, Wesley Monroe, Jr. *Fringe and Fortune: The Role of Critics in High and Popular Art*. Princeton, NJ: Princeton University Press, 1996.

Simmel, Georg. *On Individuality and Social Forms*. Edited by Donald N. Levine. Chicago: University of Chicago Press, 1971.

Small, Mario Luis. *Villa Victoria: The Transformation of Social Capital in a Boston Barrio*. Chicago: University of Chicago Press, 2004.

———. " 'How Many Cases Do I Need?' On Science and the Logic of Case Selection in Field-Based Research." *Ethnography* 10 (2009): 5–38.

———. *Unanticipated Gains: Origins of Network Inequality in Everyday Life*. New York: Oxford University Press, 2009.

Smelser, Neil J. *The Odyssey Experience: Physical, Social, Psychological, and Spiritual Journeys*. Berkeley: University of California Press, 2009.

Smith, Candace. "That Old Ace in the Hole." *Booklist*, May 1, 2003, 1213.

Smith, Christian, and Michael O. Emerson. *Passing the Plate: Why American Christians Don' t Give Away More Money*. New York: Oxford University Press, 2008.

Smith, Kevin B. *State and Local Government*. Washington, DC: CQ Press, 2007.

Soja, Edward W. *Postmodern Geographies: The Reassertion of Space in Critical Theory*. London: Verso, 1989.

Spradley, James P., and Brenda J. Mann. *The Cocktail Waitress: Women' s Work in a Man' s World*. New York: Waveland Press, 2008. First published 1975.

Stack, Carol B. *All Our Kin: Strategies for Survival in a Black Community*. New York: Harper and Row, 1975.

Stern, Michael J., and Barry Wellman. "Rural and Urban Differences in the Internet Society: Real and Relatively Important." *American Behavioral Scientist* 53 (2010): 1251–56.

Stetzer, Ed, and Mike Dodson. *Comeback Churches: How 300 Churches Turned Around and Yours Can, Too*. Nashville: B&H Books, 2007.

Stout, Jeffrey. *Blessed Are the Organized: Grassroots Democracy in America*. Princeton, NJ: Princeton University Press, 2010.

Stowers, Carlton. *Where Dreams Die Hard: A Small American Town and Its Six-Man Football Team*. Cambridge, MA: Da Capo Press, 2005.

Strang, David, and Sarah A. Soule. "Diffusion in Organizations and Social Movements: From Hybrid Corn to Poison Pills." *Annual Review of Sociology* 24 (1998): 265–90.

Strauss, Claudia. "Culture, Discourse, and Cognition: Forms of Belief in Some Rhode Island Working Men' s Talk about Success." PhD diss., Harvard University, 1988.

———. "Who Gets Ahead? Cognitive Responses to Heteroglossia in American Political Culture." *American Ethnologist* 17 (1990): 312–28.

———. "What Makes Tony Run? Schemas as Motives Reconsidered." In *Human*

Motives and Cultural Models, ed. Roy G. D' Andrade and Claudia Strauss, 197–224. Cambridge: Cambridge University Press, 1992.

Stull, Donald D., and Michael J. Broadway. *Slaughterhouse Blues: The Meat and-Poultry Industry in North America*. San Francisco: Wadsworth, 2004.

Swidler, Ann. "Geertz' s Ambiguous Legacy." *Contemporary Sociology* 25 (1996): 299–302.

———. *Talk of Love: How Culture Matters*. Chicago: University of Chicago Press, 2001.

———. "Comment on Stephen Vaisey' s 'Socrates, Skinner, and Aristotle: Three Ways of Thinking about Culture in Action.' " *Sociological Forum* 23 (2008): 614–18.

Taylor, Charles. *Sources of the Self: The Making of Modern Identity*. Cambridge, MA: Harvard University Press, 1989.

———. *Multiculturalism: Examining the Politics of Recognition*. Princeton, NJ: Princeton University Press, 1994.

Taylor, Clive C., and Alan R. Townsend. "The Local 'Sense of Place' as Evidenced in North-East England." *Urban Studies* 13 (1976): 133–46.

Taylor, Paul, Rich Morin, Kim Parker, D' Vera Cohn, and Wendy Wang. "For Nearly Half of America, Grass Is Greener Somewhere Else." Pew Research Center Social and Demographic Trends Report, January 29, 2009, http://www.pewsocialtrends.org.

Tickamyer, Ann R. "Space Matters! Spatial Inequality in Future Sociology." *Contemporary Sociology* 29 (2000): 805–13.

Tickamyer, Ann R., and Debra A. Henderson. "Rural Women: New Roles for the New Century?" In *Challenges for Rural America in the Twenty-First Century*,ed. David L. Brown and Louis E. Swanson, 109– 17. University Park: Pennsylvania State University Press, 2003.

Tilly, Charles. *Durable Inequality*. Berkeley: University of California Press, 1998.

Tolbert, Charles M., Michael D. Irwin, Thomas A. Lyson, and Alfred R. Nucci. "Civic Community in Small-Town America: How Civic Welfare Is Influenced by Local Capitalism and Civic Engagement." *Rural Sociology* 67 (2002): 90–113.

Tönnies, Ferdinand. *Community and Civil Society*. Edited by Jose Harris. Cambridge: Cambridge University Press, 2001. First published 1887.

Trilling, Lionel. *Sincerity and Authenticity*. Cambridge, MA: Harvard University Press, 1972.

US Census Bureau. *Census of Governments, 2002: Government Organization*. Washington, DC: Government Printing Off ce, 2002.

———. *Historical Statistics of the United States: Colonial Times to 1970*. Washington, DC: Government Printing Office, 1975.

———. *Statistical Abstract of the United States: 1982*. Washington, DC: Government Printing Office, 1982.

———. *Statistical Abstract of the United States: 2008*. Washington, DC: Government Printing Office, 2008.

———. *Statistical Abstract of the United States: 2010*. Washington, DC: Government Printing Office, 2010.

US Department of Health and Human Services. *Results from the 2004 National Survey on Drug Use and Health: National Findings*. Washington, DC: Substance Abuse and Mental Health Services Administration, Office of Applied Studies, 2004.

Vaisey, Stephen. "Motivation and Justification: A Dual-Process Model of Culture in Action." *American Journal of Sociology* 114 (2009): 1675–715.

Valby, Karen. *Welcome to Utopia: Notes from a Small Town*. New York: Spiegel and Grau, 2010.

Van den Ban, Anne W., and H. S. Hawkins. *Agricultural Extension*. Oxford: Blackwell, 1996.

Veblen, Thorstein. *The Theory of the Leisure Class*. New York: Penguin Books, 1967. First published 1899.

Venkatesh, Sudhir Alladi. *American Project: The Rise and Fall of a Modern Ghetto*. Cambridge, MA:: Harvard University Press, 2000.

Vidich, Arthur J., and Joseph Bensman. *Small Town in Mass Society: Class, Power, and Religion in a Rural Community*. New York: Doubleday, 1958.

Volanto, Keith J. *Texas, Cotton, and the New Deal*. College Station: Texas A&M University Press, 2004.

Waldinger, Roger, and Cynthia Feliciano. "Will the New Second Generation Experience 'Downward Assimilation' ? Segmented Assimilation Re-assessed." *Ethnic and Racial Studies* 27 (2004): 376–402.

Wall, Milan. "Factors in Rural Community Survival: Review of Insights from Thriving Small Towns." *Great Plains Research* 9 (1999): 115–35.

Warner, R. Stephen. *A Church of Our Own: Disestablishment and Diversity in American Religion*. New Brunswick, NJ: Rutgers University Press, 2005.

Warner, W. Lloyd. *Yankee City*. New Haven, CT: Yale University Press.

Weissbach, Lee Shai. *Jewish Life in Small-Town America: A History*. New Haven, CT:Yale University Press, 2005.

Welsch, Roger. *Forty Acres and a Fool: How to Live in the Country and Still Keep Your Sanity*. Osceola, WI: Voyageur Press, 2006.

Wenger, Beth S. *History Lessons: The Creation of American Jewish Heritage*. Princeton, NJ: Princeton University Press, 2010.

West, James. *Plainville, U.S.A.* New York: Columbia University, 1945.

Whyte, William H. *The Social Life of Small Urban Spaces*. New York: Project for Public Spaces, 2001. First published 1980.

Williams, Raymond. *The Country and the City*. London: Chatto and Windus,Wirth, Louis.

"Urbanism as a Way of Life." *American Journal of Sociology* 44 (1938): 1–24.

Wordsworth, William. *The Complete Poetical Works*. London: Macmillan, 1888.

Wright, Erik Olin, and Joel Rogers. *American Society: How It Actually Works*. New York: W. W. Norton, 2010.

Wuthnow, Robert. *Acts of Compassion: Caring for Others and Helping Ourselves*. Princeton, NJ: Princeton University Press, 1991.

———. *Producing the Sacred: An Essay on Public Religion*. Urbana: University of Illinois Press, 1994.

———. *Poor Richard' s Principle: Recovering the American Dream through the Moral Dimension of Work, Business, and Money*. Princeton, NJ: Princeton University Press, 1996.

———. *After Heaven: Spirituality in America since the 1950s*. Berkeley: University of California Press, 1998.

———. *Loose Connections: Joining Together in America' s Fragmented Communities*. Cambridge, MA: Harvard University Press, 1998.

———. *Growing Up Religious: Christians and Jews and Their Journeys of Faith*.

Boston: Beacon, 1999.

———. "Der Wandel des Sozialkapitals in den USA." In *Gesellschaft und Gemeinsinn: Sozialkapital im internationalen Vergleich*, ed. Robert D. Putnam, 655–749. Gütersloh, Germany: Verlag Bertelsmann Stiftung, 2001.

———. *America and the Challenges of Religious Diversity*. Princeton, NJ: Princeton University Press, 2005.

———. *American Mythos: Why Our Best Efforts to Be a Better Nation Fall Short*. Princeton, NJ: Princeton University Press, 2006.

———. "Cognition and Religion." *Sociology of Religion* 68 (2007): 341–60.

———. *Boundless Faith: The Global Outreach of American Churches*. Berkeley: University of California Press, 2009.

———. *Remaking the Heartland: Middle America since the 1950s*. Princeton, NJ: Princeton University Press, 2011.

———. "Intimate Knowledge as a Concept for Further Research in Studies of Religion." Association of Religion Data Archives at the Pennsylvania State University, 2011, http://www.thearda.com/rrh/papers/guidingpapers.asp.

Wuthnow, Robert, and Kevin Christiano. "The Effect of Residential Migration on Church Attendance in the United States." In *The Religious Dimension: New Directions in Quantitative Research*, ed. Robert Wuthnow, 259–76. New York: Academic Press, 1979.

Yodanis, Carrie L. "Producing Social Class Representations: Women' s Work in a Rural Town." *Gender and Society* 16 (2002): 323–44.

Zelizer, Viviana A. *The Social Meaning of Money: Pin Money, Paychecks, Poor Relief, and Other Currencies*. Princeton, NJ: Princeton University Press, 1994.

———. *The Purchase of Intimacy*. Princeton, NJ: Princeton University Press, 2005.

Zerubavel, Eviatar. "Social Memories: Steps to a Sociology of the Past." *Qualitative Sociology* 19 (1996): 283–99.

Zhou, Min. "Segmented Assimilation: Issues, Controversies, and Recent Research on the New Second Generation." *International Migration Review* 31 (1997): 975–1008.

图书在版编目（CIP）数据

小镇美国：现代生活的另一种启示 /（美）罗伯特·伍斯诺著；邵庆华译 . -- 上海：文汇出版社，2019.8
ISBN 978-7-5496-2818-6

Ⅰ. ①小… Ⅱ. ①罗… ②邵… Ⅲ. ①社会调查－研究－美国
Ⅳ. ① D771.28

中国版本图书馆 CIP 数据核字 (2019) 第 050523 号

Small-town America: finding community, shaping the future by Robert Wuthnow

小镇美国：现代生活的另一种启示

作　　者 /〔美〕罗伯特·伍斯诺
译　　者 / 邵庆华
责任编辑 / 何　璟
特邀编辑 / 欧阳钰芳　杨静武
装帧设计 / 董茹嘉
出　　版 / 文匯出版社
上海市威海路 755 号
（邮政编码 200041）
发　　行 / 新经典发行有限公司
电　　话 / 010-68423599　邮　　箱 / editor@readinglife.com
印刷装订 / 山东鸿君杰文化发展有限公司
版　　次 / 2019 年 8 月第 1 版
印　　次 / 2019 年 8 月第 1 次印刷
开　　本 / 640×960　1/16
字　　数 / 430 千
印　　张 / 36

ISBN　978-7-5496-2818-6
定　　价 / 85.00 元